大学生
职业发展规划与
就业创业指导
第二版

主　　编　蒋承勇
执行主编　崔　杰
副主编　马　斌

resume

interview

中国教育出版传媒集团
高等教育出版社·北京

内容提要

　　本书倡导"职业生涯规划，从跨入校门开始；就业指导工作，从入学教育开始"的理念，从强化大学自我管理切入，以大学职业生涯规划为手段，以提升就业和创业能力为途径，以实现大学生高质量就业为目标来组织编写，并力求用精练的语言阐述基本理论内涵，用生动的案例对理论进行诠释。教材根据大学生不同阶段的特点融合职业生涯规划与就业、创业指导课程的需要安排章节内容。全书分为四篇，供大学生分阶段阅读和学习。第一篇"大学生涯管理"为大学新生始业教育期间应重点学习的内容，第二篇"职业生涯规划"主要为职业生涯规划课程的内容，第三篇"就业指导"主要为高年级就业指导课程内容。第四篇"创业指导"则是根据大学生个人的具体情况和创业指导课程的需要所作的安排设置。　内容编排针对不同年级学生的生涯特点和生涯问题以及中国大学生职业启蒙教育缺失的实际，循序渐进地提高大学生对职业生涯发展的认识，逐步引导大学生解决自身生涯问题，提高生涯决策能力，培育职业素质，为就业和终身的职业发展做好必要准备。本书充分考虑了大学生综合素质和职业素质培育的渐成性、内化性和活动性等特殊要求，具有科学性、针对性、实用性、可读性、系统性、创新性的特点。

　　本书是专为大学生编写的、贯穿大学全程、贴近大学生实际和成长成才需要的教科书，既便于大学生分段自学，也便于职业规划和就业指导课程使用。

参编人员

主　　编：蒋承勇

执行主编：崔　杰

副 主 编：马　斌

编委会成员

蒋承勇　崔　杰　马　斌　王忠华

狄瑞波　刘　静

其他参编人员（按音序排列）：

鲍婷婷　常建军　程君岭　戴玲斐

冯　荣　何　波　何　峰　洪　莹

罗德明　刘国安　鲁建波　李建伟

林军辉　林　霖　林　仙　厉星星

梅　娇　浦瑛瑛　吴佳璐　吴　磊

徐　敏　尹天言　张　婕　周　敏

张　强

目　录

    2021 年 7 月 1 日，在庆祝中国共产党成立 100 周年大会上，习近平总书记指出，"未来属于青年，希望寄予青年。"① 2019 年 4 月 30 日，在纪念五四运动 100 周年大会上，习近平总书记强调："青年是整个社会力量中最积极、最有生气的力量，国家的希望在青年，民族的未来在青年。"② 大学生是青年的主体，关系着未来中国的前途。浙江大学老校长竺可桢先生 1936 年 9 月 18 日在与新生的谈话会上，向学生问了两个非常经典的问题："诸位在校，有两个问题应该自己问问。第一，到浙大来做什么？第二，将来毕业后做什么样的人？"③ 这两个发人深思的问题，其影响力远远超出了浙江大学的范围，激励着一代又一代学子成就学业、追求幸福人生，至今，它依然值得刚刚步入不同大学之门的新同学深入而持久地思考，并用自己的行动给出回答。虽然不同时代、不同学校的学生，给出的答案可能不尽相同。今天，当世界上许多地方战火纷飞、政局动荡的时候，我们有条件可以考虑规划自己的未来，真的应该感谢和珍惜这个时代、这个国家。每一个大学生从步入校门那一刻开始，就应该珍惜大学生活的每一天，胸怀理想，志存高远，把握当下，成就未来。

一

    大学的四年如何度过，事关每一位大学生四年大学生活的质量与收效。你有什么样的职业规划和人生目标，事关你毕业后成为什么样

① 习近平：《在庆祝中国共产党成立 100 周年大会上的讲话》，人民出版社 2021 年版，第 21 页。

② 习近平：《发扬五四精神，不负伟大时代》，《论党的宣传思想工作》，中央文献出版社 2020 年版，第 391 页。

③ 杨达寿等著：《浙大的校长们》，中国经济出版社 2007 年版，第 111 页。

的人。站在现代人才需求和现代教育理念的高度放眼未来，我们希望每一个大学生通过努力都能够"专业成才，精神成人"。

专业成才，指的是一个人通过大学的教育与培养，成为拥有某个专业领域的知识或技能、有一技之长的专门人才。俗话说"行行出状元""一招鲜，吃遍天"，其实，无论一个人受过何种程度的教育，只要勤于学习、不懈努力，终究会拥有一技之长以自我谋生、养家活口、服务他人，为社会尽自己微薄之力，成为有用之才。作为一名大学生，应该通过大学期间的"科班训练"，扎扎实实学好专业基础知识，培养实践能力，学以致用，成为学有专长的行业专门人才。2016年4月26日，习近平在知识分子、劳动模范、青年代表座谈会上的讲话指出，"广大青年要保持初生牛犊不怕虎的劲头，不懂就学，不会就练，没有条件就努力创造条件。'志之所趋，无远弗届，穷山距海，不能限也。'对想做爱做的事要敢试敢为，努力从无到有、从小到大，把理想变为现实。要敢于做先锋，而不做过客、当看客，让创新成为青春远航的动力，让创业成为青春搏击的能量，让青春年华在为国家、为人民的奉献中焕发出绚丽光彩。"① 这段话语，对大学生锤炼自己是很好的鼓励。

但是，一个具有持久竞争力的人，必然不仅仅是"专业成才"，同时还应"精神成人"，或者说"人格完满"。美国著名教育家杜威曾经说过："一切教育的最终目的是形成人格。"② 对大学生来说，获得学位和毕业证书，不仅要在专业上达到基本要求，还要在精神品格上也达到基本要求，也就是在"专业成才"的同时"精神成人"。

如果说"专业成才"重在专业知识与技能上的培养和训练，是宽泛意义上的"智育"，那么"精神成人"则重在综合素质的培养，人格与心灵上的塑造，是宽泛意义上的"德育"，甚至包括了"美育和体育"。这两者的融合，就构成了我们通常倡导的成为"德智体美劳全面发展的人"。这样的人，有对真理的执着追求，有批判和怀疑

---

① 习近平：《在知识分子、劳动模范、青年代表座谈会上的讲话》，人民出版社2016年版，第12页。

② 赵祥麟、王承绪编译：《杜威教育论著选》，华东师范大学出版社1981年版，第98页。

精神，思想独立却又不偏执妄为。这样的人，有信仰、有追求，能自我反省，还有足够的能力去掌控自己的人生与未来，在社会上有良好的文明素养，有较高的道德水平，有自律意识又敢于责任担当，又崇尚公平正义。这样的人，珍惜生命，自爱爱人，在充满竞争的社会中追求自身利益的同时能关爱他人，奉献社会。日本商界著名企业家稻盛和夫认为，经营者的利他之心是极为重要的。他的成功亦已证明：在竞争激烈甚至残酷的商业世界，利他之路是行之有效的。求利之心原本无可厚非，且是个人事业和社会发展的原动力。但是求利的欲望不应仅仅表现为单纯的为自己谋利益，甚至唯利是图，还应该考虑别人，利及他人，把利己欲望提到利他和利于公众、公益上来。这种利他的追求最终又会惠及自己，在提升自身价值的同时也扩大自己的利益。有这种胸怀的人，也将是一个有大爱的人。

对大学生来说，"专业成才，精神成人"是一种理想，更是一种现实追求，它不是空洞的，而是可以从不同的途径、在不同的程度上得以实现的。当然，"专业成才"和"精神成人"一样不是一蹴而就、一劳永逸的，在一定程度上比"专业成才"需要更久长的时间，也可以说是终身的，而且，在今后追求事业成功的道路上，完善的精神品格比专业能力具有更重要的意义与作用，它是助你成功、拥有幸福人生的软实力和原动力。正如稻盛和夫所说的：与才能相比，人的品格更重要。

奥地利诗人里尔克有这样的诗句："一棵树长得高出了它自己……"[1]

一棵树怎么会长得高出它自己的呢？显然，这是以树喻人。那么，人怎么能长得高出自己呢？那高出的部分又是什么？

对一名大学生而言，长得高出自己的部分，就是精神与灵魂，也是更有人性意蕴的部分，它无形却又无处无时不在，它柔软却又力量无限。对一所大学而言，大学之"大"，根本在于其"精神"之大；大学不只是储存知识的仓库，而且是人类精神文明的摇篮；大学不应停留于培养实用的工具，而应引导人性渐趋完善，提升学生的精神；大学既是学生学专业知识的地方，更是学生学做人的地方——大学生

---

[1]　蒋承勇著：《洞见——蒋承勇微博辑选》，浙江工商大学出版社 2014 年版，第 151 页。

精神成长的摇篮！

二

当今社会对人才的要求是什么？1996 年，国际 21 世纪教育委员会在中国召开了"21 世纪人才素质理论研讨会"，概括提出了 21 世纪人才素质的七项标准：(1)积极进取的开拓精神；(2)崇高的道德品质和对人类的责任感；(3)在急剧变化的竞争中，有较强的适应能力和创造能力；(4)有宽厚扎实的基础知识，广泛联系实际并能解决实际问题的能力；(5)有终身学习的本领，能适应科学技术综合化的发展趋势；(6)丰富多彩的健康个性；(7)有和他人协调和进行国际交往的能力。

这七个方面的要求，实际上强调的是人才的综合素质。

然而，较长一段时期来，忽视综合素质而一味强调专业热门、实用的专业崇拜现象，在我国大学乃至整个社会上普遍存在，而且，预计这种情况还会持续很久。许多大学生迫于就业压力，在校期间忙于对接就业需要的专业知识与技能的学习，轻视综合素质的培养；学校方面也重视增设热门专业，在课程开设和教学内容上却忽视学生综合素质的培养。所以，社会上也常常有人评价说，"现在大学生素质欠佳"，缺乏就业竞争力。作为一名在读的大学生，你如何看待这些现象？如何对待自己所学的专业？如何理解就业能力和可持续发展的个人潜力？

我们认为，专业崇拜现象背后隐藏了急功近利、实用主义心理。从学校方面讲，这有悖于大学精神；从学生方面讲，则是成才理念有失偏颇。不可否认，就业很重要，上大学不考虑就业是做不到的，也是不应该的，但狭隘的就业、找工作不是上大学的全部。大学生从个人的兴趣与爱好出发，同时考虑未来的就业需要，对专业作挑选也是必需的，但专业不等于职业，更不等于一生从事和追求的事业。尤其要注意的是，大学的学习不能画地为牢，局限于职业知识与技能的范围。从长远发展看，一个综合素质优良的人往往具有可持续发展的潜力和创造力，其人生追求目标也会更高、更远大，自我价值的实现以及对社会的贡献也会更大。因此，大学生要重视职业知识与技能的学习，更要重视决定一个人可持续发展的综合素质与潜能培育。

本科教育在根本上是素质教育。理论上讲，专业学习和综合素质培养并不矛盾；专业知识技能包含了素质教育，素质教育本身也包含了专业教育；大学本科教育实际上是专才教育与通才教育、专业教育和素质教育的结合。但专业崇拜心理导致了较为普遍的重"专"轻"通"、重"器"轻"道"现象，偏离了教育的人本宗旨。我们强调大学教育在本质上是素质教育，并非轻视专业教育，忽视技能培养、职业规划、就业指导等工作的重要性，而旨在强调人才培养的全面性，强调要培养全面发展的"人"（well-rounded person），而非专业工具和机器。教育事业在根本上是关于人的灵魂的事业，也就是要让人性趋于更完善，使人格趋于更完美，进而使人生更富有价值与意义。真正的教育是让每个人成为自己，使人成其为人，而不是成为专业器具。这是教育观念上"以人为本"的核心体现，是教育的人性化价值追求。

本书主要介绍职业相关问题，但绝不是要大学生只求"专业成才"，不求"精神成人"。相反，我们主张大学生对自己要有更高的追求和境界，既重视"专业成才"，更重视"精神成人"，把自己培养成为一个全面发展、符合社会要求的高素质专门人才。

我们认为，大学生要成为综合素质优良的全面发展的"人"，就要沿着"专业成才，精神成人"的道路，使自己在综合素质结构上成为"专业的人、文化的人、世界的人"。这三个"人"是依次递进、有机融合的"三位一体"。"专业的人"是有扎实的专业知识与实践技能，学有专长的行业高级专门人才。"文化的人"是有理想有道德、科学素养与人文素养兼备、综合素质优良的人。"世界的人"是有走向世界与接纳世界的能力与胸怀，有民族意识和人类意识、祖国之爱与人类之爱的人。"专业的人、文化的人、世界的人"就是综合素质优良的可持续发展的人。

在我国，科学素养的重要性是公认的，人文素养的重要性却是隐性的和非公认的。不过理论上还是有共识的：自然科学与人文社会科学如列车之两轨，让人类驶向文明的彼岸；同理，人文素养与科学素养似大鹏之两翼，助人才展翅高飞。就大学生而言，良好的综合素质应该是包括专业知识在内的人文素养与科学素养的融合。社会上批评的部分大学生综合素质欠佳现象，既表现在人文精神的缺失，也表现在科学精神的缺失。因此，学理工的要提高人文素养，学人文社会科学的要提高科学素养，这种交叉互补学习是必要的。

"没错，医学、法律、金融——这些都是崇高的追求，足以支撑人的一生；但诗歌、浪漫、爱、美，这些是我们生活的意义！"（电影《死亡诗社》台词）这话强调的就是专业与素养、生存与价值、有形与无形、实用与意义的关系。这不也在告诉我们：专业学习很重要，人文素养、综合素养的培养同样很重要甚至更重要吗？

泰戈尔在《吉檀迦利》中说："离你最近的地方，路途最远；最简单的音调，需要最复杂的训练。"① 一切事情都是那样的辩证，当你经过努力品尝到高考成功的喜悦之后，又站到新的起点发出了对成功的期待与叩问：成功是一朵艳丽的花，人人都想采摘，那么怎样才能摘取这朵花呢？

字典里的"成功"有两种解释：一是成就功业、政绩或事业，二是获得预期的结果，达到目的。但是，在现实中的成功并没有这般高度概括和抽象，简言之，成功就是要建立明确的目标，让目标激励你去行动；要养成良好的习惯，让习惯引领你走向成功。大学生的未来掌握在自己的手中！

加强自我管理是谋划未来的重要环节。踏着时光的车轮，体验大学的乐趣、了解大学教育、适应大学生活、制订学业规划、唤醒职业意识等内容对于初入大学殿堂的学子来说就变得非常适时，这就有了本书的首篇"大学生涯管理"。

当代大学生若是带着一脸茫然度过大学时光，怎能成为一个有用于社会的人呢？为使自己对社会有所作为，要及早对自己的职业生涯进行规划，这是给自己的梦想插上翅膀的关键。莎士比亚曾说过，人

---

① ［印］泰戈尔著，李鲜红译：《泰戈尔诗集》，江苏凤凰文艺出版社 2018 年版，第9页。

生就是一部作品。谁有生活理想和实现的计划，谁就有好的情节和结尾，谁便能写得十分精彩和引人注目。在今天这个充满竞争的时代，职业生涯规划已经成为人们走向成功的重要工具。而对每个人而言，职业生命是有限的，如果不及早进行有效的规划，势必会造成生命和时间的浪费。对兴趣、爱好、能力、特点进行综合分析与权衡，结合时代特点，根据每个人的职业倾向，确定其最佳的职业生涯目标，并为实现这一目标做出行之有效的安排，成了本书第二篇"职业生涯规划"的主要内容。

大学教育既是提高一个人综合素养的主渠道，也是提升一个人职业竞争力的重要途径。当今社会，大学生择业的机会很多，大学生就业的压力也很大，大学毕业生既能感受到秋的收获，也能体会到秋的凉意。"政府高校设市场、用人单位找市场、学生择业进市场"已经成为大学生就业的基本趋势。从业岁月，心路崎岖，大学生的就业与其说是社会需求的问题，倒不如说是成才理念和就业观念的问题，这就是既要研究大学生就业市场，也要提高就业技巧，更要转变成才与就业理念的意义所在。本书第三篇"就业指导"的目的，就是为了更好地引导大学生认清这些问题，在市场前谋划成长，在成长中思考就业，处理好就业与人生长远发展的关系。

在大学生就业备受人们关注的今天，创业已经成为大学生另一选择，同样也充满着艰辛。对此，大家情不自禁地思考这样一个共同的问题：大学生创业最缺的是什么？是智慧、是激情、是经验、是资本、还是技术？如果想充分发挥自己的特长，走出一条创业之路，就需要大量的累积与磨炼。穿过校园的暖春炎夏，秋的步伐轻盈走近，当历经大学四个春秋准备告别大学的生涯时，请问：你的创业背囊是否充盈？本书第四篇"创业指导"，着重从了解创业的内涵、提升创业的素养、规避创业的风险等方面进行了分析，希望能让你的创业智慧有一种经历风雨后的丰润，能让你的创业经纬有一种月迷津渡后的清晰。

"职业生涯规划，从跨入校门开始；就业指导工作，从入学教育开始"，这是本书倡导的理念。结合当代大学生的特点，以强化大学生涯自我管理切入，以大学职业生涯规划为手段，以提升就业和创业能力为途径，以实现大学生高质量就业为目标来组织全书的编写，并力求用精练的语言阐述基本理论内涵，用生动的案例对理论进行诠释，让学生读起来如沐春风、发人深省。为此，在本书编写过程中，我们特别强调理论体系要体现科学性，内容结构要体现创新性，逻辑体系要体现系统性，语言风格要体现可读性，案例分析要体现针对性，学习效果要体现实用性。总的来说，这是一本专门为大学生编写的，贯穿大学期间、贴近大学生实际和成长需要的教科书。教材融合大学生涯不同阶段的特点和职业生涯规划与就业、创业指导课程的需要安排章节内容。全书分为四篇，供大学生分阶段阅读和学习，体现了全程、分段、同步、配套开展大学生职业生涯教育的思路。大学新生始业教育期间应该浏览全书并重点学习第一篇"大学生涯管理"，结合大二开设"职业规划"课程学习第二篇"职业生涯规划"，毕业前开设"就业创业指导"课期间学习第三篇"就业指导"。根据个人的具体情况和就业创业指导课程的进度安排学习第四篇"创业指导"。"职业生涯教育和就业创业指导"不只是一门课程，更是一项深入细致的辅导工作，必须把它与学生培养的过程和日常的思想政治教育工作结合起来，与培养过程和成长过程深度融合才能产生更好的效果，因此，在教学和教材使用过程中请任课教师注意把握。

　　"春风煦暖正催物，千百青衿竞峥嵘"，每个学子都会在超越了成功的日界线后再次起程，请不要忧虑职业之路迷茫，请不要担心就业之路艰难，请不要惧怕创业之路遥远，要敢于去直视，要敢于去磨炼，要敢于去行动，让单色的指纹重新染上多彩的辉煌。真诚期望本书的内容能够触动你的思考，启发你的智慧，帮你"把握当下，成就未来"，助你"专业成才，精神成人"！

第一篇

大学生涯管理

不经历风雨怎能见彩虹？没有人能随随便便成功。每一个成功者的经历，都离不开良好的自我管理。自我管理重在平时的积累，对大学生来说，自我管理是一种凝练，也是一种修炼。改变人一生的不是豪言壮语，而是对时间的有效开发利用和对自我的有效管理。无论你多么出色，都不要把大学生涯的自我管理不当一回事。

十年寒窗，一跃龙门。如今的你终于实现了大学梦，由一名高中生成长为一名大学生。徜徉在大学校园里，你可能在静静体味着这所大学陌生而又动人的味道，你或许在遗恨高考时的失误，你或许在迷茫前方的道路，又或许在思考如何度过人生最美好的青春时光。从高中到大学，变化的不仅是年龄和生活环境，还有诸如学习目标、学习内容与方式、人际交往模式等方面的因素。本章将带你一起了解大学教育，帮助你理解大学的学习，尽快适应大学生活，更好地利用浩瀚的大学资源。

第一节　大学教育概述

什么是大学教育？它与高中教育有何不同？我们应当接受什么样的大学教育？应当怎样接受大学教育？这是每一个大学新生首先要搞清楚的问题。

一、什么是大学教育

要了解大学教育是什么，最基本的是要认识到大学具有哪些特征，而要了解大学的特征必须从最早的大学那里寻找答案。

古印度的那烂陀寺是有史料记载的最早大学之一，建于公元5世纪，并逐渐成为当时亚洲高等学府的翘楚。"那烂陀"在梵文中寓意为"莲花给予者"，而莲花在古印度象征的正是知识。

鼎盛时期的那烂陀寺藏书900万卷，有教师2 000人，吸引了来自中国、日本等国的1万多名学生。当时的教学以佛教传统为中心，但是涵盖的内容非常丰富，包括了科学、哲学、文学、数学、逻辑学和医学等知识。我国唐朝著名的玄奘法师西天取经，正是在那烂陀寺求教佛法。

1193年突厥军队攻入印度，把那烂陀寺洗劫一空，放火烧毁了那里规模宏大的图书馆。

　　直到 14 世纪，那烂陀寺才短暂恢复，但已不具往日辉煌。2006 年，印度提议重建那烂陀大学；2010 年，开始拨款重建；2014 年 9 月 1 日，新那烂陀大学涅槃重生（距原址 12 千米处），设立历史研究、生态与环境、哲学与比较宗教及佛教研究学院。

　　但是，真正意义上的、从未间断办学的最早大学应是意大利的博洛尼亚大学。在中世纪乃至近代欧洲，博洛尼亚大学一直处于欧洲文化与学术发展的中心位置，引领着欧洲大学体系的改革和发展。因此，博洛尼亚大学又被誉为"世界大学之母"。它的办学理念至今仍有很强的借鉴意义，如倡导将学生作为主体对大学进行组织管理，建设"学生型"大学，对今天大学"以学生为本"的教育理念有深刻的影响和启迪。

　　可见，大学原初的、基本的基因便是知识的探索与传授、人才的交流与培养。

　　在漫长的大学成长过程中，古今中外的智者贤人以自己独特的角度、深刻的思想从各个方面对大学、教育进行了精彩的解读：

　　孔子：大学之道，在明明德，在亲民，在止于至善。

　　韩愈：师者，所以传道授业解惑也。

　　蔡元培：教育是帮助被教育的人，给他能够发展自己的能力，完成他的人格，于人类文化上能尽一分子的责任，不是把被教育的人造成一种特别器具。

　　钟启泉：教育是奠定"学生发展"与"人格成长"的基础。

　　陶行知：教育是依据生活、为了生活的"生活教育"，培养有行动能力、思考能力和创造力的人。

　　斯宾塞：教育为未来生活之准备。[1]

　　康德：教育是由个体设计、自我选择、自我构建、自我评价的过程，是自我能力的发展，它体现着社会意志和教育者与受教育者平等自由地、审视严肃地共同探究的机理，不是"指令"，不是"替代"，更不是让茧中的幼蝶曲意迎合或违心屈从。[2]

---

　　① 陈德收著：《语文教育教学实践探索》，吉林大学出版社 2018 年版，第 47 页。

　　② 康桥主编：《观念改变人生——365 个经典故事酷评》，上海大学出版社 2008 年版，第 103—104 页。

先贤们对教育的论述让我们对大学教育深深思索，大学之浩瀚、之深刻、之永恒，让每一个诚心受教者都心生渺小之感。大学被寄予太多的期望，使每一个青年人都期望接受大学教育。总的来说，大学是培养人的场所，大学教育归根到底是知识传承、人格发展、能力培养多功能的高等教育。

二、大学的特征

研究者将大学的特征做了经典的概括，主要表现在十个方面，同时这些特征也对大学生提出了相应要求：

（一）教育性

大学的教育性主要指的是大学传授知识和做人教育的功能。大学的这个特性要求一名真正的大学生需要学会"如何而生"的必备的基本知识、基本理论、基本技能，具备生存、生活的基本能力，具备为社会、为自我创造价值的素质。同时，还要学会"为何而生，如何做人"，领悟生命的意义和存在的价值，以积极健康的心态去发展自我，服务社会。简而言之，就是要求大学生成为知行并进、德才兼备的"人"。

（二）学术性

1931 年 12 月 2 日，梅贻琦先生在就职清华大学校长的演讲中提出"所谓大学者，非谓有大楼之谓也，有大师之谓也"[1] 的著名论断。在"大师论"的理念下，一时间清华园内人才济济，群星灿烂，有效地推动了清华学术和教育的进步。当今社会是信息的社会、科技的社会，更是需要思想需要信仰的社会。大学凝聚了一批社会需要的有志学子，专心研究学问，探究学术，交流思想，不仅完成对已有知识的集成、传播、应用和发展，更对知识进行了创新和创造。

（三）创新性

鲁迅先生曾说过北大是常为新的。北京大学的"常为新"精神使得北大学子总是能站到时代的前沿，循着社会发展的规律和历史发展的潮流，作出对国家、民族和人民有价值有意义的事情。大学的活

---

① 岳南著：《岳南趣讲大师》，浙江教育出版社 2021 年版，第 230 页。

力、生命力就在于"常为新"。新一代大学生要以"常为新"的精神努力学习和探究，为社会发展、人类进步以及在自然科学、社会科学等诸多方面不断提出新的观点、新的方法、新的知识。

（四）综合性

大学的综合性主要表现在知识的综合性、学科的综合性、教学内容的综合性和人才素质的综合性等诸方面。大学的重要职能是培养人才，现代社会需要的是现代的人才，即具备复合性知识结构的人才。这就要求每个专业的大学生须在学好本专业知识的同时，根据社会的需求和个人的兴趣爱好选修科学、合理的通识课程，构建复合性的知识结构，适应社会和时代的要求。

（五）社会性

大学本身是社会的产物，并随着社会的变化、发展而不断地变化和发展。为社会和人的发展服务是大学的本质特征。大学的这一特性要求当代大学生身居象牙塔而不囿于象牙塔，要积极走入社会，体验社会，深深地植根于社会，使所学所知真正具备社会性，从而使自我成为"社会的人"。

（六）服务性

大学的服务性主要表现在为社会各行各业培养人才、直接为社会政治、经济、文化提供服务。大学是象牙塔，要从事理论探索和研究，但大学还是社会的大学，需要回馈社会。因此，当代大学生必须牢牢树立服务意识和服务志向，无论是从事理论研究，还是进行应用开发，最终的目的都是要服务于人民、服务于社会。

（七）产业性

大学的产业性是一个不容忽视的特征，它客观地存在并影响人才的培养，制约大学的人才培养模式和人才培养内容。大学的产业性主要表现在大学必须生产知识、生产人力资本、生产技术资本，支持经济社会对人才、对科技的需求，而不是把大学作为赚钱机器。这对大学的人才培养指明了方向，即新时代的大学生不仅要学习和继承已有的知识，更要积极去将知识能力应用于实践应用于生产活动，使自己成为教育产业生成的人力资本，进而推动社会发展。

（八）自主性

大学的自主性不仅仅表现为大学办学实体的自主性，它更深刻地表现在大学的宽松、民主、自由、严谨的学术环境和氛围。大学的自主性更多的是对当代大学的治学精神、做人意义的规范和期待，其最终是为了让学生成为具备民主、平等、自由精神的"独立的人"。在自主的氛围中，大学生要能够养成好学、乐学、严谨的治学态度，民主、平等、自由的做人情怀和独立思考、自我管理、健康成长的自主精神。

（九）开放性

大学与社会的关系是一个互相影响、互相给力的关系：大学须走进社会，社会须走进大学。同时大学拥有开放的气魄、胸怀和能力，大学有勇气将资源向社会开放、向国内外开放。当代的大学生应该像大学一样具有开放的胸怀，走出校园、放眼世界、包容万物，具备宽阔的胸怀、开放的视野，不断发展和壮大自我的能力，使自身的综合素质在开放中不断融合、激荡和提高，涵养大气、开放、富有远见的当代大学生的品格。

（十）国际化

1983 年 9 月，邓小平为北京景山学校题词："教育要面向现代化，面向世界，面向未来"；1985 年 5 月 27 日《中共中央关于教育体制改革的决定》再一次提到，教育必须面向现代化，面向世界，面向未来。这是根据中国社会主义现代化建设新时期的总路线、总任务，对教育战线提出的战略方针和教育发展方向。

随着信息社会的发展，大学越来越多地互相使用国际教育资源，同时也在积极地向国外开放国内的教育市场，"三个面向"越来越凝聚和衍生出中国大学的一个重要特征：国际化。作为当代大学生必须立足于专业学习，博采众长，了解和吸收世界先进的科学技术和思想研究成果，培育适应国际化环境的素质。

三、新时代中国大学教育新理念：爱的教育

党的十八大以来，以习近平总书记为核心的党中央高度重视教育事业在坚持和发展中国特色社会主义战略全局中的地位和作用，把教育摆在优先发展的战略位置，全面加强党对教育工作的领导，提出了一系列新理念新思想新观点，系统回答了教育工作的方向性、根本性、全局性、战略性问题，形成了习近平总书记关于教育的重要论述，为做好新时代教育工作提供了根本遵循和行动指南。党的教育理论进入

一个丰收期，教育事业发展进入一个加速期。[①] 习近平总书记关于教育的重要论述透着浓浓的对党和人民的爱、对中华民族伟大复兴的期待、对人类社会良善发展的期盼，这种教育观的核心集中体现在习近平总书记在 2014 年同北京师范大学师生代表座谈时所提出的"教育是一门'仁而爱人'的事业，爱是教育的灵魂，没有爱就没有教育。好老师应该是仁师，没有爱心的人不可能成为好老师"[②] 上，在教育本质的深刻层面上对教育和教师进行了科学定位，即教育是"爱的教育"，教师是"仁爱之师"，初步形成了新时代"爱的教育"的理念。

（一）"爱的教育"的整体性论述

习近平总书记抓住"爱的教育"的主要载体"教师"在更加具体的教育者层面上初步架构了"爱的教育"的基本内涵，主要从五个方面展开了论述：第一，认为好老师标准的重要核心是有"仁爱之心"，指出好老师是应当是仁师，没有爱心的人不可能成为好老师。这一观点在 2014 年同北京师范大学师生代表座谈时首次提出，2021 年 3 月 6 日，习近平总书记在看望参加全国政协十三届四次会议的医药卫生界、教育界委员时再次加以强调。第二，初步提出了爱的基本内涵。习近平认为教师的爱主要包括爱岗位、爱学生、爱一切美好的事物，从爱的对象指向上框定了爱的基本内涵所在。第三，提出了爱的方式。认为爱的教育应当在严爱相济的前提下晓之以理、动之以情，让学生"亲其师""信其道"；要用爱培育爱、激发爱、传播爱，通过真情、真心、真诚拉近同学生的距离。第四，阐释了"爱的教育"的基本品质。明确指出，教师应当尊重学生、理解学生、宽容学生，认为离开了尊重、理解、宽容同样谈不上教育，并给出了"爱的教育"基本品质养成的方法。

（二）"爱的教育"的特征

"爱的教育"具有丰富的基本内涵，同时具有鲜明的时代特征，主要体现在三个方面：政治信仰、价值取向和自有境界。

首先，"爱的教育"具有崇高的政治信仰。在 2016 年的全国高校思想政治工作会议，习近平旗帜鲜明地指出，高校是党领导下的、

---

① 教育部课题组：《深入学习习近平关于教育的重要论述》，人民出版社 2019 年版，序言第 1 页。

② 习近平：《做党和人民满意的好老师——同北京师范大学师生代表座谈时的讲话》，人民出版社 2014 年版，第 9 页。

中国特色社会主义的高校，必须坚持以马克思主义为指导，全面贯彻党的教育方针；要抓好马克思主义理论教育为学生成长奠定科学的思想基础。2020年，中央宣传部、教育部发布《新时代学校思想政治理论课改革创新实施方案》，要求充分发挥思想政治理论课在立德树人中的关键课程作用，大学阶段的课程目标重在增强学生的使命担当，重点引导学生系统掌握马克思主义基本原理和马克思主义中国化理论成果，了解党史、新中国史、改革开放史、社会主义发展史，认识世情、国情、党情，深刻领会习近平新时代中国特色社会主义思想，培养运用马克思主义立场观点方法分析和解决问题的能力；自觉践行社会主义核心价值观，尊重和维护宪法法律权威，识大局、尊法治、修美德；矢志不渝听党话跟党走，争做社会主义合格建设者和可靠接班人。在强调政治信仰和方向的同时，透露着深切而坚定的对国家、民族、人民的挚爱，对培育具有优良思想品德的社会主义建设者和接班人事业的关爱。

其次，"爱的教育"具有内在的价值取向。在2018年的全国教育大会上，习近平指出教育者应当在厚植爱国主义情怀、加强品德修养等方面"下功夫"；在2019年的学校思想政治理论课教师座谈会上强调，思想政治理论课是落实立德树人根本任务的关键课程，要推动改革创新，坚持政治性和学理性、价值性和知识性等"八个统一"；从而赋予了"爱的教育"鲜明的价值取向。

最后，"爱的教育"拥有自有的境界：人间大爱。习近平通过列举优秀教师的事迹，认为"爱的教育"的境界是一种忘我工作、全心奉献、不畏艰辛的"人间大爱"；并从价值培育的角度提出，"爱的教育"是"培育和践行社会主义核心价值观，踏踏实实修好品德"的"大爱大德大情怀"。

新时代中国大学"爱的教育"新理念不但是对广大教师和教育管理者的要求，也是对广大受教育者成长目标的要求，即教育者要成为对人民、民族、国家乃至全人类有仁爱之心的智者，受教育者要逐步成长为对人民、民族、国家乃至全人类有仁爱之心的"全面发展的人"。

四、如何接受大学教育

大学的这些特征说明了大学的博大精深，自然对大学生也提出一些基本要求。大学生学习的任务是什么、如何更好地接受大学教育呢？

现代大学教育分为研究生、本科、专科三个不同的层次，研究生教育又有博士、硕士两个层次。研究生教育主要是培养学术型人才，本科教育在根本上是素质教育，也包含一定的职业、专业教育。本科教育一方面为研究生层次教育提供生源，一方面为社会培养专业化实用人才。理论上讲，专业学习和综合素质培养并不矛盾，大学本科教育实际上属专才教育与通才教育、专业教育和素质教育的结合。专业教育是素质教育的延伸，素质教育为专业教育奠定基础。[①]

由于高等教育的大众化和普及化的发展，现代大学专科教育已多数转型为职业教育承担起了为社会培养各层次实用人才的职能。大学生的学习一方面是继续提高各方面的素质，另一方面需要接受专业教育和职业训练，为将来的就业做好准备。为了适应职业化的需要，专业教育衍生出职业教育的成分，或者说专业教育分解为专业教育和职业教育两部分。完整的理解应该是：现代大学教育是包含素质教育、专业教育和职业教育三个部分的综合教育，三者是具有连贯性的综合学习的过程。大学的综合性在此方面也表现得非常明显。"专业成才"是指成为掌握一定专业知识和技能并能够运用到实际工作中的合格人才。我国大学多偏重素质教育和专业教育，与社会需求的衔接和大学生的就业需求重视不够，职业教育不均衡，造成大学生的职业知识和技能方面训练不足，大学生不能很好地适应社会要求。为扭转这种局面、适应社会需求，我国高校正在进行改革，设置通识课程强化素质教育，加强实践教学环节强化专业技能的训练，开设一些职业知识和技能职业规划、就业指导、创业指导等课程，为大学生提供初步的职业教育。因此，当代大学生接受大学教育的总目标和任务可以概括为"专业成才、精神成人"，具体来说就是通过大学学习提高综合素质、专业素养和职业素养，包括三个方面：一是要积极吸取科学文化人文的知识，加强思想道德等方面的修养；二是要掌握某一个或多个专业领域的知识和技能；三是要学习掌握一定的职业知识和技能，提高职业素养，增强就业能力，适应社会需要。

与高中教育有很大的不同，大学的学习具备了实用性、方向性和

---

① 蒋承勇：《"专业崇拜"与大学生素质教育》，《光明日报》2012年3月28日。

自主性的特点，大学生对自己的学习必须有自觉性和主动性，充分利用和依靠学校的各种资源，不依赖于外在的压力而学习。处理好大学期间的学习问题是每一个大学生必须要做的事情，否则，就会造成大学学习的低效率和盲目性等问题，浪费时光、虚度光阴。

第二节 快速适应大学生活

大学的学习和生活完全不同于小学、初中、高中，面对全新的环境，大学生面临全新的挑战。时间转瞬即逝，三四年的大学生活，有些同学可能会信心满满、踏踏实实地做任何一件事情，朝着自己的梦想前行。有一些同学也可能会懵懵懂懂、犹豫徘徊，浑浑噩噩地消磨大学时光。尽快适应大学生活是大学生高质量地完成大学学业、顺利度过大学时光的关键。

一、既来之，则安之

很多大学生高考前都听说过这样一句话："高中多吃点苦，到了大学就轻松了。"这是一个善意的谎言，事实上不是那么一回事。前半句当真可以成就你的大学梦，后半句当真可能就毁了你的大好前程。大学的学习确实比高中轻松了，但是，你在大学期间的任务却并不轻松，反而面临更多的问题和困惑。进入大学的你开始从埋头学习中抬起头审视周围的人时，会发现自己和他人之间除了成绩相当之外，几乎没有什么值得自豪的东西，经过高考的筛选，班级里高手如云且大都不相上下。当你发现自己曾经引以为傲的学习成绩不再作为唯一考察要素时，自己可能变得一无是处：学习成绩变得普普通通，课外知识、人际交往能力、家庭背景乃至身体容貌等方面不如他人；或者曾经心目中美好的大学并不如想象那般可爱，甚至渐渐也变得面目可憎。这都是你可能遇到的问题，这些问题带给大学生的烦恼不比高考少。

由于对环境感到陌生，大学新生的思想起伏一般比较大，这是正常的，关键是要调整好自己的心态，要及时将自己从高中生的角色转为大学生的角色。如果对某些问题有不理解或不满，常用的方法不是抱怨，而是调整。抱怨现状之困或者是回想当年之勇都无助于解决任何问题，此时的你除了选择改变自己去适应环境可能已没有其他选择的余地。此时的你应该放下心理包袱，正视现状，以一颗平常心和进取心开始大学的时光。大学里人才济济、高手如林，本来就是竞争的结果，不用一味和别人比高低，而应该看到别人身上的闪光点和自己的不足，取长补短。

如何尽快熟悉大学生活？有一件非常重要的事需要你自己完成：独立自主地生活。随着寄宿生活的开始，衣食起居都需要亲力亲为，从到餐厅买饭、办理手机充值、洗衣服收拾房间，到安排学习上课、制订学业规划，你都需要独立完成（当然，你可以从身边得到很多建议和借鉴）。新生入校，最令家长牵挂的、学校操心的就是安全问题。学校一般都会进行安全教育，作为大学新生，一定要从安全管理入手，开始学会大学生涯的自我管理。除此之外，你还需要学会为自己理财。你需要制订一个合理的开支计划，千万不可为了所谓的"面子""交情"而大手大脚，否则，往往在下半学期青黄不接而又碍于面子不好意思向父母开口，到头来吃苦的还是你自己。学会独立自主地生活，对许多大学生来说是第一个挑战，要把独立生活作为提高自我管理能力和增加生活阅历的锻炼机会，快速适应大学生活。

二、大学新生必须要做的几件事

尽快熟悉并融入大学生活是顺利适应大学生活的重要步骤，为此，新生入学后必须做这样几件事：

（一）尽快熟悉大学的环境

入学后学校一般会安排班主任或者还会安排一到两名高年级学长担任班主任助理，他们会带你们熟悉整个校园环境及建筑功能，这个活动千万别错过，因为很多地方是开学后举办活动的场所，而这些场所是分布在各个建筑中的，比如报告厅、会议室、收发室等。你还可以更好地利用校园环境开展班级活动，比如可以将第一次同学见面会安排在某楼的某个教室、第一次寝室聚餐安排在某某餐馆。校园的各个角落都有学校的工作人员，他们分工明确，在熟悉校园环境的同时，也可以了解一下各个地方工作人员的职能情况、了解学校的职能部门和工作职责，知道找哪个部门办哪些事情等，例如，教务处负责学习相关事务，保卫处户籍科主要负责户籍相关的手续办理，现在许多学校有学生事务中心，可以办理各方面的事务。熟悉环境需要你做一个有心人，这也将使你有能力帮助和你同时迈进大学校园的新同学。

（二）熟识你的室友、学长、班主任、辅导员

进入大学后学习压力相较高考阶段的复习相对减小，但人与人之间的交往和交流更多、更复杂了，与你关系最紧密的大致有这些人：室友、学长、班主任、辅导员。与室友建立良好的关系是大学第一门必修课，与室友关系融洽与否直接决定了四年后你多了几个闺蜜/兄弟，还是多了几个宿敌。处理好与室友的关系，建议可以注意以下几个方面：不用有色眼镜看人，平等对待每个舍友；对于寝室的事情积极主动去做，比如打扫卫生；尽量与室友统一作息时间，对个别作息时间不一致的室友予以谅解或劝解；积极参加寝室集体活动，比如寝室聚餐、以寝室为单位参加班级活动；养成良好的生活和卫生习惯等。以室友为基础建立你的新型朋辈关系和人际关系网络，让他们成为你成长的参谋、助手，大学生活的稳定剂和催化剂。

学长是你超越同班同学最关键的人物，他们会给你很多校园活动等很多方面的提点，比如如何组织一次活动、如何参加热门社团面试、如何申请课题、如何策划活动（包括制作海报、拉赞助、进行宣传）等，他们的帮助既减少了走弯路所带来的时间成本，也增加了你成功的胜算，当然，想要得到学长的帮助前提是你自己得积极主动，礼貌地寻求帮助，对获得的帮助一定要表示感谢。

班主任、辅导员是直接与学生接触的老师。有的学校设班主任、有的设辅导员，有的既设班主任又设辅导员。班主任或辅导员和你的接触在大一的时候相对较多，一般是有限接触，比如到军训场地看看大家军训、到寝室走访、参加班会等。辅导员平日里默默无闻地帮助你处理除学习之外的所有官方事务（比如大学生医保、请假、综合测评、班级动态掌握等），一旦发生突发事件，他们往往会第一时间赶赴现场并24小时待命。碰到学长解决不了的问题或者遇到困扰想找人谈心，找他们是最好的办法。

（三）抓住每一个机会发出自己的声音

大学是一个舞台，如果你不争取主角上演，那么就只能当配角或

者观众，看别人的表演了。新生入学，大家互相还不了解，此时，应尽可能多的尝试而不是急着找准位置。积极主动是大学生活的一个技巧。对自己有条件参与的活动，尽可能多地去争取、尝试，胜出则以王者风范统领全局，落败则以大度的心态坦然面对，积极参加团队合作项目，做好配合工作。每个人的性格、特长、爱好、能力，不会是一样的，每个人身上都会有一些闪光点，有的可能已经显露，有的可能等待挖掘。所以你应该不断尝试，广泛涉猎，尽可能多地试着做一些自己原本做不到或者原以为自己做不到的事情，充分挖掘你的潜能，在尝试的过程中，发现真实的自己，并不断强化你的潜能，扩大你的优势。不断重复自己能力范围内的事情只会让自己原地踏步！因此，需要寻找机会适当拓展自己的活动范围和层次，不断提高自己的综合素质和能力。学校针对新同学安排很多活动：军训、军歌合唱、新生风采大赛、新生篮球赛、足球赛、演讲赛、书画赛等，这些活动、比赛既是发掘自身才能的好机会，也是结识新朋友的好办法，刚进入大学校园的你千万别错过这些活动，千万不能因为怕苦怕累，甚至是怕丢了面子而畏缩不前。

社团纳新是你进入大学之后结识志同道合的同学的又一渠道，社团纳新时，不必急于一时，可以多看看，多听听，多咨询一下，选感兴趣的参加。一般来说，大一期间最好能参加一个到三个社团，这是一条不错的学生工作经历，将来可以放在求职简历上哦！当然，如果担任班干部或者学生会等工作的话，就要考虑时间、精力是否充分。

班级活动贯穿在大学期间，作为班级一员，要有一种集体感和责任感，当班级需要你出力时，一定要挺身而出，做班委时要统筹大局、纵横捭阖，不做班委则要主动配合、积极响应。当然，不管参加什么活动都会碰到自我介绍的环节，建议你可以先准备一个有特色的自我介绍。总而言之，有才能、会才艺要大胆展示自我，不会的话积极用行动服务同学，赢得大家的信赖。

（四）认识并爱上你的专业

大学的专业和高中学业衔接不是很强，报考大学的时候，很多人的选择也不是很清晰。许多同学想转专业，可能不是基于对自己的理性分析，多半是道听途说或者是家人的意愿，比如趋向热门的会计、金融等专业。新的高考方案更强调专业先导，因此会更多地照顾学生的兴趣。你需要做的，是先对自己专业进行大致的了解。学校始业教育或者在第一学期可能会安排的专业导论课，跟大家分析本专业的课程安排、培养方案、就业方向和就业前景等情况，这是非常重要的机会，一定要仔细听讲。此外，也可以和参加工作不久的亲朋好友聊聊专业情况，听听他们对专业前景的看法。最后，根据自己的学习特点、兴趣爱好和行业前景确定自己的专业意向，巩固专业思想。如果拿不准自己到底是否适合学习这个专业的话，可以先学习一段时间，再根据具体情况安排转专业或者辅修第二专业。

（五）树立目标、科学规划

"空虚、寂寞、无聊"往往伴随着对大学生活的无知而到来，男生选择玩游戏、女生选择看电视剧等方式打发时间的情况不在少数，甚至不少人自诩过着"猪"一般的生活。究其原因，主要是这些同学失去了目标。他们相信那个善意的谎言，认为考上了大学就功德圆满，就不用再努力、奋斗了，从而阻止了自己前进的脚步。大学能够成就一个人，也可以毁掉一个人，关键就看你怎么选择。有些同学，并不想混日子虚度光阴，但不知道该如何努力，以致产生迷茫、彷徨的心理。所以，对于大学生来说，重新思考自己的前进方向，规划自己的大学生活非常的重要。

由于启蒙教育的缺失，大学生大多还没有多少职业的意识和概念，因此，在认识自己、认识职业之前，所谓的目标大多不切实际。鉴于此，掌握职业规划知识和方法非常必要，本书提供的正是这方面的相关内容，请你慢慢地学习领会。你可以从认知自我开始进行职业规划探索，可以登录相关网站做做职业测试，测试之后可以结合自己的兴趣爱好首先为自己制订一个学业规划。

不过，对于前途和命运的思索和追求，首先还取决于你自己对生活的态度。在我们告诫大学生要重视学业规划和职业规划之时，真正能起作用的还是自己的意愿和选择：你是选择就地躺下，还是继续前行；你是选择在大学里过安逸舒适的生活不管今后的坎坷，还是预先做好准备应对各种挑战。目标可以定的高远一些，哪怕不那么可行，但不能没有目标。坚持对自己目标的追求，不因一时的挫折而气馁和妥协。在你出彩之前，几乎没有人会相信你，包括你自己，因此，你必须本着对自己负责的态度给自己最坚强的信心和勇气，勇敢面对，勇敢前行。

第三节 充分利用大学资源

大学不仅是学习的场所，更是一个宝库，里面充满着各种各样的资源，利用好大学里的资源，将能够更好地塑造自身，武装自己，转变自我。人们常说一句话，世界上没有一流的大学，只有一流的学生，充分利用好大学里的资源，让自己长成海洋里的一条大鱼、丛林中的一棵大树。

一、利用好课堂资源，掌握专业知识和技能

在大学里，首先要铭记的是自己仍是一名学生，完成学业是学生的主要任务。大学根据不同专业，设置了不同的课程，这是同学们必须掌握的本专业的知识技能。认真上好每堂课是上大学的基本要求，尽可能利用好大学的课堂资源，通过课堂听讲增加自己的知识。根据每学期学校开设的课程，你还可以选择一些自己感兴趣的课程选修或者旁听。大学课堂允许旁听，其实还有知识共享这么一个内涵，就是要把知识传播给每一个渴望新知的人。旁听学习是有效利用大学课堂资源的一种方式，历史上有很多名人都曾这样做过，毛泽东先后两次来北京大学旁听，第一次是 1918 年 8 月至 1919 年 3 月，第二次是 1919 年 12 月至 1920 年 4 月。著名小说家沈从文，20 岁脱下军装后，风尘仆仆从湘西跑到北京，到北京大学做了旁听生。学习最需要的是自由的时间和足够的学习资源，显然大学提供了这样的条件。大学里的课堂资源十分丰富，大学生不能仅仅局限于自己专业领域内的知识，要充分利用大学的课堂资源扩充自己的知识和认知。

二、利用好教师资源，结交教师朋友

教师是大学的灵魂，作为课堂学习的延伸，大学新生要善于向老师请教，勇于发现并提出问题。不论课程内容上的问题，还是学习方法上的问题，或者是教师研究领域方面的问题，与老师熟悉了以后甚

至还可以提出有关为人处世的问题。不要为自己的问题是否太幼稚而担忧，只要这一问题是你经过深思，四处苦寻答案而"百思不得其解"的，就可以提出来。师者是乐于"传道授业解惑"的。向教师请教，大多是学习方法和工具的技术性问题，比如学好本门课要看哪些参考书目，学好本门课的关键、学习方法和思维方法是什么，该如何进行课题研究，该如何着手展开研究工作等。还有就是学习中的一些问题，尤其是一些关键问题，要向老师多请教。能够提出问题正是研究的开始，要锻炼自己这种能力，向教师请教之后，慢慢培养自己解决问题的能力。这样几年下来，肯定收获颇丰。时常和教师交流，能够和老师之间建立一种师生友谊，这种友谊不仅仅能够促进自身的学业进步，同时可以促进教师对于学生的理解，能够用更加贴近学生接受的方式来传授知识。

三、利用好人际资源，建立人脉关系

进入大学之后，很多人会跟你谈起人脉的重要性。大学生在校期间除了能够与本班的同学朝夕相处之外，还时常能够接触高年级的同学及很多优秀人才，要善于把握机会利用学校里的人才资源吸收知识和方法。除了结交同学之外，资深的教授、青年教师、博士生、硕士生都可以成为自己大学成长道路上的好朋友。

如何建立良好的人际关系，亦是大学生重要的必修课。处理好人际关系可以坚持以下几个原则：

（一）平等原则

平等就意味着相互尊重。寻求尊重是人们的一种需要。同学间交往的目的主要是在于共同完成大学的学习任务，这就规定了彼此应在人格上平等和学习上互助，并且主动了解、关心同学。苏霍姆林斯曾经指出，不要去挫伤别人心中最敏感的东西——自尊心。

（二）相容原则

相容表现在对交往同学的理解、关怀和喜爱上。人际交往中经常会发生矛盾，有的是因为认识水平不同，有的因性格脾气不同，也有的是因为习惯爱好相异等，相互之间会造成一定的误会。双方如果能以容忍的态度对待别人，就可以避免很多冲突。

（三）互利原则

古人云："投之以桃，报之以李。"互利原则要求我们在人际交往

中，了解对方的价值观倾向，多关心、帮助他，并保持让对方得大于失，从而维持和发展与他人的良好关系。

（四）信用原则

信用指一个人诚实、不相欺、守诺言，从而取得他人的信任。在人际交往中，与守信用的人交往有一种安全感，与言而无信的人交往内心充满焦虑和怀疑。对每一个立志成才的大学生来说，守信用使你的形象更添光彩。

建立良好的人际关系，不仅能够帮助自己愉快而充实度过大学生活，而且能形成受益终生的人脉资源。真诚地对待、尊重身边的每一个人，不卑不亢，竭尽所能地帮助他们，"物以类聚、人以群分"的自然法则会给你带来真正的人脉。

四、利用好图书资源，扩展储备知识

高校图书馆具有文献信息资源丰富、技术先进、环境幽雅舒适的优势，它在培养大学生方面有不可忽视的作用。大学生应该利用高校图书馆的资源，学习知识、培养能力。长期以来，图书馆以其不可替代的文献资源保障功能受到高校的重视。经过长时间的积累，高校图书馆拥有相对丰富的馆藏文献信息资源。随着计算机网络的普及，电子出版物的出现，高校图书馆又积极建设数据库和引进电子载体文献，信息资源大幅度增长。近年来，高校图书馆积极开展自动化、网络化建设，成为信息高速公路的节点。

毛泽东自称对自己影响最大的时期，是在省立图书馆泡了一年。在图书馆完全自学，无人打扰，没有课程，只看喜欢看或者自认为有用的书，包括社会哲学、文学思想、历史地理等，博闻广记，对他影响深远。余秋雨在"文化大革命"期间躲进一座藏书楼，除吃饭睡觉外，只与书为伴，没有外界闲杂俗务干扰，完全自由地阅读积累，为他以后的学术和写作奠定了坚实的基础。

与中学不同，大学的学习更多的是依靠自觉性。单单掌握一本教材，背熟一门课的笔记，是远远不够的。课堂上老师所讲的只是浓缩了的知识精华，内容只是沧海一粟，更为精深、更为广泛的知识，相关或边缘学科的知识等，都要靠自己在课后去获取。方式当然是多种多样的，大学为你提供了无比广阔的学习天地。大学所有的学习资源

中，图书馆应该是大学生最亲密的伙伴。大学的学习离不开图书馆，能否很好地利用图书馆，几乎就意味着你的大学学习是否成功。

五、利用好网络资源，获取多方资讯

网络以其海量的信息资源和即时性受到大学生的青睐，并为我们的生活带来了诸多方便和快捷。网络作为现代科技的产物，同样具有其双面特征。正确利用网络能够帮助大学获取多方面的信息资讯，对大学生的成长、发展毫无疑问会起到很大的促进作用，大学生正确合理利用网络资源将对自我的学习和成长裨益良多。

学会有效搜索。在网络化时代的今天，寻找资料有很多途径，利用网络进行搜索无疑是最为方便和快捷了。搜索的效率很大程度上取决于我们输入的词语是否适当，适度增加搜索内容的关键词，可以提高搜索效益。注意关键字词的输入和类别的选择在很大的程度上可以缩减信息量，方便直接找到目标。

知道辨别判断。有了搜索的前期工作，接下来要做的便是辨别哪些是需要的，哪些是可以排除的。网络信息往往鱼龙混杂、良莠不齐，也存在很多不安全的因素，很容易令我们因无关信息干扰而失去了本来的目标，导致迷航。因此利用网络资源时我们需要学会判断什么是需要的，什么是无关的，并能够清醒地进行取舍。

高效整理加工。当有效搜索保存了相关资料后，下一步重要的工作便是资料的筛选、整理工作。由于资料的搜索与保存是在短时间内完成的，所以保存下来的资源也未必就是真正所需的。到底是些什么样的内容，是否有价值，需要高效地完成整理分析。

善于咀嚼吸收。网络几乎是无所不包，无所不容的。这也导致了同一事件，同一个问题，存在多种不同的看法，多种不同的表达，既有精华，也有糟粕。我们需要有自己明确的判断和思考。网络资源只是帮助我们成熟，而不是代替我们成长。所以对于网络资源，要达到真正有效的利用，就必须要掌握主导权和主动权，最终还是需要我们对之进行加工处理，融入自我的思考。只有经过咀嚼、吸收，才会生成新的收获。

六、利用好讲座资源，接触前沿知识

大学丰富多彩的讲座对于繁荣校园文化，活跃学术气氛，鼓励理论研究和学术创新等，具有良好的促进作用。对于人才培养和教育而言，讲座是其中不可忽视的培养和塑造手段。

在日常的学习生活中，大学生往往不自觉地被束缚在本专业的框架中，精彩的讲座可以拓展你的知识面，放宽你的眼界，甚至可能改变你的思维方式。广泛涉猎各个学科领域，这对优化学生的知识结构，提升他们的综合素质具有不可替代的作用。在讲座这个自由的空间里，你有机会和来自各个方面、各个行业的人接触，能从他们那里听到许多在校园中接触不到的事情。学术性讲座是大学生开阔知识视野，发掘学术兴趣和增强学术功底的第二通道。在学术讲座上，你有机会分享专家、学者们潜心研究的成果，聆听他们的观点和见解，了解他们学术人生的平凡与伟大；指导性讲座能给大学生以切实的人生指导，引导你养成健康的生活方式。或许某位成功人士的演讲便是你日后创业的最初动因。

现实世界中的大学并不像小说中虚构的学院般完美无瑕，而是一个有血有肉、充满机会和挑战的舞台，作为刚迈进大学校园的你，必须本着独立自主的精神尽快熟悉并融入大学生活，从熟悉校园环境入手，熟悉身边的人和事，在熟悉环境的过程中积极主动地尝试或挑战略超自己已知能力范围内的事情，最后，在认识自己的基础上确立目标并合理规划自己的大学生涯。

思考与练习

1. 给自己写一份传记，回顾自己的成长经历和感悟。

2. 为四年后即将毕业的"我"写一份有特色的简历，看看有哪些是需要填空的地方。

3. 大学教育与中学教育有何区别？你准备如何适应大学生活？

　　职业是每个人生命中都会遇到的现实问题，一个人的一生大部分时间是在工作岗位上度过的，职业给每个人提供了生存的载体和施展才华的舞台。不同的职业会带给人们不同的发展机会与空间，也决定了人的不同生活方式和生命质量，找到真正适合自己的职业，对于个体未来的生活具有举足轻重的作用。人们不仅通过职业来安身立命，更是通过职业来实现人生价值，解决好职业问题对人的一生具有重大的意义。大学时期是积累知识、锻炼能力的事业准备时期，是夯实人生发展的关键时期。大学生面临着就业的问题，因而，必须唤醒职业意识，对职业和职业生涯有一个初步的认识和了解，将大学的学习、生活与未来发展有机结合起来，做好生涯规划和自我管理，为就业做好准备。

第一节　职业生涯概述

　　职业对每个人都是不可或缺的，而了解职业的特性、要素、功能等基础知识，探讨职业与专业的关系、职业规划与就业的关系、大学生活对未来职业生涯的影响，是大学生需要做的功课。

一、职业

（一）职业的概念

　　"职业"一词在《现代汉语词典》中的解释为："个人在社会中所从事的作为主要生活来源的工作。"[①]　自从人类社会出现劳动分工后，也就产生了各种职业。在现实生活中，人们面对的社会职业领域范围广、种类多，对于职业含义的理解不尽相同。有些认为职业就是

---

　　① 《现代汉语词典》（第7版），商务印书馆2016年版，第1683页。

工作，有些认为职业是一种生活来源，有些认为职业是一种等级身份。

我国学者程社明认为，职业是参与社会分工，利用专门的知识和技能，为社会创造物质财富和精神财富，获取合理报酬作为生活来源，并满足精神需求的工作。[①] 美国学者舒尔兹认为，职业是一个人为了不断取得个人收入而连续从事的、具有市场价值的特殊活动，这种活动决定从业者的社会地位。日本职业问题专家保谷六郎认为，职业是有劳动能力的人为了生活所得而发挥个人能力，向社会作贡献而连续从事的活动。

不管如何定义职业的概念，职业都反映了个人与社会等多个方面的内容。我们都可以从社会的角度来看待职业，也可以从个人的角度来看待职业。从社会角度而言，职业是指人们为了谋生和发展而从事相对稳定的、有收入的、专门类型的社会劳动；从个人角度而言，职业则是个人扮演的一系列工作的角色。另外，从组织的角度来说，职业是不同组织中存在的一组相类似的工作岗位或职位。一种职业不论是普通的，还是专业的，都是独立于个人而存在于组织中的。比如会计是一种职业，它存在于各个行业的组织中，一个组织中有一些人承担会计职位的工作，鉴于它们的相似性，被看作一种职业。随着生产力的发展，社会分工越来越精细，职业的类别、内部构成以及外部关系也越来越丰富。

《国家职业大典》明确规定，职业由以下五个要素构成的：(1)作为职业的符号特征的职业名称；(2)工作的对象、内容、劳动方式和场所；(3)承担该职业工作所需要的资格和能力；(4)通过该职业工作取得的各种报酬；(5)在工作中建立的与其他部门或社会成员的人际关系。这些要素充分体现了职业是社会与个人、整体与个体的联结点，社会整体依靠每一个个体的职业活动来推动和实现发展目标，个体则通过职业活动对整体作出贡献并索取一定的回报。整个社会因众多的职业分工和从业者的工作构成人们共同生活的基本结构。

人们常常混淆职位（position）、职业（occupation）和工作（job）这几个概念。职位是一个组织中的具体工作岗位，这个岗位包含个人

---

① 程社明：《职业生涯的开发与管理》，《中外企业文化》2003 年第 2 期，第 37 页。

所要完成的一组工作任务，是一系列重复出现或持续进行的一个工作单元。例如，某公司需要有人来改善雇员、顾客和投资者之间的沟通流程决定设立信息专员的新职位，并撰写了信息专员的职位说明书，然后寻找雇佣一个人做这个工作。当某人找工作时，他通常是申请了一个空缺的信息专员职位。职位是根据工作量大小等因素人为设定的，包含特定工作任务。职业是一系列相似的职位的集合，而职位是一系列特定工作任务的集合。狭义的工作是指由人来完成的任务，可分为以任务解决为中心的工作和以组织为中心的工作两种。但是"工作"一词经常被应用于各种不同的语境中，表达与职业、职位、任务相同的概念。例如，平时我们说的"就业""找工作"等，既是表示找到工作岗位，也是表示选择一种职业。

（二）职业的特点

作为人类社会分工的活动，职业具有特定的属性：

第一，经济性。职业是个人生存和发展的基础，人们为了生存，必须从事职业活动，通过从事某种职业解决生活来源问题，同时职业既然是社会分工产物，就必然会产生社会劳动和创造价值。

第二，社会性。社会分工产生了各种职业，任何职业在社会分工中都是不可或缺的，可见职业是为社会发展所需要的。而且，人们的各种社会活动也大多建立在职业的基础上，职业生活是其他一切社会生活的基础。

第三，技术性。不同职业都有各自的知识经验和技能技巧，从事某些职业应具备该职业所需的知识和技能。职业的技术性是一切职业共有的性质，不同之处在于不同职业所需的知识和技能的难易程度有所区别，有的需要经过长期、专门的学习和训练，有的则在职业实践中就可以获得。

第四，时代性。随着时代的发展和进步，职业随即也产生变化，一方面是新旧职业的更迭，另一方面是同一种职业的活动内容和方式也发生着变化。如20世纪50年代中国社会主义改造完成后，一些职业消失，如拍卖师、典当师。现在随着计划经济向市场经济转变，这些职业重新兴起，并向着更加规范的轨道发展。改革开放初期涌现的"下海热"到后来的"公务员热"等都反映出职业具有时代性的特点，不同时代有不同的热门职业。

第五，连续性和稳定性。职业是劳动者连续从事的某种社会工作，其职责和工作内容相对稳定。比如，教师职业在历史上早已存在，教师的职责在于教书育人，自古以来都是如此。

第六，同一性和差异性。同一类别的职业，其工作对象、工作内容、劳动条件、生产工具等都是相同或相近的，这就是职业的同一性。基于此，从业人员就会形成相似的行为模式，形成职业规范、职业道德。同时，随着劳动分工的细化和社会的发展，新职业不断产生，不同职业之间可能存在巨大的差异。各类职业之间的工作内容、劳动者的个人行为模式、社会人格等存在差异，这种职业差异随着科学技术的进步、经济结构的变化和社会分工进一步细化而各不相同。

（三）职业的功能和对个体生活的意义

从踏入社会的第一份工作起，我们每天有三分之一的时间在职场度过，直至退休，约有 35~40 年时间。以平均寿命 80 岁计算，工作时间占到了整个生命的一半。由此可见，职业对于我们绝大多数人来说是至关重要的。

首先，职业是人们谋生的手段。人们的生活首先必须通过参加社会劳动来获取生存必需的生活资料。人们通过职业为社会奉献劳动，社会按照一定的标准付给劳动者报酬，这些报酬成为劳动者及其家庭成员生存和发展的主要经济来源，满足谋生的需要，同时也积累了个人的财富。

其次，职业能促进个人的个性发展。每种职业都有其独特的活动结构，对从业者在生理和心理方面都有特定的要求。人们通过参加职业活动，逐步形成并不断发展与完善自己的个性，随着从业时间的增加，个人的特长得以发挥，知识与技能水平得以提高。

再次，职业是个体社会角色的载体。人在社会、家庭、生活中扮演着多种角色，选择了一份职业，就是选择了一种社会角色，进而选择了一种生活方式。职业中的角色丰富了个体在社会中的角色，同时，职业也成为个体为社会做贡献的途径，在这个过程中又不断增加或扮演新的角色，如此，人的生活亦随之增加新的内容。

最后，职业是发展自我、实现自我的平台。职业作为谋生手段被大多数人所认可，这也是工作的最基本目的。除了生存需要外，个体还有获得尊重、自我实现的需要，而职业是一个人实现自我、体现自我人生价值的主要场所。每一个人都有自己的理想，理想的实现需要一定的机遇和物质条件，而职业则给每一个从业人员提供了一个施展才干的平台，让个人才能得以发挥和发展，从而使理想的实现、价值提升成为可能。

二、职业生涯

（一）生涯

生涯（Career）在《牛津英语词典》中，被定义为名词，指个体一生的历程或发展，尤指众人皆知的显赫或非凡时期。我国古代《庄子·养生主》中有"吾生也有涯，而知也无涯"，意为人的生命是有限的。美国国家生涯发展协会（National Career Development Association）提出，生涯是个人通过从事工作所创造出的一个有目的的、延续一定时间的生活模式。[1]我国台湾学者林幸台认为，生涯包括个人一生中所从事的工作，以及其担任的职务、角色，同时生涯还涉及其他非工作或非职业的活动，即个人生活中衣食住行娱乐各方面的活动与经验。[2]

美国著名职业理论学者舒伯（Super）最初将生涯定义为贯穿一个人整个工作生活历程的全部职位发展序列，现在这一生涯定义已逐渐扩大到与工作无关的领域以及个人生活空间的角色。他在 1984 年提出"生涯"这个词的完整意义"要考虑到组成生涯的角色群（丛），这一角色群（丛）将学习、工作、家庭、社会服务和闲暇活动视为是相互作用、相互依赖的。"[3] 目前大多数学者所接受的生涯定义来自于他的论点：生涯是生活中各种事件的演进方向和历程，它综合了人一生中的各种职业和生活角色，由此表现出个人独特的自我发展形态。

---

[1] 张英莉主编：《大学生心理健康教育》，北京理工大学出版社 2019 年版，第137 页。

[2] 刘君娣、裴科亮编著：《大学生职业生涯发展规划与就业创业指导》，敦煌文艺出版社 2019 年版，第 8 页。

[3] ［美］塞缪尔·H. 奥西普、［美］路易丝·F. 菲茨杰拉德著，顾雪英、姜飞月等译：《生涯发展理论》，上海教育出版社 2010 年版，第 36 页。

（二）职业生涯

职业生涯是一个人的职业经历。它与职业的区别就在于，职业生涯是一个动态的过程，是一个人一生在工作岗位上所度过的、与工作活动相关的连续经历，包括职位、工作经验和任务。不论职位高低，不论成功与否，每个工作者都有自己的职业生涯。

中国学者将职业生涯分为广义和狭义两种。广义的职业生涯是指从职业能力的获得、职业兴趣的培养、选择职业、就职，直至最后完全退出职业劳动这样一个完整的职业发展过程。狭义的职业生涯是指人生从踏入社会、从事工作之前的职业训练或从职业学习开始直至职业劳动的最后结束、离开工作岗位为止的这段工作历程。从广义和狭义两方面来说，大学生实际上都已进入了职业生涯阶段，只是很多大学生还没有这个自觉。

还有学者将职业生涯分为内职业生涯与外职业生涯。内职业生涯是指在职业生涯发展中通过提升自身素质与职业技能而获取的个人综合能力、社会地位及荣誉的总和，它是别人无法替代或窃取的人生财富。外职业生涯是指从事职业时的工作单位、工作时间、工作地点、工作内容、工作职务与职称、工作环境、工资待遇等因素的组合及其变化过程。它是依赖于内职业生涯的发展而增长的。内职业生涯的因素主要依靠自己不断探索和学习而获得，不随外职业生涯因素的改变而丧失。外职业生涯的因素通常由别人决定、给予，也容易被别人否定、剥夺。因此，大学生应将出发点放在内职业生涯的开发上，特别是在职业生涯早期和中前期，一定要把对内职业生涯各因素的追求看得比外职业生涯更重要。

（三）职业生涯规划

职业生涯规划（Career Planning），又称职业生涯设计，是指一个人在对个人和内外环境因素进行分析的基础上，确定事业发展目标，并选择实现这一事业目标的职位或岗位，编制相应的工作、教育和培训行动计划，对每一步骤的时间、项目和措施作出合理的安排的活动。职业生涯规划是由早期职业辅导运动发展而来的，职业辅导运动起源于美国20世纪中叶，90年代中期从欧美国家传入中国。一般认为，著名管理学者诺斯威尔（William J. Rothwell）首先提出"职业生涯规划"这个概念。他认为，职业生涯设计就是个人结合自身情况以及眼前制约因素，为自己实现职业目标而确定行动方向、行动时间和行动方案。[①]可见，职业生涯规划首先是个人要对自身的特点（个性特征、兴趣爱好、职业价值观、能力状况、人生理想等方面）进行评估，再对所处的外部环境（家庭条件、社会环境、职业分类、工作性质等方面）进行分析，然后根据评估结果，有针对性地树立职业目标、制订实施方案、确定阶段任务，并付诸行动。

三、大学生的职业生涯规划

人的生命是有限的，其中职业生涯占据了绝对重要的部分，拥有成功的职业生涯才可能实现完美的人生。谁都希望自己的职业生涯有所成就，大学生更是对未来事业之途充满很高的期望，并愿意为成功付出勤奋和努力。大学生正处于职业生涯的探索期，是人生中最美好的时光，也是人生最关键的阶段，这一阶段对于大学生今后职业生涯的发展有着十分重要的意义。人们在社会舞台上职业角色扮演得如何，过着怎样的生活，其实一定程度上是可以把握的。职业生涯规划正是帮助我们正确地寻找和追求自己目标的工具。

第一，职业生涯规划有助于明确自我发展目标。职业生涯规划通过自我认知，了解自身的性格、兴趣、能力、价值观等方面的特点，在此基础上进行评估，对自己的综合优势与劣势进行分析比较后，确定自己的发展目标，制订行动计划，可以增强发展的目的性与计划性，提升成功的机会。

第二，职业生涯规划有助于提高核心竞争力。大学生的核心竞争力在求职过程中起到了决定性的作用，直接影响就业质量的高低。职业生涯规划帮助大学生有针对性地参加各种相关的学习和实践，从专业能力、实践能力、求职能力和就业资源利用能力等方面提高自己，不断增强自己的竞争力。

第三，职业生涯规划有助于实现人的全面发展。职业生涯规划能帮助人们明确职业发展目标，鞭策个人努力工作，追求成功的职业生涯，从而最终获得个人的全面发展。

---

① 杨九丽主编：《大学生职业生涯规划理论与实践》，知识产权出版社 2011 年版，第 24 页。

拓展资源

每一个人都应该是自己人生的规划者和耕耘者，为实现自我价值规划好发展蓝图，扬长避短，最终创造自己人生的精彩。大学生要重视职业生涯规划，从入学开始就学习职业相关知识，学习制订学业规划和职业生涯规划。

第二节　职业生涯的影响因素

人的职业生涯受到许多因素的影响，对于决定和影响职业生涯的因素，许多学者作过专门的研究。20 世纪 40 年代，美国心理学者安妮·罗伊（Anne Roe）提出可用 12 个因素来解释一个人的职业选择过程，这 12 个因素又可归为四组不同的类别。第一组包含的因素人们几乎无法控制，而后三组中所包含的因素以遗传和后天经验为基础。她对这些因素进行排序，形成了一个公式：

$$职业选择=S[(eE+bB+cC)+(fF,mM)+(lL+aA)+(pP×gG×tT×iI)]$$

S＝性别	L＝一般的学习和教育
E＝一般经济状况	A＝后天习得的特殊技能
B＝家庭背景，种族	P＝生理特征
C＝机遇	G＝认知或特殊天赋能力
F＝朋友	T＝气质和个性
M＝婚姻状况	I＝兴趣和价值观

罗伊用 12 个大写字母表示一般因素，使用小写字母作为校正系数，用以说明每个因素在特定的时间点和独特的环境中是如何受到个人独特品质的影响。有趣的一点是，只有 S（性别）因素前面没有校正系数，同时它也是唯一影响其他 11 个因素的一般因素。

道锐思个人事业成长管理模型将所有决定事业成功的要素进行分类、合并、提炼，认为核心要素只有七个，用模型表示为：事业＝F（态度、目标、能力、兴趣、方法、行动、环境）。[①] 这说明影响职业

---

① 道锐思著：《照亮你前程的七盏灯》，中国长安出版社 2003 年版。

生涯的因素是复杂和多样的。

总的来讲，职业生涯影响因素包括自身因素、职业因素和环境因素三方面。了解职业生涯的影响因素有利于我们合理进行职业生涯的规划、资源配置和开发利用，促进职业生涯发展。

一、自身因素

自身因素是影响职业生涯的内部因素，包括个人的主观因素和客观因素。主体的客观因素包括一个人的性格、兴趣、能力、价值观、人生态度等心理因素和性别、健康、教育等非心理性因素。主观因素则主要表现为个人对职业生涯的期望、态度和决策选择。

（一）性格

性格指个人在先天生理素质的基础上，在社会实践活动和不同环境熏陶下逐渐形成的、对现实较为稳固的心理反应模式和行为模式。性格对一个人的职业选择有直接的影响，有时甚至决定了职场的成败。所谓"性格决定命运"即是此意思的表达。不同性格的人适合不同职业，不同职业需要不同性格特征的人。例如，性格外向、善于交际、耐心细致、为人热情的人适合做人事顾问、营销员、演员、记者、教师等与人交往的工作；性格内向的人适合做有计划、稳定、类似研究的工作。职业生涯规划一定要考虑自己的性格特点，使职业与性格相匹配。性格形成后较难改变，但可以不断完善自己的职业性格或者扬长避短。

（二）兴趣

兴趣是人认识某种事物或从事某项活动时在情绪体验上表现的心理倾向。研究资料表明，如果一个人从事自己感兴趣的工作，能发挥其全部才能的80%～90%，并且能长时间保持高效率而不感到疲劳；相反，如果对所从事的工作不感兴趣，则他的才能只能发挥约20%～30%，而且容易感到疲劳、厌倦。这是因为兴趣作为一种精神力量，可以调动人的全部精力，使人集中精力去获得知识、认真研究、克服困难、创造性地开展工作。

（三）能力

能力是指人们成功完成某种活动所表现的心理特征，包括完成活动的具体方式和能量。能力很大程度上决定了完成工作的可能性，决定人们事业可能达到的高度。人的能力大多不是先天就有的，而是后天获得的。卡耐基曾说过，人性的弱点并不可怕，关键是要有正确的认识，认真对待。每个人发现自己能力上的优势和不足之处，识别并充分利用它，知道自己最擅长的是什么，使用自己最擅长的能力，才能找准努力的方向。以自身能力强弱作为职业选择的考虑因素，是求职者的普遍现象。尽管他们会出现能力的错误估计，但进行选择时仍是把能力作为一个方面来权衡。

（四）价值观

价值观是人对事物的效用的判断和心理倾向，是驱使并指引人们做出决定和采取行动的依据，它通过人们的行为取向、态度、信念、理解等，支配着个人认识世界、自我了解、自我定向、自我设计的活动。价值取向是一个人意识系统的核心部分，而且在根本上制约着主体因素的其他各个方面。它是隐藏极深的稳定因素，不易被观察和感觉到，但这丝毫不妨碍价值取向因素成为决定个体职业定向与职业选择的根本因素。

（五）教育

教育能赋予一个人才能，塑造人格，影响一个人的文化素质、工作能力、价值观念和职业选择，从而促进个人发展。不同教育程度的人，在个人职业选择或被选择时，具有不同的能量。一般来说，接受过较高水平教育的人，在就业时会有较大的选择空间，且在职业不如意时，进行再次职业选择的能力和竞争力也较强。另外，职业的发展深受正规教育或专业学习的影响，人们所受教育的专业、学科门类，对职业生涯起着重要作用，人们在选择职业、转换职业时往往依赖于所学的专业和教育背景，或者以专业的理论知识、技术能力为基础，流动到更高层次的岗位上。教育程度是事业成功中不可缺少的因素，一般而言，受教育程度越高，职业发展的空间越大，自身的竞争力也越强，社会阶层晋升得也较快，但两者并不是正比例关系。2009 年北京大学中国社会科学调查中心在京发布的跟踪调查显示，北京、上海、广东三地居民受教育程度对其职业选择和职业发展影响明显。小学及以下教育程度的人群中，第一份工作大部分集中在农林牧副渔、水利和生产、运输领域，此外有 10.8% 的人从事商业服务行业。相比之下，高中及以上学历的人群第一份职业从事专业技术领域的比例明显增多，而从事这一职业领域的比重，随着学历的增加，有明显递增趋势。

（六）性别

许多职业都带有明显的性别特点，不同性别对职业的偏好有所不同。虽然现代社会提倡男女平等，但事实上，男性与女性生理上的差别仍然是影响职业选择不可忽视的潜在因素。每个人都可以通过发挥自己的性别优势，发展个人的职业生涯。个别行业仍然存在性别歧视现象，特别是对女性存在偏见，对女性的职业发展造成影响。

（七）身体状况

健康的身体是任何人职业生涯开始的首要条件，几乎所有的职业都需要有健康的身体。同时，从业人员的身心状况还要与职业的特点相适应。比如，飞行员对体质、身高、视力有特殊的要求，主持人对外形、音质有一定的要求。凡是积极追求健康的人，大多满意他们过去的职业经历。他们看重生命，关心身心健康，追求快乐的工作，健康的生活。生机勃勃、富有朝气是多数青年人的资本，但是紧张忙碌的学习和工作会导致压力增加，损害健康，有些休闲活动超出一定限度也无益于健康。有些人年轻时不懂珍惜身体，透支体力，待发现存在健康问题时往往为时已晚。

（八）人生态度

人生态度是指个体与人生或职业所持有的积极或消极的心理倾向，关系到个人对待职业生涯采取何种行动取向。一切客观因素再重要也是外在的因素，在职业生涯中起次要的作用，最后起决定性作用的终究还是人的主观因素，只有通过主观努力客观因素才能发挥作用。自身知识能力的提升、职业生涯中个人各方面条件的运用、外界资源的整合和机会的把握等都离不开主观的努力、主观能动性的发挥。每个人能力有大小，天赋有高低，但态度不同结果大不相同。对未来充满憧憬和梦想的人，职业生涯发展和人生道路上充满激情和前进的动力，对人生没有追求的人，则缺乏前行的动力。大学生应保持一定的自我期许，持有报效国家、服务社会、成就自我的进取之心，不能丧失理想和追求。

【案例2-1】　李嘉诚的成功

时代大不相同了，李嘉诚的事迹似乎已经成为历史。但是，至少在那个时代，李嘉诚的事业还是相当成功的，在今天看来仍不失为成功的职场榜样。

性格沉稳的李嘉诚，实际是个不安分的人。1946年上半年，香港经济日益繁荣。然而李嘉诚却陷入了沉思——今后的路该怎样走？一条路，在舅父荫庇下谋求发展，中南公司已成为香港钟表业的巨擘，收入稳定，生活安逸；另一条路要艰辛得多，充满风险，须再一次到社会上闯荡。

李嘉诚选择了后者，他喜欢做充满挑战的事。于是，他去了五金厂做推销员。自从李嘉诚加盟五金厂，五金厂的业务蒸蒸日上。然而，备受老板器重的李嘉诚，刚刚打开局面，就要跳槽弃他而去。

李嘉诚去了塑胶裤带制造公司。在现代人的眼里，这是一间小小的山寨式工厂。他在推销五金制品之时，就敏感地意识到塑胶制品的巨大威胁。他清晰地认识到，要不了多久，塑胶制品将会成为价廉的大众消费品。

李嘉诚说："别人做8个小时，我就做16个小时，开初别无他法，只能以勤补拙。"仅一年工夫，李嘉诚实现了他的预定目标，他的销售额是第二名的7倍！

18岁的李嘉诚被提拔为部门经理，统管产品销售。两年后，他又晋升为总经理，全盘负责日常事务。李嘉诚才20出头，就爬到打工族的最高位置，做出令人羡慕的业绩。

李嘉诚应该心满意足了。然而，在他的人生字典中没有"满足"二字。他再一次跳槽，重新投入社会，开始新的人生搏击。

李嘉诚离开塑胶裤带公司，这是他人生中一次重大转折，从而迈上充满艰辛与希望的创业之路。

二、职业因素

如果说自身因素在职业选择和发展中起着基础性作用，那么职业因素则发挥了制约和平衡的作用。

职业因素对个人职业生涯的影响主要表现在两个方面：

（一）职业要求

职业要求是指职业对任职者各项素质、条件和数量的要求。职业是包含特定任务的工作，完成特定的任务需要特定的知识、技能、体力、能力等条件，不同的职业要求不尽相同。对人要求越高，被替代的可能性就小，职业社会评价往往也越高。有的职业对知识、技能的要求高，有的职业对体能的要求高，这就决定了不同的人在职业选择时要适应不同职业的要求。如果人的素质与职业要求不相适应，就会造成人职不匹配、职业效能低、职业满意感低等问题，不利于工作的完成和人的发展。

（二）职业声望

职业声望是职业地位在人们头脑中的主观反映，反映了一定时期人们对职业的认知和评价，反映的是人们对职业资源状况（如权力、工资、晋升机会、发展前景、工作条件等）的主观判断，反映了一定时期人们对职业的认知和评价，每个人对同一个职业的评价并不一定相同，取决于个人的职业价值观。

一般来说，决定职业地位高低的因素主要有三项：职业社会功能、职业社会报酬、职业自然条件。职业声望是以上三项因素的综合反映，任何单项因素都不能全面地反映职业声望的状况。职业声望是人们对职业社会地位的主观反映，因此，不可避免地带有个人的偏见并受社会环境、舆论氛围等其他因素的影响。从择业上来说，人们一般都愿意选择声望高的职业，或者是从职业声望较低的职业流向职业声望较高的职业。但是，有时也会出现一些反常现象，如把收入高或工作地区作为择业的唯一依据，而不顾及职业的社会功能和个人的能力特长。

三、环境因素

职业环境和个体所处的外部环境同样对职业生涯具有重要影响，不同的环境因素在不同的情景下对人的职业生涯的影响各不相同，影响的程度取决于主客观因素相互作用的结果。外部环境因素包括职业环境和个人环境两部分。职业环境包括宏观环境中的政治、经济、科技、文化、人文、地理等各方面因素，中观环境中的行业、产业环境因素，微观环境中的组织环境因素。个人环境因素主要是包括家庭影响和教育背景构成的个人社会支持系统。这些因素在职业生涯规划中需要进行系统的环境分析。

第三节 主动唤醒职业意识

所谓职业意识就是人们对职业的认识、评价、情感和态度等心理活动的综合反映，是支配和调控全部职业行为和职业活动的调节器。不同人的职业意识感知会有所差异，对职场人士而言，主要表现为职业道德、创新意识、竞争意识、协作意识和奉献意识等职业素养方面；对在校大学生来说，则主要是对职业探索以及就业准备的意愿和态度。职业意识影响大学生的进取精神和学习状态，影响大学生就业竞争力的形成决定大学生就业质量。

一、为什么要唤醒大学生的职业意识

（一）大学生的职业意识薄弱状态急需改变

我国的大学生在中小学阶段几乎没有接受职业方面的启蒙教育，许多大学生的职业意识处于沉睡状态。学生的生涯发展问题几乎由家长包办，甚至受到一些非理性的职业观念的束缚。虽然近些年来高校开设职业生涯规划课程，开展初步的职业规划教育，但很多学生只是把它视为一门课程，忽视其对职业意识的启蒙与指导作用，缺乏对职业的主动探索意愿和实际行动，因此，很多大学生的职业意识仍旧处于沉睡状态，与职业发展需求严重脱节。

（二）唤醒职业意识有助于大学生的学习

职业意识影响个体对职业的认识和态度，也影响对职业目标的追求和把握。在现代社会的剧烈变动中，职业的变动成为常态，人们无可避免地会对自己的职业生涯产生困惑与迷茫。大学生如果有强烈的职业意识，将会根据社会的职业需求寻找自己的职业发展方向和目标，规划自己的学习内容和个性化培养方案，以此提升职业素养，为今后的职业发展做出更充分的准备。

（三）唤醒职业意识有助于大学生未来的职业选择

职业意识可以促使大学生在大学期间有计划、有目的、有针对性地学习，并根据实际需求不断提高职业素养和专业技能，有助于大学生职业选择的顺利进行，并提高就业成功率。同时，职业意识能够有效避免大学生在职业选择时以简单的功利主义为出发点，而忽视对自我的客观评价与科学定位，促使大学生根据自身素质、特长优势和目标职业要求进行职业素养的修炼，增强自己在职场上的适应能力和竞争力。

二、大学生在职业意识上存在的问题

（一）职业理想与社会脱节

职业理想是指人们对未来从事何种职业、期望达到何种成就的向往和追求，是个体职业价值观的体现。大学生的职业理想只有与社会需求相结合，才能有更大的价值。目前，许多大学生的职业理想是基于功利导向，根据职业报酬、发展前景、稳定与否来确立自己的职业理想，忽视了社会的需求。造成的结果是有的大学生往往把自身的生活享受放在第一位，宁愿选择工资相对较低但很轻松的工作，于是热门地区、热门职业选报的学生很多，社会急需的一些艰苦地区、艰苦的职业却少有人问津。

（二）职业目标模糊

很多大学生进入大学后很少对自己的未来职业生涯做细致科学的规划，自身定位不明确，目标不清晰。有的大学生在校期间，对本专业的认知模糊，对本专业所能从事的职业也缺乏认识，面对众多职业选择，往往不知所措，容易陷入被动等待，或者随波逐流。由于职业目标模糊导致自己的学习目标不明确，有的学生不知道需要获取什么知识，不知道自己缺乏什么，怀疑自己学习的知识没有用等，自己到底适合做什么也没有清晰的认识。这样会影响自己的学习成效和就业质量，甚至制约未来的职业发展。

（三）职业定位趋同化

职业定位是职业意识的具体体现，反映了职业意识的强度。现在很多大学生在职业定位的时候，出发点很简单并趋同。大部分学生看重单位的性质、薪资水平、地域环境、工作条件，而忽视了自我的职业兴趣、性格特点、专业水平以及社会需求等因素。这就导致在职业选择的时候的矛盾：大学生大量涌入大城市，中小城市和偏远地区缺乏大学生；机关、事业单位、国企单位的招聘竞争激烈，中小企业却难招到大学生。职业定位的趋同造成大学生就业竞争压力剧增，同时也造成学生、家庭、社会的困惑。这些现象表明大学生职业意识还不成熟，需要加以引导。

三、大学生职业意识的主要内容

大学生的职业意识与职场人士侧重点不同，主要表现为需要建立下列相关职业意识：

（一）危机意识

大学生职业危机意识主要是具有对不确定的未来职业作何思想准备、行动准备的考虑。一方面，大学毕业生数量庞大，另一方面，世界经济发展的不确定性增加，经济发展压力不小，社会提供给大学生的就业岗位并没有太多增加。这种就业形势使大学生就业压力越来越大，这就需要在校大学生有职业危机意识。大学生在校期间，要逐步认识到大学教育不是精英教育，大学毕业并不意味着就有好工作。此外，结构性失业已经成为当前大学生就业难的主要方面。这就需要大学生树立科学的职业观、就业观，明确自己的职业方向，不断发挥自己在职业发展中的主体性作用，不断增长知识和技能，提高自己的专业水平和职业素养，能适应未来职业需求，在就业危机中把握机遇。

（二）规划意识

大学生在进入大学后往往会有迷茫期，有的学生可以顺利度过，他们有的要考研，有的要出国，有的要工作，这些都是规划意识在大学生中的体现。有的则失去了目标，学习目标不明确，学习态度不端正，整天忙于谈恋爱、沉迷网络、打游戏，浪费了许多宝贵的学习时间，错失了大量的锻炼机会。缺乏规划意识，在择业的过程中往往会失去更多机会。这就警示大学生在校期间要有规划意识，一方面是规划自己的学业，另一方面就要规划自己的职业生涯，为将来的职业发展打好基础。

（三）信息意识

21世纪是信息社会，网络的飞速发展极大地促进了信息的传播，深刻改变了大学生的学习生活模式，也塑造着未来的职业生态。信息意识成为当前大学生职业意识的重要内容。面对纷繁复杂的信息轰炸，大学生要有强烈的信息意识，善于从各种信息中捕捉有用信息，敏锐把握、合理选择、有效利用，帮助自己从各种渠道获得职业信息，确立科学的职业态度，进行准确的职业定位，明确职业方向，不断深化对职业的认识，合理规划自己的职业发展道路。

（四）专业意识

专业知识和技能是从事职业活动的重要素质，是胜任本职工作的基本条件。大学生的学业主要是按专业来划分的，并与未来的职业有一定的关系。大学生中存在一种错误的观念，认为大学是锻炼能力的地方，专业学习并不重要，甚至可有可无。因此，有部分大学生不把专业课当作一回事，忽视对专业知识的学习。事实上，就业不必拘泥于专业，但大学生只有在专业知识的深入学习与反复实践中能认识到专业知识的重要性，并产生专业认同感，也才能对自己的专业、将来能从事的职业有较为清晰的认识。随着社会专业化程度的深化，专业知识的学习会影响个人的职业选择与发展。大学生在学习过程中不仅仅是学习书本知识，要不断更新自己的专业知识，提升自己的专业素养，把有用的知识转化为自身的职业意识、职业能力和职业素养，成为社会需要的专业人才。

（五）实践意识

职业素养需要通过实践活动来培育。有的大学生一方面抱怨学校的实践太少，影响自己实践能力的形成和提高，另一方面又不愿认真参加各类实践活动。这是缺乏实践意识的表现。大学生中不乏勇于实践的案例，有位大学生在入学之初就定下了创业目标，因此在校期间不断进行创业实践，在新生入学后贩卖新生需要的物品，做过二手书买卖、在网上卖过衣服、鞋子。毕业后做品牌运动鞋的代理，有个品牌厂家怀疑这个刚毕业的大学生能做成什么样子，但了解到他的各种创业实践，品牌厂商觉得这个刚毕业的大学生还是有实践能力的，于是与他建立了合作关系。由此可以看出，一个大学生在校期间的实践，不管是大实践还是小实践，对未来职业发展都是有帮助的。大学学习中要坚持理论与实践的统一、学习和应用的统一，提高分析问题、解决问题的能力，加强实践能力培养，促进职业发展的成功。

（六）责任意识

责任意识是最基本的职业意识，它可以让一个人在职业生涯中脱颖而出。日本大学生野田圣子在大学放假期间到东京帝国酒店做实习生，每天的工作是清洁厕所，要把马桶抹得光洁如新才算合格。假期结束，当经理验收考核成果的时候，她在所有人面前，从她清洗过的马桶里舀了一杯水喝下去！正是这样的责任意识，助她漂亮地迈出了职业生涯的第一步，并踏上成功之路，后来成为日本的邮政大臣。从野田圣子的案例中我们可以看到一个人的责任意识对她的成长发展有着积极的帮助。有的大学生缺乏责任意识，对自己的事情不能认真对待，对自己职责以外的一些工作，更是不但不主动去做，还会寻找借口推脱，这样就限制了自己的发展空间。大学生在日常的学习生活中应有意识地培养和强化责任意识，不要总是以"这不是我分内的工作"来逃避责任。当额外的工作分配到自己头上时，处于学习阶段的大学生们不妨把这些额外工作视为一种机遇，增强自己的责任意识。

四、唤醒职业意识的途径

根据舒伯的生涯发展理论，人的职业生涯发展分为成长、试探、建立、维持与衰退五个阶段。成长阶段：由出生至 14 岁阶段。该阶段从孩童开始发展自我概念，开始以各种不同的方式来表达自己的需要，且经过对现实世界不断地尝试，修饰自己的角色。这个阶段发展的任务是：发展自我形象，发展对工作世界的正确态度，并了解工作的意义。试探阶段：15 岁至 24 岁。该阶段的青少年，通过学校的活动、社团休闲活动、打零工等机会，对自我能力及角色、职业作了一番探索，因此选择职业时有较大弹性。这个阶段发展的任务是：使职业偏好逐渐具体化、特定化并实现职业偏好。这阶段共包括三个时期：一是试探期（15 岁至 17 岁），考虑需要、兴趣、能力及机会，作暂时的决定，并在幻想、讨论、课业及工作中加以尝试；二是过渡期（18 岁至 21 岁），进入就业市场或专业训练，更重视现实，并力图实现自我观念，将一般性的选择转为特定的选择；三是试验并稍作承诺期（22 岁至 24 岁），生涯初步确定并试验将其作为长期职业生活的可能性，若不适合则可能再经历上述各时期以确定方向。由于教育体制与学制的不同，中国学生的试探阶段略晚一些。我国大学生处于该阶段的过渡期，就业前两年为试验期。我国学生成长时期的职业启蒙教育严重不足，因此大学生还需要通过特别的途径尽快唤醒和强化职业意识，以便完成成长和试探阶段未完成的职业生涯任务。这些途径包括：

第一，构建合理的知识结构。大学生未来要选择何种职业，向哪个专业发展，都少不了扎实的基础知识。特别是随着经济及信息技术的发展，社会的产业、行业、职业结构的调整越来越快，求职者在职业发展中已不可能从一而终，职业、岗位变动成为常态，要适应这种变化，必须依靠扎实的基础知识和基本素质。专业知识是知识结构的核心部分，大学生对自己所要学习的专业知识和技术，要有深度和广度上的了解与把握。同时，要树立终身学习的理念对与专业邻近领域的知识也要有所了解和熟悉，善于将其所学专业知识领域与其他相关知识领域紧密结合起来，要根据工作需求及时建立和更新自己的知识结构，不断完善自身的知识储备，适应未来的职业需求。

第二，加强社会实践。社会实践是学生了解社会和深化自我认识的重要途径，不仅可以拓宽大学生的视野，增长技能和社会经验，还能使他们尽早接触社会，学习和了解社会需求和职场规则，破除职场神秘感。在校学生可以参加各种社团、参与教师的科研工作、积极参加暑期社会实践活动、担任班干部、寒暑假兼职等，这些活动都有利于大学生职业意识的觉醒与提高。尤其是各类专业相关的兼职，可以直接了解行业、企业、职业现状，也可以了解企业、职业对工作人员的素质、能力和技能的要求，促使职业意识内化。

第三，厘清目标需求。大学生要清楚自己未来要从事的职业，需要为自己设定清晰的、可行的、适合自己的、符合外部环境的目标或者方向。一个会计专业的毕业生，工作 5 年时间，已经换过 4 份工作。在此期间，她做过会计、销售、物流、文秘，可是她总是觉得没一份工作适合自己。看到各大报纸和招聘网站的招聘信息，却如坠入云雾中：好像自己什么工作经验都有，却又很难说达到职位描述中的要求。从中我们可以看到该毕业生缺乏明确的职业目标和发展方向，只能在工作过程中再去探索职业，不断跳槽影响了自己的职业发展。清晰的目标能促进对自己以往的知识、经验进行梳理分析，自觉解决生活学习中遇到的问题，合理地规划自己的职业生涯，进而寻找与自己职业生涯发展的契合点。

第四，拓宽视野。随着年龄的增长，就业的压力会刺激大学生的职业意识萌发，知识的增加，视野的开阔可以帮助大学生更好地激发职业意识。大学生可以通过书本、网络、他人传播的方式获取知识和信息，从家长、亲戚、朋友、老师、同学及其他熟人那里获得信息，通过他们了解他们所从事的职业，从而产生职业认知，还可以通过报刊、广播、电视、网络等传播工具获得行业、职业信息。这些途径和方法会刺激大学生关注社会对职业的需求变化，部分了解职业需要的知识、技能、能力、条件以及社会的行业、职业的发展变化，这样可以根据社会需求而发展更新自己的职业意识。

第五，学习职场榜样。大学生通过观察学习各类职场榜样，可以激发自己的职业意识。在工作中，很多人兢兢业业为社会创造价值，有的人成为社会学习的榜样。大学生通过了解这些职场典型人物，较为直观地认识到职业对人的重要性。大学生在学习生活中可以选取一些职场典型了解学习，进而认识他们所从事的职业，增强自己的职业信念、坚定自己的职业目标，培养自己的敬业精神。

思考与练习

1. 职业生涯的含义是什么？大学生为什么需要规划职业生涯？

2. 职业生涯发展的主要影响因素有哪些？结合自己的实际谈谈在职业生涯发展中如何发挥主观能动性。

3. 大学生应如何唤醒和增强职业意识？

　　大学生的主要任务是学习，但大学生的学习与中学有很大的不同，大学学习以素质提高为基础、以专业学习为主体、以未来职业发展为导向，需要将专业学习与职业前景相结合深入思考。学业规划通过思考和回答学什么、怎么学、什么时候学等问题，解决大学生学习的内容、方法、策略等问题，为自己制订一个个性化的学习培养方案，保证高质量完成学业，为就业和开辟事业打好基础。

第一节　制订学业规划的意义

　　大学学业规划是指大学生在认识自我、了解职业、了解社会的基础上，结合自身情况和社会的需求，确定专业学习的方向，对大学学业进行目标设定、内容确定及实施的过程。在尚未制订职业规划以前，制订学业规划对大学生来说非常重要。大学新生入学以后，就应当考虑大学四年的学业规划。

一、以职业发展为导向的大学学业规划

　　"学业"一词，古已有之。《墨子·非儒下》中说："夫一道术学业仁义者，皆大以治人，小以任官，远施周偏，近以修身。"《吕氏春秋·诬徒》中也有云："此师徒相与异心也……学业之败也，道术之废也，从此生矣。"而论其含义，查看《辞源》我们发现有两个：一为学习的课业；二为学问。两者相对比，一为相对狭义的解释，二为相对广义的解释。我们认为，大学生进入大学之主要目的，并不仅仅只是学习相关的课业，还有许多诸如修身、养性、齐家、治国、平天下的学问。所以，对于大学生而言，我们这里讲的学业是指学问，而不仅仅是学习的课业。学问也不单指知识，也包括做人的学问、做事的学问。

　　学业是大学生应当集中精力努力掌握的知识、能力、素质体系，具备和拥有好的学业，才会有好的就业、好的职业。大学学什么、如何学，这本身就是个很大的学问，也就是"学业规划"。与"学业"一词不同，对"大学学业规划"目前还没有一个公认的定义。不同的学者对其进行了阐述：比如有学者认为，大学生学业规划是"大学生结合客观条件，根据自身情况确立大学期间的学业目标，并为实现学业目标而确定行动方向和行动方案的过程。"[1]有的观点认为，"大学生学业规划，就是大学生根据自身情况，结合现有的条件和制约因素，为自己确立整个大学期间的学业目标，并为实现学业目标而确定行动方案的过程"[2]。

　　我们认为大学生学业规划需要厘清这么几个问题：

（一）大学学业规划的主体

　　对学问的追求是人之本性，每个人都在孜孜以求，所以每个人都可以制订自己的学业规划，不论他有没有上大学。但大学学业规划的主体是在校大学生，这是明确的主体。

（二）大学学业规划的时间段

　　学业规划是对学问的探索，那么它必然是贯穿人的一生的，所谓"活到老，学到老"，所以学业规划的时间段是人之一生，可长可短。但大学学业规划的时间段是确定的，就是在高校接受高等教育期间，也就是大学期间。

（三）制订大学学业规划的条件

　　很多定义中提到了学业规划要结合自身情况和客观条件，在这里我们需要明确的就是，对自身情况和客观条件的探索原本就是学业规划中的一个内容，而不是进行学业规划的前提条件。我们并不是将自己和外部世界都探索清楚了才来进行学业规划的，而是在进行学业规划的过程中我们边探索、边认知，边认知、边规划，边规划、边调整。

　　大学学业规划与职业规划的关系是学业规划从属于职业规划，学

---

① 郝杰、王朝丽：《构建大学生学业规划指导体系的思考与探索》，《中国轻工教育》2013年第1期，第51页。

② 李强：《做好大学生学业规划 迈好大学学业第一步》，《高教研究》2006年3月号上旬刊，第7页。

业规划是职业生涯规划在大学阶段的体现。职业规划是学业规划的导向和目标，学业规划是职业规划的前提和基础。[①]可以说大学学业规划是职业规划在大学阶段的体现，是职业规划的组成部分。由于每个高校都有专业培养方案，每一个大学生的学业目标是比较明确的，所以，作为大学新生，在没有进行职业规划思考前应该首先制订好学业规划，明确大学期间的学习目标和任务，避免出现空档期。随着对职业信息的了解增多，再考虑制订职业生涯规划。

二、大学学业规划的意义

【案例 3-1】

小宇是一名大学本科生，在填写志愿的时候填写了营销专业。然而入学之后，她发现课堂讲授的内容没有意思。"感觉好空、好假！考试的时候只要背背就可以了。上个学期有门课程我一次都没有去过，背了两个小时也过了。"于是她认为大学的课程没有意思，完全没有读的必要。小宇慢慢地越来越少去上课，挂科也越来越多，就这样在大学中混了一年多。

她的老师见了很担心，找她谈心，了解到她对现实生活中的营销还是很感兴趣的，只是觉得书本上的知识没有多少意思和用处。于是，老师建议她可以利用课余时间去兼职，做做真正的营销。小宇听了老师的话，进入一家房地产公司做兼职。聪明的她非常肯学，认真地观察公司里的老职员怎么做、怎么说。慢慢地她发现当遇到一些具体问题的时候，书本上的一些看似空洞的理论居然还真的能够起到作用。她开始反思自己对功课的态度，反思自己到底要学的是什么，也慢慢地开始重新回到课堂，重新去听老师所讲的内容……

【案例 3-2】

小雪是一名多才多艺的学生，但高考的失利让她没能进入理想的大学、理想的专业。刚进大学的时候她也曾积极参加各种课外活动，展示自己的才华，希望过上自己非常喜欢的、多姿多彩的大学生活。然而，由于对专业不喜欢，其父母更是一心一意想要女儿换一个他们

---

① 于秀国、徐世艾主编：《目标牵引式大学生学业规划探索与实践》，首都经济贸易大学出版社 2013 年版，第 13 页。

认为理想的专业。于是，小雪停掉了所有的课外活动，一门心思在学习上，努力达到可以转专业的条件，终于转了专业。转专业之后小雪发现其实新的专业也不是她自己热爱的，所以小雪学得很痛苦。这个时候父母又提出了希望她出国的想法，小雪觉得这也是一条不错的出路。再加上对新的专业新的班级都不熟悉，小雪于是把所有的时间都用在了补习落下的功课和考雅思、托福上。

大学四年，小雪脱离了班级、脱离了社团、脱离了她热爱的舞台，也脱离了社会，一门心思扑在学习上。当大四毕业的时候，她终于拿到了国外的录取通知（offer），虽然看上去成功了，但只有小雪自己知道这其中的痛苦与心酸。

离校的时候，小雪哭了，"我大学这四年除了一个offer什么也没有得到，没有朋友、没有班级、没有我自己，到了国外，我要把这些都补回来，我要好好活出个自己来……"

这两个案例，并不是个例，在高校，很多的同学不懂得来大学到底要学些什么，我们的专业到底怎样，我们的学业目标是什么，我们又该如何度过大学时光。同时，我们也欣喜地发现越来越多的大学生开始认识到大学学业规划的重要性。大学学业规划的重要性主要体现如下几个方面：

（一）社会进步需要大学学业规划

首先高等教育已经不是精英化教育，而是大众化和普及化的教育，培养的人才应该是社会需要的各行各业的劳动者和专门人才。其次是就业难已成为社会的普遍问题，但这个问题的核心不在于没有好的就业岗位，而是没有与岗位相匹配的人才。这就要求我们培养出来的学生有专业、有技能、有素养，能适应社会的需要。而要在短短的四年学习中达到社会的要求，学业规划是必不可少的。

（二）高校发展需要大学学业规划

评价高校优劣与否，非常重要的一点就是看它培养出来的学生的质量，看这些学生是不是能适应社会的需求，能不能顺利找到工作，能发挥什么作用，甚至于若干年后的发展如何，等等。而这些与大学生的学业规划密切相关。如果学生从入校的那一刻开始就开始有针对性、有方向地积累自己的专业知识、技能和职业素养，这样必然比盲目学习的学生更能适应社会的发展和需要，也必然促进学生的整体素质和质量的提高，促进学校的可持续发展。

（三）大学生个人成长需要大学学业规划

前面我们提到了社会、学校，但真正最需要学业规划也同时最能从学业规划中受益的还是大学生自己。

1. 学业规划可以激发大学生的内驱力

当我们把学业规划做好的时候，我们能清楚为什么来大学，来大学要学些什么，学习这些最终的目的是什么。当这些问题思考清楚，大学生就不是因为父母要我来读我才读，而是为了我更好的未来而读，这样能激发起其学习的内在驱动力，主动性和目标性随之增强。

2. 学业规划能够提升大学生的学习适应性

学习适应性是指个体超越学习情景中的障碍的倾向。适应性强的学习成效就更好，适应性弱的学习成效难以取得突破。进入大学后容易出现迷茫，迷茫出现的时候最难适应大学的学习和生活，而学业规划的制订有助于大学生快速走出迷茫期，找到前进的方向和道路从而适应大学学习、生活。

3. 学业规划有助于提升大学生的就业竞争力

当我们按照科学的方法制订了合理的、有针对性的学业规划后，如果我们能够按其执行，在毕业临近的时候，我们的知识、技能和素养都有非常大的提高，这必然有助于提升我们的就业竞争力，从而有利于找到理想的工作。

三、大学生学业规划和管理存在的问题

在现实中，我们发现即使有部分大学生意识到了大学学业规划的重要性，但在行动的过程中也存在种种偏差，这使得学业规划的作用和效果大打折扣，目前大学生学业规划和管理中存在的问题表现在如下几个方面：

（一）没有或者忽视学业规划，盲目学习

在进入大学之前，我国大多数的学生是不思考目标的，因为几乎所有的人都会告诉他们，"好好读书，将来考一所好的大学。"然而，进入大学后，他们开始茫然了，接下来该怎么做呢？也许有的学生会回答"找一份好工作"。但是，怎么样的工作才能算一份好工作？在大学里面怎么做才能得到一份好工作？他们的心中是没有答案的。于

是，上课、考试成为一种形式，随大流成了一个最不费力的选择。该上课时上课，该复习时复习，该考试时考试，但只是为了学而学，学业规划没有目标，如同没有灯塔指明方向。

（二）学业规划偏功用型，追求好成绩为主

还有部分的学生，他们一直都是非常用功和非常棒的"好学生"。在面对大学丰富多彩的生活和各种各样的选择的时候，他们从小到大培养起来的良好习惯让他们做出了一个最没有错误的选择——好好学习。于是，在大学期间他们的考试成绩在班中总是名列前茅，班级里的同学也尊称其为"学霸"，一切看上去都很好。但这样的成绩却没有给他们理想的结果，他们在社会交往方面不是那么得心应手，去面试的时候好像除了成绩就没有其他什么可以拿得出手的东西了。

（三）学业规划偏活动型，追求轻松快乐为主

在经历过高考的洗礼后，来到大学，没有父母、老师一天到晚盯着，他们终于获得了"解放"。更让人兴奋的是，大学有太多丰富多彩的活动了，这些活动都是他们喜欢的，他们把大量的精力投入活动中。在各种活动中他们也能有所收获，活动让他们认识了社会，能力得到锻炼提高，同时也得到了社会的认可，一切看起来是那么美好。然而等到大学学业尾期的时候，他们会发现，大学的"根"被他们弄丢了，没有拿得出手的学习成绩，甚至连毕业都困难，那他还能算一名好学生吗？

（四）学业规划不切实际，落实不力

还有这样的一类同学，他们有比较理性的分析，知道要有目标、要有规划，他们也确实这么做了。但这些规划却像水中月、镜中花，看上去很美，却与他们个人的情况和实际情况不吻合，没有可操作性，或者根本没有毅力去执行计划，慢慢地，学业规划也就成了抽屉中的一张废纸。

第二节　学业规划的有关问题

大学生在学业规划和管理中存在的一些问题都是我们所不愿意看

到的。那么，怎样才能避免这些问题呢？这就需要我们了解和运用学业规划方法，解决大学学习的问题。制订学业规划需先了解一下相关的问题。

一、学科、专业与职业的关系

（一）学科与专业

高校都设置有学科和专业。学科指一定科学领域或一门科学的分支。如自然科学中的化学、生物学、物理学；社会科学中的法学、社会学等。学科是与知识相联系的一个学术概念，是自然科学、社会科学两大知识系统内知识子系统的集合概念，是科学知识体系的分类，不同的学科就是不同的科学知识体系。专业指高校在学科知识体系的基础上结合社会分工需要而划分的学业门类。一个学科可以组成若干专业，不同学科之间也可以组成跨学科专业。一门独立学科的基本要素：一是研究的对象或研究的领域；二是理论体系，即特有的概念、原理、命题、规律等所构成的严密的逻辑化的知识系统；三是方法论，即学科知识的生产方式。一个专业的构成要素主要包括：专业培养目标、课程体系和专业人员。培养目标是人才培养规格的意义表达。课程体系是社会职业需要与学科知识体系相结合的产物，是专业的内容和结构。课程体系设置合理与否、质量高低、实施效果好坏直接影响培养目标的实现程度。学科发展的目标是知识的发现和创新。专业的目标是为社会培养各级各类专门人才。学科与专业目标的区别表明两者之间的功能和目的不同，具有不可替代性。学科与专业又是密切相关的两个概念，学科是专业发展的基础，专业是学科承担的人才培养职能。

学科、专业是两个不同范畴的概念，人们容易混淆二者的差别，专业往往被人们等同于二级学科，在这种观念指导下，造成高校人才培养存在过于学科化、知识面过窄，拓展不开，人才培养偏重于知识传授，忽视实践教学和职业需求等弊端。

（二）专业与职业

每个大学生都要选一个专业学习，专业与今后从事的工作有一定的联系，但又不是一一对应的关系。我国设有哲学、经济学、法学、教育学、文学、历史学、理学、工学、农学、医学、管理学 11 个学科门类，再细分为若干一级学科、二级学科。专业主要以学科知识体系为基础结合社会分工进行设置，更偏重知识体系的完整性。职业是按工作性质和内容进行的分类，强调利用一个或多个专业的知识或技术手段完成特定任务。因此，我国普通本科院校的专业介于学科和职业之间，专业的学习强调系统掌握本专业领域有关方面的知识和专业技能。职业强调运用专业的知识和技能完成预定任务，对人才既有专业的要求，又有职业的要求，更强调运用知识的能力。一种职业既可能有一个专业领域的知识技能要求，也可能有多个专业领域知识技能的要求。这就对大学的人才培养提出了新的要求，也对大学生本人提出了挑战。除了按专业教学计划完成专业学习任务以外，大学生往往还需要学习掌握一些其他的知识和能力，适应职业对人才的多种要求。

现在，让我们来厘清一下大学生所学专业和将来从事的职业之间的联系：

1. 专业与职业完全重合

即职业需求覆盖专业内容，职业只需要一个专业或专业内个别领域的知识，其特点是职业和专业高度一致，基本上本专业的知识和技能就能满足职业的需要。这种职业很少，主要是专业性很强的教学、研究类工作。选择此类职业的大学生，应该打好专业基础并需要进一步向高深层次发展。如果大学生要在这类职业上有更好的发展，往往需要有更深的专业造诣，需要进一步深造，如考研、读博等。

2. 专业与职业大部分重合

职业需求以一个专业的知识和技能为核心，但也需要一定的其他专业的知识与技能。大部分大学生毕业后会从事这样的职业，既能发挥专业所长又满足职业的需要。这种情况需要大学生适当拓宽一些知识和技能领域，增强工作的适应性。

3. 专业与职业小部分重合

许多职业需要多个专业领域的知识和技能，大学生所修的专业只能部分满足职业部分的要求，或者说一种职业同时需要多个专业的知识和技能。例如营销专业的学生今后从事营销工作，既需要营销方面的专业知识和技能，还需要相关行业或产品的专业知识。选择这类职业的大学生应在学好专业知识的同时，兼顾其他专业知识技能的学习，或辅修其他的专业，把自己打造成复合型的人才，适应未来职业的多种要求。有些则需要在工作过程中边干边学。

4. 专业与职业无重合

有的职业对专业的要求不高或基本没有专业知识和技能的限制，具有一定的智力、能力和体力条件都可以完成工作任务，例如一些简单劳动或重复劳动为主要内容的工作。

5. 专业与职业疏离

这种情况倒不是职业不需要专业知识与技能，或者专业没有用，而是大学生选择了与所学专业无关的工作，即专业不对口或工作与专业相关度很低。这种情况有主动性疏离和被动性疏离两种情况。主动性疏离主要发生在不喜欢所学专业和相关职业而选择了与所学专业无关的工作，被动性疏离发生在就业困难被迫选择无关职业的情况。面临这种情况的大学生更应该及早有所准备，避免就业的被动局面。一般应尽可能调整专业，如果无法调整专业，则辅修其他专业或修读双学位，或者通过考研、考博、出国深造等途径改变专业方向，或者通过自学拓宽自己的专业知识领域和技能。更为重要的是需要及早进行职业规划设计，寻求好的解决方案，否则很容易造成大学四年时间、金钱的浪费以及心理等方面的问题。但是也要注意冷门专业不代表没有社会需求，或者未来仍旧冷门，不能以专业冷热程度为唯一依据，这就需要大学生有一定的预见性、前瞻性和适应性。

此外，每种职业都有自身的工作规范和要求，有些是显性的，有些是隐形的，我们把它称为职业要求。例如职业道德、职业操守、操作规程、职业礼仪、职业形象等。这些要求和规范大多不能被专业教育所包含，需要在实际工作岗位上学习和训练。有些用人单位用这些职业要求来要求毕业生，希望大学生一参加工作就是熟练工作者，这是脱离实际的，但也提示大学要加强实践能力的培养。对大学生特别是普通本科院校的大学生来讲，就业难在用人单位对职业素养的高要求和大学生缺乏职业知识和技能训练之间的结构性矛盾。这是大学人才培养中不足的部分，也是需要大学生认知和弥补的地方。大学本科教育以专业教育为主，从就业的需要来说，如果专业面太窄，可能使学生就业受到更多的局限，因此，兼顾职业教育，适当拓宽大学培养的内容、强化实践和能力培养，是高校需要考虑的现实问题，也是大学生需要重视的实际问题。但是无论如何高校都不可能为每一个学生制订一套培养方案，学生的个性化培养方案只能靠制订学业规划和职业规划来解决，学业规划就是学生个人层面制订的使自己的学习更符合社会的多样化要求的个性化解决方案。

对不同专业的就业领域的分析可以为我们的学业规划和就业提供参考（见表3-1）。

表3-1　专业与职业的关系（以汉语言文学专业为例）

专业	目标去向	细分	岗位	工 作 内 容
汉语言文学	企业	文案策划	策划宣传部分	活动的策划、宣传……
		行政管理	文员	办公室日常工作、接待来访来电……
		人事管理	人事专员	人员招聘、薪酬计算、社保手续办理……
		市场营销	营销专员	策划方案设计与实施……
	报社、杂志	编辑		编辑策划……
		记者		新闻信息认定、采访、撰写……
	党政机关	公务员		（因具体岗位而异）
	事业单位	学校	教师、行政	教书育人、行政管理
		村干部	村委会主任助理等	协助完成村中各项事务
		两项计划	志愿者	到偏远山区或者不发达地区开展教育、卫生、扶农等方面的志愿工作
		其他事业单位招考	事业编制员工	（因具体岗位而异）
	参军入伍	考取士官	军人	服兵役、学习
	创业	自主创业	负责人或部门负责人	全面负责创业工作或负责创业项目的设计开发、市场开发或生产等工作
		家族企业	员工	全面学习

谈到专业与职业的关系，不得不谈的是转专业问题。在入学后，不少同学为到底要不要转专业而纠结，让我们先看两个案例。

【案例3-3】 冬晴的专业选择

冬晴是一个非常聪明的姑娘，她的母亲是一名英语老师，这让她的英语水平相当不错。但高考之后她被录取到法律专业，她的妈妈希望她转英语专业，她自己也有这样的想法。于是在进入学校后不久，她来找老师，询问转专业的事情。老师询问了她转专业的理由，希望她慎重考虑一下转专业的事情，并且提了一些建议：1.目前她对法律专业还不了解，所以也谈不上喜欢不喜欢，但从目前的情况来看并不讨厌，所以建议她对法律专业做进一步的了解。2.英语是一门应用性学科，从将来就业的角度来说，如果拥有英语这项技能的同时还拥有其他的学科背景，比单纯的英语专业的就业来得更为广泛一些。3.法律进行细分后，有一块是和英语的结合非常紧密的，就是国际公法、国际私法和国际经济法，如果她特别喜欢英语，今后可以在这三门法律上下功夫，肯定能够有所为。

听了老师的建议后，冬晴回去认真地进行了思考，和父母商量后，决定不转专业了，开始英语和法律的同步学习。

在接下来的日子当中，冬晴全身心地投入大学的学习和生活中，并且特别关注与国际法相关的内容，同时确定了今后要出国读研的想法。

在她大三的那一年，学校里和美国一所大学洽谈一个合作项目，对双方都考核优秀的人才可以送去攻读硕士研究生。因为英语口语和人际交往能力都非常突出，冬晴在这个项目的谈判过程中被选中接待对方专家，并且给对方专家留下了非常好的印象。一年之后，冬晴大四了，冬晴也申请了该项目。在申请的过程中她再次与对方联系，由于之前给对方留下了非常好的印象，冬晴不仅考核通过，甚至对方还替她争取了奖学金。毕业之后，冬晴来到美国攻读法律。

在美国读研期间她依旧非常努力和认真，甚至通过了连许多美国人都难以通过的美国纽约州律考，随后，考取了荷兰的博士，继续攻读博士学位。在荷兰攻读博士期间，冬晴又积极申请社会实践，通过考核进入联合国国际法庭担任实习生，并且在毕业之后成为其中正式的一员。

【案例3-4】 子琳的专业选择

子琳是一个相对内向的女孩子，高考的时候因为分数不理想被录取到中文专业，但她的心中有一个会计梦，一心想当一个会计。但是因为不符合学校转专业的条件，她无法通过转专业来实现这个梦想，于是她来咨询老师，希望老师能够给予帮助。老师给她指出了两种方法，一种是辅修，辅修会计相关的专业课程，并积极参加会计从业资格的考试，获取今后从事会计工作的条件。二是进行双专业的学习，修完所有会计专业的课程获得会计专业的学位证书。但这条路会非常辛苦，而且通常学生要5年才能完成，也就是要在学校多待1年。

子琳通过考虑，选择了第二条路。她是一个非常刻苦的学生，因为心中的目标非常明确，她投入了双倍的时间到学习中去。一是认真学好自己的本专业，最起码也要保证能够拿到毕业证和学位证；二是努力的学习会计专业，同时还积极地参加了会计从业资格证的考试。

经过不懈的努力，子琳仅用4年的时间就完成了两个专业的学习，在毕业的时候同时拿到了两个学位，毕业之时也相当顺利地找到了自己理想的会计工作。

两则案例告诉我们，是否转专业其实是在进行两项职业之间的对比，而不仅仅是两个专业之间的对比。所以，如果你真的要考虑转专业与否的时候，以下两个问题是你必须要考虑的：（1）我对现在的这个专业熟悉不熟悉，知不知道它要学些什么内容，我是不是真的不喜欢甚至很讨厌这些内容？这个专业要从事什么工作，我这种性格是否适合？（2）我对想转的这个专业熟悉不熟悉，知不知道它要学些什么内容，我是不是真的很喜欢？这个专业要从事什么工作，我是不是很适合这份工作，是不是一定要从这个专业毕业才能获得这份工作？对第二个问题的思考尤其重要。在现实的生活中，很多的同学想转专业只是源于对新专业海市蜃楼般的喜爱，或者对热门专业的追捧，真实情况并不了解。

专业并不是职业发展中的唯一或者决定性因素，社会中不少的企业在招聘的过程中越来越忽视专业的差别，除了部分专业性非常强的工作之外，很多的工作对专业并没有限制。所以，我们不必过于纠结于专业本身，而应该专注在知识上、素养上，哪怕你所学的专业并不是你最喜欢的，你也可以通过自己的努力主动寻找机会调整学习内容，规划好大学生活，使专业问题不成为今后职业发展的障碍。

二、职业对大学生知识结构和能力的要求

随着现代社会科学技术的快速发展，社会分工越来越细，职业对于大学生的知识结构和能力的要求越来越具体。许多大学生对各种课程选择和学习的态度往往以有无用处为标准，觉得有用就学，觉得没用就被动应付。这是不正确的，其一，你的感觉未必正确；其二，现在没用不等于将来没用；其三，知识多多益善，书到用时方恨少。学习态度端正了，学习的问题大部分就解决了。从学以致用的角度来看，我们要从未来职业发展的立场出发，根据构建知识结构的需要来选修课程拓展知识、培养锻炼各种能力。大学生学业规划和管理，除了专业知识的学习外，还要学习建立起未来工作所需要的知识结构和能力。

（一）职业对大学生知识结构的共性要求

1. 宽厚扎实的基础知识

基础知识作为知识结构的根基，是每个大学生的基本素质。大学生无论选择何种职业，也不管向哪个专业方向上发展，都少不了宽厚扎实的基础知识，主要是基本的人文社会科学知识和自然科学知识。

2. 精深的专业知识

专业知识是知识结构的核心部分，也是各类人才知识结构的专业特色所在。所谓精深，是指大学生对自己所学习专业的知识和技术具有一定深度、一定范围的深入了解和掌握，对概念体系、理论体系、研究方法、学科历史和现状、国内外最新信息等都要了解和把握；同时，对专业临近领域的知识也要有所了解和熟悉，善于将其专业领域与其他相关知识领域紧密联系起来。

3. 现代管理和社会知识

现代社会快速发展，信息爆炸，新知识层出不穷，大学生掌握一定的现代管理和社会知识是对大学生的基本要求。如果能做到同时具备快速适应工作的能力则会受到用人单位的青睐。

4. 必要的职业知识

我们反复强调大学生要具有职业生涯和职业规划意识、涵养职业

素质，其中包括掌握必要的通用和特定的职业知识。

（二）不同类型的职业对大学生知识结构的不同要求

不同的职业对大学生知识结构的要求不尽相同。大学生要清楚自己的目标职业对知识结构的要求。以下列四种类型的职业为例说明不同类型的职业对大学生知识结构的要求不同：

1. 科研类职业的要求

该类职业主要指从事基础理论研究和学科应用技术研究等的职业。该类职业对大学生的知识结构要求是：具有丰富、坚实的专业基础知识，掌握严谨和科学的研究方法并能运用于实际研究中，掌握大量本专业的当代研究的前沿信息，熟练掌握本专业的各种试验方法和调查方法并能用于实际工作中。

2. 教育类职业的要求

该类职业包括大学教师、中学教师以及各类职业教育教师、干部培训教师等。此类职业对大学生的知识结构要求是：具有扎实的专业知识，熟悉本专业最新研究成果及其发展趋势，了解与本专业相近的新兴边缘学科或交叉学科的情况，具备较高的文化素养，达到真正的博学。

3. 管理类职业的要求

该类职业包括国民经济管理、企业管理、金融管理、行政管理等社会工作。此类职业对大学生知识结构的要求除了具备共性的专业管理知识外，还必须掌握相关的法律知识，了解税务、工商、外贸等其他管理知识。

4. 工程类职业的要求

该类职业的范围包括各行业中从事工程技术应用工作的职位。此类职业对大学生知识结构的要求是：牢固掌握所学的专业知识，具有较新的现代专业理论，掌握实际应用技术知识及一定的管理知识。

三、了解你的各种可能选项

大学生通常都要为毕业后的出路做出抉择。一般来说，大学生毕业时的出路主要有直接就业（包括考公务员）、考研、出国深造、自主创业几种选择。无论是作何选择，都需要及早考虑，适当的时候做出决定，不要犹豫不决以致影响学业，耽误青春。

（一）就业

大学学习很大程度上是为就业所作的准备，对多数学生来说，毕业后就业是不二的选择。就业的方向也是多种多样的，比如公务员、事业单位、国有企业、三资企业、民营企业等。不同的单位实际上区别是非常大的，我们一方面对这些区别要有所了解，另一方面也要懂得，有些技能在就业的时候是通用的，这就是自身的高素质和过硬的本领。

上大学就是大学生为就业作准备的最好时间，必须充分加以利用。如果你将大学毕业后直接就业作为最终选项，那么大学期间在专业学习的同时要抓紧了解职业信息、强化职业技能的训练、经历磨炼，使自身既有扎实的专业知识、又有过硬的实践技能、更有高层次的个人素质，树立积极态度和市场经济观念，不断提高自己的竞争意识和综合竞争能力。同时，你要学习就业知识和技巧，为就业做好充分准备。

（二）考研

有些大学生会选择大学毕业后进一步提高学历层次，参加考研。在选择考研的时候，我们首先应该想清楚我们到底为什么考研。以下是常见的考研原因：

1. 立志于学术研究

这是读研学生中理由最为纯粹的一种。在大学生中有一部分人热心于学术研究或教学等专业性强的工作，读研是他们的必然选择。很多理工科学生感慨大学四年只能对专业略知一二而已，要想在这一行干下去，非继续读研不可。

2. 缓解就业的压力

就业形势严峻，在"最难就业年"之后还有"更难就业年"，对部分没有准备好面对社会的同学来说，考研成了一个缓冲带，内心祈盼也许三年后就业形势好了，等研究生毕业就能找到好工作了。

3. 改变命运

有些同学有一个重点大学的梦，希望能够进入北京大学、清华大学等名牌大学读书，圆自己的"重点大学梦"。研究生考试放宽报考资格以后，许多大专生，以及一些非重点大学的学生视研究生考试为"第二次高考"，作为改变命运的契机，拥有一个名牌大学的研究生学历，能在很大意义上弥补自己错失理想大学学习的遗憾。

4. 获得更理想的工作岗位

随着对社会认知的深入，不少同学发现很多优质的工作岗位对求职者的学历有更高的要求，或者即使是同样的企业，研究生可以进管理岗而本科生只能进普通岗，在这种情况下，为了能进入心仪的单位和岗位，能有更高的起点，不少同学选择了考研。

5. 其他

有些同学是在父母的要求下走上考研之路的，或者看见身边有很多的同学都加入考研的队伍了，自己也没有明确的方向，那也就干脆考研试试吧，等等。

以上给出了多种读研的理由，最重要的就是想告诉大家，在选择考研之前，一定要清楚自己想要的是什么，一定要知道哪条道路是最有效、最适合自己的。如果你做出了考研的决定，那么应该按考研的目标做好大学四年的学业规划，尽早准备，要了解考研的有关政策规定、了解考研的相关信息、决定自己考研的方向。准备考研的同时也要做好考研失败的预备方案，以免措手不及。

（三）出国深造

出国深造最大的吸引力就在于出国本身。出国的经历，不仅能够提高外语水平，也能够比较全面地了解国外的各个方面的情况，获得国外教育资源，开阔眼界，增长见识。

对那些即将出国或考虑出国的人来说，在出国以前，不妨静下心来思索一下，问自己一些问题，比如：我为什么要出国？我想去哪个国家留学？我想去什么大学读书？我想选择什么样的专业？留学期间，我能学到什么东西，我想达到什么目标？

现代高校都处于国际化的大背景下，不少的学校都和国外的学校有交流、合作。这其中有短期交流、长期交流，有一些是公费的、也有一些是自费的，同时还有假期的游学项目等，甚至不少学校还有合作可以拿双学位的项目。如果你发现自己对出国有一定的兴趣，不妨仔细了解学校这方面的政策、信息，多去听一些宣讲会，了解其他国家其他学校的情况，通过交换、交流、游学等来了解自己到底要不要出国，去哪里读什么最合适。一切考虑清楚之后，需要切实付出努力一步步实现出国深造梦。

（四）自主创业

自主创业是大学生的职业选择之一，国家、社会给予大学生创业非常多的优惠条件，不少高校也极为重视创业教育，鼓励和支持大学生自主创业。有些学校有创业园，有些有创业班，还有些有创业学院，都是给那些有创业想法的学生提供学习、实践的平台。随着大学生就业压力日益增大，就业观念急剧转变，越来越多的大学生选择了自主创业这条职业路径。大学生创业能提高自己的能力、增长经验。如果创业成功，还可以实现自己的理想，证明自己的价值。然而，并不是所有的大学生都适合自主创业这条道路，我们可以利用大学时间充分探索，发现自己不适合的时候及时掉头，如果发现非常适合自己，那就需要当机立断，在时机成熟的时候义无反顾走上创业的道路。创业知识相关内容请参阅本书第四篇创业指导。

第三节　制订学业规划

学业规划的重点是解决大学生学什么、怎么学、什么时候学的问题，这是大学新生对职业还没有足够认识的情况下对大学生活所做的阶段性安排，它着重于知识体系的建立、基本能力的培养和综合素质的提高。当我们对职业有了足够认识和了解后，就可以针对个人的职业发展方向和职业目标，融合学业规划的内容制订大学生职业生涯规划。

一、正确认识自我

客观地认识自我、正确评价自我是做好学业规划的前提。

首先，分析自己的兴趣爱好，认定自己想做什么。兴趣是理想产生的基础，兴趣与成功概率有明显的正相关性。兴趣可以造就伟人，兴趣可以使人为自己所钟爱的事业奋斗终生。大学生首先要辨别自己的兴趣爱好是什么，择己所爱，选择自己喜欢的专业、课程、课外读物和活动，根据个人兴趣和期望确定需要选修的课程。

其次，分析自己的能力、特长和不足，确定自己能做什么，需要提高什么能力。能力是人的综合素质在现实行动中的表现，是正确驾驭某种活动的实际本领、能量和熟练水平。能力是实现人的价值的一种有效方式，也是支配人生命运的一种主导性的积极力量。任何职业都要求从业者具备一定的能力，具备一定的条件，所以结合自己的兴趣爱好，在认定自己想做什么的基础上确定已经具备的能力和应该培养的能力。

二、深入认知专业

专业认知就是对所学专业的培养目标、知识体系、课程设置、学习方法以及职业发展方向和职业素质进行系统而全面的认识。[①]从专业认知的内容来说包括专业学习认知和专业发展认知。专业学习认知的内容包括专业的培养目标、知识体系、课程设置、课程内容、学习方法等。专业发展认知的内容则包括专业的职业发展方向和所需的职业素质能力。专业学习认知要认真研究专业培养方案，还可以通过查看各个专业的招生简章，听各个专业老师讲授的专业导论课，可以直接通过向学长、老师或辅导员直接询问，查看专业的信息，分析了解往届学生的就业去向，还可以通过社会实践和专业实习了解等方法开展。无论通过哪一种方式获得，对专业的认知都是大学学业规划中最为基础的，也是最重要的步骤之一。

除了对所学专业的相关知识进行了解之外，专业认知还需要了解一些相关专业的信息。以工商管理专业而言，除了对工商管理本专业有所认知之外，还需要对其相关的财务专业、人力资源专业、营销专业有所了解。在现代化社会，专业相关联以及跨专业就业已经成为常态，尤其是相关专业之间交叉就业更是非常普遍，所以我们还需要对相关专业进行了解。此外，还要了解其他相关专业的培养方案，以及学校关于辅修、双学位或考研等方面的政策和信息，根据个人兴趣和期望确定需要选修的课程。了解学校专业培养方案外需要增加的学习内容，如需要补充学习的课程、阅读的书籍、完成的社会实践、实习等环节。

---

① 于秀国、徐世艾主编：《目标牵引式大学生学业规划探索与实践》，首都经济贸易大学出版社 2013 年版，第 68 页。

三、分析社会要求

着眼将来、预测趋势，根据社会不断发展变化的需求调整自己的应对策略。了解社会对大学生的普遍要求和职业对人才的特殊要求，把自己的兴趣爱好、能力特长、社会需要结合起来，把想做什么、能做什么、社会要求什么有机结合起来。几方面的结合点和链接处正是大学生学业规划的关键所在。这些社会的需求可以通过实习、实践和网络、与过来人的访谈等来获得，比如麦可思公司的调查报告（见表3-2、表3-3）。

表3-2　20××届本科毕业生社会需求量较大的职业（前50位）

职 业 名 称	就业比例（%）	职 业 名 称	就业比例（%）
会计	4.8	销售经理	1.1
文职人员	4.5	翻译员	1.0
行政秘书和行政助理	3.0	个人理财顾问	1.0
计算机程序员	2.3	柜员和租赁服务员	1.0
出纳员	2.1	计算机软件应用工程师	1.0
小学教师，特殊教育除外	1.8	电气工程师	0.9
其他销售代表、服务商	1.4	化学技术员	0.9
初中教师，特殊和职校教育除外	1.3	教育、职业和校园顾问	0.9
审计员	1.2	客服代表	0.9
电子工程师（不包括计算机工程师）	1.1	其他工程技术员（除绘图员）	0.9
机械工程师	1.1	办公室管理人员和行政工作人员的初级主管	0.8
建筑技术员	1.1	编辑	0.8
汽车机械技术员	1.1	采购员	0.8
人力资源助理	1.1	高中教师，特殊教育和职业教育除外	0.8
土木工程技术员	1.1	机械工程技术员	0.8

续表

职 业 名 称	就业比例（%）	职 业 名 称	就业比例（%）
其他工程师	0.8	电气技术员	0.6
销售代表（批发和制造业，不包括科技类产品）	0.8	管理分析人员	0.6
互联网开发师	0.7	图像设计师	0.6
计算机系统软件工程师	0.7	其他种类的人力资源、培训和劳资关系专职人员	0.6
金融服务销售商	0.7	市场经理	0.6
施工工程师	0.7	市政行政办公人员	0.6
土木工程师	0.7	室内设计师	0.6
新账户办事员	0.7	电子工程技术员	0.5
信贷面谈员和办事员	0.7	警察	0.5
电厂操作员	0.6	销售工程师	0.5

表 3-3　20××届本科毕业生从事的前 50 位高薪职业及其对应专业（前 3 位）

本科毕业生月收入较高的前 50 位职业	毕业半年后平均月收入（元）	职业对应的本科专业名称		
互联网开发师	4 803	计算机科学与技术	软件工程	信息管理与信息系统
信贷经纪人	4 632	金融学	国际经济与贸易	工商管理
个人理财顾问	4 547	金融学	国际经济与贸易	会计学
建筑师（非园林和水上景观）	4 521	建筑学	艺术设计	城市规划
销售代表（医疗用品）	4 516	药学	制药工程	市场营销
计算机软件应用工程师	4 502	计算机科学与技术	软件工程	信息管理与信息系统
信贷面谈员和办事员	4 449	金融学	国际经济与贸易	会计学

续表

本科毕业生 月收入较高的 前50位职业	毕业半年后 平均月收入 （元）	职业对应的本科专业名称		
网络设计师	4 429	计算机科学 与技术	艺术设计	工业设计
市场经理	4 414	市场营销	国际经济与 贸易	工商管理
计算机系统软 件工程师	4 406	计算机科学 与技术	软件工程	信息管理 与信息系统
贷款顾问	4 303	金融学	国际经济与 贸易	会计学
警察	4 299	犯罪学	治安学	侦查学
总经理和日常 主管	4 287	工商管理	市场营销	国际经济 与贸易
计算机程序员	4 248	计算机科学 与技术	软件工程	信息与计 算科学
税收监察者、 征收人和税收代 理人	4 142	会计学	财政学	财务管理
采矿和地质学 的工程师，包括 采矿安全工程师	4 124	采矿工程	安全工程	矿物资源 工程
软件质量鉴定及 检验工程师	4 101	计算机科学 与技术	软件工程	信息管理 与信息系统
金融服务销 售商	4 096	金融学	国际经济与 贸易	会计学
新账户办事员	4 091	金融学	国际经济与 贸易	会计学
市场研究分 析师	4 088	市场营销	国际经济与 贸易	工商管理
销售经理	4 064	国际经济与 贸易	市场营销	英语
一线销售主管 （非零售）	4 044	市场营销	国际经济与 贸易	工商管理

续表

本科毕业生月收入较高的前 50 位职业	毕业半年后平均月收入（元）	职业对应的本科专业名称		
出纳员	4 022	金融学	会计学	国际经济与贸易
柜员和租赁服务员	3 996	金融学	会计学	国际经济与贸易
一线销售主管（零售）	3 991	市场营销	工商管理	国际经济与贸易
销售工程师	3 965	市场营销	国际经济与贸易	英语
电子工程师（不包括计算机工程师）	3 941	电子信息工程	通信工程	电子信息科学与技术
计算机支持专家	3 941	计算机科学与技术	信息管理与信息系统	软件工程
城市及区域规划人员	3 914	城市规划	资源环境与城乡规划管理	土木工程
电气工程师	3 913	电气工程及其自动化	自动化	电子信息工程
审计员	3 877	会计学	财务管理	审计学
房地产经纪人	3 875	广告学	土木工程	市场营销
管理分析人员	3 873	市场营销	工商管理	国际经济与贸易
土木工程师	3 843	土木工程	工程管理	水利水电工程
其他计算机专家	3 836	计算机科学与技术	信息管理与信息系统	软件工程
开采石油、天然气、矿山的技术员	3 804	电气工程及其自动化	采矿工程	石油工程

续表

本科毕业生月收入较高的前50位职业	毕业半年后平均月收入（元）	职业对应的本科专业名称		
公共关系专家	3 747	国际经济与贸易	广告学	新闻学
生产及操作人员的初级主管	3 742	市场营销	工商管理	计算机科学与技术
培训和发展专职人员	3 737	人力资源管理	工商管理	国际经济与贸易
翻译员	3 731	英语	日语	法语
发电站、变电站和中继站的电子和电气修理技术员	3 700	电气工程及其自动化	自动化	通信工程
通信设备的安装、修理技术员	3 686	通信工程	电子信息工程	计算机科学与技术
计算机硬件工程师	3 681	计算机科学与技术	电子信息工程	通信工程
网络和计算机系统管理员	3 664	计算机科学与技术	网络工程	通信工程
测量师	3 650	测绘工程	土木工程	地理信息系统
房地产销售经纪人	3 644	市场营销	国际经济与贸易	工商管理
工业工程师	3 641	工业工程	机械设计制造及其自动化	工业设计
施工工程师	3 573	土木工程	工程管理	建筑环境与设备工程
舰艇建造师	3 569	船舶与海洋工程	轮机工程	能源与动力工程
数据库管理员	3 545	计算机科学与技术	保密管理	信息与计算科学

　　分析专业调查机构历年的数据资料，不仅可以了解历年各项职业的供需变化趋势、就业动向等信息，而且有利于各个专业的大学生合理利用数据，预测行业、职业发展态势，及早制订学业规划，调整自身的职业技能、素质的培养。

四、明确学业目标

　　确定大学四年总目标及各学期的学习和培养目标是学业规划的必要步骤。谈到大学学业规划的目标，这其实是一个相当个性化的选择，比如有的学生会选择博览群书，有的学生会选择专攻一方。但当我们将大学学业规划设定为"以职业为导向"的时候，大学学业规划的目标就具有一定的共性了。单一专业知识的人才在现代社会已经无法适应现实的需要，有专长但同时又多元的复合型人才才是用人单位需要的。因此，在树立学业目标的过程中，专业知识、专业技能、职业素养构成了大学学业规划的核心三要素。

（一）构建合理的专业知识结构

　　职业院校以职业教育为核心，本科院校以专业教育为核心安排培养方案。专业知识的学习是大学学习的一个非常核心的内容，可以称为大学教育之本。但这里的专业知识并不局限于所就读的专业，还包括其他相关专业的知识。以法律专业为例，我们除了具备相应的法律知识，还要掌握与之相关的经济、证券、贸易等相关联知识。这些相关联知识不一定都要掌握精深，但可以选取其中的一到两科作为自己的辅助专业知识，使自己具备成为复合型 R、T 型人才的基础。

（二）掌握基本的专业技能

　　本科院校围绕专业设计大学生的能力培养方案，每一个专业都有其基本的专业技能要求，有一些是通用技能，需要大家都掌握的，这些技能往往不受专业、职业的限制，是通用的，比如办公软件的操作、人际交往能力、组织协调能力等。另外还有一些则是专业特色的技能，比如计算机的编程、设计的绘图等。专业技能一般也是职业技能的一部分，但不是全部。不同的专业有不同的基本技能，这些技能需要了解，更需要掌握。专业不完全是以职业、岗位要求设置，因此专业在适应职业的需求方面有一定的局限性。为了拓宽就业选择范围，增强就业适应性，多数学生既要掌握专业技能，拥有一技之长，又需要拓展技能，参加一些通用技能或特殊技能的训练，增强就业的能力。这可以根据每个人的需要和学校、社会可利用教育资源的情况进行适当安排，许多的能力培养和技能培训是在培养方案以外进行的，需要事先规划，同样需要花费大量课外的时间精力去完成。所谓"学以致用""技不压身""一技之长"这些都是经验之谈，值得借鉴。许多同学想学却不知应该学点什么，主要的就是不知如何做选择和规划。

（三）具备良好的职业素养

职业素养是一个比较概括性的定义，有许多地方将其与职业素质等同起来，也有些认为它包括在职业能力之内。本书将职业能力之外的其他对求职者的要求统称为职业素养，包括对身体素质、心理素质的要求，道德水平的要求等。越来越多的企业宁可任用能力弱一点的求职者，也不要品德不好的求职者；宁可要学得慢的员工，也不要心理素质差的员工。这说明职业素养是社会对大学生的要求。综合素质或职业素养的形成，除了学校的课堂教学获取之外，主要还是依靠个人自我修炼，比如阅读大量课外书籍、经常进行自我反省总结、参加实践锻炼、向职场人士学习、与老师同学朋友交流等。

拓展资源

五、确定学习任务

（一）基础任务

大学四年最基本的目标是按期获取毕业证、学位证。在学业规划的基础任务中，获取毕业证、学位证是必须要放进去的第一项任务。很多同学以为进了大学就是一名真正的大学生了，但实际上，进入大学，只是获得了成为大学生的资格，而要真正成为一名大学生，是要以毕业的时候获取毕业证为条件的。而学位证书，则是证明学生专业知识和技术水平而授予的证书，更能表明学习的成效。在求职的过程中，很多单位对学位证书都有要求。

【案例 3-5】 张裕的学业

张裕高考的时候是他们当地的佼佼者，进入大学后他学的是土木工程专业，但这并不是他喜欢的专业，张裕一心想去的是银行，想学的是金融专业。但苦于不符合转专业的条件，于是大学对他而言就成了各种混。四年后当他的同学都毕业了，他还在学校。留了一级的张裕开始思考自己的人生，他开始意识到哪怕是自己不喜欢的学科，最起码也得把毕业证拿到，获得本科生的身份，这样才有进入银行从业的可能性。于是他开始疯狂的学习，将落下的 20 多门功课一点点地补回来。然而，到毕业的时候他还有一门功课没有考核通过，于是，当他的第二批同学都高高兴兴拿着毕业证的时候，张裕拿的却是一张结业证。张裕心中的那个难过无以言表。幸运的是，根据学校的规定，他在下学期开学后还有最后一次补考的机会。于是，张裕利用暑假拼命补习他最怕的那门高等数学课程，一直做到看到题目就基本知道该怎么做了为止。这个时候他发现，只要真的用心，也没有什么是学不会的……

暑假过后的补考，张裕顺利通过了最后一门，终于拿到了毕业证，也终于迈出了通往银行大门的第一步。

可是，现在许多高校都取消了"清考"，你还会有这种"幸运"吗？避免走到张裕同学的地步才是最重要的。

【案例3-6】　郑强的学业

郑强是一个非常聪明活泼的学生。他在家中经商的环境中长大，这让他锻炼出非常棒的社会交往能力和活动组织能力。进了大学后，他也没让父母失望：参加学生会担任外联部部长，把各项工作做得有声有色；利用课外的时间创业，小小年纪就可以自己支付自己的学费；假期更是会用自己赚的钱到全国各地旅游，结识了很多志同道合的好朋友。郑强成了学校里面的风云人物，也是大家心目中的成功者。

但唯一不是那么出彩的是郑强的学科成绩，总是偶尔会出现一些挂科的科目。临毕业的时候，当大家还在辛苦找工作的时候，郑强已经拿到了一家国资背景的大公司的录取通知，这让他很得意。但这是一份附条件的录取通知，前提是郑强必须要可以毕业并且拿到学位证书。郑强赶紧去老师那里了解，自己能不能拿到毕业证书和学位证书。老师帮他认真审核了一下，发现毕业证书可以拿到，但是学位证书因为挂科太多拿不到。这下，郑强慌了，急忙询问有没有补救的方法，但为时已晚。

最后，郑强只能放弃了这家心仪的单位，退而求其次，去了一家对学位没有要求的公司。

这两个案例让我们看到了忽视毕业证、学位证的后果。其实，许多学校的新生在进入学校的时候都会收到一本学生手册，这是我们进大学后第一本最重要的书，一般都会清楚地写明毕业和获得学位的条件。试想，我们努力了十来年，最后得到的却是一个大学的结业证或者肄业证，这意味着什么？不是虚度光阴也是荒废学业。所以，大学期间所要做的首先是必须老老实实地完成培养方案规定的所有课程和教学环节的学习任务，这是无可选择的任务，可以选择的是选修课程和对每门课程的学习态度。

（二）通用技能和专业技能的培养

技能是指在职业环境中能够解决工作中遇到的问题、完成工作任务的各种技术与能力，包括智力技能、技术和功能技能、人际和沟通技能、组织和管理技能等。在各项技能当中有一些技能是可以随个体工作变化被迁移到新的工作中，任何职业可用，且不可缺少的，这些我们称为通用技能。还有一些是受工作性质限制，可迁移性小的技能，这些我们称为专业技能。

对大学生来说，通用技能的培养是非常重要的，尤其是以下几项：计算机应用能力、社会交往能力、口头表达能力、组织协调能力、团队协作能力、解决问题能力、自学能力等。这些能力具有外显的特点，在就业求职和工作初期更多地表现出来。用人单位非常看重这些通用技能。

除了通用技能，如果你具备一些独有的专业技能证书，这也往往能够让你脱颖而出。相比通用技能，获取专业技能证书更加不容易，而且资格证书往往可以表明专业水平的高低。比如如果你通过了注册会计师考试、司法考试，获得了造价师、建造师等资格证书，这些无疑都会成为你大学中浓墨重彩的一笔。至于哪些证书是这个专业含金量高的专业技能测试，就这个问题可以咨询你的专业老师或学长，相信他们就能够给你很好的答案。你可以根据自己的目标和认知将特定能力的培养纳入学习任务。

但要注意的是，参加专业技能证书的考试一定要考虑职业发展的需要。有些同学不管职业，考了许多证，比如秘书证、教师资格证、会计从业资格证等，浪费了学习时间和金钱，对未来的就业并没有特别有价值的帮助。

【案例3-7】 小金考证

小金是一名重点高中的毕业生，但高考的时候她没有发挥好，当她的同学都去了985、211学校的时候，她却只被录取到当地的一所二本学校。但入校后的小金并没有气馁，她知道大学又是一个新的开始。

进大学的时候，小金学的是会计专业，通过咨询老师，她了解到注册会计师是会计专业中含金量最高的证书，也知道她在本科期间就可以考。于是小金详细了解了注册会计师要测试的各种科目和考试规则、考试时间以及大学里可以考几次。做到心中有数之后，小金开始备考复习，并且成为她所在学校唯一一个在大学期间考完所有科目，获得注册会计师证的同学。这点，让她所有的大学同学都非常佩服。

毕业的时候，因为有了就业金卡，小金没有把目标瞄向本地，而是顺利地进入了苏州一家上市公司任职。

（三）综合素质的培养提高

综合素质包含许多方面，我们主要来谈三类：身体素质、心理素质、品德修养。综合素质培养总体的目标也是很明确的：身心健康、品德高尚、训练有素，但要落实到具体任务中就不是这么容易了，我们必须将其明确化、行动化、具体化才能够保证目标的完成。

首先来看身体素质。当计算机和智能手机成为大学生的标配之后，很多大学生就成为低头族。而每年的体育测试则成了他们最痛苦的事情。大学生身体素质下降已经成为普遍的现象。然而，不论是生活还是工作，健康的身体都是第一位的，因此，高校才会特别强调让大学生头抬起来，脚迈出去。在竞争压力巨大的今天，谁的身体素质好，谁就是笑到最后的那个人。身体素质是我们生命中的"1"，当"1"没有的时候，后面有再多的"0"也都是没有用的，所以我们非常强调要将身体素质锻炼列入学业规划中。在对身体素质进行规划的时候，无需用抽象的语言进行描述，唯有实际的行动才能实现，比如晨跑、不久坐，良好的饮食作息习惯等。设定锻炼任务的时候一定要周期化、长期化，否则起不到锻炼身体的作用。

心理素质的培养很重要。首先我们要清楚明白一点，每个人都会遇到心理方面的问题，所以当你自己出现这方面问题的时候不要害怕，关键是在遇到心理问题的时候你能多快走出来。当我们能够快速走出情绪阴影的时候我们是健康的，但当我们长期沉浸在某一种负面情绪中的时候，我们的心理健康就可能真的出现了问题。这个时候我们能采取的方法有两种：一种是自救，一种是求救。自救是可以通过自我调节或者通过阅读心理学方面的书籍等来调节，而求救则可以通过向他人倾诉，尤其是向专业人士的倾诉并及时进行心理治疗等来改变。

品德修养的培养不容忽视。品德的培养其实远远不是大学四年能够完成或者是可以显著改善的，但因为大学处于一个高强度、高密度的学习期，所以我们还是大有可为的，比如培养责任心、意志力、吃苦耐劳、奉献、乐于助人的精神等。对这些优良的品德，一则我们可以通过加入一些优秀的群体，比如加入党组织、志愿者团体等来实现，也可以通过一些具体的活动来培养。

六、制订学业规划

找寻目标就如同大海航行中找寻航标灯，但如果总是远望着那盏灯，是无法到达彼岸的。只有找到路径、分解任务、落实行动了，才是有价值的航行。而学业规划就像一艘载你前行的航船，让你少走弯路、不迷失方向。

相对来说，大学生学业规划比较简单，关键是围绕着大学毕业的目标规划大学的学习，素质课程和专业课程的学习以学校的专业培养方案作为主要依据，在正确认识自我的基础上，根据自身实际和社会发展趋势，制订适合自己的学业规划。以一名 2022 级大一的大学生为例，他可这样为自己做一个总体的学业规划（见表 3-4）。

表 3-4　某大学生学业总规划表

学 业 规 划	时　　间
出国读相关专业的博士	2028 年~2032 年
读管理的研究生	2026 年~2028 年
大学四年学习××××专业	2022 年~2026 年

　　接着，我们可以设计一个《学业规划任务总表》（见表 3-5），将学业规划各部分的内容都归纳进去，当我们能够把这个表格填写完成的时候，学业规划的任务框架也就搭建起来了。

表 3-5　学业规划任务总表（以某高校统计专业学生＊＊＊为例）

任　　务	项　　目	具体要求、行动
基础任务	获得毕业证书	1. 所有必修课和专业选修课及格 2. 获得 1 个创新学分……
	获得学位证书	1. 必修课和专业选修课平均分 70 分以上 2. 必修课不及格科目少于 4 门……
通用技能	计算机能力	熟练应用 office 办公软件……
	社会交往能力	1. 参加至少一个社团 2. 竞聘担任班级班干部……
	口头表达能力	1. 每学期不少于五次主动上台发言 2. 参加一次全校级的演讲比赛……
	组织能力	1. 以我为主要组织者组织一次班级集体活动 2. 担任暑期社会实践小分队队长一次……
	团队协作能力	参与全院级活动的组织工作不少于两次……
	自学能力	1. 自学经济学相关知识 2. 每周去图书馆三次……
	解决问题能力	1. 参加勤工助学工作 2. 主动帮助遇到困难的同学解决问题……
专业技能	Spss 软件应用能力	应用该软件单独进行不少于五项调研课题的数据处理工作……
综合素质	身体素质	1. 每周不少于三次晨跑 2. 体育课程及格、达标……
	心理素质	1. 看心理学方面的书籍 2. 有自己解决不了的心理情绪时去学校心理咨询室或者找辅导员沟通……
	政治和道德修养	1. 大学期间入党 2. 每学期至少参加两次志愿者活动……

确定了学业目标和任务后还需要以时间为轴来进行路线设计，不断地设定短期可操作的目标，制订每学期的学习计划，每一阶段、每一学期、每一学年具体要学习些什么内容，什么时间内完成，达到什么要求等，将学业任务分配至相应的学期，明确、细化学业规划。

特别是课程的选择，要将需要学习的课程和教育环节详细罗列出来。公共课、必修课往往没有选择的余地，均须纳入个人的学业规划，而选修课的选择就很有技巧性。有的同学以容易通过拿到学分为标准选课，这就违背了根据社会的需要和职业的要求引导学习的原则，应予以纠正。当然，还可以根据个人的兴趣爱好选择一部分通识课程。如果选修第二专业还需要根据学校的规定选择相应的课程。

学业规划制订的过程会让你发现，大学期间需要学习的内容远不止于课堂教学那么一点，大学期间需要学习掌握的实在太多，大学四年时间实在是太短暂了！如果你有这样的规划安排，一定会产生不小的危机感和紧迫感。学业规划明确清晰，相信迷茫、无聊很难成为困扰你的大学生活的不良情绪。

七、执行学业规划，做好学业管理

学业规划制订完成后，很多大学生可能会束之高阁或者虎头蛇尾，结果导致有了学业规划不能实施或不能持久，最终无法实现既定的学业目标。因此，大学生需要在长期计划指导下，每天向着既定的目标前进，积少成多，聚沙成塔。学习本身一定会有许多困难，需要付出艰苦的努力才能结出硕果，需要有坚定的意志和顽强的毅力才能取得成功。

学业规划制订出来后，要自上而下地分解，制订可以执行的学习计划。以大学四年的学习为例：按照顺序确定四年的总学习目标、一年、一学期、一月、一周、一天的学习目标等逐层细化，让学业规划落实到学习生活的每一天，确保严格执行学业规划。在实施学业规划的过程中，要及时评估环境和各种条件，对自己的执行情况做出评估与反馈：每年、每学期、每月、每日进行检查评估与反馈，进而分析原因与障碍，找出改进的方法与措施。由于现实生活中种种不确定因素的存在，学业规划的设计要有一定的弹性，评估结果出来以后应及时反馈，以便自己及时反省和修正学业目标，变更实施措施与计划。要制订出完成阶段目标后对自己的奖励和惩罚措施，使自己的学习更有动力。要注意计划的刚性和柔性的结合，避免不断调整计划，最终导致计划流产。

　　再来看学业管理的问题。除制订学业规划以外，要加强对学业、学习的管理。大学课程设置和高中大不相同，大学课程内容多、进度快、约束小。除了书本知识外，很多老师会根据课程安排分享自己的工作经验（比如市场营销、国际贸易等）。海量的内容和为数不多的时间也直接导致老师讲课进度快的情况，高中一般一节课学一个例题，大学里经常是三节课讲两章，快节奏的课程安排要求你在课前预习，并在课后复习教材和课堂笔记，除此之外，阅读老师推荐的书籍，则多多益善。约束小主要表现为课堂纪律较高中宽松很多，更多地还是需要靠你自觉主动地参与学习。因此，大学的学业管理要在学业规划的基础上统筹安排，把握进度，克服困难，逐项推进，及时总结评估执行状况，适当调整，以求得学业规划内容得到较好完成。

　　每个人的时间都是有限的，如何把有限的时间最大化利用是科学规划的要求，也是学业管理的关键。大学生涯的规划一定要分清主次，权衡利弊，既要看到收益，也要看到成本，尤其是机会成本。比如一定的社团活动经验对你的沟通、组织等各方面的能力有很大帮助，但如果仅仅重视实践经验积累，而忽视了课业这一核心任务则可能会得不偿失。学习在大学里仍然是主业，只不过大家不再把学习当作唯一内容。

思考与练习

1. 谈谈你进入大学后要学些什么、做些什么？
2. 专业和职业之间是怎样的关系？如何处理好这种关系？
3. 请结合实际制订一份自己的大学学业规划。

现代管理学之父、美国著名管理学家彼得·德鲁克在《21世纪的管理挑战》中写道："历史上那些极成功的人——拿破仑、达·芬奇、莫扎特，一直都在进行自我管理，在很大程度上，也正是自我管理使他们成为伟大的成功者。今天，我们中的大多数人，甚至包括那些资质平平的一般人，也应学会自我管理。我们还应保持精神上的警觉，保证我们在50年的工作生活中每天都有所作为。"①德鲁克的这段话，深刻说明了自我管理的重要性。大学生的学习成效和毕业后的事业成效很大程度上取决于个人对日常生活、工作的有效管理。大学生自我管理包括目标管理、学业管理、时间管理、情绪管理、精力管理、身心健康管理甚至消费理财管理等诸多方面，其中时间管理是大学生最重要和最突出的自我管理问题。

第一节　大学生时间管理的问题

高占祥的《人生宝鉴》里有一个很有意思的调查材料：一个人活了72岁，他的一生是这样度过的：睡觉20年，吃饭6年，生病3年，工作14年，读书3年，体育锻炼、看戏、看电视、看电影8年，饶舌4年，打电话1年，等人3年，旅行5年，打扮5年。当然，这是个平均数，但通过这个平均数可以看到很多问题。真正可用于工作或学习的时间并不很多，如果不善加利用，时间最易损失、最易流逝。习近平主席在2019年新年贺词中，以"岁月不居，时节如流"开篇，感慨时光飞逝。的确，我们谁也抓不住时间，每个人所能做的就是珍惜时间，与时间做朋友，在有限的时间内尽可能奋斗，在年终回首一年的光阴时能发自内心地道一声"不负韶华"。

---

① ［美］彼得·德鲁克（Peter F. Drucker）著，朱雁斌译：《21世纪的管理挑战》机械工业出版社2019年版。

　　时间管理是指在同样的时间消耗下，为提高时间的利用率和有效性而开展的一系列的控制工作。从广义范围来看，时间管理不仅包括一些具体的技能，还包括现代的时间观念。从狭义上来说，时间管理包括自我管理目标设定，在规定的期限内自我计划、组织、控制、实施、反馈、修正等一些具体技能。时间具有不可变性、无贮存性、无替代性，但可以对其进行有效的管理与利用。科学合理地利用时间是现代人社会性格的一个重要标志。大学生的时间管理是指大学生为了充分、有效地利用大学时间掌握更多的知识、技能以及培养良好的素质，对时间进行的计划、控制等一系列活动。时间的管理技能是每一位大学生应该掌握并运用好的、最基本的自我管理技能，是合理、有效地运用大学时间资源的有力保障。

　　为什么说时间管理是大学生最重要和最突出的自我管理问题呢？在上大学之前，几乎每个学生基本处于严格他律的状态，即每天学习什么内容、什么时间完成什么任务都是被安排好的，身边的同学所经历的也基本一致。然而，上大学后，这种外在安排突然消失了，或者至少是减弱了。当外在的管控时间不再被安排时，还没有学会自主管理时间的大学生就容易迷失。如果不能及时学会管理时间，他们就很容易陷入被动、错乱、倦怠、消沉等不良情绪的漩涡中。时间是每个人平等拥有的资源，但对个体来说，时间其实是有限的资源。

　　朱自清在《匆匆》里写道："燕子去了，有再来的时候；杨柳枯了，有再青的时候；桃花谢了，有再开的时候。但是，聪明的，你告诉我，我们的日子为什么一去不复返呢？"朱自清的这段话其实揭示的正是时间一个不间断、不回头的"流"。我们的人生其实就是在时间流里顺流而下，没有回头的机会。因此，管理时间就是管理人生，通过不同的方式聚焦精力、分配资源对时间进行管理，获取因时间管理不同而得到的时间成果。

第二节　大学生时间管理现状

【案例4-1】　小A的时间管理

　　小A是杭州某高校的大三女生，临近期末，小A有8门功课要考试。考前一个月，小 A 开始做好计划：第一周复习《商务英语函电》《计量经济学》，第二周复习《国际金融实务》《发展经济学》……

早上 7:30，小 A 被闹钟叫醒，迷迷糊糊地睁开眼睛，发现天灰蒙蒙的，外面渐渐沥沥地下着雨。"嗯，今天天气不好，出去湿漉漉的，还不如在寝室复习。这几天挺累的，反正待寝室，时间还早，我再睡会儿。"一个半小时后，小 A 慢悠悠地起来，洗漱一番，将就着吃了点饼干、牛奶，弄完后已经接近十点。

十点，小 A 正式开始复习，《商务英语函电》翻了几页，渐渐觉得有点无聊，习惯性地打开手机，浏览微信，朋友圈这个晒好吃的，那个说哪里好玩。小 A 开始一一点赞回复，跟网上的朋友有一搭没一搭地互动起来。等回过神来，发现已经滑过了两个小时。不知不觉，到了午饭时间，小 A 又觉得饿了。

起身，换好衣服，在食堂吃完午饭。"中午晕乎乎地没法看书，不如再看一部电影吧！"小 A 这样对自己说着，随即点开了一部电影，看了两个小时。电影情节很吸引人，小 A 跟着镜头或傻笑或悲伤。当电影片尾曲出现时，她才意识到又是两个小时滑过去了，而桌上的《商务英语函电》才看了一节。小 A 觉得愧疚难当，打算坐下来好好复习。

一个小时看下来，似乎有些效果了。但看着看着小 A 又开始走神了，脑子里似乎有两个小人不停地争吵，一个说："快看快看，后面还有 7 门呢，天天复习都很紧张了！"另一个说："先休息下，只有休息好，复习的效果才会好。再说，还有好几天呢！"渐渐地，建议休息的小人占了上风。小 A 这样告诉自己："明天再看吧！先放松一下。"于是，小 A 心安理得地打开了电脑，开始浏览淘宝、新闻网页……时钟已经滑向晚上十一点，小 A 躺在床上，心里想着：明天一定要早起，要认真复习。

悲哀的是，后面几天小 A 不断地重复着她的拖延模式：几乎每天都在拖延与行动之间犹豫、徘徊，白天不停地消磨时间，等到了要真正复习时，却发现已经太晚了。于是小 A 每天晚上带着愧疚与悔恨钻入被窝，对要做而未做的事的焦虑也慢慢在梦中出现。

看了上述案例，你可曾看到自己的影子？你可曾算过自己每天花多少时间上网，花多少时间聊天，花多少时间真正用于学习或工作？

对大学生来讲，入校时有很多方面是没法做到平等的，比如家境、出身、智力、外貌、健康等，这些不平等使有些人处于较高的起跑点，有些人却处于劣势。但在时间上，大家都是公平的，每个人每天都是24小时，不多不少，它就像个特殊的银行：没有透支、没有预支、没有结转余额，且每人每天都有一个新户头。如何支配你的时间，就等同于如何度过你的一生。时间是最丰富、又是最稀有的资源，需要对时间的流向予以足够的重视。学会时间管理，它会让你的学习稳扎稳打，让你的工作条理清晰、更有效率，最终成就一个更加优秀的你。但是，很多大学生在时间管理上存在许多不容忽视的现象和问题。

一、作息时间不规律，生物钟混乱

与紧张的中学生活相比，大学生活相对轻松，课时安排并不紧凑。大一的学生，由于高中生活的惯性，一般会保持着有规律的作息时间：晚上定时早睡，早上准时起床、晨练、吃早饭、早读，然后按时去上课。然而由于高校的宽松化管理，大学生作息不规律的现象日益严重。临近期末备考期，大学生们经常突击复习、熬夜备考，"晚上不睡，早上不起""越睡越晚"等现象已成为众多大学生生活中的常态，网络上甚至出现了"熬夜成仙"的流行语。大学生的睡眠状况、睡眠质量究竟如何呢？腾讯教育在2017年曾开展了大学生睡眠情况的调查，旨在了解大学生的实际睡眠情况。

调查结果显示：超四成大学生零点以后入睡，大学生平均睡眠时长为7个小时，超两成睡眠不足6小时，其中"玩电子设备"是熬夜主因，约七成大学生有失眠问题，近四成大学生睡眠质量差，而睡不好的最大影响是"精神状态不佳"和"学习效率降低"。

大学生熬夜、通宵成了普遍现象，以至于有人笑说"晚起毁上午，早起毁一天"。人的生活讲究规律性，大自然有生物钟，我们人类也有生物钟。时间生物学认为，生物体乃至植物体的生命随昼夜交替，四时更迭的周期性运动，揭示出生理活动的周期性节律。健康人体的活动大多呈现24小时昼夜的生理节律，这与地球有规律自转所形成的24小时周期是相适应的。如果人体的生物钟受到破坏，身体就会出现问题。根据科学研究，人体在晚上10点左右，呼吸开始减慢，体温逐渐下降，11 点全身机能处于休息状态，人体开始缓解一天工作的疲劳，11 点左右入睡，对体能、精力的恢复最有益，也最利于第二天的学习、工作。正是基于此，《人民日报》官方微博曾发文《大学最优生物钟：每个年级如何度过 24 小时?》，勉励大学生们规划好自己的大学生活。

二、拖延现象严重，时间监控度弱

网络上曾经有这么一个热帖："假期刚开始觉得可漫长了，跟暴发户一样做了一大堆的计划，要看几本书，拜访几个人，旅游几个景点……结果第一天懒得动，第二天懒得动……啥也没做假期就要结束了，我们总是雄心勃勃地出发，拖拖拉拉地上路，懒懒散散地执行，痛心疾首地结束，悔不当初地回顾。于是发誓：等下一次假期一定改进。"在大学里，由于远离父母的管束，也没有高中老师那样事必躬亲的安排督促，大学生的业余时间基本完全由自己掌控着。令人遗憾的是，仅有少部分的大学生真正能做到有计划地安排时间，大部分的同学时间监控度弱。主要体现在无边际地看偶像剧、玩游戏和上网闲逛，学习时间相对偏少。以写论文为例，有的同学大致的进度是这样的：首先花一周左右的时间搜一下资料，在此阶段可能会看很多的电影和美剧；接下来会有两三天的焦躁悔恨郁闷期；最后花两天时间看资料，花一天时间动笔写论文。"不交作业不动笔，不到考试不用功"已成了大部分学生的学习习惯。

网络热词"deadline"（意为最终期限）在时下大学生中流行着这样一种观点：当代年轻人的第一生产力不是 KPI（即关键绩效指标），也不是花呗账单，而是 deadline。如作业文档截止提交时间为 00：00，拖延症学生提交作业时间为 23：59，可见一些大学生的拖延现象有多严重！值得注意的是，近些年伴随着智能手机的推广及其功能不断更新完善，还有网络游戏、短视频平台的迅猛发展，大学生"低头一族"的比例逐渐增大：无论是在走廊、食堂、图书馆、卫生间，还是在课堂上，都能看到大学生不停地刷着手机屏幕。尤其是在课堂上，遇到不喜欢的课程，若觉得枯燥无聊，大部分学生的选择是把手机拿出来玩，一般是刷短视频、聊微信、上 QQ、玩游戏、刷微博、看朋友圈等，有人甚至戏说："上大学不费脑子，费流量。"

三、时间利用率低，浪费现象严重

在时间利用方面，多数大学生能认识到时间管理对个人发展的重要意义，对"时间就是生命""一寸光阴一寸金""逝者如斯夫，不舍昼夜"等传统名言警句也高度认可，但只有少数人对自己的时间利用状态达到满意程度。调查显示，59%的大学生认为自己的时间利用效率不高，55.4%的大学生认为自己不惜时，只有9.1%的学生能惜时且效率高；在零碎时间的利用方面，仅有27.4%的大学生认为自己善于利用零碎时间，37.1%的大学生认为自己不善于利用零碎时间；在闲暇时间的利用方面，多数大学生能认识到闲暇时间对个人发展的重要意义，但对闲暇时间利用状况的满意程度比较低。

时间利用率低的一个重要原因在于执行力上。由于当今大学生所处的环境比以往有更多的诱惑，大部分大学生没有制订自己的时间计划表或不能正确地对待自己制订的时间计划表，由于种种原因不能很好地实施计划。这些都充分表明大学生时间管理更多停留在口头上，缺乏具体行动、行为的落实，自我时间管理行为效能低。

以上三方面的问题暴露了大学生的时间监控感不够高，尤其是计划安排、目标设置和反馈性的水平较低。只有很少一部分大学生能根据实际情况，有计划地安排好日程，自觉根据目标的完成情况来检验计划的实施情况。有效的计划是有效利用时间的基础，有些大学生没有制订计划，以长远的眼光来看，他们根本没办法节省时间，也没办法高效利用时间，更别想得到预期的效果。

大学生时间管理上的问题，说明很多大学生缺乏对自己的严格要求，对学业和职业缺乏关注和思考，目标不明确或没有什么目标，既没有内在动力又缺少必需的外在压力，大学生活缺乏计划性和紧迫感。这种状况与社会对大学生的知识、能力、素质各方面的要求是不适应的，是当前大学毕业生供求结构性矛盾的重要原因之一。为适应社会对大学生的要求，提高高校培养质量，必须要求大学生自觉加强大学期间的时间管理，克服懒散习惯和追求安逸舒适的大学生活的心理预期，充分利用好人生最美好的大学时光，提高各方面的素质，为职业发展奠定良好的基础。奥斯特洛夫斯基在《钢铁是怎样炼成的》里的这句话仍然是大学生应该牢记的座右铭："人最宝贵的是生命。

生命属于人只有一次。人的一生应当这样度过：当他回首往事的时候，不因虚度年华而悔恨，也不因碌碌无为而羞耻；这样，在临终的时候，他就能够说：'我已把自己整个的生命和全部的精力献给了世界上最壮丽的事业——为人类的解放而奋斗。'"

第三节 时间管理的误区

一、缺乏长久时间观

有同学在讲到时间管理的时候满怀委屈，明明自己每天看起来都很忙，早早起床去上课，认认真真写作业，社团学生会的活动也没少参加，还想着兼职赚点外快，或者多去参加实践，与社会接轨……看起来大学生活相当充实，并且个人也非常努力，但总是容易在某些时候有一种怅然若失的感觉，感觉自己忙得像只无头苍蝇，一直扑腾着翅膀，但不知道目标在哪里，不知道这么忙有没有意义。有时候看到其他同学悠闲自在也会羡慕，但自己闲不下来，难以忍受无事可做的状态。所以，这些同学时间管理得怎么样呢？

其实，这是缺乏长久时间观的表现。每个人的时间都是有限的，一天就是 24 小时，同一段时间我们花在了 A 上面，就很难顾及 B。王潇写过一本畅销书《五种时间》，将时间分类为生存时间、赚钱时间、好看时间、好玩时间、心流时间，并且提出了一个"折叠时间"概念：也就是在同一个时间段完成两种以上的活动，比如贴着面膜看美剧，散步的时候听在线课。[1] 这是高效运用时间的技巧，但不适用于已经忙得像陀螺一样的个体。对这类人来说，更重要的是树立长久时间观。他们要将目光放到 5 年或 10 年后的未来，从长期发展的角度出发，厘清自己最想要的是什么，最想过的生活是怎么样的，为了达到理想的状态，当下要怎么做。只有如此才能不淹没在事务性事项中，跳出越忙越心虚的现状。时间管理不是自我感动，不是要把时间都填满，相反，我们需要有舍有得，需要给时间留白。

---

[1] 王潇著：《五种时间》，中信出版社 2020 年版。

二、完美主义的谬论

人人都希望完美，拥有完美的成绩、完美的容貌、完美的体魄、完美的人生。然而，这些只能是人类美好的梦想。完美并不真实存在。大多数人在生活中摸爬滚打之后逐渐接受这个现实，并且依旧顽强地不完美但无所惧地努力着。这次英语六级没过，下次继续努力；这次运动会没拿名次，没关系，我享受了体育的快乐；这次建模比赛失利了，但我不仅收获了知识更收获了团队情谊……这是理性面对现实的智慧。但总有一些人，保持着"完美主义"的想法，迟迟不肯开始。没有一个完美的计划不肯开始，没有一个完美的天气不肯开始，没有一个完美的心情不肯开始……他们总有千种理由站在原地，甚至倒退。这样的人在时间洪流中总是处于被动位置，常常眼看时间流逝，计划却一直被搁置。

其实，完美主义是一种谬论。没有人因为自称完美主义者就能获取完美，更没有人因为不行动，完美就会自己来敲门。不行动至多可以避免某些行动中不犯错，但不行动一定无法收获所谓的完美结果。对一部分追求完美主义的大学生来说，完美主义或许是一种借口，是自己不去做一些事，不行动的借口，究其原因，还是因为他们害怕失败、懒散、拖延等不良心理和习惯造成的。请记住，完成比完美更重要，因为只要迈开步子，只要行动起来，就一定比什么都不做有更多的机会，有更大的可能性接近你想要的完美。

三、沉没成本的陷阱

沉没成本是一个经济学概念，是指已经发生的，但对当前决策不造成实质影响的费用。我们把这些已经发生不可收回的支出，如时间、金钱、精力等称为"沉没成本"。比如你花了 40 块钱买了一张电影票，坐在电影院里满怀期待。但是电影上映十分钟后，你就觉得这个电影很糟糕，与宣传相差甚远。这个时候你是转身离开还是继续看下去。如果转身离开，你损失的是 40 块电影费；如果继续看下去，或许你还需要损失两个小时的时间。你会怎么选择？

时间管理就存在这样的沉没成本的陷阱，有的时候你明明知道自己走在错误的方向上，比如大学一年级过去了，你很明确现在所读的专业不适合你，也不是未来你想就业的方向，你会果断转专业吗？比如你有一段谈了三年的感情，但你越来越觉得两个人不合拍，彼此对未来的计划与生活理念分歧越来越大，继续谈下去大概率是不会走到终点的，你会忍痛割爱，及时止损吗？这些问题并不仅仅是生涯问题或者情感问题，同时也是时间管理问题。时间管理的一大要求就是切忌南辕北辙，首先你得往坐标轴的正向前进，如果方向错了，无论你怎么管理，都达不到想要的成果，反而可能越走越偏，消耗越来越多的时间资源。

第四节　时间管理方法

人的一生两个最大的财富是：你的才华和你的时间。才华有可能越来越多，但是时间只会越来越少，我们的一生可以说是用时间来换取才华。如果一天天过去了，我们的时间少了，而才华没有增加，那就是虚度了时光。所以，我们必须节省时间，有效率地使用时间。彼得·德鲁克曾经说过，不能管理时间，便什么都不能管理。学会合理地管理时间，我们就离成功的大门更近了一步。时间管理是利用技巧、技术和工具帮助我们完成工作，实现目标的方法。时间管理并不是要把所有事情做完，而是更有效地运用时间。大学生为了实现自己学业规划和职业生涯发展规划中的目标任务，完成学习任务行动计划，必须学会管理好自己的时间，提高时间的利用效率。

一、艾森豪威尔法则

艾森豪威尔法则又叫"十字"法则或"四象限"法则，是美国第34任总统艾森豪威尔为了应付纷繁的事务，并且争取迅速处理而不贻误而发明的。艾森豪威尔法则是实践管理理论的一个重要观念，是指应有重点地把主要的精力和时间集中地放在处理重要但不紧急的工作上。该法则的关键是：当日复一日的忙碌生活使我们不知不觉地失去控制力时，你需要在短时间内理出头绪，找到切入点，把所有任务都列举出来，一一分析它的重要性和紧急性。

（一）重要性

所谓重要的事，是指能够对我们实现个人目标、梦想和愿望起到积极作用的事，它有可能是你未来的发展方向，也有可能是你的家庭、自身的健康、个人目标或事业上的成功。值得注意的是，对重要性的判断和一个人的价值观有非常大的关系，同样一件事，有些人觉得非常重要，而另一些人却判断为不重要的事情。例如，大学四年里，有些学生觉得奖学金特别重要，因为它可能关系着日后的升学、出国甚至是否可以得到一份好的工作，而对另一些学生来说重要性就低一些，也许他们会更多地关注能力锻炼、人际关系培养等。

（二）紧急性

紧急性是指在一定时间内非完成不可的事情，如要去参加一个会议，如果不马上出发可能就会迟到了。因此，一旦遇到紧急的任务，我们就不得不立即对其投以高度的关注。

根据"艾森豪威尔法则"，我们可以从重要程度和紧急程度两个维度出发，分别对以下四种任务进行不同的处理方式（见图4-1），实现高效的时间管理。

图4-1　时间管理的"四象限"法则

1. A级任务：重要而紧急的任务

我们将这类任务简称为任务A（以后简称以此类推），任务A一般包括紧急事件、有期限要求的项目或需要立即解决的问题。比如，你的论文指导老师要求你明天9点之前必须交一份报告；你下午要参加大学英语四级考试；或者你明天需参加体能测试等。由于任务A需在一定的时间期限内完成，且重要性都很高，因此，一旦发现自己手头上有这类任务，我们都必须对其进行认真、仔细地处理。通常情况下，这类任务都是一些亟待解决的重点问题，会给我们造成巨大的精神压力。比如前面说的大学英语四级考试，若平时复习不到位，则在考试期间会不知所措。

此类任务的处理重点：在问题刚刚显现的时候就进行及时处理，降低该类任务的出现频率。

2. B级任务：重要而不紧急的任务

重要而不紧急的任务包括建立、维护关系、个人发展或识别新的机会，这些事情在你的人生规划中都很重要，对你的健康、家人、财富都很重要，但并不是你现在必须就要做的。对很多人来说，由于此类任务并不紧急，往往会一拖再拖，直到逐渐演变成任务A而后悔不已。电影《神奇遥控器》的男主角迈克尔是一位建筑师，有一位漂亮的妻子和两个可爱的孩子。迈克尔像美国众多的中产阶层一样事业有成、家庭美满，但他为了事业忙忙碌碌而忽略了家庭，很少能有时间陪妻子和孩子。他总说，等他成了合伙人，就会有时间陪家人。有一天，他得到了一个神奇的遥控器，他用这个遥控器可以随意把自己的时间快进，甚至停止。当他觉得吵闹，他就按下遥控器；当他不想与家人聚餐，他就直接跳到工作时间；当他生病了，他按下遥控器……就这样，他错过了一件又一件他认为不紧急的事，直到他成为首席执行官（CEO）的那一天，他看到儿女长大而叛逆，妻子再婚，而他已经年过半百。

此类任务的处理重点：尽量提前用一部分时间来处理此类任务，千万不要采取拖延战术。即使外界没有提出明确的时间要求，也一定要主动给自己一个明确的时间要求，督促自己在既定的时间内完成相应的任务。大学生学业规划和职业规划中的大部分任务属于这一类，一定要有计划地处理好此类问题，否则一拖再拖就会变成A级任务，此类情况多了就会疲于应付，影响工作生活质量或者职业生涯的发展。另一种情况是演化为目标破灭任务消失，此种情况多了就会导致生涯发展频频受挫，最后沦为没有目标方向的人、怨天尤人的人。

3. C级任务：紧急而不重要的任务

紧急而不重要的任务需要你立即处理，比如应付干扰、临时电话或电子邮件、参加可有可无的会议或不速之客进入等。事实上，任务C占用了我们大部分的时间，但客观地看，它们并不会对你产生多少积极的影响。

此类任务的处理重点：尽可能找出适当的方式拒绝接受此类任务，或者尝试授权他人处理。若实在拒绝不了或无法让别人代劳，就尽快把它们处理完，不让这些事情占用太长时间，然后继续其他工作。

4. D 级任务：不紧急也不重要的任务

第三象限都是既不重要也不紧急的琐事，但它们往往使人们难以脱身，所以人们经常会陷于其中而无法自拔。例如，玩游戏、阅读令人上瘾的无聊小说、看毫无收获的电视节目、处理垃圾邮件、漫无目的的上网聊天或者参加一场毫无意义且跟你没太大关系的活动或讲座等。毫无疑问，这些事情只要一玩起来就很难脱身，而且要耗费很长的时间才能达成结果，因此我们完全可以把此类任务丢到一边，在没有其他更重要的工作时，再来完成这些任务。

此类任务的处理重点：既然不重要也不紧急，那就不值得花时间在这类事情上，尽可能不要做这类事情就对了。

四象限法则的一个重要观念是应有重点地把主要的精力和时间集中地放在处理重要但不紧急的学习与工作上，这样可以做到未雨绸缪，防患于未然。在大学生的日常生活工作中，很多时候往往有机会很好地计划和完成一件事。但常常因为没有及时地去做，随着时间的推移，造成学习效率低下和工作质量下降。因此，把主要的精力有重点地放在重要但不紧急这个象限的事务上是非常必要的。

二、80/20 法则

意大利经济学家兼社会科学家维弗利度·帕累托发现：菜园里80%的豌豆都来源于20%的豌豆荚；意大利80%的土地为20%的人口所有。后来他又发现很多事物都存在80/20之间的规律，于是提出了"80/20法则"（又称为帕累托法则）。80/20法则认为：原因和结果、投入和产出、努力和报酬之间本来存在无法解释的不平衡。小部分的努力，可以获得大的收获；起关键作用的小部分，通常就能主宰整个组织的产出、盈亏和成败。

在现实生活中，如果你仔细观察，就会发现符合80/20法则的例子不胜枚举：班级80%的请假条来自于20%的学生；公司80%的销售额来自于20%的客户；20%的报纸涵盖了80%的新闻；20%的人际关系促成了80%的事情……这些规律和现象提醒我们，想问题、办事情、做研究，不能平均用力，而要运用科学的方法，放弃没有意义、价值不高的活动，集中精力处理20%重要的工作。

专注于最重要的事是80/20法则实施的重点。这种专注要求人们从日常琐事的纠缠中挣脱出来，使学习、工作更有重点、更有针对性，才能取得最大的成效。专注于最重要的事，这类事情通常会是：(1)符合我们自身强项的事。(2)你一直想做的事。(3)能使品质大大改善或者大大节约时间的创新。(4)能够帮助你实现人生理想和生活目标的事。(5)根据经验证明，确实能够带来80%成果的事。(6)千载难逢、稍纵即逝的事。(7)充电、进修、补习等一些能够提升自身能力的事。

【案例4-2】 价值2.5万美元的小建议

伯利恒钢铁公司的总裁查尔斯·施瓦布曾经给他的咨询顾问一个棘手的任务："怎样才能更好地利用时间？请帮助我找出一个最简单的方法，只要办好这件事情，报酬由你定。"

于是，咨询师给出了如下答案："请你今天就写下明天必须要做的6件最重要的事，然后用数字表明每件事对你和你公司的重要性次序。明天早上一上班，你的第一件事就是把这张纸条拿出来，开始着手完成纸条上的第一项任务。不要看其他的，只看第一项，直到这件事彻底完成为止。然后利用同样的方法对待第二件、第三件……直到下班。即使你只做完第一件事，也不要紧。因为，你做的始终是最重要的事。请你每一天都这样做，逐渐养成习惯。在你对这种方式的效果深信不疑之后，就可以给我寄支票了。你认为值多少就给多少。"

就在几个星期之后，施瓦布给这位咨询师寄去一张2.5万美元的支票。

三、ABCDE时间管理法

ABCDE时间管理法的操作方法非常简单，这个办法要求你在开始工作前预想每日的活动清单，然后给每件事情标上A、B、C、D、E的字样，工作时按照清单上的分类，依序实施规划。其中，A、B、

C、D、E 所代表的意义如下：

（一）A 类

A 类代表必须完成的事项，这类事项至关重要，如果不完成将会造成严重影响。因此，无论什么时候，你都应该先做这类事情。例如老师要求第二天上课时上交一篇论文，而该论文占期末成绩的 70%。A 类事项一般具备以下四个特性：(1)关键性，这是指这项工作对全局的影响程度；(2)重要性，这是指这项工作的完成对实现计划和目标的贡献程度；(3)迫切性，这是指这项工作时间上刻不容缓；(4)有效性，这是指这项工作是否具备促进或限制工作效果的因素。

如果有很多 A 类事项，可以依重要性、迫切性的程度标记 A-1、A-2、A-3……同时养成习惯，开始工作时，A-1 事项具有最高级别，应率先完成该任务。

（二）B 类

B 类代表应该完成的事项，但如果没有完成，后果并不会太严重。比如给老同学打电话、接收电子邮件等。原则上如果还有 A 类事项未解决，就不应该处理 B 类事务。

（三）C 类

C 类代表不会对目标的实现有什么影响的事，比如看报纸、出去逛街、与同学一起吃饭、喝咖啡等。这类事项做或是不做，都不会有任何不好的后果。在这里有一条原则：如果有 A 类事项要做，那么就不要做 B 类；如果还有 B 类事情要做，就不要做 C 类。确保一天之中，你关注的重点始终都应该是 A 类事项。

（四）D 类

D 类指可以委派给他人的任务。例如，在组织大型活动时，会务资料的排版可以交给文印店。原则上，凡是可以交给别人做的工作，必须想办法用授权或外包的方式交给别人来完成，这样你就可以把时间更多地花在 A 类事项上。

（五）E 类

E 类指无关紧要的小事情，做或不做根本没有差别。由于无关紧要或没有意义，这部分没有价值或价值较低的任务可以尽快把它取消，以免浪费时间。

成功应用 ABCDE 时间管理法的关键，是你必须严格自律，每天将工作清单根据上述分类法清楚表示，接着按 A、B、C、D、E 的顺序开始做起，一次只专心做一件事。养成这个好习惯，会使你每天的工作生活变得有组织、有秩序，在更短的时间内达成更多的目标。

第五节　其他合理利用时间方法

在大学校园里，我们经常会看到两种极端现象：一种是行色匆匆，这些同学既要完成学业，又要复习准备各种考证，还要参加各类活动，整天像陀螺一般旋转着，始终觉得时间不够用；另一种恰恰相反，这些同学不知道如何打发自己的闲暇时间，沉溺于偶像剧或者网络游戏，虽然知道这样不好却无法控制自己。当然，也有一些学生，大学过得很充实，学习、工作样样不误，时间管理得井井有条。其实，每个人内心都希望自己会安排好自己的事，做到忙碌而不"盲碌"，时间够用而且还能从容不迫。要成为一个时间管理的高手，除了善用时间管理方法以外，还可以有意识地运用以下几个小窍门，合理利用时间。

一、利用好碎片时间

在日常生活中，我们发现越来越多的人成为"低头族"，他们无论何时何地总是在摆弄手机刷屏，如公交通勤、排队等候、吃饭聚餐等，大家刷手机都在干什么呢？其中很大一部分人把大部分时间都耗费在刷微博、玩微信、逛电子商城等上面了，深究起来我们发现花费大把时间做的这些事情并没有太大的意义。

数学家华罗庚曾经说过："时间是由分秒积成的，善于利用零星时间的人，才会做出更大的成绩来。"我们每天的生活，充斥着各式各样、大大小小的事情，这些事情将时间分割成无数的碎片。坐地铁、乘公交、上厕所、排队……这些细碎的时间，表面上看起来做不成什么大事，你可能也没什么特别的感觉，但若日积月累，将会产生惊人的效果。

【案例 4-3】　艾里斯顿的零碎时间利用法

艾里斯顿是美国近代诗人、小说家和出色的钢琴家，他善于利用零散时间的方法和体会非常值得借鉴。他曾写道：当时我大约只有 14 岁，年幼疏忽，对爱德华先生那天告诉我的一个真理，未加注意，但后来回想起来那真是至理名言，从那以后我就得到了不可限量的益处。爱德华是我的钢琴教师。有一天，他给我教课的时候，忽然问我：你每天要花多少时间练习钢琴？我说大约每天三四个小时。"你每次练习，时间都很长吗？是不是有个把钟头的时间？""我想这样才好。""不，不要这样！"他说，"你将来长大以后，每天不会有长时间的空闲的。你可以养成习惯，一有空闲就几分钟几分钟地练习。比如在你上学以前，或在午饭以后，或在工作的休息余暇，5 分钟、5 分钟地去练习。把小的练习时间分散在一天里面，如此，弹钢琴就成了你日常生活中的一部分了。"

当我在哥伦比亚大学教书的时候，我想课余时间从事创作。可是上课、看卷子、开会等事情，把我白天、晚上的时间完全占满了。差不多有两个年头我不曾动笔写下一个字，我的借口是没有时间。后来才想起了爱德华先生告诉我的话。到了下一个星期，我就实践起他的话来。只要有 5 分钟左右的空闲时间，我就坐下来写作 100 字或短短的几行。出乎意料，在那个星期的周末，我竟积累了相当厚的稿子。后来，我用同样积少成多的方法，创作长篇小说。我的教授工作虽一天比一天繁重，但是每天仍有许多可资利用的短短闲暇。我同时还练习钢琴。我发现每天小小的间歇时间，足够我从事创作与弹琴两项工作。

在一个生活节奏逐渐加快、人人喊忙的现代社会中，时间被分割得很厉害，大块大块可利用的时间已越来越少。富兰克林说过，他把整段时间称为"整匹布"，把点滴时间称为"零星布"。做衣服有整料固然好；整料不够，就尽量把零星的用起来，天天二三十分钟，加起来，就能由短变长，派上大用场。那么，我们可以利用碎片时间做哪些事情呢？

(1)学语言。随身携带一本词汇书（口袋书最好），在等车、排队的时候，可以随时拿出来看看。想象一下，如果你一天记住了三四个单词，一个月就掌握了约 100 个单词，你一年的词汇量能多出1 000 多个！而这如果用整块的时间来记，那得用多久才能记得住呢？

(2)阅读书籍。随身带本纸质书，一有空闲时就拿出来翻翻，如果嫌重不方便的话，可以带着平板或 Kindle，哪怕是手机，下载你感兴趣的书、公开课等，例如去银行办业务时，往往要排队等很长时间，这个时间足够你看完十页的书或者一份报纸。

（3）听广播或者有声书。短视频的质量良莠不齐，甚至充斥失实不健康的信息，你可以准备一个 MP3，或者用手机里的蜻蜓 FM、喜马拉雅 FM 等应用软件，听听自己感兴趣的有声书、英语广播、财经广播等学习相关知识，从而充实自己。

（4）随时记录自己的灵感和想法。随身携带一个小本子和一支笔，或者下载有道笔记或者印象笔记等应用软件，随时随地可以记录自己一些突发奇想的灵感或者所见所闻的一些有用的信息。同时，也可以记录一些近期要做的事的清单或者待办事项，这样就不会遗漏有价值的信息了。

（5）思考重要的问题。平时生活或者工作中碰到的一些问题或者解决不了的困难，此时可以来一场自我头脑风暴，试着提出多种解决方案，然后用排除法选择一个最好的方案。或者也可以暂时放松自己的大脑、胡思乱想，有时相对闲暇安静的碎片时间往往可以迸发出一些好点子。

（6）伸展身体锻炼运动。伸展身体不需要什么特别的器械和设施，因此，有空闲就可以进行锻炼，甚至还可以一边思考问题，一边进行伸展锻炼。几分钟的时间往往就可以完成，伸展运动后可以帮助身体消除疲劳和不适，自然会让人觉得心情舒畅，干劲倍增。当然最重要的还是在日常生活中也应养成锻炼身体的习惯，持之以恒地坚持才会收到效果。

（7）维护亲情以及人际关系。给亲人或朋友准备礼物清单，空闲时挑选有特色的创意礼物，购买后先保存起来，等有需要的时候立刻就可以赠送给他们，而不至于绞尽脑汁也选不到合适的礼物。当然也可以给在远方的亲人或朋友发信息、打电话，简单的关心与问候，也可让对方知道你在关心在意他/她，拉近亲情与友情。

其实，零星时间是一座宝藏。我们总是想要一段没有任何干扰的大块时间，而将每一小段时间都看得无关紧要。但请你记住：积少成多，水滴石穿，只要利用好每一分每一秒，愿意长期坚持，相信你可以做好更多的事情。

二、改变坏习惯，养成好习惯

一只母鸡孵出小鸡需要 21 天，同样，科学家研究发现，一个人的习惯养成，也需要 21 天的时间。习惯的养成非一朝一夕，而要改正某种不良习惯，常常需要一段很长的时间。曾有一个大学生写给李开复这样一封信："开复老师：就要毕业了。回头看自己所谓的大学生活，我想哭，不是因为离别，而是因为什么都没学到。我不知，简历该怎么写，若是以往我会让它空白。最大的收获也许是……对什么都没有的忍耐和适应……。"大学校园里，有太多太多的学生放任自己、虚度光阴，到毕业时悔恨不已，但为时已晚。那是极大的资源浪费和对自己的极不负责任。《大学生，你不失业谁失业》一文中说"上课的时候，清醒没有发呆多，发呆没有睡觉多，睡觉没有玩手机多；下课的时候，自修没有吃零食多，吃零食没有看连续剧多，看连续剧没有游戏多。如此这般，就业时的失败怎能不比成功多？"文章对大学生提出了尖锐的批评，值得大学生深刻反省。

亚里士多德曾说过，人的行为总是一再重复，因此卓越不是单一的举动，而是习惯。习惯对我们的生活有极大的影响，因为它是持久而又连续的。当一些坏习惯在不知不觉中控制你的生活轨迹时，你要当心，也许不用过多久，失败将陪伴在你的周围。

日常生活中存在哪些浪费时间的坏习惯呢？

1. 损害健康的短视频/网络直播

近几年短视频和网络直播迅猛发展，短视频及直播文化被越来越多的人所关注，许多大学生不管学习之余还是在生活中，都会利用碎片化时间甚至大块时间来刷短视频或者观看感兴趣的网络直播，特别是如今抖音、火山小视频等应用软件都利用大数据给用户推送他们喜欢的内容，所以刷短视频和看直播已经成为很多大学生生活中一个习惯。

很多大学生看短视频及直播原本是为了打发碎片化的时间，但是很多人刷起来却忽略了时间的流逝，往往一看就是几小时甚至严重影响休息睡眠时间。长时间观看手机保持着不变的姿势也损害着大学生的身心健康，用眼过度导致眼睛出现疲劳、干涩、刺痒等不适，严重的甚至导致干眼症，更有甚者，很多大学生年纪轻轻就患上了颈椎病、腰肌劳损、腰椎间盘突出等职业病。短视频及直播除了生理上的危害，还有精神上的危害，很多人为了赚流量、赚钱毫无原则和底线，制作的很多视频不仅没有任何价值，还会对青少年们造成负面的影响，严重的甚至影响正确的道德观塑造。

2. 时间杀手：偶像剧/综艺节目

"我看那个连续剧就是欲罢不能。一有最新上映的韩剧，我们寝室 4 个人就围在一起，通宵达旦地看，跟着剧情中的俊男美女，一会儿哭，一会儿笑。看的时候那个迷啊！恨不得天天不睡觉，一口气把它看完。其实事后想想也没什么意思。"这是大二女孩小 C 的描述，现实生活中，你花在看偶像剧上的时间有多少？

让我们来算算时间账单。以一部 20 集的电视剧算，一般一集约45 分钟到 1 个小时，这样，花在一部电视剧的时间约需 15 小时到 20 小时。而这些电视剧，虽然也能获得一定程度的娱乐价值，但这些肥皂剧里的喜怒哀乐，对你的生活和学习几乎没有多少意义。和偶像剧旗鼓相当的还有大学生比较热衷的综艺节目，而你的时间却随着一集又一集的电视剧、综艺节目而消磨掉了。与此相对照的却是，老师布置作业多一点，学生就叫苦不迭。所以，请减少你看偶像剧、综艺节目的时间，把这些时间花在更多有意义的事上，比如认真完成作业、适量户外运动、去图书馆读书等。日积月累，这是一笔不小的时间资源呢！

3. 欲罢不能的电子诱惑

"世界上最遥远的距离不是生与死，而是我就在你身边，你却在玩手机。"这是网上流传很广的一句话。现代社会日新月异，互联网和手机逐渐成为生活中必不可少的东西。遗憾的是，虽然这两样东西给了我们极大的便利，但越来越多的人成了网络和手机的附庸：关了手机就失魂落魄，没了网络就不知道该干什么。于是，学习的时候，不自觉地打开网页或聊天工具；专心忙碌时候，手机铃声突然响起；上课的时候自觉不自觉地掏出了手机。直到关上电脑、聊天游戏、放下手机时才惊觉一大段时间已偷偷地溜走。

仔细想想，你真的需要每天不停地聊天游戏、查看新闻、浏览微博吗？那些不断跳出来的消息窗口，朋友圈不断刷新的微信，充斥着太多太多低俗、没有营养的爆炸式信息，而这些过量的信息远远超出了你的大脑所能处理的范围，它不但不能丰富我们的生活，反而会转移你的注意力，耗费你更多的时间和精力。学会有效地利用互联网、手机，让我们主宰自己的生活，而不要成为互联网、手机等现代科技的奴仆，安心地做一些自己想做的事情，更多地选择类似读书、散步、思考、绘画等能让你头脑更清晰、身体更健康的事。

【案例4-4】 因为考研，"手机控"弃智能手机，老式手机又上岗

"我比较贪玩，以前在自习室看书，不一会儿就想用手机上网聊天、玩游戏，学习效率不高。自从换了老式手机，这段时间，我的学习效率明显比以前高了。"计算机科学与技术专业大三学生小吴表示，眼下，距离考研还有约10个月的时间，为抓紧时间复习，她决定改掉一坐下就刷手机的习惯。

小吴说，她从去年11月份开始准备考研的，为杜绝用手机上网聊天和玩游戏的诱惑，一开始，她把手机里的游戏全部卸载，但学习过程中，还是不时拿起手机来玩，后来她索性在上自习的时候把手机放在宿舍里，但有时会漏掉重要的电话。"这学期开学后，我听说有同学直接把手机换成了老式手机，于是跟宿舍几个考研的同学一商量，都加入了这个行列。"小吴说，今年一开学，她就从网上花了100元买了一部非智能老式手机，它只能打电话、发短信和查英语单词。

4. "帕金森定律"

1958年，英国历史学家、政治学家诺斯古德·帕金森出版了《帕金森定律》一书，书中有个老太太寄明信片的故事。帕金森发现，人做一件事所耗费的时间差别如此之大：一位老太太要给侄女寄明信片，她用了1个小时找明信片，1个小时选择明信片，找侄女的地址又用了30分钟，1个多小时用来写祝福语，决定去寄明信片时考虑是否带雨伞，又用去20分钟。做完这一切，老太太劳累不堪。同样的事，一个工作特别忙的人可能花费5分钟在上班的途中就顺手做了。帕金森认为，"你有多少时间完成工作，工作就会自动变成需要那么多时间。"

按照帕金森定律，如果你给了自己充足的时间去完成某项工作，你一定会不自觉地放慢节奏至最后的时间期限，才集中精力去完成这项工作。不知道你有没有这样的体会：老师布置的一篇论文交稿时间是一周，其实真正去写只需几个小时就能完成。但由于有周末宽松的两天时间，你会在网上东看看、西逛逛，而且还会不停地暗示自己"反正还有时间，只有逼到头上我才写得出来。这时候我的效率才能上来，才会节省时间"。一周后，你的论文是出来了，但是，由于匆匆赶写，你整个人累得人仰马翻，这就是上文提到的现在在大学生中间流传着 deadline 是第一生产力的生动驾照。所以，请在日后的学习生活中，打破帕金森定律的束缚，在接到一个任务时，不管紧急与否，都应该马上开始着手进行，给自己一个合理的期限完成。这个期限越近，工作效率就越明显。

三、懂得劳逸结合

孔子曰："百日之劳，一日之乐，一日之泽，非尔所知也。张而不弛，文武弗能；弛而不张，文武弗为。一张一弛，文武之道也。"现实生活中，机器运转久了就会发热需要冷却，相同作物种久了土壤肥力就会下降需要轮作，紧绷的弦太久了就会断掉需要松弛，同样，人的脑力或体力若长时间运转，没有得到充分的休息和调整，人的身体就会垮掉，因此，既要会利用时间学习，也要会休息。

【案例4-5】　泰勒工程师的疲劳研究

贝德汉钢铁公司佛德瑞克·泰勒工程师对产生疲劳的因素，做了一次科学性的研究，认为工人不应该每天只能往货车上装 12.5 吨的生铁，应该装 47 吨，而且不会疲劳。为了证明这一点，泰勒选了施密德先生来做试验，让他按照马表的规定时间来工作——有一个人站在一边拿着一只马表来指挥施密德："现在拿起一块生铁，走……现在坐下来休息……现在走……现在休息。"结果怎样呢？别的人每天只能装 12.5 吨生铁，施密德却能装 47 吨，而且在 3 年里，施密德的工作能力从来没有降低过。他之所以能够如此，是因为他在疲劳之前就得到了休息：每个小时他大约工作 26 分钟，休息 34 分钟，休息的时间比工作时间还多，工作成绩却差不多是其他人的 4 倍。

1. 保证充足的睡眠

俗话说："药补不如食补，食补不如觉补。"人的一生有 1/3 的时间是在睡眠中度过的，睡眠作为生命所必需的生理需求，是机体复原、整合和巩固记忆的重要环节，是健康不可缺少的组成部分。大量的医学研究表明，缺乏睡眠会扰乱人体的激素分泌。若长期睡眠不足，不仅抵抗力会下降、人会加速衰老，而且容易变得沮丧、易怒、焦虑，注意力不集中，甚至会造成精神错乱。

正是由于我们每天 1/3 时间睡眠的好坏，将直接影响另外 2/3 时间的工作和学习。因此，我们要顺应自然的规律，试着让自己的睡眠时间变得有规律，养成早睡早起的生活习惯。以下是一些保证充足睡眠的小建议：

● 睡前不做剧烈的运动，不听喧闹的音乐。

● 睡前 1 小时少玩游戏、看武侠小说，尤其不要写作或回复邮件，最大限度地保证睡前不让自己兴奋。

● 睡前避免喝茶、咖啡和饮酒等。

● 入睡前不要吃得过饱，不要吃太多的刺激性食物。

● 保持乐观的心态，养成有规律的生活习惯。

此外，除了早睡早起以外，每天午睡半小时，也是对身心进行调整的好办法。一般来说，人在上午精力总是比较旺盛，但是经过一上午的工作或学习以后，由于体力和脑力的高度紧张，新的疲劳又产生了。尤其在夏天，人总会觉得困乏不堪，昏昏欲睡。这时候，午睡半个小时，就能使身体得到充分的休息，保证整个下午头脑清醒，做起事来也会高效很多。当然，午睡要控制时间，15~30 分钟为宜，不要变成"下午睡"。

2. 有健康才有效率

2019 年 11 月 27 日，35 岁的演员高××在节目录制过程中晕倒，当时高强度的运动，再加上凌晨时分还在录制节目，他最终体力不支，又因为现场医疗条件准备不足，导致高××不治身亡，医院最终宣布为"心源性猝死"。这种意外不是个例，越来越多的年轻人因长时间工作、饮食不正常、压力大、无休假而导致猝死。这些活生生的例子告诉我们：工作再重要，也不要透支生命，要多注意自身的健康问题。只有拥有一个好的身体，你才能有充沛的精力投入工作中。均衡的营养、丰富的业余生活、适当的运动、充足的睡眠是高效能人士最好的保健品。

（1）均衡的营养。每个人每天都在吃，但是否吃得健康却不一定。现实生活中，因为减肥、上班或上课要迟到而不吃早餐的大有人在。也有人每天加班加点，快餐就是饮食。其实，饥一顿饱一顿只会加重肠胃的负担，而吃饱也并不是吃好，我们在平时的饮食中要注意：定时定量、早餐必不可少、少吃多餐、多吃富含蛋白质和碳水化合物类食物，少吃油炸食品，此外，还要注意多饮水。

（2）丰富的业余生活。全球著名管理大师大前研一曾提出"OFF学"，成为继"慢活"之后职场流行的新概念。他指出"人生的达人"不只在工作领域游刃有余，也能创造丰富的人生。现实生活中，有人因为工作牺牲了自己的业余爱好，有人嘴上经常挂着"等到什么什么时候，我就会去做……"忙、没时间已成了习惯性的借口。其实，该工作的时候工作，该休闲的时候休闲，工作效率和质量才会有质的飞跃。所以，培养一个滋养自己的兴趣爱好吧！它可以是阅读，可以是旅游，也可以是运动。只有这样，你才不会枯竭，不会为了工作而工作，为了工作而生活。

（3）适当的运动。柏拉图说过，为了让人类有成功的生活，神提供了两种管道——教育与运动。运动不仅有助于抵抗情绪低落，而且能增加大脑的血液流动，提高人的精力水平。当你在房间里蜷缩了一整天之后，外出走走，你会觉得外面的空气很新鲜。当你觉得工作头昏脑涨时，出去散散步，晒晒太阳，你会感到一股精力在体内涌动，心情也会莫名的好起来。实际上，运动是一种放松，当你有拖着不想做的事情，或者心情郁闷时，可以考虑借助运动来放松自己。

【案例4-6】　运动和学习的关系

芝加哥附近有一所中学实施零时体育计划，即在没正式上课之前，让学生早七点到校，跑步、做运动，要运动到学生的心跳达到最高值或最大摄氧量的70%，才开始上课。一开始时家长都反对，孩子本来就不愿早起上学，再去操场跑几圈，岂不一进教室就打瞌睡？结果发现正好相反，学生反而更清醒，上课的气氛好了，记忆力、专注力都增强了。原来我们在运动时会产生多巴胺、血清素和去甲肾上腺素，这三种神经传导物质都和学习有关。多巴胺是种正向的情绪物质，人要快乐，大脑中一定要有多巴胺，我们的快乐中心伏隔核里面都是多巴胺的受体。我们看到运动完的人心情都愉快，打完球的孩子精神都亢奋，脾气都很好。血清素跟我们的情绪和记忆有直接的关系。血清素增加，记忆力变好，学习的效果也更好了。很多抗忧郁症的药都是阻挡大脑中血清素的回收，以使大脑中的血清素比较多。去甲肾上腺素跟注意力有直接的关系，它在面对敌人决定要战或要逃时分泌得最多。去甲肾上腺素使孩子的专注力增强。所以学生心情愉快、上课专心、记得快、学得好，自信心与自尊心也提升了。

他们还做了一个实验，将学生最不喜欢、最头痛的课，如数学，排在上午第二节课上或下午第八节时上，结果发现上午那一组的学习比较好，好到两倍以上。因为运动完的神经传导物质在上午第二节课时还在大脑里，但是到下午时就已经消耗殆尽了。一学期下来，这组学生的阅读、理解能力比正规上体育课的学生高了10%，而且打架事件也减少了。在全美其他学校30%的人过胖时，他们学校只有3%。这些数据开始让美国的父母看到运动对孩子的学习和行为的帮助，就不再反对零时体育计划了，反而早早地把孩子送到学校运动。

四、学会说"不"

小陈和小吴是同寝室的好朋友，那天下课后，小陈对小吴说："小吴，和我一起去外面逛街吧！"事实上，小吴这两天在准备会计从业资格证的考试，但听了小陈的邀请，很不好意思，心里矛盾起来：去吧，其实复习时间已经很紧张了！不去吧，多不好意思啊！毕竟是朋友啊！犹豫再三，小吴还是答应了，但整个过程闷闷不乐，心里时不时想起自己那即将要考的资格证。两个小时后，小吴发现自己有极大的挫败感：为什么我总不好意思说出那个"不"，白白浪费了两个小时，太不值得了！

看了上述这个例子，你是否有过类似的情况发生呢？我们生活中有很多这样的人，明明自己手边还有一堆的事情，可是面对别人的拜托时还是不忍心拒绝，把别人拜托的事情照单全收，最后别人轻松愉快地去做自己的事情了，自己还在加班加点地完成额外的任务。事后可能只是收到一句轻飘飘的感谢，以后有事还会再找你的麻烦。这都是因为没有学会拒绝，不会勇敢地说不。很多人性格温和，非常喜欢迁就别人，仿佛拒绝别人就会让他们产生罪恶感。公司新来的同事小丽，就是这样一个老好人，可能本身的性格使然，也可能因为刚刚到一个新环境，她对别人的拜托和请求总是全部收下，即使可能自己每天都在加班，甚至牺牲了很多休息的时间。可是她的退让和善良并没有带来尊重，有的同事反而变本加厉地要求她做这做那，比如拿快递，帮忙倒咖啡，帮忙上交文件，本身都是小事情，小丽也不好意思拒绝，但是凡事总有限度，小事情积累多了也会影响自己的工作效率。终于，小丽也意识到不能再这样下去，她礼貌但是坚定地告诉经常找她帮忙的同事自己没有空，慢慢地，经常在她身边提出帮忙要求的人消失了，但是小丽由衷地感到了轻松。

人的时间太少，为了预留足够的时间处理自己的事，有时需要学会拒绝别人的要求，明确地说出"不"。因为只有这样，才能为我们赢得更多的时间和更高的生活品质。当然，拒绝并不意味着无礼，你可以有技巧地表达自己的真实感受：

● 我很愿意陪你，只是我现在手头上也有一大堆的事情。很抱歉！

● 谢谢你在需要陪伴的时候能想到我。其实我也乐意接受你的请求，但是你看……

● 啊！要是你早几天和我打招呼就好了，我刚答应了一个朋友……

● 不好意思，我帮不了你，但我认识一个朋友，他或许能够对你有所帮助。

【案例 4-7】　保护我的时间

潘正磊是微软公司总部产品部门中以效率和执行能力著称的总经理。她大学毕业后就加入微软公司，是晋升最快的经理之一。这是她讲的自己刚进入微软公司时学习的"保护时间"的故事：

"我刚加入微软公司时，职位是软件开发工程师。我所在的小组开发的产品成长很快，几个月内就生产了三个版本，每个版本又需要支持六种语言。这 18 个组合的要求都略有不同，而且我还需要和很多其他不同的组打交道。每天，我办公室里总是人来人往，每个人都带来不同的问题。他们一来，我总是停下我正在做的事，先解决他们的问题。我每天忙得不可开交，却做得十分不开心。我觉得每天工作时间很长，却没有学到更多的知识，也没有提高。在与我的老板沟通后，我清楚地意识到我的时间是最宝贵的，我需要提高效率。

"在老板的指导和支持下，我先设置了'回答问题时间'，其他人只有这时才能来找我，其余时间我则可以专心编程。这样一来，我就拥有了整块时间有计划地完成我想做和需要做的事。另外，我们设立了一个目标，就是要让其他组能自力更生，不能事事都来找我们。经过一段时间'授人以渔'的训练，我终于能够腾出时间学习新的技术和管理经验了。"

如果不是有这个经验，潘正磊不但不会有现在的成就，而且可能还在同一间办公室里每天回答着各种问题直到筋疲力尽为止。

做好时间管理的前提是大学生思想上要高度重视，对大学生活要有规划，有上进心、进取心，在软约束情景下对自己有严格要求的决心，有克服懒惰、散漫不良习惯的意志。所以，大学生首先还是要先解决好对待自己人生的思想认识和态度问题，再来寻求解决方法和技巧，这样就不会有太大困难。如果没有解决好前提问题，要做好时间管理只能是奢望。

习近平总书记曾提出，要抓好任何一项工作，都要处理好三对时间关系，从时间的传递来说，分别是指：昨天有部署，今天要抓落实；昨天的要坚持下去，今天的要有所深化，明天的要取得更大成效；今天的一切都必须顾及明天，明天的发展要建立在今天的基础上。[①] 这是朴素又辩证的时间观，对大学生来说，一定要深刻把握昨天、今天与明天。时间管理就是处理好这三者的关系。愿每位大学生都能在各自追求梦想的道路上与时间做朋友，不负时光，不负青春。

思考与练习

1. 请回顾并记下你的近一周的时间安排，思考一下在你的生活中有哪些"时间大盗"？

2. 智能手机对你的时间利用产生了什么样的影响？

3. 时间是人生最重要的资源之一，我们有什么方式可以感知时间？

4. 在时间管理中，你如何看待"自律"与"他律"的辩证关系？

5. 谈谈如何加强你的时间管理让时间变得更有效率。

---

① 习近平著：《之江新语》，浙江人民出版社 2021 年版，第 91 页。

第二篇

职业生涯规划

正确地做事和做正确的事，这是一个成功者应该具备的两个条件，前者是目标和方向，后者是达到目标应该采取的正确方法和手段。职业生涯规划就是要使这两个问题成为有机的统一：生涯规划助你有明确的方向，实施规划引领你成就人生梦想。

第五章　认知职业自我

职业生涯规划是一个"知己知彼的过程"。"知己"即是全面深入了解自我，尤其是职业自我。每一个人都是独一无二的个体，认知自我是职业生涯规划中的重要部分。大学生正处于"成人初显期"，随着年龄的增长、知识积累以及社会经验的不断增加，会逐渐形成对自己的认知，即自我概念。科学掌握探索自我的方法是职业生涯规划的前提，也是自我管理的一部分。影响职业发展的自我因素很多，包括性别、年龄、健康状况、教育、情商以及职业心理等，本章主要介绍兴趣、性格、能力、价值观四个职业心理因素的自我认知以及自我认知的途径和方法。

第一节　我喜欢做什么：兴趣

美国心理学家约翰·霍兰德说过，虽然我们做了几十年的研究，但预测个人职业选择最有效的方法却是询问这个人自己想做什么。

【案例5-1】　周欣的苦恼

周欣是大一新生，专业是财务管理。学期过半，刚入学的新鲜劲过后，周欣逐渐生出了迷茫。财务管理专业是爸爸做主为她选的，随着学习的深入，周欣越发觉得自己对本专业无法产生兴趣，每天似乎是被拖着去学习，得过且过。但若要问自己喜欢什么，周欣一下也答不上来，好像没有特别吸引自己、让她感兴趣的内容学习。在日复一日的学习生涯中，周欣陷入了苦恼。

一、兴趣的内涵

"兴趣是最好的老师"，在一个人的职业生涯发展中，兴趣所起的作用是巨大的。兴趣的投入可以增强人的幸福感。现代心理学研

拓展资源

究表明，兴趣是力求认识某种事物或从事某项活动的心理倾向。它以需要为基础，由对事物的认识和获得在情绪体验上得到满足而产生，有对事物或活动本身感兴趣的直接兴趣和对活动结果感兴趣的间接兴趣两种。兴趣是驱使人们在某一领域持续投入的驱动力，无论能力高低，也无论外界评价如何，我们依然乐此不疲。兴趣也可以被分为三个层级：感官兴趣、自觉兴趣、志趣。感官兴趣是基于感官刺激产生的兴趣，比如追剧、刷短视频就属于这种；自觉兴趣是在感官兴趣之上加入了思维和投入，兴趣开始向能力转化；志趣则是更强大而持续的兴趣，加入了更深一层的内在发动机——志向与价值观。[①]

二、兴趣的重要性

兴趣是人们不断探索和学习事物的巨大动力，它可以让人保持从事某种活动的积极状态。一个人如果能尽早发现自己的兴趣领域，那他就能在该方向该领域投入足够的时间、精力、资源，无论是主观上的积极情绪还是客观上兴趣领域能力的提升，都是兴趣给人带来的回馈。如果一个人从事的职业恰好是自己的兴趣，就会有愉悦的体验。很多大学生在自我认知模糊的情况下，不知道自己对什么感兴趣，也不知道自己不喜欢什么。

三、兴趣与职业的关系

兴趣是职业发展的重要因素。马克·吐温曾说过，最成功的人是整天做自己喜欢做的事，并且搞得像是在度假的人。研究表明，当人们从事符合或者基本符合自己兴趣的工作时，人们会因为工作内容的有趣性不断激发创造的热情，相反则会抑制人的工作热情。例如，一个擅长理论研究的人，要他从事利用双手进行操作的工作，他可能就会觉得毫无意思；而一个充满创意思维的人如果做的是一份类似档案管理员的工作也会索然无味。由于兴趣上的巨大差别，人们在工作上的表现会有很大的不同。所以，大学生在进行职业选择时候，要尽量考虑自己的兴趣。如果兴趣与职业不匹配，那么工作的状态就可能被

---

① 古典主编：《生涯规划师》，江苏凤凰科学技术出版社 2020 年版。

动消极，在很大程度上会影响职业发展与职业成功。

兴趣与能力也有很大的关系。人们更加愿意在自己感兴趣的事情上投入更多的时间与精力，以希望得到能力的提升。当然，兴趣与能力并不等同，而是有特殊的关系。当人们获得较强的能力时，人们从事自己感兴趣的事情会更加得心应手，从而又会进一步增加对这些事情的兴趣。因此，"兴趣—能力—兴趣"这是个良性循环。

职业选择以及专业学习应把兴趣作为一个重要的因素进行考虑。可能有人会提出质疑，如何保证自己的兴趣一定会在职业中得到满足呢？的确，从现实的情况来看，往往不一定能完全满足兴趣与职业匹配的意愿。首先很多人并不清楚自己真正的职业兴趣是什么；其次，有些人也不知道如何将自己的兴趣与职业结合在一起，或者因为某些现实因素，无法找到符合兴趣的职业。为此，除了做好职业规划，尽量创造条件寻找到符合兴趣的职业外，人们也会通过培养对职业的兴趣、发挥兴趣的辅助性作用等方法来促进兴趣对职业的正面作用。对大学生而言，如果你有幸读到自己喜欢的专业，那就好好学习，掌握专业技能，在毕业后获得相关兴趣领域的工作；如果当前的专业没有那么喜欢，除了考虑转专业，还可以考虑通过兼职、各种校园活动如志愿者服务、参加社团活动等方式发现和发展自己的兴趣。未来的职业选择要综合考虑各种因素，工作与个人兴趣爱好适度统一即可，不必强求完全一致。

兴趣与职业兴趣是很难划分的，每一种兴趣都可以与大千世界的很多职业对应起来，比如，喜欢和人交流的人可能会从事教师、客户服务、社会工作等多种职业。对于大学生来说，发现并培养兴趣是职业自我认知的重要内容。在校期间，如果能明确自己的兴趣，结合社会需要，培养与兴趣相符的专业知识和技能，则更容易找到符合自己职业兴趣的工作，可以避免毕业后"刚就业，便择业"的高流动性问题，提高初次就业质量。

四、霍兰德职业兴趣理论

先来做个小测试：[1]

---

[1] 钟谷兰、杨开著：《大学生职业生涯发展与规划》，华东师范大学出版社 2016 年版，第19—20页。

恭喜你！你获得了一次免费度假游的机会，有机会去下列六个岛屿中的一个。唯一的要求是你必须要在这个岛上呆满至少半年时间，请仅凭自己的兴趣按一、二、三顺序挑出你最想去的三个岛屿。

☐ R 岛

自然原始的岛屿。岛上保留有热带的原始森林，自然生态保持得很好，有各种各样的野生动物。岛上居民生活状态还相当原始，他们以手工见长，自己种植花果蔬菜、修缮房屋、打造器物、制作工具，喜欢户外运动。

☐ I 岛

深思冥想的岛屿。岛上人迹较少，建筑物多僻处一隅，平畴绿野，适合夜观星象。岛上有多处天文馆、科博馆以及科学图书馆等。岛上居民喜好观察、学习、探究、分析，崇尚和追求真知，常有机会和喜欢和来自各地的哲学家、科学家、心理学家等交换心得。

☐ A 岛

美丽浪漫的岛屿。岛上遍布了美术馆、音乐厅，街头雕塑和街边艺人，弥漫着浓厚的艺术文化气息。当地的居民很有艺术、创新和直觉能力，他们保留了传统的舞蹈、音乐与绘画，许多文艺界的朋友都喜欢来这里找寻灵感。

☐ S 岛

友善亲切的岛屿。岛上居民个性温和、十分友善、乐于助人，社区均自成一个个密切互动的服务网络，人们重视互助合作，重视教育，关怀他人，充满人文气息。

☐ E 岛

显赫富庶的岛屿。岛上的居民善于企业经营和贸易，能言善道，以口才见长。岛上的经济高度发展，处处是高级饭店、俱乐部、高尔夫球场，来往者多是企业家、经理人、政治家、律师等，曾数次在这里召开财富论坛和其他行业巅峰会议。

☐ C 岛

现代、井然的岛屿。岛上建筑十分现代化，是进步的都市形态，以完善的户政管理、地政管理、金融管理见长，岛民个性冷静保守，处事有条不紊，善于组织规划，细心高效。

说明：做完这个练习后，你应当能得出自己最有兴趣的前3个类型，即霍兰德代码，并对6种类型的基本特征有所了解。

约翰·霍兰德是著名的生涯辅导专家、心理学教授，他从20世纪70年代以来，提出了一系列关于兴趣类型的假设。

（一）霍兰德理论的基本假设

霍兰德认为，每个人都有其独特性，这种独特性反映在兴趣、能力、需要、价值和人格特质上。每一个职业和工作也有其独特性，这些独特性反映在工作项目、所需能力、所提供报酬等方面。个人与职业的独特性都能通过评估工具测量出来。如果个人的特质和职业的特性是吻合的，双方都会感到满意。如果人格类型与职业环境匹配，就有可能增加职业满意度，带来职业成就感和提高职业稳定性。职业选择是人格的一种表现，某一类型的职业通常会吸引具有相同人格特质（Personality）的人，这种人格特质反映在职业上，就是职业兴趣。霍兰德把大多数人的职业兴趣（人格）归纳为六种类型（见表5-1），即实用型（Realistic Type，简称R）、研究型（Investigative Type，简称I）、艺术型（Artistic Type，简称A）、社会型（Social Type，简称S）、企业型（Enterprising Type，简称E）和事务型（Conventional Type，简称C）。相应的工作也可以分为以上六种类型。书末附录有霍兰德编写的《自我探索量表》所附的《霍兰德职业索引》，供大家参考。

表5-1 霍兰德职业兴趣类型[①]

类型	喜欢的活动	重视	职业环境要求	典型职业	典型专业
现实（实用）型R（Realistic）	用手、工具、制造或修理东西。愿意从事实务性的工作、体力活动，喜欢户外活动或操作机器，而不喜欢在办公室工作	具体实际的事物，诚实，有常识	使用手工或机械技能对物体、工具、动物等进行操作，与"事物"工作的能力比与"人"打交道的能力更为重要	园艺师、木匠、汽车修理工、工程师、军官、兽医、足球教练员	工学类、农学类、临床医学、针灸推拿、考古学等

---

① 资料来源：钟谷兰、杨开著：《大学生职业生涯发展与规划》，华东师范大学出版社2008年版，第29—30页。

续表

类型	喜欢的活动	重视	职业环境要求	典型职业	典型专业
研究（调研）型 I（Investigative）	喜欢探索和理解事物，喜欢学习，研究那些需要分析、思考的抽象问题，喜欢阅读和讨论有关科学性的论题，喜欢独立工作，对未知问题的挑战充满兴趣	知识，学习，成就，独立	分析研究问题、运用复杂和抽象的思考创造性地解决问题的能力，谨慎缜密，能运用智慧独立地工作，一定的写作能力	实验室工作人员、生物学家、化学家、心理学家、工程设计师、大学教授	理学类、哲学类、艺术学理论、基础医学等
艺术型 A（Artistic）	喜欢自我表达，喜欢文学、音乐、艺术和表演等具有创造性、变化性的工作，重视作品的原创性和创意	有创意的想法，自我表达，自由，美	创造力，对情感的表现能力，以非传统的方式来表现自己，相当自由、开放	作家、编辑、音乐家、摄影师、厨师、漫画家、导演、室内装潢设计师	艺术类、文学类、服装设计、建筑学、风景园林等
社会型 S（Social）	喜欢与人合作，热情关心他人的幸福，愿意帮助别人成长或解决困难，为他人提供服务	服务社会与他人，公正，理解，平等，理想	人际交往能力，教导、医治、帮助他人等方面的技能，对他人表现出精神上的关爱，愿意担负社会责任	教师、社会工作者、牧师、心理咨询师、护士	教育学类、社会学、人力资源管理、旅游管理、外交学等
企业（事业）型 E（Enterprising）	喜欢领导和支配别人，通过领导、劝说他人或推销自己的观念、产品而达到个人或组织的目标，希望成就一番事业	经济和社会地位上的成功，忠诚，冒险精神，责任	说服他人或支配他人的能力，敢于承担风险，目标导向	律师、政治运动领袖、营销商、市场部经理、电视制片人、保险代理	经济学类、法学类、管理学类
常规（事务）型 C（Conventional）	喜欢固定的、有秩序的工作或活动，希望确切地知道工作的要求和标准，愿意在一个大的机构中处于从属地位，对文字、数据和事物进行细致有序的系统处理以达到特定的标准	准确，有条理、借鉴、盈利	文书技巧，组织能力，听取并遵从指示的能力，能够按时完成工作并达到严格的标准，有组织、有计划	文字编辑、会计师、银行家、簿记员、办事员、税务员和计算机操作员	会计学、审计学、财务管理、行政管理、档案学、行政管理

（二）职业兴趣强度

个人的兴趣很多，相应的也会产生多方面的职业兴趣，但众多的职业兴趣的强度会有所不同。在霍兰德职业兴趣理论中，用 3 个字母代表强度最大的三种兴趣类型，这 3 个字母被称为"霍兰德代码"（Holland Code）。3 个字母的顺序表示了兴趣的强度不同，比如：ASE 与 SAE 具有相似的兴趣，但是他们对同一类事物的兴趣的强度是不同的。

（三）职业兴趣类型

职业兴趣有六个类型，每个人在六个类型的得分是高低不同的。如果六个类型的得分之间的差异比较大，说明个人的人格特质发展清晰，对职业环境的偏好清晰；如果六个类型之间的得分比较接近，则说明个人的职业兴趣不够清晰，对职业环境的偏好不够清晰。

（四）霍兰德代码的一致性解读

霍兰德同时把工作环境也分为六种类型，这六种类型与职业兴趣类型的分类一致。霍兰德认为，在同一种工作环境中工作的人具有相似的人格特质，所以会产生特定的价值观念、态度倾向和行为模式。在霍兰德六角模型（见图 5-1）中，相邻的类型相似度最高，相隔次之，相对最差。如艺术型 A 与研究型 I 在六角模型中相邻，它们的相似性最高，因为这两种类型的人都喜欢用智慧来引导个人的想法，或是通过创造以及研究问题得出创新性的结论。但是艺术型 A 与常规（事务）型 C 处在对角线的位置上，它们缺少一致性，并且具有完全不同的特质：艺术型 A 倾向自由与个性，而常规（事务）型 C 强调传统与循规蹈矩。霍兰德的六角模型可以帮助人们进行个人兴趣类型与工作环境是否相匹配的评估。如果兴趣类型与工作环境之间有较高

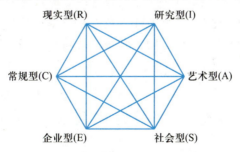

图 5-1　霍兰德的六角模型示意图

的匹配度，那么工作环境将增加个人的工作满意度以及职业的稳定性，同时会带来较高的职业成就感。

五、职业兴趣的现实考量

（一）职业兴趣类型需依据社会现实有所调整

需要注意的是，现实生活中，如果有人的兴趣类型包含了相对位置的类型，那么按照完全匹配的理想状况去寻找这样的工作时往往比较困难，因为同一个工作环境中很少会同时包含两种截然不同的类型，这时候可以考虑在工作之外的业余生活中寻求工作中没有满足或者没有匹配的兴趣。所以，所谓的"完全匹配"是一种理想状态，我们需要重视兴趣在职业生涯发展的过程中所起到的作用，但是不代表我们每个人都能做到完全匹配，这时候可以通过其他方式来发挥兴趣的有益作用。六角模型中所揭示的类型划分比较简单，大千世界的职业纷繁复杂，很难通过简单的类型进行全面划分。比如，一个艺术型 A 的人从事事务型 C 的数据处理工作，可能会觉得单调而乏味，但是如果希望能从单调的数据中有新的发现，有创新性的观点产生，那么职业体验就会有所不同。

（二）多种手段应用可实现职业与兴趣类型相匹配

"匹配"在现实生活中有多种实现的可能。专业与职业并不是简单的对应关系，同一个专业可以从事很多职业，对于大学生而言，目前的专业如果和兴趣类型不匹配，并不意味着一定要通过换专业、考研等方式进行转变，可以通过嫁接的方式找到专业和兴趣的结合点，发挥两者交叉的优势。比如一个学工商管理的学生，他最高的兴趣类型可能是 A，这与工商管理专业常见的对应职业如职业经理人第一位的兴趣类型 E 不匹配，但是如果他将来从事创意类产品的经营管理管理工作，则可以很好地将个人兴趣类型与专业相结合。

第二节　我适合做什么：性格

如同世界上没有两片相同的叶子，没有两个完全相同性格的人。

性格是一种十分复杂的心理构成物，每个人都有这样或那样的一些性格特征，比如有人"活泼""热情"，有人"内敛""冷静"。这些特征相互结合，构成一个整体，便是一个人的性格。认识自己的性格是认识自己的一个重要方面。

一、性格的定义

什么是性格？性格也称人格，心理学家认为，性格包括了独特性以及行为的特征性模式，并将人格（personality）定义为：一系列复杂的具有跨时间、跨情境特点的，对个体特征性行为模式（内隐的以及外显的）有影响的独特的心理品质。[①] 性格作为一种人格特质，是一个人对客观世界的一致性应对方式，表现为态度和行为习惯的两个方面。

性格是如何形成的？目前学者普遍认为：性格会受到生理因素、遗传因素的影响，同时，个体所处的环境，包括文化背景、家庭、朋友和社会群体的规范等因素也会对性格的形成有所影响。性格具有相对稳定性，一旦形成很难改变，但也不是绝对不会改变尤其是当个体所处的环境改变，或者个体本身心智更成熟，见识更广阔的时候，性格可能有所变化。

【案例5-2】 内向的我适合读市场营销专业吗？

雅欢是某高校市场营销专业二年级学生，因为选科限制，雅欢在高考志愿填报时无法报考最喜欢的医学类专业，后来误打误撞进了市场营销专业。对专业本身内容雅欢觉得挺喜欢的，但是对未来她还是充满了迷茫和焦虑：在她看来，外向的学生在营销方面的职业上更吃得开，而自己从小性格内向不善言辞，她很担心内向的自己毕业后是否适合做专业相关方向的工作。为此，她甚至一度想要改变自己的性格，但是性格可以改变吗？

拓展资源

---

① ［美］理查德·格里格、菲利普·津巴多著，王垒、王甦等译：《心理学与生活》，人民邮电出版社2003年版，第386页。

二、性格与职业的关系

每个人的性格天生有自己的不同倾向，这些倾向的方向、程度都不同，正是这些不同体现了人与人之间性格的独特性，但是不能用对错或者好坏来衡量。每一种职业、每一种岗位都会要求从业者有特定的行为模式，即不同的职业对人有不同的性格方面的要求。如果个人性格与职业特性一致，那么个体从事工作的行为就会比较自然地协调起来；如果不一致，个体则需要调整自己的性格倾向，使行为能符合职业的特定要求。但是这种调整因为与个体本身的性格倾向不一致，会表现出一定的困难和阻力。如果困难大到无法适应，则需要调换工作。可见，性格与职业的发展密切相关。

如果我们能够找到一个合适的职业，适合自己的性格倾向，那么我们会感觉工作顺畅、游刃有余；反之，如果要求我们做不符合性格的事情，多半会感觉不舒服，甚至产生冲突，影响工作绩效。因此，我们需要了解自己的性格倾向性，并且了解与之相适应的工作，这样做出的职业选择往往更加有效。

三、性格的类型与迈尔斯-布里格斯个性分析指标

性格的分类方法很多，用于职业生涯规划的目前比较流行的是采用迈尔斯-布里格斯个性分析指标（Myers-Briggs Type Indicator，缩写为 MBTI）的性格分类。

（一）关于 MBTI

MBTI 是一套包括各种指标的表格，以测试不同的心理类型的人们的态度、情感、感知和行为。因此，它也是一种性格测试工具，用以衡量和描述人们在获取信息、作出决策、对待生活等方面的心理活动规律和性格类型。MBTI 的第一张量表于 1942 年问世，其理论基础来源于瑞典心理学家荣格（Carl Jung）有关知觉、判断和人格态度的观点，后经伊莎贝尔·迈尔斯（Isabel Myers）同她的母亲凯瑟琳·布里格斯（Kathryn Briggs）一道，将荣格的理论发展为包括人类所有行为的 16 种外在状态模式，为帮助人们了解个人性格倾向和思维类型提供了有效的手段。

（二）MBTI 具体内容

MBTI 用四个维度的指标来评估一个人的性格偏好，每个维度都

采用二分法进行分类（见表5-2）。

表5-2 MBTI维度解释①

能量倾向：你更喜欢将自己的注意力集中于何处？你从何处获得活力？
E—I维度

外倾 extroversion（E）	内倾 introversion（I）
注意力和能量主要指向外部世界的人和事，而从与人交往和行动中得到活力。 ● 关注外部环境 ● 喜欢用谈话的方式进行沟通 ● 通过谈话形成自己的意见 ● 用实际操作或讨论的方式能学得最好 ● 兴趣广泛 ● 好与人交往，善于表达 ● 先行动，后思考 ● 在工作和人际关系中都很积极主动	注意力和能量集中于自己的内心世界，从对思想、回忆和情感的反思中得到活力。 ● 关注自己的内心世界 ● 更愿意用书面方式沟通 ● 通过思考形成自己的意见 ● 用思考、在头脑中"练习"的方式学得最好 ● 兴趣专注 ● 安静而显得内向 ● 先思考，后行动 ● 当情境或事件对他们具有重要意义时会采取主动

接受信息：你如何获取信息？S—N维度

感觉 sensing（S）	直觉 intuition（N）
用自己的五官来获取信息。喜欢收集实实在在的、确实已出现的信息。对于周围所发生的事件观察入微，特别关注现实。 ● 着眼于当前的实际情况 ● 现实、具体 ● 关注真实的、实际存在的事物 ● 观察敏锐，并能记住细节 ● 经过仔细周详的推理一步步得出结论 ● 通过实际运用来理解抽象的思维和理论 ● 相信自己的经验	通过想象、无意识等超越感觉的方式来获得信息。喜欢看整个事件的全貌，关注事实之间的关联。想要抓住事件的模式，特别善于看到新的可能性。 ● 着眼于未来的可能 ● 富于想象力和创造性 ● 关注数据所代表的模式和意义 ● 当细节与某一模式相关时才能够记得 ● 靠直觉很快得出结论 ● 希望在应用理论之前先能对之进行澄清 ● 相信自己的灵感

---

① 资料来源：钟谷兰、杨开著：《大学生职业生涯发展与规划》，华东师范大学出版社2008年版，第13—14页。

处理信息：你是如何做决定的？　T—F 维度	
思考 thinking（T） 　通过分析某一行动或选择的逻辑后果来做出决定。会将自己从情境中分离出来，对事件的正反两方面进行客观地分析。从分析和确认事件中的错误并解决问题中获得活力。目标是要找到一个能应用于所有相似情境的标准或原则。 　● 好分析的 　● 运用因果推理 　● 以逻辑的方式解决问题 　● 寻求一个合乎真理的客观标准 　● 爱讲理的 　● 可能显得不近人情 　● 公平意味着每个人都能得到平等的待遇	情感 feeling（F） 　喜欢考虑对自己和他人来说什么是重要的。会在头脑中将自己放在情境所牵涉的所有人的位置上并试图理解别人的感受，然后在此基础上根据自己的价值判断作出决定。从对他人表示赞赏和支持中获得活力。目标是创造和谐的氛围，把每一个人都当作一个独特的个体来对待。 　● 善于体贴他人、感同身受 　● 受个人价值观的引导 　● 衡量决定对他人产生的后果和影响 　● 寻求和谐的气氛和积极的人际交往 　● 富于同情心 　● 可能会显得心肠太软 　● 公平意味着每个人都被作为独特的个体来对待
行动方式：你如何与外部世界打交道？　J—P 维度	
判断 judging（J） 　喜欢将事情管理得井井有条，过一种有计划的、井然有序的生活。喜欢做出决定，完成后继续下面的工作。生活通常会比较有规划、有秩序，喜欢把事情敲定下来。照计划和日程安排办事对他们来说很重要。从完成任务中获得能量。 　● 有计划的 　● 喜欢组织管理自己的生活 　● 有系统、有计划 　● 按部就班 　● 爱制订短期和长期计划 　● 喜欢把事情落实敲定 　● 力图避免最后一分钟才做决定或完成任务的压力	知觉 perceiving（P） 　喜欢以一种灵活、自发的方式生活，更愿意去体验和理解生活而不是去控制它。详细的计划或最后决定会使他们感到被束缚。愿意对新的信息和选择保持开放，直到最后一分钟。足智多谋，善于调节自己适应当前场合的需要，并从中获得能量。 　● 自发的 　● 灵活 　● 随意 　● 开放 　● 适应，改变方向 　● 不喜欢把事情确定下来，以留有改变的可能性 　● 最后一分钟的压力会使他们感到活力充沛

（三）16 种 MBTI 类型及对应的职业

以上四个维度仅仅对人的性格倾向做了简单的划分，MBTI 类型将以上四个维度结合起来，形成了 16 种类型，这 16 种性格类型以及特点（见表 5-3）。

表 5-3　MBTI　16 种性格类型及其通常具有的特征①

ISTJ	ISFJ	INFJ	INTJ
沉静，认真；贯彻始终、得人信赖而取得成功。讲求实际，注重事实，能够合情合理地去决定应做的事情，而且坚定不移地把它完成。不会因外界事物而分散精神。以做事有次序、有条理为乐——不论在工作上、家庭上或者生活上。重视传统和忠诚	沉静，友善，有责任感和谨慎。能坚定不移地承担责任。做事贯彻始终、不辞辛劳和准确无误。忠诚，替人着想，细心；往往记着他所重视的人的种种微小事情，关心别人的感受。努力创造一个有秩序、和谐的工作和家居环境	探索意念、人际关系和物质拥有欲的意义和它们之间的关系。希望了解什么可以激发人们的推动力，对别人有洞察力。尽责，能够履行他们坚持的价值观念。有一个清晰的理念以谋取大众的最佳利益。能够有条理地、果断地去实践他们的理念	有具创意的头脑、有很大的冲劲去实践他们的理念和达到目标。能够很快地掌握事情发展的规律，从而想出长远的发展方向。一旦作出承诺，便会有条理地开展工作，直到完成为止。有怀疑精神，独立自主；无论为自己或为他人，有高水准的工作表现
ISTP	ISFP	INFP	INTP
容忍、有弹性；是冷静的观察者，但当有问题出现，便迅速行动找出可行的解决方法。能够分析哪些东西可以使事情进行顺利又能够从大量资料中，找出实际问题的重心。很重视事件的前因后果，能够以理性的原则把事实组织起来，重视效率	沉静，友善，敏感和仁慈。欣赏目前和他们周遭所发生的事情。喜欢有自己的空间，做事又能把握自己的时间。忠于自己所重视的人。不喜欢争论和冲突，不会强迫别人接受自己的意见或价值观	理想主义者，忠于自己的价值观及自己所重视的人。外在的生活与内在价值观配合。有好奇心，很快看到事情的可能与否，能够加速对理念的实践。试图了解别人，协助别人发展潜能。适应力强，有弹性；如果和他们的价值观没有抵触，往往能包容他人	对任何感兴趣的事物，都要探索一个合理的解释。喜欢理论和抽象的事情，喜欢理念思维多于社交活动。沉静，满足，有弹性，适应力强。在他们感兴趣的范畴内，有非凡的能力去专注而深入地解决问题。有怀疑精神，有时喜欢批评，常常善于分析

---

① 资料来源：钟谷兰、杨开著：《大学生职业生涯发展与规划》，华东师范大学出版社 2008 年版，第 20 页。本文引用时略有改动。

续表

ESTP	ESFP	ENFP	ENTP
有弹性，容忍；讲求实际专注即时的效益。对理论和概念上的解释感到不耐烦，希望以积极的行动去解决问题。专注于"此时此地"，喜欢主动与别人交往。喜欢物质享受的生活方式。能够通过实践达至最佳的学习效果	外向，友善，包容。热爱生命、热爱人，爱物质享受喜欢与别人共事。在工作上，能用常识、注意现实的情况，使工作富趣味性，富灵活性、即兴性，易接受新朋友和适应新环境。与别人一起学习新技能可以达到最佳的学习效果	热情而热心，富于想象力。认为生活是充满很多可能性。能够很快地找出事件和资料之间的关联性，而且有信心地依照他们所看到的模式去做。很需要别人的肯定，又乐于欣赏和支持别人。即兴而富于弹性，时常信赖自己的临场表现和流畅的语言能力	思维敏捷，机灵，能激励他人，警觉性高，勇于发言。能随机应变地去应付新的和富于挑战性的问题。善于引出在概念上可能发生的问题，然后很有策略地加以分析。善于洞察别人。对日常例行事务感到厌倦。甚少以相同方法处理同一事情，能够灵活地处理接二连三的新事物
ESTJ	ESFJ	ENFJ	ENTJ
讲求实际，注重现实，注重事实。果断，很快作出实际可行的决定。能够安排计划和组织人员以完成工作，尽可能以最有效率自方法达到目的。能够注意日常例行工作的细节。有一套清晰的逻辑标准，会有系统地跟着去做，也想别人跟着去做。会以强硬态度去执行计划	有爱心、尽责，合作。渴望有和谐的环境，而且有决心营造这样的环境。喜欢与别人共事以能准确地、准时地完成工作。忠诚，即使在细微的事情上也如此。能够注意别人在日常生活中的需要而努力供应他们。渴望别人赞赏他们和欣赏他们所作的贡献	温情，有同情心，反应敏捷和有责任感。高度关顾别人的情绪、需要和动机。能够看到每个人的潜质，要帮助别人发挥自己的潜能。能够积极地协助他人和组织的成长。忠诚，对赞美和批评都能作出很快的回应。社交活跃，在一组人当中能够惠及别人，有启发人的领导才能	坦率、果断、乐于作为领导者。很容易看到不合逻辑和缺乏效率的程序和政策，从而开展和实施一个能够顾及全面的制度去解决一些组织上的问题。喜欢有长远的计划、喜欢有一套制订的目标。往往是博学多闻的，喜欢追求知识，又能把知识传给别人。能够有力地提出自己的主张

了解自己的 MBTI 类型后，我们可以参考 MBTI 类型所对应的职业倾向了解自己适合的职业（见表5-4）：

表5-4 MBTI 16种性格类型的职业倾向①

ISTJ	ISFJ	INFJ	INTJ
• 管理者 • 行政管理 • 执法者 • 会计	• 教育 • 健康护理（包括生理、心理） • 宗教服务	• 宗教 • 咨询服务（包括个人、社会、心理等） • 教学/教导 • 艺术	• 科学或技术领域 • 计算机 • 法律
或者其他能够让他们可以利用自己的经验和、细节的注意完成任务的职业	或者其他能够让他们运用自己的经验亲力亲为帮助别人的职业，这种帮助是协助或辅助性的	或者其他能够促进他们情感、智力或精神发展的职业	或者其他能够让他们运用智力创造和技术知识去构思、分析和完成任务的职业
ISTP	ISFP	INFP	INTP
• 熟练工种 • 技术领域 • 农业 • 执法者 • 军人	• 健康护理（包括生理、心理） • 商业 • 执法者	• 咨询服务（包括个人、社会、心理等） • 写作 • 艺术	• 科学或技术领域
或者其他能够让他们动手操作、分析数据或事情的职业	或者其他能够让他们运用友善、专注于细节的相关服务的职业	或者其他能够让他们运用创造和集中于他们的价值观的职业	或者其他能够让他们基于自己的专业技术知识独立、客观分析问题的职业
ESTP	ESFP	ENFP	ENTP
• 市场 • 熟练工种 • 商业 • 执法者 • 应用技术	• 健康护理（包括生理、心理） • 教学/教导 • 教练 • 儿童保育 • 熟练工种	• 咨询服务（包括个人、社会、心理等） • 教学/教导 • 宗教 • 艺术	• 科学 • 管理者 • 技术 • 艺术
或者其他能够让他们利用行动关注必要细节的职业	或者其他能够让他们利用外向的天性和热情去帮助那些有实际需要的人们的职业	或者其他能够让他们利用创造和交流去帮助促进他人成长的职业	或者其他能够让他们有机会不断承担新挑战的工作

① 资料来源：Isabel Briggs Myers, Mary H. McCaulley, NaomiL. Quenk, Allen L. Hammer：MBTI Manual, Third Edition, Consulting Psychologists Press, INC., 1998, p. 294。本文引用时略有改动。

ESTJ	ESFJ	ENFJ	ENTJ
• 管理者 • 行政管理 • 执法者	• 教育 • 健康护理（包括生理、心理） 　• 宗教	• 宗教 • 艺术 • 教学/教导	• 管理者 • 领导者
或者其他能够让他们适用对事实的逻辑和组织完成任务的职业	或者其他能够让他们运用个人关怀为他人提供服务的职业	或者其他能够让他们帮助别人在情感、智力和精神上成长的职业	或者其他能够让他们运用实际分析、战略计划和组织完成任务的职业

（四）运用 MBTI 需要注意的问题

1. 性格类型不是绝对的"非此即彼"

在 MBTI 测评结果时，避免绝对地看待测评结果。MBTI 的每个维度上只有一种性格倾向，但并不代表完全没有另一种倾向特征。如一个人如果是情感型的人，意味着绝大多数情况下其自然反应是情感型为导向的，但是在某些特定的情境下，个体也会表现为思考型。

2. 正确看待及运用测评结果

MBTI 的性格倾向没有好坏、对错之分。MBTI 的作用是可以让你更好地了解自己的行为特点，以及更好的理解他人与自己的不同，但是测试的结果并不能成为你不做某事或者不选择某种事业的借口。我们应该用发展性的眼光来看待自己或他人的行为特点。

3. 多种方式进行自我性格分析

MBTI 类型只是进行性格探索的一种有效工具，但是对于自己性格的了解不要局限于 MBTI 测试，特别是当你感觉到有些描述与自身的实际情况不相符的时候，可以利用身边更多的资源来帮助你进行澄清。

第三节　我能够做什么：能力

在探讨了"我喜欢做什么""我适合做什么"之后，我们要来看看"我能够做什么"。如果个人能力无法满足工作的要求，就不能达到工作的目的，个人就会产生焦虑感；如果个人所具备的能力远远超过工作要求时，个人会感觉缺乏挑战；只有当个人能力与工作的能力要求相当时，即能胜任某项工作，容易获得工作的满足感，也容易更好的发挥自己的潜能。

【案例5-3】　我该如何培养自己的竞争力

张淇是某高校食品专业的学生，她进校以后一度非常自卑，看着身边的同学有的钢琴十级，有的英语口语非常流畅，有的PPT做得很好……反观自己，就是一个平平无奇的学生，没有特别拿得出手的才艺或成绩。她也很想上进，想要在人群中有发光的时刻，但很苦恼不知道自己该往哪方面努力，时间精力有限的情况下，该如何培养自己的核心竞争力呢？

拓展资源

一、能力的重要性

能力是支持我们能够顺利完成工作任务的必要条件。在职业选择和面试过程中，经常会被询问："你能做些什么？"这就是请你概括自身的能力。

能力是一个人成功地做事情或工作的必要条件，能力的分类标准非常复杂，通常可以分为"技能"（skill）与"能力倾向"（aptitude）。技能是指经过学习和练习发展起来的能力，它是在从事活动时有效地运用天资和知识的力量。"能力倾向"指的是可能的能力，是潜能，区别于你已经发展起来的技能和技术知识。[1] 比如说，也许你具有演讲的能力倾向，即潜能，但是没有经过大量的发掘、培训、学习、练习和操作，你可能还没有培养起完成这个活动的技能。所以，一个人所具备的能力往往是技能和能力倾向综合作用的结果。当我们认为"某项能力不行"的时候，我们要注意分辨，是自己不具备这种能力的潜能，还是因为缺乏练习而导致的。很多能力比如沟通能力、团队合作能力的提升更多的都是依靠后天的练习，关键是看自己是不是有学习和成长的动力，以及在实践与练习的过程中是否能够克服困难。

---

[1]　Robert D. Lock 著，钟谷兰、曾垂凯、时勘等译：《把握你的职业发展方向》，中国轻工业出版社2006年版，第245页。

二、能力的类型和结构

（一）技能

辛迪·梵（Sidney Fine）和理查德·鲍尔斯（Richard Bolles）将技能分成三类：专业知识技能、可迁移技能、自我管理技能。这三种技能在一个人的职业发展过程中都起很大的作用。

1. 专业知识技能

专业知识技能是指需要通过专业教育才能获得的知识以及能力。一般用名词来表示（见表5-5），比如英语、计算机、金融学等，这些词语涉及专业、学科的主题。专业知识技能不能迁移，也就是说你必须经过专门的教育培训才能掌握。

表5-5 专业知识技能词汇表（部分）

会计	管理	农业	哲学	美学	文学
伦理学	统计学	法学	人力资源	考古学	人类学
建筑学	地理	老年病学	园林学	制图学	原子
相声	航空学	金融	儿童养育	新闻学	财务管理
历史	生物学	税收学	心理学	教育学	经济学

对大学生而言，专业知识技能的掌握和积累往往和所学专业直接相关。你可能有这样的困惑，如果自己不喜欢自己的专业，那么势必会影响专业知识技能的积累。但是转专业也不容易，怎么办？

其实很多专业知识技能的获得除了教育途径之外，也可以通过如旁听、辅修第二专业、参加讲座、专业培训、自学、资格认证考试等方式来进行。特别是现在的网络科技非常发达，提供网络课程的网站也很多，大学生可以在课余时间学习其他专业知识技能。此外，很多公司会为新员工提供岗前培训，或者安排有资历的前辈带新人。因此我们不必一味夸大专业知识技能的重要性，也不必因为没有读到心仪的专业而耿耿于怀，现实中有很多途径让我们获取各类专业知识技能。

2. 可迁移技能

可迁移技能是一个人会做的事。一般用动词来表达（见表5-6），即能够表达行动的词汇，比如教学、组织、管理等。

表 5-6　可迁移技能词汇表（部分）

管理	宣传	校对	纠正	安装
选择	展示	阐述	执行	写作
控制	劝告	解释	预测	咨询
演讲	预算	草拟	平衡	调查
组织	协调	分析	联络	评价
分类	学习	训练	研究	交流

可迁移技能的特征是它可以从生活中的各个方面，特别是工作之外得到发展，同时又可以被迁移运用到各项工作之中。即使工作环境发生变化，可迁移技能还是可以得到应用。比如说，管理是一项可迁移性技能，假设你学过"管理学原理"课程，具有管理学原理的许多知识，并且在社团活动中成功地运用它们，那么你在实践活动中积累了管理的技能。当你获得一份管理工作的时候，你就可以将你的社团管理技能迁移到新的工作中。可迁移技能是一个人能够持续运用的技能，并且随着个人工作与生活经验的不断积累，可迁移技能会不断得到发展。所以对大学生而言，没有工作经历并不可怕，如果你具备了从事某个职务所要求的可迁移技能，那么你还是可以通过相关的活动经验来证明自己已经具备或掌握这些技能。事实上，很多企业在招聘应届毕业生时，就是通过应聘者在校的相关实践经验所体现出来的可迁移技能来判断其是否能胜任应聘岗位。

3. 自我管理技能

自我管理技能也称适应性技能，经常被用来描述人的某些个性特征，更多的是被看作个人品质而不是技能。有很多描述个人品质的词语可以用来概括自我管理技能。一般用形容词和副词来表示（见表5-7），比如：无私的（地）、友好的（地）、乐善好施的（地）等。自我管理技能可以说明人具有某些特征，可以帮助你更好地进行自我管理和应对变化。

表 5-7　自我管理词汇表（部分）

冷静的 （地）	理智的 （地）	有抱负的 （地）	逻辑的 （地）	批判的 （地）	灵活的 （地）
准确的 （地）	活泼的 （地）	适应的 （地）	感恩的 （地）	敏感的 （地）	冒险的 （地）
美学的 （地）	体贴的 （地）	放松的 （地）	坚持的 （地）	省力的 （地）	观察敏锐的 （地）
鼓舞人心的 （地）	雄心勃勃的 （地）	理解的 （地）	宽容的 （地）	有亲和力的 （地）	有效率的 （地）
努力奋斗的 （地）	强有力的 （地）	友好的 （地）	严谨的 （地）	个性化的 （地）	仁慈的 （地）

　　对于个人职业生涯发展而言，自我管理技能是至关重要的。"态度决定一切"，很多的时候并不是专业知识技能影响了职业生涯的发展，而是自我管理技能的欠缺成了最大的阻碍。自我管理技能时常被大学生忽略，但实际上这是"成功所需要的品质、个人最有价值的资产"，是用人单位相当看重的能力，尤其像"敬业精神""服务意识""团队协作""主动进取"等几乎是每一份工作都需要的自我管理技能。作为一名大学生，一定要有意识地培养管理自我的技能。

　　自我管理技能是可迁移的，也可以在工作领域以及生活领域之间随人迁移。这也说明了自我管理技能不是通过特定的学习完成的，而是通过不断实践锻炼而成的，所以，从生活的一点一滴中有意识地培养是提升自我管理技能的有效途径。这也说明了大学生的成长主要来自于课堂以外。如果没有充分利用课外的时间进行自我修炼，就是没有很好地利用大学的资源，上大学的价值便大打折扣。

（二）能力倾向

　　能力倾向指的是一种学习能力，具体内容非常丰富，涵盖面广，既有生理层面上的，也有心理层面上的（见表 5-8）。目前有一系列的能力倾向测验，包括《一般能力倾向测验》（General Aptitude Test Battery，简称 GATB），《差别能力倾向测验》（Differential Aptitude Tests，简称 DAT）。

表 5-8　能力倾向和描述①

能力倾向	描　述
抽象推理	能够脱离具体事务的存在理解思想的能力，不是词汇和数字，而是用符号或图像表达概念
听觉辨别	区分不同声音（对音乐家尤为重要）的能力
文书能力	记录、复制、存档、校对、识别细节、避免拼写和计算错误的能力
颜色辨别	察觉颜色的相似性与不同以及感知不同深浅的颜色的能力；观察颜色之间的协调性的能力
眼-手-足协调	在视野范围内手·足协调运动反应的能力
手指灵活性	手指迅速、敏捷、精确地操纵微小物体的能力
形状感知	进行视觉对比、观察物体和图画的形状及阴影的细小差别的能力
语言使用	使用词汇、语法、标点的能力
机械推理	理解物理定律、机械、工具、机器设备的能力。建筑、操作、机械维修知识
记忆	回忆已发生事件或保留学习信息的能力
运动协调	四肢和身体在保持一定速度、姿势和精确性的情况下，有节奏地精确运动的能力（对运动员和舞蹈演员很重要）
数字能力	迅速、准确地理解数字和进行数学推理的能力
说服能力	提供可信服的理由或劝说他人采纳自己观点的能力
身体力量	运用身体肌肉去完成搬、运、抬举重物的能力，耐力
敏捷	思维敏捷，或身体以一定速度、灵敏度和准确性运动的能力
社会技能（同感）	理解他人和与人相处的能力，感同身受地体会他人处境的能力
空间能力	在头脑中描绘各种形状和大小的三维对象的能力
拼写能力	区别拼写正误的能力
文字推理	理解文字表达的思想或概念的能力，使用文字思维和推理的能力
词汇	理解和准确使用词语含义的能力

---

① 资料来源：Robert D. Lock 著，钟谷兰、曾垂凯、时勘等译：《把握你的职业发展方向》，中国轻工业出版社 2006 年版，第 269 页。

表5-8对能力倾向是不完全列举。我们每个人身上都有以不同方式存在、不同程度组合的各类能力倾向。能力倾向是先天或童年早期就存在于我们每个人身上的，使得每个人看起来各具特点。值得注意的是，能力之间没有比较级，不存在哪个能力比哪个能力更重要，哪个能力比哪个能力更高级，拥有哪个能力就高人一等之类的说法。每个人都是独特的，关键是我们要意识到自己身上的独特性。能力倾向很多时候隐藏在我们身上，需要我们刻意觉察才能发现，刻意练习才能培养。正如跳水天才少女全红婵，其跳水天赋、自身努力与环境影响缺一不可。"天生我材必有用"，大学生要对自己有信心，挖掘自身独特的能力倾向，将个人天生的聪明才智和潜能充分发挥出来。

三、能力的表达

大学生涯是一个人能力的培养和澄清阶段，此外还需要学会恰当的能力表达，如此在求职时才能向用人单位进行能力的描述与证明。"酒香也怕巷子深"，这是一个需要我们主动树立个人品牌的时代，通过主动向心仪的雇主展示自己的能力，才有可能获得理想的工作。然而能力的展示不是越多越好，不是越杂越好，切不可一股脑儿将自己所有的实习经历、比赛成绩、实践成果都往简历上堆砌。我们该如何向外展示自己的能力呢？

（一）能力需要对标岗位而定

正如前文所提到的能力分为技能和能力倾向两大类，技能又分专业知识技能、自我管理技能和可迁移技能，能力倾向更是分门别类无法一一细数。对我们每个人来说，我们的时间、精力、金钱等等都是有限的，我们无法在有限的现实中提升所有能力，谁都没有办法成为一个全知全能的人。更何况现在科学技术更新迭代得如此之快，没有一项教育或者一段经历可以给到我们所有需要的能力。因此更现实的情况是，在培养能力之前，我们需要先对标具体的岗位。这也是职业生涯规划的意义，当我们知道我们想去的地方，才知道如何更有的放矢地过好每一天。能力也是如此，如果你想成为一名英语老师，你需要刻意培养的是自己的英语语言能力、授课能力、科研能力、沟通能力等；而如果你想成为一名律师，你需要掌握的是相关领域的法务知识，具有较强的沟通能力和文字表达功底，为此如果你有辩论经历或许更受雇主欢迎。如何才能找到目标岗位的能力需求呢？一种方法是浏览招聘网站，看具体岗位的职位描述与应聘要求；另一种方法是进行职业生涯人物访谈，通过直接与对应职场人士的沟通来具象化了解目标岗位；当然如果你能进入真实的职场环境去实习，那你对相关工作的体验不论是内容上还是职场氛围上都会有更深刻的体验。

（二）能力表达需要抓人眼球

求职的时候，能力的表达一般通过两种途径：简历和面试。简历主要是文字表达，面试更多是口头语言表达。简历的直接目的是取得雇主对你的兴趣，获得面试机会，而简历一般在一张 A4 纸上呈现，因此如何精准选取内容以及排版都是能力表达上考究的重要部分。一般来说，雇主在简历上最关心的部分是你的实习实践经历，这也是最能体现你的技能与潜力的证明。因此撰写简历要有技巧地进行技能的表达。一种方法是在同一种能力上同时融入三种技能，如"细致地—校对—文档""热情地—组织—志愿活动""有创意地—表演—英语短剧"；另一种方法是尽可能将取得的结果量化，如"销售额同比增长 20%""获得省里该类竞赛史上最好成绩""雇主满意度第一"等。面试表达推荐使用"成就故事"STAR-L 的表达方式。该表达方式包括讲述当时面临的情境或形势（Situation）、需要完成的任务或目标（Target）、你所采取的行动或态度（Action、Attitude）、最终取得的结果（Reslut）以及在这项工作中你的经验教训（Learning）。当然，成就故事必须和雇主所期望的能力匹配，有针对性的挑选和立体细节的描述缺一不可。

第四节　我希望做什么：价值观

【案例5-4】　寿小帆的选择

寿小帆是某高校专升本学生，专业为旅游管理。她准备毕业之后直接工作，但什么工作好呢。目前寿小帆手头有两个录用通知，一个是某个发展不错的旅行社做导游，还有一个是在某外企做前台。前一个和自己的专业对口，做导游虽然辛苦，但是可以去到不同地方接触

拓展资源

不同人，很有新鲜感；第二个相对清闲，薪资待遇其实也还不错。但是父母对这两个工作机会都不满意，他们期望寿小帆回家备考事业单位，稳定和离家近是父母最希望的就业结果。作为独生女儿，小帆对父母的意见也认同。眼看还有半年时间就要毕业了，小帆还没有想好对自己来说什么才是最好的工作。

很多同学都期望找到"好的""满意的""理想的"工作，那么什么是"好""满意""理想"的工作呢？你在什么样的工作中，能够很投入并且获得了自己追求的价值呢？要回答这些问题，得先梳理价值观的概念。

价值观是生涯决策中最重要的影响因素并且价值观因人而异，没有标准答案。不同时代的人拥有不同的价值观，同一时代的人因为个体的情况不同，也会有不同的价值取向。价值观不仅影响生涯的决策，也与工作、生活的满意程度密切相关。价值观通常会通过自己的语言、行为表现出来，但并不是每个人都能清楚地意识到它的存在以及如何影响自己的生涯决策，清晰地了解自己的价值观将有助于提高自己的生涯决策的质量。

一、价值观对于职业选择的重要性

价值观就是人们在生活和工作中所看重的原则、标准或品质①，也就是那些对自己来说最重要的东西。在价值观的引导下，人们在工作中可以获得自我激励。在个人的职业生涯发展中，价值观对人的影响甚至超过了兴趣、性格，是职业选择中最终起决定性作用的因素。影响价值观的因素有很多，包括家庭因素、社会因素、环境因素、教育经历等。

价值观与人的需求有直接关系。马斯洛的需要层次理论将人的需要划分为五级，每级内容以及对应的价值观分别是：

（一）生理需要

包括衣、食、住、行等，这是人类最基本的需要。对应的价值观是：经济保障、工资待遇。

---

① 钟谷兰、杨开著：《大学生职业生涯发展与规划》，华东师范大学出版社 2008 年版，第 65 页。

（二）安全需要

包括对现在安全的需要以及对未来安全的需要。对应的价值观是：工作稳定性、工作条件。

（三）归属需要

包括人们希望在社会生活中受到别人的注意、接纳、关心、友爱和同情，在感情上有所归属。对应的价值观是：晋升、社会关系、亲属、朋友、团队合作。

（四）尊重需要

包括自尊，即在自己取得成功时有自豪感，同时也包括受别人尊重，即当自己作出贡献时，能得到他人的承认。对应的价值观是：成就、地位、社会声望。

（五）自我实现需要

包括希望在工作上有所成就，在事业上有所建树，实现自己的理想或抱负。对应的价值观是：创造性、意义、发展与成长。

马斯洛认为，每个人处于不同情况会有不同的需求层次，人首先追求低层次的需要满足，低层次的需要满足后会产生高层次的需要。从马斯洛需要层次理论（见图5-2）中，我们能够看出，当个人的需要处在不同阶段的时候，对应的价值观也会不同。当处在生理、安全需要层次的时候，最有价值的是能满足生理和安全需要的东西，比如食物、水、金钱、收入等。但是当人有了一定经济基础之后，你可能更加希望从事一份更加符合自己兴趣爱好的，更加能让自己成长的工作，这时候薪酬可能就不是排在首位的价值观。因此，人的需求是有

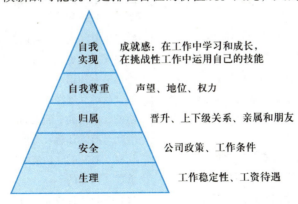

图5-2 马斯洛需要理论示意图

层次的，当某一层次的需求一旦得到满足，便会产生更高层次的需求，同时这一层次的需求便不再起到激励作用。如果你知道什么对当下的自己来说是最重要的，你就对自己的生涯发展的目标有了更清晰的认识，增加了对自己生涯管理的能力。当现实与内心的渴望冲突时，因为有着清晰的价值观，你就能做出更加符合内心期望的选择。

二、价值观的类型

（一）罗克奇价值观

米尔敦·罗克奇（Milton Rokeach）一生致力于价值观的研究，他发展出了罗克奇价值观测验来研究价值观。他将价值观分为两种（见表5-9），一种是终极价值观，即生存的最终状态；还有一种是工具价值观，即我们在日常生活中行动和行为的方式。

表 5-9　罗克奇价值观分类表

终极价值观	工具价值观
舒适的生活（富足的生活）	雄心勃勃（辛勤工作、奋发向上）
振奋的生活（刺激的、积极的生活）	心胸开阔（开放）
成就感（持续的贡献）	能干（有能力、有效率）
和平的世界（没有冲突和战争）	欢乐（轻松愉快）
美丽的世界（艺术和自然的美）	清洁（卫生、整洁）
平等（兄弟情谊、机会均等）	勇敢（坚持自己的信仰）
家庭安全（照顾自己所爱的人）	宽容（谅解他人）
自由（独立、自主的选择）	助人为乐（为他人的福利工作）
幸福（满足）	正直（真挚、诚实）
内在和谐（没有内心冲突）	富于想象（大胆、有创造性）
成熟的爱（性和精神上的亲密）	独立（自力更生、自给自足）
国家的安全（免遭攻击）	智慧（有知识、善思考）
快乐（快乐的、休闲的生活）	符合逻辑（理性的）
救世（救世的、永恒的生活）	博爱（温情的、温柔的）
自尊（自重）	顺从（有责任感、尊重的）
社会承认（尊重、赞赏）	礼貌（有礼的、性情好）
真挚的友谊（亲密关系）	负责（可靠的）
睿智（对生活有成熟的理解）	自我控制（自律的、约束的）

（二）舒伯的价值观

美国心理学家舒伯（Super）在 1970 年编制了 WVI 职业价值观量表，包含了 15 项职业价值，后来，舒伯和多罗西·内维尔（Dorothy Nevil）又修订了职业价值观量表，描述了 21 种职业价值观：

（1）能力的使用：能够运用技巧与知识。

（2）成就：拥有成就、能够展示你的工作效果。

（3）晋升：有前进、获得提升的机会。

（4）审美：使生活更美好并欣赏生活。

（5）利他：能够参与组织的活动，改善别人的生活。

（6）权威：在别人做事情的时候，领导和管理他们。

（7）自主：自己做主，自己做决定。

（8）创造性：发现、发明、构筑新思想，设计新东西。

（9）经济回报：有很高的报酬，有很高的生活水准。

（10）生活方式：按照自己的打算规划生活和工作。

（11）个人的发展：个人的发展进步以及在生活中得到满足。

（12）体力活动：进行大量的锻炼、多运动。

（13）声望：因为已经完成的工作而得到赏识，给予很高的评价。

（14）冒险：当能获得利益时，愿意迎接带有危险的活动的挑战。

（15）社交：与很多人一起工作，而不是独自一人。

（16）社会关系：和朋友或者与自己一样的人在一起。

（17）多样性：每天做不同的事情，频繁地变换活动。

（18）工作环境：在一个舒适的环境里工作，有干净的设施，对坏天气的防护等等。

（19）文化认同：被接纳为民族或种族中的一员，与同自己有一样背景的人一起工作。

（20）身体强健：使用力气，移动重物，操作麻利强劲的机器。

（21）经济保障：有正式稳定的职业。

三、澄清自己的价值观

（一）价值观澄清的七个问题

对自己的价值观有清晰认识的人在做决策的时候，困难会少得多。所以，与价值观本身的内容相比，澄清价值观的过程会更加重要。澄清的过程并不是评判价值观的好坏、对错，而是要考虑价值观对自己的影响，并根据自己的实际情况做出调整。价值观不是一成不变的，个人由于所处的生涯发展阶段不同、社会环境不同，个人的需求会产生变化，价值观也可能因此而变；并且社会产生的外来多重价值观的冲击也可能对一个人的价值观产生影响，因此价值观需要不断的审视和澄清。

一些学者确定了价值观澄清的七个问题，分为三个阶段：[①]

1. 选择

（1）它是你自由选择的，没有来自任何人或任何方面的压力吗？

（2）它是从众多的价值观中挑选出来的吗？

（3）它是在你思考了所做选择的结果后被挑选出来的吗？

2. 珍视

（1）你是否真爱你的价值观，或者为你的选择感到自豪？

（2）你愿意公开向其他人承认你的价值观吗？

3. 行动

（1）你的行动是否与你选择的价值观一致？

（2）你是否始终如一地根据你的价值观来行动？

在你的职业选择中，对于上面的七个问题是否都能做出肯定的回答呢？如果都是肯定回答，那么可以确定你的选择对你来说是有价值的，但是如果有否定的答案，就要重新审视一下到底什么是对自己最重要的。

（二）价值观的自定义

有人觉得在工作中独立自主相当重要，有人喜欢听从清晰的指令；有人喜欢经常出差满世界跑的工作；有人偏爱朝九晚五，兼顾工作与家庭……到底什么是好的工作？这个问题没有统一答案。哪怕表

---

① 钟谷兰、杨开著：《大学生职业生涯发展与规划》，华东师范大学出版社 2008 年版，第 71 页。

面上有人选择相同职业价值观，但背后代表的意义或许差别很大。比如两人都选择了"高收入"作为重要职业价值观，但这一价值观在整体职业价值观中的排序可能并不一样。即使这两人都把"高收入"排在职业价值观第一位，然而对什么是"高"，两人的定义也很可能并不相同：在一人眼里，月薪过万已经是非常满意的高收入了，可是在另一人眼中，年薪七位数才算高收入。因此，对价值观的澄清不能只停留在找出"高收入""归属感""创造性""有发展"等词语表面，必须诚实问自己，对每一个你所珍视的价值观，到底要达到什么水平才是你满意的？价值观没有对错之分，只有真诚及清晰与否。因此，你需要对自己的重要价值观进行自定义。

第五节 认知自我的途径和方法

除心理因素以外，其他许多的职业自我因素也需要进行客观的认识与分析。有许多的途径和方法用于职业自我的探索，如自我测试法、网络测评法、橱窗分析法、360 度评估法、比较法、专家指导法、内省法、他人评价法、实践成果法等，可以把几种方法结合起来使用，达到全面认识自我的目的。本节选取其中几种方法简略加以介绍。

一、自我测试法

自我测试法是通过回答有关测试问题，并通过测试结果的分析认识和了解职业自我的一种较为简便有效的职业自我分析方法。测试的问题基本上是经过心理学家精心研究设定的，只要测试者认真如实回答，就能够大概反映职业自我的相关情况，测试者再结合工作的特点进行职业选择和职业规划。

常见的自我测评的类型主要有五类：

（1）职业兴趣测验——了解个人对职业的兴趣，即"你喜欢做什么"。

（2）职业价值观及动机测验——了解个人在职业发展中所重视的价值观和驱动力，即"你要什么"。

（3）职业能力测验——考察个人的基本或特殊的能力素质，如你的逻辑推理能力、口头表达能力，即"你擅长什么"。

（4）个性测验——考察个人与职业相关的个性特点，包括气质和性格等，即"你是怎样的一个人"。

（5）职业发展评估测验——主要是评估你的求职技巧、职业发展阶段等。

二、网络测评法

由于计算机和网络技术的发展和普及，许多职业心理的测评被搬进计算机、搬上网络，并逐步优化，形成了网络测评法。

职业自我认知中的兴趣、性格、能力、价值观等心理因素的探索，都可以通过科学的方法来开展。网络测评，也叫标准化职业测评，是一种了解个人与职业相关的各种心理特质的职业测评软件系统。网络测评通过一系列的科学手段对人的一些基本心理特质（如能力素质、个性特点等）进行测量与评估，通过评估分析你的各种特点，再结合工作的特点，帮助你进行职业选择。网络测评是一种自助式的探索，系统自动生成测评报告，具有一定的专业性，一般情况下大学生基本可以看懂测评报告，如果不能完全看懂测评报告，还需要请教职业指导老师和职业规划师帮助解读分析。

网络测评相对于自我测试来说，是一种技术上的提升，网上测试需要在一种真实、身临其境的刺激—反应条件下实现，这对于自我测试来说，往往是可望而不可即的。计算机网络技术的发展，网络测评软件的陆续开发，使这一历程可以轻松实现。

国内的大学生所受心理学、职业发展的教育比较少，对自己性格、能力的认识不是很系统，因此这种标准化的测评工具显得更有必要。大学生缺乏从多角度分析自我的能力和完善的知识体系，这样的测评工具更有助于引起学生进一步自我探索的欲望。目前我国许多高校为大学生提供免费的网络职业规划测评服务，大学生可以通过网络测试进行自我的探索。除了学校提供的职业测评外，大学生还可以到专业机构寻求职业测评咨询服务。

网络测试的主要优势体现在以下几方面：

其一，克服人为因素的干扰。对职业自我认识的准确性，从某种程度上取决于测评方法的选择与运用。不过，有些人为因素的干扰与方法本身无关，却和方法所运作的技术平台有关。网络测评可以提供一些屏蔽和排除人为因素的技术，使测评结果更客观。

其二，互动性强。网络测评的交互性、人机界面的日渐人性化、计算机数据处理及仿真模拟能力的日益强大，提高了测评者参与测评的兴趣和热情，使测评者全身心地投入测评。

其三，实效性强。网络测评能够在人机的互动中实现双方的学习，集测评与评价于一体，在测评之后能够马上打印测评结果；又能够实现测评与评价的分离，将测评结果交予专家进行点评，保证测评结果的合理运用。

不过，大学生进行网络测评时，需要注意几个问题：

第一，要重视测评软件本身可能存在的问题。网络测试离不开测评软件的运用，当前很多职业生涯测评软件是从西方引进的，只是经过简单的汉化处理，其理论和方法大都以西方心理学为指导，如果没有在本土化的基础上加以修正就直接运用，往往会出现问题。所以，大学生在进行网络测试时，一定要选择权威的测评软件。

第二，对测评结果的认识不能绝对化。在测评结果出来后，由于缺乏对职业测评的科学认识，有一些学生在心理上过于依赖测评，把测评的数据当作对自己性格与专业匹配的好坏、职业发展前景的唯一指标，并且用这个测评结果机械地评价自己的专业和性格的匹配等，这样对网络测试结果的运用太绝对化。任何测评软件都是基于一定的理论和特定的技术，不可能达到完美的境界。迷信软件的测评结果，执着于网络测评的数据而置测评常识于不顾，这样的做法是不可取的。

第三，网络测评并不是个人职业定位的唯一手段。使用网络测评之后，不少学生陷入了这样的困惑：觉得报告中很多东西说得很对，但自己还是不知道应该怎么去做，去改正自身的一些问题。其实这种情况非常正常，职业测评只是个人了解职业自我的一种手段。一是标准化的测评无法取代个性化的面对面的职业咨询与辅导；二是正确的职业规划还需要了解职场，了解行业的发展现状，所谓人职匹配，职业测评只是解决其中一方面的问题。对于尚未进入职场的大学生来说，做出正确的职业规划，仅靠职业测评是无法解决的。因此，正确地看待网络测评，正确地使用网上测评，才能对个人的职业生涯发展起到帮助作用。

三、橱窗分析法

美国心理学家乔恩和韩里提出关于自我认识的窗口理论，被称为乔韩窗口理论，橱窗分析法就是在乔韩窗口理论上发展起来的一种进行自我认知的常用方法。所谓橱窗分析法，是一种借助直角坐标不同象限来表示人的不同部分的分析方法，它以别人知道或不知道为横坐标，以自己知道或不知道为纵坐标（见图5-3）。橱窗分析法就是心理学家们把对一个人的了解形象化为一个橱窗，分成了四个部分，分别代表"公开的我""隐藏的我""潜在的我""背脊的我"。

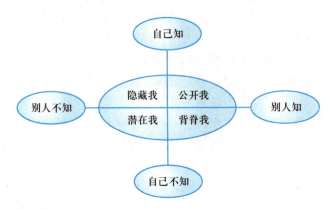

图5-3　橱窗分析法示意图

橱窗1为"公开我"。即自己知道、别人也知道的部分，其特点是个人展现在外，无所隐藏。比如身高、年龄、学历、婚姻状况等。

橱窗2为"隐藏我"。即自己知道、别人不知道的部分，其特点是属于个人私有秘密，不外显。比如自私、嫉妒等平常自己不愿袒露的缺点，以及心中的愿望、雄心、优点等不敢告诉别人的部分。隐藏我可以采取撰写自传或日记的方式来了解自我，也可以了解我们自身成长的大致经历和自我计划情况等。

橱窗3为"潜在我"。即自己不知道、别人也不知道的部分，其特点是开发潜力巨大，但通常别人和自己都不容易发觉。我们可以通过人才测评来发现自己平时注意不到的潜力，也可以在学习和生活过程中，多做尝试来发现自己的潜力。

橱窗4为"背脊我"。即自己不知道、别人知道的部分，其特点是自己看不到，别人却看得清清楚楚。我们可以采取同自己的家人、朋友等交流的方式，可以借助录音、录像设备，要做到尽量开诚布公，对别人提出的意见有则改之，无则加勉。

【案例5-5】 橱窗分析法运用实例

下面是女大学生晓茉经过测试和询问朋友之后，运用橱窗分析法得到的分析结果。

公开我：长相一般，不会影响市容，走出去还好；性格活泼，脾气不错，有的时候健忘得厉害，无论结果是什么，都是笑呵呵的接受，做事蛮不错的，有好多值得学习的地方。

隐藏我：表面什么都不在乎，可是自尊心比较强，喜欢追求完美，对别人的要求没有自己严格，自己的事情明明做得很好还说不行，太不自信了。自己的口语表达能力不强。

潜在我：因为觉得事情要么就别做，要么就要做好。所以比较执着，而且不尽量做好就不行，做事情之前喜欢有所准备，很喜欢有准备的人生，相信天道酬勤，即使得不到自己预想的结果也会努力去做。

背脊我：交际能力很好，几乎和所有人都能合得来，适合做销售等交际性很强的工作，而自己却从来没有发现过自己很会处理人际关系。

四、360度评估法

360度评估又称为多渠道评估，是指通过收集与受评者有密切关系的、来自不同方面人员的评估信息，来全方位地评估受评者。评估反馈可以获得来自多方面人员对受评者素质、能力等评估意见，比较全面、客观地了解有关受评者个人特质、优缺点等信息，作为受评者进行职业生涯规划及能力发展的参考（见图5-4）。

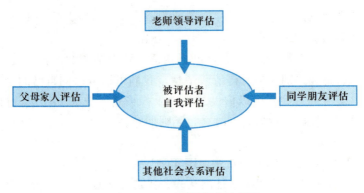

图 5-4　360 度评估法示意图

【案例 5-6】　360 度评估法运用实例

陈力同学是××大学大二的一名电子商务专业的学生，想制订一份职业生涯规划书。他向父母、老师、同学、朋友和其他熟悉的人咨询，请他们对自己进行评估之后，运用 360 度评估法得到的分析结果。

	优　　点	缺　　点
自我评价	活泼开朗，与人相处热情而诚实，专业技能知识扎实。有非常强的团队合作意识，做事有始有终。	不够自信，做事有时很急躁，语言表达能力不强。
家人评价	热心，不轻易放弃，敢于追求自己喜欢的东西，人缘不错，朋友挺多的。	不乖，还有点淘气，过于单纯，思考问题不深入。
老师评价	认真，努力，刻苦，不轻易放弃，有自己的目标并敢于追求。	有的时候做事情不稳重，有点孩子气却不乏可爱。
亲密朋友评价	乐于助人，热心，不抱怨，执着，勇于分担他人的不快。	有的时候显得很严肃，像严厉的老师，走路的时候喜欢低头。
同学评价	活泼，喜欢笑，容易感染他人，乐于助人，热心，工作认真负责，人很好。	过于害羞，不自信，不要把皮肤黑当成你的绊脚石。
其他社会关系评价	很安静，腼腆的笑，很舒服，黑得很可爱。	暂时还没有。

五、比较法

俗话说，有比较才有鉴别。比较法就是从自己与其他同学、同事、朋友的比较中来了解自己的性格、能力、水平、在团体中的相对位置以及自己的发展变化的一种方法。在与他人比较的时候，既要和自己相似的人比，也要和自己差异较大的人比，这样才能全面的认识自己。与自己个性相似的人比较，更能看清自己的个性特点和由这种个性引发的行为方式；与自己个性相异的人比较，能比较个性间的差异，更好地理解他人的行为。与专业能力强的人比较，就会觉得人外有人，天外有天，从而找到差距，激发自己的潜力；而与能力差的人比，就会看到自己的长处，增强自信心。在和自己相似的人比较时，最好选择这种类型中的成功人士，从他们身上学习成功经验。当然，比较的目的是为了更全面认识自己，激发下一步行动，而不是产生自卑或自傲的情绪。

六、专家指导法

职业指导专家可以从专业的角度有效地指导和帮助求职者正确认识自己的特点和能力，心理专家、人力资源专家和职业指导师，这些专业人员都经过了系统的培训，如果有条件，可以向他们咨询，也可以请他们帮助设计一套了解自己的程序，帮助自己分析职业自我。

七、内省法

内省法又称自我观察法，是通过反省自己、分析自己来了解自己的方法。我国古代思想家早已有运用内省法的例子。如孔子说道："见贤而思齐焉，见不贤而内省也。"曾子也称："吾日三省吾身：为人谋而不忠乎？与朋友交而不信乎？传不习乎？"

我们可以通过回答"我是谁？""我的性格特点是什么？"等来反省、分析，进而认识、了解自己。将"我是……""我的性格特点是……"等补充成一句完整的话，并尽可能多地写，写的句子越多越好。原则上说，如果写出的句子少于7句，则认为是过于压抑自己，自己未能对自己有较为全面的认识。

内省法是一种主观观察方法，应该和网络测试法、他人评价法等配合使用，以减少主观性。

在认知职业自我的过程中，这些方法未必全都要应用，而应依据个人具体情况选择几种方法结合起来使用，达到全面、准确、客观认识自我的目的，从中发现自己的优势和劣势，初步判断自己适合的职业。

最后，借用古典所著的《拆掉思维里的墙》一段话结束本章内容：

亲爱的成长者：

你的生命是一个奇迹。任何人带着好奇心和疑问去探索自己传奇般的生命，都会获得远远超乎期待的回答。僵硬的人把生命当成工资和数字、当成学历和证书、当成让某些人快乐和满意的方式……但是，你的生命有无数种可能，只要你敢于对自己的生命提问。

现在就对你的生命发问吧：我到底希望成为一个什么样的人？这个世界因为我，会有什么样的改变？

思考与练习

1. 在霍兰德测试中，你最突出的特性即你得分最高的是哪一个？对此你有什么发现吗？

A. 实用型（R）　　　B. 研究型（I）　　　C. 艺术型（A）

D. 社会型（S）　　　E. 企业型（E）　　　F. 事务型（C）

2. 你的兴趣是什么？这些兴趣能够与你目前的专业相结合吗？如果不能，你会怎样调整？

3. 你最喜欢上什么课程或者学习什么内容？

4. 不考虑学习需要，你最喜欢看什么类型的书？这些书中的哪些部分吸引你？

5. 你最喜欢看什么类型的节目？节目中哪些内容吸引你？

6. 什么样的事情会让你忘记时间地投入？

7. 如果不考虑现实因素，你最感兴趣的三种职业是什么？这些职业的哪些特征吸引你？

8. 以上7题的答案有什么共同点吗？能否归纳成一些关键词？尝试把这些关键词和霍兰德的职业兴趣类型相对应，在未来的学习生活中，你准备如何进一步加强这些内容？

9. 性格有好坏之分吗？

A. 有的　　　　　B. 没有　　　　　C. 不好说

10. 成年人的性格会发生变化吗？

A. 会　　　　　　B. 不会　　　　　C. 不好说

11. 想知道自己的性格是什么样吗？请写出形容你自己的4—6个特质，再找熟悉你的朋友、同学等，请他们写出你的4—6个特质，看看他人眼中的你和你自己的认识是否一致，并和同学们讨论这些特质。

12. 通过课堂上对 MBTI 性格理论的讲解，你认为你最符合的是哪一种性格类型，以此相对应的职业推荐对你有什么启示吗？

13. 技能可以分为哪三类？

A. 天赋智能　　　B. 专业知识　　　C. 可迁移技能

D. 自我管理能力

14. 被认为是"成功所需要的品质、个人最有价值的资产"的是哪种能力？

A. 天赋智能　　　B. 专业知识　　　C. 可迁移技能

D. 自我管理能力

15. 写出5—7个你的成就故事。这些事件可以来自学校、工作、课外活动、爱好、家庭生活以及课外活动，只要是在事件过程中你有喜欢的感觉就可以。事件需要一些细节描述，比如你希望达到的目标，你面临什么障碍，你是如何通过行动跨越障碍的等。然后根据这些内容提炼你使用了什么技能。如果其中有重复出现的，就是你擅长并且愿意使用的技能。

16. 如果你是用人单位、让你制定用人标准、你认为哪些能力最重要？

17. 梳理自己的三种技能，并就一个你感兴趣的职业进行生涯任务访谈，把结果与自己目前的情况相对照，看看自己需要提升哪些方面的能力。

18. 对个人来说，价值观是否带有判断色彩？

A. 有　　　　　　B. 没有　　　　　C. 不好说

19. 价值观有哪些特点？

A. 多元性　　　　B. 层次性　　　　C. 阶段性

D. 以上都是

20. 结合课程内容，针对自身情况，从以下多个方面对自己进行梳理、探讨和回答以下三个问题，要求写出原因与结论。

我适合干什么工作？

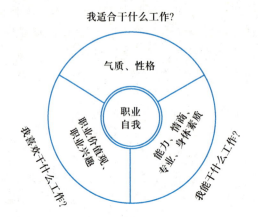

第六章　探索职业环境

　　社会分工和协作导致了生产活动逐步分化，产生了不同的职业。职业的产生使得大多数人可以以某种职业的身份参与社会经济活动，每个人都需要对职业作出选择。每种职业及其环境各不相同，只有了解各种可能从事的不同职业，并对其环境做出分析判断，才能更好地进行职业的选择。大学生要学会职业探索和职业环境分析的方法，作出正确的判断。

第一节　职业探索

　　通常人们总是从自己所了解的职业中选择最好的职业作为自己的职业理想，并努力创造条件获得该职业。因此，职业认知影响人的职业选择。大学生要想找到理想的职业，必须拓宽自己的职业视野，了解更多的相关职业和工作的信息，以便从多种可能性中做出选择。

一、职业探索的必要性

　　职业是社会化大分工的结果，社会分工是职业形成的基础和依据，也是职业划分的依据。人类历史上，畜牧业和农业的分工是第一次社会大分工，手工业和农业的分工是第二次社会大分工，第三次社会大分工时出现了不从事生产、专门从事商品交换的商人阶级，开始了脑力劳动和体力劳动的分立和对应。人们在社会生活中从事专门的工作，承担一定的职责，并以此角色区分于其他人。在不同的岗位上，在目标、内容、方式与场所上相似的工作构成了相对稳定的一类职业。在分工体系的每一个环节上，劳动对象、劳动工具以及劳动的支出形式都各有特殊性，这种特殊性决定了不同类别职业之间的区别。随着社会的进步和发展，新职业不断涌现，有些职业则会逐步消失，各种职业间的差异也会有所变化。

　　职业探索是指对具体的职业相关的信息进行收集、加工和处理的过程。就个人而言，人的一生中可能从事多种不同的职业，但不可能也不必要从事所有的职业。时间和条件不允许人们尝试每种职业后再确定职业，因此，人们在职业探索期花上几年时间尽可能多地了解职业世界、探索职业，为日后择业做好准备是非常必要的。

二、职业的分类

为便于劳动的组织和管理，劳动和人力资源管理部门对纷繁复杂的职业进行分类管理。人们依照生产力现状、科技水平和经济运行的客观规律等标准，将每一种职业都归于特定的类别之中，赋予特定的职业名称和内涵，体现了科学的社会分工。例如，人们将职业分为脑力劳动者和体力劳动者，把劳动者划分为白领和蓝领两大类。白领工作人员包括：专业性和技术性的工作人员，农场以外的经理和行政管理人员、销售人员、办公室人员。蓝领工作人员包括：手工艺及类似的工人、非运输性的技工、运输装置机工人、农场以外的工人、服务性行业工人。为便于统一管理，许多国家和机构对职业进行了标准化分类。由于社会经济发展水平、社会发展历史各异、分类的标准和依据不同，职业分类的结果也不尽相同。

（一）国际标准职业分类

国际标准职业分类（International Standard Classification of Occupations）。这是国际劳工组织（ILO）为各国提供统一准则而制订的职业分类标准。自1958年出版发行之后，又经历了三次修订，目前最新版本为《国际标准职业分类（2008）》简称（ISCO-08）（见表6-1）。

表6-1　国际标准职业分类的类型

类　　别	ISCO-08
大类	1. 管理者 2. 专业人员 3. 技术人员和专业人员助理 4. 办事员 5. 服务人员及销售人员 6. 农业、林业和渔业技术员 7. 工艺及有关人员 8. 机械机床操作员和装配工 9. 非技术人员 10. 军人

类　　别	ISCO-08
中类	43
小类	125
细类	436

(二)《职业名称辞典》分类

《职业名称辞典》（The dictionary of occupational titles）的分类。《职业名称辞典》是由美国劳工部汇编而成的，以对工人的知识、技能等基本要求为标准进行职业等级的划分。1936 年，职业研究委员会的研究小组以《职业编码表》为基础，通过系统的职务分析收集到了大量的样本资料，最终完成了《职业名称辞典》的编辑工作。它将职业分为九种主要类型：第一类是专业性、技术性和管理类；第二类是文书和销售类；第三类是服务类；第四类是农业、渔业、林业及相关职业；第五类是加工类；第六类机械贸易；第七类是钳工类；第八类是建筑类；第九类是其他。《职业名称辞典》第四版中包含了约 12 000 项工作的定义，每项都有一个九位数代码，这些代码是对许多相同类型工作的综合性描述。九位数代码的第一组三个数字对职业特异性进行分类；中间一组三个数字告诉我们，这项工作活动涉及的对象是数据、是人还是事物；最后一组三个数字为任意数字，这是为了避免两份工作的代码出现完全一致的可能性。

(三)《中华人民共和国职业分类大典》分类

《中华人民共和国职业分类大典》的分类。从 1995 年开始组织编制，1999 年 5 月正式颁布。它将我国职业划分为 8 个大类；66 个中类，413 个小类，1 838 个细类（职业）（见表 6-2）。

表 6-2　我国的职业分类

类　　别	中类	小类	（细类）职业
第一大类 国家机关、党群组织、企业、事业单位负责人	5	16	25
第二大类 专业技术人员	14	115	379

续表

类　　别	中类	小类	（细类）职业
第三大类 办事人员和有关人员	4	12	45
第四大类 商业、服务业人员	8	43	147
第五大类 农、林、牧、渔、水利业生产人员	6	30	121
第六大类 生产、运输设备操作人员及有关人员	27	195	1 119
第七大类 军人	1	1	1
第八大类 不便分类的其他从业人员	1	1	1

从我国现有职业结构看，职业的分布具有三个突出特点。其一，技术型与技能型职业占主导。占实际职业总量 74.8% 的职业分布在"生产、运输人员及有关人员"大类，这一大类的职业分布在我国工业生产的各个主要领域，从这类职业的主要工作内容来分析，其特点是以技术型和技能型为主；其二，第三产业职业比重较小。三大产业中的职业分布以第二产业的职业比重最大，广义的第三产业的职业仅占实际职业总量的 10% 左右；其三，知识型与高新技术型职业过少。现有职业结构中，属于知识型与高技术型的职业数量不足实际职业总量的 3%，这一比例很低。

（四）按职业兴趣类型分类

这种分类方法是根据美国著名的职业指导专家霍兰德的"人格—职业"类型理论，把人格（兴趣）类型和职业划分为六种类型，即实用（现实）型、研究（调研）型、艺术型、社会型、企业型和事务（常规）型，每种职业类型包含相应的职业（见第五章）。

三、职业探索的内容

职业探索是指在职业选择前对相关职业的信息进行收集和了解的活动，目的是为选择职业发展方向和目标职业提供依据。职业探索是对喜欢或想要从事，或可能从事的职业进行信息收集和理论分析的过程，目的是对候选职业有充分的了解，并在综合各种因素的比较分析中作出选择和制订求职策略。了解职业的情况就需要具体掌握有关该职业的具体信息。因此，职业探索是一个信息收集和处理的过程。具体来说，职业探索要收集的职业信息包括：

（1）职业名称：职业的符号特征，它一般是由社会通用称谓来命名。

（2）职业定义：对使用工具、从事的工作活动的说明。岗位设置及不同行业、企业间的差别。

（3）职业的职责：职业的核心工作内容。

（4）职业素质要求：通用素质及入门具体能力。

（5）职业能力特征：从业者所必备的知识、技能基本要求，需要掌握的基本操作技术，典型技能和需要的能力。

（6）职业人格特征：从业者需要具备的人格要素。

（7）受教育程度：接受正规教育的要求，有关的学习专业或领域。

（8）工作的时间、地点和环境：工作场所的物理环境、压力水平、管理类型、消费者/客户联系、工作时间、与工作相关的出差等。

（9）职业资格等级：明确这个职业的人所需要的任何证书或资格证。有在职培训的要求吗？不同的地方有不同的要求吗？你计划要居住的地方有什么样的要求？

（10）职业报酬：指工资、待遇。提供在这个职业领域中不同类型的职位与薪水有关的信息。新手和有经验员工薪水的差别，薪水的地域差异。

（11）职业的发展前景、趋势：技术、新的组织结构、多种培训和其他管理或经济趋势对此职业的影响。目前或未来的工作机会、地域性影响及行业变化等。

（12）典型的生涯路径：入门岗位及其职业发展通路，从新手到最高职位的典型生涯路径。

（13）职业标杆人物：过去或当前该职业最典型或成功的人士。

（14）雇佣机构：哪些类型的企业或组织雇用这个职业的人，在这个职业中有自己创业的吗？

（15）被雇佣的过程：在这个职业中人们如何找到工作，如使用实习、志愿活动、工作招聘会、教授举荐或其他方法吗？找一个工作需要多长时间？

（16）对生活方式的影响：这个职业中的工作机会会如何影响家庭角色、婚姻、休闲选择及假期。

（17）工作与思维方式：与其他职业在工作方式及思维方式上有何特点及对个人的内在要求。

职业探索过程中往往需要对可能成为职业选择的多个职业进行反复探索，在掌握比较充分的信息后，再进行职业的选择决策。对每个可能职业留意观察，形成个人职业信息库。考察职业的各种信息，搜集好每个职业的信息后，要进行职业描述，形成报告，便于积累资料，分类管理。有目的地比较筛选可能的职业方向和目标职业，采取教育培训、主动联络实习、捕捉招聘信息等措施，更深入地了解职业。

四、职业探索的途径

对职业的探索不同于对职业自我的认知，可以与心灵对话、同自己沟通，对职业世界的认知则需要开展社会实践，从多角度、动态地去观察和了解。很多大学生只是泛泛地对职业和环境进行了解，目的性、针对性及探索的深度、广度都不够。面对日新月异的世界，大学生在象牙塔里闭门造车是不行的，必须主动去了解职业。身处一个资讯发达的时代，搜寻职业和工作信息非常便利，方法也很多，例如查阅资料、参加实习、参观企业、参观行业展览会、参加面试、角色扮演、讨论、开展目标企业调研、生涯人物访谈等。在此重点推荐三种方法。

（一）职业实践

职业实践是最好的职业探索方式，其中岗位实习又是最有效的方法。它的特点就是直接、具体、感悟深刻。具体步骤是：选择一种职业的具体岗位，亲自投入该岗位的实践，了解该岗位的实际工作情况。利用寒暑假等时间可以多实习几个不同的岗位。为提高实践效果，每次实习后要撰写实践报告。对职业的了解要全面，既要看到职业光鲜的一面，又要看到艰辛的一面。

拓展资源

（二）生涯人物访谈

选择一位职场人士，针对你的目标职业对其进行采访，并作出详细的访谈记录。在访谈之前，你先要做出一个较为详细的采访提纲，内容包括对方的工作现状、工作历史、工作贡献、工作过程中所展现出的能力、对工作的感受、给你的建议等。

具体地说，一份详细的生涯人物访谈提纲可以是这样的：

关于职业人：（1）您现在的工作岗位是什么？工作性质、职责是什么？（2）您认为要做好这份工作需要什么样的知识、技能、态度和经验？（3）您为什么要选择这份工作？（4）您过去的教育、培训经历是怎样的？（5）和这份工作相关联的生活方式是怎样的？（6）您对现在的工作感受是什么？（7）这份工作给您带来什么乐趣？（8）请举一个您在工作中克服困难达到目标的例子(9)您觉得您所在行业的发展趋势是怎样的？（10）您的职业发展路径是怎样的？您的第一份工作是什么？第一份工作带给您的是什么？（11）您对自己将来的工作有怎样的设想？（12）您觉得事业成功的重要因素是什么？（13）您对我的建议是什么？

关于职业：（1）该职业所产生的产品或提供的服务是什么？(2)该职业的薪资水平是怎样的（起薪、平均工资、最高薪酬）？(3)通常提供的福利如何（五险一金、假期）？（4）工作时间安排（小时、白天或夜晚、加班、出差、季节性工作）是怎样的？（5）针对员工的培训机制如何？（6）是否有发挥主动性、创造性的机会？具体是怎样的？（7）职业存在的地理位置（全国性还是区域性）？(8)员工学历、性别等的比例？（9）晋升到一个较高职位所需的平均时间是多少？

（三）职业调研

采取调查的方式，对第三方提供的资料、数据等，进行整理与分析，得出某种职业的前景分析报告。职业调研至少包括以下内容：(1)职业描述；(2)职业的核心工作内容；(3)职业的发展前景；(4)薪资待遇及潜在收入空间；(5)岗位设置及不同行业、企业间的差别；(6)入门岗位及其职业发展通路；(7)职业标杆人物；(8)职业的典型一天；(9)职业通用素质要求及入门具体能力；(10)工作与思维方式及对个人的内在要求。报告内容一般为：(1)该职业目前的发展概况：区域分布、行业分布、从业人员人数、知识和技能水平、职业的成熟度、产品或服务的一般状况，在我国各类职业中所占有的地位、国家或地方政策导向等；（2）目前该职业对从业人员的普遍要求：专业知识、技能要求、特殊能力、性别需求等；（3）该职业未来的发展态势分析：区域分布、行业分布、从业人员需求量、需要的知识和技能水平、国家或地方政策导向的影响等。

第二节　职业的宏观环境分析

职业受制于宏观环境，比如就业政策、就业法规、就业整体形势、经济发展水平、各地区文化特点、技术革新等因素对职业会有不同程度的影响。宏观环境分析对于制订长期职业生涯规划时尤为重要。职业的宏观环境分析着重在以下几方面的内容：政治法律环境、经济科技环境、社会文化环境。

一、政治法律环境

政治制度、政治体制、政府治理方式与经济管理体制、政局稳定程度，这些不仅影响国家的经济管理体制与模式，而且影响产业政策、行业发展趋势与企业的组织体制，从而直接影响个人的职业发展；政治制度和政治氛围还会潜移默化地影响个人的追求，从而对职业生涯产生影响。改革开放 40 多年来，中国经济社会发生了巨大的变化。尤其是十九大以来，习近平总书记指出，当今世界正经历百年未有之大变局，但和平、发展、合作、共赢的时代潮流没有变，中国等发展中国家和新兴市场国家整体崛起的势头没有变；虽然美国掀起了打压中国的一系列反潮流政策，但中国始终支持多边主义、践行多边主义，以开放、合作、共赢精神同世界各国共谋发展。国内虽然社会上还有许多的体制弊端和许多没有解决的矛盾，但是总体看，我们社会安定，政治稳定，经济发展，与全球一体化密切。当前，实现中华民族伟大复兴的中国梦已经成为中国各族人民的共同愿景，我们始终将发展作为第一要务，坚持以人为本，坚持改革开放，全面推进经济建设、政治建设、文化建设、社会建设、生态文明建设，力争促进现代化建设各个方面、各个环节相协调，相互促进和发展。

近年来，我国法制体系不断完善，市场秩序日趋规范。社会主义市场经济是法制经济、信用经济、道德经济，不是自由放任、竞争无序的经济格局。随着社会主义市场经济体制不断建立和完善，我国立法和司法工作也在不断加强。迄今为止，有关规范市场经济各种行为的法规条例已陆续制定和颁布，其中包括公司法、证券法、民法典、反不正当竞争法等的相继出台并实施，为我国政治与经济生活奠定了依法治国的基础。十九大以来，我国的法制体系必将加速完善。

直接影响大学生职业选择的政治法律因素还包括人才流动体制和政策，如公务员招考，户籍制度、住房制度、人事制度和社会保障制度，这些都会对职业的选择和发展产生重要的影响。作为大学生来说，要特别关注就业政策与劳动法规两个方面。目前运行的毕业生就业制度，是在国家就业方针、政策指导下，毕业生和用人单位双向选择的制度。因此毕业生自主择业不是一厢情愿，而是选择的双方在相互满足对方需要基础上达成的一种契约关系。大学生们还要了解和关注就业劳动法规，对就业法规了解得越多，越能增强自己的就业能力，维护自己的正当权益。2008 年 1 月 1 日开始施行《就业促进法》和《劳动合同法》两部重要的法律法规，对当前大学生就业有极大影响。

二、经济科技环境

经济环境主要是指一个国家或地区的社会经济制度、经济发展水平、产业结构、劳动力结构、物资资源状况、消费水平、消费结构及国际经济发展动态等。人力资源的供求不均衡、结构性失业问题突出，产业升级及产业转移，信息化、全球化时代带来国际化人才竞争等对职业机会都产生重大的影响。

全球经济状况与经济周期变化对职业的影响。总体来看，2019年以来全球经济周期处于回升的状态，2019 年 8 月份之后全球经济回升加速；新型冠状病毒疫情暴发之前，全球经济周期处于良好的位置，疫情对世界经济冲击较大，对就业和创业也产生了巨大影响。

地区经济发展水平与国民购买力息息相关。事实证明，经济周期对就业的影响最为明显。通常的状况是，当经济处于低迷状态时，企业的效益降低，对人力资源的需求减少，因而职业选择和职业发展的机会相对减少，但不排除有迎难而上逆势创业或就业的弄潮儿。当经济处于高速发展时期，企业处于扩张阶段，对人力资源需求量增加，职业选择和职业发展的机会相对增多。

以杭州为例，《杭州市国土空间总体规划（2021—2035 年）（草案)》明确指出浙江省是长江三角洲区域中心城市、国家历史文化名城：国家中心城市和国家综合性科学中心，全国教育经济第一城，国际文化旅游休闲中心，世界一流的社会主义现代化国际大都市。规划中，总目标与分阶段目标指出，到 2025 年，实现"智杭州 宜居天堂"；到 2035 年，发展成为社会主义现代都市；到 2050 年，发展成为独特韵味别样精彩的世界名城。结合杭州实际，围绕构建"一核九星、双网融合、三江绿楔"的特大城市新型空间格局，统筹推进城乡发展，形成多中心、网络化、组团式、生态型的特大城市新型空间结构，实现共同富裕。杭州将统筹推进"五位一体"、总体布局，协调推进"四个全面"战略布局，贯彻落实新发展理念，统筹发展和安全，围绕"数智杭州·宜居天堂"的发展导向，加快建设社会主义现代化国际大都市，为 21 世纪中叶建成具有全球影响力的独特韵味别样精彩世界名城打下坚实基础，奋力展现"重要窗口"的"头雁风采"。同时增强服务"双循环"的枢纽功能，增强实体，建设国际性综合交通枢纽；增强虚拟链接，建设全球平台城市，使杭州融入三角区一体化发展。显然，规划为杭州发展的学生和职场人指明了该区域最具发展前景的职业领域。

技术革命浪潮对职业的影响。由技术创新推动的行业变化，各类具有革命性意义的业态层出不穷。我国《"十二五"国家战略性新兴发展规划》（国发〔2012〕28 号）提出：到 2020 年，力争使战略性新兴产业成为国民经济和社会发展的重要推动力量，增加值占国内生产总值比重达到 15%，部分产业和关键技术跻身国际先进水平，节能环保、新一代信息技术、生物、高端装备制造产业成为国民经济支柱产业，新能源、新材料、新能源汽车产业成为国民经济先导产业。随着 3D 打印、机器人等技术革新涌现，移动互联网与大数据时代的来临，带动了产业结构不断调整，从劳动密集型产业转化到资本密集型再转化为知识密集型。移动互联网在近年得到了迅猛的发展，越来越多的用户通过高速的移动网络和强大的智能终端接入互联网，必将引发更多的新理念、新产业、新业态。随着社会的变革和技术的进步，一些行业已经或即将消失。这就要求大学生在考虑职业生涯规划时，一定要关注并跟上科学进步与技术更新的步伐。

科技环境对于职业机会具有系统性的影响。良好的科技环境可以促成产业以及职业聚集效应的形成。比如武汉高新科技环境对相关职业的带动。科技通信新媒体（TMT）行业在武汉的迅猛发展也带动了当地的就业以及职业发展。又比如杭州IT环境对职业机会的带动。杭州致力于打造"滨江天堂硅谷"，以信息和新型医药、环保、新材料为主导的高新技术产业发展势头良好，对于相关人才来说，杭州无疑是一个充满机会的发展区域。

国际科技环境同样影响着相关领域以及职业情况。近年来，美国对我国高新产业企业与个人进行了一系列的制裁，并且制裁力度在逐年加大。被制裁的中国企业有一大部分是高科技和新兴技术企业，特别是与人工智能、新一代移动通信技术、量子技术和半导体技术相关的数字技术企业，包括数字基础设施建设企业。我国相关领域的发展受到了影响，与此同时也刺激了我国相关领域的发展，国家加强了对相关学科领域的重视程度，致力于打造包括半导体、移动通信、人工智能等数字技术领域的全产业链优势。目前，我国在5G、人工智能、物联网、云计算等领域的发展日新月异。

变革性的技术对个人的职业活动以及企业的经营活动具有巨大的影响。科学技术的迅速发展要求企业以及相关从业人员密切关注并了解本行业以及与企业产品相关的技术的现有水平、发展速度和未来发展趋势，尤其需要跟踪掌握新型"硬技术"，如新材料、喜新设备等；要重视新型"软技术"，如管理思想、管理方法、管理技术等。

三、社会文化环境

社会文化环境是影响人们行为的基本因素，它反映了人们的基本信念、价值观和行为规范。一方面，我国深层次改革与社会发展已经并且还将为毕业生就业创造广阔的舞台。另一方面，我国各地区生活习惯、文化习俗差异性很大，大学生要找到适合自己的舞台。例如，身处改革开放前沿的浙江，大学生更容易接受市场经济大潮的影响与浙商精神的洗礼，更多人愿意投身创新创业的行列。

社会心理是指一定时期内人们普遍流行的精神状态，包括人们的要求、愿望、情感、情绪、习惯、道德风尚、审美情趣等，反映的是人们的社会意识。传统的就业理论和现时流行的就业观念形成了影响大学生就业的社会心理环境。不同的时期，对职业的趋向会形成不同的热点，如大学生择业中出现过的大城市热、外资企业热、"孔雀东南飞"、考公务员热等。又比如，能够进入国有企业、中央企业工作给一些人带来很强的安全感，因此入职国有企业、中央企业很受热捧。但对90后来说，竞争、自由和个性化才是安全感的来源。无论在什么环境下，事业需要靠自己不断努力，成功不是追求享受安逸所能得到的。

第三节　职业的中观环境分析

中观环境是指介于职业的宏观环境和微观环境之间的行业和产业层面的影响因素。产业和行业分析的目的是为了了解产业和行业对职业的影响，分析产业和行业发展的前景与职业发展的机会。

一、产业和行业的概念

产业是指生产物质产品的集合体，是由利益相互联系的、具有不同分工的、涉及相关行业的业态总称。目前普遍流行的是三次产业划分思路，即按照人类生产发展的历史顺序：第一农业、第二加工制造业、第三服务业来划分，并用来反映国民经济中各类活动的不同的特征。1985年，我国国家统计局明确地把我国产业划分为三大产业。第一产业为农业，包括农、林、牧、渔各业；第二产业为工业，包括采掘、制造、自来水、电力、蒸汽、热水、煤气和建筑各业；第三产业分流通和服务两部分，共四个层次：（1）流通部门，包括交通运输、邮电通信、商业、饮食、物资供销和仓储等业。（2）为生产和生活服务的部门，包括金融、保险、地质普查、房地产、公用事业、居民服务、旅游、咨询信息服务和各类技术服务等业。（3）为提高科学文化水平和居民素质服务的部门，包括教育、文化、广播、电视、科学研究、卫生、体育和社会福利等业。(4)为社会公共需要服务的部门，包括党政机关、社会团体以及军队和警察等。在传统农业社会，农业人口比重最大；在工业化社会，工作领域中的职业数量和就业人口显著增加；在科学技术高度发达和经济发展迅速的社会，第三产业职业数量和就业人口显著增加。狭义的"产业"则指企业的经营对象或产品类别，隶属于一个或多个行业。

行业是根据物质生产单位所生产的物品或服务对象不同而划分的经济活动类别，如饮食行业、服装行业、机械行业、金融行业、移动互联网行业等。它是按所从事的生产或其他社会经济活动性质的同一性来分类。在行业的内部，同一职业其劳动条件、工作对象、生产工具、操作内容相同或相近。由于环境的相似，人们会形成相近的行为模式，有共同的语言习惯和道德规范。在不同行业之间，同一职业也有相似性，但职业环境则存在着很大的差异。随着社会的进步和发展，一些旧的行业可能会逐步消失，许多新的行业会不断涌现，各种行业间职业的差异也会不断变化。

国家发展计划委员会、国家经济委员会、国家统计局、国家标准局批准，于1984年发布，并于1985年实施的《国民经济行业分类和代码》。这项标准主要按企业、事业单位、机关团体和个体从业人员所从事的生产或其他社会经济活动的性质的同一性分类，即按其所属行业分类，将国民经济行业划分为门类、大类、中类、小类四级。门类共13个：(1)农、林、牧、渔、水利业；(2)工业；(3)地质普查和勘探业；(4)建筑业；(5)交通运输业、邮电通信业；(6)商业、公共饮食业、物资供应和仓储业；(7)房地产管理、公用事业、居民服务和咨询服务业；(8)卫生、体育和社会福利事业；(9)教育、文化艺术和广播电视业；(10)科学研究和综合技术服务业；(11)金融、保险业；(12)国家机关、党政机关和社会团体；(13)其他行业。

二、行业与职业的关系

行业是职业发展的舞台。中国有一句古话："男怕入错行，女怕嫁错郎"，讲的就是行业对于职业选择的重要性。当今社会男女平等，"女也怕入错行"。选择不同的行业就是选择了不同的舞台。古人云"三百六十行，行行出状元"。从大学生职业规划与毕业后初次就业的角度，行业选择是职业选择的前提，职业选择要落实到具体的行业，因此，行业选择对于职业发展有非常重要的意义。从历届毕业生的情况观察发现，在同样的智力条件，同样的辛苦付出情况下，有的人容易成功，有的则非常艰难，其中与行业的选择有很大关系。在校大学生职业探索与职业选择前一定要思考并作出选择：将要从事的这个职业属于什么行业？这个行业有发展前景吗？

三、行业分析

行业的发展前景有一定的偶然性，不一定能准确地预测，但行业的发展又是有一定规律性的，在行业分析时，主要从以下几个方面进行把握：

（一）关注目标行业的发展现状

行业发展状态，按技术的先进程度简单地可分两种：传统行业与新兴行业。传统行业是指采用传统技术进行生产，产品技术含量低的行业，新兴行业是指采用新兴技术进行生产，产品技术含量高的行业。前者经过多年发展，有的还在持续发展，虽经波折仍可望成为百年老店，有的已经发展乏力，遭遇瓶颈，接近"天花板"。后者则适应新的消费需求，借助科技浪潮，犹如市场黑马，后来居上。新兴行业特点与传统行业相反，企业规模比较小但是发展迅猛，拥有满足市场多样化需求的新产品和新服务，具有独特的创意和高成长性的项目，具有无限的发展空间，注重培育创新为核心的企业文化，看重专业人才的培养。更重要的是，这些企业的准入门槛不高，大学生容易进入，也容易找到适合自己成长发展的位置。

（二）关注目标行业的周期与特定阶段

行业发展是周期性的，不同行业发展会有不同的表现，一种是防守型行业，即消费需求与产品生产比较稳定，基本不受经济周期的影响；一种是周期性行业，这类行业与经济周期密切相关，并随之振荡起伏；还有一种是增长型行业，这些行业往往是依靠技术进步、推出新的更优质产品或服务，它们不随经济周期振荡，而且与其他行业相比表现为逆势上扬。所以选择不同的行业，会面临不同的处境。职业选择前要了解行业的生命周期。在充满高度竞争的现代经济中，行业发展状况制约着企业的生存和发展。

　　界定行业本身所处的发展阶段及其在国民经济中的地位，对行业发展进行有效分析，有利于对行业的理解和把握。一个行业的发展大体上要经历四个阶段：初创阶段、快速成长阶段、成熟稳定阶段和逐步衰退阶段（见图6-1至图6-4）。比如互联网行业当前就处于快速成长阶段，纺织行业就处在逐步衰退阶段，家用电器行业就处在成熟稳定阶段，移动互联网行业就是初创阶段。总之，根据不同行业发展周期及其不同阶段特点选择企业、选择职位，对个人职业发展的重要性不言而喻。

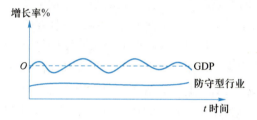

图 6-1　防守型行业示意图

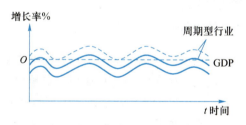

图 6-2　周期型行业示意图

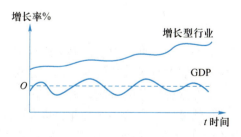

图 6-3　增长型行业示意图

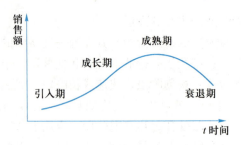

图6-4　行业的特征和阶段示意图

（三）关注目标行业的发展趋势

随着社会的不断进步，行业的状况必定会发生变化。大学生不仅要积极开展职业探索，主动了解职业世界，而且要关注社会经济的宏观与中观形势，潜心观察行业与企业的未来发展趋势，学会用发展变化的眼光看待行业。在任何一个时期，我们有三种的行业维度可供选择——最优选择是未来十年的新兴行业，也就是"曙光行业""朝阳行业"；其次选择是当下最辉煌的行业，也即"如日中天的行业"；再次选择是十年前的热门行业即"夕阳行业"；最次选择也即权宜之计是日薄西山的行业，所谓"黄昏行业"。

四、如何选择朝阳行业

对一个大学毕业生来说，选择不同景气度和成熟度的行业会产生完全不同的结果，这就是所谓的"选择比努力更重要""选行业比选职位更重要"。生涯苦短，我们不提倡大学生盲目择业，陷入竞争激烈的"红海"，我们建议大家开创职业生涯的"蓝海"，推荐大家选择门槛低、机会多的新兴行业。接下来，我们如何判断行业的景气度和成熟度呢？

（一）跟踪资本的脚步

一个行业的发展会有一个推动力量，那就是资本。资本第一属性便是获利。为了获利，它会以最灵敏的反应，去寻找未来可能获得巨大利益的领域。只要有这种获利的可能，资本会毫不犹豫地提前进入这个领域，由此就可能催生一个新兴的行业，也有可能发展成一个很大的产业。如投资商认为节能环保领域是个能获得高额利润的领域（行业），就会撒下真金白银，为未来的竞争埋下伏笔，竞争对手也会闻风而动，当更多的资本进入这个行业时，就会引发购买各种生产资料、雇佣相关的人员、开始研发生产经营等活动。这种"势"一旦形成强大的"旋涡"，人、财、物等社会资源纷纷被吸入其中，这个行业就可能风生水起。反之，当投资商认为一个行业没有更多"油水"时，就会从这个行业中撤资，以致很多的行业如夕阳西下、濒临绝境。市场无情，只有不站错位置才能免遭淘汰，这是"选择比努力更重要"的另一层内涵。

（二）前瞻新兴行业

要有未来若干年内行业发展的分析能力，这种分析能力不是来自盲目的估计，而是来自对行业信息和特点的分析和判断。未来十年的新兴行业首选是服务业。传统服务业最早主要是为商品流通服务的，随着城市的繁荣、居民的日益增多，现代服务业逐渐转向为生产服务、为人们的生活服务。以电子商务、物流、金融、新能源、专业服务外包等为代表的现代服务业，孕育着大量就业机会，是职场新人的主攻方向。据 2012 年 8 月统计局数据，中国人均国内生产总值（GDP）为 5 400 美元，这是一个规模经济体进入服务业革命的经济临界点。中国已经形成规模的城镇中产阶级与独生一代的新消费者是推动中国服务革命、推崇品质服务的领导群体。像阿里巴巴、腾讯、新东方、京东这样的服务型、创业型企业，已经扮演了创新服务业深度细分领域的领导者角色。现代服务业又以金融业最为突出。金融业是现代经济的核心，它包括银行、证券、保险等子行业，我国除央企和已上市的一些企业，尚有数百万家以上企业融资困难，还有 14 亿老百姓的生活、工作也离不开金融业，庞大的客户群体为金融业的发展提供了广阔前景。

未来十年的新兴行业中，消费品行业也是稳步增长、前景不错的行业。衣食住行是老百姓必需品，周期性相对较弱，不管多少风云变幻，居民都要穿衣、吃饭，要生存就要消费。服装、食品、饮料都是周期性较弱的行业。从全世界范围看，大企业、好企业都出现在与人们密切相关的消费行业，比如娃哈哈、小米、贝因美等企业都是与居民生活密切相关的行业，尤其是食品行业，更是诞生超级企业的摇篮，有些行业如印刷业、水泥行业，则受其行业特性的限制，极小可能出现超级企业。另据最新的报告显示，日渐富足起来的中国人对奢侈品的消费能力正变得越来越强，到 2020 年，中国奢侈品市场将近1 700 亿欧元，中国人将消费掉全世界 44% 的奢侈品，超过美国成为全球最大的市场。

　　未来十年的新兴行业中，低碳是个全新的行业，中国与其他国家站在同一个起跑线上，可能会和 1998 年前后的互联网产业一样，造就一批财富英雄。随着中国经济的持续快速发展，城镇化进程和工业化进程的不断加速，环境污染日益严重，国家对环保的重视程度也越来越高。随着中国社会经济的发展和产业结构的调整，中国环保产业对国民经济的直接贡献将由小变大，逐渐成为改善经济运行质量、促进经济增长、提高经济技术档次的产业。中国环保产业的概念也将演变为"环境产业"或"绿色产业"。体育行业、旅游休闲行业、养老行业、医药保健行业等，均属于无烟产业，是朝气蓬勃的朝阳行业。同理，文化创意产业将异军突起。美国作为一个文化输出大国，其文化产业产值已超过航天航空业、钢铁行业和农业，占美国 GDP 总量的 25%，文化产业为美国国内提供了 1 700 多万个就业岗位。振兴文化产业，对于满足人民群众多样化、多层次、多方面精神文化需求，扩大内需特别是居民消费，推动经济结构调整，具有十分重要的意义。

　　当然，其他各种行业的情况千差万别，难免有暂时的高峰与低谷，需要人们潜心观察大局、科学判断走势。一般人目前不看好的传统产业或行业，比如传统制造业引入高新技术与生产性服务进行升级改造，农林业若采用新品种新技术、加之国家产业政策与规模经营的鼓励措施，仍有相当大的发展机遇。

（三）运用科学分析方法

1. 目标行业的投资增长率分析

　　投资增长率可以通过固定资产增长率来反映，固定资产增长率是指一定时期内增加的固定资产原值对原有固定资产数额的比率。这是衡量行业发展的重要指标，因为投资活动很大程度上受到预期制约。当全社会对某行业看好时，热钱就会大批涌入。一般在行业发展的导入期与成长期，对其投资最受追捧，热钱入行最多；而处在成熟期的行业，对各方投资者吸引力会大幅度减少，热钱选择撤出。行业投资额与行业生命周期的关系如下（见图6-5）。

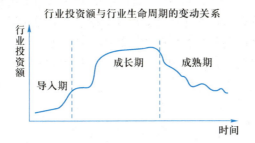

图6-5 行业投资额与行业生命周期的关系示意图

2. 目标行业的销售增长率分析

销售增长率是指本年销售增长额与上年销售额之间的比率，反映销售的增减变动情况，销售增长率是衡量预测行业经营业务拓展趋势的重要指标，也是行业扩张增量资本和存量资本的重要前提。该指标越大，表明其增长速度越快，行业市场前景越好。一般情况下，当年销售增长率小于等于10%，表示该行业刚刚进入导入期，企业规模小，数量少，生产成本高，市场风险大；当年销售增长率大于等于10%，意味着进入了成长期，市场规模扩大，机会最多；当年销售增长率下降至-10%与10%之间，表明进入了成熟期；而当年销售增长率跌至-10%，则说明该行业市场规模减小，开始步入衰退期。行业销售增长与生命周期关系如下（见图6-6）。

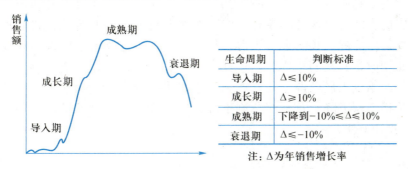

生命周期	判断标准
导入期	$\Delta \leq 10\%$
成长期	$\Delta \geq 10\%$
成熟期	下降到$-10\% \leq \Delta \leq 10\%$
衰退期	$\Delta \leq -10\%$

注：Δ为年销售增长率

图6-6 行业销售增长与生命周期关系示意图

3. 目标行业的集中度分析

行业集中度指数以行业内规模最大的前 n 家企业的相关数值（如销售额、职工人数、资产总额）占整个行业的集中程度。根据美国经济学家贝恩和日本通产省对产业集中度的划分标准，将产业市场结构粗分为寡占型和竞争型两类。其中，寡占型又细分为极高寡占型和低集中寡占型；竞争型细分为低集中竞争型和分散竞争型。行业集中度分析如下（见图6-7）。

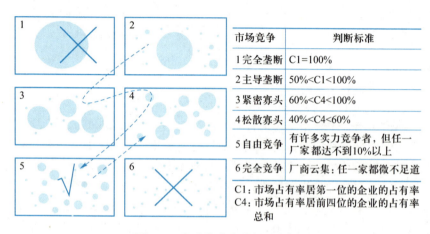

图6-7 行业集中度分析示意图

4. 目标行业的利润率分析

行业利润率=利润总额/营业收入。一方面，不同行业在同一时期有相应的利润率，高于社会平均利润率的行业自然受到资本家的青睐与求职者的追捧，当然对垄断行业与暴利行业，我们也要保持冷静，预防大起大落；另一方面，当行业处于导入期和成长期时，其利润率普遍高于社会平均利润率，该行业增长势头良好；当进入成熟期，其资产利润率趋于社会平均利润水平，产品价格急剧下降，总利润急剧下降，该行业发展尚可但潜伏着危机（见图6-8）。

注：分行业中的"全球"仅包括前150强企业中的非中国企业

图6-8　中外500强企业利润率对比示意图

第四节　职业的微观环境分析

　　职业存在于各个组织之中，绝大多数人都是在一定的组织内工作。因此，各种不同的组织构成了职业的微观环境。组织分为营利性组织、非营利性组织、政府组织等。企业是营利性组织的主要组织形式，党政机关则是政府组织，事业单位以及其他公益组织、非政府组织是非营利性组织。不同的组织对职业有不同的影响，分析这些因素的目的在于了解组织的发展机会、组织对职业的影响、特别是组织对从业者的要求。

一、企业单位的分析

　　企业一般是指以营利为目的，运用各种生产要素（土地、劳动力、资本、技术和企业家才能等），向市场提供商品或服务，实行自主经营、自负盈亏、独立核算的法人或其他社会经济组织。企业有各种各样，不同的企业对职业有不同的影响。企业的规模、企业管理、企业文化等对企业内的工作岗位和劳动者有直接影响。企业分析的目的是要了解企业的概况、企业分析的内容以及不同企业对工作人员的要求（企业的用人标准），通过比较分析，了解职业在企业层面的发展前景和机会。职业探索阶段可以选取目标企业或相似企业进行分析。

(一) 企业概况

经过了长期的竞争和各种因素的博弈，一个行业内会形成相对稳定的企业格局。任何一个成熟的行业，进入寡头垄断阶段，都形成了行业品牌垄断，此时行业中遵循的是"二八原则"——20%的企业吃掉了80%的市场利润，80%的企业争夺剩下20%的市场份额。比如食品行业中的牛奶行业目前主要是蒙牛、伊利和光明这三家企业。行业中的大品牌龙头企业，经营历史长、经营稳定、业绩可靠，能够享受到这个行业的市场影响力、定价权、营业利润、企业声誉以及与之相配的收入、福利、培训和学习机会等，大企业环境更适合大学生学习新技术与正规化的管理。当然，这些大企业每年招收的应届毕业生人数不超过10万人，求职竞争异常激烈，绝大部分毕业生要选择民营企业，其中多数是中小型企业。中小企业是各国经济繁荣与否的晴雨表，我国中小企业的总体实力不可小觑，其数量占99%以上，提供的就业岗位占80%以上，技术创新的成果占70%以上，创造的GDP在60%以上，税收占50%以上。

(二) 企业分析的主要内容

1. 行业的价值链与发展前途

企业的发展前途与行业的前途息息相关，整体行业状况不景气，也必将对企业造成影响。行业价值包括该行业增长空间多大、其商业模式是什么？

2. 企业核心竞争力

这个企业在同行业中是处于主导地位还是处于中游或者下游地位，与竞争对手相比优劣势有哪些？有的企业有资源壁垒，如中石油、贵州茅台等；有的企业有政策壁垒，比如烟草行业、消防行业，国家政策的限制挡住了新的进入者；有的企业有技术壁垒，一般企业进入不了，如可口可乐、云南白药等。

3. 企业的类型

企业是国有企业、民营企业还是外资企业？是家族性企业还是个体经营企业？不同类型的企业有不同的特点，民营企业重市场重效益、外资企业重规范重能力、国有企业重等级重关系。大学生在求职前要考虑好自己想去的企业类型。

4. 企业规模

职工人数、资产以及每年的销售业绩，要了解企业的资产状况，如企业的固定资产、流动资产、负债比例、企业的控股企业情况、企业还贷款能力等。

5. 企业业绩情况

对企业近几年的经营状况、销售业绩及利润情况进行考察，从中可以看出企业的成长情况。大学毕业生要尽可能选择净利润大、负债小的企业。

6. 地理位置

企业所处的地理位置是在大城市还是中小城市，是东南沿海开发区，还是西北待开发区；是城镇还是乡村，是内地还是边远地区。

7. 企业现任领导人

企业主要领导人的抱负和能力是企业发展的关键性因素。企业主要领导人的价值观、战略与领导才能如何？很多成功的大企业家都是风格独特的领航人，如华为技术有限公司的任正非、吉利汽车集团的李书福等。

8. 企业的变革

比如公司始建于哪年，进行股份制改造的时间，公司的主要股东成员，董事会的组成等，了解公司的发展历史是十分必要的。

9. 企业文化

企业文化是企业全体员工在长期的生产经营中形成并共同遵循的最高目标、价值标准、基本信念和行为规范。企业的经营方针和经营理念是一个企业的精髓部分，是企业的精神支柱。大学生要分析自己是否认同企业的文化，企业的文化是否与自己的价值观相符。

10. 企业经营战略和发展态势

企业采取的是积极扩张、稳固市场还是收缩防御战略？发展态势是指该组织是处于发展期、稳定期？还是衰退期？企业的经营战略和发展态势，对员工的发展前途影响极大。

11. 将来发展方向

资产重组和股份制改造的企业代表了我国企业发展的趋势，要了解经营者如何考虑企业的未来发展，是准备上市，还是出售转卖？因为整个单位的前途命运将直接影响和决定个人发展的前途命运。

12. 企业的用人政策

企业的人才需求预测、升迁政策、培训方法、招募方式等。重点了解企业未来需要什么样的人才，需要多少，对人才的具体要求是什么，晋升有哪些规定。

13. 薪酬待遇

薪酬待遇主要是指工资收入、奖金数额等以及住房条件、医疗福利、失业保险等。

（三）企业的用人标准

不同的企业有不完全相同的用人制度，评价人才的尺度和用人的标准也不尽相同。大学生在寻求进入心仪的企业前，首先还要了解目标企业的用人标准，看自己是否符合企业的用人标准。先看下面几个国际性大企业的用人标准：

摩托罗拉的"5E"原则。第一个 E—Envision（远见卓识）：对科学技术和公司的前景有所了解，对未来有憧憬；第二个 E—Energy（活力）：要有创造力，并且灵活地适应各种变化，具有凝聚力，带领团队共同进步；第三个 E—Execution（行动力）：不能光说不做，要行动迅速、有步骤、有条理、有系统性；第四个 E—Edge（果断）：有判断力、是非分明、敢于并且做出正确的决定；第五个 E—Ethics（道德）：品行端正，诚实，值得信任，尊重他人，有合作精神。

壳牌的"CAR 潜质"。壳牌招聘人才主要是着眼于未来的需要，所以十分看重人的发展潜质。壳牌把发展潜质定义为"CAR"，即分析力（Capacity）：能够迅速分析数据，在信息不完整和不清晰的情况下能确定主要议题，分析外部环境的约束，分析潜在影响和联系，在复杂的环境中和局势不明的情况下能提出创造性的解决方案；成就力（Achievement）：给自己和他人有挑战性的目标，出成果，百折不挠，能够权衡轻重缓急和不断变化的要求，有勇气处理不熟悉的问题；关系力（Relation）：尊重不同背景的人提出的意见并主动寻求这种意见，表现诚实和正直，有能力感染和激励他人，坦率、直接和清晰地沟通，建立富有成效的工作关系。

IBM 公司的"高绩效"标准。IBM 需要高绩效的人才，在 IBM 的高绩效文化中，主要包括以下三个方面："win"（必胜的决心），

"execution"（又快又好的执行能力），"team"（团队精神）。

宝洁公司的"八项基本原则"。宝洁公司对人才素质的要求归结为八个方面：领导能力、诚实正直、能力发展、承担风险、积极创新、解决问题、团结合作、专业技能。需要指出的是这八个方面是并列的，没有顺序先后。"诚实正直"和"专业技能"一样重要。

由此可见，不同的企业对人才的评价标准是不同的，但是随着我国高等教育进入大众化阶段，许多企业对人才标准的界定已走出了唯学历误区，主要强调两个导向：一是业绩导向。在竞争环境中，企业只有盈利才能生存与发展，员工只有业绩才能赢得地位与尊重。二是能力导向。企业的性质决定了它重视专业技能强的员工，能为企业解决实际问题，带来利润的员工。学历只表明受过正规教育有过部分专业训练，需要到实践当中去检验和提高。企业的用人观有其合理性的一面，但也不免带有许多实用主义色彩，一定程度上影响和决定了对大学生的评价标准，使高校和大学生不得不迁就企业的要求，这在一定程度上颠覆了大学的传统功能和人才培养理念。

二、机关单位的分析

广义上党政机关包括党的机关、人大机关、行政机关、政协机关、审判机关、检察机关，也包括各级党政机关派出机构、直属事业单位及工会、共青团、妇联等群团组织。国家公务员是党政机关工作人员的职业形式。国家公务员是依法履行公职、纳入国家行政编制、由国家财政负担工资福利的工作人员。国家公务员职业显然受到党政机关的性质、特点的制约，有独特的职业特点。很多大学生看中的是公务员收入稳定，离职率低，是一个"金饭碗"，其地位身份又颇得社会认可，他们跟风报考公务员，其实并不了解公务员队伍的实际。公务员责任重大，尤其是基层公务员早出晚归，个人自由度小，而且收入不高、晋升相对严苛，和企业相比，纳入政府体系的公务员拥有更多社会保障，从养老金、医疗保险金到住房公积金，还有生育保险、各类津贴以及其他特殊资源，但是，党和人民对政府等机关的行政效能提出了更高要求，与服务性政府、有限政府和法治政府建设要求相对应的是政府运作模式和人事制度面临深刻变革，逐步缩小甚至统一全民福利保障也可能使公务员的某些待遇优势淡化。如果是冲着公务员有权有势、以权谋私的心态而去，那是打错了算盘，而且相当危险。

三、事业单位的分析

事业单位，是指国家为了社会公益目的，由国家机关举办或者其他组织利用国有资产举办的，从事教育、科技、文化、卫生等活动的社会服务组织。简言之：科教文卫。很多大学生毕业后喜欢进入事业单位工作，因为事业单位工作有规律、有稳定的工资收入以及良好的休假制度。相对于企业单位而言，事业单位首先不以营利为目的，是带有一定的公益性质的机构，是一些国家机构的分支但不属于政府机构。一般情况下国家会对这些事业单位予以财政补助，分为全额拨款事业单位，差额拨款事业单位。还有一种是自主事业单位，即国家不拨款的事业单位。事业单位参与社会事务管理，履行管理和服务职能，宗旨是为社会服务。事业单位与职工签订聘用合同。事业单位职员制度和专业技术职务聘任制度与公务员不同，具有自身特点，而且事业单位的人事制度也处于变革之中。事业单位以往按党政机关工作人员的管理方式，对人才的要求偏向公务员要求，随着改革的深入，更多地在向企业用人标准靠拢。

第五节 个人的社会支持系统

个人生活在一定的社会环境之中，其中一些因素对个人的职业有所帮助并有重要影响，构成个人的社会支持系统。个人的社会支持系统是指个人得以维持社会身份并且获得情感支持、物质援助和服务、信息的外部资源。依据社会支持理论的观点，个人所拥有的资源可以分为个人资源和社会资源。个人资源表现为职业自我因素，社会资源则是指个人在社会网络中所能得到的社会支持，是构成个人社会支持系统的因素。一个人所拥有的社会支持系统越强大，就能够越好地应对各种来自环境的挑战。显然，在就业和职业发展问题上，个人的社会支持系统是非常重要的。大学生个人的社会支持系统主要来自家庭、学校和人际关系网络。由于社会的复杂性，每个人拥有的社会支持系统差别很大，大学生要了解并善于建立和维护自己的社会支持系统，但也不必苛求他人或自怨自艾。

一、家庭因素

家庭是大学生社会化和职业化前出发的场所，家庭成员尤其父母对大学生就业的影响非常大。主要有以下几个方面：

（一）父母的期望、受教育的程度及对各种职业的看法

现在的大学生大多为独生子女，成长条件较为优越，没有经历过大的风浪和考验。而他们的父母大多经历了各种动荡，对子女的期望较高。这种期望表现在努力为学生提供好的生活学习条件希望子女考上名校，希望子女有一份好的职业。家长对子女择业的期望转化为他们参与其子女就业的行为，有三种表现：正确引导、替代选择、强迫包办。父母受教育水平高，素质高，学生家教水平好的家庭多为正确引导型，家长对当前的就业形势有清晰的认识，父母和子女有良好的沟通，父母为子女就业出谋划策，使学生的就业计划更贴近实际，更完善可行。替代选择表现为一些家长不尊重子女的选择，不考虑子女的兴趣、爱好，而从自己主观愿望出发，为子女确定就业目标，甚至给子女施加压力。当然，也有一种情况就是一些大学生的就业思想不成熟，甚至是错误思想，家长对其干预，使其朝正确的方向发展。强迫包办的家庭则武断粗暴，强迫子女选择或放弃某个职业。

（二）父母的社会地位及社交能力

父母的社会地位和社交能力体现了家庭拥有的社会资源。父母社会地位越高，权力越大，社会关系越多，动员和利用这些资源为子女就业服务的能力越强。北京大学教育学院教育经济研究所副教授文东茅认为，家长们甚至可以"直接通过关系和权力决定子女的就业"[①]，这种代际传递效益在中国乃至世界都很普遍。家庭社会关系是大学生就业的重要渠道。通过社会关系而获得的就业信息来源早、针对性强，能直接提供给学生家长及学生本人最全面的行业及职业信息，并

---

① 文东茅：《家庭背景对我国高等教育机会及毕业生就业的影响》，《北京大学教育评论》2005 年第 3 期。

能对学生进行有效推荐，就业成功率高。当然也存在"拼爹""走后门"的问题，这有违社会公平，不应该提倡。而缺乏社会关系的毕业生所面临的求职压力更大，需要付出更多的努力。

（三）父母的职业榜样作用

大学生的择业过程或多或少掺杂了家长的意志和愿望。在家庭生活中，家长通过分析自己的职业现状以及各种职业的社会地位、经济地位、发展前途会对大学生的就业选择发生潜移默化的影响。这种影响不是强制性的干预，而是逐步向子女渗透的。在这种影响下，一方面可能促使子女选择父母的职业，比如商业世家出身的大学生，通过与家庭成员的接触，长期耳濡目染，接受父母的职业价值观，可能促使他们继续从事父母的职业；另一方面，子女可能会有逆向的价值取向，拒绝选择父母的职业。比如出身农村的大学生，对父母脸朝黄土背朝天的农作生活有着强烈感受，作为子女的大学生可能会选择跳出农门。

（四）父母教育子女的方法及父母对子女的就业指导

就个体差异而言，每位同学的家庭教育不同，在求职过程中所表现出的对未来薪金的期望值与就业后的流动等都有很大的差别。毫无疑问，家庭是孩子们的第一学校。每个大学生的家庭是造就其素质以至影响职业生涯的主要因素之一。

家长对大学生的就业指导方式不同对大学生的就业结果影响也是不同的。有的家庭对大学生就业的影响是积极的、有益的，帮助大学生正确客观地认识自身条件、就业形势，形成正确的就业观，有利于大学生顺利就业；有的家长对大学生就业的影响却是消极的，甚至是错误的，使大学生错过最佳就业时机，或者走上不适合自我发展的职业道路。大学生要注意自我辨别。

（五）家庭的经济水平以及所处的地域

大学生的家庭情况不同对其职业生涯的影响也不同，在就业和创业过程中，家庭的支持无疑是重要的因素，尤其是在中国传统文化背景之下。家庭经济条件好的大学生享受着家庭富裕带来的便利，但也有可能养成依赖症，变成啃老族；家庭经济状况贫困的大学生往往缺少家庭经济上的帮助而别无选择。因此，家庭经济状况不同的毕业生对待职业风险的态度也是不同的，家庭经济条件好的大学生在择业时更倾向于"外企""高新技术企业",虽然风险较高,但它们收入相对较高;而家庭经济状况不好的大学生对收入稳定、风险较小的职业选择概率较大,如党政机关、学校和科研部门等。与之相关联,家庭所处地域对大学生的就业也有影响,不少来自农村的大学生其学习动机和就业目标更多的是想方设法进入城市。但家庭影响的结果因人而异,困难家庭的学生也可能因经济困难而选择自主创业,农村学生近年也出现了返回农村创业的现象。这些现象再次说明,职业的发展最终取决于个人对人生的态度,外因还是通过内因起作用。

拓展资源

二、学校教育的影响

学校教育是大学生职业生涯的重要影响因素,除了在校期间学校给予的培养教育以外,学校在其他方面对学生的职业发展也有重要影响。学校办学特色、专业特点及就业情况、毕业生在当地的就业竞争力等,会对大学生的职业产生不同程度的影响。当前社会存有"名校"情结,在实际调查中也发现"985""211"名校毕业生的平均工资比一般学校毕业生的平均工资高。名校效应是一个客观存在,但非名校学生也不必妄自菲薄、丧失信心。要结合自己学校的办学特色、专业特长,找到本校的比较优势,运用差异化策略,转化为个人的竞争优势。

学校是大学生求学期间的主要活动场所,在学校学习、生活或多或少都能够建立起自己的人脉关系网。学校的领导、老师、同学都是潜在的社会资源,都有可能对大学生的就业起到正面支持作用。另外,学校组织校外社会实践、组织校内社团活动以及成员间千丝万缕的联系,都为大学生建立个人的社会关系网络创造了条件,要善加维护和利用。

三、其他社会资源的影响

除了家庭、学校所给予的支持外,大学生的社会资源还包括所在社区、个人的朋友圈、亲友以及校友资源等。每个大学生都要注意拓展个人社交圈,珍惜与维护所有的社会资源,使其成为自己成长成才与职业发展的有力支撑。

　　校友是指曾在同校有过学习、工作经历的人。他们对学校有很深的母校情结，既了解本校学科与专业特色，又掌握所在单位、行业甚至更多校外的最新情况。如能获取他们力所能及的帮助，可寻求实习的机会，可获取求职单位真实、具体、准确的信息，还有可能获得多方面的指点或帮助。尤其是近年毕业的校友，他们求职的经历和经验，比如如何获取、比较、选择、处理职业信息，如何应对遇到的困难，解决的路径和方法，参与择业竞争的切身体会等，都是很好的就业指导参考。这比网络上和教材上的职业信息更有针对性，参考、利用价值非常高。众多校友企业是大学生创业的样板，也是大学生开展社会调研、专业实习的基地，也可能是大学生职业发展的重要出路。

思考与练习

　　1. 通过网上搜索与校友访谈，撰写与所学专业相关的3—5个行业分析报告（分别列出行业名称、所处产业、行业现状、行业盈利模式、行业竞争力、国家相关政策、行业风险与发展空间与趋势、求职注意事项）。

　　2. 比较分析本人目标职业所处的宏观环境、中观环境与微观环境，再围绕行业发展周期与企业生命周期，谈谈本人的职业规划。

　　3. 比较企业工作与机关、事业单位工作的特点，分析判断"体制内就业"与"体制外就业"的差异与变化趋势：

	上班时间	薪酬待遇	社会地位	福利保障
企业（营销员为例）				
事业单位（教师为例）				
机关公务员（县乡基层）				

　　4. 请分组组成小队，结合所学专业及下表内容一起讨论自己的职业机会。

系统要素	思考要点
宏观环境	当前的宏观环境为我提供了什么机会，有什么限制？
产业环境	我所在及感兴趣的地区产业环境及政策导向是什么？
组织环境	我对当前企业的认同度有多大？这里有多少适合我的机会
职业本身	我对劳动力市场的了解充分吗？有哪些职业是我感兴趣的？
家庭环境	我的家庭对我的职业期待是什么？他们能提供什么支持？当前来自家庭的影响和限制有哪些？有哪些力量可以帮助我取得更好的发展？
小结	我的职业机会主要在哪些行业、组织和职业上？

第七章 确立职业目标

在认知职业自我、探索职业环境的基础上，我们要通过职业定位的方法寻找自己正确的职业发展方向，并进一步确立自己的职业发展目标。职业发展方向和职业目标是每一个初入职场的人士都希望得到的答案，但许多人往往不能如愿以偿。每个人都有自己最适合的职业发展方向，每个人对自己的职业发展目标和路径可以做不同的选择，这取决于每个人的自我判断和抉择。职业发展方向和职业目标是什么关系，如何使用职业定位方法寻找正确的职业发展方向、如何在职业发展方向中进行职业目标的选择决策？

第一节 职业生涯决策

人生是不断选择和决策的过程：从你早上起来要穿哪一套衣服出门开始，你就在选择，交往中你选择朋友，恋爱时你选择伴侣，就业前你选择职业等。约翰·坎贝尔曾说过，正是你在生活中每个环节的选择和决策塑造了你的人生，决定了你的成败。虽然并非所有的决策都是重要的，但是有一些决策是至关重要的，如职业生涯决策。美国心理学者哈克特和贝茨指出，几乎不存在什么决策比选择一个职业或工作对人们的生活具有更重大而深刻的影响。职业生涯决策对人生的作用非常重要，尤其是职业发展方向和目标的选择对职业生涯发展具有决定性作用。决策正确与否往往决定了一个人职业生涯的成就大小、事业高度。

一、职业生涯决策

（一）决策与职业生涯决策

决策是指为达到一定目标，从两种以上的方案中选择一个"合理"方案的分析判断过程。决策是决策者经过各种考虑和比较之后，对应当做什么和怎么做所作的决定，它是根据所获信息、在考证了各种可能性的基础上做出选择的过程。

　　关于人的职业选择和生涯发展的决策被称为职业决策、生涯决策或职业生涯决策。《教育大辞典》中将职业决策定义为，"人们根据自身特点和社会需要作出合理的职业方向的抉择过程，内容包括个人的价值探讨和澄清、关于自我和环境的使用、谋划和决定过程。"[①]

　　有关职业生涯决策的研究可以追溯至 20 世纪早期，但由于当时社会发展比较稳定，个体一生中的职业变化不大，所以最早使用的是"职业选择"一词。随着社会的发展，职业不再是个体终其一生不变的工作，职业生涯更注重发展性，强调职业的变化。杰普森等人在1974 年提出的职业生涯决策模型中，首次使用了"职业生涯决策"这一概念。他认为职业生涯决策行为是个体以有意识的态度、行动、思考来选择学校或职业以符合社会期望的一种反应。该行为的发生涉及决策者、决策的情境（社会期望）及有关决策者个人内在与外在资源三个方面。此后，职业生涯决策一词在职业发展研究中被广泛应用，但很多研究者最初所关注的是职业生涯决策所涉及的内容，并未对职业生涯决策做出概念上的界定。例如，特质因素理论的研究者从人与环境相匹配的角度出发把职业生涯决策看作个体了解自身与环境或工作的特点，并实现二者之间的最佳结合过程。

（二）职业生涯决策的内容

　　职业生涯决策包括一系列决策环节，每个环节的选择都会影响人的职业发展方向和职业目标的实现，每个人都必须根据自身的特点和对职业的认识，慎重地作出决策。人的职业生涯中通常会遇到下列需要决策的重要问题。

　　(1)选择何种行业。"事业＝行业＋职业""男怕入错行"，说的是选择行业的重要性。选择加入哪个行业是一项重要决策。大学生应该在了解行业特点、分析行业环境、评估自身的条件的基础上进行选择适合的行业。

　　(2)选择行业中的哪一种工作（职业）。每个行业中有许多不同的工作岗位，从事何种具体工作也需要决策。例如工商管理专业毕业

---

　　①　姚裕群、曹大友主编：《职业生涯管理》，东北财经大学出版社 2012 年版，第 107 页。

的大学生是选择从事办公室行政管理还是客户管理等，在选择时要做到人岗匹配。

（3）选择所适用的策略和途径，获得某一种工作。

（4）从数个工作机会中选择其一。

（5）选择工作地点。即选择在何地工作，是沿海城市还是内陆城市，是大城市还是小城市或乡镇等。

（6）选择不同价值取向的工作。每个人都有不同的理想，都有自己的价值观。不同的价值取向可能有不同的工作选择与工作作风。

（7）选择生涯目标或系列的升迁目标。

上述内容可以认为是人的职业目标或方向的重要内容，必须审慎做出预测、分析和选择。

二、职业生涯决策类型

每个人由于其个性特点的不同，决策的能力和水平不同，在对职业做出决策时会呈现不同的心理状态，从而表现为一定的职业决策类型。

（1）宿命型：一切都由命运掌握，跟随社会的发展即可，走到哪里算哪里，事情会自然而然地发生，让外部环境决定职业的发展。该类型的个体通常个人自尊、职业认同和自我概念处于低水平，他们还可能只有很少的职业信息，而且倾向于外控。

（2）直觉型：跟着感觉走，相信自己的直觉，根据直觉对职业问题进行决策。

（3）挣扎型：面对众多选择无所适从，无法选择，不能自拔，或前怕狼后怕虎，既想实现个人的理想，又不敢面对现实。这种类型的个体通常在进行职业决策时需要较长的时间，且犹豫不决。

（4）麻木型：不愿作出选择，每天都在一种无职业意识的状态中度过，对外部世界的变化失去敏感，不愿为自己的职业发展多动脑子。这种类型的个体通常表现为当一天和尚撞一天钟，不追求进步与自我提升。

（5）冲动型：不经过思考和准备，很少对未来进行思索和分析，按自己的第一个想法行事。

（6）拖延型：事情总会解决的，现在不用关心，不用谋划，船到桥头自然直，车到山前必有路，到时自然会有解决的办法，不愿对自己承诺，也不会承诺。

（7）顺从型：依附于组织或其他人，别人说怎么办就怎么办，让组织或其他人为自己做决定，按照别人的思路发展自己。

（8）控制型：认真分析自己和外部职业社会，综合考虑各方面因素，果断自信地决定自己的职业定位与职业方向，敢于自我承诺、自我挑战，有计划、有策略、有控制地发展自己的职业生涯，合理动态地管理自己的职业发展。

（9）紊乱型：也认真分析过自己的机会，但职业方向在发展过程中不断变化和调整，没有真正确定到底要做什么，自己也很迷茫。

毫无疑问，控制型是较理性的决策类型，个体在进行职业决策时应根据上述几种情况分析自己究竟属于哪种类型，分析并弥补决策时的不足，只有这样，才能保证职业生涯朝着正确的方向发展，从而实现职业的成功。即使做不到完美的控制型决策，也要努力学习成为控制型决策者。

三、职业生涯决策的障碍

很多种因素会干扰有效的职业决策，这些因素经常使我们在做出选择的过程中，不同程度地产生焦虑，从而使信心大减，最终会影响我们洞察内心和认识自我的方式。职业生涯决策过程中，人们经常面临的障碍有以下几个方面：

（一）信息因素

（1）信息缺乏。信息缺乏是个人职业生涯决策中最常见的障碍，主要表现为对相关职业的信息缺乏或不全面，不能科学地评价该职业，从而造成决策失误。

（2）信息失当或信息错误。当个人进行职业生涯决策时所获得的信息是错误的，或信息失当，就会使决策缺乏可靠的依据，可能致使决策失误。

（3）信息过多。有时候信息过多也会影响正确的职业生涯决策，决策所获得的信息过多，有时反而会出现无所适从的局面。

（二）个人因素

个人因素如个人的天赋、兴趣、价值观、能力、情绪等，既影响职业生涯，也影响生涯决策。

（1）天赋。在决策上，有的人天生多谋善断，有的人天生优柔寡断。

（2）兴趣。兴趣广泛、能力强的人往往决策更困难，因为他们的选择越多，选择余地越大，就越难选择。

（3）个人情绪。抵触、焦虑情绪会影响职业决策，还有个人如果自信心不足或自我胜任感不足也会影响正确的职业选择。

（4）个人其他条件。如健康、负担、性别、年龄、所受教育、家庭、朋友、社会环境等也会影响职业生涯决策。

（5）决策能力。决策和执行能力强能够做出正确判断和抉择，缺乏制定可行的计划的能力或缺乏决策程序和技巧的相关知识，决策经验不足，往往导致决策失误。

任何决策都会受到个人能力和动机的限制，决策过程的效率就在于自我觉察水平的高低。为了尽可能做出正确的决定，我们需要绝对的确定性。为了减少职业生涯决策的失误，需要遵循一定的决策理论并采取正确的决策方法。

四、改进职业生涯决策

拓展资源

有的人表示自己不需要职业知识和生涯规划，表现出盲目的自信。事实上，接受也好不接受也罢，每个人的职业发展和人生轨迹就是不断进行生涯决策的过程。每个人的职业发展过程中，都需要不断学习生涯决策方法，提高生涯决策技能，改进生涯决策效果。

1. 了解决策过程

生涯问题解决和决策制定是持续的过程，不是单个事件。成功完成这个过程有赖于CASVE循环五阶段中每一个阶段的成功（参见二维码职业决策理论），最终结果的好坏由最糟糕的阶段决定，任一阶段出现问题都会毁坏或误导整个问题解决。有三个关键的地方最可能会出现问题：一是沟通阶段，二是评估阶段，三是执行阶段。CASVE循环是职业生涯决策的一种方法，只要注意练习，认真反思，再加上一些成功经验，使用CASVE循环就能几乎自动化运用。

2. 改进决策制定技能

遇到生涯决策问题可以去找一个值得信任的朋友或一位职业生涯

咨询师，帮助你更了解自己在生涯决策上的方式和技能。他们会问你一些问题，如你在沟通和评估阶段的感受，你在分析和综合阶段使用的信息资源以及你在执行阶段的特定行动计划。

你可以与和你有同样处境的人分享你的观点或体验，阅读在你打算进入的领域中重要人物的传记，也可以同在你感兴趣的领域中工作的人进行信息面谈，并尝试理解他们是如何解决与工作相关的问题的。这些活动可以达到两个目的：得到你感兴趣的生涯领域的信息，还可以练习使用 CASVE 循环方法改进决策。此外，以计算机为基础的生涯指导系统也可以帮助我们练习和提高生涯决策技能。生涯课程、工作坊、个人咨询、生涯规划书籍和其他生涯干预手段都能帮助你成为更有技巧的生涯决策者。

第二节　明确职业发展方向

寻找职业发展方向是大学生面临的重要问题，关系大学学习内容的选择和生涯规划中采取何种措施等问题。许多大学生在大学期间出现困惑、迷茫和犹豫、彷徨等问题，都与职业发展方向不明有关。有些学生用社会的热门职业来给自己定位，哪里热门就往哪里跑，有的则是走一步算一步，走到哪算哪。面对职业的迷惑，如果不能给自己合理定位，那么很可能遇到这样的情况：有了机遇看不到或抓不住、找到的工作不是适合自己的、得到的又轻易失去，等等。解决这些问题的办法就是通过职业定位的方法为自己找到正确的前进方向。

一、职业定位概述

职业定位是指一个人在自我认知和职业探索的基础上，了解自己在社会分工中应该处于什么位置、扮演什么角色，应该从事什么职业的过程。职业定位方法的主要作用是明确职业发展方向，或者说寻找职业发展方向主要是通过职业定位方法来实现的。我们把寻找、探索职业发展方向的过程也称为职业定向。

由于存在人的可塑性和工作的同质性，一个人适合的工作可能有许多个、许多种，这些工作应该具有共同或相近的特性，属于同一类型的职业。这些职业类型不单纯是人的职业兴趣类型或性格类型，而是综合了职业自我的各种因素以及职业因素和环境因素形成的类别，这些职业类型被称为职业锚。如果我们找到了适合自己的这些职业锚或职业类型，就找到了适合自己的职业发展方向。

根据人职匹配的原则，职业发展方向就是自我特质和工作世界的重合或交集部分。从个人来说就是适合个人特质的工作，从职业角度来说是符合工作岗位要求的工作者。一个人只有在正确了解自己和了解职业的基础上才能够找准共同点，准确定位，找到正确的职业发展方向。因此职业定位要做的就是尽力寻求双方的共同之处。对于大学生而言，既需要认真地分析自己，又需要多了解社会需求，以求准确定位。

职业定位是职业生涯规划过程中的关键步骤，是不能绕开的环节，是进行职业目标决策的前提。正确的职业定位，强调的就是要找准方向、走对职业发展道路。只有在正确的职业发展方向上才能找到正确的职业目标，在错误的职业发展方向上就不可能做出正确的目标选择，就会丧失发展的优势和机会。没有找到职业发展方向的人就会陷入迷茫和痛苦的挣扎之中。正确的职业定位，强调的就是要找准方向、走对职业发展道路。

二、职业锚理论的应用

职业锚是指当一个人不得不做出选择的时候，他无论如何都不会放弃的职业中那种至关重要的东西或价值观，是人们选择和发展自己的职业时所围绕的中心。虽说职业定位完全是因人而异的个性化的东西，但将各种职业按照职业定位的要求进行归类可以找到共同的特征。借助职业锚的理论，可以反过来帮助我们进行正确的职业定位。

美国著名的职业指导专家埃德加·H. 施恩提出的职业锚理论认为：职业锚是自我意向的一个习得部分，是个人进入早期工作情境后，由习得的实际工作经验所决定，与在经验中自省的动机、价值观、才干相符合，达到自我满足和补偿的一种稳定的职业定位。职业锚强调个人能力、动机和价值观三方面的相互作用与整合，并在实际中是不断调整的。职业锚理论认为职业锚能准确反映个人的职业需要及其追求的工作环境，能帮助人找到自己合适的职业种类和领域，确定自己的职业成功标准。施恩提出了五种类型的职业锚。

（一）技术／职能型（Technical Functional competence）

愿意从事工程师、工程主管、项目主管等这些跟技术有关的工作的人，希望在自己所处的专业技术领域有所发展，他们认定专业技术工作是自己的职业方向，是自己追求的目标，即使提拔到领导岗位，也希望能继续研究自己的专业。

（二）管理型（General Managerial Competence）

这一职业定位的人，他们有强烈的愿望去做管理工作。但是管理类工作对人的能力素质的要求相对较高，在信息不充分或情况不确定时，要具有判断、分析、解决问题的能力；在人际方面要具有影响、监督、领导、应对与控制各级人员的能力；在面对危急事件时，不沮丧、不气馁，并且有能力承担重大的责任，而不被其压垮。

（三）安全／稳定型（Security Stability）

有人会寻求这样一份工作：不高的工资、不很忙、福利好、有住房、不会失业就行。这是追求安全感，因为这些人最关心的是职业的长期稳定性与安全性，他们为了安定的工作，优越的福利与养老制度等付出努力。很多情况下，这种定位是由于社会发展水平和条件所决定的，可能并不完全是本人的意愿。随着社会的进步，人们可以不再被动选择这种类型。

（四）创造型（Entrepreneurial Creativity）

选择这一类型职业的人心里总会想：我要制造出一个自己的产品，我要去从事一个自己擅长的职业，我要去当老板。因为他们认为只有这些实实在在的业务才能体现自己的才干。

（五）自主／独立型（Autonomy Independence）

喜欢独来独往的人往往会选择自主独立型的职业。他们不愿在大公司里彼此依赖，很多有这种职业定位的人同时也有相当高的技术型职业定位，但是他们不同于那些简单技术型定位的人，他们并不愿意在组织中发展，而是宁愿做一名咨询人员，或是独立从业，或是与他人合伙开业。还有的自由独立型的人往往会成为自由撰稿人，或是开一家小的零售店。此外，自主独立的这类人比较适合当顾问、学者、大学教授，他不太擅长管事、管人，他愿意自己写点东西，搞点研究。

20 世纪 90 年代，根据美国麻省理工学院阿姆斯特朗的研究又发现增加了挑战型、生活型、服务型三种类型的职业锚。

三、职业定位的方法

职业定位是在自我认知和职业探索的基础上进一步分析判断的一个过程，这个过程既是一个思考的过程，也是一个继续探索的过程。正确的职业定位是可以运用一定的方法获得的。

(一) 人职匹配法

1. 人职匹配法的理论基础

人职匹配理论最早是由美国波士顿大学帕森斯教授提出的，它被视为职业选择与职业指导的最典型理论之一。其基本思想是，个体差异是普遍存在的，每一个体都有自己的个性特征，而每一种职业由于其工作性质、环境、条件、方式的不同，对工作者的能力、知识、技能、性格、气质、心理素质等有不同的要求。职业选择需要根据一个人的个性特征来选择与之相对应的职业种类，即进行人职匹配。如果匹配得好，则个人的特征与职业环境协调一致，工作效率和职业成功的可能性就大为提高。反之，则工作效率和职业成功的可能性就很低，不仅会给所入职的组织带来损失，还会挫败个体效能感和自信力。因此，对于组织和个体来说，进行恰当的人职匹配具有非常重要的意义。

帕森斯教授阐明了职业选择的三大要素：（1）应该清楚地理解自己的态度、能力、兴趣、智谋、局限和其他特征；（2）应该清楚地了解职业选择成功的条件及所需的知识，在不同职业岗位上所具有的优势、劣势、补偿、机会和前途；（3）以上两个要素的平衡。人职匹配，分为两种类型：一是条件匹配。即所需专门技术和专业知识的职业与掌握该种特殊技能和专业知识的择业者相匹配；或者脏、累、险、劳动条件很差的职业，需要吃苦耐劳、体格健壮的劳动者与之相匹配。二是特长匹配。即某些职业需要具有一定的特长，如具有敏感、易动感情、不守常规、有独创性、个性强、理想主义等人格特征的人，宜于从事审美性、自我情感表达的艺术创作类型的职业。

此外，前已述及的霍兰德的职业兴趣等职业发展理论也是人职匹配的理论，强调择业者个人特质与职业特征之间的相互契合和相容。

2. 人职匹配法的使用步骤

(1)清楚地了解自己，包括兴趣、性格、能力、特长等。

下面我们以大学生张某的职业定位为例介绍人职匹配法的具体运用：

【案例7-1】 人职匹配法职业定位的运用

张某经过自我分析和计算机测试获得的结果：

● 对人和新的经历都感兴趣，善于观察，看重眼前事物；更多地从做事的过程中学到东西，而不是研究或读书。相信自己所感触的信息，喜欢有形的东西，能够看到并接受事物的本来面目，是现实的观察者，并具有运用常识处理问题的实际能力。

● 热爱生活，适应性强且随遇而安，爱热闹，爱玩耍，热情、友好，表现欲强烈，有魅力和说服力；喜欢意料之外的事情并给他人带来快乐和惊喜；你的饱满情绪和热情能够吸引别人，灵活、随和，很好相处。通常很少事先做什么计划，自信能够遇事随机应变，当机立断。讨厌框框，讨厌老一套，总能设法避开这些东西。

● 善于处理人际关系，经常扮演和事佬的角色，圆滑得体，富有同情心，愿意以实际的方式帮助他人，通常可以让别人接受自己的建议，不喜欢将自己的意愿强加别人，是非常好的交谈者，天生受人欢迎。

● 所学专业是市场营销，系统地掌握营销学理论知识，英语口语不错，数据处理能力很强，计算机操作水平较高。

● 喜欢在轻松、友好的环境里工作，能和他人在一起积极地工作，工作具有丰富性、挑战性和自主性。

● 能够不断地从实际经验中学习，通过搜集的具体、细致的资料中，发挥自己灵活的判断力寻找解决问题的方法。

● 能够促进大家的合作，充分调动他人的能力和热情，熟练处理人际关系和争执冲突，消除紧张气氛。

● 可以直接和客户打交道，能深入参与和实践，而不愿意排除在外。

● 能够应对突发或处理紧迫的事情，并考虑周边人的需求。

（2）清楚地了解职业。

张某所学专业是市场营销，想在快速消费品（Fast Moving Consumer Goods）行业发展。他通过职业和环境的分析，得到快速消费品行业和营销职业的相关特征。

● 随着市场经济的发展，营销人员需求越来越多。研发和市场营销是一个企业得以制胜的法宝。

● 随着人们生活水平的提高，快速消费品需求量越来越大，市场容量越来越大，行业前景非常广阔。

● 品牌是快速消费品企业的生命线，快速消费品行业是国内最早开始重视品牌建设的行业，无论是日化、食品还是家庭护理品等领域，宝洁、联合利华等知名企业都有一批深入人心的品牌。营销人员必须有品牌建设、推广和维护的能力。

● 不同行业的快速消费品企业，如食品、日化、服装等，因营销模式不同，对人才要求有所侧重。但是都要求有很强的沟通能力和策划能力。

● 快速消费品企业品牌经理一般要求本科以上学历，市场营销类专业，三年以上从业经历，熟悉所在行业及业内主要竞争对手产品状况。熟悉市场发展动态，精通渠道建设、产品策划；分析、组织与人际沟通技巧良好。

（3）确定职业定位。

经过上述分析，张某明确了自己的职业定位。

● 通过分析自我和职业的匹配度，发现快速消费品行业也是非常有前景的行业，同时自己很适合营销师这类的职业。自己具备职业所需的知识结构和个性特点，交际能力比较强，有较强的分析能力，只是市场经验不足，但是通过几年的磨炼，是完全可以胜任职业要求的。所以，张某的职业定位就是营销师。经过几年的锤炼，他做到了品牌经理的职位。

（二）5W 法

5W 法就是通过回答五个"what"来进行职业定位。5 个"W"是：① Who am I ?（我是谁?）、② What will I do ?（我想做什么?）、③ What can I do ？（我能做什么?）、④ What talented person does society need?（社会需要什么样的人才?）、⑤ What does the situation allow me to do？（环境支持或允许我做什么？）

从问自己是谁开始，前面三个问题是对自身的认识，后面两个问题是对职业环境的探讨。回答了这五个问题，找到它们的最高共同点，就对自己的职业定位有了清晰的认识。职业定位必须考虑自身和职业两方面的因素，在前面的各章节中，我们都是在试图帮助大学生来回答这些问题。

我们可以采取下面的简单的过程来快速回答这五个问题。

先取出五张白纸、一支铅笔、一块橡皮。在每张纸的最上边分别写上上述五个问题。然后静下心来，排除干扰，按照顺序独立地仔细思考每一个问题。

对于第一个问题"我是谁？"，回答的要点是：结合自我认知，对自己的优势、劣势逐一分析，写完了再想想有没有遗漏，然后根据重要性进行排序。

对于第二个问题"我想做什么？"，可将思绪回溯到孩童时代，从人生初次萌生第一个想做什么的念头开始，然后随年龄的增长回忆自己真心向往过、想干的事并一一地记录下来，写完后再想想有无遗漏，然后按照自己内心想要做的顺序进行排序。

对于第三个问题"我能做什么？"，则要把确实已证明的能力和自认为还可以开发出来的潜能一一列出来，然后根据能力与职业匹配度进行排序。

对于第四个问题"社会需要什么样的人才？"，则要明确目前社会发展的趋势，和自己专业相关的所有行业的发展趋势和对人才的要求，尽可能地列出来，并根据社会需求状况进行排序。

第五个问题"环境支持或允许我做什么？"，回答则要稍作分析：拥有的资源、学校情况、家庭、社会关系等信息，只要认为自己有可能借助的环境都应在考虑范畴之内。认真想想在这些环境中自己可能获得什么支持和允诺，搞明白后一一写下来，再以重要性或支持度进行排序。

回答了这五个问题之后，你的职业定位就有了基本的轮廓，综合以上分析结果，经过筛选排除后可以写下几个不同的职业，找出最合适自己的若干职业。

【案例7-2】 杨扬的职业定位

1. 我是谁？

某大学四年级企业管理专业大四学生；在某一管理咨询公司做了一年兼职（开发了多项业务，获得领导好评）；愿做一个富裕、正派的人；很爱我的父亲（公务员）和母亲（普通干部），每年放假都回去看他们；我很爱我的女朋友，我们准备结婚，还没找到固定工作，所以尚未想好时机；身体健康，心理正常；性格较外向，情绪较乐观；好奇心较强，学习能力不错；喜欢唱歌，有时会幻想。

2. 我想做什么？

做职业经理人；管理咨询顾问；工作三年后读 MBA，再开一家自己的咨询公司；和妻子共同住在属于自己的舒适的住房里，每天开着自己的汽车去工作；在父母有生之年能够多尽一点孝心，可能的话把他们接到家里来住；爱好唱歌，大学期间获得过全校歌咏比赛独唱男子冠军，做过当歌星的梦。

3. 我能做什么？

具有企业管理的系统知识，可以在一个实体公司做人力资源管理和企业组织架构工作，也可以在咨询公司做管理咨询工作，如战略管理、人力资源管理、企业流程再造、品牌构建、营销网络架构、企业文化推广等；可以讲业务开发的课程和一些较容易的管理课程；有驾照，会开汽车。

4. 社会需要什么样的人才？

目前，管理咨询行业处于快速增长期，但是除了一些国际大公司和国内少数几家公司外，国内的管理咨询公司大都规模比较小，策划和解决问题能力有限。社会需要真正能帮助他们解决实际问题的高级管理咨询人才。

5. 环境支持或允许我做什么？

家庭的社会关系有限，找工作基本靠自己；自己急需证明自己的能力，想在管理咨询行业攫取自己的第一桶金；自己所在学校的管理学科比较强，学校培养的人才社会认可度比较高。

分析的结论：做管理咨询行业的高级咨询人员，先进入某著名管理咨询公司，积累一定工作经验后开办自己的咨询公司。

职业定位是一个反复思考、比较、筛选的过程，是一个寻找和发现的过程。职业定位是否准确取决于各方面的信息是否充分以及分析判断是否正确。伴随着经济、社会的发展，多数人都需要反复探索，不断重新寻找正确的方向。另一方面，人的认知水平不同，掌握的信息有局限性，职业定位往往不可能一次完成，也需要多次反复。职业定位并不是一步到位找到理想工作的法宝，而是需要反复和深入地探索，结合现实的环境以及机遇，逐步找到自己的职业发展方向和人生定位。大学生由于尚未实际参加工作，缺乏社会实践，对职业的认识不足，人生阅历浅，各方面信息很不充分，开始时职业方向判断不准、职业目标不切实际都是正常的，但至少表明你在思索和追求，本身就具有实际意义。大学生的职业定位更多的是促进对自身和职业的探索，从粗到细逐步廓清职业发展的方向，直至参加工作以后还需要反复进行职业定位，调准职业发展方向和目标，不必追求一步到位，更不要企望一劳永逸。

第三节　确立职业发展目标

有人说，能找到职业发展方向就够了，为什么还要确立职业目标呢？现实生活中很多人也没有什么目标，为什么还要确立职业目标呢？这是因为确立职业目标是目标管理的核心内容，职业目标对于职业发展有特别重要的作用和功效，对于大学生明确努力方向、优化培养内容、激发个人行动的潜能、强化个性化培养效果具有特别重要的作用。

一、职业目标的含义

职业目标指人们对未来职业表现出来的一种强烈的追求和向往，是人们对未来职业生活的构想和规划，它是追求成功的驱动力。职业生涯规划是目标管理方法在生涯管理中的应用，是关于职业发展问题的解决方案，必须有清晰而又合理的职业目标作为指引，因此，职业目标是职业生涯规划的关键和核心。

职业目标具有独特的功能和作用，一是导向功能，用以明确努力的方向，二是激励功能，可以使人产生为实现目标而拼搏的巨大力量。大学生对前途感到迷茫以致浪费时间、虚度光阴的现象十分普遍，这与许多同学缺乏明确的人生目标因而缺乏内在的激励有关。确立职业目标可以引导大学生参照目标职业的要求规划当前的学习，可以改进学业规划、激发大学生积极进取、奋发有为的奋斗精神。有效的引导和激励可以帮助大学生为将来的就业和职业发展做好更充分的准备。有发展方向固然很好，但还是不够的。大学生应该把职业理想、发展方向化为清晰而又合理的职业目标，并且通过每个阶段子目标的实现，努力实现总目标，实现职业理想和人生梦想。有些人以未来信息不确定或无法掌控为由否定职业目标和职业规划，其实是在为自己的懒惰和恐惧寻找逃避的借口，是对自己不负责任。正是因为未来充满不确定，才需要我们更好地做好准备以应对各种可能的困难。现实中不是每个人都有职业目标，但是职业目标如同分水岭一样，轻而易举地把资质相似的人们分为少数的职业精英和多数的平庸之辈。前者往往可以主宰自己的命运，后者却往往是随波逐流，碌碌无为。选择做前者还是后者取决于我们的人生态度。我们主张大学生应有一定的自我期许和追求，为自己确立合理的职业目标。

职业发展方向与职业目标既有内在的联系，又有区别。职业发展方向是适合个人特质的一类职业，是客观存在的，通过职业定位可以找出这些职业。确立职业目标是在符合职业发展方向的这些职业中做出最优的选择，是一种职业决策，而且是职业生涯中最重要的决策之一。可见，职业定位为确定职业目标提供前提和依据，职业目标是职业发展方向的延续，只有在正确的职业发展方向上选择的职业目标才具有合理性。职业发展方向保证了职业目标的合理性，职业目标强化了职业发展方向的效能。职业目标是最优的职业发展方向，但职业发展方向不等于是职业目标。如果要说职业发展方向也是职业目标，只能说那是一个模糊的职业目标，因为职业发展方向不完全符合作为职业目标的要求，其发挥的功能和作用有局限性。

并不是所有标志物都可以成为目标，目标管理中作为目标的条件是要符合 SMART 要求，职业目标也是如此。SMART 是五个英文单词的缩写，分别代表成为目标的职业应符合的条件：

S（Specific）是指目标要具体明确、具体；

M（Measurable）是指目标要可测量的，要把目标尽可能量化为具体数据指标，有助于进行评价；

A（Attainable）是指目标要可达成，要根据个人的资源、个人技能和环境配备程度来设计目标，经过努力是可以实现的；

R（Relevant）是指目标是合理的，各项目标之间有关联，相互支持，符合实际；

T（Time-based）是指有完成时间期限，各项目标要订出明确的完成时间或日期。

根据 SMART 要求，职业发展目标应明确化、可测化、可行化、合理化、时效化，这样就可以基本明白要"去哪儿"。例如"十年之内成为人力资源总监"就是一个职业目标，而"从事人力资源方面的工作"就不是职业目标，只是一个职业发展方向。

确立职业目标就能实现吗？如果不能实现还有什么意义呢？职业目标是否能够实现取决于设定的职业目标是否科学合理、个人为职业目标所做的努力以及外部的机会。事实上，许多成功人士实现了自己的目标，甚至超出了当初设定的目标，也有许多人虽然没有实现原定的目标，但实现了次级的目标。套用一句流行语：理想还是要有的，万一实现了呢？当然，世事难料，职业规划不能保证每个人都能实现目标，但有一点是可以肯定的，没有目标的人一定什么也实现不了。

二、确定职业目标的原则

职业目标决策如此重要，必须确保职业目标的科学性和合理性。根据目标的 SMART 要求，职业生涯目标的决策前应该明确决策的原则。

（1）可行性原则。可行性原则是指职业目标通过自己的努力可以实现或实现的可能性比较大。如果职业目标脱离实际，自己付出了艰辛努力仍然实现不了，这样的职业目标会给自己造成挫败感，影响自己实现职业目标的积极性，甚至对职业生活丧失信心。因此，职业目标要符合个人和环境的实际，要进行可行性分析。

（2）挑战性原则。挑战性原则是指确立的职业目标要有一定的挑战性，自己必须通过努力才能达到，这样的职业目标有利于促进个人的进步。

（3）清晰性原则。清晰性原则是指确立的职业目标必须清晰、明确，符合 SMART 的要求，实现职业目标的步骤必须务实有效。

（4）适应性原则。适应性原则是指确立职业目标必须适应社会发展的需要，对环境的变化有一定的弹性和缓冲性，能根据环境的变化作出相应的调整。目标调整不等于放弃，而是使之更符合可行性原则。

（5）一致性原则。一致性原则是指目标与职业发展方向一致、主要目标与分目标一致，目标与措施一致，个人目标与组织发展目标要一致。

（6）激励性原则。激励性原则是指职业目标符合自己的性格、兴趣和特长，对自己能产生内在激励作用。

（7）全程性原则。全程性原则是指在整个职业生涯过程中，都有自己的职业目标相伴，作为自己职业生涯的指南针和航标。如果需要调整也是要经过慎重考虑重新分析论证后作出更符合实际的优化调整。

超越了职业目标本身的要求，确立职业目标的原则是为使职业目标决策更合理和科学，是在决定职业目标的过程中要遵循的指导思想。

三、职业目标决策的方法

大学生面临一系列需要做出选择的问题，例如，如何确立职业发展目标、如何选择职业发展路径、为实现目标拟采取何种策略和措施、选择就业还是继续深造、选择就业还是创业、如何选择职业，选择何种行业，选择何种职业，选择工作地点等，这些都是大学生必须做出选择和回答的重要生涯问题。面对相似的情景，不同的人会做不同的选择，进而影响各自的人生道路。正确的选择往往成就成功的人生，错误的选择往往铸就终身遗憾。做出什么选择主要取决于人们的决策能力和决策水平。毫无疑问，我们要分析并克服决策时的不足，努力提高职业生涯决策的能力和水平，促使职业生涯朝着正确的方向发展。

职业目标决策是在职业定位的基础之上，综合考虑各种因素后对未来的职业倾向和资源投向做出的选择。这就确保了职业目标的选择建立在正确的前提基础之上。理论上说，在职业发展方向范围内，职业目标决策没有绝对的对或错，但有相对的优劣的区别，但如果在职业发展方向以外做选择则一定是错误的决策。当然每个人都希望对自己的未来做出最优的职业目标决策，所以，更需要运用一定的方法辅助决策。日常生活中通常我们会使用经验法、直觉法、比较法进行决策，此处介绍职业目标决策和其他生涯决策中常用到的 SWOT 分析法和决策平衡单法。

（一）SWOT 分析法

SWOT 分析法又称为态势分析法，它是由美国学者于 20 世纪 80 年代初提出来的。职业目标决策的 SWOT 分析，就是将与就业目标岗位密切相关的各种主要内部优势（Strength）、劣势（Weakness）、机会（Opportunity）、威胁（Threat）通过调查列举出来，并依照矩阵形式排列，然后用系统分析的思想，把各种因素相互匹配起来加以分析，从中做出最有利的职业发展目标的选择（见表 7-1）。

表 7-1　SWOT 矩阵分析表

自身内部条件		外部环境条件	
优势 S	· ·	机会 O	· ·
劣势 W	· ·	威胁 T	· ·

一般来说，优势和劣势从属于个人，在职业自我认知部分应该已经做过分析；机会和威胁则来自于外部环境，在职业探索和环境分析部分应该已经做过分析。通过对自身优势和劣势、外部的机会和威胁进行分析，我们应该对筛选出来的岗位的各个方面已经十分了解，这时就可以权衡各种因素，在充分发挥自身优势、尽可能避免自身劣势，充分利用外部机会，尽可能避免外部威胁的思路下，做出合理的职业目标选择了。SWOT 分析的基础是：职业目标的确定必须寻求自身条件和外部环境之间最优的选择。

【案例7-3】 运用SWOT分析法进行职业目标决策

小陈是浙江××大学经济学院的一名女生，个性外向，擅长口头表达。父亲开设了一家从事瓷质酒瓶生产的公司。她在职业规划书如是陈述：

我希望从事的工作有两个，一个是自主创业，原因是首先我觉得自己喜欢并且适合当一个领导者，一直以来也下意识地在培养自己成为创业者的各方面的能力。其次是我拥有自主创业比较好的条件，父亲已经打好了很扎实的基础。家人以及周围的亲戚朋友也都认为我会走上父亲接班人的这条道路。但是我觉得自己的人生还有另一种比较大的可能，那就是专门从事公关方面的工作。我一直对公关创意非常感兴趣，而且觉得个人的语言表达能力和思维反应能力都比较好，也适合从事这方面的工作，并且成为一名公关人员面临的压力相较于自主创业会比较小。所以我希望通过这一次的职业规划来分析我到底是更适合自主创业还是做一名公关创意者。

自主创业的SWOT分析：

	自身内部条件		外部环境条件
优势S	• 个人兴趣所在 • 有良好的口才 • 有很强的抗压能力 • 喜欢竞争和冒险 • 有较强的领导能力 • 学习能力较强 • 创新能力较强	机会O	• 父亲已经为公司的发展打好了坚实的基础 • 整个瓷质酒瓶行业呈现欣欣向荣的景象 • 还没有知名的瓷质酒瓶生产厂商，是打响知名度的好时机 • 国家经济大环境良好
劣势W	• 缺少管理方面的工作经验 • 遇到突发状况决策不够果断 • 面对失败时心理素质还不够好 • 专业技能还需要提高 • 在比自己优秀的人交流时还不够自信	威胁T	• 竞争对手不断增加 • 对瓷质酒瓶的要求不断提高 • 公司目前还处于快速发展的阶段，有不少不稳定因素 • 酒类包装日趋多样化

公关创意的SWOT分析：

	自身内部条件		外部环境条件
优势 S	• 个人兴趣所在 • 有良好的语言表达能力 • 临场反应比较快 • 喜欢竞争和冒险 • 人际交往能力较强 • 组织策划能力较强	机会 O	• 公关行业蓬勃发展，就业缺口比较大 • 就业面比较广，不仅有专门的公关公司，还有公关部 • 公关涉及的领域不断扩大，全球化的趋势明显
劣势 W	• 缺少工作经验 • 还未进行公关员的职业资格考试 • 有时遇到突发事件处理不够果断	威胁 T	• 有越来越多的人进入这个领域 • 对公关能力的要求会不断提高 • 外来公关公司的竞争

　　从以上的两个 SWOT 分析中可以看出，对我来说，两个职业各有利弊。但是因为 SWOT 分析是一个静态分析的方法，而我要做的是一个 8 年的规划，所以我对以上的这两个静态 SWOT 分析结果做了一个动态的推演。

　　SWOT 分析的动态推演：

　　环境在变，我也在变，而我的职业目标是一个动态的目标，职业发展也必然会随着外部环境的变化而做出必要调整。为了更好地协调彼此的关系，使其同步一致，因此必须结合外部环境变化的预测和自我主观能动性发挥的预期对 SWOT 分析静态结果进行动态推演。

　　自主创业动态推演：

　　动态分析：我本身的性格会因为有意识和有方向的磨炼而变得更加适合创业，整体外部环境的变化也不容忽视，未来酒瓶行业会有新的发展，也将面对更激烈的竞争，公司运营日趋成熟，整体的组织结构更加完善，都对公司的管理提出了更高的要求。

	自身内部条件		外部环境条件
优势 S	• 个人兴趣所在 • 有良好的口才 • 有很强的抗压能力 • 更加自信，面对突发情况更沉稳 • 喜欢竞争和冒险 • 有较强的领导能力 • 具有工作经验	机会 O	• 父亲公司的整体架构更加完善 • 整个瓷质酒瓶行业呈现欣欣向荣的景象 • 公司已经在酒瓶行业有一定地位和影响，丹青瓷的发展也渐入佳境 • 有比较完善的供应链

续表

	自身内部条件		外部环境条件
劣势 W	• 可能会比较冒进 • 会因为获得一定的成绩而有些浮躁 • 或许会对物欲横流的商界无法完全适应	威胁 T	• 竞争对手不断增加 • 酒类企业对于瓷质酒瓶各方面的要求不断增加，艺术瓷的种类也越来越多 • 企业需要更加先进的管理制度

公关创意的 SWOT 分析的动态推演：

动态分析：虽然我个人也很喜欢公关创意的工作，但是无论是出国留学，还是公关创意工作的实习，都偏向企业管理方面，所以公关专业能力提升有限，但是通过在国外的生活可以让我变得更加成熟、干练，更多了解整体的社会经济状况。

从整个公关领域来看，公关行业未来可以得到长足拓展，所以公关领域的专业人才有很好的发展前景，但是也会面临更加激烈的竞争。

	自身内部条件		外部环境条件
优势 S	• 个人兴趣所在 • 有良好的语言表达能力 • 临场反应比较快 • 人际交往能力较强 • 组织策划能力较强	机会 O	• 公关行业依然蓬勃发展 • 公关涉及的领域不断增大，全球化的趋势进一步扩大 • 公关行业整体更加成熟 • 公关人员和公关公司越来越受到重视和尊重
劣势 W	• 工作经验比较缺乏 • 公关工作能力的提升有限 • 创新能力依然有待进一步提高	威胁 T	• 行业竞争越来越激烈 • 对公关能力的要求会不断提高 • 外来公关公司的竞争 • 面对的问题会更加棘手和多样化

从 SWOT 分析及其动态推演的结果看，自主创业和成为公关创意总监都有自身的优势和劣势，但是比较来看，我本身的性格特征和动态调整以后的优劣势对比显示，还是自主创业更适合我。

　　小陈的职业决策是在接手父亲的公司进行二次创业和成为公关公司总监之间做出选择，她通过 SWOT 分析法的动态推演分析，不仅考虑眼前的优势、劣势、机会和威胁，还考虑了未来几年的变化情况，根据充分发挥个人优势和利用外部机会的原则，做出了首选继承家业创业的职业目标决策。当然，公关公司总监可以作为备选方案，在未来出现条件变化的情况下也可以是一种选择。

（二）决策平衡单法

　　决策平衡单法是指通过对个人和他人的物质和精神方面的得失进行综合比较后做出选择的决策方法。SWOT 分析法是一种定性分析法，很大程度上依赖于人的分析判断能力。决策平衡单是职业生涯决策中经常使用的定量分析工具，适合应用于多个项目比较选择的决策。平衡单法的使用方法步骤如下：

　　1. 使用平衡方格单

　　为了使决策者将所有可能的想法都具体呈现出来，对所考虑的若干个职业问题，采用平衡单方法进行分析。使用平衡单前应先填写平衡方格单（见表7-2），对每个可能的选项从四个考察维度列出你选择职业生涯考虑的因素，分别对每个选项的四个方面的正面预期和负面预期进行分析。

表 7-2　平衡方格单

我的选择：＿＿＿＿＿＿＿＿＿

	正面的预期	负面的预期
自我物质方面的得失		
他人物质方面的得失		
自我精神方面的得失		
他人精神方面的得失		

　　2. 填写生涯细目表

　　上面所列的是一般人在设想他未来发展时或考虑选择职业时所考虑的项目。填写平衡方格单后填写生涯细目表（见表7-3）。这张表上所列的各种考虑项目是预先设定的，所列的是一般人在设想他未来发展时所考虑的项目，可以帮助决策者发掘一些忽略掉的项目。

表 7-3　生涯细目表

自我物质方面的得失
1. 收入
2. 工作的困难
3. 升迁的机会
4. 工作环境的安全
5. 休闲时间
6. 生活变化
7. 对健康的影响
8. 就业机会
9. 其他

他人物质方面的得失
1. 家庭经济
2. 家庭地位
3. 与家人相处的时间
4. 其他

自我精神方面的得失
1. 生活方式的变化
2. 成就感
3. 自我实现的程度
4. 兴趣的满足
5. 挑战性
6. 社会声望的提高
7. 其他

他人精神方面的得失
1. 父母
2. 师长
3. 配偶
4. 其他

先看"自我物质方面的得失"上的项目和你的第一个选择之间的关系。看完第一个选择，再看其他选择。第一大范围的得失项目每一个都要仔细考虑，看看和自己的选择是否有关系。有的可能已经填写在平衡方格单上面，有的可能没有考虑。要特别注意这些没有考虑的项目和你的决定是否有关系，是否受到影响。

同样的过程可以应用在其他三大范围，循序渐进。每当一个新的考虑确定下来时，就可以另行加在原来的平衡单上。如果新发现的项目不属于这个大范围，也可以再加一个"其他"类。

特别提示：每个人所关注的项目不尽相同，因此上述表格所列内容可以根据个人情况进行适当调整。

3. 对每个考虑因素设置权重

上面各项考虑对每个人的意义不全然相同。为了体现各项目不同程度的重要性，考虑每个选择中这些因素的得失程度，对每个项目进行加权计分，加权的分数可以采用五分法，最重要的赋予 5 分，最不重要的赋予 1 分，分别给予其分数，然后计分。依分数累计，得出每一职业选择的总分（见表 7-4）。

表 7-4　平衡单的加权计分表

考虑因素	选择项目					
	权重	职业选择一		职业选择二		职业选择三	
	0-5	加权分数（+）	加权分数（-）	加权分数（+）	加权分数（-）	加权分数（+）	加权分数（-）
自我物质方面的得失							
他人物质方面的得失							
自我精神方面的得失							
他人精神方面的得失							
总分							

4. 排定各种选择的等级

为了能综合地对平衡单的各种选择方案做最后的评估，可以再审查一下平衡方格单上的项目。同样的也可以对平衡单上的加权计分再作适当修改。改完之后再进行最后汇总加权计分。将这些选择以分数高低排列。在职业规划书中可以将上述各表合并列出。

这个分数结果并不一定是永久的决定，也许只是暂时的决定，因为它是根据"目前"力所能及的信息，根据对自己了解的程度，以及自己当前的价值判断所作的决定。

【案例 7-4】　小陈的职业决策平衡单

在 SWOT 分析法得出结论基础上，我采用平衡单法对两者进行对比分析。

考虑因素	权重 0—5	自主创业		公关创意总监	
		加权分数(+)	加权分数(−)	加权分数(+)	加权分数(−)
自我物质方面得失					
个人收入	2	4（8）		2（4）	
未来方向	5	4（20）		4（20）	
休闲时间	3	1（3）		2（6）	
对健康影响	4		−3（−12）		−1（−4）
他人物质方面得失					
家庭经济	2	4（8）		2（4）	
家庭地位	5	5（25）		3（15）	
与家人相处的时间	3		−4（−12）		−3（−9）
自我精神方面得失					
发挥自己才能	5	5（25）		4（20）	
兴趣所在	5	4（20）		4（20）	
被认同尊重	5	5（25）		3（15）	
成就感	4	5（20）		4（16）	
挑战性	3	5（15）		4（12）	
他人（利益相关人）精神方面得失					
家人荣耀	3	5（15）		3（9）	
家人认同	4	4（16）		4（16）	
家人担忧	3		−3（−9）		−1（−3）
合计		187		141	

由此不难看出，自主创业是我的不二选择。

小陈的决策平衡单法运用非常熟练，考虑了各个方面的因素，既依据了平衡单法的规范要求，同时又有自己的考虑。在实际生活中，多种职业的比较和选择需要反复权衡，其他生涯问题的决策都可以使用上述方法。决策平衡单法的使用要注意联系客观实际反复权衡比较来确定权重和分值，不能盲目确定。

思考与练习

1. 运用人职匹配法进行你的职业定位分析。
2. 运用 5W 法进行你的职业定位分析。
3. 运用 SWOT 分析法对你的意向职业进行决策分析。
4. 运用决策平衡单法对你的意向职业进行决策分析。

第八章　制订行动计划

通过前面章节的学习，大学生对职业生涯规划的理论和方法有了一定的了解，对如何进行自我认知、如何探索职业环境进行了探讨，对如何寻找自己的职业发展方向和确定职业目标也有了思考和练习，为制订系统的、全面的、动态的职业生涯规划打下了基础。大学生也应认识到，职业生涯规划是个人对自己职业发展道路的理性思考与精心设计，规划的内容与结果应该在规划过程中形成文字性方案，以便理顺规划的思路，为实际行动提供操作指引，随时予以评估与修正。本章节主要就是帮助大学生制订行动计划，通过撰写职业生涯规划书来促进对个人职业生涯规划的整合，深入梳理和理解各环节的逻辑关系，形成个人的职业生涯规划理论和方案，让大学生更加清楚自己的职业生涯发展规划。

第一节　制订行动计划

人的一生有很多角色要担当，但人的生命和精力是有限的，职业生涯总目标的实现需要通过分阶段来实施。每个人在不同的职业发展阶段，对人生的追求和对职业的需求是不同的。确立了自己的长远职业目标后，需要根据职业发展的阶段性的特点，对自己职业生涯阶段进行合理划分，将长远目标落实到各个不同的阶段，以便更好地实现职业目标。正确认识职业发展规律、所处的发展阶段以及不同阶段采取何种行动措施和计划，这对制订有效的职业生涯规划是非常重要的。

一、合理划分职业发展阶段

第二章已谈到大学生处于人生探索阶段的过渡期，需要系统地学习专业知识，了解职业的特性，为未来的职业生涯做好准备。在这一阶段开始的时候，他们往往需要作出一些带有实验性质的较为宽泛的职业目标选择。随着个人对职业以及进一步的自我了解，他们这种最初选择往往会被重新界定。到了这一阶段结束的时候，应该已经选定了一个看上去比较恰当的职业，他们也已经做好了开始工作的准备。

职业生涯发展规划的关键是对将来的立业和发展建立阶段进行细分选择适合自己的目标，做出大致合理的规划安排。立业和发展阶段的任务是整合、稳固并力求上进。由于经过上一阶段的尝试，部分人应该已经找到合适的工作，不合适者会谋求变迁或作其他探索。人们通常希望在这一阶段的早期能够确定合适的职业，并随之全力以赴地投入有助于自己在此职业取得长久发展的各项活动中。因此该阶段较能确定在整个事业生涯中属于自己的"位子"，并考虑如何保住这个"位子"，并固定下来。舒伯将立业和发展阶段进一步划分为两个子阶段：

（1）尝试子阶段（25～30岁）：在这一阶段，个人确定当前所选择的职业是否适合自己，如果不适合，就会更改自己的选择。

（2）稳定子阶段（31～44岁）：在这一阶段，人们往往已经定下较为坚定的职业目标，并制订较为明确的职业计划来确定自己晋升的潜力、工作调换的必要性以及为实现这些目标需要开展哪些学习活动等。

在这个阶段后期，很可能会遇到职业中期危机（41～44岁）。人们往往会根据自己最初的理想和目标，对自己的职业进步状况做一次重要的重新评价。他们有可能发现自己并没有朝当初所梦想的目标靠近，或者已经完成了他们所预定的任务后才发现，自己过去的梦想并不是自己想要的全部东西。在这一时期，人们还有可能会思考职业在自己全部生活中到底占有多大的重要性。通常情况下，在这一阶段的人们不得不面对一个艰难的抉择，即判定自己到底需要什么，什么目标可以达到的，为了达到这一目标自己还需要做出多大的牺牲。

不同职业生涯阶段的根本区别在于个性心理特征和职业发展需求不同，这是划分职业生涯发展阶段的主要依据。职业生涯阶段划分因人而异，不仅仅以年龄作为依据。因为尚未实质进入该阶段，大学生需要根据自己的实际，参考职业发展阶段的特征来划分自己的生涯发展阶段。例如，将大学生涯列入职业准备阶段，大学毕业后三至五年列入职业初期，以后每五年作为一个阶段。

二、逐级分解职业发展目标

职业目标分解就是将职业生涯长期的远大目标分解为有时间规定的长、中、短期分目标。目标分解是将目标清晰化、具体化的过程，是将目标量化成可操作的实施方案的有效手段。

目标分解帮助大学生在现实环境和美好愿望之间建立起可以拾阶而上的通道。目标一直分解到你知道为了实现你的目标，今天应该做什么、明天应该做什么为止。如果你不知道明天应该做什么，你的目标永远只是一个美好的愿望，难以变成现实。所以目标分解是实现目标非常重要的方法。

我们可以按时间分解和按性质分解这两种途径来分解目标。

（一）按时间分解

按时间分解是最常见并且也是很容易掌握的目标分解方法，可以结合自己的职业生涯阶段分解为最终目标、长期目标、中期目标、短期目标。

首先，应该区分最终目标与阶段目标。最终目标取决于一个人的价值观念、知识储备、能力水平，是对职业自我和职业环境等主客观因素进行大量分析之后得到的结果。心理越成熟的人，就会越早地确定下自己的最终目标，并朝这个目标努力前进。反之，也有人到退休时仍未能搞清自己的目标所在。

其次，把最终目标分解为若干个长期目标（5~10年），每个阶段都有一个具体的目标。它应该具备目光长远、非常符合自己的价值观、与社会发展需求相结合、富有挑战性和创造性、能够用明确的语言定性描述、在一定时间范围内可行、一经实现会带来巨大的成就感和易于分解操作等特征。

再次，每一个长期目标继续分解成各个中期目标（3~5年）。它应该具有与长期目标相一致，基本符合自己的价值观，自我与组织环境相结合，具有创新性、灵活性，能够用明确的语言量化描述和环境支持等特征。

最后，继续将中期目标分解为短期目标（1~2年）。与长期目标和中期目标相比，短期目标更要求有操作性和灵活性。它一般应具备与最终目标、长期目标相一致，适应组织环境需求，灵活简单，未必与价值观相符但可以接受，具有可操作性，切合实际，能够实现等特征。长期的目标是否都分解为短期目标酌情而定。

（二）按性质分解

职业目标按性质可分为外职业生涯目标和内职业生涯目标。内职业生涯的发展是外职业生涯发展的前提，内职业生涯发展了，外职业生涯自然提升。因此，大学生应当更加重视内职业生涯的发展，一定要把对内职业生涯各因素的追求看得比外职业生涯更重要。

1. 外职业生涯目标

外职业生涯是指从事一种职业时的工作时间、工作地点、工作职务与职称、工资待遇、荣誉称号等因素的结合及其变化过程。这些通常是由别人给予的，也容易被别人收回。外职业生涯目标主要包括：

（1）职务目标。职务目标应该具体明确，清晰的职务目标应该是专业加职务。如"我要在两年之内成为公司技术主管"，但"在两年之内成为公司的经理"，就比较模糊。某大学生的 10 年职业生涯的职务目标是做到采购经理的位置。担任采购经理需要有仓储管理、材料管理、物流规划、物流采购等方面的工作经验。为了获得这些经验，这位大学生必须从基层干起。因此，按时间由远到近分解，采购经理这个职务目标分解为采购经理、采购工程师和采购专员三个阶段性目标。

（2）工作内容目标。在现实生活中，能够达到高层职位的毕竟是少数。而且，能否晋升很大程度上并不取决于我们自己。所以建议大学生把外职业生涯目标的重点移到工作内容目标上。即把在某一阶段，你计划完成怎样的工作内容详细列出来。工作内容目标，对做技术工作的人格外重要，因为他们的发展体现在本专业技术领域取得的成果及相应的职称晋升方面。

（3）经济收入目标。每个人离不开生存的物质基础，获得经济收入是我们工作的一大目的，经济收入也是衡量一个人价值的重要指标，在职业生涯规划中列出收入期望无可非议，但是要注意的是要切合自己的能力素质和实际，大胆规划出一个具体的数目，这个数字将在日后成为你的重要激励源，不要含糊不清或压根不敢写。

（4）工作地点目标和工作环境目标。如果你对工作地点或工作环境有特殊要求，就要在规划中列出这两项内容。

2. 内职业生涯目标

内职业生涯是指从事一种职业时的知识、观念、经验、能力、心理素质、内心感受等因素的组合及其变化过程。内职业生涯各项因素要靠自己的主观努力才能实现，别人只能是一个助力。内职业生涯各构成因素一旦取得，就变成别人拿不走、收不去的个人财富，构成个人的核心竞争力。内职业生涯目标主要包括：

(1) 工作能力目标。工作能力是对处理职业生涯中各种工作问题的能力的统称，如组织领导能力、策划能力、管理能力、研究创新能力、人际关系沟通的能力、与同事协调合作的能力等。大学生在制订个人职业生涯规划时，工作能力目标应该优先于职务目标和经济收入目标。

(2) 工作成果目标。优异的工作成果不仅带给我们荣誉感和成就感，也铺砌了通往晋升之途的阶梯。大学生在制订某一阶段的职业目标时，一定要设定自己的阶段性成果，这样才能对自己产生激励作用。如大学生可以设定"这学期经过努力考过全国大学生英语六级，进一步提升自己的英语水平"的成果目标。

(3) 心理素质目标。在职业生涯旅途中，只有心理素质合格的人才能正视现实，努力克服困难，不断追求卓越。为了使职业生涯规划蓝图能够变成现实，就要不断地提高自身心理素质。提高心理素质目标包括抗挫折、人际协调等，也包括在暂时的成功面前保持冷静清醒，能做到能屈能伸，宠辱不惊。

(4) 观念目标。观念是对人对事的态度、价值观，影响每个人的行动，也影响组织、领导、同事、客户对我们的态度。大学生需要随时更新自己的观念，让自己总是站在前沿地带。

职业生涯目标的分解要将两种方法结合起来使用，即把职业生涯目标先按照时间分解成长期目标、中期目标和短期目标，再按性质分解的方法，分别写出不同职业生涯阶段的内职业生涯目标和外职业生涯目标。

【案例8-1】　职业生涯目标分解

某大学四年级企业管理专业大学生林×，面临毕业，通过学习职业生涯规划知识，在了解了职业自我和进行环境分析的基础上，制订了自己的5年职业生涯目标，并且分解成了各个阶段的子目标。

5年职业生涯目标：某外资企业战略发展部经理。

1. 2024—2025年：

职务目标：企业战略发展部秘书；

经济目标：年薪3万元；

能力目标：具备从事具体法律事务性工作的理论基础，积累企业策划经验，接触了解涉外商务活动，英语应用能力具备权威资格认证；

成果目标：协助部门经理编制年度企业发展计划，取得律师从业资格证。

2. 2026—2027年：

职务目标：企业战略发展部主管；

经济目标：年薪6万元；

能力目标：熟练处理本职务工作，工作业绩在同级同事中居于突出地位；熟悉外资企业运作机制及企业文化，能与公司上层进行无阻碍的沟通；

成果目标：继续攻读MBA，取得MBA文凭，负责公司部分发展战略的制订。

3. 2027—2028年：

职务目标：企业战略发展部经理；

经济目标：年薪10万元；

能力目标：形成自己的管理理念，有很高的演讲水平，具备组织、领导一个团队的能力；与公司决策层有直接流畅的沟通；具备应付突发事件的心理素质和能力；有广泛的社交范围，在业界有一定的知名度。

成果目标：领导一个团队制订公司企业发展的长期规划和年度规划工作。

三、制订行动计划

围绕职业目标的实现，需要制订具有针对性、明确性与可行性的行动计划，特别是要详尽制订大学期间和毕业五年内的行动计划。例如，为达到目标，计划采取什么措施，如何来提高自己的学习和工作效率，大学期间计划学习哪些知识，掌握哪些技能，等等，这些都要有具体的计划与明确的措施，并且这些计划要特别具体，以便定时检查。制订计划要注意行动计划的可行性，要注意区分各种行动措施的轻重缓急，可以将入学时的学业规划与职业生涯规划合并，形成立足当下、面向未来的大学生职业生涯规划，或者在学业规划的基础上进行充实完善，形成大学生涯规划和职业生涯规划。

（一）职业生涯行动计划的类型和内容

行动计划应与职业目标分解一致，成为可以执行的短期计划、中期计划和长期计划，由远而近分别定出十年计划，五年、三年、一年计划，以及一月、一周的计划。

1. 长期计划

一般是指毕业后十年以上的计划，十年左右比较合适。今后十年，你希望自己成为什么样子？有什么样的事业？将有多少收入，计划多少用于固定资产投资？要过上什么样的生活？你的家庭与健康水平如何？把它们仔细地想清楚，一条一条地计划好，记录在案。采取的措施包含工作生活、身心健康、婚姻家庭、子女教育等多方面。

2. 中期计划

至大学毕业后的三至五年的计划一般是中期计划。定出五年计划的目的，是将长期计划具体化，将目标分解，并分阶段实施。俗话说，五年计划看头三年。因此，你的三年计划，要比五年计划更具体、更详细。采取的措施主要有职场适应措施，知识、人脉等方面的积累，职位升迁等。

3. 短期计划

主要包括大学期间的详细计划。应依时间顺序定出明年的计划、今年的计划、学期的计划、月度计划、每周计划，以及实现计划的步骤、方法与时间表，务必具体、切实可行。越近的计划越详细具体，下学期计划、下月计划、下周计划要做的工作，应完成的任务、质和量方面的要求，财务收支，计划学习的新知识和有关信息都应有安排。周计划的内容与月计划相同，重点在于必须更具体、详细、数字化、切实可行。每周末提前计划好下周的计划，每日做好明日的计划。明日计划取最重要的三件至五件事，根据事情的轻重缓急，按先后顺序排好队，按计划去做。职业生涯行动计划是每天都需要做的事情，计划定好后，再从一日、一周、一月计划实行下去，直至实现你的一年目标、三年目标、五年、十年目标。要养成记日记或工作笔记的习惯，将日常工作进行合理安排和记录。

（二）制订行动计划的方法和原则

制订行动计划，主要采用3W方法，即回答要做些什么（what）、怎样达到（how）、什么时候完成（when）三个问题，将行动计划逐条落实。

制订行动计划一般应该包含六个步骤：

（1）明确各阶段具体目标。

（2）确定行动内容、所需资源和责任。

（3）制订一个行动时刻表。

（4）预测结果，制订应变方案。

（5）按照时间顺序列出详细的行动计划。

（6）以分阶段的具体目标为基础，实施、监督执行并作出评估。

行动计划可以写成表格式，也可以写成文字表述式（见表8-1）。

表 8-1　大学生涯行动计划表

计划名称	总　目　标	分　目　标	计划内容（参考）	行动措施（参考）
短期计划（大学期间职业规划）	大学毕业时要达到什么目标	大一要达到什么目标；大二要达到什么目标；或在某方面要达什么目标	专业学习、职业技能培养、职业素质提升、职业实践计划等	大一以适应大学生活为主，大二以专业学习和掌握职业技能为主，或为了实现某某目标，我要提高哪些方面等
中期计划（毕业后三到五年时间职业规划）	毕业后第五年时要达到什么目标	毕业后第一年至第五年分别要达到什么目标；或在某方面要达什么目标	职场适应、三脉积累（知脉、人脉、钱脉）、岗位转换及升迁等	工作第一年要熟悉工作流程和内容，第二年要做好本职工作等
长期计划（毕业后十年左右或更长时间职业规划）	中年时要达到什么目标	毕业后第十年要达到什么目标；第二十年要达什么目标	事业发展、工作、生活、健康、心灵成长、子女教育、慈善等	坚持身体自我保健，组建家庭，培养领导能力等

　　对大学生而言，大学期间的计划应该具体详细，既要有年计划，也要有学期计划；既要有月计划，还要有周计划。每天除了常规的上课外，还应考虑自己整体的学习计划、如何安排双休日、如何安排勤工助学、寒暑假准备去哪里参加社会实践活动或技能培训等问题。大学生在制订职业生涯的行动计划时，应遵循以下原则：

　　（1）行动计划要清晰、明了，切合实际，对职业目标的实现有直接相关性。

　　（2）行动计划对保持个人优势、弥补自身不足、全面提升个人职业竞争力，有针对性、可操作性的计划措施，扬长避短，取长补短。

　　（3）近期行动计划要详尽，中期行动计划要清晰并具有灵活性，长期行动计划要具有方向性，行动计划侧重短期和中期。越是短期的计划越要细致，可操作性要强，可以将大学生涯部分单独列出成为大学生涯规划。如果制订不了中长期计划，至少应有详尽的大学期间行动计划。

【案例8-2】　小陈的行动计划

　　根据传统的木桶定律，一只水桶能盛多少水，并不取决于最长的那块木板，而是取决于最短的那块木板。所以我必须找出各个阶段自己的短板，并且寻找合适有效的方法将它们弥补好。

1. 大学阶段（2022—2023）：

　　目标：申请一所美国排名前50位的大学的工商管理或者企业管理专业

　　主要任务：

　　1. 托福成绩达到100分以上

　　2. GMAT成绩730分以上

　　3. 学好专业课程，提高专业素养

　　4. 学好英语口语，为出国做好语言上的准备

　　短板：英语水平还不足以毫无障碍地在美国学习生活

　　弥补措施：多看经济学方面的英文原著，对经济学上的专业术语和语言环境有较好的了解；提高口语能力，多和学校的国际生交流。

2. 出国留学阶段（2023—2025）

　　目标：完成工商管理专业或者企业管理专业两年研究生的学业，成为专业领域内的优秀人才

　　主要任务：

1. 完全适应和融入美国的生活，包括语言交流和教学方式

2. 认真学习专业知识，如财务管理，人力资源，市场营销等，深入企业管理领域的研究，以优异的成绩完成学业

3. 在美国比较大型的公司寻找实习的机会，将理论知识运用于实践，了解基本的公司运作方式，积累实践经验

　　短板：东西方的文化差异很大，美国的学生普遍动手能力比较强，并且善于表现自己。作为我来说，实践能力相比之下较弱，相对于美国本地学生而言，较难找到一个好的实习机会。

　　弥补措施：把握各种机会提高自己的行动力，执行力，如多参加学校的各类活动，多与教授联系，参与课题研究，争取各种实践机会。克服心理障碍，完全融入美国的生活。

3. 回国工作阶段（2025—2028）

　　目标：自我历练，全面提高工作能力为最终回到公司做好足够的准备

　　主要任务：

1. 进入世界 500 强的公司工作

2. 从中层管理者做起，争取在三年后到达部门经理甚至是更高的管理位置

3. 将在美国所学的管理方面的知识切实运用于中国的实际经济状况中，而不是纸上谈兵

4. 在工作的过程中，将美国公司的运作方式与中国公司的运作方式进行比较，学习各自的优势，以更好地适应中国的社会经济状况

5. 提高危机决策的能力，让自己在面对突发状况时更加沉稳，思路清晰

6. 积累工作经验，为最终回到公司打好坚实的基础

　　　　短板：个人性格上有的时候比较冲动，说话做事会不计后果，遇
　　　　　　　到不顺利的事情会有些急躁。

　　　　弥补措施：职场环境复杂，我需要学会始终保持一颗平常心，要
　　　　　　　常常告诉自己：戒急用忍。要从成功或者失败的经历
　　　　　　　里吸取经验教训，学习职场成功人士的人际交往方
　　　　　　　式，使自己成熟起来。

4. 创业初始阶段（2028—2030）

　　　　目标：用 3 年的时间了解和适应父亲的公司整体的运作，发现优
　　　　　　　势和不足，为最终接任董事长的职位做好充分的准备

　　　　主要任务：

　　　　1. 全面了解公司的运营以及生产状况

　　　　2. 将已有的专业知识和工作经验灵活地运用于公司的管理当中

　　　　3. 发现公司当中存在的问题并给出自己的意见建议

　　　　4. 深入研究陶瓷市场特别是瓷质酒瓶市场的发展现状和未来发
　　　　　展趋势

　　　　5. 用实力说话，发挥自身的价值，切实做出成果，为公司带来
　　　　　利益

　　　　6. 要为公司注入新鲜的血液，引进更有效的管理理念和制度构
　　　　　架，促使整个公司的体系更加完善。

　　　　短板：面对突发状况还不够冷静沉着，面对不同选择时容易犹豫
　　　　　　　不决。

　　　　弥补措施：多观察父亲以及其他的管理人员在面对突发状况时的
　　　　　　　应对方式，并且给出自己的解决方法，比较两者的不
　　　　　　　同之处，找出不足所在，并从中总结经验。

（三）确定职业发展规划路径的分析方法

　　当确定了自身职业和职业发展目标后，大学生就会面临职业生涯
发展规划路径的选择问题。职业生涯发展规划路径是指一个人为了实
现职业目标和职业理想，准备沿着某一方向持续发展的过程，并设计
相应的发展规划路径。由于职业生涯发展规划路径不同，对大学生的
要求也自然有不同，而且在现实生活中，即使是同样的职业也有具体
岗位差异。因此，在职业生涯规划中必须做出抉择，以便使学习、生
活、工作以及各种行为都沿着选定的生涯发展规划路径方向前进。

　　职业目标确立后需要寻求最佳的实现目标的途径。很多大学生认为"条条大道通罗马"，但是事实上并非每一条都如此通畅。大学生要想获得事业的成功，除了有成熟和清晰的职业目标，还要正确选择职业生涯发展路线，并且沿着这个职业路线坚定不移地走下去。详细内容可结合第五章和第六章学习。职业生涯发展规划路径的分析方法如下（见图 8-1）：

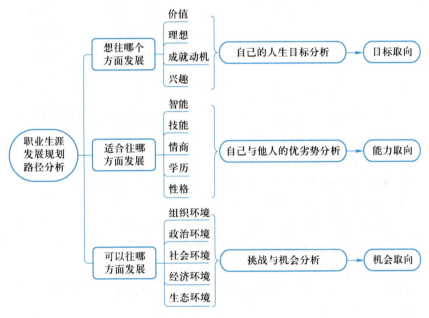

图 8-1　职业生涯发展规划路径的分析方法示意图①

　　在选择职业生涯发展规划路径时，大学生还会受到自身因素和职业因素综合影响，重点是要通过对自身优劣势、职业环境中的职称、职务、职级等多种因素进行系统分析，权衡利弊，选择能够发挥自身优势的最佳路径。典型的职业生涯路径图是一个"Ｖ"型图。假定21 岁大学生毕业参加工作，即 Ｖ 型图的起点是 21 岁。从起点向上发展，Ｖ 型图的左侧是行政管理生涯路径，右侧是专业技术生涯路径（见图 8-2）。当然，职业生涯规划路径也可能相互切换或融合，具体情况要根据本人的特点和自身优劣势而定。

---

　　①　资料来源：杜映梅编著：《职业生涯管理》，中国发展出版社 2006 年版，第 144 页。

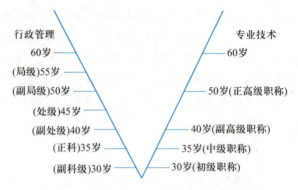

图 8-2　行政事业单位职业生涯路径示意图①

（四）职业生涯的改进措施

职业生涯规划的行动在于创造与目标职业相匹配的条件，比如如何提高综合能力、如何改进不良习惯、如何培养特长、如何完善人格、如何改掉缺点、如何提高成绩、如何弥补差距等。职业生涯规划的措施主要包括改善职业自我和强化职业探索两个方面。大学生在制订行动计划时，可以采取以下方面的措施：

（1）做好学业规划和管理。大学生的主要任务是学习，按照专业培养方案和学业规划完成培养任务，顺利完成学业，按期毕业，在综合素质、职业能力、职业素养等方面为就业或升学做好充分的准备，还要充分利用假期参加多种形式专业实习、社会实践，扩大交往范围，拓展成长空间。

（2）加强职业能力培养锻炼。从某种意义上说，能力比知识更重要，大学生只有将合理的知识结构和适应社会需要的各种能力统一起来，才能立于不败之地。一般来说，大学生应重点培养满足职业需要的决策能力、创造能力、社交能力、实际操作能力、组织管理能力，自我发展的终身学习能力、心理调适能力、随机应变能力等。基本能力的培养除了遗传因素外，更多的是习得和心得，需要寻找机会用心加以锻炼。

（3）参加有益的职业活动。当前，大学生进行的职业活动较少，可以利用许多机会，如暑期"三下乡"社会实践活动、"青年志愿

①　资料来源：杜映梅：《职业生涯管理》，中国发展出版社 2006 年版，第 144 页。

者"活动、毕业实习、校园创业活动等都是职业训练很好的形式。除此之外，大学生还可以多听一些成功的校友、校外知名人士等的讲座；以通过勤工俭学形式，从事社会兼职工作；开展模拟性的职业实践活动，进行职业意向测评和职业兴趣分析等。

（4）开展岗位技能培训，发展职业能力。职业技能是指人所具有的完成工作任务的能力，这种能力需要在职业的实践中不断发展、成熟。如一位管理者，在具备一定的业务技能外，还需要发展组织协调能力，要学会正确分析问题的方法，熟谙有效处理问题的艺术，敢于决策和创新。高超的职业技能，又会给人的发展插上腾飞的翅膀，促进人的一般能力的发展。社会职业的多样性，要求人们具备不同的岗位技能，而人的岗位技能的形成，需要进行专门的培训，有条件的可考取相应的职业资格证书。岗位培训可以提高人们将掌握的知识运用于实践的能力。工作技能在就业中是一种外显能力，容易被用人单位关注。我国普通高校大学生的职业技能训练不足，在就业上没有优势，经常被用人单位诟病。因此，大学生要格外注意参加适当的职业技能训练，弥补短板。

（5）开展继续教育，更新知识结构。现代科技的飞速发展，大大缩短了人类知识更新的周期。今天学过的知识、技能，如果不及时更新，明天就可能派不上用场。因此，进行终身学习，不断更新知识结构，才能使职业能力不断得到发展，适应飞速发展的社会需要。网络等技术的发展为人们自主学习提供了有利条件，自学也是提高自我的重要手段。

以上所列的措施只是职业生涯规划的部分行动措施，可供参考。每个人的行动措施可能都不一样，应以各自的目标和实际需要拟订。如考研是许多大学生的共同选择，但是选择的学校、专业、目的各不相同，每个人的措施和方法也各不相同，有的人从大一开始就做准备，有的人大二或到大三才做准备，复习的策略和方法也有不同。再如，锻炼能力的措施，不同的大学生采取的措施也是各不相同，有的担任学生干部，有的参加社会活动，有的参加社会培训等。总之，对实现目标有效就是好的措施。

第二节 撰写职业生涯规划书

《礼记·中庸》中讲"凡事预则立，不预则废。言前定则不跆，事前定则不困，行前定则不疚，道前定则不穷。"人生漫漫路，奋斗是成功的阶梯，计划则是成功的路线图。大学生仅通过思考来规划自己的职业蓝图，往往不能系统、深入，而通过书写职业生涯规划书可以促进大学生对未来的梳理和思考，让职业生涯规划更具有可行性和合理性。

一、职业生涯规划书的形式和内容

大学生书写职业生涯规划书不是文学创作，不需过度抒情，更不能自欺欺人，它需要的是实事求是、理性严谨、详细完整。职业生涯规划书并没有严格的格式要求，归纳起来，一般存在以下几种书写形式。

（一）文本式

文本式职业生涯规划书没有固定模板，具有写作的自由空间。职业生涯规划既要符合自身发展需求，又要具有较高可行性。一般情况下，文本式职业生涯规划书包括前言、认识职业自我、职业探索和职业环境分析、进行职业定位确定职业目标、制订行动计划和实施方案、评估及调整方案等内容。这种形式最为常见，也比较容易书写。

（二）表格式

表格式职业生涯规划书主要包括两部分，即表头和规划内容栏，表头是规划人的基本信息，内容栏以呈现目标和实施要点为主，内容不是固定不变的，可以根据个人情况进行调整。表格式职业生涯规划书往往不能完整包括职业生涯规划的所有内容，所以大学生在书写的时候，不能只用表格式职业生涯规划书，而是结合其他格式书写，或者表格式职业生涯规划书只是用于书写整个职业生涯规划书的部分内容，如制订行动计划部分或者作概括式描述。表格式职业生涯规划书的常见框架如下（见表8-2）。

表8-2　表格式职业生涯规划书范例

姓　名		性　别	
年　龄		学　历	
所学专业		职业选择	
户籍所在地		职业所在地	
职业生涯发展路径			

人生目标：岗位目标、职务（职称、技术等级）目标、收入目标、社会影响目标、重大成果目标、其他目标。

文字说明：实现人生目标的战略要点。

长期目标（毕业后5—10年）：岗位目标、职务（职称、技术等级）目标、收入目标、社会影响目标、重大成果目标、其他目标。

长期行动计划（文字说明）：实现长期目标的战略要点。

中期目标（毕业后3—5年时间）：岗位目标、职务（职称、技术等级）目标、学习（成绩）目标、能力目标、资格目标等。

中期行动计划（文字说明）：实现中期目标的战略要点和具体行动措施。

短期目标（在校期间规划）：能力目标、学习（成绩）目标、能力目标、资格目标等。

短期行动计划（文字说明）：短期内完成的主要任务及拟采取的措施、有利条件、主要障碍及其对策、可能出现的意外和应急措施；年度目标及年度计划的细节通常另行安排，保持生涯计划的相对稳定性和可保存性。

规划日期：　　　年　　月　　日

（三）档案式

职业生涯规划档案由多个文件组成，它可以把职业生涯规划制订过程真实而详细地记录下来，是具有史料性质的生涯规划书，包括曾经的职业理想、职业价值观分析、性格认识、兴趣探索、优势技能分析、价值观澄清、专业与职业关系分析、职业分析与职业体验、咨询与总结、生涯选择与职业决策、职业发展规划等部分。规划档案的任何一部分都可以根据内容而扩展，职业发展规划部分可以按学期制订，一份完整的职业生涯规划档案就是一个人成长的历程。档案式职业生涯规划如下（见表8-3）。

表8-3 大学生个人职业发展档案范例

基 本 情 况				
姓　名		性　别		
出生年月		籍　贯		照片
政治面貌		学历专业		
外语水平		计算机水平		
技能证书				

文化教育经历		
起止时间	地点	教育机构

主 修 课 程	
课程名称	学分

所 受 培 训			
起止时间	地点	培训机构	所获证书

社会实践活动或工作经历		
起止时间	社会实践或工作单位	主要内容及成果

个人情况总结

规划日期：　　年　　月　　日

（四）图例式

图例式职业生涯规划是一种新兴的形式，它由一连串构成逻辑关系的图画和图示组成，用视觉艺术手段表现个人的个性特征、成长经过和主要事件，并通过对理想事件的描绘来表达自身的追求，形象地表达主体的思考过程。同时还运用图示表明相关职业价值观、性格组合、兴趣优势、职业和专业的关系以及关联紧密的程度。此类方法的技术难点在于对大学生运用形象思维的能力要求高，还要学会运用漫画、动画方式来作为辅助手段，增强表达效果，适用于擅长绘画或动画功底好的大学生使用。网络上还有大量制作流程图、思维导图、蛛网图等工具软件，可以用于学习制作生涯规划图。

以上四种职业生涯书形式中，文本式是职业生涯规划书中最规范、也是最常用的形式，本章主要介绍文本式职业生涯规划书的一般书写步骤和内容。

二、职业生涯规划书的写作

职业生涯规划是在职业生涯理论的指导框架下，在知己（职业自我）和知彼（职业和环境）的基础上，根据自身特点和职业的要求进行职业定位分析，设定职业目标，制订行动计划的过程。职业生涯规划书的撰写就是将职业规划的思考论证过程和结果用文字表述出来。书写过程是对职业自我和职业认知进一步深化的过程，是对职业生涯规划逐步论证梳理的过程。

（一）职业规划书的结构

作为一份完整的文案，职业规划书由封面、扉页、目录、正文、附录等部分构成。除了以上主要部分外，职业生涯规划书一般还包括前言部分和结尾部分。前言部分主要包括个人对职业生涯规划书的意义、目的、主要依据的认识和感悟，以及大学生个人的基本情况，如年龄、所在学校、所学专业等内容。结尾部分一般包括大学生执行职业生涯规划的决心和意志，对自己完成任务的奖励，或者无法完成任务的惩罚，以及鞭策自己执行好职业生涯规划的措施等。

各部分的框架结构如下（参见案例8-3）：

【案例8-3】《大学生职业生涯规划书》的一般性框架

1. 封面：署上作品名称和规划日期，可以在封面发挥创意，插入图片和名人名言进行美化

2. 扉页：展示个人资料

> # 标　题
>
> 　　　　　　　　　　　　　　　　　　　　| 照片
（以生活照片
为宜） |
>
> 姓　　名：×××
> 性　　别：×
> 年　　龄：××岁
> 所在学校及学院：××××大学××××学院
> 班级及专业：××××级××××专业
> 学　　号：×××××××××
> 联系地址：×××××××××
> 邮　　编：××××××
> 联系电话：×××××××××××
> 电子邮箱：×××@×××××××××
> 人生座右铭：×××××××××××××
> 职业目标：×××××××××××

3. 目录

> # 目　录
>
> 引言：关于人生梦想勾画和职业生涯规划的理论依据
> 一、认识自我：正确运用测评工具进行理性和感性分析
> 　　1. 个人基本情况
> 　　2. 个人性格
> 　　3. 职业兴趣
> 　　4. 职业价值观
> 　　5. 职业能力及适应性
> 　　自我认知小结
> 二、职业探索和环境分析
> 　　1. 职业探索
> 　　2. 家庭环境
> 　　3. 学校环境
> 　　4. 社会环境
> 　　5. 行业环境
> 　　6. 组织环境
> 　　职业探索和环境分析小结
> 三、职业目标定位
> 　　1. 职业目标的对比和确定
> 　　2. 职业目标的分解与组合
> 四、行动计划与方案
> 五、评估与调整

4. 正文：按照目录进行具体写作

如果参加比赛，自然需要对封面、版面设计进行一些美化和设计，但最主要的还是要把正文的逻辑关系写清楚，文中的每段甚至每一句话都应该是有根据的。

（二）正文内容写作

1. 第一部分：认知职业自我

自我认知部分的写作任务有三项：一是在认知自我的基础上将个人具备的与职业相关的各种情况客观地呈现出来，包括：身体素质、心理素质（性格、兴趣、能力、价值观）、所受教育等，也即回答"我喜欢做什么工作？我适合做什么工作？我能做什么工作？我希望做什么？"这四个问题。二是找出适合自己的多种可能的职业。三是发现自己的优势和劣势。

第一部分写作中容易出现的主要问题：

（1）认知自我的内容不够全面。许多学生只分析了个人的性格、兴趣、价值观、能力、智商、身心健康中的部分内容，对自己喜欢做的工作、适合做的工作、能够做的工作不能够进行全面分析。比如对情商大多没有进行分析，而情商是取得职业成功的最关键因素之一。判定情商一般由情绪认知、情绪管理、自我激励、换位思考和人际关系等角度考量，虽然复杂，但在认识自我的阶段是不可缺少的。

（2）认识自我的途径单一，方法太少，分析不客观。除了通过测评外，还应有老师、同学、室友、父母亲、兄弟、姐妹、朋友等人的对自己的评价及专家的指导。周围熟悉自己的人和专家对自己的评价结合分析，可以获得对自己比较客观的认识。认识职业自我也可以综合多种方法，除了测评之外，可以采用 360 度评估法、橱窗分析法等。

（3）完全依赖于职业测评，全凭职业测评的结果来决定自己的职业。在做职业生涯规划的时候，有些大学生完全根据职业测评的结果来确定自己的职业方向。这种完全依赖职业测评的做法是不正确的。人是复杂的，即使再精确的测评都无法完全准确地测量出真实个性特征。测评仅是在常模数据下提供可参考的影响因子，所以不能直接引用，况且，很多测评的数据源都不是本土案例，影响测试的信度和效度。

2. 第二部分：职业探索和环境分析

"职业探索和环境分析"部分的写作任务一是将对多种可能的职业信息呈现出来，梳理每个可能的职业的情况是怎样的，分析职业的特点以及职业环境因素对职业的影响，回答"社会发展需要什么样的人才？环境支持或允许自己做什么？"这两个问题的。二是每个可能职业的环境情况是怎样的、外部环境中存在哪些机会和威胁。三是从可能的职业中进一步筛选出候选的职业。

第二部分写作中常见的主要问题：

(1)了解职业及其环境的途径单一。目前大学生了解职业信息主要还是通过间接渠道，互联网已然成为主流信息来源，但大量过期和失真的职业信息使大学生不能准确了解职场的真实状态。大学生应积极参与社会实践，到企业实习，对职场人物进行访谈等都是获取职业信息非常好的途径。

(2)职业环境分析的针对性不够。许多大学生都只是从宏观的角度来对就业形势做了分析，缺乏针对性。每个行业都有其特殊性，在对行业环境进行分析时，应该考虑该行业的特定特点及对人才的特定要求。如能从具体就业区域的角度来评估就业形势，就更全面而具体，同时还应评估目标行业的就业形势，如法学专业学生选择在上海工作，他就应该分析上海的法学专业供需市场、竞争对手等方面内容。又如外贸专业学生选择在广州工作，他就应该分析广州市国际贸易市场情况。另外对家庭环境分析，只介绍家庭经济情况的好坏、家庭期望，没有介绍家庭成员可以提供的帮助和可以利用的家庭资源等。

(3)只关注行业发展趋势，却对职业了解不够。有些大学生对自己想要从事的相关行业进行了比较详细的分析，往往忽视了对目标职业的工作内容、工作环境、任职条件（所需的知识、能力、经验和证书等）以及相适应的职业兴趣类型等方面的分析。大学生可以用1~2个标杆单位为典型进行重点剖析，深入认识职业和用人单位对人才的素质、能力的要求。对具体岗位要深入分析，对工作内容、学历要求、培训经历、技能要求、人格要求、工作条件等信息要进行深入探索。如此才能发现自己真正适合的职业和排斥的职业，从而更好地进行职业判断。

3. 第三部分：职业目标定位

职业目标定位就是将职业定位分析和确立职业目标的论证过程用文字呈现出来，以验证自己思考论证过程的合理性，进而确保职业规划的合理性和可行性。写作过程要合理运用职业定位和职业决策的方法，明确自己的职业发展方向、明确首选职业目标和备选方案。

第三部分写作中存在的主要问题：

（1）职业定位的功利心太强，不知有所扬弃。一些大学生唯钱是瞻，倾向于去一些收入高、福利好的大企业、大公司，很少有人主动提出去祖国最需要人才的西部和农村。他们在职业定位上选择职业都是"高、大、上"的主管、干部、协调等职位，生怕做技术人员和业务人员被人看不起。一些大学生既想选择稳定职业又希望是高薪职业，在两者之间摇摆不定。还有部分大学生定位时盲目跟风，跟着热门跑，银行收入高我就想去，房地产火了也想去。事实上，定位最重要的原则是以人为本，从自身出发，先知己再知彼，考虑这一职业、行业的具体情况，进行匹配分析。

（2）确定的职业目标不切合实际。有些大学生选择的职业目标不切合实际，主要体现在两个方面，一种是自我评价过高，过于自信。有些大学生希望自己迅速成为社会精英，两年之内要做主管，成为一名"白领"，五年后成为总监，做一名"金领"，35岁之前要成为年薪超过50万元的公司高管，这不是完全不可能，但是要注意与实际情况的吻合。另一种是自我评价过低，缺乏自信。有些大学生存在自卑心理，往往低估了自己的能力，做事畏首畏尾，不敢展示自己的才华，这些大学生的职业目标定位往往偏低，这样会埋没了自己的才能，致使"英雄无用武之地"。

（3）未来的职业目标与自身特质（兴趣、经验、能力和专业）关联度不大，不能突出自己的优势。如有的学生个性奔放，崇尚自由，喜欢创作，却选择了与自己个性相反的职业，比如做银行职员或公务员，未能发挥出自己的优势。此外，还有人把和职业选择不相关的兴趣一一罗列，不加分析，列出一大堆诸如听音乐、看小说、打球、书法、文艺等的兴趣爱好，结果最后自己也不知道自己该做什么。做职业生涯规划的时候，兴趣、社会实践经验和能力的展示分析应与自己将要从事的职业有一定的关联度。要认真地分析兴趣、能力和经验等方面对未来职业有何帮助，如果没有，就没有必要列出来。

（4）难以确定职业目标。有些大学生在进行职业生涯规划时，发现自己的兴趣和所学的专业不一致，所以不知道该按照自己的兴趣还是自己所学的专业来确定职业生涯目标。遇到这种问题时要有两手准备。首先，不能放弃本专业的学习，要尽自己最大的努力投入所学专业中，随着对专业的进一步了解，也许你就会逐渐地对自己所学的专业产生兴趣。那么你就可以按照自己的专业来确定自己的职业目标。如果经过一段时间的学习，你仍然不喜欢本专业，那么你可以在学好本专业的前提下，利用其余时间来学习自己感兴趣的专业知识，为自己将来的就业做好准备。在这里要强调的是不能放弃专业学习，否则不仅会让你失去很多机会，甚至还会导致考试成绩差、毕业困难等问题。

4. 第四部分：行动计划与方案

围绕职业目标和分解目标，列出自己制订的具有针对性、明确性与可行性的行动计划，特别是要详尽列出大学期间的行动计划。

第四部分写作中存在的主要问题：

（1）职业路径设计没有结合自身和周围环境实际情况。如某大学生未来职业目标是某企业的管理人员，其设计的职业路径为基层管理（一年）—初级管理（两年）—中级管理（三年）—高级管理（五年），这完全是凭空想象出来的。大学生应该多与社会职场人士沟通、交流，获取足够的行业、企业、职位等信息，并结合自身实际和环境条件，设计自己的职业路径，这样才能保证职业路径的可行性和可实施性。

（2）行动计划可操作性不强。一些大学生把职业生涯过度理想化，结果是"希望很大，失望更大"。根本原因一方面是由于大学生对自己不够了解，另一方面是因为大学生的职业规划做得不够具体，没有向在职人员请教职业的实际经历，计划与自己的实际情况相脱节，可操作性不强。大学阶段的短期计划没有列入社会实践内容，没有包括完整的学业规划任务，行动计划较为模糊，没有定出明确时间，没有确定的地点等具体的计划，没有明确的奖惩措施。大学生制订的规划步骤一定要具体，并适时检查，根据实际情况的变化做相应调整，避免凭想象制订计划。

（3）大学期间的短期行动计划不够合理。对初入大学校园的学生来说，要在一年级规划四年的生活是件非常困难的工作。在校学习的时间是很有限的，要对自己的大学生涯合理规划，就必须合理地分配自己的学习时间，从大一到大四，每一年、每个学期都应该有不同的侧重点，可以首先制订学业规划，再制订大学生涯规划，然后制订职业生涯规划。一些大学生看到别人参加各种社团活动，自己也盲目效仿，一下子参加几个社团，结果由于参加各种活动，耽误了学习；也有的学生干部因为没能处理好学习和社会工作的关系，导致考试不及格。这些都是缺乏合理规划的表现。大学生应该与学业导师、辅导员和有所成就的学长深入请教，用一段不长的时候广泛收集信息，明确"哪一学期应该做哪些事情""学期主要任务和目标是什么"，作出合理的规划。

5. 第五部分：评估与调整

职业生涯规划是一个过程，虽然大学生在制订职业生涯规划的过程中已经做了较深入的思考，但是可能存在信息掌握不全或者随着时间的推移，这些因素会发生变化的情况，在实施的过程中，会发现起初做规划时未曾想到的问题与执行时的困难。为了使职业生涯规划更具有可行性和指导性，一定时间或阶段内需要对职业目标或行动计划执行情况进行总结评估，优化调整自己的规划。本部分要说明自己准备如何进行评估，如何进行调整，要达到什么标准，评估的要素是什么。职业生涯评估的内容应该包括职业目标评估（如是否需要重新选择职业），职业路径评估（如是否需要调整发展路径），行动计划评估（如是否需要改变行动策略），其他因素评估（身体、家庭、经济状况以及机遇、意外情况的评估）等。一般情况下，大学生需要定期（每半年）评估原先制订的职业生涯规划，当出现特殊情况时，随时进行相应的调整。

由于环境的复杂性和成长曲线等的变化，个人的职业生涯会受各种不可预测因素的影响，一个人的职业生涯发展往往不是一帆风顺的。大学生在对职业目标和行动计划评估的基础上，需要预估职业目标实现过程中可能出现的困难和障碍，拟订备选的职业生涯目标和行动方案，以便在最初的职业生涯目标和行动方案遇到不可抗拒的困难时，通过执行备选方案，适应千变万化的社会，继续发展自己的职业生涯。

第五部分写作中存在的主要问题：

（1）一部分学生根本就没有职业生涯规划评估与调整这一步骤。很多大学生没有定期评估自己的计划执行情况的考虑，没有明确的评估标准和评估方案。有些大学生对职业生涯规划评估设计过于简单化，这些学生只是提到如果未能按原计划实行，那么就从事别的工作，而且没有说明为什么选择这份职业作为自己的第二选择。

（2）备用方案无法起到修正作用。如有的法律专业的学生，计划是当法官，备选方案是做律师。这两个职业都是要经过严格的考试，很有可能都无法通过。这样就不能起到修正的作用。还有的大学生以为备选方案多多益善。不管前面作出了多少分析，不管是否合适都要去参加公务员考试。表面看起来是保险，实际上是浪费时间。因为这个同学无论从性格、气质还是专业都不符合公务员的要求。

（三）职业规划书的自我评估

职业规划书写作完成后，用下列标准对照检查自己的职业规划书，对生涯决策的质量做一个评估：

是否使用一系列的方法（3 种以上）来找出多种可能的职业选择（10 个以上）？

是否已经仔细探索和研究了缩减后列表上的职业选择（5 个或更多），包括它们所体现的价值观以及它们所要求的技能？

是否对每种职业的正面或负面后果进行了仔细考虑和衡量？

是否广泛收集了新的信息来帮助自己评价和衡量各种职业选择？

是否实事求是地将职业选择的新信息或专家意见考虑在内，哪怕这些信息或意见并不支持你所倾向的职业？

在作出最后决定之前，你是否重新审视了职业的正面和负面后果，包括那些你认为自己恐怕不能接受的职业？

是否已作出详细的计划来实施自己的首要职业选择（比如获得必要的教育）？是否还有另外的计划，在你的第一选择涉及的风险太大时能否更换一个新的职业目标？

换成另一个思路说，职业生涯成功与职业生涯规划书成功与否存在一定程度的关联性。要对职业生涯成功进行全面的评价，需要从个人、家庭、组织、社会等多个角度考虑。有人认为职业生涯成功意味着个人才能的发挥以及为人类社会做出贡献，并认为职业生涯成功的标准可分为"自我认为""社会承认"和"历史判定"。我国学者程社明将企业管理者的职业生涯是否成功分为自我评价、家庭评价、企业评价和社会评价四类评价体系。[①] 职业生涯成功评价如下（见表8-4）：

表8-4　职业生涯成功评价

评价方式	评价者	评价内容	评价标准
自我评价	本人	自己的才能是否充分施展；是否对自己在学校学习、单位发展、社会进步中做的贡献满意；是否对自己成绩、能力、职称、职务、薪酬待遇的变化满意；是否对处理职业生涯发展与其他人生活动的关系的结果满意	根据个人的价值观念及个人知识能力水平
家庭评价	父母、其他家庭重要成员	是否能够理解；是否能够给予支持和帮助	根据家庭文化
组织评价	学校老师、单位上级、平级、下级	是否有下级、平级同事赞赏；是否有老师、上级的肯定和表彰；是否有职称、职务的提升或相同职务责权利范围的扩大	根据学校、单位文化及总体业务发展结果
社会评价（说明：社会评价往往有滞后性，成为"历史的判定"）	社会舆论、社会组织、社会伦理、科技进步	是否有社会舆论的支持和好评；是否有社会组织的承认和奖励；是否符合社会发展的正常伦理规范；是否符合科技进步所产生的新的职业要求	根据社会文明程度、根据社会历史进程、根据科技进步情况

三、职业生涯规划书常见的问题

除了上述各部分的问题以外，大学生在进行规划职业生涯时，还存在对职业生涯规划认同的问题，这些问题影响大学生职业生涯规划教育的效果，必须予以纠正。

---

① 程社明著：《你的职业》，改革出版社1999年版，第105页。

　　不少大学生甚至一些辅导员、教师对职业生涯规划的认识存在偏差，主要集中在以下三方面：一是认为计划不如变化快，不需要做职业生涯规划。恰好相反，正是因为世界多变，才更需要做好各种规划，应对变化的世界。二是认为在校期间进行职业生涯规划太早，毕业后再进行职业生涯规划就可以了，然而真正到了毕业的时候，面对就业才意识到职业生涯规划的重要性，那就已经贻误了最佳时机。三是盲目地学别人的职业生涯规划。由于大多数学生缺乏工作经验，他们经常会去借鉴学习高年级学生或已成功人士的经验，甚至还会照搬他人的职业生涯规划。这种做法不仅忽视了自身的性格、兴趣、特长、价值观等个性差异，而且忽视了时空背景，是不明智的。

　　大学生一定要树立正确的职业生涯规划观念，增强职业生涯规划的自觉性，不断地勉励自己，不仅做好职业规划，而且加强自我管理，持之以恒地把职业生涯规划落到实处。

思考与练习

　　1. 个人职业生涯规划一般要经过哪几个步骤？各步骤都包含哪些内容？

　　2. 根据你的职业目标制订自己的职业生涯行动计划。

　　3. 充分运用你的创意，参考思维导图方式，动手给自己做一份职业生涯规划书框架设计。

　　4. 结合前面所学知识和体会，为自己撰写一份职业生涯规划书。请注意运用职业生涯书的规范格式。

　　5. 在撰写职业规划书的过程中，哪一个环节是你最大的难点？并请思考应对措施。

　　6. 如何作出客观的职业生涯发展评价？

当我们全面分析了自我，探索了职业及其环境，明确了职业发展方向和职业目标，制订了行动计划，书写了职业生涯规划书以后，接下来要做的，就是踏踏实实、一步一个脚印地执行自己的计划，实践自己的规划，并在执行过程中定期总结评估自己的实践情况，不断优化和调整自己的职业生涯规划，努力朝着自己的职业梦想前进。

第一节　职业生涯规划的执行

辨明方向设置目标也好，制订行动计划也好，那还是一件相对容易的事情，只要花点儿时间，掌握好方法，就可以做好。难在执行，贵在坚持。

一、执行职业生涯规划的重要性

职业生涯规划的功效取决于个人主观能动性的发挥。没有主观的努力，职业生涯规划无异于一纸空文。大学生是自己的主人，要对自己的人生和职业发展负责。有些大学生，毕业时找不到好工作，一味埋怨就业形势不好，殊不知自身缺乏核心竞争力才是主要原因。有些同学在大学期间没有很好地锻炼自己，没有掌握扎实的专业理论和技能，没有一技之长，没有核心竞争力，拿什么去人才市场竞争？对大学生来说，要取得职业上的成功，关键的就是要在大学期间提高自身综合素质、锻炼各方面的能力、积累自己的职业资本，为毕业后的就业、创业、走向社会打下良好的基础。

二、大学四年的生涯任务

大学期间的行动，要根据自己的实际情况，结合大学不同时间阶段的特点，按照职业规划的指引，采取不同的方式、选择不同的途径，一步一个脚印地去实践。一般来讲不同的年级、学期有不同的特点，可以根据这些特点设定主要任务，采取有效的措施。

一年级为试探期。在这一阶段大学生应尽快进入学习和生活角色，主动了解自己的专业性质和特点，以及将来就业市场的趋势，在现实可能的基础之上，根据自身的实际和特点，对大学学业进行规划和构想。要初步了解职业，特别是掌握自己未来所想从事的职业或自己所学专业对口的职业的相关信息，提高人际沟通等通用能力。具体活动可包括多和高年级学长们进行交流（尤其是即将毕业的大四学生），询问就业情况；大一学习任务不重，可多参加学校活动，增加交流技巧；多学习计算机知识和技能；为可能的转系、攻读双学位、留学计划做好资料收集及课程准备，认真阅读学生手册，了解相关规定。

二年级为定向期。这一阶段大学生应考虑清楚是继续深造还是选择就业，了解相关的内容，并以提高自身的基本素质为主，通过参加学生会或社团等组织，锻炼自己的各种能力，同时检验自己的知识、技能；可以开始尝试参与兼职、社会实践活动，最好能在课后长时间从事与自己未来职业或本专业有关的工作，增强自己的责任感、主动性和受挫能力，通过英语和计算机的相关证书考试，提高英语口语能力和计算机应用能力，并开始有选择地辅修其他专业的课程充实自己。这一阶段大学生既要正确认识自己，又要建立合理的知识结构。大学生应建立网络型和宝塔形知识结构，同时还要努力提高自己的综合素质。从某种意义上说，能力比知识更重要，大学生只有将合理的知识结构和社会需要的各种能力统一起来，才能立于不败之地。大学生应重点培养职业生涯决策能力，即面对各种抉择情景时，搜集、过滤、运用各种相关资料，做出合理的决策；自我概念发展的能力，即个人有明确的自我概念，了解个人抱负、价值以及心理需求满足的程度；自由选择的能力，即在不同的职业生涯方案中，做出弹性的、完全自由的抉择；对外界变迁适应的能力，即面对迅速的社会变迁和工作世界的变化，有适应的观念和弹性应对的处理。

三年级为冲刺期。大学生在掌握专业知识与技能的同时，应了解实际应用这些知识与技能的规则并避免失误，更好地了解真实的职业世界，挖掘职业潜能。此时临近毕业，目标应锁定在提高求职技能、搜集公司信息并确定自己是否要继续深造。如撰写专业学术文章可大胆提出自己的见解，锻炼自己独立解决问题的能力并提升创造性；假期参加和专业有关的工作，和同学交流求职的心得体会，学习写简历、求职信，搜集工作信息并积极尝试求职；加入校友网络，和已经毕业的校友、在校的学长谈话，了解往年的求职情况；希望出国留学的学生，可多接触留学顾问，参与留学系列培训活动，备考各类留学考试（如托福、雅思等），注意留学考试资讯，向相关教育部门索取简章参考。

四年级为分化期。这个阶段大学生要充分利用毕业实习机会，发现并弥补知识和能力方面的不足，掌握就业信息，学习求职要领和面试技巧。这个时候，大学生的目标应该锁定于工作申请及成功就业。这时，可先对前三年的准备作一个总结：首先检验自己已确立的职业目标是否明确，前三年的准备是否充分；然后，开始毕业后的工作申请，积极参加招聘活动，在实践中校验自己的积累和准备；最后，多做面试预习或模拟面试。积极利用学校提供的条件，了解就业指导中心提供的用人单位资料信息，强化求职技巧，进行模拟面试等训练，尽可能在较为充分准备的情况下展开求职行动。

三、执行职业生涯规划的 PDCA 原则

职业生涯规划真正的价值和难度都在于持之以恒地执行和实践自己规划的目标和任务。

PDCA 循环又名戴明环，PDCA 是英语单词 Plan（计划）、Do（执行）、Check（检查）和 Action（处理）的第一个字母，是美国质量管理专家休哈特博士首先提出的，由戴明采纳、宣传，获得普及，它是全面质量管理遵循的科学程序。PDCA 循环就是按照这样的顺序进行质量管理，并且循环不止地进行下去的科学程序。全面质量管理活动的全部过程，就是质量计划的制订和组织实现的过程，这个过程就是按照 PDCA 循环，不停顿地运转的。PDCA 循环不仅在质量管理体系中运用，也适用于一切循序渐进的管理工作。职业生涯规划的执行也可以看着是一个 PDCA 的反复循环的过程。

执行职业生涯规划中的行动计划要遵循 PDCA 原则：

（1）P（plan）计划，包括方针和目标的确定，以及活动规划的

制订。

（2）D（Do）执行，根据已知的信息，设计具体的方法、方案和计划布局；再根据设计和布局，进行具体运作，实现计划中的内容。

（3）C（check）检查，总结执行计划的结果，分清哪些对了，哪些错了，明确效果，找出问题。

（4）A（action）处理，对检查的结果进行处理，对成功的经验加以肯定，并予以标准化；对于失败的教训也要总结，引起重视。没有解决的问题应提交给下一个 PDCA 循环中去解决。

生涯规划的任务应参照 PDCA 的方法反复滚动，只有这样坚持不懈，才有可能达到你设立的目标。

拓展资源

第二节　大学的修炼

　　大学生的主要任务就是学习，为就业和职业发展做好准备。所谓厚积薄发，既包括知识的积累，当然也包括能力和素质的积累。大学生涯中职业生涯规划的实践主要就是完成大学的各项学业任务，做好自我管理。大学入学时，每个大学生就应明确大学期间的学习目标和任务，制定学业规划。经过对职业生涯的思考和规划过程，大学生对大学期间以及毕业后若干年的目标和任务也应该有了更加明确和具体的认识，更重要的是要切实执行好自己的规划任务。大学生除了完成专业学习任务以外，要特别注重自我修炼，弥补职业素养的不足，丰富和完善大学学习任务，实现从学生到职业人的蜕变。

一、培育职业素养

（一）职业素养

　　职业素养亦称职业素质，是指职业内在的规范和要求，是在工作过程中表现出来的综合品质，包含职业道德、职业技能、职业行为、职业作风和职业意识等方面。职业素养可以通过个体在工作中的行为来表现，而这些行为以个体的知识、技能、价值观、态度、意志等为基础。态度是职业素养的核心，好的态度，如负责、积极、自信、具有建设性、乐于助人等，是关键因素。很多企业界人士认为，职业素养至少包含两个重要因素：敬业精神及合作的态度。敬业精神就是在工作中要将自己作为公司的一部分，不管做什么工作一定要做到最好，对一些细小的错误一定要及时地更正，敬业不仅仅是吃苦耐劳，更重要的是用心去做好公司分配的每一份工作。合作态度是指个人能够与人共事的心态和意识。

职业素养与个人素质相联系，是大学生最重要、又是最容易涵养的职业资本，是今后从事任何职业都需要具备的基本条件。良好的职业素养是社会的要求，是个人事业成功的基础，是大学生进入社会开启职业生涯的"金钥匙"。所以，大学生在大学期间就要十分注重职业素养的修炼。

"素质冰山"理论认为，个体的素质就像水中漂浮的一座冰山，水上显现部分的知识、技能仅仅代表表层的特征，不能反映全部特征。水下隐含部分的动机、特质、态度、责任心才是决定人的行为的关键因素。大学生的职业素质由显性职业素质和隐性职业素质共同构成：冰山浮在水面以上的部分只占整体的约 1/8，它代表大学生的形象、资质、知识、职业行为和职业技能等方面，这些可以通过各种学历证书、职业证书来证明，或者通过专业考试成绩来验证。而冰山隐藏在水面以下的部分占整体的约 7/8，它代表大学生的职业意识、职业道德、职业作风和职业态度等方面，是人们看不见的、隐含的职业素质。大部分的职业素质是人们看不见的，但正是这 7/8 的隐性职业素质决定、支撑着外在的显性职业素质。

（二）隐性职业素质

隐性职业素质主要内容是以下三方面：

（1）职业道德。由于从事某种特定职业的人们，有着共同的工作内容和方式，受到共同的职业训练，因而，往往具有共同的职业理想、兴趣、爱好、习惯和心理特征，结成某种特殊的关系，形成特殊的职业责任和职业纪律，从而产生特殊的行为规范和道德要求。在市场经济条件下，对职业人提出了更高的道德要求，如诚实守信，公平竞争，团队精神，保守商业机密和技术机密。良好的职业道德修养是大学生取得职业成功的重要前提。

（2）职业情感。职业情感是个体对于特定职业是否能满足自身需要而产生的内心体验，如职业兴趣、职业美感、职业意志等。只有热爱自己的职业，才能真正做到爱岗敬业。

（3）职业习惯。每种职业都有其特定的要求，长期从事某种职业的人，都有着与职业有关的良好的习惯，以至于有时我们可以通过一个人的言谈举止即可判断出他的职业。

职业素养重在培育，大学生应该在自身良好个人综合素质的基础上结合职业要求悉心培育形成良好的职业素养。除大学期间对自己进行全方位、全过程培养外，大学生要有意识地强化实践环节的锻炼，以行业成功人士为标杆，学习成功人士的优良品质，从细微处入手，严格要求自己。

二、提高职业能力

职业能力是人们成功地从事某一特定职业活动所必备的一系列稳定的、综合性的个性心理特征，是在该职业活动中表现出来的多种能力的综合，是胜任就业岗位的基本要求，是显性职业素质的重要组成部分，是成功就业的基本条件。职业能力包括专业知识技能、通用能力（可迁移技能）和自我管理技能，是大学生成功就业的核心竞争力。大学生要在激烈的市场竞争中站稳脚跟，就要把自己培养成具有一定职业能力的高技能人才，以更好地适应社会，立足社会，在竞争中实现自己的人生价值。职业能力不是天生具有的，需要进行系统的培养和训练。大学生在校期间很大部分是培养提高职业能力的过程。这个过程没有把握好，就会给自己的就业和职业发展造成障碍。

（一）大学生需要提高的职业能力

作为未来的职业人，有太多的职业能力需要提高。大学生要根据各自的情况有选择、有重点地培养提高自己的能力。除了通过专业学习和实践获得专业知识技能外，大学生要注意培养提高自己的可迁移能力，特别是关注提高以下能力：

（1）社会角色的适应能力。现在许多大学生往往依赖父母、依赖老师、依赖其他同学，不愿意承担生活的重担和社会的责任，有时甚至沉溺于虚幻的网络世界，这样的人很难适应社会变革的形势。大学生应该明确社会角色，培养适应社会的能力，通过不同方式、不同类型的训练，使自己体会到适应社会的紧迫感、危机感和社会责任感，主动掌握职业知识和职业技能，为走向社会奠定坚实的思想基础。

（2）发展个性的创新能力。创新能力是人的各种智力因素和能力因素在新的层面上有机结合之后所形成的一种合力，创新能力是优秀人才的标志，也是取得竞争优势的必备素质之一。大学生的创新能力突出体现在对自己工作的适应上，首先是自己适应环境的要求，而不是要求环境来适应自己。其次要当好得力助手，发挥应有的作用。最后能创造满足或超越用人单位需求或期望的业绩。

（3）专业知识的实践能力。专业知识的实践能力是大学生将所学知识转化为能力和技术的重要保证，同时它也是高级专门人才所必备的一项基本实践技能。就我国目前的现实情况看，经济建设中必须有一支高素质的熟练掌握现代技术、实践能力较强的劳动大军。大学生应重视培养自己的专业实践能力，不但掌握好基本的专业知识、专业技能，而且在实践中能操作和使用这些知识。

（4）就业能力。就业能力就是将自己配置到工作岗位的能力。在市场的环境中，这种配置主要是通过竞争实现的。市场经济的本质特征就是竞争，个体要在竞争中求生存、求发展。这就要求大学生不只是具有单一的从事某项工作的某种技能，而是要具有就业方面的能力。个人为了确保自己的市场竞争实力和地位，应努力提高就业的实力和能力，尝试进行就业相关技能、技巧的学习和训练应对择业的需要。即使将来劳动力紧缺，要实现合理的配置也需要就业能力和技巧。

（5）系统管理能力。管理不仅仅限于领导者，每一个生活在群体之中的人，都应该具有一定的管理能力，包括自我管理能力。这既是完善自我的需要，又是提高职业效率的必需条件。管理学家认为，人的管理是现代管理的核心。每个未来的新型人才，都应学会处理各种复杂的关系，既敢于竞争又要善于与他人合作共事。

（二）大学生提高职业能力的途径

职业能力的形成受多种因素的制约。人在各种因素的相互影响下，通过学习和实践活动，逐步形成了各自的职业能力。概括起来，影响职业能力形成的因素，主要有先天素质、早期环境和学校教育、社会实践活动等。人的天赋很重要，环境和教育也影响人的职业能力形成，但更主要的则是主观上积极努力。大学生可以从以下几个方面入手提高职业能力：

（1）激发学习兴趣、勤奋学习。一个人只有勤奋学习，才能不断地充实自我，培养和提高职业能力，增强自己在职业生活中的竞争能力。社会发展突飞猛进，不坚持学习，很快就会落后于时代。

（2）注重培养思维及表达能力。思维及表达能力是其他任何能力的突破口，它要求大学生要多动脑筋、勤于思索、善于分析。

（3）积极参加社会实践。大学生要积极参加实践活动，有目的地培养自己的职业能力。如在课堂学习之余，要积极参加生产实习实践，有目的地培养自己的动手操作能力。在寒暑假期间，要走出家门，多参与社会实践，充分利用社会上可供利用的条件，进入企业、农村、社区等进行实习，使自己有机会参加与专业相关度高的生产实践活动，并在不断地发现和解决问题中增长专业才干，使自己提前进入工作角色。

（4）适当进行岗位技能培训。专业工作技能是直接应用于专业生产实践的技能，是基本职业能力中应用频率最高的部分，需要进行专门的培训。大学的培养计划偏重于专业知识的学习，职业技能训练环节比较薄弱。适当参加岗位培训可以提高我们将掌握的专业知识运用于实践的能力。

三、培养高情商

情商（Emotional Quotient），简称 EQ，是人在情绪、情感、意志、耐受挫折等方面的品质。情商的高低直接决定和影响其他素质的发挥，进而影响整个职业生涯发展。情商是重要的职业素质，越来越成为职业发展的关键因素。

（一）大学生情商的不足

许多大学生在情商方面还是有欠缺的，许多人对于如何处理人际关系，如何和别人沟通，如何面对挫折，如何在团队中表现自己，如何积聚人脉等问题缺乏认识。

1. 自尊感和表现欲强，自我管理能力差

当代大学生具有成人感、自尊感、自我表现感，希望被他人理解，渴求友谊，喜欢自己设计和组织各种活动，自主自立意识增强，但不适应独立生活，自理自律能力差，自觉性差。

2. 人际交往能力弱，社会环境适应能力差

有的学生认为只要掌握了过硬的专业文化知识和专业技能就可以

了。不参与、不关心学校里的活动，也不与人交往，过着一种封闭的生活。一旦走进社会，面对社会上形形色色的人际关系，会觉得无所适从。

3. 心理素质差，抗挫折能力弱

随着年龄的增长，大学生自我意识不断增加，具有较强的表现欲和对新鲜事物的热忱，成功欲望强烈，但对失败估计不够，承受能力弱，一旦遭遇挫折便心灰意冷，容易自暴自弃。

4. 个性强，团队协作精神差

目前，我国大学生大多数仍是独生子女，从小以自我为中心，养成了一种我行我素的习惯，个性化倾向严重，缺乏全局意识，缺乏团队精神，集体观念差。

（二）情商培养的方法

情商是可以通过全面系统的培养提高和改变的。大学生要认识到情商的重要性，注意有意识地培养提高自己的情商。

1. 学会情绪管理

情绪管理是对自身情绪的认识、协调、引导、互动和控制，是培养驾驭情绪的能力，建立和维护良好的情绪状态的一种自我管理方法。那么大学生究竟怎样来管理自己的情绪呢？

其一，表达情绪。好的情绪要与人分享，不良的情绪要与人分担，这有助于大学生增加对情绪的敏感度并加深对自我的认识和把握。负面情绪的表达尤其重要，它不仅有助于大学生缓解当时的紧张，而且可以避免坏情绪的积压。

其二，转移情绪。当受到无法避免的痛苦或打击时，应该尽快把自己的注意力转移到那些有意义的事情上去，转移到最能使你感到自信、愉快和充实的活动上去。

其三，自我激励。用生活中的哲理或某些明智的思想来安慰自己，鼓励自己与痛苦和逆境作斗争。

其四，先处理情绪，再处理问题。很多大学生遇到问题时会心乱如麻或不知所措，这时，先不要管问题，先要想办法把自己的情绪调节好，然后再去考虑问题的解决。

其五，情绪疏导。理智地消解不良情绪。首先必须承认不良情绪的存在。其次，要分析产生这一情绪的原因，并弄清楚究竟为什么会苦恼、忧愁或愤怒，这样可以帮助我们弄清自己所苦恼、忧愁、愤怒的事物，是否确实可恼、可忧、可怒，有时实际上并不是这样，那么不良情绪就会得到消解。最后，如果确实有可恼、可忧、可怒的理由，就要寻求适当的方法和途径来解决它。

其六，恰当发泄。将不良情绪的能量发泄出去是一种很好的情绪管理方法。比如当发怒时，可以跑到其他地方，或是找个体力活干一干，或是跑几圈，这样就能把因盛怒激发出来的能量释放出来，从而使心情平静下来，或者当过度痛苦时，可以通过哭泣来缓解。另外，大笑也是释放积聚的能量，调整机体平衡的一种方式。

其七，寻求帮助。心理专家受过专业训练，有一套成熟而有效的助人方法，必要时向他们求助，可以使人在最短的时间内走出情绪低谷。有时向亲属、朋友、同学等倾诉，也是一种好方法。

2. 培养耐挫折能力

挫折是指人在实现目标过程中遇到难以克服的阻碍或干扰，致使需要和动机无法满足而产生的紧张状态和情绪反应。所谓耐挫折能力，是指对挫折的容忍力和对挫折的超越力，即在遭受挫折之时，不仅有使自己的行为、心理不致失常的能力，而且有能够忍受挫折，并采用明智的心理机制，战胜挫折、获得成功的能力。大学生要注重培养自己的逆商[①]，提高自己的耐挫折能力。

其一，要认识到在职业发展的道路上挫折的产生是难免的。人们在现实生活中，总会遭遇这样那样的挫折，只是挫折的轻重程度不同，产生的影响不同而已。

其二，明确挫折产生的原因。对挫折进行客观而冷静的分析评估，如果能客观评估挫折的后果和影响，有应对挫折的心理准备和必要的措施，心理上的负担将大为减轻，消极的挫折反应及其对心理的不良影响也会降低。

其三，重视坚强意志品质的培养。挫折的承受力、容忍力、超越力都离不开坚强的意志，在挫折面前仍能明确自己的目标，有坚强的意志，不轻易地改变计划和决定，善于抑制自己的消极情绪，就可能成功。面对挫折可以运用历史人物战胜挫折的事例教育自己，用榜样

---

① 逆商（Adversity Quotient，简称 AQ），全称逆境商数，也译为挫折商或逆境商，是指人们面对挫折、摆脱困境和超越困难的能力。

的模范行为和奋斗精神去感染自己，激励自己想办法解决问题、克服困难、战胜挫折。

其四，提高处理事务的能力。挫折的产生有时是由于能力不足造成的，或者是工作的要求超出了我们的能力范围。因此，提高我们工作或者处理事务的能力，可以增强成功的概率。或者适当降低我们的期望值、目标值，也是减少挫折的有效方法。

其五，改变处理事务的方法。有时挫折是环境不适合、不配合造成的，可以看作运气不好、机遇不好。这种情况下我们可以采取灵活的态度，适当改变处理事务的路径和方式、方法，争取最好的结果。

3. 提高人际交往能力

人际关系是人们在各种具体的社会领域中进行物质和精神交往的过程中发生、发展和建立起来的人与人之间的关系。它反映在群体生活中人们相互之间的情感距离和相互吸引与排拒的心理状态。良好的人际关系是职业人获得成功的基础。人际交往能力的培养是大学生自我管理中不可缺少的组成部分，人际关系是大学生必修的一门人生课程，大学生应重视"人和"这个重要因素，培养建立良好的人际关系的能力。

四、积累工作经验

在招聘会或是招聘广告上，招聘单位大多会有这样的要求："有两年（或三年）以上工作经验""有工作经验者优先"等，这往往使不少应届大学毕业生在求职时连简历都投不进去，更别说面试了。这一残酷的现实迫使在校大学生们未雨绸缪，采取各种措施恶补工作经验这根软肋。

（一）积累工作经验的误区

兼职在大学校园里盛行，越来越多的大学生加入兼职大军中。兼职是大学生积累工作经验的一条主要渠道，可以适当参与。但是也要注意，由于方法不当，有些经历不但不能锦上添花，甚至在以后的求职中还会起到负面作用。

1. 兼职经历重量不重质

为了弥补自己经验的不足，有些大学生在课余时间尽可能多地参加各种兼职，如参与发传单、餐饮服务、促销、家教、品牌校园代理等活动。对用人单位来说，注重的是工作经历的过程，而非工作经历的结果，工作经历的实效比工作经历的形式更有说服力。同样是在餐馆做服务生，有心的同学能在一个月打工期后，面对形形色色的宾客推荐有针对性的菜系，让老板刮目相看；同样是到商场促销产品，用心的同学能结合市场营销的理论，为企业提出改进促销方案的建议。所以，兼职越多并不表明工作经验越丰富。兼职不在多而在于精，要珍惜每一次兼职的机会，多听、多看、多想、多实践，使每一次经历都能给自己带来真正的收获。

2. 兼职缺乏主动规划

在兼职过程中，大部分大学生会选择那些时间灵活、对自身能力要求并不高的工作，这些工作大部分只是某一经验的重复，对增加阅历、提升自我的帮助不大。以兼职中占有较大比例的家教为例，家教工作在一定程度上能锻炼大学生语言表达能力和教学能力，比较适合师范生或将来准备从事教学工作的大学生。但是，家教并不能满足选择其他职业的大学生。大学生在兼职工作的选择中，应更多地考虑自己未来的职业定位，让兼职经历对专业知识、学业、职业素养的提升形成有益的补充。

（二）积累工作经验的方法

那么，在校大学生应当怎样积累工作经验呢？

1. 主动规划，不同年级各有侧重

大一时刚入校园，很多事情都在熟悉与适应过程中，此时的兼职以接触社会为主，重点是提高人际沟通能力，可选择家教、餐饮业服务员、发广告等要求不高的兼职工作。大二可针对自己欠缺的能力进行适当调整，如口头能力表达偏弱的学生可选择客服、促销员等工作，同时有意识地提高自己的主动性和抗挫能力。大三专业课逐渐增多，这个时候更多的是以技能储备为主，充分利用寒暑假期相对集中的时间，将兼职经历与自己的专业和特长结合起来，慢慢使自己的技能储备向长期目标靠拢，如金融专业的学生可以去银行实习、国际贸易专业的则可考虑外贸公司等。大四时已临近毕业，此时兼职的目标不再是锻炼自己，而是直奔主题，最大限度地表现自己，争取将兼职转正为全职。

2. 多种方式，系统提高各方面能力

除了从事兼职工作外，参加社会公益性工作（如青年志愿者、红十字会员、社区义工等)、申请到大公司实习、参与老师的课题研究等，对系统提高大学生各方面的能力也很有帮助。每年有很多大公司，会面向高校学生推出实习生项目，参加这些项目，不仅可以充分了解正规公司事务安排的计划性和流程的系统性，还有机会参与一些突发事件的处理，并尽可能与企业工作人员多接触，感受他们的工作作风和处事方法。而参与老师课题研究，可以了解科研的全过程，增强操作能力，是积累技术经验的最理想模式。

拓展资源

第三节　优化和调整职业生涯规划

　　职业生涯规划是一个过程，而不是一个结果。俗话说："计划赶不上变化"，随着大学生年龄的增长和阅历的丰富，其兴趣和爱好以及职业倾向都有可能发生变化。从自我的情况来讲，个人的内在情况发生变化，生涯规划自然也应随着变化。

　　另外，由于职业环境的变化也迫使我们经常要审视和调整当初制订的职业生涯规划。影响职业生涯规划的诸多因素，有的变化因素是可以预测的，有的变化因素难以预测。远到社会经济结构的发展、科学技术的飞跃、政治形势的突变、国家政策的调整、法律制度的调整，近到所在企业组织的结构调整、领导人员的更换、公司战略方向调整，乃至个人家庭、健康、能力水平的变化，都会影响个人职业生涯的发展。那些意外发生的变化常常令我们束手无策，并直接影响个人职业生涯规划的执行过程和结果。在此状况下，要使职业生涯规划行之有效，就需要不断地对自身的职业生涯规划进行评估与调整。行之有效的生涯设计要不断收集职场的反馈信息，及时总结和发现生涯规划的执行情况和各个环节出现的问题，调整修正生涯目标和任务，反省策略方案的可行度、契合度和成功概率，同时通过优化、调整，使得职业生涯规划更加合理和具有可行性。

一、职业生涯规划的总结与评估

　　个人职业生涯规划总结和评估是个人职业活动的组成部分。个人评估在开始职业活动之前和职业生活中都十分重要，它可以加深自我认识和明确定位，体察在职业中自己的发展、进步和变化。生涯规划总结与评估的根本目的就是让自己时刻保持最优状态，在通向最终目标的生涯大道上跨越障碍，谋求个人可持续的发展。人生不能重来，先前计划不完整、对自我和环境认识不全面、未能坚持计划、策略方案的失误、没能调动全部力量，等等，所有这些失误都可能导致预期目标的流产。这就要求我们自觉地总结经验和教训，不断修正策略，甚至必要时修正目标。

评估可以参照各类短期、中期预定目标和实际结果对照进行。一般来说，任何形式的评估都可以归结为自我素质和行为对现实环境的适应性判断，特别是针对变化的环境，找出偏差所在，并做出修正。评估可以从以下几个方面进行：

1. 抓住最重要的内容

在评估过程中不必面面俱到，而是抓住一两个关键的目标和最主要的策略方案进行追踪。在职业生涯的某一阶段，1—2 年内或者 3—5 年内，总有一个最重要的目标，其他目标都是指向这个核心的，个体完全可以通过优先排序，重点评估可能达到这个核心目标的主要策略执行的效果。一般情况下，在评估工作目标或者任务目标时，可以使用 SMART 原则相对照，只有具备 SMART 化的计划才是具有良好可实施性的，也才能指导保证计划得以实施。

2. 分离出最新的需求

针对变化了的内外环境，要善于发掘最新的趋势和影响。与时俱进，对于新的变化和需求，探索怎样的策略才是最有效、最有新意的。

3. 找到突破方向

根据新的信息，查找存在的问题以及解决的路径和方法。有时候，在某一点上取得突破性的进展将使整个局面发生意想不到的改变。想一想，先前规划中的策略方案，哪一条对于目标的达成应该有突破性的影响？达到了吗？为什么没达到？如何寻求新的突破？需要调整目标和方向吗？

4. 关注弱点

在制订实施策略前，通过 SWOT 分析发现的劣势、弱点如今是否通过阶段行动的努力而有所改观？如果有改观，为什么会行而无效，或者行不通？差距又在哪里？一般来说，你的短板可能存在于下列方面：（1）观念差距。观念陈旧往往会造成策略的失误，导致行动失效。（2）知识差距。按照实施策略所积累的知识仍然不够？还是学错方向了？（3）能力差距。环境在变化，对人能力的要求也是在不断变化的。你通过种种努力提高了某些能力，但可能又会出现新的差距。另外，前一阶段是否坚持按计划措施来提高能力了？提高了多少？遇到什么困难？这对以后都是一个重要的启发。（4）心理素质差距。很多时候，我们没有取得预期的进步，并不是规划得不够好，或者措施不够得当，而是心理素质不够好。

同时，有些问题必须在探索过程中才能找到答案，如你正在做的是最想做的事吗？你真的适合做这个职业吗？你能如期完成既定目标吗？你是否将重心放在了最重要的地方？经常自省，纠正分阶段目标中出现的偏差是非常必要的。在努力一段时间之后，我们要有意识地回顾得失，在每一个规划阶段进行一次系统全面的自我评估，如每年或每半年进行一次，检查验证前期措施的执行效果。

正确的自我评价，对个体的心理及其行为表现、对社会生活中职业的适应性有较大的影响。由于社会择业受很多主观和客观内部和外部因素的限制，因此，人们往往难以完全按照自己的意愿，谋求一份完全适合自己的职业。人的一生常常要不断地调换不同的职业、岗位，还可能要面临失业与再就业的挑战和考验。在这些职业变化的过程中，人们需要在更短时期内适应并完成角色的转变。因此，伴随而至的是他们都面临一个重新认识和评价自我的问题。不断总结有利于提高自己，尽快地适应新的环境。特别是大学毕业后的就业和初入职场期间，各种情况发生了根本的变化，必须及时对大学期间制订的职业生涯规划进行一次系统的评估。

拓展资源

二、职业生涯规划的优化与调整

在做职业生涯规划的时候，每个人自身情况不同，而且自己的一些潜在能力也可能了解不够深入，另外，面临的外部环境也不一样，一个人不可能对外部情况了如指掌，更无法掌控，这就需要在生涯规划实施中不断根据反馈进行修正，使之更符合当时的客观。职业的重新选择、目标和路径的调整，都属于修正范畴。我们要充分认识与了解相关的环境，分析环境条件的特点和发展变化情况，评估环境因素变化对自己职业生涯的影响，了解本岗位、本行业的地位、形势以及发展趋势，适时调整自己的职业规划。

（一）职业生涯规划优化和调整的步骤

在进行职业生涯规划总结与评估后，应根据当前生涯规划执行过程中出现的变化或问题进行调整和优化。根据 PDCA 循环原则，调整和优化生涯规划一般可以分以下几步进行：

（1）对照目标，查找差距。确定准确的位置，判断实际行为效果与期望值的偏差，找出行为结果与目标之间的差距。

（2）针对差距，查找原因。探究导致失败结果或执行效果不佳的根本原因，是自己没有按照规划进行，还是能力不够，是环境有所变化，或是对自我没有正确的定位？

（3）针对问题，采取措施。针对问题和原因，重新探究适合自己的阶段目标和实现目标的一系列措施。必要的时候调整自己的目标。

（4）调整策略，改变行动。根据调整后的阶段目标与措施，重新调整行动计划，并按照新的计划执行，从而实现整个职业生涯的顺利发展。

（二）职业生涯规划的自我调整

职业规划是个人与环境之间寻找一个微妙平衡的过程，在这个过程中有两个基本内容：一是对自己的了解，二是对外部职业和环境的了解。做职业规划需要以成长的心态来对待，应当看到自我成长的一面，对发展中的自我有良好的信心。规划的调整是为了使职业规划更符合实际，更有指导性和实施效果。很多人一时找不到合适的工作，就认为一辈子完了，职业规划是无用的，因此变得焦虑，反而影响职业决策。

如何调整自我方向呢？

（1）要及时修正自己的经验与观念。社会的变革、知识的更新、观念的发展变化必然会影响自我认识的改变，只有随时修正自己的经验，才能控制自己的心理活动与行为，真正投入新生活的怀抱。

（2）适应新环境。这就需要人们尽快摆脱在原有的生活或职业环境中形成的各种高期望值和成就感，改变一些在原有生活或职业环境中形成的特有的行为方式和职业生活习惯，并根据实际来考虑自我的情况，只有面对现实，合理调整自我，才能逐渐形成适应新环境的行为能力。

（3）建立起良好的人际关系。良好的人际关系可以增强个体的成功感和适应性，同时也可重新确立自信心，消除因调整自我方向而产生的消极心理，如悲观、失落、苦闷或过度自卑等。

（4）摆正自己的位置。正确地看待他人，看待环境、看待自己，使自己的行为与选择符合自己现在的角色，切不可在过去的光环下生活。

（5）提高自己的综合素质。只有不断学习、进取，才能提高个体的素质和职业竞争能力，找到适合自己个性发展的职业。

（6）确立新的自我。最主要的是要有积极的生活态度和迎接挑战的勇气，认真处理好理想与现实的关系，重新调整自己的人生目标和规划。只有建立起新生活的目标，才能积极地投身学习、工作和生活中去，也才能确立新的自我。

【案例 9-1】　离职青年公务员：公务员岗位没你们想的那么好？[①]

2012 年 5 月，吴军（化名）参加北京市公务员考试，并被录取到一个街道办。

吴军被分在一个党政办公室，主要负责准备文案、材料、撰写会议记录等。这个街道办有 20 多个不同的科室，党政办公室要根据每年的目标和任务对各科室进行工作协调，就像一个中枢机构。

……

8 小时工作时间里，吴军有 5 个小时在工作，另外 3 个小时会干点自己的事情，上上网，看看新闻，工作不累。不过，也有忙的时候。

去年七八月，吴军有了辞职的想法。

工作了一段时间后，吴军发现，每天的工作内容不是自己想要的，他做得不是特别开心。"我觉得自己做得不够好，像一些会议纪要，做起来没有任何头绪。还有，比如你今年写了个总结，明年就稍微把里面的数字改改，又是一篇总结。很多工作内容跟自己想做的不一样，没意思"。

上升渠道窄，也是吴军选择离开的原因。

---

① 资料来源：《中国青年报》2014 年 8 月 14 日。本文引用时有改动。

"每个街道办只有两个正处级，剩下的都是副处级。想去更高的平台，要么通过公务员遴选，或者自己重新参加公务员考试，要么就是通过工作调动。

……

"所以，感觉对自己的提升没有像外面的企业那么快。再加上我自己本身是一个偏外向的人，我觉得这里面的工作，包括里面的人际关系，还是有一点偏复杂，然后觉得还是出来好一点。"吴军说。

2013年12月，吴军正式离开北京某街道办，到了目前就职的媒体。这家公司有六七十人，其中三四十个人都是吴军来之后新入职的。朝十晚六，加班一阵一阵，跟公务员一样没加班费，"人员变动比公务员快多了，工作量更大一些，工作时间会更紧凑"。

回头看，吴军说，自己不后悔。"虽然工资比以前高不了多少，但是我能看到预期，看到它在发展。虽然我没想过未来自己一定要做什么，但我知道自己不想干什么。公务员有自己的沟通和工作模式，跟外面还是很不一样的。在里面待久了，思维模式都会变成那样，外面更市场化一些。"

【案例9-2】 唐先生为什么总得不到提升？

两年前，唐先生应聘进入一家公司担任市场部副经理，配合销售部门管辖地区的市场活动。两年中，为了工作，唐先生付出很多，也没少和老婆闹矛盾。每次他都会这样告诉老婆："我已经快35岁了，再不努力表现，这辈子就只能当个副手。"

在唐先生的逻辑中，提升是对自己工作能力的认可，也意味着会有更好的收入。两年下来，良好的工作业绩和人际关系让唐先生觉得自己很有希望获得提升。恰在此时，市场部经理被一家同业公司挖走。唐先生满怀欣喜地等待提升消息，没想到，等来的却是公司外聘的新经理。唐先生又一次失望了，但他没有马上做出跳槽的决定。"到了新公司，万一还是得不到提升怎么办？"唐先生问自己。

升职只是实现自我价值的一个途径。在唐先生心中，自己是最合适的提升人选。但正副职位的要求是不一样的，能干好副职的，不一定能做好正职。唐先生应该总结自己为何没得到提升，也许公关能力不佳正是自己的软肋。现在的公司宁愿冒风险去用一个新人，也没有从内部提升，这就说明对于升职，唐先生身上也许存在某种致命缺陷。只有找到这个缺陷，才有弥补的可能。如果唐先生发现这个缺陷根本无法弥合，那么只能尝试通过升职以外的途径来实现自己的价值了。

通过以上两个案例可以看出，在我们的职业生涯中，不可避免地会出现各种各样的与先前预期不一致的结果，这就需要我们不断地进行职业生涯的自我分析与总结，找出真正适合自己发展的道路。职业生涯规划的目的不仅是协助个人达到和实现个人目标，更重要的是帮助个人真正了解自己，并且进一步评估内外环境的优势、限制，在"衡外情，量己力"的情形下，找出合理且可行的生涯发展方向。

三、坚定职业生涯发展的信念

当市场在配置社会资源中起决定性的作用时，一个人成功与否极大地取决于他是否被社会认可。这对思想解放、希望掌握自己命运的青年人来说，是个千载难逢的好机会。由于社会发展原因，所有已经就业或即将就业的年轻人，都会面临就业难的挑战。在这样的背景下，我们需要不断付出努力。但是，不管有多少困难，机遇与挑战总是并存，关键还在于我们如何去把握。

（一）职业生涯成功的界定

很多人以为职业生涯成功就是获得地位和财富的满足，一旦没有能够在期望的时间内达到这一目标，便灰心地以为自己的职业生涯失败了。其实，这种成功观是偏执的成功观。

在有限的生命里，我们无法达到所有的期望或目标，但这并不意味着职业生涯的失败。怎样的职业生涯才算是成功的呢？每个人的价值观不同，职业需求不同，职业生涯目标各异，对成功的定义也会有所差别。对不同的人来说，成功的标准不一样。对有的人来说，成功意味着一定数量的金钱；对有的人来说，成功意味着较高的地位、声望；有的人或许将成功定义为抽象的概念，如和谐的工作环境带来的愉悦感，完成具体的任务带来的成就感，帮助别人带来的满足感等。每个人都可以，也应该对自己的职业生涯成功下定义。成功没有统一的标准，但是，每个人都有自己明确的成功标准，并时时用这个标准来检验实际的行动和结果。

（二）职业生涯成功的因素

欲获得职业成功，必须具备的决定性的因素或条件是：信心、目标、行动，三者缺一不可。

1. 信心

要想做一个成功者，首先要一心想成为成功者，明白人生掌握在自己手中，有坚定的意识和信念，相信自己，相信理想能够实现，相信事业能够成功，相信自己一定能够实现目标，而且要相信到甘愿为之献身的程度，不为任何困难和挫折所困。这是取得成功的先决条件。如果一个人坚定不移地朝向自己的理想方向前进，并为理想而竭尽全力乃至献身的话，那他就会获得意想不到的成功。

2. 目标

人生的意义在于追求一个目标，成功的人生就是不断打破现状，不断超越自我的过程，一个人的职业人生尤其如此。只要瞄准顶峰目标，步步攀登，定可抵达巅峰。

3. 行动

如果不付诸行动，信心、目标只是空谈。要获得成功，必须做到以下几点：

（1）积极主动，坚持不懈，保持激情。我们要始终充满信心和热情，锲而不舍，积极主动争取成功，采取可行的步骤去发现、去把握、去争取、去创造。

（2）主动适应形势与环境，不断有所创新。个人面对经济政治形势、政策制度等大环境的变化自然无能为力，我们应当主动适应环境要求，将自己周围的小环境中的不利因素变为有利因素，以自己的想法、新的生活、新的活动作为催化剂，促进个人的职业成长。

（3）把握机遇。在职业人生中，一般会出现几次转折期，这正是争取个人职业成功的机遇，要善于把握机遇，创造机遇，发现和挖掘机遇。

（4）有超前眼光。要有远见，有预见力。比别人早一步行动，就是掌握了主动。

（5）善于利用时间，学会时间管理。

人人都有追求成功的欲望，人人都有追求成功的权力，人人都有追求成功的机遇。"每一片树叶都不同，每一道彩虹都精彩"。希望大学生朋友们在学习职业生涯规划以后，能眼望未来、把握现在，用坚定的信念去努力创造人生的辉煌。

思考与练习

1. 谈谈自己在大学期间如何实施自我成长的措施。

2. 案例分析：崔×本科毕业后进入公司工作，他学的是计算机专业，在实习的时候，联系了一家不错的公司，××××，也是上市公司，他的表现也算不错，后来就顺利签约了。但是当时崔×的家里人希望他能够出国深造，早给他准备了出国深造的钱，而且帮他联系了出国进修的机会，希望他能够出国后有更好的发展。

他在××××工作几年，由于他是本科毕业，虽然工作很努力，但是总是无法进入重大项目组，一直做一些小项目，职位和收入都没有有效提升，也是因为学历原因，一些重要工作总是优先安排高学历的人，他很气馁，觉得当初应该听从家人建议出国深造，请你帮忙分析一下崔×该如何做？

第三篇

就业指导

　　职业是安身立命之本，就业是最大的民生。每一个大学生最终都需要通过就业找到自己的职业归属。要使就业压力转变为学习的动力，让就业变得不那么难，大学期间就要做大量准备工作。提高就业的能力，掌握就业技巧，将有助于大学生从容地应对就业难题。

第十章　认清就业形势

经过大学四年的修炼，终于要破茧而出了。临近毕业，大多数大学生面临就业的现实问题，就业是大学生必须要跨过的一道门槛。为了顺利地找到理想的工作岗位，大学生必须提前做好各项准备工作并进行艰难的求职工作。本章帮助大学生分析当前就业形势，了解就业的制度和政策，通过案例分析使同学们能够更好地调整就业观念、提升就业能力、把握就业机会，为成功就业打下良好基础。

第一节　大学生就业形势

就业乃民生之本，大学生是就业的主体，每年新增劳动力中大部分来自大学生。十多年来由于大学生数量的急剧增长形成了庞大的大学毕业生队伍，大学生就业形势严峻，而且这种走势还将持续很长一段时间。

一、大学毕业生就业概况

（一）就业规模

在我国，每年有几百万大学毕业生进入就业岗位。据统计，2020年，中国高校毕业生总数达 874 万人，被称为史上"最难就业年"；2021 年，毕业生总数上升至 909 万人；而 2022 年，毕业生规模和增量更是创了历史峰值，达到 1076 万人，同比增长 167 万人。近 10 年数据显示，毕业生人数呈有增无减趋势（见图 10-1）。加上往届没有就业的毕业生，海外回归的大学生等，我国目前每年需要就业的大学毕业生总量还要多。

（二）就业率

据麦可思研究院发布的《2021 年中国大学生就业报告》显示，2020 届本科毕业生半年后就业率为 89%，其中"双一流"院校就业

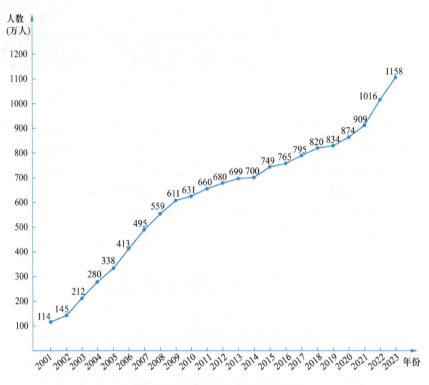

图 10-1　历年高校毕业生人数

率为 91.6%，地方本科院校为 88.5%。从就业区域来看，2020 届珠三角地区本科院校毕业生半年后的就业率（92.7%）最高，其次是长三角地区（92.1%）。

（三）就业地

长三角地区、珠三角地区吸引力持续增强，渤海湾地区略有下降。2020 届本科毕业生在长三角地区就业的占比（25.4%）最高，其次是珠三角地区（20.8%），且就业比例与 2019 届（分别为25.8%、21.0%）相比基本持稳；排在第三位的是渤海湾地区（18.8%），较 2019 届（19.6%）略有下降。此外，本科毕业生就业重心持续下沉，疫情下更多毕业生选择回家乡工作。从近五年的数据来看，本科毕业生选择在地级城市及以下地区就业的比例持续上升，从 2016 届的 50% 上升到 2020 届的 56%（见图 10-2）。

图 10-2　2016-2020 届本科毕业生就业城市类型分布变化示意图

（四）就业领域

调查显示，民营企业/个体仍是雇用本科毕业生的主力军，2020 届本科毕业生在民营企业/个体就业的比例（52%）最高；但受新冠肺炎疫情等因素影响，民营企业招聘量有所降低，而国企、政府机构/科研或其他事业单位扩大了对应届毕业生的招录规模（均为 21%）。据麦可思公司对我国 2018—2020 届大学毕业生培养质量跟踪数据来看，从近三届的趋势变化来看，民营企业/个体就业比例下降了 2 个百分点，国企和政府机构等均上升了 2 个百分点（见图 10-3）。

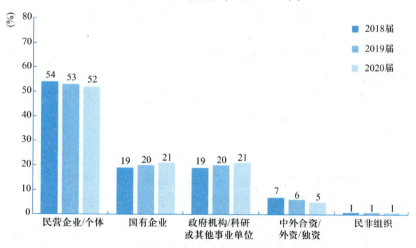

图 10-3　2018-2020 届本科毕业生就业的用人单位类型分布变化趋势示意图

中小微企业仍是吸纳本科毕业生的主体，与此同时大型企业就业比例有所上升。2020 届本科毕业生在 300 人及以下规模的企业就业的比例（48%）最高，其次是 3000 人以上规模的大企业（27%）。从近三届的趋势变化来看，中小微企业就业比例下降了 2 个百分点，3000 人以上规模的大企业就业比例上升了 3 个百分点（见图 10-4）。

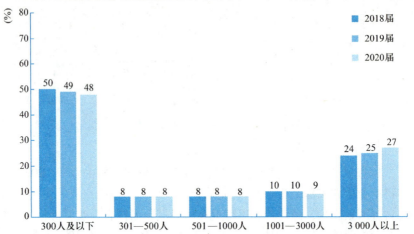

图 10-4　2018-2020 届本科毕业生就业的用人单位规模分布变化趋势示意图

（五）创业比例

2020 届大学毕业生自主创业比例为 1.3%，教育领域是自主创业毕业生最集中的领域，其次是文化、体育和娱乐业和零售业。在各类灵活就业毕业生中，自主创业群体收入水平较高、从业幸福感较强，且更倾向于将创业项目发展成可长期坚守的事业，毕业三、五年后创业比例持续上升。当然自主创业群体的生存挑战仍在增加，创业存活率进一步下降，除资金问题之外，缺乏企业管理与市场推广经验也是创业群体面临的主要困难之一。

（六）专业分布

大学生就业因专业不同存在着就业冷热不均现象。从不同学科门类来看，2020 届工学、教育学、管理学的就业率（分别为 91.1%、90.4%、90.4%）位列前三，法学、艺术学、历史学的就业率（分别为 83.6%、85.6%、86.0%）相对较低。应用心理学、历史学、音乐表演、绘画、法学成为 2021 年本科就业红牌专业。所谓红牌专业，就是指失业量较大、就业率、薪资和就业满意度综合较低的专业。除红牌专业外，2021 年在失业量较大、就业率、薪资和就业满意度综合较低的黄牌专业方面，化学、心理学、生物工程、美术学赫然在列。与之相对应，2021 年失业量较小，就业率、薪资和就业满意度综合较高的专业，即需求增长型的本科绿牌专业有：信息安全、软件工程、信息工程、网络工程、数字媒体技术、电气工程及其自动化。

二、大学生就业形势和机遇分析

（一）全球经济复苏动能持续弱化影响劳动力市场

国际劳工组织 2012 年初发布的全球就业趋势报告已提出警告，全球面临着就业危机加剧风险。世界面临着今后 10 年创造 6 亿个就业岗位的挑战，只有达成这一目标，全球经济才能实现持久增长并维持社会稳定。然而，《世界就业和社会展望：2020 年趋势》显示随着全球经济增长放缓，一方面就业人口增加，另一方面却没有产生足够的新岗位来吸收这些新进入到劳动力市场的劳动者，尤其是年轻人，还有大量潜在工人。还有一个突出的问题是，许多利润主要进入资本市场，而不是实体经济，妨碍就业岗位的增长。青年就业仍是一个问题，《2020 年全球青年就业趋势报告》显示近年来青年的劳动力市场参与率持续下降。1999 年至 2019 年期间，全球青年人口从 10 亿增加到 13 亿，但年轻人就业总人数从 5.68 亿下降到 4.97 亿，全球青年失业率为 13.6%。即使就业青年的情况也远远不能令人满意，在全世界 4.29 亿名青年工人中，约有 5500 万人（即 13%），每天收入低于 1.90 美元。在发展中国家，工作质量改善步伐放缓，短期工作仍普遍存在。在东亚国家，就业增长依然疲软，劳动力增长疲乏。不过总体来说，中国作为一个亚洲的发展中国家，整体失业率与其他国家相比，还相对较低，现在关键是要考虑通过更多的就业政策，促进经济增长，加强社会保障，创造就业机会，推动就业增加并提高劳动者收入改善整体就业质量。

（二）国内行业与产业发展和产业结构调整带来人才需求增加

中国加入世贸组织以来，经济一直以较快增幅保持增长。国家统计局 2022 年 1 月发布的国民经济运行数据显示，2021 年中国经济总量同比增长 8.1%，经济增速在全球主要经济体中名列前茅。各行各业的迅猛发展使得产业结构也得到了很大的提升，同时，在发展过程中，政府也一直致力于解决目前产业集中度低、产品结构落后、地域布局不合理以及技术水平较低等等问题。"十四五"期间，我国政府提出产业发展布局：稳固农业基础，推动先进制造业集群发展，发展战略性新兴产业，加快发展现代服务业。由此带来了经济社会的进一步发展。

1. 农业农村现代化将取得重要进展

2010 年 3 月，浙江省农业厅就大学生从事现代农业情况做过一项调查，结果显示：全省直接从事种植业、养殖业的全日制高等院校毕业大学生只有仅仅 1153 人，平均每个县（市、区）只有 13 名，相当数量的合作社望眼欲穿，期待着大学生加盟。当年底，一项鼓励和支持大学毕业生从事现代农业的意见正式出台，规定具有全日制普通高校专科以上学历、年龄 35 周岁以下，自愿从事种植养殖业生产经营工作的大学生，只要和省市级示范性农民专业合作社签订一年以上劳动合同，办理相应社会保险，年基本报酬就不少于 2 万元；同时，对经济欠发达和其他县（市、区）的大学生每人每年分别补助 1 万元和 5000 元，连续补助 3 年；2018 年起财政补助标准统一调整为每人每年补助 1 万元，连续补助 3 年。近年来，浙江出台各项政策培育新型农业经营主体，吸引更多年轻人从事现代农业，通过财政支持、项目和职称优先申报、报考事业单位优先录用、社保和金融保障服务等政策鼓励，为大学生从事现代农业创造良好的外部环境。

现代农业从效益农业到生态农业再到高效生态农业，从创造农业的工业化路径到创新发展农业主体、创建农业要素集约平台，再到创立公共服务体系匹配农业市场化，统筹国内外两种资源两个市场，用市场引导农业，用创新引领农业，推动传统农业向现代农业大步转型升级。"十四五"时期，"三农"工作重心已历史性转向全面推进乡村振兴。《"十四五"推进农业农村现代化规划》首次将农业现代化和农村现代化一体设计、一并推进，聚焦 7 个方面重点任务，即"三个提升、三个建设、一个衔接"。"三个提升"，推进农业现代化，包括提升粮食等重要农产品供给保障水平、提升农业质量效益和竞争力、提升产业链供应链现代化水平；"三个建设"，推进农村现代化，包括建设宜居宜业乡村、建设绿色美丽乡村、建设文明和谐乡村；"一个衔接"，巩固拓展脱贫攻坚成果，有效衔接全面推进乡村振兴。在全面推进乡村产业、人才、文化、生态、组织振兴，加快形成工农互促、城乡互补、协调发展、共同繁荣的新型工农城乡关系，促进农业高质高效、乡村宜居宜业、农民富裕富足的过程中必将为大学生们带来更多的工作机会。

2. 先进制造业得到快速发展

制造业是振兴实体经济的主战场。"十四五"期间，我国制造业的发展重点是优化区域产业链布局，支持老工业基地转型发展，加大重要产品和关键核心技术攻关力度，发展先进适用技术，鼓励企业兼并重组，防止低水平重复建设。我国将在现有产业基础上厘清发展方向，努力扩大高技术或高端制造业投资，优化供给结构，培育新的增长动能，坚定不移建设制造强国，促进制造业由大变强。

制造业中的高新技术与先进管理模式基本体现在装备制造业，制造业中利润空间最大的部分也是装备制造业。作为向国民经济各行业提供技术装备的基础性、战略性产业，装备制造业是产业升级和技术进步的重要保障，是一个国家和地区综合实力与技术水平的集中体现。装备制造业代表着整个制造业的走向，决定着整个制造业的水平。其中包括重型机械、船舶、飞机、发电设备、大型锅炉、冶金机械、矿山机械、专用设备等大型装备生产厂家。

我国装备制造业已经取得举世瞩目的发展成就，形成了门类齐全、具有相当规模和一定水平的产业体系，并在工程机械、机电产品、数控机床、港口设备等诸多行业产销量位居世界前列。目前已形成四个产业优势带，分别为长三角地区的船舶制造等优势产业、以沈阳为中心的东北老工业基地、京津唐地区的大飞机制造和珠三角的汽车制造产业，形成了初具规模的产业集群。"十四五"期间，我国装备制造业以智能化、服务化及产业基础再造等方向保持稳定发展态势，在新一代信息技术与先进制造技术融合、先进制造业与现代服务业深度融合的背景下，对智能制造装备产业提出了更高的要求，并提供了巨大的市场空间，由此带来的人才需求为理工科毕业生打开了就业大门。

3. 战略性新兴产业得到培育与发展

在全球金融危机不断加剧、股市大幅下挫的 2008 年，有"股神"之称的巴菲特旗下的公司，在香港与比亚迪股份有限公司签署战略投资及股份认购协议，购入比亚迪 2.25 亿香港 H 股，交易总价为 18 亿港元，占比亚迪 10% 的股份。巴菲特为何相中比亚迪？国际著名咨询机构麦肯锡公司的一项研究表明，在传统汽车行业，中国落后世界领先水平长达几十年，但新能源动力汽车大家处于同一起跑线，中国有成本和市场的优势，有潜力和可能在世界上形成领导地位。巴菲特看中比亚迪的，正是其在新能源动力汽车方面的领先地位。

　　新能源汽车，正是我国"十四五"规划期间的战略新兴产业之一。"十四五"计划提出，要加快壮大新一代信息技术、生物技术、新能源、新材料、高端装备、新能源汽车、绿色环保及航空航天、海洋装备等产业。绿色环保产业重点发展高效节能、先进环保、资源循环利用关键技术装备、产品和服务。新一代信息技术产业重点发展新一代移动通信、下一代互联网、三网融合、物联网、云计算、集成电路、新型显示、高端软件、高端服务器和信息服务。生物技术产业加快发展生物医药、生物育种、生物材料、生物能源。高端装备制造产业重点发展航空装备、卫星及应用、轨道交通装备、海洋工程装备和智能制造装备。新能源产业重点发展新一代核能、太阳能热利用和光伏光热发电、风电技术装备、智能电网、生物质能。新材料产业重点发展新型功能材料、先进结构材料、高性能纤维及其复合材料、共性基础材料。新能源汽车产业重点发展高安全动力电池、高效驱动电机、高性能动力系统等关键技术。战略性新兴产业增加值要占国内生产总值比重的15%左右，战略性新兴产业的人才需求将不断扩大。

　　4. 现代服务业发展潜力巨大

　　现代服务业是国家转型发展的重头戏。第二产业中的大型企业正通过各种手段积极推进优化转型。与此同时，庞大的现代服务业本身也在思考着结构优化、转型发展，以实现自我升级。现代服务业相对于传统服务业，有着"三高一低"的特点。三高是指高附加价值、高知识密集和高集聚度。最明显的是高附加价值，高端层面的服务业附加价值可以占到整个产值的67%以上，而传统的服务业和工业只有30%左右。其次，是高知识密集和高集聚度的特点，比如金融、咨询、法律行业，只能集聚在大城市，因为高集聚和高辐射是连在一起的。上海之所以能成为国际金融中心，是因为这里是所有银行总部和大型投行的集聚地，能做所有的大型业务，这些业务可以辐射到全国乃至整个亚洲或者全球。"一低"是指对资源的占用很低，对土地资源、人力资源、水资源的依赖性较低。比如高盛这样的企业所占据的实际办公面积并不大，却能够创造出高附加价值。现代服务业必须包含两个要素：一是现代的科学技术；二是现代经营模式。现代服务业是比较典型的知识密集型服务。网络化作业、规模化经营、品牌化运作等，这些是现代服务业常见的共同特点。现代服务业同样希望吸纳更多的高层次人才。

（三）国内产业布局调整和转型升级带来的就业机会

2017 年 6 月，武汉东湖高新区与小米签署了小米（武汉）总部、小米之家销售总部、小米长江基金等合作协议，小米（武汉）总部揭牌。从大数据、AR、VR，到人工智能、量子计算，科大讯飞、奇虎 360、小红书、海康威视等数十家知名互联网企业也在武汉设立第二总部或研发中心。同年，中兴投资在四川宜宾建造了无线基站、路由器、交换机等网络设备制造工厂。从 2019 年开始，始建于福建宁德的全球最大动力电池厂家宁德时代陆续与宜宾市签署一到六期制造基地。在宁德时代的公告中，第一期和第二期投资不超过 100 亿人民币，第三期和第四期总投资不超过 100 亿人民币；2021 年 2 月 2 日审议通过的《关于投资建设动力电池宜宾制造基地五、六期项目的议案》，拟在四川省宜宾市临港经济技术开发区内投资建设动力电池宜宾制造基地五、六期项目，项目总投资不超过人民币 120 亿元。2021 年 6 月，宁德时代动力电池一期项目首先投产运行，这些项目陆续投产后，宜宾市了新增大量的就业岗位。类似的例子还有很多，深圳的迈瑞都在武汉建立基地；深圳的富士康 2010 年开始大举搬迁到郑州；深圳比亚迪在重庆建立动力电池生产基地等，这些企业由沿海城市向内陆城市的发展史也折射出了中国内地产业转型升级的历史。

2014 年 6 月 25 日，国务院总理李克强主持召开国务院常务会议，确定促进产业转移和重点产业布局调整的政策措施。会议指出，顺应经济发展规律，引导东部部分产业向中西部有序转移，对于促进区域梯度、联动、协调发展，带动中西部新型城镇化和贫困地区致富，拓展就业和发展新空间，推动经济向中高端水平跃升，具有重大意义。

从国家层面来看，促进产业转移和重点产业布局调整，是对我们实施多年的西部大开发战略，打造"新丝绸之路经济带"的政策支撑，支持中西部地区深入融入"一带一路"倡议的建设，促进中西部地区在更大范围、更高层次上开放，也是推进产业结构调整、加快经济发展方式转变的必然要求。把培育新的区域经济带作为推动发展的战略支撑，是政府确定的一项重要工作内容。当前，中国经济发展仍存在区域不平衡，东西部差距依然明显，通过产业转移和重点产业布局调整，将深化区域合作，促进要素自由流动，能够实现东中西部地区良性互动，逐步形成分工合理、特色鲜明、优势互补的现代产业体系，不断增强中西部地区自我发展能力，带动区域互动合作。产业转移也会促进中西部地区引进更多高层次人才，无疑为大学生特别是中西部地区高校毕业生提供了更多的就业机会。

就业形势对就业的影响还包括其他方面，如不同地区经济发展状况、劳动力市场的情况等。就业形势有对就业有利的一面，也有不利的一面，对每个毕业生的情况也不尽相同。大学生要学习自己独立地收集相关资料，独立地分析判断就业形势，做出正确的选择。

第二节　大学生就业制度和政策

大学生要了解就业相关的制度和政策，知晓就业工作的运作机制，努力做到对就业问题充分准备，主动出击、从容应对、顺利就业。

一、大学生就业制度概述

我国经历了从计划经济到市场经济两种体制的转变过程，大学生就业制度也随之转变。总体来说，大学生就业从纯粹的计划经济也就是统包统分转向双向选择，市场经济制度逐步在人才资源配置过程中起到了主要作用。

计划经济体制下的统包统分制度有其历史必然性和时代意义，在当时达成了制度均衡。新中国成立后，国家经济建设和重点建设项目需要大量人才。在此背景下，我国实行计划分配这种制度安排，一方面有利于国家对人才资源的宏观调控，另一方面在很大程度上鼓舞了年轻知识分子建设国家的热情。政府开列计划，学校开设专业，学生就业由政府包揽，这体现了社会主义制度的高效率。随着经济体制的改革，计划体制的弊端也开始日益显露：在分配计划中，很多学生所分配的工作岗位与所学专业并不对口，学非所用，造成了人才资源的浪费。政府行政主导型的运行机制使得学校处于从属地位，缺乏与用人单位直接沟通的渠道，高校的专业设置、课堂教学存在与需求脱节的问题。而计划分配制度也影响了用人单位择优选拔的积极性和自主性，大学生的竞争和自主意识也不能很好地调动起来。在这种情况下，以市场为导向的就业制度应运而生。

目前我国大学生就业实行的是"市场导向、学校推荐、学生和用人单位双向选择"的就业制度，取得了良好的运行效果。第一，大学生的就业自主性得到了充分发挥，很多大学生能自主择业、自谋职业甚至自主创业；第二，用人单位也具备了主动权，可根据岗位要求，招聘与之需求相符的毕业生，减少人才资源的浪费；第三，与市场配置占主导的就业制度相呼应的是高校内部的教育管理制度的改革，包括教学计划改革、教学管理改革、课程建设改革、培养方式改革等；第四，国家坚持以市场为导向，相继出台了一系列引导毕业生面向基层和西部地区就业、灵活就业、自主创业的政策文件，在国家宏观调控和相关政策的引导下，毕业生面向基层和西部地区就业人数和比例不断增长，缓解了部分劳动力市场结构失衡平衡问题。当然，现行就业制度在现有阶段也存在缺陷，如户籍制度改革不彻底，社会保障制度不完善等。就业工作的市场化发展趋势与人才市场发育滞后的矛盾、导向性政策与配套性政策失衡的矛盾等也集中表现出来。虽然这不是一朝一夕能改变的，但政府一直致力于改进和完善就业政策，以适应大学生就业发展趋势。

二、国家就业政策

针对高校毕业生就业的严峻形势，国务院于 2021 年印发了《"十四五"就业促进规划》国发〔2021〕4 号指出要高度重视就业问题，实施就业优先战略，拓宽高校毕业生市场化社会化就业渠道。结合国家重大战略布局、现代产业体系建设、中小企业创新发展，创造更多有利于发挥高校毕业生专长和智力优势的知识技术型就业岗位。健全激励保障机制，畅通成长发展通道，引导高校毕业生到中西部、东北、艰苦边远地区和城乡基层就业。围绕乡村振兴战略，服务乡村建设行动和基层治理，扩大基层教育、医疗卫生、社区服务、农业技术等领域就业空间。为有意愿、有能力的高校毕业生创新创业提供资金、场地和技术等多层次支持。

（一）鼓励去基层工作

符合条件的给予社保和岗位补贴，并有代偿学费和助学贷款政策。到城乡基层一线工作，既能实现就业，又能得到锻炼，是大学生就业的大方向。为鼓励高校毕业生去基层就业，国家推行就业补贴政策，对到农村基层和城市社区从事社会管理和公共服务工作的高校毕业生，符合公益性岗位就业条件并在公益性岗位就业的，给予社会保险补贴和公益性岗位补贴。对到基层其他岗位就业的，给予薪酬或生活补贴。据国家人力资源和社会保障部负责人介绍，基层社会管理和公共服务岗位，包括村干部、支教、支农、支医、乡村扶贫，以及城市社区的法律援助、文化科技服务、养老服务等岗位。其中，公益性岗位是指全部由政府出资开发，以满足社区及居民公共利益为目的的岗位。其他岗位，是指在街道社区、乡镇等基层开发或设立的相应岗位。为缓解到基层就业毕业生的后顾之忧，推行学费和助学贷款代偿政策，对到中西部地区和艰苦边远地区县以下农村基层就业并履行一定服务期限的高校毕业生，应征入伍服义务兵役的高校毕业生，实施相应的学费和助学贷款代偿。同时，对有基层经历的高校毕业生在公务员招录和事业单位选聘时实行优先原则，在地市以上党政机关考录公务员时进一步扩大对其招考录用的比例。

（二）鼓励到中小微企业就业

中小微企业是吸纳高校毕业生就业的主要渠道。《国务院关于进一步做好普通高等学校毕业生就业工作的通知》国发〔2011〕16 号提出，对招收高校毕业生达到一定数量的中小企业，地方财政应优先考虑安排扶持中小企业发展资金，并优先提供技术改造贷款贴息。对劳动密集型小企业当年新招收登记失业高校毕业生达到一定比例的，可按规定申请最高不超过 200 万元的小额担保贷款，并享受财政贴息。对企业招收就业困难高校毕业生、签订劳动合同并缴纳社会保险费的，按规定给予社会保险补贴。高校毕业生到中小企业就业的，在专业技术职称评定、科研项目经费申请、科研成果或荣誉称号申报等方面，享受与国有企事业单位同类人员同等待遇。

（三）鼓励参与科研项目

鼓励承担国家和地方重大科研项目的高校、科研机构和企业积极聘用优秀毕业生参与研究，给予其劳务性费用和有关社会保险费补助。高校毕业生参与项目，既可以促进科研的发展，又可以延长毕业生学习和研究时间，对缓解当前就业压力有积极作用；同时，毕业生户口、档案可存放在项目单位所在地的人才交流机构，聘用期满可续聘或到其他岗位就业，聘用期间工龄、社会保险缴费年限连续计算。鼓励国有大中型企业特别是创新型企业更多地吸纳有技术专长的毕业生充分发挥高新技术开发区、经济技术开发区和高科技企业集中吸纳高校毕业生，以加强人才培养使用和储备；支持困难企业更多地保留大学生技术骨干，并给予社会保险补贴、岗位补贴或职业培训补贴。

（四）鼓励自主创业

大学生自主创业 3 年内免收行政事业性收费，可申请 5 万元小额担保贷款，享受"一条龙"指导服务。自主创业是大学生就业的重要增长点。据麦可思公司的调查报告显示，虽然近年来大学生自主创业呈上升趋势，但 2020 届应届毕业生中自主创业的比例仅为 1.3%。创业难度很大，潜力也很大。鼓励大学生自主创业的关键是加大政策扶持和服务力度。

缺乏创业资金是大学生自主创业的主要困难。对此，国家推出了一系列税费减免政策和小额贷款政策，对毕业生从事个体经营符合条件的，3 年内免收行政事业性收费。登记失业高校毕业生可申请不超过 5 万元的小额担保贷款；合伙经营和组织起来就业的，可适当扩大贷款规模；对从事微利项目的享受贴息扶持。有创业意愿的高校毕业生参加创业培训的，按规定给予职业培训补贴。有关部门还将强化高校毕业生创业指导服务，提供政策咨询、项目开发、创业培训、创业孵化、小额贷款、开业指导、跟踪辅导的"一条龙"服务，并建设完善一批大学生创业园和创业孵化基地，给予相关政策扶持。

各地方政府为鼓励大学生创业，也纷纷采取了系列措施，为高校毕业生创业铺路搭桥，如浙江杭州作为电子商务之都，对立志创业的大学生，给予了更有力的"财援"，自 2013 年 9 月起，各项政策支持力度加大，具体如下：

完善金融扶持政策——大学生创业可申请贷款 10—50 万元，如果创业失败，贷款 10 万以下的由政府代偿，贷款 10 万以上的部分，由政府代偿 80%。大学生从事家政、养老和现代农业创业，政府给予 10 万元的创业补贴。

落实财税减免政策——对高校毕业生创办的纳税确有困难的中小企业，报经地税部门批准，可予以减免房产税和城镇土地使用税。对毕业 2 年以内的高校毕业生从事个体经营的，按每户每年 2000 元的限额减免地方水利建设基金，优惠期为 3 年。对高校毕业生从事有关个体经营的，在 3 年内按每户每年 8000 元为限额依次扣减其当年实际应缴纳的营业税、城市维护建设税、教育费附加和个人所得税。

鼓励支持网络创业——毕业 2 年以内的高校毕业生从事电子商务经营并通过网上交易平台实名注册认证的，经人力社保、财政部门认定，可按规定享受小额担保贷款和贴息政策支持。对按规定缴纳社会保险费满一年的，可给予一次性自主创业社会保险补贴。

三、四大就业项目

（一）西部计划

"大学生志愿服务西部计划"，又称"西部计划"，是中央部门组织实施的 4 大基层就业项目之一。它是由共青团中央、教育部、财政部、人力资源与社会保障部等部委于 2003 年根据国务院有关要求共同组织实施的大学生基层就业计划。西部计划从 2003 年开始，按照公开招募、自愿报名、组织选拔、集中派遣的方式，每年通过笔试、面试招募一定数量的普通高等院校应届毕业生，以志愿服务的方式到西部贫困县的乡镇从事为期 1—3 年的教育、卫生、农技、扶贫及青年中心建设和管理等方面的志愿服务行动。

1. 主要服务地

西部计划的服务地主要是内蒙古、广西、重庆、四川、贵州、云南、西藏、陕西、甘肃、青海、宁夏、新疆和新疆生产建设兵团等西部 22 个省（区、市）。

2. 选拔资格

（1）具有志愿精神；（2）学分总绩点（或学业成绩）排名在本院系同年级学生总数前 70% 之内；（3）通过毕业体检和西部计划体检；（4）获得毕业证书并具有真实有效居民身份证；（5）大专以上学历优先；（6）优秀学生干部和有志愿服务经历者优先；（7）西部急需的农、林、水、医、师、金融、法学类专业者优先；（8）入学前户籍所在地在西部地区者优先；（9）已录取为研究生的应届高校毕业生和在读研究生优先；（10）参加基层青年工作专项行动的志愿者应累计 1 个月以上的基层工作、志愿服务经历或者曾获校级以上表彰奖励、担任过各级团学生组织主要负责人；（11）鼓励已被录取为研究生的应届高校毕业生和在读研究生报名参加西部计划。

3. 服务保障

（1）经费保障。中央财政按照西部地区每人每年 3 万元（南疆四地州、西藏每人每年 4 万元）、中部地区每人每年 2.4 万元的标准给予补助。地方各级财政统筹中央财政补助资金和自身财力，按月发放志愿者工作生活补贴，承担志愿者社会保险单位缴纳部分。按照人社部发〔2009〕42 号文件要求，各地可参照当地乡镇机关或事业单位从高校毕业生中新聘用工作人员试用期满后的工资收入水平，确定西部计划志愿者工作生活补贴标准，并为在艰苦边远地区服务的志愿者提供艰苦边远地区津贴。服务单位为志愿者提供交通、住宿、伙食等方面的便利。(2)志愿者服务期满 2 年考核合格的，服务期满后 3 年内报考研究生，初试总分加 10 分；同等条件下优先录取。(3)参加西部计划项目前无工作经历的志愿者服务期满且考核合格后 2 年内，在参加机关事业单位考录（招聘）、各类企业吸纳就业、自主创业、落户、升学等方面可同等享受应届高校毕业生的相关政策。(4)服务期满考核合格的，按规定符合相应条件的，可享受相应的学费补偿和助学贷款代偿政策。(5)服务期满考核合格的，依实际服务年限计算服务期及工龄（参加工作时间按其到基层报到之日起算），并在服务证书和服务鉴定表中体现。(6)服务期满 1 年且考核合格后，可按规定参加职称评定。(7)出省服务的和在本省服务的志愿者享受同等优惠政策。(8)按照全国项目办有关要求，为每名西部计划志愿者购买重大疾病、人身意外伤害等商业保险。

（二）三支一扶

"三支一扶"，是指大学生在毕业后到农村基层从事支农、支教、支医和扶贫工作。计划的政策依据是国家人事部（现人力资源和社会保障部）2006 年颁布的第 16 号文件《关于组织开展高校毕业生到农村基层从事支教、支农、支医和扶贫工作的通知》，其目的在于为高校毕业生向基层单位落实就业问题提供具体的指导和保障。通过公开招募、自愿报名、组织选拔、统一派遣的方式，从 2006 年起，每年招募 2 万名左右高校毕业生，主要安排到乡镇从事支教、支农、支医和扶贫工作。工作时间一般为 2 年，工作期间给予一定的生活补贴。工作期满后，自主择业，择业期间享受一定的政策优惠。

1. 招募条件

招募对象是各省普通高校应届毕业生，不含定向、委培生和已落实就业单位的毕业生。其基本条件是：(1)政治素质好，热爱社会主义祖国，拥护党的基本路线和方针政策；(2)大学专科以上学历，具有工作岗位所需要的专业知识；(3)具有敬业奉献精神，遵纪守法，作风正派；(4)身体健康。

2. 服务保障

(1)落实工作生活补贴。"三支一扶"人员工作生活补贴标准按照当地乡镇机关或事业单位从高校毕业生中新聘用工作人员试用期满后的工资收入水平确定，并根据物价、同岗位人员待遇水平等动态调整。在艰苦边远地区服务的，享受艰苦边远地区津补贴。中央财政补助标准为西部地区每人每年3万元（其中新疆南疆四地州、西藏自治区每人每年4万元），中部地区每人每年2.4万元，东部地区每人每年1.2万元。(2)落实社会保险等待遇。"三支一扶"人员按规定参加基本养老、基本医疗、工伤保险。各地可根据实际，按规定为"三支一扶"人员办理补充医疗保险、重大疾病、人身意外伤害等商业保险以及住房公积金。中央财政按照每人3000元的标准，为新招募且在岗服务满6个月以上的人员发放一次性安家费。各地要为"三支一扶"人员提供交通、住宿和伙食等方面便利，参照本单位工作人员标准给予相应补助。(3)加大机关定向考录和事业单位专项招聘力度。落实公务员定向考录政策，各省（区、市）每年应拿出公务员考录计划的10%左右，面向"三支一扶"计划等服务基层项目人员定向考录。各省（区、市）县乡基层事业单位公开招聘时，应根据本地区实际拿出一定数量或比例的岗位，对"三支一扶"服务期满考核合格的人员进行专项招聘，并增加工作实绩在考察中的权重。(4)支持继续学习深造。期满考核合格的"三支一扶"人员，三年内参加全国硕士研究生招生考试的，初试总分加10分，同等条件下优先录取；可按规定享受学费补偿和助学贷款代偿政策。(5)促进多渠道就业创业。参加"三支一扶"计划前无工作经历的人员期满且考核合格的，两年内在参加机关和企事业单位考录（招聘）、自主创业、落户、升学等方面可同等享受应届毕业生相关政策。

（三）特岗计划

"特岗计划"是农村义务教育阶段学校教师特设岗位计划的简称。此计划是通过公开招募高校毕业生到西部"两基"攻坚县县以下农村义务教育阶段学校任教，引导和鼓励高校毕业生从事农村教育工作，逐步解决农村师资总量不足和结构不合理等问题，提高农村教师队伍的整体素质。特岗教师聘期3年。

1. 实施范围

山西、内蒙古、安徽、江西、河南、湖北、湖南、广西、海南、重庆、四川、贵州、云南、陕西、甘肃、宁夏、新疆、青海、河北、辽宁、吉林、黑龙江以及新疆生产建设兵团。"特岗计划"的岗位设置相对集中，原则上优先满足村小、教学点的教师补充需求，加强体音美、外语、信息技术等紧缺薄弱学科教师的补充。

2. 招聘条件

（1）全日制普通高校师范类专业应届本、专科毕业生。（2）全日制普通高校具备教师资格条件的非师范类专业应届本科毕业生。（3）取得教师资格，同时具有一定教育教学实践经验、年龄在30岁以下且与原就业单位解除了劳动（聘用）合同或未就业的全日制普通高校往届本科毕业生。（4）政治素质好，热爱社会主义祖国，拥护党的各项方针、政策，热爱教育事业，有强烈的事业心和责任感，品行端正，遵纪守法，在校或工作（待业）期间表现良好，未受过任何纪律处分，为人师表，志愿服务农村基层教育。（5）符合教师资格条件要求和服务岗位要求（应聘初中教师的学历要求原则上为本科及以上，所学专业与申请服务的岗位学科一致或相近）。（6）身体条件。身体条件符合规定要求，并能适应设岗地区工作、生活环境条件。

（四）村干部计划

大学生村干部工作是国家开展的选派项目。2008年，中组部和教育部、财政部、人力资源社会保障部联合下发《关于选聘高校毕业生到村任职工作的意见（试行）》，在31个省区市和新疆生产建设兵团部署开展大学生村干部工作。大学生村干部岗位性质为"村级组织特设岗位"，系非公务员身份，其工作、生活补助和享受保障待遇应缴纳的相关费用由中央和地方财政共同承担。大学生村干部的工作管理及考核比照公务员有关规定进行，由县（市、区）党委组织部牵头负责、乡镇党委直接管理、村党组织协助实施；人事档案由县（市、区）党委组织部管理或县（市、区）人力资源和社会保障部门所属人才服务机构免费代理，党团关系转至所在村。

1. 选聘条件

选聘对象原则上为全日制本科及以上的学生党员或优秀学生干部。选聘的基本条件：思想政治素质好，作风踏实，吃苦耐劳，组织纪律观念强；学习成绩良好，具备一定的组织协调能力；自愿到农村基层工作；身体健康。选聘对象和选聘条件的具体规定，由省（区、市）党委组织部根据实际情况确定。大学生村干部选聘工作由省（区、市）组织人事部门定期、统一组织实施，或者由省、市两级组织人事部门共同组织实施。选聘工作一般通过发布公告、个人报名、资格审查、考试、组织考察、体检、公示、决定聘用、培训上岗等程序进行。由县（市、区）组织、人力资源和社会保障部门与大学生村干部签订聘任合同，聘期一般为 2 至 3 年。

2. 保障政策

（1）新聘任大学生村干部补贴标准比照本地乡镇新录用公务员试用期满后工资水平确定，并随之同步提高。在艰苦边远地区工作的，按规定发放艰苦边远地区津贴。（2）大学生村干部聘用期间，按照当地对事业单位的规定，参加相应社会保险，并办理重大疾病、人身意外伤害商业保险。（3）符合国家学费补偿和助学贷款代偿政策规定、聘期考核合格的大学生村干部，其学费和国家助学贷款由财政补偿和代偿。（4）在村任职 2 年以上，具备选调生条件和资格的，经组织推荐，可参加选调生统一招考。（5）聘用期满、考核称职的大学生村干部，经县级组织、人力资源和社会保障部门同意，可参加面向大学生村干部等基层服务人员的公务员定向招录。（6）除实行职业资格准入和专业限制的岗位之外，县（市、区）、乡镇事业单位每年在公开招聘工作人员时，要拿出一定比例定向招聘服务期满、考核称职的大学生村干部。（7）聘用期满、考核称职的大学生村干部，报考研究生享受增加分数等优惠政策，同等条件下优先录取。（8）被党政机关或企事业单位正式录用（聘用）后，在村任职工作时间可计算工龄、社会保险缴费年限。（9）到西部和艰苦地区农村任职的，户口可留在现户籍所在地。

各类基层工作项目的情况列示如下（见表 10-1）：

表 10—1 大学生基层工作项目一览表

项目名称	工作主要目的	牵头单位及实施主体	入口条件	程序	数量规模及其身份	报酬及经费来源	聘期及期满出口
大学生村官	培养锻炼新农村建设骨干力量和党政干部后备人才	于 2008 年 3 月在全国部署开展，由中组部牵头，省区市组织、人事部门组织实施	全日制普通高校专科学历以上毕业生，重点是本科以上学历和中共党员、学生干部	个人报名、资格审查、考试考察、体检公示等	5 年选聘 10 万名，身份是"村级组织特设岗位"人员，担任村党"两委"干部、村党组织书记助理、村委会主任助理	工作生活补贴比照从高校毕业生中新录用乡镇公务员试用期满后的工资水平，办理医疗、养老、人身意外伤害等保险，经费由中央和地方财政共同承担	聘用期为 2—3 年，期满后的"出口"是鼓励留任村干部、择优选拔基层领导干部和公务员、扶持自主创业、引导另行择业、继续学习深造
"三支一扶"	通过开展支农、支教、支医和扶贫工作，促进农村社会事业基层社会发展	于 2006 年部署开展，由人力资源和社会保障部牵头，省区市人事、教育部门组织实施	普通高校应届毕业生	公开招募、自愿报名、组织选拔	每年选派 2 万名，身份是"三支一扶"志愿者	中央财政补助标准为中、东部地区每人每年 3 万元，中、西部地区 2.4 万元（其中新疆南地州、西藏自治区每人每年 4 万元），地方按照事业单位从高校毕业生中新聘用工作人员试用期满后的工资收入水平确定	总的原则是自愿服务、期满自主择业。服务期为 2—3 年，期满后一定事业单位专门聘用，报考研究生、公务员加分，优先录用

续表

项目名称	工作主要目的	牵头单位及实施主体	入口条件	程序	数量规模及其身份	报酬及经费来源	聘期及期满出口
农村教师特岗计划	加强西部"两基"攻坚县农村义务教育阶段学校的教师队伍建设	于2006年开始实施,由教育部负责牵头和组织招聘	高等师范院校及其他院校应届毕业生、具有教师资格和实践经验的高校毕业生	公开招聘	根据实际情况确定招聘人数,身份是"特设岗位教师"	执行国家统一的教师工资制度和标准,纳入当地社会保障体系,经费由中央和地方财政共同承担	聘期为3年,期满后鼓励继续留在本地学校的,对自愿留在本地学校的,负责安排落实工作岗位
志愿服务西部计划	弘扬志愿精神,鼓励优秀青年投身西部大开发战略,为西部地区农村经济社会发展做出贡献	于2003年启动,由团中央负责牵头和组织招募	普通高校应届毕业生	公开招募、自愿报名	每年派遣7 000名,身份是西部计划志愿者	中央财政补助标准是中、西部地区每人每年2.4万元,3万元(其中新疆南疆四地州、西藏自治区每人每年4万元),地方各级财政统筹中央财政补助资金和自身财力,按月发放志愿者工作生活补贴,承担志愿者社会保险单位缴纳部分	服务期为1—3年,服务期满后自主择业,公务员加分政策,鼓励扎根基层或报考研究生,享受颁发服务证书和奖章

第三节　如何把握就业机会

目前，大学生就业形势依然严峻，但是，要看到严峻之中也有机会。大学生一方面要坚定信心，另一方面要稳妥应对，把握就业机会。

一、调整就业观念

我国因经济持续发展和产业结构转型等的变化，也存在着很多就业机会。在复杂的形势下，只有树立正确的就业观念，才能实现成功就业。上海交通大学公共关系研究中心、上海交通大学社会调查中心曾针对中国 33 个城市 123 所高校的 12 000 余名在校大学生、研究生展开调研，主要了解大学生群体的择业倾向和优先考虑因素。调查结果显示，受访大学生中，择业时在薪酬待遇、未来的工作地点选择方面，大学生择业日趋理性，如在地域的选择上不再只考虑北上广，相当一部分学生开始考虑二线城市，同时也存在害怕吃苦、过分看重经济利益、对自身认知不足、目光短浅、容易从众等非理性观念。

（一）调整观念，理性就业

【案例 10-1】　及早做好规划　提升自身实力

李明是某 211 大学财会专业的学生。上大学时填报志愿是父母帮忙拿主意的，因为家长们认为财会专业将来毕业了不愁找工作。但是在学习了半年后，李明发现自己不喜欢财会专业，而他的成绩也达不到转专业的要求。于是，李明经过仔细思考，结合自己擅长跟人打交道的特点，决定辅修市场营销专业，并在大学期间积极参加各类市场营销的实践。通过学习和实践，他发现自己挺喜欢市场营销的工作，也具备了一定的能力。大四那年，在一个招聘会摊位前，李明看中了一家国内著名的太阳能热水器代理公司提供的职位——营销员，但公司要求应聘者是市场营销专业科班毕业的学生。李明决定碰碰运气。他问招聘人员公司为何只招聘市场营销专业的学生。招聘人员告诉他，公司要扩大业务，需要有市场开拓能力的学生。李明随即表示自己具备市场开拓能力，曾辅修市场营销，对该专业有一定了解，并列举了自己曾在某电动车厂实习时，参与开拓市场并取得不俗成绩的经历。李明的自我介绍和专业水准使招聘人员对他很满意。最后他顺利通过了面试，谋到了这个理想的职位。

【分析】

根据目前的就业形势，有相当部分的毕业生没有从事与自身专业有关的工作，这其中有就业者自身的原因，也有市场的原因。本案例当中的李明就是在大学求学过程中发现自己所读的专业不适合自己，从而及早地进行了规划，最终通过自身努力，跨专业求职成功。无论是何原因，通过正确的自我认识，早做准备早做规划，尽可能地拓展自身能力，对大学生求职都是十分必要的。

【案例10-2】 不恰当的自我评价会错失机遇

小陈来自四川，是广东某大学工商管理专业一名品学兼优的学生。大四刚开学，就有用人单位来学校招聘毕业生，班级同学都非常羡慕小陈，认为她那么优秀，一定可以找到非常理想的单位。而小陈也早早给自己定下了目标，非东部沿海不去，工作要稳定性较高，待遇至少在每月4 000元以上。而因为对自身情况比较自信，小陈放弃了学校的保研名额，她认为凭着自己的实力一定能找到理想的工作。小陈陆续向多家世界500强企业投递了简历，有些企业因为种种原因没有给她面试机会；有些企业在面试时表示该工作岗位需要经常在外出差，小陈拒绝了；小陈想做管理的工作，有些企业提供的工作与小陈的专业不是十分对口，因此小陈也拒绝了；因为小陈是四川人，也不是211以上院校的本科生，在北上广暂不能落户，有一家上海的企业、一家广东的企业对她有意向但暂不能帮她办理档案转接手续，因此小陈也放弃了。就这样，一直到大四第二学期，小陈还是没有找到特别满意的工作，她显得非常焦虑。

【分析】

一些大学生对求职择业的客观社会环境的估量不够准确，高估自己的知识和能力水平，一心追求大城市、高报酬、条件好的用人单位。在这种心理支配下，心理定位偏高，不愿吃苦，结果导致"高不成、低不就"，对稍不合心意的用人单位就加以拒绝，因此错失了很多就业机会。同样的，在求职过程中过分自卑，过低地评价自己，在择业过程中犹豫、退缩、自信心不足，不敢尝试，也同样会错失工作机会。

【案例10-3】　克服从众心理　广辟就业途径

曾有一篇《我为什么要辞职去卖肉夹馍》的文章在微信朋友圈里疯传。该文讲述了一个IT男从名校毕业后在北京著名互联网公司做"码农"，后因感觉工作枯燥，也因吃不上家乡正宗的肉夹馍，最终选择辞职创业开"西少爷肉夹馍店"的故事。也许是故事中的细节引起了诸多"北漂"的共鸣，也许是因为好奇有着互联网公司经历的人怎么去做了低端餐饮，也许是单纯被文章中的肉夹馍所诱惑，很多人追问："西少爷"是谁？他的肉夹馍怎么样？

在五道口清华科技园旁边，有着木制墙面、醒目红色招牌、不足10平方米的"西少爷肉夹馍店"正在营业。透过透明的玻璃可以直接看到操作台，除去崭新而专业的烘焙机器，还有不停忙碌的4个年轻人，伴随着他们的是刚刚营业的兴奋与忐忑。

仅在开业第一天的上午，迅速卖光的肉夹馍就让小伙伴们惊呆了。孟兵说："传统的店一天卖五六百个肉夹馍，生意就非常好了，我们开业前一天准备了1 200个，本来是一天的量。一开始担心卖不完，可是没想到上午11点就卖完了，中午又加工了3个小时，以为能支撑个两天，结果到下午5点又卖光了。"

其实，"西少爷"不是一个人，而是一群人，孟兵只是西少爷肉夹馍店的店主。这个由奇点兄弟控股的中餐连锁品牌，由数十名热爱西安美食的互联网、金融等领域从业者发起，因为创办者和产品都与西安有关，所以起名"西少爷"。而这些创业者们因为有着IT背景，在创业过程中选择了"O2O"（Online To Offline）这一线上营销，线下销售模式。只要刷新微信朋友圈，各种肉夹馍美图便噌噌地冒出来。"西少爷"通过"微信营销"，实现了潮流创业。

【分析】

本案例中的"西少爷"创业，走的是一条不同常规的道路。也许在众多人看来，在舒适的办公楼里，一台电脑，一杯咖啡，是多么舒适的生活，比起卖肉夹馍来说，要风光体面得多。但是这群年轻人没有遵循常人的眼光，而是听从了自己内心的意愿，选择了创业的道路，而在创业过程中，他们又能结合自己的IT背景做好线上营销，推动了创业的成功。在求职的过程中，也有一些同学由于人格发展还不够成熟，存在着从众心理，在择业过程中缺乏主见和竞争意识，容易为他人意见所左右，为舆论所左右，不能从自身需求和全面的角度考虑问题，这样的择业很容易导致后期满意度不高，缺乏工作动力，不能实现职业生涯的良性发展。

【案例10-4】　克服依赖症　增加独立性

小刘是某知名大学的一名毕业生，专业是人力资源管理。小刘平常在学校成绩挺好，就是凡事喜欢依赖父母，而因为是独生子女，父母也都凡事宠着她。大四毕业时，小刘想通过招聘找工作。1月份的一天，学校组织众多用人单位来校开展大型招聘，小刘的父母早早就来到现场，这家单位转转，那家单位转转，而小刘自己呢，直到早上九点多才姗姗来迟。在一家用人单位人力资源主管面前坐定之后，没等小刘自己开口，小刘的父母都着问了一大堆问题。就这样，转了好几家单位，投了好几份简历，但最终一份都没有结果。有一家单位的人力资源主管与身旁的同事讨论道："自己求职都要父母代劳，这样的人肯定缺乏独立意识，不适合做人力资源管理，因为做人力需要有识人的眼光，而一个连自己的问题都不能解决的人，又怎么会有自己的见解，能知人善任呢？"

【分析】

部分大学生心理成熟度不高，在学习期间也没有有意识地进行自我锻炼，在求职时依然存在较强的依赖心理，主要表现在两点：一是缺乏独立意识，择业时缺乏应有的分析问题的能力和决策能力。二是缺乏主动参与意识，择业时缺乏独立行动的能力。缺乏择业的主动性，依赖心理严重，会使自己在择业过程中处于劣势。

从以上案例中我们可以看出，大学生求职如持有理性的就业观念，能够提高求职成功率，而如果片面地抱有一些非理性的观念，那会阻碍自己的就业进程。

（二）就业需克服的几种非理性观念

在就业过程中我们要注意克服几种非理性的就业观念：

（1）当官端"铁饭碗"。有些大学生认为考上大学就是入了龙门，读书多就等于身价高，觉得当官才是正途，削尖脑袋往公务员队伍钻，非要端上"铁饭碗"。然而公务员名额毕竟太少，竞争太激烈，大多数人最终还是要调头。所以在就业过程中，要尽可能地全面做准备，不要孤注一掷，错失工作良机。

（2）盲目自信。在择业中，有的学生认为自己在择业中具有种种优势，学习成绩优秀，政治条件好，学校牌子硬，理所当然工作要比别人好。好高骛远，期望值过高，看不上这个单位，瞧不起那种职业，往往会和一些好的工作失之交臂。

（3）自卑畏怯。有些大学生觉得竞争激烈，自己技不如人，自卑心理使得自己缺乏竞争勇气，缺乏自信心，走进就业市场心里就发怵。参加招聘面试，有的面对招聘者结结巴巴，面红耳赤，一旦受到挫折，更缺乏心理承受能力，每每通过负面的心理暗示，总觉得自己确实不行。

（4）依附依靠。有的大学生自己不着急找工作，总想依靠父母，或是整天攀亲戚、拉关系，总想靠关系轻松谋职。部分学生缺乏主见，缺乏独立意识，出外求职，总爱拉朋友、同学相伴，把自己的命运交由家长或朋友驾驭，这种无主见无魄力的毕业生只会被用人单位抛弃。

（5）攀比与嫉妒。在求职中，大学生之间的攀比与嫉妒现象时有发生，他们互相攀比，比周围的同学哪个选择了知名度高、效益好的单位；哪个同学去了大城市或高层次部门。就是在这样盲目的攀比中，很多同学延误了就业时机。

（6）走捷径。有些大学生在求职过程中，不想着怎么通过自身努力，凭自身实力求职，而总想着打听各种小道消息，依靠"开后门"或多花点钱找到称心的工作，殊不知在就业的过程中存在很多骗局，越是想占便宜的人越有可能走入不法分子设下的圈套。

二、提升就业综合实力

大学生就业难固然存在一定的社会原因，然而同学们一定也发现了，不管在怎么样艰难的就业环境中，同样的学校、同样的专业，总有一些同学找到了理想的工作，但也总有些人只能失意地站在角落。究其原因，与自身就业综合实力有很大关系。从《职业》杂志与搜狐教育频道共同设计的《大学生就业职业指导现状》调查结果来看，被调查的 9 778 位学生中，有 52% 从没有研究过要找的行业是什么样的，对目标公司的选才要求和用人标准回答"不清楚"的人占23.9%，回答"还行吧，大概能想象"的人占33.9%，同时，有51.4%的人对"你清楚考虑过自己以后的职业发展吗?"感到茫然。这些问题反映出大学生职业观念不强，就业实践和探索不够，最终导致就业能力不足。在这一部分，我们就用一些案例来讨论如何提升就业综合实力。

【案例10-5】 莫笑生涯浑似梦，及时规划浪淘沙

现在就读于杭州某普通大学无机非金属专业的王强，他的职业理想却是与他所学的专业不太沾边的计算机类职业。因为高考的分数不高，填报志愿时，王强选择了录取率较高的无机非金属专业，但进入大学后，王强仍然觉得，自己的最大兴趣还是计算机编程。但他的成绩又不够转专业的条件。为此，王强通过修读第二专业，学习计算机。一个人同时要学两个工科专业，学习强度很大，但王强一直这样坚持着。做编程相关的工作需要有很强的动手能力，于是王强还注册了求职网站，寻找着与计算机专业相关的兼职工作。从电子商务营销专员，到网站编辑，再到Web前端开发，王强循序渐进，已经做了三份兼职，通过电子商务营销专员岗位，他的沟通和表达能力得到迅速提高，而通过网站编辑和前端开发的实习经历，计算机动手能力也得到极大增强。对王强来说，一颗上进的心，对不同的工作一次次的尝试，不断地体验和学习，让他一直都在充实着自己，丰富着自己的青春。"虽然每到期末考试，看到别的同学只需要考几门课，而我需要考十几门，最多的时候一天考三门，也会感到心力交瘁，但一想到自己有了实力，将来就业不愁，我就觉得又充满了干劲。还有每份兼职，对我来说都是锻炼自己的过程，在适应社会的过程中，我遇见了很多优秀的人，我喜欢他们身上那种上进的精神和对生活的执着。"大二下学期，王强参加了浙江省的职业生涯规划竞赛，以对自身和职业的清晰认识以及流利的表述，获得一等奖。

【分析】

王强是一位大二的学生，从刚开始的对职业规划感到迷茫，到后来的不断尝试，不断加强学习，王强不断通过自身努力探寻自己未来的道路，感到自己所学专业与将来想从事的工作不对口，王强并没有

放弃，而是把大量业余时间利用起来修读双专业。虽然在同学们看来，这样的生活太辛苦，但是没有付出就没有回报。从迷茫到正确定位再到后来的发展，就像是在林中寻路，每个人都只能走自己的那条路。然而不管走哪一条路，在就业的过程中，一定要及早准备，尽可能多学习、多实践、多寻找，采取各种途径帮助自己增强职业规划的能力，才能最终找到一条适合自己的道路。要知道，只有选对了方向，后面的努力才有成效。

【案例10-6】　纸上得来终觉浅，绝知此事要躬行

张超辉，这个在河北唐山一家名气不大的院校先读专科，继而考入本科，目前即将毕业的学生，却通过自身努力，找到了一份在某著名艺校做艺考培训讲师的工作。谦虚又自信、忙碌而充实，为就业早做准备是他的特点。用他自己的话说就是，"大学生做的兼职，我几乎没有啥没做过的"。专科三年，本科两年，在五年时间里，准备专升本考试的同时，张超辉摆过地摊、卖过电脑，但就读于播音主持专业的他所做的更多的兼职工作是与自己特长和专业相关的商演、婚庆主持、培训老师等。直到现在，张超辉仍对自己最开始做兼职的时候记忆犹新。"第一份兼职是师兄介绍的，当时，他因为有别的事情，让我在替他做婚礼的主持。"五年前，张超辉上大一，第一份兼职让这位初出茅庐的"主持人"紧张万分，"现在还记得当时的心情，虽然早就在下面把台词背得特别熟了，上台之后，还是很胆怯，很生涩。"像这样，做过几次主持的工作之后，张超辉有了一定的经验，他的表现也得到了他人的认可，"从那以后，我没少做这样的兼职，商演、婚庆，后来还在培训学校讲课，我对这类的工作也越来越喜欢。"张超辉做的工作也不局限于自己的专业。专科毕业后的暑假，两个来月的时间里，张超辉在数码城从事电脑维修和销售，"这份兼职让我学到了不少技能，现在谁的电脑出了问题，我基本上都能独立维修了，不仅让自己的生活多了很多便利，也能帮助身边同学和朋友。"张超辉相信，每一份付出都有回报，"不同的工作让我接触不同的人，不同的人给我不同的人生阅历和经验。"因此，他觉得，在大学里，只要不虚度光阴，不论做些什么，都是对自己的成长有益处的。"万事开头难，克服了自己内心的胆怯，利用大学的空闲时间，积累一些社会经验，在求职的过程中就会占有很大优势。"如今的张

超辉已经踏踏实实地积累了不少经验，"我考虑到现在做的艺考培训跟我的专业对口，也是自己的兴趣所在，虽然要经常出差，但我并不会觉得累。"

【分析】

大学里学习的很多知识是理论性的，要提升自己的实际就业能力，必须投身于实践。本案例中的张超辉在整个大学生涯不断地进行社会实践，积累工作经验，并不断加强学习。从专科到本科的五年时间内，张超辉用实践证明，没有高学历，没有名牌文凭，一样能成功就业。

通过上述两个案例我们不难看出，毕业生就业要提升就业综合实力，首先需要进行合理的规划，然后进行锲而不舍的努力，提升自己各方面的实力。职业意识的培育、知识的积累、工作技能的训练都同样重要。同学们在大学里，应注重进行职业生涯规划，并努力培养自己的通用能力和专业能力，增强社会适应能力、沟通能力、团队合作能力、组织管理能力等软技能，并通过专业知识学习和职业实践，提升自己的专业技能，最终凭借全面的综合实力，实现顺利就业、满意就业。

三、把握就业机会

求职过程是一个竞争的过程，也是不断提升自我的过程。总的来说，就业的机会更青睐大学四年辛勤努力的大学生，更偏爱对就业有准备的人。天上不会掉馅饼，要找到理想的工作，必须时刻牢记把握就业机会，正所谓"功夫不负有心人"。就业过程中每人面临的情况不同，应对方式方法各不相同，但不管如何，面对就业现实，都必须冷静观察、积极应对、及时把握。

【案例10-7】　"抱团"求职尽显集体智慧

山东财经大学会计学专业的大四毕业生曹阳和他的舍友们是"组团"找工作的受益者。曹阳宿舍一共六人，眼下都已经成功签到了理想的银行工作。他们宿舍是有明确分工的，比如有的专门留意本校的招聘信息，有的留意山大等其他主要学校的就业信息。"应聘阶段我们也是集体'组团'投放简历。"曹阳说："有些时候，各种应聘机会会撞车，比如山大企业宣讲会和其他学校招聘会同时举行，舍友们就会互相帮忙投递简历，这样就大大增加了应聘机会。当六个人统一排版的精美简历齐刷刷投放出去的时候，会形成'规模效应'，给招聘单位留下好的深刻的印象。"

【分析】

就业过程中巧借他人力量是一种值得借鉴的方法，正所谓"众人拾柴火焰高"。像本案例中的曹阳和他的舍友，相互帮助，通过明确的分工使每个人尽可能更多地获得就业信息，很好地把握了就业机会。而他们也善于通过规模效应给用人单位留下不一般的深刻印象，又增加了应聘成功的机会。

【案例10-8】　特殊求职方法吸引眼球

《南方周末》曾经刊登过这样一则新闻：在"史上最难就业季"，699万毕业生涌向市场，许多学生为了能够吸引到用人单位的眼球，在制作简历上下足了工夫。西南交通大学传播学大四女生田香凝创建了一个名为"田香凝的云简历"的微信公共账号，以文字、图片、声音和视频的"富媒体"形式来展现自己。短短的三天内，"田香凝的云简历"的公共账号粉丝数已突破500，有五家公司相继向她抛出了橄榄枝。

【分析】

田香凝，这个有想法的女孩，在就业大潮前，想到借鉴时下流行的社交工具微信来开展自我营销，她用这种新方式来推广自己取得了成功。在求职的过程中，恰当地展现自身特点，表现出与众不同的气质，更容易获得用人单位青睐。

【案例10-9】　关键时刻，特长帮忙

某大学经济管理学院毕业生黎明非常喜欢乒乓球运动，是大学校队的主力队员，曾多次代表学校参加比赛，获得多项殊荣。令黎明没想到的是，体育方面的爱好和优势竟成为其求职优势，乒乓球成为他求职成功的关键。在一次招聘会上，黎明看到某高校后勤集团要招聘"经理助理"一职，便投递了一份简历。公司经过面试，很快与他签订了就业意向。原来该高校各系部间每年都要举行一次乒乓球比赛，成绩作为各部门年终考核的一部分，而后勤集团多年来总是无缘进入决赛，于是公司领导让人事处在当年的招聘活动中优先考虑有打乒乓球特长者。因此，在诸多求职者中黎明脱颖而出，受到公司的青睐。

【分析】

用人单位有时不一定需要特别全面的人才，却急需合适的人才。在众多求职者中，黎明不是最优秀的，却是单位最需要的。大学生在求学期间要培养自己的业余特长，如运动特长、文艺特长等，说不定这种业余特长反而成为你日后求职成功的关键。

【案例10-10】　紧追不放，"无薪"求职

裔锦声在取得了华盛顿大学中文博士文凭后的一天，看到舒利文公司的招聘启事，要求求职者有商学院学位，并且至少有三年的金融工作经历，有能力开辟亚洲地区业务。裔锦声很快就整理好了个人简历给公司寄了过去，但是很遗憾没有回音。裔锦声没有放弃，从那以后，她每天与该公司联系，以至于公司的人事部负责人一听到是她的声音，就想着各种理由婉拒。最后，裔锦声鼓足勇气拨通了舒利文公司总裁电话，坦言道："我没有商学院学位，也没有金融业的工作经历，但我有文学博士学位。在读书期间，我也曾遇到许多的困难和歧视，但我没有退缩，更没有放弃，反而变得更坚强，我相信贵公司会为我提供一个施展才华的平台。如果公司感觉在我身上投资风险太大，可以暂时不用付我佣金。"总裁最终被打动，同意她来公司参加面试，通过七次严格的筛选，在众多的佼佼者中，裔锦声成了面试中唯一的胜利者。如今，裔锦声在华尔街建立了自己的重心集团，专为美国跨国银行和中国跨国企业提供全球人力资源与企业的管理咨询等业务。

【分析】

面对面试无望这一窘境，裔锦声没有气馁，最终鼓足勇气给总裁打电话，坦诚表达了自己的不足，但也亮出了自身的优势，达到了扬优补劣的效果。惊人的胆量和与众不同的优势让她最终赢得了就业机会。许多用人单位十分反感应聘者在薪资方面斤斤计较，尤其对初出茅庐，没有就业经验的大学生来说，更是如此。所以，如果你真是颗"金子"，在求职遭拒后不妨尝试一下"零报酬"，得到机会后再充分展现自己。

　　求职成功是多种因素综合的结果。同学们在平常应注重了解和观察，在就业时注意信息的收集，遇到挫折不气馁、适当展现自身的特色和实力，牢牢把握就业机会。

思考与练习

　　1. 对你来说，目前的就业形势利在哪里？弊在何处？

　　2. 想一想，接下来你将如何全面提升自身的就业综合实力？

　　3. 你觉得自己目前存在什么非理性的就业观念吗？如果有，你将如何调整？

第十一章　展开求职行动

跨入就业季的大学生开始直接面对应届毕业生求职高峰。随着毕业时间的临近，大学生求职的压力会越来越大。每年 9、10 月份陆续就有单位进入学校招聘毕业生。从以往就业情况看，找到一份工作并不太难，但要找到一份理想的工作却是一个不小的挑战。找工作本身就是一份工作。"不打无准备之仗"，这是大学生求职路上要铭记的一份叮嘱。临战之前，细心收集工作岗位的信息、拟定一份合乎实际又考虑周全的求职计划是必须要做好的功课。

第一节　收集和处理就业信息

就业信息在毕业生就业过程中起到十分重要的作用，它是毕业生求职择业的基础，是通向用人单位的桥梁，是择业决策的重要依据，更是顺利就业的可靠保证。就业信息是指通过各种媒介传递的与就业有关的资讯，包括国家和区域经济发展形势、趋势和规划、就业政策法规、就业体制、就业程序、就业方法以及工作岗位人才需求信息等。

一、就业信息的内容和要求

大学毕业生收集就业信息，主要包括以下四个方面的内容：

（一）国家发展形势、趋势和规划

高校肩负着培养中国特色社会主义事业合格建设者和可靠接班人的重大任务。大学生应了解国家政治、经济、文化等发展形势、趋势和规划，如政府工作报告、五年规划、远景目标等，积极响应国家号召，将自身发展和国家需求融为一体。

（二）就业政策与法规

了解国家及各地有关毕业生就业的政策、规定及通知，如《劳

动法》《劳动合同法》《反不正当竞争法》《国家公务员法》等。

（三）就业体制、就业程序、就业方法

就业体制。大学生应该清楚毕业生的就业是由国家、地方和学校的哪个部门或机构来负责管理指导的。当毕业生在求职过程中遇到了困难和问题时，就可以随时向有关的机构咨询。

就业程序。了解学校关于毕业生就业方面的有关流程，如就业协议书的签订流程、户口迁移流程、人事档案转接流程、报到证改派流程等。

就业方法。就业指导课提供的常用方法和往届毕业生的求职经验和建议等，都会为大学生的成功择业助上一臂之力。

（四）工作岗位人才需求信息

人才需求信息是毕业生在搜集就业信息时要着重搜集的部分，它直接关系到毕业生的择业方向和就业选择。主要包括：哪些单位在招聘人才，所需毕业生的专业、数量，工作岗位职责和技能需求，工资待遇和发展前景等。

同时，要掌握的用人单位相关信息，主要包括用人单位名称、性质、生产经营状况、盈利情况、所处区域、行业排名、行业前景、管理层情况、招聘员工数量趋势、招聘员工层次趋势、近三年员工离职率、业内人士评价等。此外，应尽可能了解企业文化、个人发展前景、工作条件、福利待遇、对人才的培养，以及用人单位对毕业生的安排使用意图等信息。

搜集就业信息是就业活动的第一步，谁能及时获取信息，谁就获得了求职择业的主动权。

收集就业信息要注意四个原则：

（1）准确性与真实性。这是信息的生命。切忌通过非正式或非法中介机构获取就业信息，警惕虚假信息和失效信息。

（2）计划性与条理性。明确信息收集的目的和方向，做好时间规划，妥善积累有效信息。

（3）实用性与针对性。毕业生首先要对自己有充分的认知，然后根据自己的专业、特长、能力、性格、气质等方面的因素收集与自己相关度更高的就业信息，避免收集范围过大难以把握。

（4）系统性与连续性。对已收集信息进行加工筛选，形成一种能

客观、系统反映当前综合情况的信息库，为自己的择业提供更可靠的依据。

二、搜集就业信息的途径和渠道

信息社会为大学生就业提供了更多元、更便捷的信息渠道。每一个与就业方面有关的单位就是一个信息源，这些信息通常会通过各种途径发布出来，主要有：（1）各级政府、社会就业机构、学校毕业生就业工作主管部门；（2）大众传播媒介，如报纸、杂志、广播、电视等媒体；（3）人才市场、校园宣讲会和毕业生供需见面会；（4）人际网络包括老师、校友、同学、朋友及家人等；（5）网络媒体，如综合类的搜索网站和门户网站，专业服务类的人才招聘网站和各地区各校就业信息网，网上学生社区等。

在市场经济环境下，用人单位的招聘信息大多通过各种途径公开发布，大学生要注意收集和加工处理。大学生获取这些求职信息的途径，主要来自以下几个方面：

（一）学校就业工作部门

学校毕业生就业工作部门是学校的一个职能部门，其主要职责是对毕业生进行就业政策咨询与就业指导；收集、整理、发布用人单位的就业信息；收集、整理、发布毕业生基本情况；向用人单位推荐毕业生；整理和发布就业信息。学校毕业生就业工作部门在与用人单位的多年交往中，与用人单位取得了联系，并建立起了良好的、相对稳定的关系。经过学校毕业生就业工作部门的筛选和分类的用人单位信息，其可信度高、信息量大。学校毕业生就业工作部门获得的信息有以下几个特点：一是针对性强。一般用人单位是在掌握了学校的专业设置、生源情况、教学质量等信息后，才向学校发出需求信息的，这些信息许多是针对该校应届毕业生的。二是可靠性高。为了对广大毕业生负责，在把用人单位发送给学校的需求信息公布给学生之前，学校就业指导部门要先对就业信息进行审核，从而保证了就业信息的可靠性。一般情况下，毕业生只要符合条件并善于把握的话，在学校召开供需见面会时，供需双方面谈以后条件合适的，很快就能签下就业协议书。

（二）学校专业教师或科技导师

毕业生所在学校工作、任教的教师，比一般人更了解本专业毕业生适合就业的方向和范围。在与校外的研究所、企业、公司合作开发科研项目或兼职教学、培训活动中，熟悉这些用人单位的经营状况、工作环境和人才需求情况，他们提供的信息针对性强，更能满足学生对专业发展的要求。因此，毕业生可以通过自己的老师获得有关用人单位的相关信息，从而不断充实自己的信息库，且可以直接通过老师作为推荐人或引荐人，以此增加自己求职成功的可能性。用人单位在求职者中挑选出合适人选是需要非常多精力，花费大量成本的。如果在招聘中有老师稍加推荐，那么被录用的概率就会大幅度增加。

（三）网络媒体

网上搜寻就业信息已成为如今大学毕业生最常用的求职手段之一，特别是移动互联网的发展，越来越多的企业通过微博、微信这类更为方便快捷的新媒体途径发布招聘信息。网上求职，最大的优势在于方便快捷，即使毕业生身在异地也能获得大量招聘信息及就业机会，它跨越时空界限，突破了人才信息与招聘信息难以沟通的种种限制，打破了单向选择的人才交流传统格局。用人单位和毕业生可以通过网络互相选择、直接交流。网络招聘有很强的时效性，低成本、针对性强的特点，随着网络信息化的进程加快，越来越多的就业通过互联网实现。

与此同时，与毕业生就业相关的专业招聘网站越来越多。一些网站以就业政策咨询为主，一些网站以提供就业需求信息为主，还有一些网站为毕业生介绍求职经验，提供就业创业指导，帮助其进行职业生涯规划分析。毕业生应多关注各大高校的就业信息网站，高校的就业信息网包含大量的与本校专业相关的各类招聘信息，尤其是本校的就业信息网，招聘单位与招聘岗位更具有针对性。如浙江工商大学就业信息网、台州学院就业信息网、浙江大学就业信息网等。

通过网络招聘收集就业信息的需要注意几点：

（1）有选择地进入正规、权威的网站。目前，人才招聘类专业网站不下数百个，但相当一部分的招聘网站是滥竽充数，有效信息量少得可怜，所谓的"最新招聘"常常是一个月前的信息。

（2）及时下载重要信息。在求职招聘的高峰期，招聘网站上的内容特别多，岗位、条件罗列一大堆。为防遗漏，又节省时间，最好是把网页上的内容先分门别类地下载到自己建立的专用文件夹的各目录中，等下线后，及时整理、处理信息，仔细分辨，谨防受骗。参加网上招聘活动，要提高警惕，认真辨析。

（四）人才招聘会

按照参与人数规模划分，招聘会可以分为大型的人才招聘会和中小型的专场招聘会。大型的人才招聘会是指当地人才市场或高校单独或联合举办的毕业生供需见面洽谈会。优点是能在较短的时间内汇集众多用人单位和大量的需求信息，缺点是受空间和时间的限制，现场交流的时间较为仓促。专场招聘会是指一家或几家招聘单位进高校，专门针对本校学生开展有目的性的招聘，因而时效性和针对性较强。按照时间节点划分，招聘会分为秋招和春招。秋招一般是 8 月初至 11 月下旬，其中 9 至 10 月被视作黄金期，俗称"金九银十"，绝大多数的大型企业都会将校招项目放在秋季启动。春招则集中在 3 月初至 5 月底，其中 3 至 4 月被视作黄金期，也就是所谓的"金三银四"，部分企业会在春节结束筹备春季校园招聘。近几年"云招聘（线上招聘会）""直播带岗"等新形式也为毕业生所接受。

毕业生参加各类招聘会应注意以下几点：

（1）精心准备。毕业生事先应准备好个人简历等有关应聘材料，要根据自己的实际情况把自己的基本情况、学习经历及求职意向表达清楚。在材料中注明自己的联系方式，使用人单位能及时与你取得联系。除了书面材料的准备，特别要注意自己的精神和精力准备，在与用人单位洽谈时要表现良好的精神面貌，充满自信，精力充沛，志在必得。

（2）整体把握。毕业生要及早进入招聘会现场，以充分的时间收集信息，了解行情，整体掌握到会单位的情况。注意不必太早与招聘者交谈，先浏览一遍整个会场，对到场的单位情况做初步的了解以后，再根据自己的求职意向，确定重点应聘单位，按顺序进入交谈。

（3）详细询问。毕业生在与用人单位面谈时要仔细地询问招聘单位的详细情况，包括单位的上级主管部门、所有制的形式、招聘的岗位和工作的内容、用工形式、工作的时间、薪金待遇等，同时注意听一下招聘者向其他求职者介绍的情况是否与你了解的情况一致，倾听其他求职者的议论，或征求别人的意见，待确认用人单位的情况比较适合后，再报名参加面试。

（4）注意形象。毕业生参加招聘会时要适当打扮，"包装"自己。在招聘现场要注意自己的一言一行，特别是在与用人单位交谈时要运用必要的礼仪和谈话技巧。面谈时，最好不让家长跟随在身边，以免给用人单位一种缺乏独立性的印象。

（5）及时联络。离开人才市场后要及时整理在人才市场搜集来的求职信息，并将其中重要的加以标记和摘录，对约定的会见要准时赴约。毕业生在招聘会后不能被动等待。因为用人单位会收到很多简历，可能有所遗漏，及时采用电话联系的方式，一方面表示自己对用人单位的尊重，另一方面传递出自己的诚意，给用人单位以深刻印象。

（五）社会关系网

大学生个人或家庭有一定的社会关系，这是就业信息的来源之一。毕业生的家长和亲朋好友在不同的岗位上工作，他们十分了解自己工作的单位，并与各部门有着较广泛的接触。知道本单位哪个部门需招聘人员、待遇如何，相关单位的用人需求信息，家长和亲友们都可以直接告知毕业生本人。现在校友资源也成为求职社会关系中的重要一环，学长们的经验介绍更为贴近大学毕业生的专业、爱好与世界观、人生观。尤其是在某一行业具有一定社会积累和社会威望的校友，往往偏好到母校招聘毕业生，这也成为毕业生获取就业信息的一个重要渠道。

（六）实习、实践和见习

大学生通过在校期间所从事的社会实践、实习、见习等活动，可以直接与用人单位接触，可以更清楚地了解目标职场的相关需求情况。在实习、实践过程中，大学生能全面、深入了解用人单位的真实情况，积累第一手信息，获取的层面更为直接有效。目前，越来越多的用人单位通过招收实习生，或者暑期实践计划来选拔毕业生，如绿城集团的雏鹰计划，龙湖地产的暑期储备干部等活动。大学生要利用、重视这个渠道，特别是大三、大四的暑期实习、专业实习、毕业实习，尽可能寻找目标职业或者目标单位，使实习实践活动与求职环节结合起来，一边实习一边搜集到相关的就业信息。

（七）各类就业服务机构

各级毕业生就业主管部门和人才服务机构，是沟通用人单位和大中专毕业生的桥梁和纽带，是为毕业生提供就业服务的专业机构。毕业生可通过他们组织的定期或不定期的人才交流洽谈会、大中专毕业生供需见面会或者就业服务机构发布的招聘岗位等活动获取需求信息，这也是获取信息的重要渠道。

（八）报刊、广播、电视等新闻媒体

这些传统媒体历来关注高校毕业生的就业情况。一些用人单位的简介、需求信息、招聘启事等都会在当地主要媒体登出、播报，或在报纸辟出专栏登载招聘信息。一些专门针对毕业生就业的期刊汇集了就业政策、就业指导和就业需求信息。由于是当地就业主管部门创办的，所以具有一定的权威性。每年在大学生毕业择业之际，广播、电视、报纸、杂志上都会有大量关于大学生就业的信息，包括就业政策、行业现状、职业前景、人才需求等方面的报道和分析。这些信息从不同侧面和角度反映了当年大学生就业的整体情况，受到招聘机构和求职者们的共同青睐。近年来，随着国家和社会对大学毕业生就业工作的重视，有关大学生就业的专业媒体不断增加。如由教育部主管，全国高校学生信息咨询与就业指导中心、高等教育出版社主办的《中国大学生就业》，各地的《就业指导报》《人才市场报》《劳动信息报》等；电台、电视台也都辟有专门的栏目，成为毕业生收集就业信息的一种可靠途径。新闻媒介不仅传播速度快，而且涉及面广，信息传播也很及时，是毕业生不可忽视的一条重要的就业信息搜集渠道。

此外，还有视听材料、专业协会内部期刊和俱乐部、行业展览会、生涯人物访谈等渠道可以获得就业信息。

三、就业信息搜集方法和加工处理

（一）就业信息搜集方法

海量的信息往往又让毕业生束手无策，因此，要注意正确运用信息的收集方法更有效地收集自己可能需要的信息。

（1）全方位搜集法。把与本人有关联的就业信息统统搜集起来，再按一定的标准整理、筛选，以备使用。

（2）定方向搜集法。按照职业方向或者求职的行业范围来搜集相关的信息。这种方法需要注意的是，当选定的职业方向和求职范围过

于狭窄时，有可能大大缩小了选择余地。

（3）定区域搜集法。根据毕业生择业的地区倾向性搜集信息，对专业方向和行业范围较少关注和选择，这是一种重地区、轻专业方向的信息搜集法。

许多情况下要把几种方法结合起来使用，如先用定区域收集法再用全方位搜集法，最后用定方向搜集法进行信息集中。

（二）就业信息的加工处理

面对搜集来的大量就业信息，要善于对其进行加工处理，使之形成有参考价值的信息。一般而言，就业信息的加工处理过程有四个步骤：

（1）收集：通过以上的信息收集方法收集各类目标职业信息。信息可以全面收集，当我们从不同的渠道收集到大量的需求信息后，可用对比鉴别的办法，确定其对自己的用处。

（2）筛选：将有关信息用笔圈出或截图下载，去粗取精。要从大量的就业信息中筛选出对自己有用的信息，必须学会鉴别。一般来说，一则比较好的就业信息应包含以下要素：工作单位全称、单位性质、上级主管部门、单位的发展趋势力及远景规划，单位在整个行业中的排名或整个社会经济结构中的地位，对从业者政治思想、道德品质、工作态度、学历及学业成绩的要求，对从业者职业兴趣、职业能力、职业气质等职业心理方面的要求，对从业者职业技能和其他方面才能的特殊要求，工作地点、工作环境、工作时间及对个人收入、福利待遇等做出的明确规定。值得注意的是，有些用人单位往往只宣传自己的优势，少讲或不提劣势，这就需要毕业生事先对它们的情况进行充分的调查和了解，做到心中有数。

（3）分类：将具体信息根据招聘岗位的不同进行分类，同时为了弄清信息的可靠程度，应当通过各种办法，找有关人士去打听、澄清，以确定信息的可靠程度，务求了解透彻，不能一知半解。要全面掌握情况，全面了解信息的中心内容。

（4）提炼：将分类后的求职信息，结合自己的实际情况，加以筛选过滤，有针对性地选用，或者按照重要顺序进行编号排列。只有这样，才能使获得的信息具有准确性、全面性和有效性，使之更好地为自己的求职服务。

第二节 求职策划

现代职场流传着一个马努杰的故事：亚美尼亚的马努杰是一名平凡的推销员。但是，他却有着一个不平凡纪录，曾经在 47 年的职业生涯中，为 207 个公司工作。他的这个纪录已经成为职业生涯规划的一个案例——"马努杰死亡回旋梯"，平均一年换 5 次工作，或者说是平均两个月就被辞退或跳槽一次。"死亡回旋梯"的出现是诸多因素博弈的结果，但马努杰不了解自己的优劣势、不清楚自己适合的工作环境、缺乏必要的职业技能，是悲剧出现的核心原因。作为即将走向工作岗位的大学生怎样避免"马努杰现象"在自己身上出现，这需要我们好好思考和应对。

在就业起步关键时刻，需要重新审视自己的职业规划，明确求职的方向和目标，对求职活动做出相应的安排。求职策划与职业生涯规划有关，又有所区别，求职策划针对性更强，直接面对求职的目标职业而采取行动，但也脱离不了自己的职业生涯规划，可以看作职业规划在就业阶段新的一次决策过程和执行求职行动计划的过程。

一、准确判断就业环境

求职的策划要从环境和形势的分析出发开始，对当前的就业形势、不同职业的就业环境、就业的机会、相关工作岗位的信息等情况要有基本的了解，在此基础上再看自己的各方面情况。职业的环境分析、就业形势等部分此前已经作过介绍，可以参照进行。

此时，最关键的还是对工作岗位信息的情况要详细掌握，便于直接对求职机会进行分析把握。求职就像一场战役，知己知彼、百战不殆，不仅要了解哪些单位可能需要哪些人才，而且要知悉用人单位对人才各方面的要求，才能有针对性地采取策略。

用人单位对毕业生有什么要求？据麦可思公司调查，对大学本科毕业生工作要求最重要的五项能力分别是"积极学习""有效的口头沟通""学习方法""积极聆听""理解他人"，并且在这五项工作要求的最重要的能力上，大学毕业生普遍达不到工作要求的能力水平，因此这五项能力的培养显得尤为重要。

美国劳工部对劳动力市场进行了分析和调查后提出：在当今技术时代，人们从事任何职业都应具有下述五项基本能力和三项基本素质，可以作为我们的参考。

五种能力是：

（1）合理利用与支配各类资源的能力。时间——选择有意义的行为，合理分配时间，计划并掌握工作进展；资金——制订经费预算并随时做必要调整；设备——获取、储存与分配利用各种设备；人力——合理分配工作，评估工作表现。

（2）处理人际关系的能力。能够作为集体的一员参与工作，向别人传授新技术，诚心为顾客服务并使之满意，坚持以理服人并积极提出建议，调整利益以求妥协，能与背景不同的人共事。

（3）获取信息并利用信息的能力。获取信息和评估、分析与传播信息，使用计算机处理信息。

（4）综合与系统分析能力。理解社会体系及技术体系，辨别趋势，能对现行体系提出修改建议或设计替代的新体系。

（5）运用特种技术的能力。选出适用的技术及设备，理解并掌握操作设备的手段、程序；维护设备并处理各种问题，包括计算机设备及相关技术。

三种素质是：

（1）基本技能。阅读能力——会搜集、理解书面文件；书写能力——正确书写书面报告、说明书；倾听能力——正确理解口语信息及暗示；口头表达能力——系统地表达想法；数学运算能力——基本数学运算以解决实际问题。

（2）思维能力。创造性思维，能有新想法；考虑各项因素以做出最佳决定；发现并解决问题；根据符号、图像进行思维分析；学习并掌握新技术；分析事物规律并运用规律解决问题。

（3）个人品质。有责任感，敬业精神；自重，有自信心；有社会责任感，集体责任感；自律，能正确评价自己，有自制力；正直、诚实、遵守社会道德行为准则。

二、客观总结和评价自我

知名漫画家蔡志忠曾经说过：做人最重要的就是要了解自己，有人适合做总统，有人适合扫地，如果适合扫地的人以做总统为人生目标，那只会一生痛苦不堪，受尽挫折。一个人能否在事业上顺利发展，关键在于能否找到一个既适合自己发展，又能最大限度发挥自己才能的工作岗位，为了达到这一目的，还是要正确认识自己，了解自己。这是大学生顺利择业就业的前提，大学生通过自我探索，认清自身的性格、兴趣、能力、价值观、目标、信念和情商等方面的情况，通过对自身各方面因素的综合分析和鉴定，为更好地选择自己理想的职业打下基础。能客观总结和评价自我，你就会对自我有个相对清晰、准确的定位，帮你快速地做出最佳选择，相反在不了解自己的情况下开始仓促的找工作，往往不知道你的目标是什么。

自我认知的方法已经做过详细的阐述，在求职之前的自我认知，主要是对自我的重新总结和分析，检查以往的自我认知是否正确，新的发展情况，如在专业知识和技能方面新的收获，综合素质方面新的提高等，形成了哪些就业优势以及还存在哪些劣势。将自我的因素与当前的就业形势进行比对，发现自己适合又可能存在的机会的工作有哪些。大学生活是个人职业生涯的准备阶段，大学教育本来就有两个方面：一是素质教育，它肩负着帮助学生完善自我的重任；另一个就是专业教育，它必须教给学生专业知识和专业技能，另外，还要帮助学生进行相关的职业生涯准备。大学生要学会把自己的学业目标和职业目标有机结合起来，在专业知识技能基础上发展成为自己的职业知识和职业技能，为将来的职业发展打好基础。俗话说人要有"一技之长"，而且"技不压身"，大学生要在大学期间掌握一二门甚至更多的专业技能，以备不时之需。因此，当我们准备求职时，就要盘点一下大学生活，以便为制作简历等求职材料做好铺垫。

（1）盘点专业与学业。大学教育是分专业的教育，从这个意义上来说，大学生的专业学习，确实可以发展学生的专业知识和专业技能，并在这个过程中，培养专业思维，从而形成未来的职业知识、职业技能和职业意识。除此以外，专业学习过程中，还有利于大学生获得通用的知识和技能，这些对于提高大学生在相关职业中的竞争力都将至关重要。因此我们要盘点一下大学里都学了什么课程，每个课程的功用是什么，与企业实际需要和岗位胜任资格之间的契合度有多大等。

（2）盘点社会实践。大学生参加社会活动，对于大学生的专业学习是重要的,对于将来的职业生涯更是宝贵的。所以,你要盘点自己的个人经历,你做了什么、做到了什么、做成了什么、做败了什么、怎样做、为什么那么做等。要盘点一下大学期间所参加的社会实践活动,包括课外的兼职、实习等,将同样、重复的社会实践总结提炼成相应的职业能力,由此就可以明确个人的能力和核心竞争力,也容易发现自身的能力短板。这样在准备求职材料时的工作经验一栏中就有了足够的论据。

(3)盘点能力与技能。任何职业活动都需要具备一定的技能,有些是专业技能,通过专业的学习和训练可以获得;而大多数通用技能,比如人际交往的技能、沟通技能、组织能力等,不仅可以从专业学习中获得,更需要通过不同形式的社会活动得到提升。因此大学生参加社会活动,是有利于其职业技能的获得的。事实上,用人单位往往也很注重毕业生社会活动方面的信息,一些在学校更多参加社会活动的学生,毕业后更能做出一番成就。

(4)盘点人脉网络。人脉网络在求职中既是得到就业信息的一个渠道,也是求职的一种策略,因此,在就业前我们要盘点一下自己在大学中建立的社会人脉网络,可以根据关系远近和人物对求职的重要性分类,盘点自己的同学、师长、校友、亲戚、活动中结识的人以及他们能给予你的帮助等。

三、合理确定求职目标和方向

根据环境的评估和自我总结,可以大致清楚求职的方向和就业的前景,结合职业决策的方法确定求职目标。

(一) 确定求职目标

我们以企业就业为例,说明如何运用“五路线分析法”确定求职目标。

第一,确定职业。企业里通常有销售、技术、研发、质检、管理等不同职业或岗位,首先要确定自己将选择从事哪种职业或工种。结合以往的职业决策方法,在了解各项工作的特点、工作内容、需要的素质和能力等信息的基础上,基于自己的兴趣及特长选择职业方向。如选择从事企业管理工作的,进一步选择人力资源管理、行政管理或财会等职业或工种。

第二，选择行业。同样的职业分布在各个行业之中，进入哪个行业也是需要做出的决策。要在了解各行业的特点、发展现状和趋势、能提供的岗位和发展机会、需要的素质和能力的基础上，结合个人的兴趣和特长的情况进行选择。行业的选择主要看行业的景气度和发展阶段以及新人的成长空间。

第三，选择企业。企业有国企、民企、外企、股份制企业和合资企业等各种不同的类别。同一行业内也有不同类别的企业，往往不同类别的企业有不同的特点，在选企业时主要考虑的是个人与企业的相容性，所以通常是基于文化、规模、发展阶段、产品、战略及提供的事业平台选择企业。

第四，确定事业。一个企业内可能经营着不同的细分类别的产品，或者不同的企业经营着同一行业内的不同类别产品，如同是家电行业，做电视机生产经营的与空调生产经营的与洗衣机生产经营的也有许多不同。主要基于产品种类确定未来事业路线。

第五，确定区域。长期工作生活的地点也是一个人一生重要的选择。随着我国社会的发展，居住地点选择的余地越来越大。大学生选择工作区域，主要是基于个人或家庭的愿望，也可以结合个人发展的有利条件、生活成本等进行综合考虑。但也要注意避免一些非理性因素影响决策。

（二）就业决策应遵循的原则

在求职决策上可以参照职业生涯规划决策中介绍的 SWOT 分析法和决策平衡单法进行比较决策。在进行就业决策时应遵循以下几个原则：

1. 成长发展原则

作为一名即将踏入职场的大学生，很多学生因为掌握不到准确和全面的信息，因而不知道如何选择行业和企业。建议首先看企业给你提供的成长发展空间，一个优秀的企业，将会帮助员工做出清晰的职业发展规划，让员工能清楚地看到其未来的发展前景。在确定求职目标时，首先要看企业潜在发展空间，企业发展空间越大，将来给你提供的舞台和发展空间越大。其次看个人在企业所提供的岗位中学习、培训、发展机会，作为大学生，职场经验和能力都需要不断提升，企业提供的多岗位发展和培训机会，将使个人能在短期内职业能力得到提升，从而会有更多发展机会和空间。最后看个人在企业内可能的发展空间，将个人生涯规划和企业提供的员工职业发展规划相对比，了解是否有自我的发展空间。只有个人得到成长和发展，自己未来的生涯规划才能更加适宜，成长得更加迅速，个人价值获得更大的体现。

2. 视野开阔原则

大学生社会经历不足，对职业的体验几乎空白，对社会和环境的认知有限，因此，无形之中给自己设置了很多限制，如地域限制。许多同学的目光聚焦在自己所读大学的城市，或离家最近的大城市，如果和你的发展或有比较合适的工作机会当然是比较好的选择，但如果其他地域有适合自己发展的机会也是很不错的选择，特别是现在交通发达，信息发达，地域的限制不应再成为一个主要的条件。再如，专业能力发展的限制。很多职位有严格的专业技能要求，但也有很多职业对专业要求相对宽泛，在进行求职时要放宽视野，个人不能仅局限自己所学专业，要看就业市场需要什么？个人追求什么？能做什么？三方面相结合来保证自我的求职成功。还有对行业、企业发展的前景判断要视野开阔，社会不断前进，行业不断发展演变，此消彼长，动态平衡。大学生要结合行业、企业的发展判断所求职位的发展前景，不要被眼前的情况所限制。要将视野放宽，冲破地缘、业缘和时空局限，和家人良性沟通，以兴趣、发展为基础，以市场导向，大胆尝试选择，这样会给自身创造出更大的发展空间。

3. 人职匹配原则

人的个体差异是普遍存在的，每个个体都有独特的个性特征，而每一种职业由于其工作的性质、环境、条件、方式等的不同，对工作者的能力、知识、技能、性格、气质、心理素质等也有不同的要求。因此，在进行求职目标确定时，要根据个人的个性特征等条件来选择与之相对应的职业种类，即进行人职匹配。

为提高求职成功的概率，首先我们应该根据自己的兴趣和能力来选择自己的职业领域，而当我们锁定某一岗位时，我们更应该进一步了解企业，尤其了解企业的选材标准，然后从各个方面做好针对性的准备，从而展现自己与岗位最匹配的素质。除个人兴趣、能力与职位要求的匹配外，很多同学容易忽略关键的求职动机与职位条件的匹配。在求职动机相关问题中，申请人都会被问到选择这一行业、公司、职位的原因。针对这样的问题，很多同学都不明白，职位与申请人之间的关系是双重选择的关系。你选择申请这个公司这个职位，公司再选择是否接受你。这里的匹配原理体现在如何阐述你为什么做出这个选择。要让企业感觉你的能力、兴趣与企业的要求相符，是他们需要的人、合适的人。

4. 扬长避短原则

在确定择业目标时，要根据自身的素质优势选择工作岗位，以利于今后在职业岗位上顺利地、出色地完成本职工作。个人素质，主要包括思想品德素质、科学文化素质、身体素质、心理素质等。发挥自己的素质特长，扬长避短，有利于在工作中建立竞争优势。坚持发挥个人素质优势，最基本、最重要的就是要客观地认识自己的长处和短处。所以，在自我认知中客观、全面地了解自己是非常重要和关键的。

四、确定求职渠道和途径

确定了自己的求职目标后，就要思考我能用什么方法得到这个岗位？可以考虑哪些方法来提高求职的成功概率。在市场竞争中，渠道策略的运用十分关键，要找到既适合于自己又能适合用人单位的渠道。大学生要顺着这些渠道去寻找用人单位和工作岗位，向用人单位投寄求职书、协商面谈最后实现就业。

（一）求职渠道的选择

在求职竞争中，渠道选择也是求职成功的重要因素，不论求职者的实力如何，都有必要运用有效的渠道策略来帮助自己提高求职的成效。正确的渠道选择可以减少求职的时间成本，提高沟通的效率，提高求职的成功率。没有选择好合适的求职渠道，则要面临激烈的求职竞争，增加求职成功的难度。

求职渠道的发展呈现出两大趋势：一是渠道扁平化，二是渠道个性化，其中扁平化是最为明显和影响最大的。求职者的求职渠道选择在使用传统渠道方法以外，可围绕求职渠道的扁平化和个性化两个方向来设计自己的求职渠道策略。

所谓渠道扁平化，是指将产品送到顾客手中所经历的各种中间环节逐渐减少的一种趋势，也就是说，产品的销售要以最短的路径到达顾客手中。对于求职者来说，你自己就是要推销出去的产品。求职渠道的扁平化就是直接敲开每一家令你心仪的企业（或其他单位）的大门，不要在乎它们是否正在招人，直接找到握有生杀大权的决策者，告诉他，你希望进入这家公司。当然，在敲开每一家你心仪的企业的大门前，你必须做好充分的准备和调查，不能盲目和莽撞，要有备而去。只要你敢去，你就同其他的求职者区别开来了。

（二）个性化求职渠道策略

个性化渠道策略是指用区别于其他人的有效方法进行求职的策略。在求职的过程中，批发式、大众化、模式化的招聘让招聘官"麻木不仁"。招聘官需求的差异化，也要求求职者要顺应这一趋势。一旦招聘中出现个性化、人性化的求职行为，总是能让招聘官们深感意外和特别，往往产生意外的效果。求职渠道的个性化、人性化是求职者应该看到的一个发展方向。《求职圣经》一书中介绍了成功率较高、最为有效的五项求职方法：

1. 创意求职法——成功率86%

它的主要特点是根据自己的特长和专业知识，向有兴趣的公司查询职位空缺情况前，设法拜会公司的决策人。实践表明，那些愈不登广告招聘人手的公司，竞争对手愈少，如得到雇主垂青，对方可能为你量身打造一个职位。

2. 直接找公司的负责人——成功率47%

这种方法有较大的难处，因为你很难找到与那些跨国公司、大公司老板会面的机会，你很可能要锲而不舍花上几星期，甚至更多时间，对方才肯见面。

3. 找朋友介绍——成功率34%

俗话说"多一个朋友多一条路"，可请教认识的每位朋友，了解哪里正有空缺。由于是朋友、特别是知心朋友，对自己各方面情况比较了解，而且中国人又特别讲情面和义气，所以朋友的介绍是找到理想工作的一条重要的途径。

4. 找亲戚介绍——成功率27%

向亲戚打探各种工作机会，这样可扩大找工作的范围，事前便应该给亲戚朋友一些较详细的个人资料，如你要求的工作类别、个人专长等。

5. 利用学校就业指导中心——成功率21%

由于学校毕业生就业指导中心与不少大的用人单位建立了良好的合作关系，他们对就业资讯、职位空缺掌握得比较全面，加上是自己的毕业生，学校的"胳膊"终归往里拐。用人单位一般比较相信学校的推荐，容易接受推荐。

采用这五种成功率较高的求职方法，最重要的是你要"拉得下面子"，同时要有锲而不舍的精神。每种就业渠道的效果因人而异，大学生应善于从中选择适合自己的最有效途径，或者多种途径共同使用，争取实现高质量就业的目标。求职过程，条条大路通罗马，有效的求职方法越多你的求职行动越有效。所以不要拘泥于单一的方法，而要根据自己的情况尝试多种途径。

思考与练习

1. 筛选整理 5—10 个较为适用的求职网络平台，如网站、微信公众号、应用软件等。

2. 追踪所学专业对应的行业热点资讯，并联系所在专业教师、校友和同学，全面了解行业历史、现状和未来可能性。

3. 选择相同或相似专业背景、不同发展阶段的若干目标企业进行对比分析，填入下表：

分析项目	分析内容
公司名称	
公司性质	
公司所处区域	
公司所属行业及行业排名	
企业文化	
行业前景	
管理层情况	
公司规模	
招聘员工数量趋势	
招聘员工层次趋势	
公司盈利情况	
公司薪酬情况	
业内人士评价	
其他	
结论	

4. 选择若干目标工作岗位进行分析，填入下表：

分 析 角 度	内 容 描 述
岗位名称	
教育/培训	
证书/资格证	
所需要的技能	
工作条件	
薪资待遇	
发展前景	
行业标志性人物	
结论	

5. 认真总结自身存在的素质或能力短板，并制定相应的补救措施。

第十二章　准备求职材料

第一节　求职材料概述

大学生在求职过程中，想要获得工作机会，就需要通过多种途径推荐自己，以此达到让用人单位了解和认可自己的目的。而求职材料是毕业生和用人单位之间最重要的沟通介质，通过它，毕业生才能全方位展示自我；借助它，用人单位才能更好地了解毕业生。

一、求职材料的定义

求职材料是求职者为了获得理想的工作，根据目标岗位的招聘需求，通过语言文字、表格数据、证书成果册等向用人单位展示自己学历、能力、实力等一系列个人素养的集合介绍资料。它是毕业生求职中的基本要件，也是用人单位了解毕业生最重要的载体。

二、求职材料的类型

求职材料的类型与求职者的具体情况和目标岗位的要求息息相关，没有统一的限定。求职者应根据自身和求职岗位的实际情况对求职材料进行设计、整理和取舍。一般情况下，求职材料分为以下几种类型：

（1）求职信。求职信又称为自荐信，是求职者递交给用人单位的，用简明扼要的语言，高度概括凝炼自身优势特色和能力，表达一定求职意向和职业价值观的个人推荐信。求职信可以帮助用人单位快速了解个人基本情况，信中个性化的表达能让用人单位对求职者形成具有个人标识度的初印象，能够传递简历之外的信息。

（2）简历。简历是求职者向用人单位介绍自身学习、工作等情况的简要履历。与其他求职材料相比，简历更加全面、简洁。在简历中，求职者一般要列明个人姓名、联系方式、毕业院校、学历专业、求职意向、学习经历、实习经历、个人能力、特长爱好等信息。简历相对格式化的集成展示方式，利于用人单位对求职者进行便捷、高效的筛选，故而很受用人单位欢迎。所以，简历是当下大学生求职时必不可少的一项求职材料。

(3)推荐表。又称毕业生就业推荐表，是由高校就业主管部门印制、毕业生填写、高校鉴证的一种求职材料。推荐表适用于具有毕业派遣资格而又没有正式毕业的毕业班学生，是用人单位选拔录用毕业生的一种重要参照。它一般包括学校基本情况介绍、学生基本信息、学习成绩、自荐信、院系和学校鉴定意见等。推荐表中学生的履历、成绩、表现等由学校鉴证，因此该求职材料具有较高的公信力。

(4)附加材料。这是由求职者提供的除自荐信、简历、推荐表之外的其他个人求职材料的统称。如各类资格证书、技能证书、获奖证书、实习证明、单位推荐信、公开发表的论文、专著、科研成果、发明创造等的原件或复印件。附加材料的具体内容不限，主要用以证明求职者的各项经历和成果，帮助用人单位更为直观地了解求职者的能力特长。附加材料在某种程度上甚至会对求职成功与否起到决定性作用。

(5)单位要求的相关材料。有些用人单位在招聘过程中会要求毕业生线上或线下填写报名表、申请表，提供毕业证书、身份证等证件复印件，有时还需要体检证明、政审表等材料。毕业生在求职时需要认真了解招聘要求，根据用人单位规定提供相应的求职材料。

三、求职材料的作用

(1)定位自我。毕业生准备求职材料的过程，也是对自己大学阶段所学习的知识、技能进行系统梳理的过程，是对自己进行合理评估并再次确认自我职业目标的过程。求职材料的制作可以让求职者进一步了解自我、明确优势、找准定位，为接下来的求职行动做好准备。

(2)推介自我。确定意向单位和目标岗位之后，求职者制作并向用人单位递交求职材料。求职者递交求职材料向意向单位推荐自我、展示自我，表达自己的求职意愿，为自己争取获得工作岗位的机会。

(3)凸显自我。好的求职材料在某种程度上能为自己赢得工作加分。用人单位通过对求职材料的审核，首先可以看出求职者的求职态度，一份用心准备的求职材料可以获得用人单位良好的第一印象；其次可以看出求职者是否具有严密的逻辑思维能力，这种能力是可以通过求职材料的呈现形式体现出来的；最后就是求职材料内容与目标岗位的匹配性，透露出求职者对关键问题和重点领域的掌控能力。

四、准备求职材料注意事项

（1）目标明确。准备求职材料的目的就是为了获得一份心仪的工作，所以在准备求职材料时，要以目标岗位的获得为导向，要让用人单位直观地了解自己的求职意向和胜任力。只要有利于自己成功应聘的材料都可以利用。

（2）内容真实。确保自己求职材料的内容真实，切忌为了获得工作编造一些虚假材料，真实性是求职者择业的道德底线，一旦用人单位发现求职材料不真实，那么接下来的考核、录用也就无从谈起。所以，整理求职材料务必确保其内容真实可查。

（3）有针对性。编写求职材料之前要充分了解应聘单位和岗位情况，仔细研读招聘要求，根据招聘要求组织语言、整理求职材料。只有自己的求职材料所展现的能力素养等与应聘的岗位要求高度契合，才更有可能获得面试的机会。

（4）语言简练。求职材料具有"敲门砖"的作用，所以第一印象很重要。大多数人都没有耐心去看一些内容冗长、逻辑混乱的材料，所以用最简洁的语言说明问题就十分重要，这也是求职者个人表达能力的体现。求职材料要做到语言简洁精练，可以给用人单位更好的第一印象。

（5）突出优势。任何一个职业都有其特殊性，所以对从业人员也有特定的要求。大学生们在求职过程中要学会扬长避短，这样才能获得比较优势。准备求职材料要将自己与目标岗位最契合的优势尽量体现出来，让自己在求职中赢得先机。

第二节 求职材料制作

求职材料是求职者应聘的"罗盘针"和"敲门砖"。好的求职材料需要把握要义、形式规范、内容精准。大学生常用的求职材料制作方法和注意事项主要有以下几个方面。

一、求职信的制作

求职信是大学生求职者的一份重要自我营销文件。好的求职信会吸引招聘人员的目光，令招聘人员耳目一新，对你留下较深的印象，让招聘者迫不及待地想阅读你的简历，了解你更多的信息。

求职信是求职者以书信的方式向用人单位推荐自己的一种求职形式。它既可以单独作为一种求职材料以纸质形式呈现在招聘官面前；也可以在投递简历时以电子邮件正文的方式投递给用人单位；或者可以写进毕业生推荐表中，作为自荐材料的一部分。

求职信的格式类似于书信格式，一般包括标题、称呼、正文、落款和附件五部分内容。

1. 标题

标题是求职信的标志，可以用较大的字体在用纸上方标注"求职信"三个字，要求醒目、简洁、大方、美观。如果是通过电子邮箱发送就不需要标题了，因为发送电子邮箱都是有主题的。

2. 称呼

这是对招聘人员或收件人的呼语。如接收人明确，可直接写上招聘人员的姓，前缀"尊敬的"加以修饰，后为接收邮件的招聘负责人具体职务；如不清楚其具体职务，也可统称"尊敬的××单位+姓+先生或女士"；如招聘接收人不明确，则用统称"尊敬的××单位先生或女士"。最好不要直接冠以最高领导职务，这样容易引起第一读者的反感，反而难达目的。

3. 正文

正文是自荐信的核心，开语应表示向对方的问候致意。主体部分一般应当包括以下内容：

首先是求职信息的来源及应聘岗位。这部分要写明你你是如何知道该公司的招聘信息的以及想申请的职位。

【案例 12-1】　求职信息的来源

我对贵公司×年×月×日【网站名或其他信息来源】发布的【职

位名称】很感兴趣，现寄上简历，敬请斟酌。

【案例12-2】　应聘岗位

我希望应聘贵公司招聘的【职位名称】，我很高兴在【网站名或其他信息来源】得知你们的招聘信息，我的专业是【专业名称】。我对贵公司关注已久，一直期望着能有机会加盟贵公司。

其次是个人的基本情况及优势。这部分简要写明你的基本情况，你能满足公司对人才的要求。所以，你必须写明你对单位或职位感兴趣的原因，以及你个人所特有的、可以为公司作贡献的教育、技能和个人有价值的背景情况。这部分与你的简历是相辅相成的，要说明你独特的个人能力，又不能把简历内容都写进去。注意：不要单纯写自己的长处和技能，而要着重说明这些长处和技能能给该公司带来什么益处。个人展示是求职自荐的关键内容，主要应写清自己的才能和特长。要针对意向工作的应知应会去写，充分展示求职的必备条件，从基本条件和特殊条件两个方面解决凭什么胜任目标职位的问题。

【案例12-3】　个人的基本情况及优势

我具备以下资格：

需要具备的资格1：此处证明你具备该资格

需要具备的资格2：此处证明你具备该资格

需要具备的资格3：此处证明你具备该资格

再次是面试请求。求职者要在该部分表达加盟单位组织的热切愿望，展望单位的美好前景和自己愿意为之不懈努力的决心。更为关键的是，求职者要再次提出求职诉求，期望得到面试资格或进一步沟通的机会。

最后，结语部分。一般在正文之后按书信格式写上祝语或"此致，敬礼""恭候佳音"等用语。

4. 附件

求职自荐信附件主要包括个人简历，证书及文章复印件、需要附录说明的材料，也可作为附件一一列出。

5. 落款

落款处要写上"自荐人"的字样，并标注规范体公元纪年和月日。随文处要说明回函的联系方式（如电子邮箱、电话号码或微信号、邮寄地址和邮编等）。署名处如是打印件则要留下空白，由求职人亲笔签名，以示郑重和敬意。

自荐信写作虽有一定的自由度，但务必要注意：通篇行文用词要文明礼貌、自然恳切、不卑不亢；特别要注意突出才艺与专长的个体特征，注意展现经验、业绩和成果；要精心设计装帧，讲求格式美观雅致、庄重秀美。

【案例12-4】 自荐信

尊敬的王经理：

你好！我叫王××，是浙江××大学机械制造专业的2022届毕业生。我拥有专业的背景，同时我具有良好的交流沟通能力和销售方面的才能。我想申请贵公司的销售员职位，请你考虑我。

我非常激动地看到贵公司机械销售团队有了空缺的职位，因为我关注了很久，我在大学一年级时，我就参加了学校的市场营销社团，开始对销售产生浓厚的兴趣，后来我因为能力突出成为市场营销社团骨干力量，组织举办多项市场营销活动，我参加了全国市场营销策划大赛，获得了全国比赛三等奖。这些经历都锻炼我的人际交往、沟通能力和销售能力。

我在专业上系统学习了机械制造的知识，在学习和实践活动中积累了丰富的知识和能力。可以让我更快的成为一名专业的销售人员。

附件中是我的简历，我期待能与您进一步的讨论这个工作机会，我的联系电话是138-××××-××××。期待与在面试中有更多的沟通。

祝你工作愉快！

此致

敬礼！

王××

2021 年 9 月

二、简历的制作

当前用人单位初次了解毕业生的方式主要还是依靠简历。用人单位会通过网投、邮箱、招聘会、宣讲会、第三方平台等多种渠道接收毕业生简历。热门用人单位在招聘季都会收到成千上万份甚至更多的简历，为了快速定位备选应聘者，人力资源管理部门在初筛简历时，每份大概用时 15 秒到 30 秒，如果简历制作过于随意，那么就很难有进入下一个环节的机会。因此，制作一份优秀的简历，对找到一份满意的工作就显得尤为重要。

简历，顾名思义，就是简要介绍自己的经历。一份优秀的简历应该针对性强，能够凸显求职者的素质和相关技能，能够以最完美的状态呈现一个人的面貌，能够直接传达这样的信息"我才是该职位最佳的人选，就是你寻找、需要的人才"。

一般而言，想要制作一份完美的简历，就需要注意以下几个方面。

（一）简历的版式

1. 简历的整体框架

简历作为个人广告、资料，是提供给招聘人员阅读的。因此，不能仅从个人的角度思考和制作简历，要换位思考，从阅读人员的角度考虑，他希望看到怎么样简历。可见，简洁、明了、重点突出、针对性强的简历才更适合招聘人员阅读。从这个角度出发，我们构建个人简历的框架：

你是谁？如何联系你？
你应聘什么岗位？
为什么胜任此岗位？你有什么竞争优势？
其他的技能和素质

构建简历框架有助于我们从全局了解自己简历的结构，把控我们做简历的目标和针对性，理顺我们做简历的思路，有利于聚焦制作简历关键点，不会造成偏题、跑题。

2. 简历的规格和版式

（1）页面篇幅。对应届大学毕业生来说，最好将简历篇幅控制在一页纸之内，如果有两页纸，则需要保证第二页有 2/3 以上有内容。主要信息、针对求职职位的、最希望招聘单位看到的信息放在最前面。

（2）字体字号。姓名通常用二号黑体。正文中各小标题通常用五号黑体强调。正文通常用五号宋体。简历中使用的字体最好不要超过三种，不使用花哨的字体，除非你是申请设计或创意岗位，需要显示特殊的才能。除非有特别需要突出强调的内容，否则少用粗体、斜体和下划线。简历要检查整体字体是否协调一致，美观大方。

（3）页面排版。总体要注意对齐、聚拢、强调和留白。对齐，相关内容必须对齐，次级标题必须缩进，方便读者看到最重要的信息。聚拢，将内容分成几个区域，相关内容都聚集在一个区域中，段间距应该大于段内的行距。强调，重点内容、重要信息用加黑、斜体等方式强调。留白，千万不要把页面排得密密麻麻，要留出一定的空白，产生好的视觉效果。

（4）纸张选择。如果参加招聘会，需要打印纸质简历时，要使用80克左右的白色或奶白色纸张，除非特殊需要，不要选择彩色打印。要用激光打印，不要喷墨打印，尽量不要用复印的简历。

（二）简历的模板

网上制作简历的信息非常多，也提供了很多模板。作为应届毕业生我们应该了解选择使用什么样的简历模板。常见的简历类型有四种：时序型、功能型、目标型和综合型。

1. 时序型简历

这类简历适合有较多实习、工作经历的毕业生，特点是所有要表达的信息按时间倒叙排列，以事例的形式说明。通过列举自己做过的事情反映求职者的能力、素质。

2. 目标型简历

首先列出自己的才能、经验和成就，这些信息和应聘的企业和职位息息相关。这类简历适合工作、实习、实践经验丰富者以及希望淡化自己专业的求职者。

3. 功能型简历

这类简历适合实习、工作经验极少的应届生。特点是不按时间排序，而是以自己的能力结构编排。如全篇分为四大块：A. 专业技能；B. 英语能力（证书与培训）；C. 计算机应用能力；D. 其他素质能力。

4. 综合型简历

这类简历适合应届生、学历较高者，兼顾前面三种类型的优点与特点。根据求职的要求，分析自身的条件，挖掘自身的优势，结合实际情况，找到适合自己身份的简历类型。

（三）简历的撰写

明白了简历的框架和基本要求后，我们要开始撰写简历。简历是由各个部分组成的，写好每部分，注意每个细节，才能整体呈现一份好的简历。

1. 标题

不同类型的简历写法不完全相同。简历开始是否要写"个人简历"或"简历"等标题呢？传统的简历一般都有这个标题。这个标题也可以不写，专业的招聘人员一看就知道是简历，加上这个标题会浪费你简历的宝贵空间，对你的简历可能是减分项，属于画蛇添足。

2. 个人基本信息

个人基本信息包括必填信息和可选信息，必填的信息有姓名、联系方式（手机、地址、电子邮箱）、照片，可选的信息包括性别、年龄、籍贯、民族、健康状况。

求职者的姓名一般放在页面最上方显要位置，联络信息紧跟其后。近年流行一种写法，不写标题"简历"或"履历表"，而是将名字放在整张纸最显眼的地方，并且用黑体和大字号来加强视觉冲击力。目的是推销自己，形成个人的求职品牌。在字与字之间空出一格，这样更加美观（参照案例 12-5）。电子邮件是现在常用的联络方式，个人邮箱应该紧随通信地址之后，或放在名字下面。手机是现在最离不开的通信工具，写手机号码要用三四四的分节原则，如×××-××××-××××，这样比较容易记全和拨打。照片，以正装证件照为宜，不适合放生活照、艺术照，更不能放不修边幅或过度修片的照片。

可选信息应根据应聘的单位和岗位要求随机而定，一般情况未必需要，我们始终要关注用人单位对人才的核心要求。例如性别，如果有照片一般就不需要写，除非别人从照片上无法判断性别。籍贯一般不需要写，除非应聘的岗位公司有特别要求。另外身高、体重等信息，和你应聘的职位无关，一般也不用写的。至于校名和校徽，除非特殊有影响的学校，给你加分项，大部分招聘人员并不支持在简历上放置学校的相关标识。

3. 求职意向

求职意向是整份简历的灵魂，简历的其他部分都是为其服务的，个人简历的内容重点与经历素材的取舍，应以应聘职位为中心展开。一份简历只能有一个应聘职位，如果有多个职业目标，应针对每个应聘职位撰写不同的简历。求职意向要放在个人信息旁显眼的位置，让人一目了然。

求职意向具体名称按用人单位招聘职位写，不要随意发挥和改变。如计算机软件开发工程师、网络系统工程师、销售工程师、市场调研员、行政主管或办公室文员等。很多学生写简历时，不清楚求职职位，这个项目往往不写，而是以一个通用的简历投给不同用人单位。这种缺乏针对性投递简历，有时即使你的简历内容很丰富，也难突出个人的应聘优势，最后难以获得用人单位青睐。另外一般公司同时要招多个职位人员，招聘人员面对没有求职意向的简历就没有办法处理，求职者不要寄希望于招聘人员来帮你总结你适合哪个职位。因此投递简历之前，求职者自己一定要想清楚投递什么职位，千万不要在同一个公司投递多个职位，尤其是不相关的职位，这样反而会减少你的机会。

4. 教育背景

对大学应届生来说，教育背景是简历中一个很重要的信息，一般陈列大学阶段学习经历。最近的学历放在最前面，如即将研究生毕业，要先写研究生再写本科。大学以前的读书经历一般不写。

教育背景的信息也有必要信息和可选信息。必要信息包括时间段、学校、专业、学历等。可选信息包括主修课程、研究方向、研究项目、辅修课程、成绩排名等。

【案例 12-5】 教育背景写法 1

教育背景
2019.09—2022.06 浙江××大学 企业管理 硕士/研究生 （2020.08—2021.01 作为交换生在美国芝加哥大学学习半年） 2015.09—2019.06 浙江××大学 人力资源管理 学士/本科

【案例 12-6】　教育背景写法 2

教育背景

2018.09—2022.06　　浙江××大学　金融学　本科　雅思：8.0分

在校期间辅修本校（第二专业）英语

教育背景怎么写能给你的简历加分？

注意事项：

（1）时间段。每段教育经历都应有起止日期的时间段，各段经历时间上需要衔接，不能有断档。一般按照时间倒序的写法来写，有助于了解求职者的成长轨迹。

（2）院校专业。便于人力资源部门迅速识别应聘者的学历。如果就读的是名校，建议将学校校名加粗显示。如果是非名校，要通过后面强调实习经历、社会实践经历等来弥补。如果是应聘专业对口的职位，需要加粗显示专业名称。若是跨专业求职，有双学位或者有相关的辅修经历，那么辅修的专业要加粗强调。如你是通信工程专业，但你辅修了金融学双学位，如果你想从事金融方面的工作，要重点强调金融学的双学位或辅修经历。

（3）相关课程及排名情况。一般来说，如果专业符合求职意向要求，那么可以不列课程，如果要列，那么只列三四门与职位相关的主干课程。如果成绩出色，平均学分绩点（即 GPA）排名较高，可以重点强调，如专业课 GPA 排名年级前 5%。如果所有课程的总 GPA 不是很高，而某些与应聘职位相关的学科类的 GPA 还不错的话，可以写明相对数，如金融 GPA 3.5/4，用相对数字表示学习成绩比较有说服力。如果你的排名在班级或者院系的比较好的名次，如"排名：年级前 5%"；如果排名比较居中，但班级或者年级人数比较多，那么可以这么写"排名：40/300"。

（4）如果有在科研项目研究经历或外校交换生学习经历，建议在教育背景中写出来。总而言之，应根据职位和自身情况做到突出优势，规避劣势。

5. 奖励情况

奖励情况描写有两点特别需要注意。一是所列奖项能够反映应聘岗位所需的能力素质，不要将一些无关奖项一并列出。二是名称要规范。奖项名称应采用证书上标准规范的全称表示，不能过度简写或口语化表达。三是应特别注意强调奖励的级别及特殊性。奖项名目繁多，招聘人员虽然见多识广，但他并不清楚每个奖项的意义、重要性和获得的难易程度，所以仅仅列出奖项名称是没有意义的。我们可以将所获奖励的难度以数字或者奖励范围表达出来，让招聘人员明白所获奖励的含金量，以此增加简历通过筛选的概率。

【案例 12-7】　奖励情况

市级　2020 年　杭州市奖学金（全校仅 10 人）、杭州市高等学校优秀学生（全校 1%）
校级　2021 年　浙江××大学校综合一等奖奖学金（前 2%）、浙江××大学"三好学生"称号（前 3%）
2021 年　浙江××大学健达奖学金（全校仅 10 人）

6. 实习、实践经历

这部分重点是陈述和所应聘职位相关经验技能及潜在的培养发展前景，是招聘人员初步判断求职者是否胜任的重要依据，是简历中的重点。我们不应该把实习、实践经验写成个人编年史，不能只列出时间段、实习单位和实习岗位名称，而要针对招聘职位对人才的核心需求，做到有血有肉、精简有效，重点突出充分展示自己的应聘优势。

让招聘人员通过实习实践经历就能对你的能力素养清晰掌握并作出能否胜任岗位的判断，关键是要掌握 PAR 法则，写出高质量的个人工作实习实践经历。PAR 法则就是问题（Problem）、采取的行动（Action）和工作的结果和业绩（Result）。撰写实习经历可以按照 P、A、R 的顺序来写，如分析你某一项实习实践的背景和所遇到的问题是什么，你采取了什么行动、方式解决，最后取得了什么样的结果。这样有事件、有过程、有结果的描述可以让招聘人员对你的专业知识技能，自我管理技能和可迁移技能等有更直观地了解，塑造的个人形象也更为鲜活丰满。

运用 PAR 法则撰写实习实践经历需掌握以下要点：一要注意学会使用专业术语、书面语言去描述，以此来体现你的专业度和严谨度；二要善用动宾结构的短语，突出求职者在行动中真正承担和发挥了怎样的作用，如"负责，发起，独创，独立负责"，要比"参与"更能体现个人的贡献和成就；三是要巧用数字说话，避免"很多，大量"等模糊词的出现。以下三个方面特别需要用数字说话：

首先是资金。收益的多少可以表明你的个人价值，如在实习、实践中为企业节省了多少成本，提高了多少收入等。再如，销售额达50 000多元，成功销售2套设备。

其次是时间。如何在短时间内取得较大的成绩，这可以体现你的效率。如提前1个月完成销售任务；提出新的流程方案，将项目完成所需时间缩短25%。

最后是数量。数量能从规模上突出你的能力和效率。如联系了200个意向客户，其中有68人明确表示会关注公司产品，并形成了4 500字的客户心理分析报告。

【案例12-8】　实习经历的写法

> 2019. 3—2020. 8　杭州可行信息科技有限公司　市场部　市场推广专员
>
> 1. 独立负责网站与目标企业的合作推广计划的实施。
>
> 2. 对全国约400家企业进行调研，确定200多家目标企业的联系人名单，并负责后续与这200多家目标企业联系人联系沟通及访谈、保持2—3次后续跟踪，完善网站制定的企业合作计划文案。
>
> 3. 通过电话访谈方式对700多家企业进行招聘规模、渠道及目标需求调研，撰写长达5 000字调研报告，并根据调查结果对企业有针对性地推广网站服务项目，最后与125家目标企业达成合作意向。

7. 学术研究项目经历

求职者可以列明在校期间参加的学术型研究项目，着重体现个人的坚强毅力、团队合作和钻研能力、学习能力等良好品质能力。如果没有相关学术研究项目经历，大学生也可以介绍某项课程大作业、竞赛项目、创新项目、实验项目等。当然，这部分并不是简历中的必备，具体还是要根据求职者和岗位实际情况写明，特别是应聘科研机构或意向考研深造学生要在简历中适当展现这部分内容。写作时，

PAR 法则依然适用。

学术研究项目经历的撰写内容一般包括：

（1）项目名称。用专业化语言进行提炼，表达准确。

（2）项目概况。列明项目的起始时间、周期、项目等级和人员规模，项目主要内容和价值。

（3）个人承担部分和贡献。最为重要的是在这部分应该明确说明求职者个人在项目中所扮演的角色和承担的任务，以及取得了什么样的成果和经验。

8. 社会工作经历

描述社会工作经历和实习、实践经历有共同之处，都要学会运用 PAR 法则，用事例说话、用数字说话，用业绩成就证明，逻辑要清晰。

【案例 12-9】 社会工作经历的写法

2019. 3—2020. 5 浙江工商大学 大学生就业服务协会 就业发展部部长

负责 2019 年纳新，包括前期策划、联系赞助、宣传品设计、线上线下宣传、面试官培训、面试安排、业务培训和新会员欢迎会，共招募新成员 70 名。

策划组织系列活动，如"简历大赛""校园职场精英挑战赛"等，组织同学走访企业，安排企业校园招聘宣讲会，参与大型校园招聘会等。

【案例 12-10】 专业技能

通过注册金融分析师（CFA）一级考试；

英语技能 CET-6（580/710 分）、雅思 7 分，有良好的英语翻译能力，英语口语流利，能用英语自由交流

IT 技能 熟练使用 OFFICE、SPSS、STATA 等软件

9. 其他可选内容

兴趣爱好，除非用人单位有特殊要求，一般不建议写。如果觉得自己的兴趣爱好和应聘职位有一定的关联，要写强项，只写两到三

项，但是要针对职位的要求写，不具体的爱好最好不写。例如：

> 篮球、足球、排球表演：表示团队意识；
> 围棋、国际象棋：表示战略意识；
> 旅游：表示适应不同的环境，快速学习的能力；
> 跆拳道：表示新奇、意志、出奇制胜；
> 演讲、辩论：表示沟通能力、公共演讲能力。

10. 自我评价

一般不要写，如果要写，建议依据以下三个标准：第一，要有个人特色，不能将评价写成可以套用到每个人或大多数人身上的模板；第二，自我评价要突出自己的优点；第三，自我评价要呼应求职岗位要求和简历正文所传递的信息。

【案例 12-11】 ××同学简历

个 人 简 历

Ⅰ基本信息

姓　名	××	性　别	女
籍　贯	浙江杭州	学　历	本科
专　业	工学学士	生　日	2000 年 3 月
身　高	158 cm	英　语	CET-6 431

健康状况　良好

计算机　熟练掌握 Windows 系列办公软件

联系方式　×××××××××　×××××××@ qq.com

照片

Ⅱ教育经历

大学　2018 年 9 月—2022 年 7 月　浙江××大学

Ⅲ竞赛成绩

（一）2021 年 12 月，参加浙江省"××杯"高校演讲大赛
　　● 个人荣获演讲赛优胜奖

- 奖牌、证书　见附件 1。

(二) 2020 年 4 月，参加"××杯"大学生商业项目策划大奖赛

- 领导 13 人项目组，历时 4 个月，进行团队建设、项目调研、产品制造、市场分析、样本测试和营销推广，由于从策划到实施的多项成绩处于明显优势，所以最终荣获大赛银奖和最佳组织奖。
- 奖牌、证书　见附件 2。

Ⅳ 实践经历

(一) 策划组织企业×联动项目 H

  2020 年 7 月至 8 月以第一负责人身份全程领导 23 人团队从计划，组织到持续推广，高品质完成 382 项细分项目任务，从而成功举办企业联动项目 H。由于活动创新突出，策划精细，管理缜密，所以在浙江××大学等相关区域产生空前轰动效应。

- 活动影响力覆盖浙江省 8 所高校，15 个组织机构联合参与，超过 3 万人次直接关注。
- 活动相关信息内容被腾讯等 3 家综合或专业网站，6 所高校主网、60 余个网站论坛等多家媒体所报道传播。传播时效持续至今。
- 本活动对参会企业均产生了良好而持久的品牌提升效应。

  部分参会企业对此活动及其管理团队真实评价如下：

- 总监 L (手机)：在校学生的活动能做到这么大的规模和影响效果，很不简单，令我钦佩。
- 市场部经理 Z (手机)：这次活动非常专业，复杂的前期准备，过程管理和后期推广甚至可以用完美来形容。相信这个活动的领导者一定具备不同寻常的能力。
- H 活动相关传播效果网络链接

  链接 1：　　　链接 2：　　　链接 3：
- H 活动部分计划与实施记录见附件 3

(二) 执行 T 企业商业调研和推广项目

  2013 年 6 月至 12 月以第一负责人身份领导 11 人跨校团队针对企业的市场营销职能部门进行了一定深度的研究并实际承担了地面推广任务。

- 由于科学的计划和有力的执行，我们高效完成了企业任务，从而获得 T 企业市场经理 M 等中高层管理者的一致肯定，并获得了企业专项奖金。
- 顺利完成了商业调研工作，有效进行了 38 个环节的职能研究和优化建议。
- 超额 30% 完成了 T 企业市场推广任务，创造收入达到 23.6 万元。
- T 企业市场经理 M（手机）：××同学非常优秀，在工作和研究中展现出来的敬业精神、职业素养以及最终成果，很大程度超越了她的一般同龄人。
- T 企业市场主管 C（手机）：××同学和她的团队给我们留下了很深印象，他们聪明、勤奋、任劳任怨，而且他们的工作成效超出了几乎所有人预期。
- T 企业校园推广任务部分计划与实施记录见附件 4。

Ⅴ附件（相关证明记录材料）

- 附件 1　浙江地区"××杯"高校演讲大赛　一等奖　证书
- 附件 2　"××杯"大学生商业项目策划大奖赛　银奖　最佳组织奖证书
- 附件 3　企业联动项目 H 部分计划与实施记录
- 附件 4　T 企业商业调研与 T 企业校园推广任务部分计划与实施记录

（四）外文简历

　　有时，所应聘的单位或机构会让求职者提供个人外文简历，如外资企业，或所应聘的岗位需要从业者具备一定的外语素质。制作外文简历，常用语种是英文，也有法语、俄语、日语或其他语种。下面，我们主要以英文简历为范例来讲解外文简历的制作要求和注意事项。

　　撰写英文简历和撰写中文简历相似，但也有很多的不同。英文不是我们的母语，如果英文水平不扎实，撰写简历就会出现很多问题，为避免出现问题，我们应该注意以下几个方面：

1. 要了解具体要求

不同的单位，其采用的简历版式、语言风格也是不尽相同的，在撰写简历前应先了解所应聘单位的具体情况和详细要求，真正做到有的放矢。不同的外企如美国、英国及其他欧美国家、日本、韩国等企业的简历英文要求不尽相同。

2. 要力求准确

求职者在运用英语撰写时，要注意拼写、语法准确，当然这点对中文简历同样适用，不要出现错别字等低级错误。从英语简历中，企业不仅可以了解求职者的基本情况，还可以考察英语水平。如果简历中存在拼写错误，那么用人单位会因此怀疑求职者的英语水准，还会质疑求职者做事的认真程度。如果英文不佳，建议也不要拿英文简历模板依葫芦画瓢，对模板内容不明就里，改出来的英文简历很可能一塌糊涂。最好完成后让以英语为母语的人士帮你审阅或修改，尤其是请有丰富经验的简历专家，将会在很大程度上避免这些问题。

3. 要尊重文化

英文简历中的措辞、表达有时也能体现求职者对于他国文化的了解和接受程度，更是反映了对文化是否尊重的态度，如名和姓的顺序等。此外，撰写时，我们要尽量使用英语国家的惯用表达，如"三好学生"如果翻译成"Three-excellent student"或者"best students"，这对外国人来说，他们很难理解这个词语的意思。如果将"三好学生"翻译成"superior students（top ×% students among a class of ×× number of students based on ××，××，×××）"。这样传达的信息，既便于用人单位理解，也能准确表达你要提供的信息。类似的情况还有奖学金的描述、各种团干部的描述。对外企来说，他们要求的不仅仅是会说英文的中国学生，更要求学生能够理解他们国家的文化，因而乐意融入他们的文化。

简历完成后，每个求职者都要反复斟酌、修改，尽量做到没有任何瑕疵，精益求精。此外，需要留意的是，简历上的任何一个信息点都有可能成为日后面试时的重点提问点，因此写简历要真实、有针对性，不能因为自己内容少，就把所有自己的经历都写上去，也不能因为自己的经历多，就不加取舍地堆积各种素材，更不要想当然地认为先写上再说。撰写简历时一定要不断地问自己，我为什么要呈现这段素材？如果面试官问起相关的问题，我能否回答得流利、顺畅，且能通过这段经历，证明自己正是适合这个职位的人。所以，写简历的同时就要准备好面试时如何推荐自己，以便能回答招聘人员的开放性问题。

三、就业推荐表的制作

就业推荐表是高等院校出具的对学生在校期间各项表现的鉴定和推荐文书。就业推荐表主要由封面、学校介绍、毕业生基本情况、主要课程学习成绩、自荐材料和院系、学校鉴定六部分组成。

1. 封面

封面由学校名称、毕业生姓名、性别、专业、班级等基本信息构成。

2. 学校介绍

将毕业生所在学校基本情况做简单介绍，主要包括学校所在地、历史沿革、学科门类、专业实力、特色专业等。这一部分由院校统一制作。

3. 毕业生基本情况

包含毕业生的基本信息（如姓名、性别、出生年月、联系方式等）、家庭成员情况、在校期间担任社会工作情况、奖惩记录、计算机水平、外语程度等。

4. 主要课程学科成绩

为学生在大学期间所读各年度主要学科成绩。一般由学校教务部门出具，并加盖院校教务部门公章。

5. 自荐材料

自荐材料类似于自荐信，主要内容和求职信大体相当，与求职信相比，更侧重于个人情况的介绍和能力的展示。

6. 院系、学校鉴定

这是就业推荐表区别于其他求职材料之处。就业推荐表除了基本信息的说明之外，会有毕业院校、院系作为培养单位对毕业生做出鉴定和推介，更具有公信力。

第三节　求职材料的投递

一、校园招聘线下投递

用人单位为了更全面地了解待聘员工，更倾向于通过线下校园招聘的方式来招收人才。近年来，校园招聘已成为用人单位招聘员工的主流形式，这也使得校园招聘活动变成毕业生投递个人求职材料的主要渠道。校园招聘一般是用人单位在校园内开展的招聘相关活动，它的形式多样，除按举办时间有春季、秋季等时间不同外，还有按照参会单位特点区分的大型综合类校园双选会、行业类校园招聘会、地区专场校园招聘会等，也有按招聘对象不同区分的女大学生专场招聘、寒门学子专场招聘会等；也有按岗位性质区分的实习专场双选会或应届毕业生双选会等；此外，校园招聘中还包括不同单位走进校园开展的专场招聘宣讲会等。大学生们可以根据自己的需要选择参加一类或者几类校园招聘会。

通过参加校园招聘活动投递个人求职材料时，要注意以下几点事项：

（1）要提前了解参会的用人单位当中是否有自己的目标单位和意向岗位，然后通过网络、朋友、老师等多种渠道对该单位进行深入了解，包括单位性质、规模、发展前景，岗位特点、要求、薪资待遇等，然后根据目标岗位的招聘要求制作简历。

（2）在参加招聘活动时，充分把握和企业招聘人员交流的机会，一方面仔细询问目标单位和岗位的具体情况，另一方面就职场方面的困惑向招聘人员进行请教。通过和用人单位招聘人员面对面的交流，可以完善自己对于职场的认知，尤其是行业类校园招聘会，基本上能获得该行业所有基础信息，这对反省自己简历上的不足并进行完善具有十分重要的意义。

（3）在投递完简历时，如果可以，主动加企业招聘人员的微信，一般企业招聘人员并不会拒绝。此举除了能给自己及时获得面试等消息、增加求职机会之外，还可以为自己获得了解职场的机会，甚至对方可以给自己提供更多简历投递的渠道。

自 2020 年新型冠状病毒感染疫情暴发以后，受疫情影响，许多院校减少了线下校园招聘活动的数量，相应增加了线上招聘会的举办场次，线上招聘会不限时间和地点，给毕业生投递简历也带来了便利，故而成为近年来简历投递的新形式。

二、人才交流大会投递

现在和未来的竞争主要就是人才的竞争，当前很多地市为了吸引人才，除了出台一系列人才引进政策之外，还会联合地方优质企业举办大型人才交流会，有些地方甚至会为前来应聘的毕业生提供往来路费和食宿费用。这类人才交流大会一般会针对全国毕业生，所以招聘规模远远大于校园招聘会，几乎涵盖了该地所有优质企业，提供工作的岗位类别也多种多样，毕业生可以利用这个机会参加生源地政府或者目标地市政府举办的人才交流会，通过人才交流大会投递简历，既能降低求职成本，还可以增加求职的机会，更重要的是由政府部门组织，安全性得到保障，毕业生可放心投递。

三、电子邮件投递

向用人单位招聘人员发送电子邮件，也是信息化时代，特别是在疫情等特殊时期求职者投递个人求职材料的主流方式。这种方式具有便捷、高效、环保的特点。

（一）求职电子邮件的写法

电子邮件投递简历，既要符合电子邮件的格式，同时要注意撰写的礼仪。一封规范的电子邮件有五六个部分组成，主题、称呼与问候、正文、附件、签名和日期。

（1）主题。如果招聘单位在招聘信息中明确说明主题的具体格式，那么求职者应严格按照要求来做。如果招聘单位没有说明，应该按照一定规范的格式，例如"应聘岗位+姓名+电话+与岗位相关的职业特长"。这样的主题设置，清楚明了，便于招聘人员下载简历归类和快速联系上求职者。一封信一个主题，不要空标题。标题切勿出现错别字，更不要出现奇怪的字符，否则易被当作垃圾邮件给过滤了。

（2）称呼与问候。邮件正文的开头应该要有称呼。恰当地称呼收件者，可以给收件人带来被尊重的体验。称呼的写法，同之前介绍的自荐信的相应部分要求。如果对方有职务，应按职务尊称对方，如"尊敬的×经理""尊敬的×领导"；如果不清楚职务，则应按通常的"尊敬的×先生""尊敬的×女士"称呼。正文的结尾部分要写一些问候语，常使用的有"此致敬礼""祝工作顺利"等。关于称呼、问候语的格式，参照信件格式。

（3）正文。在求职实践中，一般有两种情况：一种直接将个人简历复制到正文中，另外一种是写上一段求职信。不管采用哪种情况，求职者都要根据实际情况区别选择。求职信的写法详见上一节的内容。

（4）附件。邮件附件中一般上传的是个人简历及其他相关证明材料。个人简历的命名最好和主题一致，如"应聘岗位+姓名+电话+与岗位相关的职业特长"，这样方便招聘人员保存查看。如果公司还要求发送其他作品、证明之类的附件，那么这些附件的名称一定要命名得当，如"作品名称+姓名"等，这样能显示你的专业性。附件上传的材料建议都转换为 pdf 格式低版本的文件，这样避免打开后乱码、错位等不良情况的出现。同时，如果除简历外的其他材料较多时，建议压缩成压缩文件包（rar、zip 等）再上传，方便招聘人员下载。

（5）签名。签名相当于求职者的个人名片，除姓名外，还可以加上联系方式（手机、电子邮箱）、住址等。签名的格式应和正文一致，美观统一。

（6）日期。签名的下方要标注出求职材料投递的日期（年/月/日）。

（二）电子邮件投递注意事项

（1）邮箱的选择。要选择可靠性、稳定的私人邮箱，防止发送的简历对方没有收到，或者对方回邮的过程信件丢失。另外发送给公司时密送给自己一份，防止对方收不到邮件。

（2）邮箱的命名。一般要将邮箱命名为求职者自己的姓名，不要使用网名，如一个陌生人命名为"差不多"或者"无所谓"发给你的邮件，你可能就不太舒服。

（3）一件一投。切忌一封邮件投递同一家单位的多个职位，如同时应聘"技术研发人员"和"销售部"，这样只能说明两个问题，你对自己的未来没有规划和信心不足。

（4）控制正文的字数。一般来说，挑选简历者在邮件正文中停留的时间不会太长，而且要有针对性的写上一些祝福的话。一句祝福的话，也许不会影响别人对你的判断，但会给人留下好感。如果你的邮件有附件，不要忘记提醒对方有附件和附件的内容。

四、网络在线投递

网络在线申请俗称网申，即 apply on line（网络在线申请），是应聘者通过招聘单位或者第三方的官方网站招聘页面（或小程序）投递求职材料的一种方式。招聘方通过申请者填写或上传的一系列信息来收集形成统一格式化的求职材料，可以根据这些材料通过技术手段实现对应聘者的初步筛选。目前采用网申的一般是银行金融类企业或公务员、机关事业单位招考等。

网申系统一般采用两种：一是第三方的招聘网站提供的网申系统，很多企业通过前程无忧、智联招聘、杭州人才网等专业的网申系统，另外一种是企业自己网申系统，如腾讯、网易、华为、工商银行、微软、宝洁等，多数企业两种都采用。

网申一般要求应聘者提供以下内容：

（1）个人基本信息。和写简历的基本原理相同，但必须按照企业网申申请的要求和步骤来，包含个人基本信息、教育背景、实习实践、项目经历，获奖情况，其他技能、爱好等；上传个人的证明资料、照片等。

（2）回答开放性问题，以及在线的测试（性格和职业能力）。如联合利华（Unilever）的网上申请，第一轮的简历筛选就是由中方人力资源部门来负责的。这份网上申请的表格设计得很完善，从个人信息到教育背景，实习经历很多方面都可覆盖。最后部分还有八个开放性的问题。

网上申请应该注意的问题：

企业通过网上申请招聘人才都会设置相应的筛选规则，通过你填写的信息和你回答的问题判定你是否入围面试。网申时，首先在申请前就应该做好充分准备。了解公司的企业文化、公司历史、业务发展等，特别是应聘职位的了解，这样在回答开放题时就会有针对性。其次，你的信息要尽可能填写完善，做到准确真实。网上申请有一个很重要的检索步骤是电脑自动地按照关键字来检索，如果你的申请资料上没有公司想要的这一类关键字，很有可能你就被筛选掉了，如专业、英语等级、成绩、学历等。如果你填写不真实，即使通过网申，在后面的面试中无法自圆其说，也无法通过后面的流程。

然后要有耐心，认真填写，少犯低级错误，注意拼写、语法等细节问题。很多企业的网申设置的内容很多，填写需要很长时间，有的甚至长达两三个小时，需要很大的耐心，公司都比较注重专业精神，千万别填到后面不耐烦，就随心所欲的胡乱填写，这样轻易放弃，是很难通过筛选的。

另外，网申中的开放题是最难的，所以我们可以提早准备。开放性问题侧重于个人的合作能力和技巧，工作的抗压能力，是否有不利于工作的性格缺陷等。例如：

①"请谈谈你未来的规划"。

对一个尚未踏进职场的学生而言，虽然有非常明确且明晰的职业规划有一定困难，但是招聘人员之所以这样问是希望挖掘你应聘的深层次动机，回答时要有针对，经过前面的思考了解公司的成长发展路径，结合自己的实践情况做出合理的回答。如"3 年成为主管，5 年要成为经理。"

②"你认为大学时代最成功或失败的一件事是什么?""你最遗憾的一件事是什么? 为什么?"。

对这类问题，招聘人员主要是想从你的回答中判断出你的价值观，对你而言什么对你最重要，什么才是成功。这类题的回答有一个基本思路，就是"STAR"原则，即 S = Situation，T = Target，A = Action，R = Result。你完成某事或者做出某决定是在怎样的背景下，当时你具有怎样的资源，面临怎样的问题、事情或者决定最终的目标是什么；你是如何行动的（利用资源、克服困难、解决突发状况等）；最后的结果是什么。如果是失败的事例，那么结果之后你还需要分析失败的原因，并总结你得到的经验教训。

③"为什么选择某某公司""为什么申请这个职位"。

这一类问题主要是看清自己，给自己一个清晰的定位很有帮助。

对开放性的问题，尽量利用所给的字数限制，既不要超出也不要大大节省。一般来说，注明需要用 300 字来回答的问题，你只写了一百个字恐怕是很难符合要求的。

最后，经常刷新简历，当招聘人员搜索人才时，符合条件的简历是按刷新的时间顺序排列，而一般只会看前面一两页。因此，刷新简历可以获得更多求职机会。每次登录，最好都刷新简历，刷新以后，就能排在前面，更容易被招聘人员找到。

思考与练习

1. 撰写针对目标企业和目标职位的个人求职材料：一封求职信和一份简历，重点根据 PAR 原则撰写你的实习实践经历、项目经历和社会工作经历。

2. 做好简历后请同学、教师或经验丰富的专业人士帮你检查简历，按照他们的建议进行修改。

3. 对你来讲什么方式投递简历更有效？有哪些注意事项？

第十三章 掌握应试技巧

　　求职者经过精心准备，投出了简历，接下来就是准备笔试和面试了。对很多应聘者来说，笔试和面试是求职路上最大的拦路虎。正确地面对笔试和面试，全面展示自己的知识、能力、学识，并因此获得用人单位的青睐，是每个大学生必须掌握的技能。本章主要介绍求职笔试和面试的基本知识，并阐述笔试与面试的应对技巧。

第一节　笔　　试

　　在大学生求职中，笔试是非常重要的环节，用人单位往往通过笔试考察大学生的知识和技能水平。作为人才选拔的一个环节，笔试往往在人才选拔的初级阶段应聘人员较多的情况下采用，笔试试题客观性较强，信度效度也较高，越来越多的企业、事业单位和公务系统招聘时都会进行笔试。

　　对大学生而言，笔试并不陌生，在成长过程中，考试本就是最常见的学业考查方式，但求职的笔试与学业考试不论是内容的广泛性、针对性，还是考试的形式都有很大差别，其应对也更为复杂。笔试是对应聘者能力和知识结构的考量，往往是进入面试和最终录取的先决条件。

一、笔试的种类

（一）专业考试

　　对一名合格的大学生来说，一般都具备了一定的专业功底，用人单位对学生专业素养的考察往往通过查阅学生的毕业成绩单就可以对应聘者有一定的了解，因此并不是所有用人单位和岗位都需要进行专业考试。但也有一些专业要求比较高的单位和岗位，仅仅通过学校期间的专业成绩不足以考察学生的真正专业水平，因此许多单位会组织更有针对性的专业考试。如外贸或者外资企业招聘雇员要考外语，公检法机关招聘时要考法律法规等。

【案例 13-1】

如应聘银行等金融单位，笔试要求作答专业知识。

现金出纳员从银行提取现金之后，应做什么记账凭证？（　　　）

A. 现金收款凭证　　　　　　B. 现金付款凭证

C. 银行存款收款凭证　　　　D. 银行存款付款凭证

（二）技能测试

这种考试主要考核求职者的实务技能和操作水平。用人单位会根据招聘岗位的工作职责和内容，结合专业，有针对性地设计考试题目，这类考试往往针对技能要求较强的岗位招聘。如用人单位招聘文秘人员，可能会要求应聘者阅读一篇文章，并且写出读后感，也可能会要求应聘者拟一篇会议通知，又如招聘营销人员时，可能会让应聘者拟一份营销方案等。

（三）心理测试

心理测试是主试者使用事先编制好的标准化量表或问卷要求应试者完成，根据应试者完成的结果来判定其心理水平或个性差异的方法。当前，越来越多的招聘单位开始重视和使用心理测试。一些特殊的用人单位常常以此来测试求职者的气质、性格、态度、兴趣、动机、智力、个性等心理素质。如高等学校招聘辅导员时，往往在传统笔试、面试后对应聘者增加心理测试内容

（四）综合能力测试

综合能力测试要求应试者对问题、数据或资料进行分析，并提供解决思路或方案。主要考察应试者的发现问题能力、解决问题能力、知识应用能力等。需要应试者对相应行业、企业有深入了解，有广泛的知识储备。

【案例 13-2】

假如你负责×小区生鲜店面租赁谈判，研究表明，在×小区有很大的商业市场潜力。你公司计划在小区建一家生鲜店，然而，你发现其他业主也计划在邻近建立一家类似的生鲜店。公司没有资金租赁邻

近地区的店面。你会怎么考虑这个问题？你会做些什么？

（五）国家公务员录用考试

公务员考试包括笔试（公共科目、专业科目）和面试。笔试一般分为行政职业能力测验和申论。

二、笔试的准备

（一）了解笔试内容，有的放矢

很多大学生很容易对笔试产生误解，往往认为笔试无法准备也无从准备，因此并不十分重视笔试，认为笔试无须过多准备和复习，这种过于放松的心态往往会使应聘者陷入失败。面对笔试，要不打无准备的仗。笔试前，最重要的是要了解自己将要参加的是一场什么考试，必须了解"参加什么类别的笔试""考试科目有哪些""参加的科目要考察什么"等。

专业知识的考试题目更多地体现专业性强的特点，外企、外贸公司以及一些涉外事务较多的单位会考察外语的知识和能力，行政机关等岗位的招聘会考察行政知识和认知水平，银行等金融机构招聘时会考察金融专业知识。

（二）了解笔试重点，认真复习

一般而言，用人单位组织笔试都会有一个大体的范围，在参加考试之前要尽可能地了解笔试的范围和重点，求职的笔试准备和复习的时间都比较短，所以要根据范围和重点安排复习的节奏。通常情况下，用人单位的笔试常常会把重点放在基础知识和常规知识上，因此在时间不允许的情况下，一些偏题和怪题或者本来就比较生疏的需要选择性地放弃，更多的精力和时间放在基础题上；同时用人单位出于工作岗位技能的要求，也会对知识的实际运用进行考察，因此复习时也要注意基础知识的实际运用。总体来说，求职笔试和学业考试还是有较大区别，难度不会太大，但会强调基础知识的实际运用，题目会更加灵活，更加注重应聘者的基础知识能力、实际运用能力和思维能力。

（三）了解用人单位，周全准备

对应聘者来说，无论是笔试还是面试对报考单位的了解是必须的。用人单位不仅考察具体的学科知识，也会考察应聘者与单位和岗位的契合度。应聘者在笔试前，要了解单位的基本情况，如单位的基本文化、用人理念、人事框架，了解单位和岗位考察的侧重点是什么，这样复习更有针对性。高等学校等事业单位，有时候会考单位网站公布的一些信息，认真周全准备的人往往会抢得笔试先机。

（四）熟悉考场环境，有备无患

考试前最好了解考试地点在哪里，什么交通工具方便，考场的环境怎样，这样就不至于考前过于仓促。往往一些不注意细节的人可能会遇到很多意想不到的问题，有的考生考前没了解考试地点的位置，"坐车坐过站了""堵车了""找不到考场位置了"等情况也屡见不鲜，这样不但影响了考试的心情，也可能耽误了考试。考试之前还应当注意考试的必要工具和证件是否都带齐，考场上忘记带身份证、准考证等有效证件，或者答题用笔不出水等小问题往往会影响整个考试的成败。

（五）保持良好心态，平和应考

参加考试前，要适当给自己减轻思想负担，不可过度执着于考上与考不上的问题，要将注意力更多地放在考试本身而不是考试的结果上，放下包袱，轻装上阵。同时也要注意休息，不要让大脑长期处于疲惫的状态，适时的放松有助于提高自己应考的状态，也有助于维持较好的身体状况。

三、笔试的应对方法

（一）保持良好的自信心

越临近考试，考生往往往往更加紧张，更加怯场，有的考生会把这种怯场心理一直带到考试现场，甚至考完了还是"心有余悸"，其实大可不必。首先应聘考试并不是"一考定终身"，随着职业成长，考试会伴随职业生涯的多个阶段，求职考试机会还有很多；其次，当我们感觉到紧张之时，所有的应考者和我们一样都紧张，当我们觉得考试很难的时候，所有考生也不会都觉得试卷很简单，紧张和考试的难易对每个考生是均等的。因此考生要保持良好的自信心，这样才有助于考场良好的发挥。

（二）掌握科学的答卷方法

求职笔试和学业考试相比较，有三个特点：一是题量可能会更大些，答题时间也会更加紧迫；二是从题型设计偏向于实际应用；三是题型的难易落差比较大。

　　拿到考卷后，最好首先通览一遍，看看试卷容量有多大，难易度如何，这样更有利于把握答题的时间。然后结合个人的时间安排，按照先易后难的顺序，先做相对简单的题，最后再攻难题，对暂时回答不出来的题目，尽可能不要花费太多时间，等大体答完，时间仍然充裕再作答。要注意一些大型主观题的回答，很多学生由于学业考试养成的习惯，往往会猜测是否有"标准答案"，其实有些求职笔试的主观题，不一定有标准答案，招聘方设计这类题，更多的是出于考察应聘者处理问题的能力或是反应能力等。最后，要尽可能留出时间对易出错的地方进行复查，特别注意不要漏题。

（三）妥善处理考试细节

　　细节决定成败，笔试也是如此。有的考生因为粗心，答题遗漏、答案写错、姓名考号漏写了……这些情况很有可能让考生前功尽弃，因此必须要注意细节，尽可能在答题结束前留点时间查漏补缺。有的考生在临近考试结束前，客观题的答案都未写到答题卡，因此也要注意答题时间的把握。特别需要提醒的是，答题时，卷面字迹要力求认真清晰，书写过于潦草、字迹难于辨认或涂涂改改也会影响考试的成绩。求职笔试不同于其他纯专业性的考试，"醉翁之意不在酒"，有时招聘单位并不特别在意应试者考分的稍许高低。认真的态度、细致的作风，则会大大增加被录用的可能性。

（四）严格遵守考试纪律

　　考试如做人，诚信是最基本的原则，考生在答卷时，难免遇到无法回答的题目，有些考生会在功利的驱动下，放松对自己的要求，搞点"小动作"，这类"险招"必须杜绝，一旦发现，不只是丢了工作机会的问题，更重要的是失去了诚信，这是关系品格的问题。用人单位对于考生诚信这一点极为看重，很多单位在招考中都设有举报方式，主考单位发现考生作弊，除了单位对考生本身的处理外，还会联系所在学校通报相关情况。

拓展资源

第二节 面试的类型

面试是关于应聘者综合素质的考量，是一门如何将自己有效展示给用人单位的学问，积极应对面试的基础是了解面试，了解用人单位和招聘信息。

一、面试的含义

面试是指面试官和应试者面对面（有时也可通过电话或者视频方式）交流信息，对应试者个体素质进行综合比较与考察的一种测评方式，也是当前用人单位选拔选聘人才的主要方式之一。

有人认为面试就是面对面、谈谈话而已；有人认为面试就是面谈加口试。事实上面试是一种相当复杂的人与人之间的沟通和认识方式。面试有几个重要的要素和特点。

一是面对面的观察与交流方式，"面对面"不仅是语言的交流，也是表情、神态、心理等非语言的沟通，不仅考察应聘者的表达能力，也直观考察应聘者的思维、判断、礼仪等综合能力。

二是精心设计，面试的目的是为了选拔更符合用人单位需求的人才，为了达成这样的目的，招聘方会围绕考察的要求，精心设计面试的形式、面试的情景，安排最合适的面试人员等，从这个角度看，面试不是简单的面谈加口试，而是一个人才选拔的综合测试。

二、面试的类型

根据不同的划分标准，面试可以分为不同的类型。

（一）根据面试的标准化程度划分

根据面试的标准化程度划分，面试可以分为标准化面试和非标准化面试。

所谓标准化面试，是在面试前就对面试内容、面试评分标准、面试实施程序、计分方式、面试考官构成等各个方面都进行统一明确的规范；而非标准化面试，是指面试考官临场发挥心里想问什么就问什么，对与面试有关的因素不作任何限定的面试，也就是通常没有任何规范的随意性面试。

标准化面试，有三层含义：一是面试过程的标准化，在面试的起始阶段、中间阶段、收尾阶段，面试官要做些什么、注意些什么、要达到什么目的，都有明确的规定。二是面试内容的标准化，在面试过程中，考察面试者的哪些素质、能力都有明确的界定，并且围绕考察的要求，提问题的顺序，提哪些问题，怎样提问题，事前都有充分的准备。三是结果评判的标准化，面试官的确定、评分标准、分值的设计、评分方式等，在面试前都会有相应规定。正规的面试一般都是标准化面试，目前很多用人单位都采用标准化面试，最典型的是公务员录用面试。

非标准化面试整体体现"随意"的特点，对面试的内容、面试评分标准甚至面试的流程等的处理没有做事先设定，更多的是随意安排。但为了达到选拔人的标准，非标准化面试对面试官的要求比较高，面试官要从相对分散的问题和信息中获取应聘者的相关信息，这要具备较高的判断力和分析能力。一般而言，非标准化面试更多的应用于面试规模不大、参加面试人员不多的情况。

（二）根据面试对象的多少划分

根据面试对象的多少划分，面试可分为单独面试和集体面试。

所谓单独面试，指主考官与应试者单独面谈。这是最普遍、最基本的一种面试方式。单独面试的优点是能提供一个面对面的机会，让面试双方较深入地交流。单独面试又有两种类型。一是只有一个主考官负责整个面试过程。这种面试大多在较小规模的单位录用较低职位人员时采用。二是由多位主考官参加整个面试过程，但每次均只与一位应试者交谈。公务员面试大多属于这种形式。

集体面试又叫小组面试，指多位应试者同时面对面试考官的情况。在集体面试中，通常要求应试者做小组讨论，相互协作解决某一问题，或者让应试者轮流担任领导主持会议、发表演说等。这种面试方法主要用于考察应试者的人际沟通能力、洞察与把握环境的能力、领导能力等。

无领导小组讨论是最常见的一种集体面试法。在不指定召集人、主考官也不直接参与的情况下，应试者自由讨论主考官给定的讨论题目，这一题目一般取自于拟任工作岗位的专业需要，或是现实生活中的热点问题，具有很强的岗位特殊性、情景逼真性和典型性。讨论中，众考官坐于离应试者一定距离的地方，不参加提问或讨论，通过观察、倾听为应试者进行评分。

【案例 13-3】 海上救援（世界 500 强无领导小组讨论面试题）

现在发生海难，一游艇上有八名游客等待救援，但是现在直升机每次只能够救一个人。游艇已坏，不停漏水。寒冷的冬天，刺骨的海水。游客情况：

1. 将军，男，69 岁，身经百战；
2. 外科医生，女，41 岁，医术高明，医德高尚；
3. 大学生，男，19 岁，家境贫寒，参加国际奥数竞赛获奖；
4. 大学教授，50 岁，正主持一个科学领域的项目研究；
5. 运动员，女，23 岁，奥运金牌获得者；
6. 经理人，35 岁，擅长管理，曾将一大型企业扭亏为盈；
7. 小学校长，53 岁，男，劳动模范，五一劳动奖章获得者；
8. 中学教师，女，47 岁，桃李满天下，教学经验丰富。

请将这八名游客按照营救的先后顺序排序。

要求：5 分钟阅题时间，1 分钟自我观点陈述，15 分钟小组讨论，3 分钟总结陈词。

（三）根据面试目的的不同划分

根据面试不同的目的划分，面试可以区分为压力性面试和非压力性面试。

压力面试是将应考者置于一种人为的紧张气氛中，让应考者接受诸如挑衅性的、非议性的、刁难性的刺激，考察其应变能力、压力承受能力、情绪稳定性等。典型的压力式面试，是以考官穷究不舍的方式连续就某事向应考者发问，且问题刁钻棘手，甚至逼得应考者穷于应付，考官以此种"压力发问"方式逼迫应考者充分表现出对待难题的机智灵活性、应变能力、思考判断能力、气质性格和修养等方面的素质。

非压力性面试是在没有压力的情景下考察应考者有关方面的素质。

【案例 13-4】 魔鬼面试

大专毕业生杨光曾经遭遇过一次国内的"魔鬼面试"。

一家全国连锁的电器大卖场通知他去参加面试，他到了现场却不见通常的场景，人力资源部经理将十来个应聘者一起领到卖场大门口的马路上，竟然让他们站在街上对来往行人说"您好"并鞠躬。大家面面相觑，不知道是怎么回事。

杨光有些纳闷，惴惴不安地开始了问好。当他拦截着过往的行人，对他们面带微笑地说"您好"时，觉得十分难为情，当他鞠躬时，甚至有种被羞辱的感觉，只是强忍住了动怒的冲动。

几天过后，当他打电话去询问时，用人单位告诉他，他对人不够热情，不适合做这份工作，杨光憋了一肚子气，觉得自己彻底被"涮了"。

（四）根据面试的进程划分

根据面试的进程划分，面试可以分为一次性面试和分阶段面试。

一次性面试，是指用人单位对应试者的面试集中于一次进行。在一次性面试中，面试考官的阵容一般都比较"强大"，通常由用人单位人事部门负责人、业务部门负责人及人事测评专家组成。在一次面试情况下，应试者是否能面试过关，甚至是否被最终录用，就取决于这一次面试表现。面对这类面试，应试者必须集中所长，认真准备，全力以赴。

分阶段面试又可分为两种类型，一种叫"依序面试"，一种叫"逐步面试"。

依序面试一般分为初试、复试与综合评定三步。初试的目的在于从众多应试者中筛选出较好的人选。初试一般由用人单位的人事部门主持，主要考察应试者的仪表风度、工作态度、上进心、进取精神等，将明显不合格者予以淘汰。初试合格者则进入复试，复试一般由用人部门主管主持，以考察应试者的专业知识和业务技能为主，衡量应试者对拟任工作岗位是否合适。复试结束后再由人事部门会同用人部门综合评定每位应试者的成绩，确定最终合格人选。

逐步面试，一般是由用人单位的主管领导、部门负责人以及一般工作人员组成面试小组，按照小组成员的层次，由低到高的顺序，依次对应试者进行面试。面试的内容依层次各有侧重，低层一般以考察专业及业务知识为主，中层以考察能力为主，高层则实施全面考察与最终把关。实行逐层淘汰筛选，越来越严。应试者要对各层面试的要求做到心中有数，力争每个层次均留下好印象。在低层次面试时，不可轻视大意，不可骄傲马虎，在面对高层次面试时，也不必胆怯拘谨。

（五）根据面试内容设计的重点不同划分

根据面试内容设计的重点不同划分，面试可分为常规面试、情景面试和综合性面试三类面试。

所谓常规面试，就是我们日常见到的、主考官和应试者面对面以问答形式为主的面试。在这种面试条件下，主考官处于积极主动的位置，应试者一般是被动应答的姿态。主考官提出问题，应试者根据主考官的提问做出回答，展示自己的知识、能力和经验。主考官根据应试者对问题的回答以及应试者的仪表仪态、身体语言、在面试过程中的情绪反应等对应试者的综合素质状况做出评价。

在情景面试中，突破了常规面试考官和应试者那种一问一答的模式，引入了无领导小组讨论、公文处理、角色扮演、演讲、答辩、案例分析等人员甄选中的情景模拟方法。情景面试是面试形式发展的新趋势。在这种面试形式下，面试的具体方法灵活多样，面试的模拟性、逼真性强，应试者的才华能得到更充分、更全面的展现，主考官对应试者的素质也能做出更全面、更深入、更准确的评价。

综合性面试兼有前两种面试的特点，而且是结构化的，内容主要集中在与工作职位相关的知识技能和其他素质上。

（六）根据面试的功能划分

根据面试的功能划分，面试可以分为鉴别性面试、评价性面试和预测性面试。

所谓鉴别性面试，就是依据面试结果把应考者按相关素质水平进行区分的面试；评价性面试则是对应考者的素质做出客观评价的面试；而预测性面试是指对应考者的发展潜力和未来成就等方面进行预测的面试。

（七）根据面试结果的使用方式划分

根据面试结果的使用方式划分，面试可以区分为目标参照性面试和常模参照性面试。

所谓目标参照性面试，就是面试结果须明确应考者的素质水平是否达到某一既定的目标水平，通常分为合格与不合格两种；而常模参照性面试，则是根据面试结果对应考者按素质水平高低进行排序，优胜劣汰，从而进行决策的面试，结果往往分为若干档次。

三、面试的准备

（一）有深刻的自我认知

面试前最重要的是要有充分的自我认知，要有明确的定位。用人单位往往会根据岗位的需要展开面试，设计面试的方式和面试的内容，通过面试者展示的能力、学识，来考察应聘者是否具备了单位需要的各项素质。因此在面试前，应聘者要全面盘点自己的特点，对自己的优缺点有明确的了解，这样面试时才可以做到有的放矢、有备无患。

（二）对用人单位和岗位有深刻的认知

对用人单位和岗位的相关信息的认知也必不可少，结合单位的需求，对照自身的特点方可做到知己知彼、百战不殆。用人单位和岗位信息的获取途径此前已经做过介绍，不再赘述。

（三）知识和信息准备

面试是对应聘者综合素质的考量，考察应聘者的专业知识、综合素质，有些信息的准备是长时间的积累形成的，但也有一些信息可以通过短时间的充电获得。面试之前可以简单了解一下应聘岗位所需的专业基础知识，特别是一些基本概念，如招聘人力资源岗位时，面试官会问"请说说什么是人力资源管理"，有准备的面试者就可以从容应答。还应当了解应聘单位所属行业的基本信息，应聘者可以通过互联网、书报杂志等实现做一个概况了解，以免一问三不知，如某营销专业应聘汽车销售岗位，遇到了这样的问题，"你可以谈谈当前我国汽车市场的格局"，该生恰好在网上看到过一篇关于我国汽车行业的分析文章，回答时加以整理形成了自己的观点，最后应聘成功。所以，机会总是给有准备的人。

（四）保持良好的心态

当前，由于受经济形势的影响，以及就业市场的结构性矛盾，求职竞争很激烈，面试失败也属正常。不必将成败看得过重，你能收到一份面试通知，自然也就能收到第二份、第三份，所以不要过于患得患失。正确的心态应该是抱有一颗平常心很重要，要把面试当作一次自我的检阅，不断完善自己的机会。

（五）面试前的细节准备

面试之前有些细节也不可忽略，比如面试时候要携带些什么材料，简历、相关证件等，可以事先询问用人单位；还应当注意，面试的时间、地点等基本信息，不要临近面试，不知道在什么地方面试，或者面试姗姗来迟；此外可以了解面试的流程和形式，这样便于更充分的准备。

【资料链接】

宝洁公司的标准化面试

宝洁公司的面试分两轮。第一轮为初试，一位面试经理对一个求职者面试，一般都用中文进行。面试人通常是有一定经验并受过专门面试技能培训的公司部门高级经理。一般这个经理是被面试者所报部门的经理，面试时间大概在30—45分钟。

通过第一轮面试的学生，宝洁公司将出资请应聘学生来广州宝洁中国公司总部参加第二轮面试，也是最后一轮面试。为了表示宝洁对应聘学生的诚意，除免费往返机票外，面试全过程在广州最好的酒店或宝洁中国总部进行。第二轮面试大约需要60分钟，面试官至少是3人，为确保招聘到的人才真正是用人单位（部门）所需要和经过亲自审核的，复试都是由各部门高层经理来亲自面试。如果面试官是外方经理，宝洁公司还会提供翻译。

（1）宝洁公司的面试过程主要可以分为以下4大部分：

第一，相互介绍并创造轻松交流气氛，为面试的实质阶段进行铺垫。

第二，交流信息。这是面试中的核心部分。一般面试人会按照既定8个问题提问，要求每一位应试者能够对他们所提出的问题做出一个实例的分析，而实例必须是在过去亲自经历过的。这8个问题由宝洁公司的高级人力资源专家设计，无论您如实或编造回答，都能反映您某一方面的能力。宝洁公司希望得到每个问题回答的细节，高度的细节要求让个别应聘者感到不能适应，没有丰富实践经验的应聘者很难很好地回答这些问题。

第三，讨论的问题逐步减少或合适的时间一到，面试就引向结尾。这时面试官会给应聘者一定时间，由应聘者向主考人员提几个自己关心的问题。

第四，面试评价。面试结束后，面试人立即整理记录，根据求职者回答问题的情况及总体印象作评定。

(2)宝洁公司的面试评价体系。宝洁公司在中国高校招聘采用的面试评价测试方法主要是经历背景面谈法，即根据一些既定考察方面和问题来收集应聘者所提供的事例，从而来考核该应聘者的综合素质和能力。宝洁公司的面试由8个核心问题组成：

第一，请你举1个具体的例子，说明你是如何设定1个目标然后达到它。

第二，请举例说明你在1项团队活动中如何采取主动性，并且起到领导者的作用，最终获得你所希望的结果。

第三，请你描述1种情形，在这种情形中你必须去寻找相关的信息，发现关键的问题并且自己决定依照一些步骤来获得期望的结果。

第四，请你举1个例子说明你是怎样通过事实来履行你对他人的承诺的。

第五，请你举1个例子，说明在完成1项重要任务时，你是怎样和他人进行有效合作的。

第六，请你举1个例子，说明你的1个有创意的建议曾经对1项计划的成功起到了重要的作用。

第七，请你举1个具体的例子，说明你是怎样对你所处的环境进行1个评估，并且能将注意力集中于最重要的事情上以便获得你所期望的结果。

第八，请你举1个具体的例子，说明你是怎样学习1门技术并且怎样将它用于实际工作中。

根据以上几个问题，面试时每一位面试官当场在各自的"面试评估表"上评分：评分分为3等：1—2（能力不足，不符合职位要求；缺乏技巧，能力及知识）。3—5（普通至超乎一般水准；符合职位要求；技巧、能力及知识水平良好）。6—8（杰出应聘者，超乎职位要求；技巧、能力及知识水平出众）。具体项目评分包括说服力/毅力评分、组织/计划能力评分、群体合作能力评分等项目评分。在"面试评估表"的最后1页有1项"是否推荐栏"，有3个结论供面试官选择：拒绝、待选、接纳。在宝洁公司的招聘体制下，聘用 1 个人，须经所有面试经理一致通过方可。若是几位面试经理一起面试应聘人，在集体讨论之后，最后的评估多采取 1 票否决制。任何 1 位面试官选择了"拒绝"，该生都将从面试程序中被淘汰。

第三节　面试中的交流沟通

面试是应聘者自我展示的舞台，而如何做更好的自我展示，需要倚仗每个人的自我表达，要靠每个人的语言驾驭。因此大学生必须要很好掌握语言沟通的技巧，从而更轻松地应对面试。

一、面试中语言沟通的基本原则

（一）实事求是不造假

不要想着面试官的每个问题你都能够完美回答，不要想着用人单位的每个要求你都要完美无缺地匹配。面试过程中，面试官问问题的角度很广泛，并且都可能有特殊的意图在其中，我们所要做的就是完美展示自己，不要不懂装懂，更多时候实事求是更容易被用人单位接受。相比较面试时候夸夸其谈，自吹自擂，用人单位更愿意你是一个实事求是，勤恳踏实的人。

（二）语言流畅有韵味

面试主要通过语言的表达，达成沟通双方的理解，良好的语言表达有利于面试官更好地理解你的意思，通常情况下语言能力也是用人单位考察的重点之一。语言能力的提高不是一朝一夕的事情，需要平常的时候多练习，多做演讲演说的训练，在面试前，尽可能对面试内容有较好的准备，让自己能够比较从容的表达自己的意思，特别是对于陈述式回答的内容，比如自我介绍之类要能够很好地驾驭。

（三）陈述清晰有条理

陈述的逻辑和条理在语言沟通中尤为重要，一般相比书面陈述，口头陈述对条理更为强调。当你洋洋洒洒、滔滔不绝讲了 5 分钟，可能对方什么都没记下来，关键就在于你的陈述内容没有逻辑性，没有概括性。因此建议面试者，在做陈述时，要善用关键词、善用序号词。如"请简要说一下你的大学成长经历",一些面试者会按照流水账一样直接叙说,对面试官而言,他听到最后很难留下深刻的印象。假如换一个方式回答,"我大学期间实现了三个方面的进步,第一是……第二是……"这样的回答方式,重点分明,逻辑清晰,很容易给面试官留下深刻的印象。

(四) 人职匹配有核心

面试回答问题,关键点在于做到"人职匹配",简单来说,用人单位要招聘符合单位特点符合岗位要求的优秀人才,而应聘者的目的就是让面试官觉得我就是那样的人,我就是这个岗位最好的匹配者。因此,面试中不管回答什么样的问题,在遵循实事求是的原则下,尽可能地将问题的答案向单位的要求靠拢,让人觉得你能够胜任这个岗位。

二、常见的面试问题

面试官的问题通常内容很丰富,提问的形式也各有不同,但如果总结归纳一下,往往可以分为以下几个大类。

(一) 个人基本状况类

谈谈你自己吧。

你的家庭情况怎么样?

你谈恋爱了吗?

你有什么特长、爱好?

你有什么优缺点?

用人单位通过这类问题更加直观、清晰地了解面试者。由于问题相对宽泛,信息点相对分散,因此这样的问题也很考验面试者的思维能力和语言组织能力。回答这类问题首先是不可以过于啰唆,不可牵扯在鸡毛蒜皮的事情上,选重要的信息作答;其次是要条理清晰,有概括,有层次,面试者对这类问题不会回答不上来,反而会有很多话要说,为了保持信息的有效传递,条理清晰是必要的。

(二) 应聘动机和价值观类

你为什么选择这份工作?

你了解我们单位吗？

你找工作首先考虑的因素是什么？

你的职业规划是什么？

外派其他地区，你愿意吗？

这类问题主要用来考察应聘者职业价值观。面试者切忌将个人动机功利化，如"因为贵公司待遇很好所以我选择贵公司……"这样的回答很容易让招聘单位对你产生看法，面试者应当提前了解招聘单位的人才需求标准，尽可能将自己的应聘动机与自己的职业规划以及职业价值观相契合。

（三）专业与行业类

你为什么选读此专业？

你了解我们公司所从事的行业吗？

你最喜欢或最不喜欢什么课程，为什么？

你觉得目前物流行业前景怎样？

如果让你重新考大学，你会报考什么专业？

这类问题重点在于考察应聘者的专业基础、知识结构。面试前，要提前了解本专业的概念，专业对应的行业的基本情况（或者应聘行业的基本情况），但也不可以过于投其所好，不懂装懂，须知面试官是由各个专业和行业的专家能手组成。

（四）工作能力与技能类

你的适应能力如何？

大学四年你做过最得意的事情是什么？

业余时间你都干些什么？

你参加过什么样的课外活动？

你做青年志愿者有什么收获？

这类问题考察重点在于应聘者与单位和岗位相匹配的个人素质和品质。面试者不可洋洋洒洒大谈一些与工作岗位的需要没有关联的信息。要尽可能如实回答，并且个人的经历和能力积累要与工作有相关性。

（五）人际关系类

你喜欢与什么样的人交往？

你喜欢独立工作还是与别人合作？

你喜欢什么样的领导？

领导和你意见不合的时候你会怎么做？

这类问题考察应聘者的人际交往能力、团队意识、合作精神。企业需要个性化人才没错，但更喜欢有团队精神的员工，因此面试者要注意个性化与团队合作之间的平衡，注意问答中体现对领导和同事的尊重。

（六）实习与项目经历

你在这家公司都做些什么？

你在实习经历中遇到了什么困难？你是怎么解决的？

说说社会实践给你哪些收获？

项目执行中，你承担什么角色？有什么感想？

面试官问这些问题，通常会考察应聘者的实习实践与项目经历和工作有无相关性，考察实习实践对于应聘者成长的影响。因此在回答这些问题时，面试者要立足两个层次展开回答，即实习实践工作内容、工作中带来的经验和能力的提升。

三、面试中的突发情况处理

（一）精神过度紧张

要端正心态，正视自己，不要将一次面试的得失看得太重要，应该明白和你一样，所有的面试者都不轻松；不要急着回答问题，面试官问完问题后，应试人可以考虑五至十秒钟后再作回答，要注意不可语速太快，否则容易表达不清。当然克服紧张最好的办法就是多练习，面试前要有训练与"预演"，可以事先请有关教师或同学充当主试人，进行模拟面试。

（二）没有听清楚问题

由于面试官口音、普通话水平等原因，面试者可能没有听清楚问题，这时候可以请求再讲一遍题目，有时候甚至再讲一遍仍然无法听清，这种情况尽管不多见，但一旦发生了怎么办？你可以婉转地问主试人是否指某一方面的问题。此时，重要的是态度要坦诚，不可胡乱猜测，信口开河。若果真是一点也不清楚怎么去回答，就应实事求是地告诉主试人，这个方面的知识未接触过。作为主试人他可以理解你的回答，因为世界上没有人什么都懂。

（三）口误或者说错话

由于紧张，面试中的口误在所难免，甚至直接说错话也是有可能的。对这些情况，如果出现的只是很简单或者无关紧要的口误，不必耿耿于怀，提心吊胆，继续专心应对每一个提问，不能因一个小错误而丧失了一次机会。若说错的话容易得罪人，或比较重要，应该及时道歉，并表达出你心中本来要讲的意思。

（四）几个面试官同时提问

遇到几位主考人同时提问，一些经验不足的应试者会胡乱地选择其中部分加以回答，结果自然不能让所有主试人满意。正确的做法既要逐一回答，又要显得有礼貌。你可以说："对不起，请让我先回答甲领导的提问，然后再谈乙领导和丙领导的问题，可以吗？"回答哪位领导的问题在先，哪位在后，一般应按官职从高到低排，当然，也可以按发问的先后次序排。需要注意的是：在回答甲领导问题时不可太多太长，否则，乙丙两位领导会有不被尊敬之感。

【资料链接】

常见面试问题及回答思路

1. 请介绍一下你自己。

常见问题：很多人只是简单的复述简历内容，如姓名、年龄、爱好、工作经验。其实，企业最希望知道的是求职者的胜任力，包括：最符合企业需求的技能、个性中最积极的部分、做过的最成功的事，主要的成就等。

介绍原则：简明清晰，有一定的逻辑性；时间不超过三分钟为宜；对自己的能力和特长，都能用一句话来概括，然后通过一些具体的事例佐证。

介绍格式：现在+过去+未来

认清自我，一定要回答好三个问题。你过去做过什么？你现在做什么？你将来要做什么？三个问题之间具有逻辑关系，前面做过的事是后面做好的基础。尽量减少"我"的使用，以及避免重复多次出现如"就是""然后"等连词。

2. 请简明评价自己。

常见问题：求职者容易把评价回答成自我介绍；在学习和生活中缺乏自我认知，没有给自己贴标签的意识，容易用长句笼统评价自己，留给面试官的印象不足。

评价原则：用词简单明了，符合自己的"人设"；5个词左右概况自己的特点和优势，用实例充实。

评价格式：贴标签+实例

评价自己是对自己有充分认知的基础上的概况，要善于用专业词汇概况自己的优势和特点。要避免标签的大众化和雷同化，如组织管理能力、学习能力、沟通表达能力等标签缺乏个性表达。

3. 请举例说明你具备××方面的能力。

常见问题：面试官提这个问题，必然是工作中非常重要的能力要求。求职者对应聘企业的了解不够，自说自话，自己的表达和企业的需求差异很大；

说明原则：围绕面试官的要求充分说明。

说明格式：STAR法则

S：事件发生的时间、地点和背景；T：你的角色和任务；A：你解决问题的方法和具体行动；R：任务完成的具体结果。

4. 为什么选择我们单位（行业）？

常见问题：求职者缺乏对企业及企业所处行业的认知，容易陷入官网资料的背诵，或者会说还没有时间了解过企业，给面试官以不真诚的感觉。

说明原则：从行业角度回答，从单位角度回答，从职位角度回答，真诚用心回答。

说明格式：行业+企业+职位

首先是对行业的认知，一个企业的发展必然是随着行业的发展而发展，而行业的认知是可以考察求职者是否具备专业的洞察力；其次说明企业在行业中所处的地位，不盲目夸大；最后是职位，可以说明职位对自己能力的提升，满足自己的职业需求。

5. 简单介绍你的职业规划？

常见问题：求职者从心理上排斥职业规划，认为职业规划对个人求职没有帮助；没有了解职业规划的要点，简单地按照时间说明职位发展。

介绍原则：职业性：以专业角度让面试官信服；专业性：让面试官放心将工作交给你。

介绍格式：行业职位的发展空间+职业性和专业性

在面试之前要多收集行业、企业相关资料，了解行业的发展阶段，头部企业的发展趋势，面试企业在行业中的地位；以专业性和职业性的论述，表达自己求职的决心。

思考与练习

1. 写出 3—5 分钟的自我介绍，并大声表达出来。
2. 用 5 个词评价自己。
3. 了解企业面试常用问题，并有针对性地写出自己的回答。
4. 熟悉小组面试的角色分配及回答要领，与同学模拟小组面试，交换面试心得。

即将毕业的大学生，都希望求得一份既与所学专业相吻合又与自己志向相一致的理想工作。然而，在求职中仅靠专业知识和满腔热情是不够的。你是否了解一些礼仪知识，是否具备一定的职业素养，这些都会影响用人单位对你的评价。古人云"见微而知著"，学习礼仪规范可以帮助你很好地规范自己言行举止、体现自己的道德水平、反映自己的个性要求，更重要的是可以推销自己，让用人单位能在短时间内欣赏和接纳你。

第一节　求职礼仪

求职礼仪是礼仪的一部分，它是在求职的过程中，所表现出来的礼节和仪式，它并不仅仅是一般理解上的穿什么衣服，化什么样的妆，也不仅仅是会说几句客套话，而是首先要发自内心地对他人的尊重和关注，并要使他人感受到受尊重和被关注。求职者的礼仪规范掌握得好坏与否，有时可能直接关系到个人能否顺利踏入社会，找到一份合适满意的工作。为此，我们着重对大学生求职过程中形象设计和面试礼仪应该注意哪些问题作详细阐述。

【案例14-1】　王××的面试尴尬

××研究所休息室里坐满了等候面试的人，有人充满自信，有人紧张异常。面对众多的求职竞争者，王××不以为然地笑笑，从包里拿出化妆盒补妆，又用手拢拢头发，心想："我高挑的个子，白皙的皮肤，还有这身够靓的打扮，白领丽人味道十足，舍我其谁？"工作人员叫到王××的名字，王××从容进入考场，开始做自我介绍：各位好！我是师大中文系毕业班的学生王××。在校期间，我的学习成绩优良，曾担任两届学生会文艺部部长……我还有很多业余爱好，比如演讲、跳舞啊，我拿过奖呢！对于我的公关才能和社交手腕我是充满自信的。一边说着，王××一边从包里拿市交谊舞大赛和学校演讲比赛的获奖证书，化妆盒不小心跟着掉了出来，各式的化妆用品散落一地。她乱了手脚，慌忙捡东西，抬头对着考官："不好意思！"考官们不满地摇头。考官甲："小姐，麻烦你出去看一下我们的招聘条件，我们这里是研究所。你还是另谋高就吧。"

【分析】

(1)王××着装与应聘的岗位要求有差距，因为研究所更想要稳重、有内涵一点的人，王××不符合这个岗位的要求；

(2)她是学中文的，但是表现的却像是公关，在公众场合补妆欠妥；

(3)对应聘岗位未作深入了解，事先的准备并不充分，答非所问。

(4)表现过于紧张，化妆盒掉了的话就应该冷静地拾起来，但是她却慌乱了。

【案例14-2】　尤×的胜出

尤×，××大学毕业生，在校时她就听人说就业不容易，所以毕业前就投了很多简历，可都石沉大海，没有结果。后来好容易盼来两家面试机会，可是，都因没有作过面试辅导，在面试环节出了问题。之后她找到相关职业策划中心进行咨询，之后做了职业生涯规划，并针对专业和职位进行了场景训练。当她再次面试时心中有底了，不但顺利通过面试，还得到面试官赞许的眼光和点头。尤×高兴极了，因为她终于用专业求职者的姿态，在众多竞争者中脱颖而出，进入了一家著名的外资公司，在同学中最先找到了适合自己的工作。

【分析】

(1)毕业生就业是一个系统工程，从发放简历到实战面试，整个过程中要有规划，只有专业，才能取得成功。

(2)面试过程中，谁懂得礼仪，谁注意细节，谁就容易拿到高分，谁就能最先拿到录用通知。

求职胜出与其说是战胜了对手，不如说是战胜了自己。

人际交往中，第一印象往往决定了他人的态度，求职过程中第一印象以及其后的表现很大程度上成为考官的评判依据。从以上两个案例看出，求职礼仪及职业形象在大学生求职过程中起到至关重要的作用，大学生要在平时加强职业礼仪的学习和练习，注意职业形象的塑造。

一、面试的形象设计

面试的第一印象十分重要，外观形象是第一印象的主要因素。常言道："人是衣裳，马是鞍""三分容貌，七分打扮"。在求职面试活动中恰当的服饰会给人留下良好的第一印象。现在许多大学生赶场似的奔波于各个招聘会之间，匆匆忙忙，风尘仆仆，来不及整理个人的仪容仪表，容易给招聘单位留下一个不重视形象的印象。试想一个不重视个人形象的人，今后怎么能重视单位的形象呢？因此，在面试前对自己的仪表进行适当修饰是十分必要的。

（一）仪容整洁

仪容整洁，首先是要保持面部的清洁，尤其是要注意局部卫生，如眼角、耳后、脖子等易被人们忽略的地方。其次，作为女学生，最好化一些淡妆，将面部稍做修饰，做到清新、淡雅，色彩和线条运用都要"宁淡勿浓"，恰到好处，使人显得精神、干练、成熟和自信的一面，避免浓妆艳抹、浓烈的香水味，免得给人留下过分招摇和落俗的印象；头发、指甲、配饰要干净清爽，给人良好的印象，最好不要佩戴首饰，尤其不可佩戴造型夸张的，叮当作响的饰品。男生则需要修面，不可胡子拉碴，显得无精打采，邋里邋遢。另外，还要注意身体异味的问题，勤洗澡，不抽烟，面试前不吃大蒜等有强烈异味的东西，以免口气熏人。

（二）发型适宜

发型既要与个人的特点相符，也要与服饰相配。在面试时，许多学生很注意着装，却忽略了发型的设计，认为头发只要干净就好。其实，发型在整个仪表美中，占有很重要的位置。面试时，对发型总的要求是端庄、文雅、自然，比较职业化一些，不能太休闲，避免太前卫、太另类的发型。除了发型要适合个人的脸型、个性特点和当时的着装以外，还要注意与所要申请的职位要求相宜，如秘书要端庄、文雅，营销人员要干练，与机器打交道则要求要短发或盘发。一些长发披肩的女生要注意，在面试时，头发切忌遮住脸庞，除非是为了掩饰某种生理缺陷，否则会让主考官对你印象模糊。男生的发型以短发为主，做到侧不遮耳，后不及领。不要造型太流行或怪异，不染发，胡子要刮干净，不戴饰品。

（三）着装得体

着装反映一个人文化水平、修养和气质，同时也是表现你的职业感和对面试单位的尊重，用人单位也可以借此考察应聘者的生活和工作态度等。求职着装原则是：整洁大方线条简洁，格调保守，必须传递出稳重，可靠有信心的信息，给人以干净利落，有专业精神的良好印象。

男生的着装一般以西装为宜，也可以是清爽的衬衣、平整的夹克。建议穿蓝色、灰色等深颜色的西装，颜色最好单纯，质地要好，不要给人皱巴巴的感觉，西装袖口的商标要剪掉，不扣最下方的纽扣（或者坐下后解开最下面的一粒纽扣，站起后应随手系上），衣袖不卷不挽；身着西装时，要注意衬衣和领带的搭配，慎穿毛衫（寒冷冬季，可穿一件"V"字领单色毛衫，不妨碍打领带），领带颜色要与西装、衬衣相搭配，有层次感；一般而言，西装必须配标准的皮鞋，而不是休闲鞋、运动鞋，皮鞋颜色的选择最好和西装、公文包颜色相近或者一致，皮鞋必须保持清洁光亮。

女生的着装一般选择比较正规的套装，或者样式简洁的套装套裙、连衣裙等，但不要太前卫，也不要太土气。女生套装尽量不要大红大紫、花花绿绿，选择纯色的，不要衣服、裙子和裤子的颜色对比太大，裙子的选择不宜太短；上衣衣扣一一系好，不许部分或全部解开，尽量不要直接衬衣外穿，衬衫最上面的一粒纽扣可以不系，不穿无袖衣服；高跟鞋的鞋跟不能太高，鞋跟不宜垫铁质的或者特别硬的材料制作（以免走路发出很大的声音），鞋子的款式不宜太新潮，颜色应和套装相匹配；袜子建议穿中性或者肉色袜子，丝袜不能有花纹，注意丝袜不能脱针。

适当场合可以穿学生装，学生装纯真自然的本色才是它最大的魅力，年轻人蓬勃的朝气、清新脱俗的风格，都可以从中显露出来，但这并非就是说面试时就可以穿成平时的样子，在服饰色彩的搭配、细节等方面还是要做精心的准备，才能赢得主考官的青睐。此外，选择服装要与应聘职位要求相吻合。应聘银行、政府部门，穿着偏向传统正式；应聘公关、时尚杂志编辑等，则可以适当地在服装上加一些流行元素。除了应聘娱乐影视广告这类行业外，最好不要选择太过突兀的穿着。求职者在面试当天，服装色调上如果能巧妙融合该公司的典型色彩，那么你的表现肯定能取悦考官。

二、面试过程中的礼仪

毕业生求职，面试是一个很重要的环节，在面试过程中，从进场敲门到答题结束出场，整个过程中都贯穿着礼仪和细节。在人与人交往的过程之中，讲究"三三"原则，即三秒、三分钟。三秒钟就是看见的第一印象，在这三秒钟的时间里面，考官会对考生有一个最直接的评价；三分钟是考官对你有一个主观印象之后，你能否在三分钟的时间之内用话语吸引考官的耳朵，让考官产生想继续听下去的念头，同时让考官听后觉得，如果把一件真实的事情交由你去做，你可以很好地把所交代的这件事情完成。在这个过程中，我们不能够忽视任何一个细节，但也不能所有的身心都投注在礼仪上，最好是在平时的练习之中，做到一种自然而然，平静中略带点自信，避免刻意和夸张。面试礼仪最关键的是精、气、神，最根本的是从每个细节改变打造自己的形象，不过这些不容易速成，很多都需要长期修养磨炼，甚至和自身所处的环境密切相关。大学生学习求职面试礼仪主要掌握以下几个环节：

（一）关注面试时间

守时是职业道德的基本要求，提前 10—15 分钟到达面试地点效果最佳。提前半小时以上到达会被视为没有时间观念，但在面试时迟到或是匆匆忙忙赶到却是致命的。不管你有什么理由，迟到也会被视为缺乏自我管理和约束能力。如果路程较远，宁可早点出门，但早到后不宜立刻进入办公室，可在附近的咖啡厅等候或者到洗手间整理一下服装和面容，千万别在办公区走来走去，因为这样会打扰在公司上班的职员，给人留下无所事事、没有规矩的坏印象。但招聘人员是允许迟到的，这一点一定要清楚，对招聘人员迟到千万不要太介意，也不要太介意面试人员的礼仪、素养。如果他们有不妥之处，你应尽量表现得大度开朗一些，这样往往能使坏事变好事。如果，你的不满情绪流于言表，面露愠色，招聘人员对你的第一印象就大打折扣，甚至导致满盘皆输。面试也是一种人际磨合能力的考察，你得体、周到的表现，自然是有百利而无一害的。

（二）把握进屋时机

如果没有人通知，即使前面一个人已经面试结束，也应该在门外耐心等待，不要擅自走进面试房间。当工作人员喊到自己的名字时，就有力地答一声"是"，然后再敲门进入，敲两三下是较为标准的。敲门时千万不可敲得太用劲，以里面听得见的力度为准。听到里面说"请进"后，要回答"打扰了"，再进入房间。开门关门尽量要轻，进门后不要用后手随手将门关上，应转过身去正对着门，用手轻轻将门合上。回过身来将上半身前倾30°左右，向面试官鞠躬行礼，面带微笑称呼一声"你好"，彬彬有礼而大方得体，不要过分殷勤、拘谨或过分谦让。

（三）做好专业握手

面试时，握手是最重要的一种身体语言。专业化的握手能创造出平等、彼此信任的和谐氛围。你的自信也会使人感到你能够胜任而且愿意做任何工作。这是创造好的第一印象的最佳途径。怎样握手呢？握多长时间呢？这些都非常关键。这是你与面试官的初次见面，建立第一印象的重要开始，不少用人单位把握手作为考察一个应聘者是否专业、自信的依据。所以，求职者进入面试室，行握手之礼，应是主考官先伸手，然后求职者单手相应，右手热情相握。若求职者拒绝或忽视了主考官的握手，则是失礼。在面试官的手朝你伸过来之后坚实有力握住它，坚实有力，双眼要直视对方，自信地说出你的名字，即使你是位女士，也要表示出坚定的态度。如果握手时长时间地拖住面试官的手，偶尔用力或快速捏一下手掌，这些动作说明你过于紧张；轻触式握手表现出你很害怕而且缺乏信心，连面试都无法把握自己的情绪表示你无法胜任这项工作。你在面试官面前应表现出你是个能干的、善于与人相处的职业者。若非主考官主动先伸手，求职者切勿贸然伸手与主考官握手。

（四）讲究入座规矩

进入面试室后，在没有听到"请坐"之前，一般不可以坐下，等考官告诉你"请坐"时才可坐下，坐下时应道声"谢谢"。良好的坐姿是给面试官留下好印象的关键要素之一。当坐下时最好坐满椅面2/3，上身挺直，这样显得精神抖擞，保持轻松坐姿。如果身体略向前倾，腰板挺得很直，这样反倒给人留下死板的印象，应该很自然地将腰伸直，女生双膝双脚并拢，男生双膝双脚分开与肩同宽，把手自然的放在上面。有两种坐姿不可取：一是紧贴着椅背坐，显得太放松，松懈的姿势会让人感到你疲惫不堪或漫不经心。二是只坐在椅边，显得太紧张。这两种坐法，都不利于面试的进行。面试要表现出精力和热忱，切忌跷二郎腿并不停抖动，两臂不要交叉在胸前，更不能把手放在邻座椅背上，或做一些如玩笔、摸头、伸舌头等小动作，容易给别人一种轻浮傲慢，有失庄重的印象。

（五）自我介绍把握分寸

个人自我介绍是面试实战中非常关键的一步，因为众所周知的"首因效应"的影响，这两三分钟的自我介绍，将是你在大学期间所有学习、工作成果及为人处世原则的总结，也是决定你接下来面试的主基调，考官将会根据你提供相关材料及介绍情况进行提问。因此，在准备自我介绍时既要根据自身情况言简意赅、突出重点，又要对照应聘岗位凝炼特色、扬长避短，特别需要注意的是切记夸夸其谈、言过其实。

【案例 14-3】　自我介绍不是背简历

××大学毕业生小吴听到面试官要求他做自我介绍时，小吴流利地说出自己的姓名、年龄、院校、专业等。这种回答让面试官直摇头。"自我介绍不是照简历上的基本信息背一遍，而是要让我们知道你怎样看待自己。"同样参加面试的丁××是这样介绍的"我是南大化工学院学生丁××，我将用3个关键词来介绍自己。"丁××的这句话，立刻让面试官尹××抬起头来，坐正身子认真听起来。丁××的3个关键词是"社团""比赛""实习"，并分别举了几个例子，让面试官尹××听得频频点头。尹××说，3个关键词证明了她的领导力、沟通力、团队合作能力很强。

【分析】

考官要求大学毕业生进行自我介绍有几层含义：(1)通过自我介绍，可以基本了解你的口头表达、沟通等能力；(2)可以基本判断你是否了解该职位的要求，如果你连未来工作的主要方向都不知道，那你自我描述时往往就是表述他们不感兴趣的东西；（3）也可以通过这个来判断你是否诚实，求职者有可能会在简历或者应聘表上做手脚，但临场的口头表述往往更趋真实性。

（六）注意细枝末节

在进出面试办公室时，注意进退礼仪，一定要保持抬头挺胸的姿态和饱满的精神，不要与人交谈时频繁地耸肩，手舞足蹈，左顾右盼，晃动双腿等，不要做些玩弄领带、掏耳朵、挖鼻孔、抚弄头发、玩弄招聘者递过来的名片等多余的动作；自己随身带着公文包或皮包，也不要挂在椅子背上，可把它放进自己坐的椅子旁边或背后。总之，平时一些不起眼的小动作出现在面谈过程中，会被主考官作为评判的内容，进而影响你的录用。

【案例14-4】　张××的茫然

××大学涉外文秘专业毕业生的女孩张××，在一家外资企业应聘总经理秘书，顺利通过了初试、复试，最后一关是总经理面试。她凭借自己出色的专业知识和流利的英语口语，赢得了总经理的赞许，当面试快结束时，总经理故意碰了一下桌面上的文档，一页纸掉在了地上。但她似乎没有注意到这一动作，仍在兴致勃勃地说话，总经理这时也似乎没了刚才的兴趣，他对张××说："面试就到这里吧！"张××一脸茫然地出去等待结果。一会儿人力资源部的经理来了，被录取的是另外一个人。经理遗憾地对张××说："我们本来很看好你的，但你连捡一张纸都不愿意，又怎么能当个好秘书呢？"

【分析】

从一件小事、一个细节，就可以看出一个人的本性，人们常说："一屋不扫何以扫天下"。而张××的失败也恰恰是因为她缺乏这种修养。其实，做好这一切并不困难，关键是平时要注意修身养性，提高个人的素质，在生活中养成重视细节的习惯，"小处不可随便"，那么，即使招聘者故意设置陷阱，你也会顺利过关，得到施展才华的机会，迈向成功之路。

（七）做到适时致谢

为了加深招聘人员的印象，增加求职成功的可能性，面试后的两三天内，求职者最好给招聘人员写封信表示感谢。感谢信要简洁，最好不超过一页纸。信的开头应提及自己的姓名、简单情况以及面试的时间，并对招聘人员表示感谢。感谢信的中间部分要重申对公司、应聘职位的兴趣，信的结尾可以表示对自己的信心，以及为公司的发展壮大做贡献的决心。

面试，在很多情况下是与面试官最直接的"短兵相接"，所以，一举一动、一言一行，都让面试官尽收眼底。所以面试礼仪就是最为重要的一个环节，礼仪是个人素质的一种外在表现形式，是面试制胜的法宝。面试礼仪这个环节又由许多小环节构成，如果礼仪知识知之甚少，或忽视礼仪的作用，在一个小环节上出现纰漏，必然会被淘汰出局。

三、面试过程中的非语言的沟通

非语言交流是相对于语言沟通而言的，是指通过身体动作、体态、神情、语气语调、空间距离等方式交流信息、进行沟通的过程。在沟通中，信息的内容部分往往通过语言来表达，而非语言则作为提供解释内容的框架来表达信息的相关部分。它们在交谈中往往有着有声语言无法比拟的效果，是职业形象的更高境界。面试中，灵活运用非语言沟通往往会对面试成功发挥巨大作用。有时一个眼神或者手势都会影响整体评分。如面部表情的适当微笑，就显现出一个人的乐观、豁达、自信；服饰大方得体、不俗不妖，能反映大学生风华正茂，有知识、有修养、青春活泼和独有魅力的一面，它可以在考官眼中形成一道绚丽的风景，增强你的求职竞争能力。但非语言形象的表现需要很好地把握。

（一）眼神

眼睛是心灵的窗户，透过眼神的活动可以了解面试者的内心状态，眼神的交流也是信息沟通的有效方法之一。应聘者参加面试时，进入房间用全景视野看一看有几名面试官，然后礼貌地跟他们一一握手，给他们提供两三秒钟的时间，使之可以从容地上下打量你，形成对你的总体印象。握手过程中用视线跟每一位面试官的眼睛接触一下。然后坐在自己的位置上，把视线投射在正前方。如果有几个面试官，则选择跟你正对的那一个。正确的眼神表达应该是：礼貌地正视对方，注视的部位最好是考官的鼻眼三角区（社交区），目光平和而有神，专注而不呆板；如果有几个面试官在场，说话的时候要适当用目光扫视一下其他人，以示尊重。当然，面试者的目光还应当注意是注视而不是瞪视，否则就显得太有进攻性，也不要不停地环视房间，这样显得局促不安，会让人感觉你缺乏自信或对所谈话题缺乏兴趣。要保持高度专注，不可以因为紧张而不敢与面试官进行目光交流。面试时目光始终聚焦在考官身上，恰当的眼神能体现出智慧、自信以及对公司的向往和热情。注意眼神的交流，与面试官的动作达成默契。回答问题前，可以把视线投在对方背面墙上，用两三秒钟做思考，不宜过长，开口回答问题时，应该把视线收回来。

（二）微笑

微笑是拉近人与人之间距离最好的手段，因而微笑也被称作无声的"交际世界语"。微笑是自信的第一步，能为你消除紧张，可以在心理上给人带来稳定感、优势感，也可以深化感情、融洽气氛。面带微笑会增进与面试官的沟通，会百分之百地提高你的外部形象，改善你与面试官的关系。面试时微笑要从容，即便精神紧张，身体僵硬，面试者也不能掉眼泪，而是要保持微笑。受惊的表情让人显得缺乏自信，而面无表情显得固执，缺乏应变能力，过于慢条斯理的姿态也给人傲慢的印象。因此，一定要努力塑造从容不迫，面带微笑的表情。相关实验证明，笑得越多，其他人对你的态度就会越友好。当你向你的面试官报以甜美微笑的时候，不管这微笑是真是假，对方一般都会自然地（或者是出于礼貌）回馈给你一个相应的微笑。科学家通过数据分析，制订一套完美笑容的衡量标准，比如展露笑容时，嘴唇咧开的宽度应达到脸部的二分之一，上、下嘴唇应以脸部中间线为基准对称，尽量少露出牙龈，如果露出，应在 2 毫米以内。当然，在现实生活中，不可能不折不扣、生搬硬套地执行这些数字化的标准。标准微笑其实也不神秘，你完全可以对着镜子练习出"六颗牙齿"或者"八颗牙齿"式的微笑。首先，要让你的微笑显得比较真实、真诚、自然，只有真诚、自然的微笑，才能让面试官觉得友善、亲切；其次，你的微笑应该适度、得体，也就是要有分寸，最好是不出声、含而不露地笑，当笑则笑，不当笑则不笑，否则，会给对方留下不好的印象；最后，微笑时，放松面部肌肉，保持目光柔和，眉头自然舒展，眉心微微向上扬起，这种面部表情往往能够体现你个人内心深处的真、善、美，千万要注意，不要让自己的微笑变成假笑、媚笑、窃笑、怪笑等。

（三）面试的姿态

面试期间姿态语言很重要，反映了应聘者的精神面貌。"站如松，坐如钟"，面试时也应该如此。要表现出精力和热忱，松懈的姿势会让人感到你疲惫不堪或漫不经心。面试前可照照镜子，或拍段录像审视一下自己。站立时要挺直、端正，行走时头正、肩平、躯挺，跨步均匀。进入面试室后，要不紧不慢、不慌不忙、不声不响、大大方方落座，坐椅子的前半部分，不管有无靠背，都不要靠。就座后要做到腰部挺起，上身垂直，大小腿成直角，两膝并拢或微微分开，两脚平放地面，两脚间距与肩同宽，手自然放在双膝或椅子扶手上，离开座位了别忘了把凳子原位摆正。

（四）体态动作

面试中很多应聘者会由于紧张，表现出各种各样的小动作，比如有的喜欢在面试时拨弄自己的头发，有的喜欢做一些按笔帽、脚拍地的小动作，有的不由自主地触摸身体某个部位，还有的会撮嘴、吐舌头，其实这些动作不会让面试官觉得你很镇定、觉得你很可爱，更多的会被人认为这是你慌张的表现，甚至这些动作还可以作为评断个人稳定性、做事的能力或方法的考量标准。要克服这些问题，面试者要摆正心态，确立自信心，从心理上克服紧张情绪，方可避免不必要的动作和行为。

【案例14-5】　李×的面试

李×，女，24岁　　专业：法律本科　　面试岗位：文秘

都说现在工作难找，招聘信息铺天盖地，好岗位却是大海捞针，所以我一开始就把目标定得很低，没想到这也会失败。大学读的是法律，又有两年医药工作的经验，应该说我的资本还是有一点的，去应聘一个文秘的岗位，总觉得是十拿九稳的事情，也就没把别的竞争者放在心上。

面试当天我把自己的简历熟悉了一遍，也没怎么准备就去了。到了现场一看，已经有几个应聘者在了，看样子都经过一番细心打扮，一个个嘴里念念有词，显然是在温习。看他们那个认真劲儿，我有了竞争的真实感。面试官有两位，看上去都非常严肃，被他们眼睛一盯，我就慌了神，头不由自主地低了下去，事先准备的说辞全忘了，脑子里一片空白。这时候比较年长的面试官让我作自我介绍，我几乎把自己的简历记得的都背了一遍，语调就像一根直线，声音也发虚，手又习惯性地去摸头发，一说完我就知道，这回完了。

另一个面试官问我，应聘这个岗位的优势在哪里。这本来是个好机会，只要我把自己的特长、经验说清楚，胜出的概率还是很大的。可偏偏一紧张，平时的那些小动作全出来了，一会儿摸摸头发、一会儿摸摸耳朵，擦鼻子……我都不知道手该往哪儿摆，两位面试官看着我直皱眉头，问了两个问题就叫我出去了。

【分析】

李×参加面试，虽然做了准备，但是因为缺乏系统的训练和锻炼，一碰到实战就暴露出问题了。不仅紧张，问题回答不能做到自如，而且紧张后会做各种小动作，这些说明她对面试中的礼仪问题和与人沟通交流都缺乏正确的认识和足够的重视，更谈不上平时的训练和积累，自然这样的表现很难得到考官的认可。许多大学生都有类似问题，值得引起高度重视。

第二节　职场礼仪

大学毕业生很快就要进入职场，在各种准备中也包括了解职场礼仪，在求职期间就可以关注和训练职场礼仪、职业素养和职业气质。职场礼仪的培养应该是内外兼修的，所谓"腹有诗书气自华"。内在修养的提炼是掌握职场礼仪的最根本的源泉。工作时注意自己的仪态，不仅是自我尊重和尊重他人的表现，也能反映员工的工作态度和精神风貌。下面向大学生介绍一些基本的职场礼仪知识。

一、行为礼仪

（一）微笑

人与人相识，第一印象往往是在前几秒钟形成的，而要改变它，却需付出很长时间的努力。良好的第一印象来源于人的仪表谈吐，但更重要的是取决于他的表情。微笑则是表情中最能赋予人好感，增加友善和沟通，愉悦心情的表现方式，也是人与人之间最好的一种沟通方式。一个对你微笑的人，必能体现出他的热情、修养和他的魅力，从而得到人的信任和尊重。

【案例 14-6】　小李的微笑

某公司总经理让他们的员工去合作企业拿一份重要的材料，结果去的人都被骂了回来。总经理就把这个任务交给了小李，小李也发愁呀！但这份材料不拿还不行，结果还是去了。到那家公司时，只见那位科长还在发火呢。这时小李什么也没有说，只是微笑、微笑还是微笑，嘴里说着："噢？这样呀？是吗？"只是点着头微笑着。后来，那位科长骂了一阵子的时候，小李说："×科长，你很善于表达内心的愤怒呀！"后来，×科长看了看小李说："这小伙子不错！我也不为难你了，你就拿回去吧！"就这样别人没有拿到的，他却拿到了。

【分析】

在人际交往中，保持微笑，至少有以下几个方面的作用。(1)表现心境良好。面露平和欢愉的微笑，说明心情愉快，充实满足，这样的人才会产生吸引别人的魅力。(2)表现充满自信。以不卑不亢的态度与人交往，使人产生信任感，容易被别人真正地接受。(3)微笑反映自己心底坦荡，善良友好，而非虚情假意，使人在与其交往中自然放松，不知不觉地缩短了心理距离。

（二）站姿

正确的站姿是抬头、目视前方、挺胸直腰、肩平、双臂自然下垂、收腹、双腿并拢直立、脚尖并拢或分呈 V 字形，身体重心放到两脚中间；也可两脚分开，与肩同宽，双手放于身体两侧或双手交叉放在体前。站立时，男员工应两脚分开，与肩同宽，双手合起放在背后；女员工应双脚并拢，脚尖并拢或分呈 V 字形，双手放于身体两侧或合起放于腹前。

（三）坐姿

男员工入座时要轻，至少要坐满椅子的 2/3，后背轻靠椅背，双膝自然并拢（男士可略分开）。身体可稍向前倾，表示尊重和谦虚。女员工入座前应用手背扶裙，坐下后将裙角收拢，两腿并拢，双脚同时向左或向右放，两手叠放于腿上。如长时间端坐可将两腿交叉叠放，但要注意上面的腿向回收，脚尖向下。

（四）蹲姿

女员工并膝下腰。一脚在前，一脚在后，两腿向下蹲，前脚全着地，小腿基本垂直于地面，后脚脚跟提起，脚掌着地，臀部向下。男员工曲膝下蹲就可以了。

二、着装礼仪

保持良好的仪表，可以使一天的心情轻松、愉快，也可使人对自己充满信心。如果你每天早起 5 分钟对自己的仪表进行检查的话，既能使你一天的工作增加自信，也可使其他人感到舒畅。

【案例 14-7】　新来女职员的着装

"我们的公司对服装方面要求不严，可有位新来的女职员穿得也太过分了。前些日子跟客户谈事时，竟然穿着迷彩纹猎装式的衣服。如果只是同事也就算了，但是有客人，真没面子。"这是公司职员对新来女职员的评价。

【分析】

职场新人在衣着方面不要走两个极端：过火和过于保守。过于前卫和暴露的装扮会遭到男同事的猜测和不恭的玩笑，更易引起女同事的排斥。也不要过于正统，这样显得太古板并不能让你得到更多的尊重，要留意怎样恰如其分地融入单位氛围。

一般情况下，职场新人着装要求如下：

（一）男员工着装要求

短发，清洁、整齐，不要太新潮；精神饱满，面带微笑；每天刮胡须，饭后洁牙；白色或单色衬衫，领口、袖口无污迹；领带紧贴领口，系得美观大方；西装平整、清洁，口袋不放物品，西裤平整，有裤线；皮鞋光亮，深色袜子；全身三种颜色以内。

（二）女员工着装要求

发型文雅、庄重，梳理整齐，长发要用发夹夹好，不能染鲜艳的颜色；化淡妆，面带微笑；着正规套装，大方、得体；指甲不宜过长，并保持清洁。涂指甲油时须自然色；裙子长度适宜；肤色丝袜，无破洞；鞋子光亮、清洁；全身三种颜色以内。

三、谈吐礼仪

语言是双方信息沟通的桥梁，是双方思想感情交流的管道。语言在人际交往中占据着最基本、最重要的位置。语言作为一种表达方式，能随着时间、场合、对象的不同，而表达出各种各样的信息和丰富多彩的思想感情。说话礼貌的关键在于尊重对方和自我谦让，恰如其分地使用敬语、谦语、雅语能起到事半功倍的效果。

【案例 14-8】 某货运公司新人的谈吐

某货运公司财务刘女士自述：我们公司的场地构造有点特殊，进门的玄关旁边有一个座位，因为我负责财务，不用和其他项目组的同事坐在一起，所以玄关旁边的位子就是我的座位。前几个月新来了一个大学毕业生，每次进门首先看见我，招呼不打一声、头也不点一个，有时还会直瞪瞪看了我一眼就走进去了，我怀疑她可能以为我只是相当于前台的阿姨，所以如此不屑。后来过了几天，大概她终于搞清楚我并非什么接接电话、收收快递的阿姨，而是掌管她每个月工资的财政大臣，突然有一天殷勤起来，一进门"刘老师"叫得响亮。可是，我心里的感受却不一样了，即使她现在对我再怎么尊敬，毕竟是有原因的，我对她也生不出什么好感来。我就很纳闷怎么一个堂堂大学生刚进社会就学会了势利？如果我真的是前台阿姨，是不是她这辈子都不打算跟我打招呼？

【分析】

新人刚进职场，礼貌沟通很重要，人际关系一定要妥善处理，不能以貌取人或者想当然，要记得地位低下的员工同样也是前辈或者长辈，哪怕是打扫卫生的阿姨，也要给予尊重，合适的场合别忘记说一声"你好""谢谢",就会给自己平添很多的亲和力和人缘。

日常谈吐礼仪需注意以下几点细节:

(一) 与人保持适当距离

在职场中与不同的人说话,说话的目的通常是为了与别人沟通思想,了解一些基本的情况。要达到这一目的,首先当然必须注意说话的内容,其次也必须注意说话时声音的轻重,使对话者能够听明白。这样在说话时必须注意保持与对话者的距离。说话时与人保持适当距离也并非完全出于考虑对方能否听清自己的说话,另外还存在一个怎样才更合乎礼貌的问题。从礼仪上说,说话时与对方离得过远,会使对话者误认为你不愿向他表示友好和亲近,这显然是失礼的。然而如果在较近的距离和人交谈,稍有不慎就会把口沫溅在别人脸上,这是最令人讨厌的。因此从礼仪角度来讲一般保持一两个人的距离最为适合。这样做,既让对方感到有种亲切的气氛,同时又保持一定的社交距离,在常人的主观感受上,这也是最舒服的。

(二) 恰当地称呼他人

无论是新朋友、还是老朋友,一见面就得称呼对方。每个人都希望得到他人的尊重,人们比较看重自己业已取得的地位。对有头衔的人称呼他的头衔,就是对他莫大的尊重。直呼其名仅适用于关系密切的人之间。你若与有头衔的人关系非同一般,直呼其名来得更亲切,但若是在公众和社交场合,你还是称呼他的头衔会更得体。对于知识界人士,可以直接称呼其职称。但是,对学位,除了博士外,其他学位,就不能作为称谓来用。

(三) 交谈内容得体适宜

不管是名流显贵,还是平民百姓,作为交谈的双方,他们应该是平等的。交谈一般选择大家共同感兴趣的话题,但是,有些不该触及的问题,如对方的年龄、收入、个人物品的价值、婚姻状况、宗教信仰,还是不谈为好。打探隐私是不礼貌和缺乏教养的表现。

四、接待礼仪

(一) 电话礼仪

在接听电话时你所代表的是单位而不是个人,所以不仅要言语文明、音调适中,更要让对方能感受到你的微笑。同时,也不要忘记每一个重要的电话都要做详细的电话记录，电话记录的 6W 要素包括：Who（来电话的人）、Whom（找谁）、What（来电内容）、Why（什么事）、Where（去哪儿）、When（什么时间），这样才能为将来开展业务奠定良好的基础。

（二）握手礼仪

愉快的握手是坚定有力，这能体现你的信心和热情，但不宜太用力且时间不宜过长，三秒钟即可。如果你的手脏或者很凉或者有水、汗，不宜与人握手，只要主动向对方说明不握手的原因就可以了。握手应遵循尊者决定的原则，上级应主动与下级握手，长者应主动与小辈握手，女士应该主动与对方握手，同时不要戴手套握手。

（三）迎送礼仪

当客人来访时，你应该主动从座位上站起来，引领客人进入会客厅或者公共接待区，并为其送上茶水，如果是在自己的座位上交谈，应该注意声音不要过大，以免影响周围同事。切记始终面带微笑。客人告辞，应专人引导客人离去，并将客人送到单位门口，感谢客人的来访。

（四）名片礼仪

一般名片都放在衬衫的左侧口袋或西装的内侧口袋，名片最好不要放在裤子口袋；递送名片时应用双手拇指和食指执名片两角，让文字正面朝上，接名片时要用双手，并认真看一遍上面的内容。如果接下来与对方谈话，不要将名片收起来，应该放在桌子上，并保证不被其他东西压起来，这会使对方感觉你很重视他。特别注意，参加会议时，应该在会前或会后交换名片，不要在会中擅自与别人交换名片。如果向人索要名片，说"您方便的话，请给我一张名片，以便日后联系。"等类似的话。

（五）微信礼仪

当下微信社交比较时髦，社交场合时经常会遇到主客、上下、朋辈相互之间添加微信以便日后联系的情况。但微信相对来说，不同于名片，私密性较强。因此，一般情况下若客人、上级和朋辈主动添加你微信，你要积极予以回应。添加时，尊重他人对微信添加方式的选择，他人提出用什么方式就用什么方式。如果你向他人提出要添加微信，必须建立在交谈甚欢的基础上，以"您方便吗？我加下您微信，以便日后交流。"等类似的话予以问询。若他人面露难色，则及时以"或者您方便给我留个电话吗?"等类似的话迅速化解尴尬。一旦微信添加后，生活中要坚持经常互动，切不可成为"僵尸粉"。

五、其他需要注意的细节

职场的有些行为言辞还是需要讲"礼"的，否则不仅仅是失礼，而且很可能为你的前途和职场生涯带来灾难性的后果，即使没有给你带来什么灾难，但是如果被人当成不懂事的人，恐怕对你的事业也是一种负面的影响。所以，在职场人际交往中，我们必须了解一些职场礼仪细节。

（1）不要将你的工作和个人生活混在一起。如果你必须在工作中处理私人事情，要留到中午吃饭时，不要在你工作时安排朋友到你的办公室中来拜访你。不要把各种情绪带到办公室里，尤其是情绪不好时，你会因控制不住不良情绪并与别人发生冲突。每个人都会有情绪不好的时候，但办公室里是不允许这样的。

（2）不要滥用你有权利使用的东西，例如，传真机、抬头信纸和其他办公用品，这是办公用的。你的费用账户只应用于办公费用，不是用于家庭和个人支出的。不要将办公室搞得乱糟糟的，抓紧时间在每天下班前将能做的事情整理好，或至少将要放在一边的工作简单整理一下。

（3）不要不打招呼就突然闯到别人的办公室里，先打电话或面对面约一下。打断别人的谈话，让他能停下来并注意自己，这是很不礼貌的。

（4）不直呼上司的名讳或绰号，不打探上司隐私，不在办公室明目张胆地讲别人的坏话。避免不管上司说什么，都问"为什么?"好学的态度是值得嘉奖的，但是要懂得看状况。上司说的话应该先给正面回应，如"好""知道了"等。真的发现有不解之处，再进一步询问。

（5）不要常让上司和同事找不到你。每个人工作时会很忙碌，各司其职，你很忙，上司或同事也很忙，手机存在的意义就是保持通讯，如果有手机却不带、带了不开、开了不接、漏接不回，那么你在上司心中的地位，可能会和那只联系不到的手机一样，不重要也无须重视。

（6）收到上司或者同事的电子邮件要及时回复。无论是上司还是同事发电子邮件给你，都期待你的回复，至少是期望你有详细阅读。因此，无论事情大小，都应该尽快回复，即使有些邮件是无须回复，也应该主动以简单的形式回复，比如回复"谢谢""知道了"等简单词语，这表示你已经阅读了。

（7）上班着装不能太随意。整洁、得体、大方是最基本的要求。此外，不要穿与前一天完全一样的衣服搭配，如果你觉得你的衣服并不需要天天换洗，那么适当地转换一下搭配还是十分有必要的。职场中，服装绝对不可以给予他人一种太过随意的感觉，更不可以给他人感觉一种总是不换衣服穿的印象。外在仪容在职场表现中还是一个很关键的元素。

（8）计算机是我们工作的重要工具，计算机礼仪也会体现一个人的素质和教养。对公司的计算机，不仅要倍加爱护，还要擦拭干净；不用时正常关机；外接插件时，要正常退出，避免导致数据丢失、计算机崩溃等故障。在单位上网，查找与工作相关的内容和资料，未经允许，不能将单位计算机资料复制到个人网盘、U 盘或移动硬盘里，也不能将个人资料随意存入单位计算机。禁止在单位计算机上打游戏，与工作无关的网上聊天等。

第三节　社 交 礼 仪

大学毕业生进入职场后，会与各种各样的人群打交道，以此建立自己的朋友圈甚或社会支持系统。除了前述的职场礼仪外，准毕业生们还需要在收到录用通知后积极去了解和规训社交礼仪，为加快职场适应和拓展社交渠道做准备。公务礼仪更着眼于社交价值，从反向思维去装扮学生的"华服"。社交时注重仪式、仪表和仪态，不仅可以反映自己的职业素养，而且也能够让我们成为受欢迎的人。下面向大学生介绍一些主要的公务礼仪知识。

一、出行礼仪

在各种公务活动的过程中，位次的安排非常重要。古人有云，"有礼则安，无礼则危，庭帏内外，尊卑有分，长幼有序"。因此，位次的安排体现着一个人对自我和他人的尊重，更关乎位次安排单位的礼仪与形象。

（一）乘车礼仪

外出乘坐你的上司或者同事驾驶的汽车时，不要一个人坐到后排座去，这是很多人都容易犯的错误。如果只有你一个乘客，一定要坐在副驾驶位。尤其是乘坐上司驾驶的汽车时，你一个人坐到后排座时更是大忌，仿佛你把对方当成了一个司机。如果有两个或者以上的同事一起乘坐，那么一定要有一个人坐到前座上去。另外，职场经常会碰到要开车迎送客人，你要主动引导客人落座并给客人开关车门。一般情况下，若你是司机，则副驾驶座为一号位，后排座右、左、中依次为二号位、三号位、四号位。若你不是司机，则副驾驶座为四号位，后排座右、左、中依次为一号位、二号位、三号位。另外，从安全的角度考虑，副驾驶座一般不宜让女士、儿童和老人就座。当然，还要尊重客人本人对乘车座次的选择，客人坐在哪里，哪里就是上座。

【案例 14-9】　B 某次出差的乘车座次安排

某单位派司机小李开着小轿车送本单位经理 A 及另外一位同事 B 去外地出差，A 很自然地坐到后排座，试问 B 应该如何落座？

【分析】

经理 A 作为公司的领导会做后排座，这无可非议。问题是 B 怎么坐为好？坐副驾驶座，还是后排座？题设并没有交代 B 的身份，这才是关键之所在。其实这个问题也很容易解决，可以分为几种情况。第一种情况，若 B 是作为经理 A 的秘书或者其他下属同行，一般情况下，B 应该坐到前排副驾驶位。司机是经理 A 的司机，秘书或者其他下属 B 也是经理 A 的秘书或者其他下属。司机与 B 只是同事关系，B 应该和司机同坐前排。第二种情况，若 B 平时也和 A

一样有权预定车子自用，平时基本上也是坐在后排，现在和经理 A 一起出差。那么，对于司机来说，B 不是简单的同事关系，B 也可以理直气壮地在后排落座，让副驾驶位空着。但如果再换一种情况，B 是作为经理 A 的秘书或者其他下属同行并一同入住小李所在的某酒店。此时，小李是某酒店的专职司机。B 要不要坐前面副驾驶位呢？答案是"不需要"。对小李来说，A、B 都是某酒店的客人，两人都应坐在后排座。综上，乘车的位次，其实主要看你和司机的关系。

（二）介绍礼仪

介绍他人涉及个人的修养、组织的形象及公关的效果，必须予以重视。一般情况下，介绍的原则是"较尊者拥有优先知情权"。目前国际公认的介绍顺序是：先为女性介绍男性，先为年长者介绍年轻者，先为位尊者介绍位低者，先为主人介绍客人，先为早到者介绍晚到者等，即将男性介绍给女性，将年轻的介绍给年长的，将未婚的介绍给已婚的，将本国人介绍给外国人。

（三）行进礼仪

与客人或者尊长者并排行走时，位次排列的要求是位尊者走在中央，其次是内侧，再次是外侧。一般情况下，应该让客人或者位尊者走在中央或者内侧。行走时，遵循右手为尊的规则。比如，你与客人或者位尊者两人并排行走时，应该你在左侧，客人或者位尊者在右侧。若是与客人或者位尊者单行呈队列式行进，即前后差不多在一条线上，则一般应让他人在前面行进。

（四）电梯礼仪

陪同领导、客人或者长辈来到电梯门前时，要主动先按电梯呼梯按钮。当电梯的轿厢到达厅门打开时，若电梯内无服务人员，你可先行进入电梯，在一手按住"开门"按钮的同时，另外一只手拦住电梯侧门并礼貌地发声示意，请领导、客人或者长辈进入电梯轿厢。若电梯内有服务人员，在主动先按电梯呼梯按钮并待电梯的轿厢到达厅门打开时，应在一只手拦住电梯侧门的同时请领导、客人或者长辈先行进入。

二、会务礼仪

在各种公务活动的过程中，会议等安排较为常见，也很受重视。然而各种不同的场合，不同的会议，不同参会人员，会务工作具体安排时顺序会有差异。因此，作为准职场人也要尽早地熟悉几种常见场合的礼仪。

（一）主席台位次

当主席台领导或嘉宾人数为奇数时，一号位居中，表示职务最高或身份最为尊贵。居中位领导或嘉宾的左手边、右手边分别为二号位、三号位，其他依次排列。当主席台领导或嘉宾人数为偶数时，一号位、二号位同时居中，观众面对的左侧为一号位，由职务最高或身份更为尊贵者落座；观众面对的右侧为二号位，由职务或身份次者落座。三号位依然是一号位领导或嘉宾的右手边，四号位依然是二号位领导或嘉宾的左手边，其他依次排列。

【案例14-10】　临时参会人员的座位安排

某单位最近刚刚换届，主要领导老周因年龄问题退居二线。A、B、C三人则组成了新的领导班子，分别对应一号、二号、三号。今天准备开一个全体员工的年度工作会议。会前，单位派办公室行政秘书小何负责会务工作。本来会务已经安排妥当，主席台桌签已经准备就绪，A居中，B、C分别坐在A的左手边、右手边。会前半小时，突然接到办公室主任通知老周也要坐主席台，这下小何犯难了，座位应该如何安排？

【分析】

老周现在已经退居二线，没有任何职务。按常理来说，位次安排应该按照职务高低来排列。但在本案例中，既然老周受邀坐主席台，实际安排时不能简单化。老周曾是公司的主要领导，原本都坐在一号位。现在虽然退下来，但还是应该给予尊重。一般情况下，A作为现职主要领导还是要排在一号位，老周作为卸任主要领导应该排在二号位，B、C则退居三号位、四号位。

（二）会谈位次

会谈桌一般用长方形、圆形、等边多边形等形状的围桌，其中以长方形居多，宾主在会议室相对而坐。安排时注意两个要点：一是"面门为上"原则。主人背门而坐，客人面门而坐。若是门在主宾双方的中部位置，则"远门为上"原则。主人近门而坐，客人远门而坐。二是"右为上"原则。主谈人居中，按先右后左、自高而低的顺序分别在己方一侧就座。主客双方参会人员分别为奇偶数时，可参照"主席台位次安排"。

（三）会见位次

会见一般安排在办公室或会客室，宾主各坐一边。按照我国的习惯，安排会见时一般情况下，一号宾客坐在主人的右手边。双方翻译员或者记录员各自安排坐在宾客和主人的后面。其他宾客按照礼宾顺序在一号宾客一侧就座，其他主方陪见人按照礼宾顺序在主陪人一侧就座。如遇人数较多，可在宾主双方各自一侧的后排加座。

（四）合影位次

在一些公务场合需要合影留念，一般要事先安排座位，人数较多时准备架子等。当有客人在场合影时，一般情况下第一排主人居中位，按照礼宾顺序，主人的右手边为尊安排客人。主客双方间隔依次排列。若是没有客人在场的情况下，第一排奇数时，一号位居中，一号位的左手边为尊，依次排列；第一排偶数时，一号位、二号位同时居中，一号位的左手边为尊，依次排列；具体可参照"主席台位次安排"。

三、宴会礼仪

宴会，是以宴请为形式的一种重要的公务活动和社交应酬。吃，只是一种表面形式，而交际则是实质内容。了解宴会礼仪，遵守规约，不仅可以恰到好处地品尝美味佳肴，而且能让宴会发挥较好的社交功效。

（一）接待规格

正式的宴会，时间、地方、人数、餐标等都会有所限制。一般情况下，要先做接待方案。其中，明确哪一张是主桌、哪些人坐主桌以及主人、主陪和宾客等信息，早安排、早通知，不轻易变更。这些都有具体的讲究，不能过于随便。同时，在安排菜单上要了解客人的生活习惯及职业禁忌。比如，湖南、四川、江西等省份的客人一般饮食偏辣。再如，有些岗位规定工作期间禁止饮酒等。

（二）接送方式

宴会一般会根据需要按规定、按要求安排安全、卫生、适宜的就餐地点。作为主人要事先考虑客人的方便程度，并事先联系安排人员和车辆予以导引或接送。一般情况下，宴会都会要求参加者准时到达，结束时方可离席。不可晚到，更别早退。必要时，主人要提早在接待地点等候迎接以示礼貌和尊重。宴会正式结束时，应送客人至车前或者门口握别，待目送客人离去方可折回，切不可置之不理。

（三）落座位次

参加宴会就座前，应先判别主桌位、主陪位。通常超过两桌时，主桌位会事先排定并告知相关人员。具体座次安排以主人的座位为中心。一般情况下，圆桌主陪位在面对房门的位置，副主陪在主陪的对面位置。一号客人在主陪的右手边，二号客人在主陪的左手边。三号客人在副主陪的右手边，四号客人在副主陪的左手边。其他的相对随意。需要注意的是，在遵从礼宾次序的前提下，应尽可能使相邻就座者便于交谈。同时，主人方面的陪客应尽可能插在客人之间落座，以便同客人交谈，避免只和己方人员坐在一起。

（四）注意事项

宴会过程中，行为举止也很注重。毕竟餐厅也是公共场合，宾主双方都要极力自觉地维护各自单位的形象。比如，不能在餐桌上吸烟，吃进嘴里的东西不能吐出来，不宜在他人夹菜时旋转餐桌，吃喝食物不要发出声音，不要当众剔牙，不要用手擦嘴巴等。同时，就餐时也要适当地与他人沟通交流，不能只埋头吃饭。这些细节都是宴会过程中特别需要注意的地方，否则，失礼的行为会让人产生反感，宴会的目的适得其反。

四、手机礼仪

无论是在社交场所还是工作场合放肆地使用手机，已经成为礼仪的最大威胁之一，手机礼仪越来越受到关注，那么在使用手机时应该注意些什么？

（1）会议、洽谈业务等公务活动时，最好的方式还是把手机关掉，起码也要调到静音或震动状态。这样既显示出对他人的尊重，又不会打断发话者的思路。而那种在会场上铃声不断，显得好像是业务很忙，实则让人觉得你缺少修养。特别重要的来电不得不接听时，在征得他人同意的情况下，必须移步他处进行接听。

（2）拨打对方打手机时，尤其当知道对方是身居要职的忙人时，首先想到的是，这个时间他（她）方便接听吗？并且要有对方不方便接听的准备。在给对方打手机时，注意从听筒里听到的回音来鉴别对方所处的环境。如果很静，应想到对方在会议上，有时大的会场能感到一种空阔的回声，当听到噪音时对方就很可能在室外，开车时的隆隆声也是可以听出来的。有了初步的鉴别，对能否顺利通话就有准备了。

（3）公共场合特别是楼梯、电梯、路口、人行道等地方，不可以旁若无人地使用手机，应该把自己的声音尽可能地压低一下，绝不能大声说话。一些场合，比如在影院或剧院打手机是极其不合适的，如果非得回话，或许采用静音的方式发送手机短信是比较适合的。在餐桌上，关掉手机或是把手机调到震动状态还是必要的。

（4）在与他人对接工作时，短信的内容选择和编辑上，应该和通话文明一样重视。你发出短信意味着你的意见和态度，同时也反映了你的品位和水平，切忌编辑或转发不健康的短信。

（5）与上司、同事和客户等工作对象面对面聊天时，不要轻易拨打手机或收发短信、微信，否则会给人一种不重视、心不在焉的感觉。若是一边和别人说话，一边接听电话或查看手机短信、微信，对他人来说是很不礼貌且不尊重他人的行为。

五、邮件礼仪

电子邮件是职场工作中常用的交流方式，在给人们带来方便的同时，也带来了公务礼仪方面的新问题。作为职场人，我们都应当讲究有关电子邮件的礼节。

（一）标题

电子邮件标题要提纲挈领，切忌使用含义不清、胡乱浪漫的标题。主题栏要用简短的词语概括整个邮件的内容，便于收件人权衡邮件的轻重缓急，分类处理。尤其是回复的信件要重新添加、更换邮件主题，最好写明来自××单位，年、月、日等信息，以便收件人一目了然又便于保留。

（二）格式

电子邮件的文体格式与书面交谈的格式基本相同。开头要有问候语，如"尊敬的"或者是"先生/女士，您好!"等。结尾要有祝福语，如"此致/敬礼"等用语格式。同时，切忌全文使用英文大写字母。这样写成的邮件太过强势，甚至暗示寄件人懒得使用正确的文法，遵守标准的文书规范是一种职业礼貌。

（三）内容

电子邮件内容要简明扼要。对需要回复及转寄的电子邮件要斟酌写在电子邮件里的遣词造句。目前法律条文规定电子邮件也可以作为法律证据，是合法的证据，所以发电子邮件时要谨慎用语，如果对单位不利的内容，千万不要在电子邮件中随意确认。发邮件一定要慎重，还要定期重新审查你发过的电子邮件，评估其对公务往来所产生的影响。另外，重要的机密和敏感的话题不要使用电子邮件，这不符合保密的原则。

（四）态度

电子邮件回复的内容一定要有相关性。当回件答复问题的时候，最好把相关的问题抄到回件中，然后附上答案。不要用自动应答键，那样会把来件所有内容都反映在回件中，针对性不强；但也不要仅以"是的"二字回复，那样显得太生硬了。恰当地称呼收件者，并且在信尾签名，以示对来件人的尊重，体现自己的重视度。面对重要回件对象，你还要注意在自己的邮件地址中注上自己的姓名，同时在邮件的结尾添加个人签名栏。条件允许的话要每天检查自己的邮箱，及早回复邮件。重要邮件发出后要电话确认。

思考与练习

1. 掌握面试礼仪的几个重要环节。

2. 按照下列要求开展职场礼仪的训练活动：

礼仪剧场

（1）训练目的

通过一些职场礼仪的学习与实践，了解适合自己职业的一般礼仪知识，更加清楚职业的素质要求。

（2）训练设计

① 学生（每10人）组成一个办公室礼仪训练小组，每个小组均以办公室礼仪为题材，进行策划和人员分工。

② 内容包括出行、着装、化妆、握手、倒水、就餐、来客相迎、接打电话、会议安排等，反映职场礼仪的素质要求。

③ 讨论交流。短剧结束后，教师点评，小组与小组之间、成员之间相互点评，每个学生谈参与体会，必要时评出最佳办公室礼仪训练小组进行奖励。

第十五章 调适求职心理

大学毕业生就业压力逐年加大，大学生需承受巨大的心理压力。同时，社会各类人才的需求情况也出现了新变化，用人单位对毕业生提出了更高要求。现行教育体制下培养的大学生与市场经济条件下社会的需求存在结构性矛盾，大学生的整体素质和能力难以适应社会对人才的要求，这加剧了大学生就业的心理压力。在大学生行将毕业之际，正要意气风发地走向社会的重要关头，要处理好心理问题，高校、家长、社会都应该多关心大学毕业生，帮助他们调节心理状态，适应社会环境。

第一节　求职过程中的心理问题

大学生就业，意味着从校园走向职场，结束学生时代，开始职业生涯。同学们通过十几年的知识学习和储备，尤其是大学几年的专业培养，具备了一定的专业知识和专业技能，各种能力显著发展，人格发展相对成熟，职业素质基本具备，正是放飞梦想的时刻，许多同学志存高远，目标明确，职业意愿强烈，准备大显身手，满怀信心去实现自己的职业梦想。但大学生的求职过程，也是一个复杂的心理过程，喜悦与忧虑交织，渴望与忧虑交融，难免会有各种各样的心理问题。

一、大学生求职过程中常见的心理问题

大学毕业生的求职过程，是一个选择和被选择的过程，每个毕业生的心理状态都会不一样，有的人怀着积极的心态去准备、去挑战，有的人却在消极的状态下应对、等待。大学毕业生因就业压力而产生的心理问题主要有：

（一）自卑心理

自卑是一种不能自助和软弱的复杂情感，是一种由于过多的自我

否定而导致的自惭形秽的主观体现，是一种认知上的偏差。自卑的人，总认为自己的能力不行，总认为自己什么事情都干不好，通俗地讲，自卑的人就是自己看不起自己。

在求职过程中，总有一些大学毕业生严重低估自身，对自己的知识和技能评价过低，对自身的能力缺乏信心，总认为自己的学校非名牌，专业不热门，所学专业知识不够精，特长又没有，关系不如人。于是悲观情绪严重，不去自我营销，不去参与竞争，导致面试连连失利，严重影响了择业和就业，直接影响了自身的职业生涯发展。自卑心理在大学毕业生求职过程中或多或少，或轻或重，或前或后均有存在，且人员比例不在少数。

【案例 15-1】　韩×的自卑心理

韩×，男，某高校本科学生。个性、内向、孤僻、入学后韩×发现周围的同学不仅家境优越，而且成绩优秀、能力出色、多才多艺。自卑逐渐笼罩韩×的内心，一种不如人的感觉如影随形。韩×一直将这种自卑深藏心底，毕业时他开始变得焦虑，对未来的工作感觉很迷茫，对即将走向社会，面对崭新的生活，感觉无所适从。毕业求职的过程中他不敢主动、大胆地与用人单位交谈，多次参加就业招聘会均以失败告终。

（二）自负心理

自负心理就是盲目自大，过高地估计个人的能力，失去自知之明。大学生求职过程的自负主要指对自己的评价高出自己的实际水平，具有不切实际的期望。有些大学生因为一直以来受精英教育影响，不能客观地评价自己，择业期望值很高，职业定位不准，对用人单位要求苛刻，自命"天之骄子"，高不成、低不就。尤其是一些名牌学校和热门专业的毕业生，自认综合素质和专业水平高人一筹，内心深处有很强的优越感，缺乏对自身阅历尚浅、经验不足等缺乏客观评价，在与用人单位求职洽谈时，眼高手低，要求过高，容易造成与单位和岗位失之交臂，错失好的就业机会。

【案例 15-2】　自负的代价

晓辉出身于干部家庭，就读某名牌大学，学业优秀，能力也较强。他从小学起就一直担任学生干部，心理上总有一种优越感。毕业时只把目光盯着大城市，从机关事业单位到著名大企业、大公司，寻求的都是总经理助理、策划师之类的职位。结果本来看好他的几家单位都不敢要他了。至今，晓辉还在"待价而沽"。

（三）从众心理

从众心理是指个人受到外界人群行为的影响，而在自己的知觉、判断、认识上表现出倾向于符合公众舆论或多数人的行为方式的心理，是指在社会群体的无形压力下，不知不觉或不由自主地与多数人保持一致的社会心理现象，俗称"随大流"。大学生在就业时，由于对社会现状认识不到位，对就业状况不了解，没有明确的职业目标，因而，别人要去大城市，他也去大城市，别人报热门岗位，他也报热门岗位，结果往往是陷于激烈竞争而落聘。

近年出现了"公务员热"，甚至成千上万人竞聘一个岗位，很大程度上也体现了一些参考人员的从众心理。

【案例15-3】 随意的毕业生

王×，男，电气工程学院2022届毕业生，在找工作初期，该生在和辅导员的谈话中曾提到，自己没有明确的应聘目标，既然同学们都去应聘，自己也要去试试看。在应聘初期，该生先后参加了三门峡水电站等几家企业的招聘，除三门峡水电站通过笔试外，其他均在笔试环节被淘汰。在三门峡水电站面试过程中，该生因对公司情况不了解而被淘汰。在经历几次挫折后，该生非常沮丧，一方面抱怨笔试题目太难、太偏，抱怨面试官过于刁难自己，另一方面又开始怀疑自己，是不是自己能力不行。在这种情绪的煎熬下，他等来了山东省一家电力公司的第一轮招聘，应聘时，他显得非常紧张，因不了解公司情况，出现了所答非所问的情况，最终还是没有被录取。

（四）攀比心强

攀比心理是指个体发现自己与参照个体发生偏差时产生的负面情绪。大学生在求职过程，没有对自身潜能、志趣、专业、特长、职业发展等因素进行分析，确定自己的求职方向，一味地跟自己的同学、邻居、甚至是亲戚进行比较。看看这些表面上条件与自己差不多的同龄人都找到了令人羡慕的工作，自己却没有找到工作，觉得有失脸面，为了一时的心理平衡，提高自己的择业标准，想尽一切办法去找一个与比较对象更好，起码也是相近的岗位，最后极有可能还是达不到心理要求，反而变得被动。

【案例 15-4】　兄妹攀比大可不必

有一同龄表兄妹，从小读书就在攀比，学习成绩并驾齐驱，但学业表兄略好，考大学时表兄考得更好些，几年后表兄从金融专业毕业考上了公务员，表妹英语师范专业毕业也要考公务员，考了几次均未考上，荒废了两年时间最后还是做了英语教师。

（五）依赖心理

依赖心理是指个体出于自己无法选择的关系中，虽然他也讨厌被迫行为的方式，但最终仍被迫做违心的放弃。表现为依赖父母、师长、朋友等人，把别人的作用看得比自己重要，期待别人帮自己做决策，丧失自我，置自身于依附地位。当今的大学生大多都在家长的呵护下生活，在老师关怀下成长，独立思考的能力偏低，遇事，在家找父母，在校找老师，在此思维定式和生活习惯中，许多同学把求职这一本应自己解决的重大事件，也期望由父母帮助解决，就业主动性差。有少数同学甚至出现父母陪同面试的现象。

（六）焦虑心理

焦虑心理是由紧张、焦急、忧虑、担心和恐惧等感受交织而成的一种复杂的情绪反应。轻微焦虑人人都有，这是正常的心理反应，运用得当还能激发心理内动力，有利于目标的实现，只有过度焦虑才会形成心理障碍，干扰正常活动。缺乏社会经验的大学毕业生，面对竞争非常激烈的就业市场，去选择自己的职业，产生焦虑心理十分正常。接近面试前的一段时间和面试时，过度焦虑的情况比较明显，有些人不知所以，寝食难安，严重者还甚至可能出现头痛、失眠、拉肚子等现象。如果在经历了几次求职后，大部分人会逐渐适应，焦虑现象会逐渐减轻，但也有少数毕业生在经历了几次求职失利后，焦虑心理可能还会加强，会变得烦躁、恐惧。如果不能及时调节和有效控制，会直接影响求职心态，引发各种各样问题，不利于成功求职。

【案例 15-5】　战胜焦虑

周××是大学四年级学生，出生在一个普通家庭，父母做小生意，家庭经济状况一般。该生高考时发挥失常，考上一所三本大学。在大学期间，没有制定合理的学习目标，学习成绩在班级里只能算是中等水平。即将面临毕业择业，想到自己成绩一般，考取的证书寥寥无几，也没有实践经验，对即将到来的毕业、就业产生了很大的心理压力，近一个月逐渐出现焦虑、烦躁、头痛、失眠、情绪低落等情况，常常会一个人坐着发呆，内心很痛苦，也不敢告知父母，害怕他们担心。辅导员帮忙联系了心理咨询师，当晚做了心理疏导，解决了他的焦虑问题，他也有勇气去跟招聘单位交谈了。

（七）怯懦心理

怯懦心理主要见于涉世不深，阅历较浅、性格内向、不善言辞的人，由于怯懦，在社交中即使自己认为正确的事，经过深思熟虑之后，却也不敢表达出来。大学生在求职过程中由于招聘方与求职方的地位不对等，加上同学们涉世尚浅，经验不足，面试过程中谨小慎微，担心说错，给招聘单位留下不好的印象，影响面试结果，以致紧张放不开，焦虑心理反而加强。面试时出现目不正视、低头回答、面红耳赤、全身发抖、语无伦次、答非所问、思维"卡壳"、语言停顿、低声下气、口齿不清等焦虑现象，严重影响了求职过程中的特长发挥和优势展示，致使用人单位无法正确判断个人能力而影响面试结果。

（八）逃避心理

逃避心理就是回避心理，即在现实生活中，自己与社会及他人发生矛盾及冲突时，不能自觉解决矛盾、冲突，而是躲避矛盾、冲突的心理现象。现在的在校就读大学生，大部分都是独生子女，从小饭来张口，衣来伸手，对家庭和学校的依赖性较强，独立性较差。许多家庭由于是两代人共养一代人，生活条件相对优越，从小衣食无忧，没有生活危机感，学生的抗挫折能力较弱，就业的原动力不足。遇上几次求职挫折，心理脆弱，一蹶不振，产生逃避和抵触情绪，不愿去竞争，不愿找工作。当下的"宅男宅女""啃老族"往往就是在这一群体中产生的。

【案例15-6】　逃避不是办法

23岁的女大学生小杨声称自己要考研究生、考公务员、事业编制，也购买了相关的书籍，报了辅导班，有的时候也去图书馆、自习室，但是却不肯付出真正的努力，只是装成一种在为将来拼搏的姿态，通过树立一个虚无缥缈的目标，制造一种假努力的形式来麻醉自己，应付家长，逃避去人才市场上找工作的行动，最终每天无所事事。

二、影响大学生求职心理的几大因素

大学生求职过程中心理问题产生的原因，应该是多种多样，既有社会因素，也有自身因素。主要因素如下：

（一）政治因素

一个国家的政治环境会强有力地影响国民整体的心理健康状况和国民的精神面貌。我国政治稳定，人民安居乐业，总体上心理和精神状态较好，具有积极、乐观、互助和情绪稳定等特征。但市场经济的发展和竞争机制的存在，以及当前社会转型期各种矛盾凸显，也会带来一定的心理压力。

（二）社会因素

高校扩招后大学毕业生剧增，就业压力加大。大学毕业人数从2014年的727万人，增至到2022年的1076万人，毕业人数增加，而劳动力市场总需求却增长缓慢，自然大学生的择业竞争力在增大。

市场经济体制的不断改革，加快了高校毕业生市场化的发展速度，多种就业形式出现，给大学生带来机会的同时也加大了他们的就业选择压力。在"双向选择、自主择业"就业制度的影响下，政府部门为大学生专门增设了一定数量的工作岗位。但是，人力资源产品供给不足，导致大学生实际需求的就业岗位与快速发展的经济矛盾突出，出现了大学生毕业数量超过市场需求的现象。同时，大学生在就业的过程中，由于对社会的整体认识缺乏全面性和系统性，大学生选择就业时往往看重社会热门的岗位，导致热门岗位供大于求，有些岗位却无人问津。

（三）学校因素

首先，我国当前的教育体制及其由此而引起的应试教育模式，影响了学生的整体素质提高和社会生存能力的养成，培养方案设计落后，与社会需求脱节，在就业和工作中难以适应社会要求。加上部分大学生学习松弛，所学专业知识不扎实，技能不熟练，难以适应相应岗位的要求。

其次，学校对学生的职业教育、心理指导、社会实践等滞后，学生投入不够，培养的环节质量不高、效果不好，学生到真正进入社会时往往无所适从，出现诸多问题。

（四）家庭因素

首先，在教育理念上，受我国传统"万般皆下品，唯有读书高"根深蒂固的思想影响，把孩子的读书、考试放在第一位，读书几乎是家庭教育的全部。家长只惦记着孩子成绩，却忘记了孩子成人。很自然地给孩子的思维拓展和心灵的成长造成了一定的局限性。

其次，在教育方法上，每个家庭都希望自己的孩子不要输在人生起跑线上，从小到大只重视考试成绩，没有重视素质教育，根本不在意社会实践，造成所学知识书里来书里去，书本的知识也局限在考试学科的书本知识，造成大部分学生知识面狭窄。缺乏对孩子进行社会知识的学习和各种能力的培养，没有给孩子应有的探索和锻炼的机会，致使学生经验缺乏，能力偏弱，自信心不足，进入社会一时难以适应。

再次，家庭过分关爱，造成大学生心理耐受力差。现在学生大部分是独生子女，一路走来，几乎是"两耳不闻窗外事，一心只读圣贤书"，生活上无微不至，读书条件尽力满足，学生的心理、生理都很少经历挫折和历练，遇事往往不冷静，经受失利难以承受。

（五）自身因素

首先，素质和能力欠佳。许多大学生往往素质偏弱，能力欠佳，造成自信心不够，引发相关的心理问题。

其次，心理准备不充分，没有为自己择业、求职、就业做好相应的心理准备，缺乏人格培养和心理锻炼，社会适应性差，经不起挫折，受不了打击，智商高，情商低，逆商差，求职心理准备不充分，求职时措手不及。

再次，职业规划不到位。大学生在大学期间没有根据自己的兴趣、潜能、性格特征去追求自己的职业梦想，缺乏职业生涯规划的意识，没有明确的职业目标和有效的职业生涯规划，造成求职时无的放矢，面试时心中无底。

第二节　高校毕业生常见的非理性就业观念

高校毕业生本应该在正确的世界观和价值观指引下，慎重择业，积极就业。但由于我国的社会处于转型期，各种思潮不断地影响着大学生的就业观念。高校毕业生因固化或片面化认知，又受求名、求利、求稳、求闲等思想观念的影响，导致部分大学生在择业、就业过程中出现非理性观念，在一定程度上阻碍了他们的顺利就业，影响了职业生涯的健康发展。

一、高校毕业生常见的非理性就业观念

（一）向往大城市，轻视小城镇

根据麦可思研究院就业蓝皮书《2020 年中国大学生就业报告》显示，本科毕业生选择在"北上广深"一线城市就业的比例是 20%，而选择在"新一线"① 城市就业的比例则更高，2019 届毕业生达到 26%，相比 2015 届毕业生整整提升了 4%。虽说一线城市的比例要比原来有所下降，但是通过"36 个重点城市毕业生吸引指数"分析来看，北京、上海、广州、深圳依旧处在第一位置，说明毕业生想去大城市工作的观念并未发生根本改变。

一些毕业生认为好不容易考上了大学，要离开原来生活的小城市，要去大城市发展。"宁要大城市一张床，不要边远地区一套房"，他们寻思着大城市机会多，资源好，可以找到工资高、发展空间大的工作。与小城市相比，他们觉得大城市无论是就业还是创业，都会有更好的软硬件，能增长见识，提升能力。再者，即使生活一般，至少回家还可以吹嘘自己在大城市打拼，觉得挺有面子，回老家是最无能

---

① 这里统计的"新一线"城市是指 2019 年"新一线"城市中就业数量最大的前 10 个城市，即成都、重庆、杭州、南京、宁波、苏州、天津、武汉、西安、郑州。

的表现。由此可见，大部分的毕业生选择留在大城市，是因为大城市有良好的公共设施和人文环境，可以获得比较好的收入，可以享受时尚的生活。盲目追求大城市，而不是优先考虑更适合自身发展的工作岗位，轻视小城市、小城镇，更不愿意去农村，不仅造成了国家人才资源分布不均衡和人才资源的浪费，同时也可能制约了自身的职业发展。

（二）盲目考公考编，追求稳定

一些大学毕业生盲目跟风考公考编，公务员、事业单位公开招聘，大学毕业生便蜂拥而至。各类公务员考试，许多毕业生不论自身的潜质、专业是否合适，非考公务员不可，学校、家庭也都大力支持，仿佛只有考上公务员才有出人头地之感。在他们眼中，成为一名公务员是一件非常体面的事情。同时，又由于"铁饭碗"思想深入人心，有了"铁饭碗"，吃喝不愁。因此，公务员、医生、教师等有编制的职业，就变得异常抢手。有编制的工作虽然工资不多，但是稳定、安全且失业风险非常小，符合家长对子女们的工作期待。因此，有些同学大二、大三开始准备，大四迎考，考不上也不找工作在家继续复习。最后，少数人考上了公务员，而大部分参考者，还是花费了许多时间、消耗了大量精力后，无奈才去企业求职。

（三）就业青睐国有企业，不思创新奋斗

前程无忧网发布的《2021中国重点大学应届毕业生求职状况报告》显示，79%的受访高校毕业生将"最愿意工作的企业"首选投给了国有企业。[①] 国有企业是中国特色社会主义的重要物质基础和政治基础，经营效益相对较好，待遇和福利有保障，工作基本趋于稳定。很多大学生并未深入考虑自身特点及实际情况，就业时只在企业性质和规模上做选择，这样的择业认识使他们错失很多发展前景广阔的企业，也丧失了很多就业机会，或者无法找到适合自身发展的岗位。

【案例 15-7】　一心想进国有企业的求职者

小杨，2015级电气工程及其自动化专业学生，一心想考入国家

---

① 括羽：《理性看待毕业生青睐国企》，《中国劳动保障报》2021年10月29日。

电网有限公司工作。2020 年没考上，家人让他不要放弃，继续备战。2021 年仍然没考上，继续埋头苦学。期间有很多上市公司、行业龙头企业向其抛出橄榄枝，他却无动于衷。

（四）只当"白领"，不做"蓝领"

我国原有的教育体制重视的是英才教育，在一定程度上让当代大学生产生错觉，毕业生小 A 说："上了四年大学，自己也算是个知识型人才，总不能和农民工抢饭碗吧"，言外之意，似乎大学生就应该是管理人员、科研人员，就是当然的"白领"，因此许多技术性工作、专业性工种都受到一定的歧视，总感觉"蓝领"阶层就低人一等，所以有些人宁愿待业等"白领"，也不愿意就业做"蓝领"。殊不知，时代已经发生变化，现在的大学已经转化为大众教育，大学生不再是"人上人""天之骄子"，在选择职业时，过多地考虑自身的需求，忽视国家和社会的要求，对自身期望值高，定位不合理。

（五）急功近利，注重眼前利益

随着"拜金主义""金钱至上"等社会不良观念的影响，一些大学生深受功利主义的影响，在求职时只关注眼前利益、缺乏长远规划和打算，在求职过程中盲目追求福利待遇，忽视个人专业发展和兴趣、爱好。"管它专业对口不对口，钱多才是硬道理。"因此过于关注单位工资高不高，工资不高专业对口也不去。有些大学生面试时，招聘方还没讲工资福利，就主动问起工资、福利、奖金，给招聘单位形成不良印象。事实证明，在面试过程中对工资、福利待遇要求高的求职者，绝大多数的招聘单位都会"一票否决"，不予录用。

【案例 15-8】 急功近利型求职者

有两位从澳大利亚读研回国求职的女生，在请教国内师长帮助择业时，几乎异口同声地表示："只要钱多就行，哪里收入高就到哪工作，哪个岗位高就干哪个岗位"。择业选收入高、福利好的工作岗位成为首选，这样的想法在大学毕业生中可能有一定代表性。

（六）贪图安逸，怕苦怕累

受"小进即满、小富即安"思想的影响，部分毕业生存在贪图安逸、不愿吃苦、不愿付出、不思进取等问题，总希望获取一份舒适清闲的工作，不愿到乡下去，不愿到基层去，更不愿到生产的一线去。于是在就业市场中出现了有些工作无人干，有些人又无工作干的怪异现象。

【案例 15-9】　贪图清闲型求职者

浙江有一园林公司，公司总部设在杭州。公司招聘时，求职的人往往报名时人满为患，待宣讲介绍时说明，子公司在全国各地，大部分人都要先到各子公司工作时，人就走了一大半；当再讲到园林公司的管理人员都必须从现场当施工员开始，又走了一大半；到了子公司工地实习后，好多人实习期未满就离职，所剩者寥寥无几。

（七）局限本地，依赖心理强

目前 20 世纪 90 年代出生的"90 后"和 2000 年以后出生的"00后"大多数还是独生子女。多数父母都对自己的独生子女非常溺爱，不舍得让他们吃苦受罪，缺乏对孩子吃苦耐劳精神和独立自强品质的培养。他们希望孩子能在家乡工作，这样生活上可以相互帮衬。"钱多少无所谓，只要孩子平安开心就好！"这是很多父母的心愿。同时，随着人们生活水平的提高，物质生活大大改善，甚至有些极端的父母认为，如果孩子没有找到心仪的工作就干脆回家待业，舍不得孩子受一点苦。再加上有些毕业生平时过分依赖他人，心理承受能力和独立能力不强，缺乏主动竞争意识。于是，为了生活方便，为了离家近些，就把择业范围框定在自己居住地城市，不愿远行。"离家近，钱少无所谓"，即便是专业和职业不对口，也要留在本地找工作。

【案例 15-10】　退而求其次型求职者

孙×，河南安阳人，本科所学专业是计算机工程，北京、上海、杭州、深圳等大城市专业对口的就业单位相对较多，发展的空间更大。但她不想离开父母、离开从小居住的城市，求职以"离家近""稳定""压力小"三个条件作为优先择业标准，大学毕业时一心只想回到家乡就职。几经波折后，她在本地一家小型的网络公司找到了一份办公室文秘工作。

（八）缺少准备，盲目创业

近几年，国家鼓励大学生创业，政策扶持力度非常大。部分毕业生对创业满腔热血，有着初生牛犊不怕虎的决心，想大胆尝试。同时，他们也时常暗示自己，即使创业不成功，趁年轻还可以干其他的工作，还清负债即可。事实上，全国大学生创业成功的案例寥寥无几。单凭自己创业初期的"满腔热情"和"金点子"，很快就会被现实的各种问题磨平。很多大学生创业者点子和想法比较好，但是缺乏对市场的了解及长远规划，短期内可以获得一定的收益，但是长期发展则盈利无法覆盖成本。其实创业对一个人的综合能力要求非常高，既涉及专业的知识，还有人力资源、知识产权、营销策划等各个方面知识的要求，而这些知识对一个毕业生而言，几乎是陌生的，或略知一二，再加上遇到困难后应对不足，畏难情绪随之产生，给创业项目带来巨大损失或者直接终止。

二、大学生非理性就业观念产生的主要原因

大学毕业生，面对新的就业体制和严峻的就业形势，没有社会阅历，缺乏职业体会，对社会实际了解不深，在择业、就业过程中难免会出现各种各样的跟心理有关的错误观念。大学生非理性就业观念的原因，每个人各有不同，总的来说既有主观原因，也有客观原因。主要原因如下：

（一）价值观有失偏颇

转型社会，整个社会的价值观在发生巨大的变化，在以经济建设为中心的主流价值观引导下，一定程度上忽视了人的精神层面和道德层面的价值观延续和确立。多年来，社会推崇的价值观存有一定的片面性，社会公认的成功标准偏向功利色彩，要么学术地位有多高，要么官位有多大，要么财富有多少，金钱成为衡量个人价值的主要标准。这些偏差多少会渗透到大学生的思想意识当中，自然会形成求名、求利、求闲、求稳、求便等一系列的择业心理误区。每个人在社会中工作，得到应有的回报，这是天经地义的事，但把薪酬作为唯一择业标准则有失偏颇。大学生求职，理应思考人生观、价值观、工作意义、职业目标、职业发展等必须思考的问题。

（二）环境分析不充分，就业认识有偏差

社会是一个复杂而庞大的系统，我们所要求职的企业或组织仅是

系统中的一个小单位。随着整个社会的发展，我们就业的单位也随之变化。我国从人治社会到法治社会，从计划经济到市场经济，从国有经济一统天下，到"国退民进"民营经济成为主力军，就业单位不断变化，逐步发展。所以择业前要学会分析政治环境、社会环境和企业环境，真正了解社会实际，全面掌握就业的宏观和微观状况，才有可能做出符合自身职业发展的价值判断，才有可能避免社会上的求职误区。因此每个人在择业的时候，需要仔细进行职业环境分析，认识社会，适应社会，用发展的眼光来看待就业，用职业发展的需求来进行择业。当下许多大学生只考虑眼前利益，做出片面和短视的抉择，或只向往国家机关、事业单位，或只向往大城市、国企、大企业，不知道或不管环境是否会发生变化。

【案例 15-11】 夹缝中求生存

小周，大专学历，外贸专业，业务水平一般，来自湖南乡下，到浙江一县城求职。一家规模很小的麻纺企业要招外贸业务员，因企业地处乡下，麻纺行业又是国家的压缩产业，工作条件又不好，一时也招不到岗位人选。小周试着提交简历后，对产业的国内外情况进行分析，对企业的生产、销售情况进行全面了解，发现这一产业由于国家的限制，大中企业全面停产，造成麻线产品非常紧俏，企业经济效益较好。面试后，小周求职成功。后来一直努力工作，得到老板重用，三年就当了营销部经理，五年就成为有房有车一族。企业发展壮大，很快在县城开发区置业，扩大再生产，小周也随企业进城。

（三）自我认知存在偏差

"人最难的就是认识你自己。"由于社会阅历浅，心理发展不成熟，很多大学生对自我认识往往不够全面。新浪网、北森测评网与《中国大学生就业》杂志共同实施的"大学生职业生涯规划"问卷调查显示，仅有12%的人了解自己的个性、兴趣和能力；18%的人清楚自己职业发展面临的优势和劣势。由此可见，很多毕业生对自我的认识还存在偏差。他们有些人盲目自信，自认大学期间学习成绩优异，在很多竞赛、活动中获得奖项，觉得自己是佼佼者，选择的工作要让同学们人人羡慕；有些过于自卑，对自身能力和素质评价过低，觉得自己专业知识和综合能力都不及他人，在求职过程中处于被动地位，有些甚至错失就业机会；有些人盲目从众，看到班级同学大部分考公就去考公，看室友都给国有企业投简历，自己也盲目跟投，没有细细分析自身兴趣、能力、需求。这些人一旦遭遇挫折，便会带来一系列不良心理。

（四）职业规划缺乏系统性

我国目前推行职业生涯规划时间不长，近几年各高等院校才普遍推行大学生职业生涯教育。由于课程设置较晚，实践指导相对偏少，可操作性相对偏弱，对大学生就业能起到一定引导作用，但效果不够理想。

大学生受学习方法的影响，对大学生职业生涯规划课程的学习，也用其他知识性、专业性学科一样的方法进行，没有从现实需要出发进行实操训练、职业探索及进一步的职业实践。因此有些学生虽然听过、学过职业生涯规划课程，也通过了课程考核，但是，没有合理的、长远的职业生涯规划，没有对将来从事的职业做打算，没有从自己未来生存和发展的角度真正地认识自我、分析环境、确立目标、制订计划、落实措施。

第三节　择业心理的调适方法

大学毕业生的求职过程实质就是认识自我、了解社会、适应社会的过程，是学校生活走向社会实践的磨合过程。面对日益剧烈的竞争形势和日益尖锐的就业矛盾，部分大学生在就业过程中呈现出各种不成熟的表现。在这个过程中，有认识上的误区，有心理上的不适，有偏见、有冲突、有困惑、有矛盾、有挫折，能否正确认识且有效解决这些问题，是大学生就业成败的关键。

一、大学生择业前的心理准备

大学生在就业过程中产生的各种心理误区，出现的各类心理问题，各有原因，做好择业前的心理准备，是解决心理问题，消除心理误区的前提和基础。

（一）认识自我，准确定位

大学毕业生求职之前做到"知己知彼，百战不殆"，这是有效择业的前提，也是成功求职的基础。在激烈的求职竞争中，要想在众多的竞争对手中脱颖而出，赢得求职的成功，必须充分地了解自己、认识自我，要有明确的职业定位，更要有明确的职业目标，否则就会无从着手，被动应战，胜败难料。

认识自我，必须对自己进行全面分析，搞清楚"我最喜欢做什么？""我最合适做什么？""我最擅长做什么？""我希望做什么？"这关键的四个重要问题。主要是要对自己的兴趣爱好、特长、气质、性格、思维方式、个人理想、价值观、情商、智商等进行有效分析，还可以借助有关测评机构和测评工具进行相对有效的评估。同时也可以请一些对自己了解的师长、亲人和朋友帮助分析，尽可能找这方面有经验、有阅历，理性一点，洞察力强一点，社会工作经验丰富一点的人作分析评估，做角色建议。

自我分析和自我评估后，还要对社会环境进行分析，包括政治环境、经济环境和组织环境的分析，评估分析环境条件的特点，发展与需要的趋势，自己与环境的关系，环境对自己有利或不利的条件等，以求适应环境要求，使个人的职业生涯规划根植社会，切实可行。

在充分认识自我，进行环境分析后，理性处理好职业理想和现实的矛盾，才有可能找到自己正确的职业发展方向，确立合适的职业目标，才能做到积极准备，从容应对。

（二）正视现实，积极对待

近些年来，就业难一直成为政府和社会的重大难题，大学生就业竞争压力很大，但从劳动力市场和人才市场的供需情况分析来看，往往是人才需要方，企业招不到合适的员工，而作为人才供给方的主力军，大学毕业生却是面临求职难，找不到适合的工作。这一现状的存在，在另一角度来看，说明大学生求职机会无穷。作为个体的大学生来说，毕业生人数的多少对求职竞争影响并不很大，实质性的竞争压力，主要来自于大学生个人求职理念的竞争，自身素质和能力的竞争，当然还有求职心理和技巧的竞争。大学生要看到这种现实，找到自己的不足和市场的机会，着重从提高自身综合素质，改善自身职业能力等方面入手，努力把自己打造成社会需要的人才。积极参加招聘会，主动寻求机遇，及时把握时机，这样才能变被动为主动，掌握就业的主动权，避免陷入求职的焦虑之中。

（三）做好准备，从容应对

大学生毕业的求职面试，犹如"新媳妇见婆娘"，不准备一定出丑，准备不充分同样还有可能出丑。求职信、简历、证书、作品、服装等都必须提前做好准备。大部分学生都能有所准备，只是有些准备得好些，有些准备得差些。更需要认真准备的还有求职礼仪、专业知识、一般常识、企业信息、求职技巧等，与求职相关的一系列内容都需要准备。有些不是临时抱佛脚能解决的，需要平时积累。求职都需要提前做一些准备。大部分学生往往不清楚，也没有意识到，或者是没有梳理过。不管是公务员、事业单位招聘，还是企业招聘，一般都会有笔试、面试或者其他测试方式来考评求职者。所以做一些相对全面的、有针对性的准备工作，能够促使求职者从容应对，内心踏实。

二、大学生求职过程的心理调适

针对大学生在就业过程中出现的各类心理问题，每个大学生必须采取行之有效的心理调适方法，处理好求职过程中的心理问题，实现顺利就业。

（一）坚定信心，壮大自我

成功学创始人拿破仑·希尔说过，自信，是人类运用和驾驭宇宙无穷大智的唯一管道，是所有奇迹的根基，是所有科学法则无法分析的玄妙神迹的发源地。

人做任何事都要有信心。拥有自信，就拥有成功的一半。有了信心，才有良好的精神状态，才能激发求职热情，才能做好求职的多项准备，才能有积极的行动去寻找就业机会，才可能形成强大的竞争力去求职，才有可能寻求到心仪的工作岗位。

心理学六项通用的心理定律，可以在求职行为中进行应用，可以帮助我们坚定信心，壮大自我。

（1）坚信定律。当你对某件事情抱着百分之百甚或百分之一万的相信，它最后就会变成事实。

（2）期望定律。当我们怀着对某件事情非常强烈期望的时候，所期望的事物常会出现。

（3）情绪定律。"理性地思考"本身也是一种情绪状态，因此人百分之百是情绪化的动物，而且任何时候的决定都是情绪化的决定。

（4）吸引定律。当你的思想专注在某一领域的时候，跟这个领域相关的人、事、物就会被你吸引而来。

（5）专精定律。只有专精在一个领域，你所做的领域才会出类拔萃地成长，所以无论你做任何的行业都要把做该行业的最顶尖作为目标。

（6）惯性定律。任何事情只要你能够持续不断加强它，它终究会变成一种习惯。

（二）掌握方法，调适情绪

当我们在求职抉择时，往往感到犹豫和彷徨，当追求受阻，需要我们付出巨大的心理能量及高度注意力时，紧张、焦虑、烦恼和忧愁等就会占据我们的心灵。大量案例说明，求职成败与否，不在竞争对手，也不在招聘方的严苛要求，而是自身的不良情绪。因为消极情绪引发的不良心理，使人失去正确的分辨和判断能力，扼制人的创造性思维，从而导致思维迟钝，想象力缺乏，理解力下降。此时，不但不能提高自己的能力，而且原来已具备的能力或熟练技巧也无从发挥。在这种状态中竞争，只能是一败涂地。解决此类心绪，主要有以下几种调适方法：

1. 自我暗示法

自我暗示法是一种在现代心理治疗和训练中广泛运用的调节身心机能的方法，是指透过五种感官元素（视觉、听觉、嗅觉、味觉、触觉）给予自己心理暗示或刺激，是人的心理活动里意识的发生部分与潜意识的行动部分之间的沟通媒介。它是一种启示、提醒和指令，它能支配影响我们的行为。成功心理、积极心态的核心就是自信主动意识，或者称作积极的自我意识，而自信意识的来源和成果就是经常在心理上进行积极的自我暗示。选择积极、夸张的语言和概念，我们就越能够相对容易地创造出一个积极的现实，如"今天我心情很好！""今天我很高兴！""今天我运气很好！""我很棒，今天一定能发挥好！""我已准备充分，求职一定很顺利！"等。

【案例15-12】　积极的自我暗示

有一位澳大利亚小姑娘在参加世界少年游泳比赛之前，接受了新闻采访。当记者问她有什么感觉，她平静地回答说："我有一个感觉，今天将要出现一项新的世界纪录。"乐观自信的自我暗示，使她这一天连续创造了女子100米和200米自由泳世界纪录。当时她才14岁，到16岁时，她保持着5项世界少年游泳比赛的世界纪录。

2. 运动放松法

根据心理学专家温斯拉夫研究发现，最好的情绪舒解方法之一是运动。因为当人们在沮丧或愤怒时，生理上会产生一些异常现象，这些都可以通过运动方式，如跑步、打球、打拳等方式，使生理恢复原状。运动的时候能加快人体的血液循环，运动的过程也是情绪宣泄的过程。研究人员发现，健身运动能使身体产生一系列生理变化，功效与提神醒脑的药物类似。最好是有氧运动，运动之后再洗个热水澡，效果更佳。

3. 音乐舒缓法

音乐疗法作为一种特殊的心理治疗手段，是缓解情绪有效方法之一，可以有效地帮助人们释放情绪及缓解压力。它是指运用音乐活动的各种形式，包括听、唱、演奏、律动等各种手段对人进行刺激与催眠并用声音激发身体反应，使人趋于健康。经过医学实践证明，音乐对放松身心、振作精神、诱导睡眠等都很有实效，在保持、恢复、改善和促进身心健康中发挥了重要作用。如当毕业生们在求职中遇到挫折，一蹶不振时，可以听节奏明快，铿锵有力的音乐，它能振奋人心；在求职过程中感觉焦虑时，可以听旋律优美、悠扬婉转的乐曲，它能使人感到轻松愉快。

4. 适度宣泄法

早在两千多年以前，亚里士多德就已指出，宣泄具有净化心灵的作用。精神分析认为一切心理障碍都是压抑造成的，被压抑的心理问题堆积到一定程度就会爆发，从而导致心理障碍。把压抑的心理问题释放出来，才能从根本上消除心理障碍。在求职过程中，大学生难免会产生各种不良情绪，如果不加以适当宣泄和调整，将对毕业生身心产生较大消极影响。此时不宜过分地压抑自己的情绪，应该试着把心中的委屈和不平心情倾诉出来。具体方式有：告诉家长、老师或朋友，及时说出心中的感受；采取记日记的方式把积压在心头的苦恼写出来，也可以写信的方式向好友谈谈自己的压力；找一个没有他人的场所，通过自言自语的方式说出心中一直压抑的想法。

5. 呼吸调节法

呼吸调节法又叫调息放松法，它简单易学，也非常有效。关键是将胸呼吸变成腹式慢呼吸。具体方法是：在座位上舒服地坐好，身体后靠并伸直。将右掌轻轻置于肚脐上，掌心向下，五指并拢。然后开始长长地、慢慢地吸气。吸气时要胀腹，气沉丹田时，保持两秒钟，再轻轻地、慢慢地将气呼出。每天 2 次，每次 4—10 分钟。

6. 想象放松法

想象放松法是通过对一些安宁、舒缓、愉悦的情景的想象以达到身心放松的目的，你要尽量运用各种感官，观其形、听其声、嗅其味、触其柔……恰如身临其境。如你可以想象你独自在森林中漫步，踩在柔软的草地上，阵阵花香扑面而来，你舒展全身、慢慢地做深呼吸，感到无比的轻松舒坦。每天可用 5—10 分钟进行练习。

（三）正确对待，平衡心态

对大学毕业生来说，大部分人求职都不是一帆风顺的，多少总会遇到一些障碍，一时间求职愿望无法达到，就业目标难以实现是正常的。在这种情况下，能有一个良好的心态和正确的态度尤为重要，否则容易产生不良的求职情绪，直接影响求职策略和求职效果。大学毕业生对求职结果需要一分为二，正确对待。某一次求职或几次求职的不成功，有可能是你的能力欠佳，技巧不好，发挥失常等原因所致，但我们还应该看到另外一种更大的可能，就是招聘单位感觉并不是你不优秀，而是你的专业不对口，或者招聘单位所设的岗位同你的所学专业匹配，但这个岗位同你的性格不匹配，或者这个岗位同你的生活背景不匹配等众多原因。许多是招聘单位自身的原因，且大部分招聘单位都不会告诉你这些真实的原因，而你会误以为是自身的原因造成求职不成功。求职应是双方投契，有时候也讲机缘巧合，不必过于沮丧。如有一浙江的园林公司，它要招聘的就是农家子弟，有农业背景，认得树木，识得花草，知道农事，能吃苦耐劳，最好不是独生子女。这样能够适应园林施工的工作实际，员工稳定，效率高。但其招聘广告并不会如此明示。许多学生不知道其中蹊跷，就会很郁闷。

每个单位招聘时一般都会有这样不公布的内部"尺寸"，并且招聘人员的不同见解和好恶，又会产生一些隐形的标准，都有可能在关键时刻影响你的求职。所以只要你能理解到这一层面，然后进行换位思考，就完全可以理解所谓的求职成败。

再说，"一切都是最好的安排""塞翁失马，焉知非福"，这个单位不录用你，等待你的下一个单位可能更适合你的职业发展，所以平衡的心态对我们求职十分重要。

（四）分析原因，总结提高

大学生在求职过程中大多都会遇到求职不成的挫折，面对挫折，不同个体就会有不同的心态，不同心态就会有不同的表现，有的越挫越勇，百折不挠，有的一蹶不振，放弃追求。我们在保持良好心态的情况下，还有必要对求职过程中自身存在的问题进行认真分析。

首先，择业目标设定是否正确？是不是我们自己要求过高了？或价值观上有偏差？如果方向不对，努力越多，反而是错得越大。所以在求职实践中要及时进行反馈评估，要对自己的择业目标进行及时再评估，调整到合适的位置，应该学会在变化的环境中不断调整自己的择业方向。

其次，检查一下自身，是否对招聘单位的情况了解不充分？自身的综合素质和专业知识是否有欠缺？该补课的是否未及时补课？该梳理的是否没有梳理？

再次，求职资料是否准备充分、适用？求职礼仪是否不到位？求职沟通的技巧是否基本掌握？

我们只有在求职实践中，进行认真的利弊分析，正确归因，制订和调整求职方案，才有利去职场继续挑战，争取实现自己的职业梦想。

（五）主动求助，化解危机

大学生在求职过程中遇到一些困难，通过自我的心理调适还不能解决的，应该主动地向心理咨询机构咨询，或向职业经验丰富的长者寻求帮助，一起分析原因，消除不良情绪，解决心理问题。

首先，可以寻找学校的心理咨询机构或就业指导中心寻求咨询。现在每个大学都有心理咨询机构和就业指导的机构，机构有专门的指导老师，免费为学生提供心理咨询服务，帮助大学生解决心理问题。

其次，可以请求自己的亲戚朋友中有丰富职业经验的长者帮助。

这些长者不一定有多少心理学的专业知识，但见长于人生阅历、社会经验和职业经历，贴近生活、贴近实际，能非常有效地帮助解决问题，有时候可能会收到很好的效果。

最后，可以寻找身边一些具有积极求职心态的同学交流，或寻找已经在求职路上历练过的学长进行请教。在一样的经历中，分享不一样的感受来平衡心态，分享不一样的做法来增长经验，分享不一样的挫折来吸取教训，使自己扩大视野，积累经验，平衡心理，实现求职成功。

思考与练习

1. 大学生择业观念对求职过程有哪些影响？
2. 大学生择业过程应做哪些心理准备？
3. 求职过程的心理调适要注意哪些方面？

第十六章　维护就业权益

就业是经济发展的直接反映，就业环境与经济发展休戚相关。而大学生作为每年新增就业人群中最重要的群体，其就业考验的不仅仅是经济发展的增量，更是全社会新增就业的解决能力和保障能力。大学生由于缺乏社会阅历和锻炼，在求职与就业过程中，往往会遇到就业不公平、就业和创业的政策与保障不落实、就业陷阱、就业争议等各种各样的问题，给毕业生的就业带来很多困惑、困难甚至是损失，加大了就业难度。维护大学生就业权益应当引起关注与重视。本章从维护大学生就业权益的视角出发，对相关法律、政策、保障措施、劳动合同与就业协议书、防范就业陷阱等方面进行阐述。

第一节　大学生的就业和劳动权益保障

大学生就业事关广大学生及其家庭的切身利益，事关社会和谐稳定。面对当前严峻的就业形势和就业现状，加强对毕业生进行就业权益的教育，增进对国家劳动就业政策、劳动法律法规的学习，增强大学生的法律维权意识，提高大学生运用法律解决实际问题的能力，显得至关重要。

一、大学生就业权益保护现状

大学生在求职就业过程中享有平等的就业权。但是由于当前就业市场上供需的不平衡，部分政策和配套措施的脱节，完全开放公平的就业市场尚未真正形成，用人单位在招聘录用毕业生时，侵犯大学生合法权益的现象时有发生，如性别歧视、地域歧视、关系就业、协议陷阱、侵害隐私权的行为等。

（一）社会对大学生就业权益维护力度不够大

高等教育的大众化时代，大学毕业生出现就业难是多重因素叠加的结果，其中就业社会保障体系的不完备更是一大痛点。首先，大学生就业没有像高考一样的较好地体现公平的测试机制，各行各业、各个单位在选人用人的时候，都有自己的用人标准。在没有严格公正保证的情况下，人才选拔、培养、使用机制缺乏系统性，人才配置出现失衡。其次，大学生就业市场化的同时，人才招聘却还停留在计划、半计划半市场状态。市场化的一个显著特点是优质优价，大学生求职靠自身的"质"，可换取最大的求职效益。但是在求职就业的过程中，由于庞大的就业基数和有限的用人需求的失衡，大学生求职效益大打折扣，不少用人单位并不会把社会、市场效益作为聘用的最重要标准。求聘双方出发点的错位，处于弱势一方的大学毕业生就业权益就无法得到切实的保障。再者，人际资源广阔利于谋生就业，是长久以来的社会现象。现在虽有所好转，但没有完全排除。家庭、亲友关系背景好的大学生，就业相对容易。此外，社会上形形色色的就业陷阱令大学毕业生深受其害，加大了毕业生的就业难度。还有，虽然各级政府非常关注大学生就业问题，也制订了相关的法律法规和政策，但在实际的执行过程中，错综复杂的现实与预期的偏差，导致政策法规的落实效果大打折扣。总之，社会缺乏完全公平公正的就业环境、就业损害的补偿机制还没建立、发生就业争议的权益维护措施还不完善，这些都直接影响大学生的就业权益。

（二）高校对大学生就业维权教育不够多

我国高校毕业生的分配制度，随着时代经历了变迁：从计划经济时期的"统一计划分配"，到1989年"毕业生自主择业、用人单位择优录取"的双向选择，到1998年首批"并轨"，大学生毕业就业时双向选择、自由择业。大学毕业生就业制度的改革，走向了毕业生就业市场化轨道。越来越多的高校毕业生走向社会，就业难问题凸现。到现在，实际工作中，高校就业相关部门多数的时间和精力用在解决就业难的压力，对大学生权益维护方面重视不足。当前虽然各个高校基本上都开设了职业生涯规划和就业指导课程，但是由于重视不够以及专业老师的匮乏，对大学生的就业维权教育不够到位，高校毕业生在求职就业时维权意识淡薄。同时，高校安全维护机制还没有到位，使得高校毕业生求职就业时常会遇到不公平、权益受损的情况，对大学生的就业心态产生了消极的影响。

（三）毕业生就业维权意识不够强

依赖性强，创造力弱，是大学生中存在的另一个普遍问题。我国部分大学生表现出"五靠"：考大学靠压（家长监督学习）、报志愿靠拍（家长定）、上大学靠供（家长投资）、找工作靠关系（家长运作）、选职业靠感觉（没有科学的分析，凭家长经验）。大学生能独立完成自己的意愿选专业、定职业、找工作的在被调查的群体中占40%。这种长期以来养成的依赖性，严重影响了大学生就业质量和满意度。18岁是法定成年人年龄，家长应在18岁成年前培养他们的自主能力，这样当18岁来临时，就可以提醒孩子，"从今天起，自己的事要自己拿主意，自己处理问题。"而在现实中，我们的大学生自己做了一件独立完成的大事，家长反而说："哦，翅膀长硬了，告诉你，长出胡子也是我儿子。"这种过度呵护，在深层次上影响了年轻人的独立性和创造力，一定意义上也是对大学生权益的侵犯。

由此，大学生在就业求职过程中，遇到就业机会不平等、就业环境不公平，除了抱怨就是听天由命，自己不善于维护和争取权益，抱怨多于行动。在就业过程中，不主动了解就业相关信息、就业政策、专门就业支持项目等，许多很好的机会就白白浪费。在遭遇就业陷阱时，不知道如何维护自己的正当权益，不知道如何吸取教训，让自己成长。

二、法律对大学生就业权益的保障

法律是公民权利的根本保障，国家依法保障大学生的就业权益，但目前毕业生自我保护的法律意识还是比较薄弱。近年来，我国已经建立了包括大学生在内的劳动者法律保障体系。重要的相关法律有《劳动法》《劳动合同法》《劳动争议调解仲裁法》、《就业促进法》等[1]，还有大量与劳动关系有关的其他规章、司法解释等。了解这些法律法规规章，有助于保护大学生自身的就业权益。

【案例16-1】　口头协议，举证有效

张×是个性格内向的女孩子，在找工作的问题上，她和家人的意

---

[1]　本书涉及法律法规名称采用通用简称。

见一致，都希望进工作和待遇都稳定的机关、事业单位。她毕业实习在一家外贸公司，公司认为她很适合做文秘工作，准备正式录用她，但一直向往在国家机关和事业单位工作的她并不着急签约，以各种理由拖着继续实习。后来她在一家事业单位通过笔试、面试，在该单位找她深谈双方有关服务期限、工资待遇并达成一致后，张×却发现忘带就业协议书。当她准备回去拿时，单位领导说："大家都是诚心诚意，互相信任，协议签不签无所谓，所有待遇我们按说好的做就行了。"张×不敢违背单位的意思，但是想到老师经常说签订就业协议的重要性，她要求出具录用意向书。单位同意并制作了一份意向书，内容为："我单位同意正式录取你校毕业生张×，双方已口头约定相关事宜，请届时予以派遣。"于是，张×回绝了实习公司并开始去事业单位帮忙。在事业单位工作一个多月后，领导找她谈话，说因机构调整，用人计划减少，不准备录用她了。但张×侧面了解到实际上该单位录用了一名男生，占用了本来与她达成意向的用人计划，于是去找单位理论，但是单位却以未签署就业协议书为由拒绝她入职。

上述案例中，涉及就业过程中口头协议是否有效的问题，我国《劳动合同法》明确规定，合同的形式可以使用书面形式、口头形式和其他形式。因此口头的就业协议只要有证据证明，也是有效的。案例中张×让该单位出具的意向书，就起到了证明口头协议存在的证据作用。实际找工作过程中，口头协议的举证难度非常大。此外，毕业生还会遭遇各种各样的侵权情况。毕业生该如何寻求运用法律来维护自己的合法权益呢？

（一）《劳动法》的保障

根据我国《劳动法》规定，大学毕业生在就业时作为一个普通劳动者，应享有劳动者的基本权利，如平等就业和选择职业的权利、取得劳动报酬的权利、休息休假的权利、获得劳动安全卫生保护的权利、接受职业技能培训的权利、享受社会保险和福利的权利、提请劳动争议处理等权利。同时大学生的就业权益还具有自身的特点，除上述权利外，毕业生就业还应享有以下几个方面的权益：就业信息知情权、平等就业权、择业自主权、隐私保护权、就业签约权。

（二）《劳动合同法》的保障①

现行的《劳动合同法》于 2012 年 12 月 28 日第十一届全国人民代表大会常务委员会第三十次会议进行了修订，自 2013 年 7 月 1 日起施行。新修订的《劳动合同法》更加体现了对劳动者的保护。这部新法给广大大学生带来好消息的同时，也由于大大增加企业的用人成本，而使企业对招聘员工变得异常谨慎，因此在一定程度上冲击大学生就业。对大学生来讲，要对这部法律有更加深刻地了解，才能更好地维护自己就业时的合法权益。

1. 未订立劳动合同支付双倍工资

《劳动合同法》第十条规定：建立劳动关系，应当订立书面劳动合同。已建立劳动关系，未同时订立书面劳动合同的，应当自用工之日起一个月内订立书面劳动合同。用人单位与劳动者在用工前订立劳动合同的，劳动关系自用工之日起建立。

《劳动合同法》第十四条第三款规定：用人单位自用工之日起满一年不与劳动者订立书面劳动合同的，视为用人单位与劳动者已订立无固定期限劳动合同。

《劳动合同法》第八十二条规定：用人单位自用工之日起超过一个月不满一年未与劳动者订立书面劳动合同的，应当向劳动者每月支付二倍的工资。用人单位违反本法规定不与劳动者订立无固定期限劳动合同的，自应当订立无固定期限劳动合同之日起向劳动者每月支付二倍的工资。

2. 违约金的规定

《劳动合同法》第二十二条规定：用人单位为劳动者提供专项培训费用，对其进行专业技术培训的，可以与该劳动者订立协议，约定服务期。劳动者违反服务期约定的，应当按照约定向用人单位支付违约金。违约金的数额不得超过用人单位提供的培训费用。用人单位要求劳动者支付的违约金不得超过服务期尚未履行部分所应分摊的培训费用。

《劳动合同法》第二十三条规定：用人单位与劳动者可以在劳动合同中约定保守用人单位的商业秘密和与知识产权相关的保密事项。

---

① 本书引用法律条款因内容需要略有删节。

对负有保密义务的劳动者，用人单位可以在劳动合同或者保密协议中与劳动者约定竞业限制条款，并约定在解除或者终止劳动合同后，在竞业限制期限内按月给予劳动者经济补偿。劳动者违反竞业限制约定的，应当按照约定向用人单位支付违约金。

3. 试用期的各项规定

《劳动合同法》第十九条规定：劳动合同期限三个月以上不满一年的，试用期不得超过一个月；劳动合同期限一年以上不满三年的，试用期不得超过二个月；三年以上固定期限和无固定期限的劳动合同，试用期不得超过六个月。同一用人单位与同一劳动者只能约定一次试用期。以完成一定工作任务为期限的劳动合同或者劳动合同期限不满三个月的，不得约定试用期。试用期包含在劳动合同期限内。劳动合同仅约定试用期的，试用期不成立，该期限为劳动合同期限。

《劳动合同法》第二十条规定：劳动者在试用期的工资不得低于本单位相同岗位最低档工资或者劳动合同约定工资的百分之八十，并不得低于用人单位所在地的最低工资标准。

《劳动合同法》第二十一条规定：在试用期中，除劳动者有本法第三十九条和第四十条第一项、第二项规定的情形外，用人单位不得解除劳动合同。用人单位在试用期解除劳动合同的，应当向劳动者说明理由。

《劳动合同法》第八十三条规定：用人单位违反本法规定与劳动者约定试用期的，由劳动行政部门责令改正；违法约定的试用期已经履行的，由用人单位以劳动者试用期满月工资为标准，按已经履行的超过法定试用期的期间向劳动者支付赔偿金。

4. 违法解雇双倍赔偿

《劳动合同法》第四十八条规定：用人单位违反本法规定解除或者终止劳动合同，劳动者要求继续履行劳动合同的，用人单位应当继续履行；劳动者不要求继续履行劳动合同或者劳动合同已经不能继续履行的，用人单位应当依照本法第八十七条规定支付赔偿金。

《劳动合同法》第八十七条规定：用人单位违反本法规定解除或者终止劳动合同的，应当依照本法第四十七条规定的经济补偿标准的二倍向劳动者支付赔偿金。

5. 劳务派遣的规定

《劳动合同法》第六十三条规定：被派遣劳动者享有与用工单位的劳动者同工同酬的权利。用工单位应当按照同工同酬原则，对被派遣劳动者与本单位同类岗位的劳动者实行相同的劳动报酬分配办法。用工单位无同类岗位劳动者的，参照用工单位所在地相同或者相近岗位劳动者的劳动报酬确定。

《劳动合同法》第六十六条规定：劳动合同用工是我国的企业基本用工形式。劳务派遣用工是补充形式，只能在临时性、辅助性或者替代性的工作岗位上实施。用工单位应当严格控制劳务派遣用工数量，不得超过其用工总量的一定比例，具体比例由国务院劳动行政部门规定。

6. 解除劳动合同的规定

《劳动合同法》第三十六条规定：用人单位与劳动者协商一致，可以解除劳动合同。

《劳动合同法》第三十七条规定：劳动者提前三十日以书面形式通知用人单位，可以解除劳动合同。劳动者在试用期内提前三日通知用人单位，可以解除劳动合同。

《劳动合同法》第三十八条规定：用人单位有下列情形之一的，劳动者可以解除劳动合同：（1）未按照劳动合同约定提供劳动保护或者劳动条件的；（2）未及时足额支付劳动报酬的；（3）未依法为劳动者缴纳社会保险费的；（4）用人单位的规章制度违反法律、法规的规定，损害劳动者权益的；（5）因本法第二十六条第一款规定的情形致使劳动合同无效的；（6）法律、行政法规规定劳动者可以解除劳动合同的其他情形。用人单位以暴力、威胁或者非法限制人身自由的手段强迫劳动者劳动的，或者用人单位违章指挥、强令冒险作业危及劳动者人身安全的，劳动者可以立即解除劳动合同，不需事先告知用人单位。

《劳动合同法》第四十条规定：有下列情形之一的，用人单位提前三十日以书面形式通知劳动者本人或者额外支付劳动者一个月工资后，可以解除劳动合同：（1）劳动者患病或者非因工负伤，在规定的医疗期满后不能从事原工作，也不能从事由用人单位另行安排的工作的；（2）劳动者不能胜任工作，经过培训或者调整工作岗位，仍不能胜任工作的；（3）劳动合同订立时所依据的客观情况发生重大变化，致使劳动合同无法履行，经用人单位与劳动者协商，未能就变更劳动合同内容达成协议的。

（三）《民法典》和《劳动仲裁法》的保障

2020年5月28日，十三届全国人大三次会议表决通过了《中华人民共和国民法典》（以下简称《民法典》），自2021年1月1日起施行。《民法典》有关民事法律关系主体的规定，对大学生就业前全面了解用人单位的资质及其真实情况具有重要意义。如学生在个体企业谋求工作时，首先应该了解企业的主体资格，如是否依法核准登记，是否有公开的字号、固定的处所、经营范围是否合法等，可避免毕业生被一些非法组织蒙骗。大学生就业应该选择法人单位，对于法人的主体资格应从以下几个方面来了解：第一，是否依法成立；第二，法人的名称、组织机构和场所；第三，法人的经营范围；第四，注册资金、总资产额、债务情况；第五，事业单位、企业和公司的章程等情况。

根据《民法典》规定，民事责任是指民事主体违反了民事义务所应承担的法律后果，包括缔约过失责任、违约责任、侵权责任。即对民事违法行为人采取的一种以恢复被损害权利为目的，并与一定的民事制裁措施相联系的国家强制形式。毕业生就业中常遭遇以下一些违约或侵权现象：虚假广告宣传、就业性别歧视；用人单位单独规定试用期，随意延长试用期，或者期满以不符条件为由不予录用；以"三方协议"代替劳动合同，口头合同，或者签订权利义务约定不明的合同；用人单位将毕业生个人的知识产权据为己有；等等。大学生就职时，一定要提高自己的法律意识，注意与用人单位签订合法、合理的劳动合同，对单位本身的合法性、劳动条款的权利义务充分了解后再订立合同。

违约责任，即违反合同的民事责任。《民法典》第五百七十七条规定合同双方当事人违反合同义务的，应当承担继续履行、采取补救措施或者赔偿损失等违约责任。成立违约责任一般需要满足以下条件：第一，要求合同义务有效存在。第二，要求一方当事人不履行合同义务或者履行合同义务不符合约定。第三，不存在法定或者约定的免责事由。劳动合同的违约责任根据违约主体的不同可分为用人单位的违约责任和劳动者的违约责任。

劳动合同违约的认定应具备以下四个要件：违约行为、损害事实、违约行为与损害事实之间的因果关系、违约人主观上的过错。违约行为，也就是一方当事人必须有不履行劳动合同义务或者履行劳动合同义务不符合约定的行为，这是构成违约责任的客观条件。违约行为只能在特定的关系中才能产生，即违约行为发生的前提是当事人之间已经存在着合同关系。损害事实指当事人的违约给对方造成了财产上的损害和其他不利的后果，包括直接损失和间接损失。违约行为与损害事实之间的因果关系指因违约当事人的行为而造成对方的损失。违约一方当事人主观上有过错，这是违约责任的主观要件，指由于当事人主观上的故意或者过失而引起的违约责任。

《中华人民共和国劳动争议调解仲裁法》（以下简称《劳动仲裁法》）是毕业生在就业过程中及就业后应当了解的法律法规之一。毕业生与用人单位在发生劳动争议后，应当根据事实，遵循合法、公正、及时、着重调解的原则，与用人单位协商，也可以请工会或者第三方共同与用人单位协商，达成和解协议，如果不愿协商、协商不成或者达成和解协议后不履行的，可以向调解组织申请调解；不愿调解、调解不成或者达成调解协议后不履行的，可以向劳动争议仲裁委员会申请仲裁。

劳动争议的仲裁应遵循一定的法定程序：① 申请。② 受理。③ 开庭和裁决。

仲裁调解书经双方当事人签收后，即发生法律效力。裁决书自作出之日起发生法律效力。当事人应当履行裁决。一方当事人不履行的，另一方当事人可以依照民事诉讼法的有关规定向人民法院申请执行。受申请的人民法院应当执行。

三、政策对大学生就业的保障

政策是国家和政府激励和保障大学生就业的措施，具有显著的导向性。近些年来，中央和各级地方政府部门都制订了相关就业政策以及专门性的就业支持项目，鼓励广大毕业生到中西部、到基层、到中小企业去，鼓励自主创业，并给予多方面的优惠措施。

（一）国家的保障就业政策

2009 年，教育部发布《国家促进普通高校毕业生就业政策公告》，公布 20 条促进高校毕业生就业举措：

1. 鼓励高校毕业生到基层到中西部地区就业的政策

（1）对到农村基层和城市社区公益性岗位就业的，给予社会保险补贴和公益性岗位补贴；对到农村基层和城市社区其他社会管理和公共服务岗位就业的，给予薪酬或生活补贴。

（2）对到中西部地区和艰苦边远地区县以下农村基层单位就业并履行一定服务期限的，由政府补偿学费，代偿助学贷款。

（3）对有基层工作经历的，在研究生招录和事业单位选聘时优先录取。

（4）对参加"选聘高校毕业生到村任职"、"三支一扶"（支教、支农、支医和扶贫）、"大学生志愿服务西部计划"、"农村义务教育阶段学校教师特设岗位计划"等项目的，给予生活补贴，按规定参加社会保险；项目服务期满并考核合格的，报考硕士研究生初试总分加 10 分，高职（高专）学生可免试入读成人本科；今后相应的自然减员空岗全部聘用参加项目服务期满的高校毕业生。

2. 鼓励高校毕业生应征入伍服义务兵役的政策

（1）由政府补偿学费，代偿助学贷款。

（2）在选取士官、考军校、安排到技术岗位等方面优先。

（3）退役后参加政法院校为基层公检法定向岗位招生考试时，优先录取。

（4）具有高职（高专）学历的，退役后免试入读成人本科；或经过一定考核，入读普通本科。

（5）退役后报考硕士研究生初试总分加 10 分；荣立二等功及以上的，退役后免试推荐入读硕士研究生。

3. 积极聘用优秀高校毕业生参与重大科研项目

高校毕业生在参与项目研究期间，享受劳务性费用和有关社会保险补助，户口、档案可存放在项目单位所在地或入学前家庭所在地人才交流中心。聘用期满，根据需要可以续聘或到其他岗位就业，就业后工龄与参与项目研究期间的工作时间合并计算，社会保险缴费年限连续计算。

4. 鼓励和支持高校毕业生到中小企业就业和自主创业的政策

（1）对企业招用非本地户籍的普通高校专科以上毕业生，各地城市应取消落户限制（直辖市按有关规定执行）。

（2）为到中小企业就业的高校毕业生提供档案管理、人事代理、社会保险办理和接续等方面的服务。

（3）从事个体经营符合条件的，免收行政事业性收费并享受国家相关扶持政策。

（4）登记失业并自主创业的，如自筹资金不足，可申请5万元小额担保贷款；对合伙经营和组织起来就业的，可按规定适当提高贷款额度。

（5）参加创业培训的，按规定给予职业培训补贴。

（6）灵活就业并符合规定的，可享受社会保险补贴政策。

5. 强化对困难家庭高校毕业生的就业援助

（1）就业困难和零就业家庭的高校毕业生，享受公益性岗位安置、社会保险补贴、公益性岗位补贴等就业援助政策。

（2）机关、事业单位免收招聘报名费和体检费。

（3）高校可根据实际情况给予适当的求职补贴。

（4）对离校后未就业回到原籍的高校毕业生，由各地公共就业服务机构免费提供就业服务并组织就业见习和职业技能培训。

为提升大学生创新创业能力、增强创新活力，进一步支持大学生创新创业，出台《国务院办公厅关于进一步支持大学生创新创业的指导意见》（国办发〔2021〕35号），提出建议可以归纳为如下几个方面：

1. 加强教育培训

建立以创新创业为导向的新型人才培养模式；探索实施驻校企业家制度，吸引更多各行各业的优秀人才担任双创导师；打造一批高校创新创业培训活动品牌。

2. 提供孵化空间、租金补贴

鼓励各类孵化器面向大学生创新创业团队开放一定比例的免费孵化空间；政府投资开发的孵化器等创业载体应安排30%左右的场地，免费提供给高校毕业生；有条件的地方可以对高校毕业生到孵化器创业给予租金补贴。

3. 科技资源开放共享

各地区、各高校和科研院所的实验室以及科研仪器、设施等科技创新资源可以面向大学生开放共享，提供低价、优质的专业服务。

4. 开展"揭榜挂帅"

支持行业企业面向大学生发布企业需求清单，引导大学生精准创新创业；鼓励国有大中型企业面向高校和大学生发布技术创新需求，开展"揭榜挂帅"。

5. 探索建立创新风险救助

鼓励有条件的地方探索建立大学生创业风险救助机制，可采取创业风险补贴、商业险保费补助等方式予以支持；毕业后创业的大学生可按规定缴纳"五险一金"，减少后顾之忧。

6. 实践平台对在校生免费开放

充分发挥大学科技园、大学生创业园、大学生创客空间等校内创新创业平台作用，面向在校大学生免费开放；推动中央企业、科研院所和相关公共服务机构为大学生建设集研发、孵化、投资等为一体的创业创新培育中心、互联网双创平台、孵化器和科技产业园区。

7. 税费优惠政策

高校毕业生在毕业年度内从事个体经营，符合规定条件的，在 3 年内按一定限额依次扣减其当年实际应缴纳的增值税、城市维护建设税、教育费附加、地方教育附加和个人所得税；对月销售额 15 万元以下的小规模纳税人免征增值税，对小微企业和个体工商户按规定减免所得税；对创业投资企业、天使投资人投资于未上市的中小高新技术企业以及种子期、初创期科技型企业的投资额，按规定抵扣所得税应纳税所得额。

8. 提高贷款额度、降低贷款利率

将高校毕业生个人最高打款额度提高至 20 万元，对 10 万元以下贷款、获得设区的市级以上荣誉的高校毕业生创业者免除反担保要求；对高校毕业生设立的符合条件的小微企业，最高贷款额度提高至 300 万元；降低贷款利率，简化贷款申报审核流程。

9. 引导社会资本支持

引导创新创业平台投资基金和社会资本参与大学生创业项目早期投资；加快发展天使投资，培育一批天使投资人和创业投资机构。

10. 促进成果转化

做好大学生创新项目的知识产权确权、保护等工作，较快落实以增长知识价值为导向的分配政策，落实成果转化奖励和收益分配办法；鼓励国有大中型企业和产教融合型企业利用孵化器、产业园等平台，促进高校科技成果和大学生创新创业项目落地发展；加强对中国国际"互联网+"大学生创新创业大赛中涌现的优秀创新创业项目的后续跟踪支持，推动一批大赛优秀项目落地。

11. 办好创新创业大赛

办好中国国际"互联网+"大学生创新创业大赛；建立健全中国国际"互联网+"大学生创新创业大赛与各级各类创新创业比赛联动机制，搭建全球性创新创业竞赛平台。

12. 加强信息服务

汇集创新创业帮扶政策、产业激励政策和全国创新创业教育优质资源，做好国家和地方的政策发布、解读等工作；及时收集国家、区域、行业需求，为大学生精准推送行业和市场动向等信息；加强对创新创业大学生和项目的跟踪、服务，畅通供需对接渠道；支持各地积极举办大学生创新创业项目需求与投融资对接会。

（二）地方的保障就业政策

全国各地许多省市都有大学生就业的保障政策，如北京市陆续推出了一系列促进毕业生充分就业的政策，从支持灵活就业、鼓励企业吸纳、拓宽就业渠道、推动创新创业、提升就业能力、实施阶段举措、开展精准帮扶、优化就业服务等8个方面，为高校毕业生就业创业提供支持政策。

浙江省每年都会出台支持高校毕业生的就业政策或者举措，如2021年，浙江省教育厅发布了《关于做好2021届全省普通高校毕业生就业创业工作的通知》，提出如下意见：

1. 强化领导担当，确保毕业生就业局势整体稳定

（1）强化高校主体责任。要充分认识2021届毕业生就业工作的严峻形势，把做好毕业生就业工作作为当前一项紧迫的政治任务，严格认真落实"一把手"工程，把毕业生就业摆上学校党委领导班子重要议事日程，千方百计做好毕业生稳就业工作。各高校主要负责同志要亲自部署，分管领导靠前指挥，院系领导落实责任，合力推进毕业生就业工作。

（2）做好就业形势研判。2021届浙江省普通高校毕业生预计约

34 万人，同比增加约 2.5 万人，就业形势复杂严峻，就业工作任务艰巨。要及时掌握就业环境变化，准确分析研判就业形势，实时跟踪了解毕业生求职心态和就业进展，坚持实事求是，充分考虑毕业生实习就业中的现实困难和实际需求，因校制宜、以生为本，做好全校就业工作统筹部署，努力做到毕业生就业工作目标不减。

2. 加强校企联动，共同推进毕业生高质量就业

（1）加强校内各部门分工协作。健全校内相关机构分工负责、协同推进、院系联动、全员参与工作机制，分类施策、精准服务，明确学生管理、教学教务、科研管理、国际交流、校友联络、后勤保障等部门在稳就业工作中的任务安排，群策群力调动多方资源共同参与毕业生就业指导工作，努力构建毕业生就业工作共同体，做到精准贴心帮扶，切实提升毕业生就业质量和满意度。

（2）继续加强实习见习。深化校企校地合作，在重点领域、重大工程、重大项目、重要领域加强校企合作，做好人才供需对接。开发更多就业实习岗位，推动更多毕业生通过实习实现就业。切实提高职业技能培训质量，增强培训的针对性和实效性，瞄准市场紧缺、产业发展急需人才，加强新技术、新工艺、新职业等技能训练。配合有关部门实施好"三年百万青年见习计划"。

3. 加强分类指导，做好重点群体帮扶工作

（1）做好重点专业就业工作。受新冠肺炎疫情影响，就业岗位需求结构性矛盾依然突出，各高校要结合学校学科、专业结构特点，重点做好外贸、旅游、酒店、餐饮等相关专业毕业生就业指导工作。深入挖掘互联网、大数据、人工智能等与实体经济深度融合创造的新就业机会，支持毕业生以新就业形态实现多元化就业，补齐灵活就业的权益保障短板。

（2）做实做细重点帮扶工作。继续做好家庭困难、身体残疾、就业困难等特殊群体毕业生的就业帮扶工作。要建立低收入家庭毕业生就业帮扶工作台账，按照"一人一档""一人一策"要求重点帮扶，帮助有就业意愿的贫困生尽快就业，继续做好离校未就业毕业生的就业服务。

（3）协同推进人才评价机制改革。各级教育部门要协调和配合有关部门，推进人才评价机制改革，建立以品德和能力为导向、以岗位

需求为目标的人才使用机制，在招聘公告和实际操作中不得将毕业院校、国（境）外学习经历、学习方式（全日制和非全日制）等作为限制性条件。

4. 强化服务创新，进一步拓宽毕业生就业渠道

（1）提升线上招聘实效性。各高校要积极利用多方平台并注重供需对接效果，进一步开展形式多样的线上招聘工作。精准把握学生求职择业需求，开展多层次、多形式的各类小型网络招聘活动，对线上招聘活动要精准推送，精心为毕业生创造更多就业机会。有针对性地为毕业生提供线上就业创业指导服务。

（2）促进线下招聘提质增效。各高校要广泛汇聚市场化社会化就业创业资源，结合实际组织重点城市、重点行业、中小微企业等就业创业供需对接系列活动。各高校要多形式汇集岗位需求信息，鼓励举办区域性、行业性、联盟性招聘活动，增强现场招聘的实效性。

（3）用足用好政策性岗位。要积极做好政策宣传，深入开展动员发动，用足用好我省已出台的各项稳就业政策，确实把对大学生就业创业关心关爱传递到每个学生中去。要精心组织落实好"西部计划""三支一扶""西部专招""乡村振兴"等基层服务项目和大学生征兵工作，做好科研助理岗位招录工作，落实好学费补偿代偿、升学优惠等政策。

（4）积极拓展市场化岗位。拓展新兴领域就业空间，各高校要深入开展校企合作，建立供需对接机制，增加就业岗位供给。鼓励毕业生到先进制造业、现代农业、现代服务业、战略性新兴产业等领域多元化多渠道就业。

（5）持续推进创业带动就业。加大"双创"支持力度，会同有关部门落实大学生创业优惠政策。组织开展"高校毕业生创业服务专项活动"，发挥创业孵化基地作用。依托中国国际"互联网+"大学生创新创业大赛等各类创新创业大赛，推进获奖项目成长发展、落地见效，带动更多毕业生实现就业。

5. 强化专业培训，提升一线教师就业指导水平

（1）加强工作队伍建设。各高校要进一步加强高校毕业生就业工作保障，严格落实就业机构、人员、场地、经费"四到位"要求，按照有关规定配齐配强校级专职就业工作人员。定期开展业务技能培

训，提升专业化素质。鼓励高校院系专设就业辅导员，建立健全全员参与就业工作长效机制。

（2）强化就业育人实效。坚持把毕业生就业指导服务工作作为立德树人的重要环节，加强大学生思政教育，培养学生家国情怀，鼓励毕业生到条件艰苦的基层、西部和国家建设一线就业，实现人生价值。组织开展大学生职业生涯大赛等活动，把职业生涯发展教育与就业指导贯穿于整个人才培养全过程。

6. 加强信息管理，提高毕业生获取就业信息准确度

（1）加强就业信息甄别筛选。各高校要加强对就业数据的分析研究，整合线上各类形式的招聘信息，根据毕业生特点和实际需要精心筛选。积极参与实施教育部"24365岗位精选计划"，积极探索利用人工智能、大数据等技术，根据毕业生求职意愿和用人单位需求，实现人岗信息智能匹配、精准推送。及时解决毕业生就业签约等过程中遇到的困难和障碍，确保信息通畅。

（2）完善就业数据统计机制。各高校要扎实做好就业率和招聘会数据报送工作，并及时上报就业工作中发现的新情况、新问题。省教育厅将进一步强化摸底调研和数据整理分析，做好就业形势研判；支持相关高校汇总各地发布的毕业生就业创业支持政策和就业网站信息，方便毕业生查阅使用。继续开展毕业生就业状况布点监测工作。

7. 强化督导检查，确保毕业生就业工作扎实有效

（1）严格落实疫情防控工作。各高校要根据本地新冠肺炎疫情防控形势，制订就业工作应对疫情预案，创造条件支持毕业生参加实习、面试和用人单位进校开展宣讲、招聘活动，做到科学有效防控、安全有序招聘。

（2）确保就业工作质量。严格遵守教育部关于就业签约工作的"四不准"要求，确保就业数据真实准确。省教育厅将加强对高校就业创业工作的督查，适时委托第三方对高校毕业生就业信息进行核查，如发现弄虚作假情况，将依法依规对相关责任人员严肃问责。各高校要改革就业评价机制，建立分层分类就业评价指标体系。

（3）选树推广就业创业工作典型。发挥就业创业工作典型的示范引领作用，注重发掘毕业生就业创业工作中涌现出的优秀典型，开展

全省普通高校毕业生就业创业典型案例征集活动，并以多种形式总结推广先进经验。鼓励各高校结合实际，培育选树促就业创业典型经验，组织遴选一批优秀案例和优秀成果。

第二节 毕业生就业协议书和劳动合同

【案例 16-2】 聪明反被聪明误

毕业生刘×用学校发的就业协议书与 A 公司签了约，后又擅自用考取研究生同学的协议书与 B 单位签约并经学校盖章确认。后刘×又反悔想去 A 公司，不得已，到 B 单位谎称学校要他将协议书取回补办手续，并保证一定时间前肯定办好，单位也相信了他，将协议书还给他。而他本人一拿到协议书立即到学校又谎称 B 单位欺骗了他，解决不了户口将其退回，要求学校在 A 公司协议书上盖章，学校为谨慎起见，出面与 B 单位联系，得知刘×有不诚实行为，对其作出严肃批评，并责令其向该单位道歉，请求谅解。刘×所学专业是法律，他认为 B 单位没有任何证据，B 单位认为刘×行为太不像话，既欺骗单位，又欺骗学校，道德品行败坏，希望学校给予严厉处分，否则将来影响学校的声誉。最后，刘×"身败名裂"，未能顺利就业。

签约是一项非常严肃的事情，各方一经签字盖章即具一定的法律效力，任何一方都有履行协议的责任和义务，不得随意变更协议。大学生在与用人单位签订就业协议书的时候，切莫违背诚信原则、违背协议、多头签约、逃脱责任，这些都是极不道德的行为，也是违法行为，大学生应讲诚信、守承诺，遵守法纪，为自己的职业生涯开个好头。

一、就业协议书

高校毕业生在毕业的时候都会收到学校发放的一份就业协议书。很多毕业生对就业协议书并不了解，就业协议书有什么作用、要不要签就业协议书、签了就业协议书有什么后果？这些问题常常困扰我们的毕业生。

（一）概念及作用

就业协议是普通高等学校毕业生和用人单位在正式确立劳动人事关系前，经双向选择，在规定期限内关于就业意向的初步约定，通过签订协议书确立就业关系、明确双方权利和义务，一经毕业生、用人单位、高校、用人单位主管部门签字盖章，即具有一定的法律效力。

协议书是用人单位确认毕业生相关信息真实可靠，接收毕业生的重要凭据，也是高校进行毕业生就业管理、编制就业方案，更是毕业生就业派遣、人事、户口、档案转接的重要依据。协议在毕业生到单位报到、用人单位正式接收后自行终止。就业协议一般由教育部或各省、市、自治区就业主管部门统一制表。

（二）构成及内容

以浙江省的就业协议书为例，《普通高等学校毕业生、毕业研究生就业协议书》由一式三联构成，第一联白色，交"毕业院校、研究生培养单位"，第二联红色，交"用人单位"，第三联黄色，留"毕业生"手中。表的左上角有协议书编号。

主要内容分三部分：

第一部分是甲方（用人单位），用人单位应如实介绍本单位情况，这部分由用人单位填写。有几种情况要特别留意：一是用人单位名称、单位地址、联系人、联系电话、单位机构代码必须填写清楚，需单位签章；二是档案转寄地址一定要详细，且不要漏掉邮政编码。三是注意用人单位上级主管部门或所属地人社局是否签章，因为有些用人单位没有独立人事权，招录用人必须通过其上级主管部门审核同意，或因为有些用人单位没有独立接收档案的资格，需要用人单位所属地人社局接收毕业生档案。

第二部分是乙方（毕业生），向用人单位如实介绍自己的情况及意见。这部分内容由毕业生本人填写，特别需要提醒的是"应聘意见"栏，许多毕业生签订就业协议时经常忽视这一内容，不填或只简单填写"同意"二字。实际上，这一栏的意见对毕业生来说是十分重要的，毕业生应对是否愿意到用人单位就业表明自己的意见，同时也应将用人单位在洽谈中达成的基本条件写明，以免日后发生争议。尤其是先与单位主管部门签订就业协议，报到后才安排具体单位的毕业生，更应注意此处的意见。如毕业生与教育局签订协议，但具体学校需报到后才能落实，双方洽谈时，用人单位表明会安排毕业生在中学工作，毕业生在填写"应聘意见"时，就应注明"本人同意到某县某中学任教"等字样。

第三部分是学校签章，院系就业管理部门与学校毕业生就业管理部门的签章。主要是审核毕业生资格，如毕业生是否能如期毕业，是否符合用人单位录用条件等，学校意见是实质性审核，表明学校对用人单位与毕业生所签就业协议书的态度，同意或不同意一定要态度明确。

（三）签订注意事项

1. 详细了解用人单位主体资格

协议书是否具有法律效力的前提是，协议双方的主体资格是否合法。毕业生在签订就业协议时，不管用人单位是国家机关、事业单位还是各类企业，都应具有用人自主权。如果其本身不具有用人自主权，则就业协议书必须其上级主管部门批准同意，并签章。因此，毕业生在签约前，必须要清楚用人单位的主体资格。

2. 按规定程序签订就业协议书

毕业生和用人单位签约时，首先要注意毕业生要签名并写清签字时间；其次，用人单位及其上级主管部门或所属地人社局必须盖单位公章并注明时间，不能用个人签字代替单位公章；最后，毕业生和用人单位签字后需及时将协议书交给学校就业主管部门一份，以便学校打印报到证和转寄档案等，从而保证毕业生能够顺利派遣。

3. 明确约定条款内容

协议书约定的内容是整个协议书的关键，毕业生必须要认真检查其合法性，是否符合国家相关法律和政策；如果有补充协议，一定要检查其是否符合《劳动法》《劳动合同法》及相关法律规定；应详细表述当事人双方的违约情形及违约后应负的责任，同时还应写明当事人违约后通过何种方式、途径来承担责任。

4. 每位毕业生只能与一个用人单位签订就业协议书

（四）违约及处理程序

根据《普通高等学校毕业生就业工作暂行规定》教学〔1997〕6号第48条的规定，对违反就业协议或不履行定向、委托培养合同的用人单位、毕业生、高等学校按照协议书或合同书的有关条款办理，并依法承担赔偿责任。另外在实践中，部分就业协议书会约定双方互不承担违约责任的情形。如福建省人事厅、教育厅 2016 年联合下发的闽人发〔2006〕173 号文件中印制的《普通高等学校毕业生就业协议书》中提到：在履行协议期间发生以下情况，双方互不承担违约责任：1. 甲方被依法撤销或宣告破产的，协议中止；2. 乙方未按期取得毕业资格，甲方不同意其入职的，协议中止；3. 乙方考入普通高校、依法服兵役，或参加国家和地方基层就业项目的；4. 双方协商一致，书面同意解除协议的，或书面变更协议条款的；5. 由于各类不可抗力因素导致协议无法履行的，协议中止。需要注意的是不同省、自治区、直辖市由于实际就业情况的不同，对就业协议书的具体条款内容不尽相同。

毕业生单方擅自解除就业协议的，需征得用人单位的同意和解约书面证明，如按协议内容签订有违约金事项，需向用人单位交纳违约金。承担违约责任后，方可重新领取新的就业协议书继续找工作。

用人单位提出违约，应与毕业生协商，并向毕业生支付一定的补偿金。如用人单位拒不支付或有意拖延，毕业生可通过所在地的劳动行政部门干预处理，或申请劳动仲裁，学校也应当出面通过各种途径维护毕业生的合法权益。

二、劳动合同

合同是毕业生与用人单位约定权利与义务的法律文书。签订劳动合同是法律的要求，同时也是保障自身权益的必然需要。尤其是初涉职场的大学毕业生，签订劳动合同时一定要仔细了解和推敲合同种类、条款、期限、违约责任等方面内容，以便在发生合同纠纷时维护自身合法权益。

（一）概念及作用

根据我国《劳动法》第十六条第一款规定：劳动合同是劳动者与用工单位确立劳动关系、明确双方权利和义务的协议。

劳动合同对初涉职场的大学生来说非常重要，劳动合同是确定劳动关系的法律形式。它是劳动者合法权益得到有力保障的唯一途径。

签订劳动合同后，劳动者加入用人单位，成为该单位的一员，承担相应的工作，需遵守所在单位的劳动规则和规章制度；用人单位应及时安排被录用的劳动者工作，按照劳动者提供劳动的数量和质量支付劳动报酬，并且根据劳动法律、法规规定和劳动合同的约定提供必要的劳动条件，保证劳动者享有劳动保护及社会保险、福利等权利和待遇。如果劳动者所在单位违反劳动合同，劳动者可以此为依据通过行政、协商、仲裁和司法等手段维护自己的权益。

（二）种类及内容

劳动合同分为以下三种：固定期限劳动合同、无固定期限劳动合同、单项劳动合同。固定期限劳动合同，是指用人单位与劳动者约定合同终止时间的劳动合同。用人单位与劳动者协商一致，可以订立固定期限劳动合同，如 1 年期限、3 年期限等均属这一种。无固定期限劳动合同，是指用人单位与劳动者约定无确定终止时间的劳动合同，只约定终止合同的条件，无特殊情况，这种期限的合同应存续到劳动者退休。单项劳动合同，以完成某项工作为期限的劳动合同，既没有固定期限也没有无固定期限。

劳动合同的内容，可分为法定条款和约定条款两大部分。法定条款是劳动合同法规定的必须具备的内容；约定条款是指按双方当事人自愿协商约定的合同内容，无须法律直接规定。法定条款包括九项内容：用人单位的名称、地点和法定代表人或者主要负责人；劳动者的姓名、住址和居民身份证或者其他有效身份证件号码；劳动合同期限；工作内容和工作地点；工作时间和休息休假；劳动报酬；社会保险；劳动保护、劳动条件和职业危害防护；法律、法规规定应当纳入劳动合同的其他事项。约定条款有双方当事人协商约定。

（三）签订注意事项

（1）应当遵循合法、公平、平等自愿、协商一致、诚实信用的原则。

（2）对合同内容应仔细推敲。《劳动合同法》第八条规定：用人单位招用劳动者时，应当如实告知劳动者工作内容、工作条件、工作地点、职业危害、安全生产状况、劳动报酬，以及劳动者要求了解的其他情况；用人单位有权了解劳动者与劳动合同直接相关的基本情况，劳动者应当如实说明。第九条规定：用人单位招用劳动者，不得扣押劳动者的居民身份证和其他证件，不得要求劳动者提供担保或者以其他名义向劳动者收取财物。

（3）用人单位自用工之日起超过一个月不满一年未与劳动者订立书面劳动合同的，应当向劳动者每月支付二倍工资。用人单位与劳动者协商一致，可以解除劳动合同。用人单位违法解除或者终止劳动合同的，则须按《劳动合同法》第八十七条的规定办理，依据《劳动合同法》第四十七条规定的经济补偿标准的二倍向劳动者支付赔偿金。

（四）解除劳动合同

合同解除包括双方解除和单方解除。

1. 劳动者与用人单位双方协商一致解除劳动合同

《劳动法》第二十四条规定：经劳动合同当事人协商一致，劳动合同可以解除。

2. 劳动者可以单方解除劳动合同的情形

根据《中华人民共和国劳动合同法实施条例》第十八条规定，有下列情形之一的，依照劳动合同法规定的条件、程序，劳动者可以与用人单位解除固定期限劳动合同、无固定期限劳动合同或者以完成一定工作任务为期限的劳动合同：（1）劳动者与用人单位协商一致的；（2）劳动者提前30日以书面形式通知用人单位的；（3）劳动者在试用期内提前3日通知用人单位的；（4）用人单位未按照劳动合同约定提供劳动保护或者劳动条件的；（5）用人单位未及时足额支付劳动报酬的；（6）用人单位未依法为劳动者缴纳社会保险费的；（7）用人单位的规章制度违反法律、法规的规定，损害劳动者权益的；（8）用人单位以欺诈、胁迫的手段或者乘人之危，使劳动者在违背真实意思的情况下订立或者变更劳动合同的；（9）用人单位在劳动合同中免除自己的法定责任、排除劳动者权利的；（10）用人单位违反法律、行政法规强制性规定的；（11）用人单位以暴力、威胁或者非法限制人身自由的手段强迫劳动者劳动的；（12）用人单位违章指挥、强令冒险作业危及劳动者人身安全的；（13）法律、行政法规规定劳动者可以解除劳动合同的其他情形。

3. 用人单位可以单方解除劳动合同的情形

根据我国《中华人民共和国劳动合同法实施条例》第十九条规

定，有下列情形之一的，依照劳动合同法规定的条件、程序，用人单位可以与劳动者解除固定期限劳动合同、无固定期限劳动合同或者以完成一定工作任务为期限的劳动合同：(1)用人单位与劳动者协商一致的；(2)劳动者在试用期间被证明不符合录用条件的；(3)劳动者严重违反用人单位的规章制度的；(4)劳动者严重失职，营私舞弊，给用人单位造成重大损害的；(5)劳动者同时与其他用人单位建立劳动关系，给完成本单位的工作任务造成严重影响，或者经用人单位提出，拒不改正的；(6)劳动者以欺诈、胁迫的手段或者乘人之危，使用人单位在违背真实意思的情况下订立或者变更劳动合同的；(7)劳动者被依法追究刑事责任的；(8)劳动者患病或者非因工负伤，在规定的医疗期满后不能从事原工作，也不能从事由用人单位另行安排的工作的；(9)劳动者不能胜任工作，经过培训或者调整工作岗位，仍不能胜任工作的；(10)劳动合同订立时所依据的客观情况发生重大变化，致使劳动合同无法履行，经用人单位与劳动者协商，未能就变更劳动合同内容达成协议的；(11)用人单位依照企业破产法规定进行重整的；(12)用人单位生产经营发生严重困难的；(13)企业转产、重大技术革新或者经营方式调整，经变更劳动合同后，仍需裁减人员的；(14)其他因劳动合同订立时所依据的客观经济情况发生重大变化，致使劳动合同无法履行的。

4. 用人单位不能解除劳动合同的情形

为了充分保障劳动者的合法权益，根据《劳动合同法》第四十二条规定，劳动者有下列情形之一的，用人单位不得依照本法第四十条、第四十一条的规定解除劳动合同：(1)从事接触职业病危害作业的劳动者未进行离岗前职业健康检查，或者疑似职业病病人在诊断或者医学观察期间的；(2)在本单位患职业病或者因工负伤并被确认丧失或者部分丧失劳动能力的；(3)患病或者非因工负伤，在规定的医疗期内的；(4)女职工在孕期、产期、哺乳期的；(5)在本单位连续工作满十五年，且距法定退休年龄不足五年的；(6)法律、行政法规规定的其他情形。

三、就业协议与劳动合同的异同

在求职与就业过程中，毕业生经常遇到这样的困惑：我们是不是只要和用人单位签了就业协议书就可以了？到底是签就业协议书还是劳动合同，两者是什么样关系？其实就业协议与劳动合同既有紧密联系和相同的作用，也有不同的内涵和区别，具体表现如下：

（一）异

就业协议与劳动合同是用人单位录用毕业生时所订立的书面协议，但两者分处两个相互联系的不同阶段：

1. 签署主体不同

就业协议书俗称三方协议，是高校毕业生和用人单位之间在正式确立劳动人事关系之前，经双向选择，从而达成的书面协议，是高校在进行毕业生就业管理、编制就业方案的重要依据。劳动合同是劳动者与用人单位之间确立劳动关系，明确双方权利义务的一种书面协议，是现代社会中普遍应用的一种劳动法律形式。

2. 签署内容不同

毕业生就业协议的内容主要是毕业生如实介绍自身情况，并表示愿意到用人单位就业、用人单位表示愿意接收毕业生，学校同意推荐毕业生并列入就业计划进行派遣。劳动合同的内容涉及劳动报酬、劳动保护、工作内容、劳动纪律等各个方面，更为具体，劳动权利义务更为明确。

3. 签署时间不同

一般来说就业协议签订在前，劳动合同订立在后，如果毕业生与用人单位就工资待遇、住房等有事先约定，亦可在就业协议备注条款中予以注明，日后订立劳动合同对此内容应予认可。

4. 法律效力不同

就业协议书具有民事法律上的合同效力，需要当事人严格遵守，但就业协议书又不同于劳动合同（见表16-1）。因此，对就业协议书的内容，大学毕业生要明确、慎重，签署就业协议书即意味着大学生进入社会的第一份工作基本确定。就业协议书签署时，我们要提高警惕，查验用人单位的名称与印鉴是否一致；具体违约金金额的约定；将事前达成的休假、住房、保险等福利待遇在备注栏中明确说明，防止用人单位违反承诺。

表 16-1 就业协议书和劳动合同对比示意表

名称	就业协议书	劳动合同
主体	大学毕业生、用人单位、学校	劳动者、用人单位
作用和性质	明确大学毕业生、用人单位、学校三方在毕业就业时的权利、义务关系的书面协议	劳动者从事何种岗位、享受何种待遇、薪资等与用人单位之间权利和义务的法律形式
内容	包括毕业生的基本情况、用人单位愿意接受毕业生、学校同意推荐和派遣等	包括劳动报酬、工作内容、劳动纪律、福利待遇等，更为具体、明确，权利义务关系更加明晰
有效期	自签订之日起生效，至大学毕业生到用人单位报到，并被正式接收后即终止	合同中规定的劳动期限即为合同有效期

（二）同

就业协议是高校毕业生与用人单位确立劳动关系的依据，而劳动合同是劳动者与用人单位确定劳动关系的法律形式。就确立劳动关系这一点来说，就业协议与劳动合同是相通的，可以这样认为，就业协议的本质是预备劳动合同，是劳动合同的一种特殊表现形式。它们有以下共同点：

（1）性质一致。两者都是确立劳动关系，明确当事双方的权利以及义务，从这个角度看来，劳动合同和就业协议的性质是一致的。

（2）主体意思表达一致。不管是签订就业协议还是劳动合同，都是双方主观愿望的真实表达，无强制、无胁迫，出于自愿原则。

（3）法律依据一致。两者都遵循《劳动法》《劳动合同法》等劳动法律法规订立，发生纠纷争议，也依照有关劳动法律、法规解决。

总之，无论是就业协议书还是劳动合同的签订都意味着毕业生与用人单位确认了劳动关系，但就业协议书并未就具体的工作事项和内容完全确立合意，具体的权利与义务还需要进一步协商；而劳动合同是比较明确地确立了双方实际权利与义务。因此，在实际求职过程中，如果能够确定工作关系，尽量签订正式的劳动合同。

第三节　防范求职陷阱

【案例16-3】　求职心切　误入陷阱

记者采访应届毕业生小李同学时，他告诉记者，前一阵子面试后屡遭被拒，上个月他接到某公司的面试通知，一番面试后，该公司让他先试用一段时间，如试用合格，以后薪水固定每月为3 000元。当时也并没有向小李提培训及培训费的事，只是说试用后再考虑是否录取他。小李十分高兴，于是起早贪黑地干了近一个月，结果却被告知：你干得不错，但专业知识不足，公司需要对你进行培训，请先交3 000元培训费。当小李对此进行质疑时，该公司却说，不交培训费可以走人，但此前工作一个月的薪水免谈，这令小李气愤不已。

值得毕业生注意的是，一般正规公司会向求职毕业生说明试用期，即使求职毕业生在试用期没有通过，也会得到相应报酬，至于培训费，一般由公司担负。在毕业生实际找工作的过程中，遭遇的求职陷阱远不止这些，那么都有什么样的求职陷阱呢？大学生如何防范求职陷阱呢？

一、常见求职陷阱类型

初涉职场的毕业生，经常陷入不法分子为达到某种目的有意设计的求职陷阱。求职陷阱以侵害大学生的权益为目的，形式五花八门。据某报社联合专业人力资源机构就职场陷阱问题进行的调查，70%的求职者遭遇过职场陷阱。其中，职场中最大的骗局当属收取保证金、押金，其比例占到了28.16%；遭遇过"虚假职位信息"的占17.37%；遭遇过"利用试用期欺骗取廉价劳力"的占14.21%。本节主要介绍以下几种常见的就业陷阱。

（一）收费陷阱

按照国家有关法律规定，严禁招聘单位在大学生就业中收取保证金、押金等费用。但在招聘中，大学生还是经常碰到索要押金、保证金、资料费、办证费、劳保费、报名费、建档费、服装费等巧立名目的费用。由于大学生一方面求职心切，另一方面缺乏社会经验、法律知识、保护意识，所以经常陷入此类陷阱。

收费陷阱中另一种常见形式就是培训收费。在大学生就业中，常常会看到一些培训机构混迹其中，会许以"高薪就业""保证就业""环境优美""工作轻松"之类的诺言，殊不知其中陷阱重重。

（1）收了培训费仍然无工作。有些培训机构引诱大学生交付培训费，但培训结束后，却以种种理由不给安排就业。

（2）培训机构与用人单位连手坑害大学生。大学生交了昂贵的培训费后，被推荐到一些位置偏僻、层次较低的企业和无人问津的低薪岗位，甚至在试用期就被借故辞退。

（3）用人单位的培训陷阱。有些用人单位要求新进大学生必须经过某某机构培训，考核合格才能录用。于是花费不少的大学生经过培训，考核过关者却寥寥无几。即使如此，被录用者也难逃厄运，工作刚满见习期或试用期即被以各种理由辞退。

（4）因培训而失去自由。一些用人单位在大学生上岗前提出单位出资送大学生到某培训机构进行所谓的培训，并且签订培训上岗协议或劳动合同，规定只有经过培训合格的人员，才能准予上岗，且要签订长期劳动合同，少服务一年，则必须交纳数目不菲的违约金，有些单位甚至扣押大学生的证件。

（二）虚假招聘陷阱

（1）中介捏造虚假用人信息。这种情况主要存在于非正规的"职业介绍所"，声称只要交纳一定的费用，就能帮你找到或推荐工作，实际推荐你去的用人单位往往会说根本没委托"职业介绍所"招聘，或者目前根本不招聘该职位。

（2）招聘会不合法。有些双选会打着毕业生就业的名义，实质未经有关主管单位审批。参加双选会的单位也良莠不齐，只为凑数，以便主办单位收取求职者的高价门票。有些招聘单位甚至出卖学生的个人信息，给一些违法之徒以可乘之机。

（3）变相收费。有些招聘单位不当场签约，要求通过网络或电话继续洽谈，而这些网络或电话都是收费的；有些招聘单位收取应聘者报名费、资料费或培训费等。

（4）用招聘掩盖违法行为。有些企业打着招聘的幌子，逼迫毕业生做传销、推销或其他违法的事情。

（三）试用期陷阱

（1）没有试用期可能暗藏玄机。试用期是劳动合同的约定条款，对双方都有约束力，试用期长短应按《劳动合同法》的规定在劳动合同中约定。但某些用人单位在与大学生签订劳动合同时，故意不约定试用期。当大学生感到单位不尽如人意，想另谋高就时，才发现自己在"无意"间放弃了试用期这一有利的武器，丧失了自己本该拥有的权利。在这种情况下，想单方面解除合同，便遭受用人单位的种种刁难，甚至付出惨重的代价。

（2）试用期过长。《劳动合同法》规定劳动合同期限三个月以上不满一年的，试用期不得超过一个月；劳动合同期限一年以上不满三年的，试用期不得超过两个月；三年以上固定期限和无固定期限的劳动合同，试用期不得超过六个月。在大学生就业中，试用期的总期限超过一年，有的甚至长达两年的比比皆是；有些单位以实习期为借口不签合同，且借故延长试用期。如一些单位为了降低用人成本，利用试用期的底薪"了解"个没完，半年的合同，试用期就订了三个月。

（3）无偿试用。有些单位以试用的名义，廉价谋取大学毕业生的劳动力。以招聘优秀人才为由，招聘大量大学生试用，待有些需要大批人力的活动一结束，用人单位便以试用不合格为由，辞退学生；而有些单位则以考核毕业生为借口，根本不愿付任何劳动报酬，从而达到廉价甚至无偿用工的目的。

（四）协议陷阱

（1）口头承诺。口头承诺如果没有在协议书中白纸黑字予以体现，就很难举证，无法举证就没有法律约束力。一旦协议主体间发生矛盾，吃亏的一般都是学生。

（2）不平等协议。由于大学生维权意识缺乏，在求职中又处于弱势地位，对不平等条款要么不知要么不敢提出异议，使就业协议在某种程度上成为"霸王合同"。

（3）就业协议代替了劳动合同。有些用人单位以就业协议替代劳动合同，究其原因，是用人单位在就业协议中的许多约定不符合劳动法规定，如果签订劳动合同，许多不合法约定将不存在，难以实现对大学生的约束，不能达到其违法用工的目的。

（五）智力陷阱

以考核求职者为借口，一些用人单位将已接下的项目作为考试题目直接交给应聘者完成，在不付任何成本的情况下骗取应聘者的劳动成果。通常表现为无偿占有策划文案、设计程序、广告设计、文章翻译、创意成果等。

（六）安全陷阱

招聘中的安全陷阱，常常是行骗者精心策划，坑蒙拐骗盗无所不用，如果大学生稍不留神就会受其所害，要严加防范。

（1）索要各种证件、签名、盖章的行为。如果大学生在招聘中留下重要证据之类的东西，就可能成为欠费、欠税、担保人等各种形式的债务人，也可能成为敲诈勒索的对象。

（2）偷盗抢劫。对陌生的人、陌生的地点与可疑时间的面试，一定要谨慎小心，很可能各个环节都陷阱重重，令你防不胜防。将手机、钥匙交给对方，吃喝对方提供的食物饮料，都可能导致瞬间一无所有。如果对方为掌握你的全面情况无休止面试，你可能已经处于危险的境地。要么设下小圈套让你闯祸，然后高价索赔；要么你的家人朋友可能接到你车祸、病危之类的通知，于是匆匆将钱转入了不法之徒的账号。

（3）非法工作。工作性质不清、任务不明，用人单位遮遮掩掩、行动诡秘，这时就要非常留心，可能所谓的"单位"正从事涉毒、偷运、销赃、窝赃、传销等非法工作。而一旦事情败露，违法者全无踪影，毕业生则成为替罪羊。

（4）限招女生广告。这类陷阱常见的特征是，对毕业生所学专业、能力等方面没有什么特别的要求和限制，只要求女生形象好，气质佳。通常广告上安排的所谓岗位也是体面、轻松的，一旦女大学生根据要求去见面时，可能会落入不法之徒、不良企业的陷阱中，轻则被劫财劫色，一无所有，更可怕的是陷入色情、传销业或被拐卖，甚至遭遇暴力，失去生命。

二、防范求职陷阱对策

毕业生由于初涉职场，经验缺乏又急于想找到一份好工作，很容易陷入求职陷阱。如何找到一份满意的工作而又不会陷入求职陷阱，这是毕业生在求职过程中应该思考的问题。要做到这一点，毕业生应当在求职时多做功课、擦亮眼睛、保持心态、理性思考。

（一）早筑心理防范意识

招聘中的各种骗术，究其原因，无非就是利用毕业生的"三种心态"：

（1）自负心态。觉得自己能力强、身价高，高薪聘任才能体现自己的价值，结果往往落入"高薪"的陷阱。

（2）着急心态。毕业生急于找工作的心理让一些不法之徒找到了借机骗财的机会，这些人以报名费、培训费、服装费、建档费、证件费等名义收取应聘者的费用后便人去楼空。

（3）糊涂心态。大学生心地单纯、涉世不深、社会经验不足，对社会的复杂了解不多，警惕性不强。

所以毕业生如果有这三种心态的，一定要引以为戒。

【案例16-4】　"保证金"陷阱

6月初，郑州某高校的女毕业生小陈到一家化妆品代理公司应聘业务主管。经初试、复试后，公司负责人称要试用3个月，叫小陈先学会推销公司代理的化妆品，并收了她200元信誉"保证金"，但未给收据。一周后，小陈发现产品根本卖不掉，而她从一家大型商场得知给予她试销售的产品总价也不超过100元。

（二）从正规渠道获取招聘信息

搜集招聘信息时，要通过信誉度高的招聘会和专业人才网站应聘，不要依靠短信、QQ、电子邮件等寻求来源不明的信息。目前，网络缺乏严格的审查制度，国内有许多网站又因技术能力限制，无法核实每条信息的真伪，而个人又可随意填写信息，同时注册多个网站，随时能够打一枪换一个地方。还有一些"黑网"打着招聘的旗号来蒙骗，一旦收到网上付款后，迅速人间蒸发。毕业生对网上的信息要有理性的认识和分析。

（三）不要轻易缴纳各类费用和抵押证件

大学生应聘时要掌握好一个原则，即不要在应聘的过程中向招聘单位缴付任何形式的费用或抵押证件。国家明令禁止在招聘过程中以任何名义收取费用，包括培训费等。因此，用人单位要求就业者在签订合同的同时要求先交纳保证金，或抵押身份证及各类证书，可以大胆地拒绝，不要相信单位给出的适时退款退证的承诺。如果求职者已缴纳费用或抵押了证件，有权在进入用人单位后随时要求予以返还，也可以通过申请劳动争议仲裁，或向劳动监察部门投诉、举报，依法维护自己的权益。行骗的伎俩可能形形色色，而行骗的原理却大同小异。因此，针对招聘陷阱中的押金押证骗术，毕业生在应聘时一定要牢记，招聘单位要招人，而不是招钱。因此，要保持头脑清醒，捂紧自己的口袋，不要被人牵着鼻子走。

（四）考察用人单位或招聘信息的真实性

一定要了解清楚所求职单位的真实背景和性质。骗子往往会将自己或公司包装得非常气派，往往会在大厦、宾馆临时租赁办公室，进行虚假招聘。那么如何了解用人单位的资质呢？简单来说，投简历前可通过网络、朋友、工商部门、学校就业指导中心等各种关系核实单位的真实性。

仔细点的话可借用中医的"望闻问切"四种诊法来检查：

"望"就是眼观六路，查看有无营业执照等，观察所在地的环境和人员的基本素质。如进入某公司后，要在其办公室观察有无营业执照、营业执照上所列的主要经营业务有哪些、营业执照办理的时间，如果没有看到，则要留心，可以从侧面打听或直接索要复印件。

"闻"是通过资讯手段了解该单位经营发展概况及运营状况。如在应聘前通过网络、报刊了解招聘单位的基本情况，在应聘面试时，找机会与员工聊天，询问单位的设立时间、主要业务、经营状况等，做到心中有数。

"问"就是通过自己的亲友、同学、师长等关系网，向工商部门核实招聘的真实背景。尽量索取单位一些书面资料，向资料中提到的客户、评奖单位、工商部门等进行核实，也可直接向大厦工作人员打听。如这家公司入住大厦多久，若是新公司则要留心些。

"切"即直接交手试探虚实，在应聘中直接向主考官了解公司的各种情况，看看与自己了解的是否一致。最后综合上述信息，对用人单位的资信做出基本判断。

（五）不轻易提供家庭电话

许多学生找工作心切，生怕单位录用通知无法传达，就将能找到自己的联系方式统统填写，殊不知会让不法分子钻空子。信息时代，通信技术非常发达，每个毕业生都要有保护个人隐私的意识。招聘资料如简历、证书、邮寄存根等带有个人信息的材料不要随便丢弃，以免造成信息外泄。

三、遭遇求职陷阱处理

面对就业市场上形形色色的侵权行为，大学毕业生要多长个心眼，提高警惕，做好防范措施。如果一不小心误入求职陷阱，或合法权益遭到侵害，建议大学生们可采取下列处理方式，既维护自己的权益，又可惩罚违法犯罪行为，以防更多的人上当受骗。

（一）对虚假信息的处理

如果遇到用人单位发布虚假招聘信息，或就职后发现原招聘信息所列的待遇、薪酬与实际情况严重不符合的，求职者应向劳动监察部门反映，请求查处。劳动监察部门可根据有关管理条例规定处罚该用人单位，对该单位所收的相关费用应予以退还，求职者遭受的损失，应按有关规定予以赔偿。

（二）对非法收费的处理

国家明令禁止用人单位招用人员时向求职者收取任何形式的招聘费用，同时禁止以招用人员为名牟取不正当利益或进行其他违法活动。用人单位以收取培训费、押金、保证金、担保金作为录用条件的，其行为违反了相关规定。求职者应当果断拒绝，已交相关费用应当要求退还，并及时向劳动部门反映相关情况，请求查处。

（三）对黑中介的处理

中介机构如没有《职业介绍许可证》或《人才中介服务许可证》《营业执照》《税务登记证》《收费许可证》等，则可能遭遇黑中介，应及时向相关的劳动部门、工商管理部门、公安部门反映，有关部门可以根据相应管理条例规定对其进行处罚，所收介绍费可退还给本人。另外，对于因用人单位或中介机构收取一定中介费用后搬迁消失的情况，可向劳动部门投诉或向所在地公安部门报案。

（四）需报警处理的情况

误入非法行业或被欺诈，应立即报警。如果遇到人身自由被限制的情况，应想方设法向外界发出求救信号，尽量在公共场合把"SOS"等求救信号偷偷传递给他人。

毕业生就业是大学生职业生涯发展的头等大事，对大学生本人、家庭、学校和社会都有着重要的意义。大学生在求职与就业过程中，面对形形色色、五花八门的就业陷阱，最根本的就是提高自身的防范意识，摆好自己的心态，看清自己的位置。同时高校应当加强对毕业生的就业安全教育，社会和政府部门应当加强对就业陷阱违法犯罪的打击力度，共同为大学生就业创造良好的就业环境，切实维护大学生的就业权益。

思考与练习

1. 大学生如何利用法律保护自己的劳动者权益？
2. 与用人单位签订就业协议或劳动合同分别应注意哪些事项？
3. 求职陷阱主要有哪些类型？大学生如何防范求职陷阱？如遭遇求职陷阱该怎么处理？

第十七章　转换生涯角色

人的一生，会经历许多次社会角色的转换。大学毕业走向社会，是一次十分重要的角色转换。从校园走向职场，从学习转变为工作，从学生转变为工作者，这一系列变化要求大学生打破固有的"校园思维"，从社会人的新视角看待新岗位。由于受主客观因素的影响，初入职场的大学毕业生往往会陷入现实和期望的冲突之中，碰到角色认知失调、角色关系失衡、角色能力不强和角色心理不适等问题，能否顺利走出这一困境将影响他们日后的生涯发展。

第一节　从学生到工作者的角色转变

即将离开校园、走向社会的大学毕业生，将面临一个全新的工作、生活环境，将拥有一个全新的职业角色，因此他们最需要的莫过于了解职场和校园的差异，充分认知学生角色和职业角色的区别，积极主动地适应变化，尽早完成角色转换，为日后的发展奠定良好的基础。

【案例 17-1】　初入职场的小王

小王是位活泼开朗、充满活力的英语专业毕业生，曾担任主要学生干部，工作能力较强，学习成绩优秀。毕业后进入了一家理想的公司从事外贸工作。她工作很努力，希望得到大家的认可。工作一年后，她感到很焦虑，觉得外贸工作与自己原先想象的不一样。比如以前觉得出国是件很风光的事，现在觉得是件苦差事，倒时差影响睡眠，有时忙得连饭也不能准时吃；在和外国友人做生意时，经常会遇到让她措手不及的状况，尤其是酒桌上的一些应酬，自己酒量不好，不太愿意参与；还常被指派做各种翻译和文秘工作，觉得付出和报酬不相称，心生不平。尤其是最近一次，在工作中出现了失误，部门经理当众严厉地批评了她，她很不开心，觉得非常委屈，没心思工作。因为她觉得"即便工作没做好，他也不应该对我这样态度恶劣，我长这么大，我爸、我妈都没对我大声喊过！以前在学校，工作中出现什么问题，老师都是好好说话，帮助我们分析原因，哪像他，如此不留情面。"种种不如意，让她对工作和生活失去了信心，产生了离职的心思。

大学生在入职前，首先要加强社会实践锻炼，对岗位、职务的内涵作深入了解，熟悉工作环境，体验感受学生生活和员工生活的差异，为顺利就职打下基础。其次甘于吃苦是大学生角色转换的重要条件，只有乐于奉献，不计较个人得失，善于学习，才能克服种种困难，及时进入角色。另外，校园和职场对人的能力要求有所不同，除了专业能力强外，还要懂得为人处世，才能成功融入职场。在学校里老师不会因一点失误而责备你，在工作中，一点疏忽可能会带来意想不到的后果。所以当出现失误挨批评时，职场达人定会就事论事，找出问题所在，并努力加以改正，把批评当作一种关心，一种前进的动力。所以"我今天工作出错了，上级严厉地批评我，我很不开心。但是我下次一定把事情做好，让他说不着。"最后，要保持良好的心态。任何人在职场都会碰到许多困难，要对未来充满信心，相信通过自己的努力和别人的帮助，将来定会有所作为。

一、角色、角色认知、角色转换和生涯角色

"角色"一词源于戏剧，是指演员扮演的剧中人物。1934 年乔治·米德（G. H. Mead）首先运用角色的概念来说明个体在社会舞台上的身份及其行为，经过社会科学家的不断完善和丰富，已发展成为社会角色理论。1936 年，美国人类学家拉尔夫·林顿（Ralph Linton）在其所著的《人的研究》中提出了社会角色的概念。所谓社会角色是指由人们所处的特定的社会地位和身份所决定的一整套行为的一种期望，它反映了每个人在社会中的地位和在人际关系中的位置，也是社会赋予一个人的权利和义务。不同的个体在社会中扮演不同的角色，必须遵守不同的角色规范。角色规范规定了该角色能做什么，不能做什么，包括风俗习惯、道德规范、宗教规范、纪律规范和法律规范等，它对角色的行为进行调整和制约，是社会有序正常运行的基本要求。角色对角色规范和与社会其他角色关系的认识，即是角色认知。角色认知是角色扮演的先决条件，一个人能否成功地扮演各种角色，

取决于对角色的认知程度。如一名脾气急躁、容易冲动的教师，当学生们犯错时，虽然心中火冒三丈，但能约束自己的言行，努力做到对学生晓之以理；而当他面临自己孩子的不良行为时，自我约束的水平往往会大幅度降低。这说明，只要人意识到自身的角色与角色的使命，就会自觉地按所规定的行为模式去做。

每个人一生中所扮演的角色不是固定不变的。随着个人的发展，承担的社会责任也会发生变化，随之角色也会产生转换。这种从一个角色进入另一个角色的过程，称之为社会角色转换。同时一个人往往会集多种角色于一身，是个"角色集"。舒伯在生涯彩虹理论中提出了人一生中要扮演的九种生活角色，各种生活角色的结合及其强度构成了每个人的生涯基础。有些角色是从生物和遗传的角度来定义的，有些则是个人选择。这九种角色是孩子、学生、休闲者、公民、工作者、退休者、配偶或伴侣、持家者、父母或祖父母。你预期在你的生涯中扮演哪些角色？扮演各种角色时你投入力度和强度如何？你是如何参与到这些角色里的？从这些关于角色的问答中，就可以理解你的生涯角色。各个生活角色之间往往会出现不同的角色要求，容易使人处于角色冲突之中。在交往中，人们应学会扮演多种角色，在一定场合还需要灵活地变换角色，只有这样才能在复杂多变的情境中有效地工作。如果转换不当，会产生角色混淆或角色固着现象，给工作生活带来很多麻烦。

【案例 17-2】 英国女王的角色转换

英国历史上在位时间最长的伊丽莎白女王有一天参加应酬后很晚才回到居所，回来后发现卧室的门紧关着。女王站在门外一边敲门一边用对待大臣的口气说："伊丽莎白女王回来了，开门。"丈夫问："是谁在敲门？"女王回答："是女王。"丈夫没有开门，她又敲门，丈夫又问，女王回答："是伊丽莎白。"丈夫还是没有开门。伊丽莎白似乎意识到什么了，答道："是你可爱的妻子伊丽莎白回来了。"听到这话，丈夫才打开门，拥抱自己的妻子。

人的一生会演绎多种角色，家庭角色和职业角色是共存而互补的。扮演职业角色能使你的自我价值得以实现，能让你获得一定的经济收入，让你更有能力承担家庭角色的责任。而同样，作为妻子、丈夫、儿子、母亲的家庭角色，会让你获得更多的情感慰藉，让自我更加丰满，让生涯更加幸福。但有时，这两种角色会出现相互冲突的状态，在不同的场合不要出现角色错位。所以即使贵为女王，回到家后也要迅速的转变角色，暂时忘掉职业角色，回归家庭角色。

二、学生角色和职业角色

（一）职场和校园的差别

佛罗里达大学管理学教授丹尼尔·费德曼对于即将毕业大学生的忠告是，将要踏入的世界与将要离开的世界是截然不同的。他从"大学文化和工作文化、教授和老板的态度行为、学校和工作中学习过程的本质"三个维度，比较了大学环境和工作环境的差异（见表17-1）。

表 17-1　大学环境—工作环境①

工作文化	校园文化
1. 更固定的时间安排	1. 弹性的时间安排
2. 你不能缺勤	2. 你可以逃课
3. 得到的反馈既无规律又很少	3. 得到的反馈既规律又具体
4. 没有暑假，节假日也很少	4. 充足的假期和自由的节假日
5. 很少有问题的正确答案	5. 问题总有正确答案
6. 任务模糊、不清楚	6. 教学大纲提供明确的任务
7. 根据团队表现进行评估	7. 分数上的个人竞争
8. 工作循环周期更长，持续数月或数年	8. 工作循环周期，每学期17周
9. 奖励通常以主观标准和个人判断为基础	9. 奖励以客观标准和优点为基础
你的老板	你的教授
1. 通常对讨论不感兴趣	1. 鼓励讨论
2. 分派紧急的工作，交付周期很短	2. 规定完成任务的交付时间
3. 有时很独断，并不总是公平	3. 被期待是公平的
4. 以结果（利益）为导向	4. 以知识为导向
学习的过程	学习的过程
1. 具体的问题解决和决策制订	1. 抽象性、理论性的原则
2. 以工作中的临时性时间和具体、真实的生活为基础	2. 正规的、结构性的和象征性的学习
3. 社会化、共享型的学习	3. 个人化的学习

① 罗伯特.C.里尔登、珍妮特.G.伦兹等，侯志瑾等译：《职业生涯发展与规划》，中国人民大学出版社2010年版，第254页。

1. 组织目的不同

学校是有计划、有组织地进行系统教育的组织机构。学校教育是由专职人员和专门机构承担的有目的、有系统、有组织的，以影响受教育者的身心发展为直接目标的社会活动。怀特海在《教育目的》中说："一所大学的理想，不是知识，而是力量。大学的职责就是把一个孩子的知识转变为一个成人的力量。"费尔西多·萨瓦特尔在《教育的价值》中说，"我们天生为人，但这却是不够的：我们还必须付出努力真正变成人。"人和所有生命个体一样，是母体给予了第一次生命，但两者之间最大的差异就是人类会对无知进行确定和教育，学校正是承担了使人"成人"的神圣使命。可以说学校教育是一项道德事业，使学生比现在更好，就是教育要坚守的底线。职场是人们在社会中从事工作的职业场所，是劳动者施展个体社会角色能力，开展商业、教育、服务等活动的地方。它以创造组织价值为主要目标，以组织的生存和发展为最高利益。

2. 组织结构不同

组织结构是组织内各构成部分或各部分之间所确定的关系之形式，它确立了组织成员间的沟通方式、工作规范、管理人员的权力来源及责任范畴。如果我们把在组织中完成任务的人描述为正在舞台上演出的演员，那么组织结构就如同那剧本，详细规定了每个角色的行为规则，如师生的行为规范、各成员的分工安排、上下级的层级关系等。威廉·爱德华·戴明和米兰两位权威人士指出，85%的个体行为是由其工作的组织结构决定的，仅有15%的个体行为是由个体自己决定的。从严格意义上讲，大学的组织结构是松散结合的，环境相对宽松，虽然有完善的高校管理制度，规定师生的行为规范，但学校会努力创设尊重人、信任人、民主平等的组织文化，在人才培养过程中讲求人文关怀，追求协商研究的学术氛围，使之成为一个让人的思想获得解放的场所。如果学生违反角色规范，学校主要还是以教育帮助为主。而职场往往追求结果导向，职责分明，赏罚清晰，成员间等级观念严厉，制度在先，管理严格。违反角色规范要承担相应的经济责任或是法律责任，甚至被辞退。

3. 个人与组织的关系不同

学校和学生的关系就像是家长和孩子的关系，学校好像父母一样照顾学生，以学生的利益为第一，为学生创造各种成长的平台。在职场中，组织和员工的关系更像合作者，组织向员工提供横向的职业发展，而员工在接受新的工作或任务时要不断学习新的技术和知识，以适应组织的发展需要，同时也提升自己的专业能力和就业竞争力。个体和组织之间是一种契约关系。很多组织把工作者看作生产过程的一部分，就是机器、建筑物和人力资本。全美最大的人力资源咨询公司经理威廉姆·莫林曾说过，我们已经完全打破了"爸爸妈妈综合征"。没有任何人为你的幸福负责，你必须把自己看作一场生意，这就是你的工作。

（二）大学生角色和工作者角色的区别

对于大学生而言，他是经济受助者、受教育者，主要任务是学习科学文化知识，培养服务社会能力，实现德、智、体、美全面发展，成为社会主义事业的建设者和合格接班人。储备知识、挖掘潜能、完善自我、服务社会，是社会对大学生角色的要求和期望。角色要求相对比较简单，只要管好自己，达成一定的学业要求就可。人际关系环境也相对单纯，同学之间是以情感为导向的相对稳定而信任的朋友关系，与老师也是民主平等、鼓励协商的师生关系，可以自由支配的时间较多，生活方式简单而安静，来自外界的压力较小。

对工作者而言，他是通过付出劳动和承担责任获得相应报酬的劳动者，主要任务是在行使职权、履行义务过程中，依靠自身知识和能力，并按照一定的规范开展具体工作。工作者一方面要为组织和个人的发展而不断努力工作，独立承担责任，工作压力大，另一方面，还要应对复杂的人际关系，心理压力也大。同事之间是为了共同利益而形成的相互竞争合作关系，在竞争中合作，在合作中竞争；与上司则是领导和下属的关系，必须学会服从指挥，尊重领导。生活节奏较快，自由支配时间减少。

从大学生和工作者角色的比较中看出，前者是经济受助者、受教育者，后者是经济独立人、劳动者，自主独立的角色意识明显不同。大学学习生活是一种被动接受外界知识输入的过程，按照学校设定的教学计划、教师制订的教学大纲，按部就班地完成规定学业。而职业人则是运用自己所学的知识和能力，主动向外界提供自己的劳动，要结合实际创造性地发挥自己的能力，而非简单的理解和领会。此外，工作者是一个经济独立人，是负有相关社会责任的成年人，需要独立面对和处理职场、生活中的种种问题，不再像学生时代，学业有老师指导、生活有家长关照，必须学会独当一面。大学生唯有依靠自身力量，增强职业意识，加强自我管理，方能较快地适应新角色的要求。

【资料链接】

你不能施舍给我翅膀

在蛾子的世界里，有一种蛾子名叫"帝王蛾"。

以"帝王"来命名一只蛾子，你也许会说，这未免太夸张了吧？不错，如若它仅仅是以其长达几十厘米的双翼赢得了这样的名号，那的确是有夸张之嫌，但是，当你知道了它是怎样冲破命运的苛刻设定，艰难地走出恒久的死寂，从而拥有飞翔的快乐时，你就一定会觉得那一顶"帝王"的冠冕真的是非他莫属。

帝王蛾的幼虫时期是在一个洞口极其狭小的茧中度过的。当它的生命要发生质的飞跃时，这天定的狭小通道对它来讲无疑成了鬼门关。那娇嫩的身躯必须拼尽全力才可以破茧而出。太多太多的幼虫在往外冲杀的时候力竭身亡，不幸成了"飞翔"这个词的悲壮祭品。有人怀了悲悯恻隐之心，企图将那幼虫的生命通道修得宽阔一些。他们拿来了剪刀，把茧子的洞口剪大。这样一来，茧中的幼虫不必费多大的力气，轻易就从那个牢笼里钻了出来。但是，所有因得到了救助而见到天日的蛾子都不是真正的"帝王蛾"——它们无论如何也飞不起来，只能拖着丧失了飞翔功能的累赘的双翅在地上笨拙地爬行！原来，那"鬼门关"般的狭小茧洞恰是帮助帝王蛾幼虫两翼生长的关键所在，穿越的时刻，通过用力挤压，血液才能顺利送到蛾翼的组织中去，唯有两翼充血，帝王蛾才能振翅飞翔。人为地将茧洞剪大，蛾子的翼翅就失去充血的机会，生出来的帝王蛾便永远与飞翔绝缘。

没有谁能够施舍给帝王蛾一双奋飞的翅膀。

第二节　角色转换过程中的各种问题

据麦可思公司发布的 2011 年中国大学生就业报告显示，大学毕业生半年内就有离职经历的占比为 34%，造成大学生离职的因素很多，如职业收入、职业期待、职业能力与现实间的差距等。与此同时，大学毕业生的离职与角色模糊、角色超载、角色冲突等角色失调行为呈正相关。许多企业认为刚毕业的大学生往往眼高手低，缺乏实干精神；自我为中心倾向明显，团队合作精神较差；对薪酬要求过高，吃苦耐劳不够等。这些都说明了初入职场的大学生在角色转换和适应环境方面还存在一些欠缺，迫切需要找准角色定位，明确角色规范，提高角色能力，尽早适应新岗位。

一、角色认知失调

认知失调是指人在做出决定、采取行动或者接触到一些有违原先信念、情感或价值的信息之后所体验到的冲突状态，发现现实与期望存在很大差异，使得某人对世界的知觉产生了不一致的令人厌恶的状态。这种状态会激发人们去减少失调，减少失调活动能缓和这种不愉快的状态。失调程度越大，减少失调的动机就越强。刚入职的大学毕业生认知失调主要表现在两方面：一是对职业认知的冲击。长期以来，由于高校对角色认知教育重视不够，加上大学生社会阅历不足等影响，大学生对工作者的行为标准和社会规范是不太清楚的，不知道这一角色应该做什么，不应该做什么及应该如何做。菲利普·加德纳和史蒂芬·兰伯特对 2 000 名已工作大学毕业生进行了调查，发现毕业前的角色期望与职场现实存在冲突：学生可以正确地预期他们初始工资待遇，却低估了他们在工作的最初 6 个月中将花费在工作上的时间；学生普遍会高估他们从上司那里所获得反馈的数量，以及绩效评估的频率；大多数学生期待与自己的第一个老板共同工作 3 年时间，但其实只有不到 50% 的人会在第一份工作岗位上工作超过两年时间。二是对自我认知的冲击。校园和职场对人的评价标准是不同，所需要的能力也是不同的。大学时代重视的是智商，只要成绩好，态度认真，都会被老师评为好学生。而在职场中情商更重要，人际关系、和谐沟通、团队协作等一些在大学不怎么受重视的能力和特长，到职场会令人刮目相看。你会发现一些学习成绩不如自己的同学在职场中却如鱼得水。这些都会冲击你的自我评价，使你的自尊和自信受挫。

二、角色关系失衡

　　大学生正值青春年少，有强烈的人际交互冲动，而且思想开放，追求前卫，加上大学生活轻松、自由，他们有充足的时间、空间和精力参加人际交互活动，特别是大多数大学生都是离乡背井，寂寞、空虚感时常来袭，需要寻求一种情感的依托和精神的支撑，所以在较为单纯的校园环境中，他们往往把兴趣和情感的契合置于信任的第一位，角色规范意识差。但职场中的人际交互必须遵循很多规范和礼仪，与上司、客户、同事等不同交互对象之间，都有明确的交际规范。刚毕业的大学生有着相对较强的表现欲和民主意识，喜欢平等地表达自我，他们的心理正在渐趋成熟，又缺乏丰富的人生阅历，对现实因素和行为后果往往考虑不周，产生了一些不良的人际交互行为。如面对领导时应当如何表现和反应，和同事接触时又有哪些禁忌和法则，他们不太明白；有的毕业生还自恃清高，不屑与别人交往；有的面对别人的发难无法从容应对，容易失去理智；有的争强好胜，不能容忍分歧；有的言行不一，失信于人；有的羞于与陌生人交流，存在沟通障碍等，这些行为都会让别人远离你，给你带来诸多烦恼，影响你才华的施展。

三、角色能力不强

　　职业能力是指某人从事某一工作所必备的，在职业活动中起决定性作用的品质和能力，主要表现在职业理想、职业个性、职业品质和职业技能等方面。职业能力决定了你在职场的不可替代性，而组织对不同角色能力的要求是不断变化的，如果因为今天是不可代替的角色而不思进取，最终可能会被淘汰。社会调查机构针对社会对大学生的评价和大学生进入社会后的自我感觉进行了调查，结果很令人吃惊：在工作精神方面，许多企业认为毕业生不够踏实，缺乏实干精神，可是大多数毕业生却认为自己是能够吃苦耐劳的；在团队合作方面，许多企业认为毕业生团队合作精神较差，以自我为中心情况严重，而大多数毕业生认为自己具备与团队共进退的精神；在薪资方面，许多企业认为毕业生的薪金要求较高，不切合实际，用这些钱可以请到经验更为丰富的人，而大多数毕业生认为他们的薪金是合适的，与他们的学历、能力相吻合……在关于"大学生刚参加工作的劣势"调查中，企业认为：大学生"实践动手能力差"的占 18.24%，"创新能力不足"的占 4.34%，"缺乏专业技能"的占 12.23%，"责任心较差"的占 12.52%，"不能吃苦耐劳"的占 13.12%，"经验不足"的占 21.99%，"知识面狭窄"的占 9.76%，"专业理论不扎实"的占 7.79%。从这些调查可以看出，大学毕业生在团队合作、自我意识、吃苦耐劳等方面的素质能力与社会的要求还是存在一定差距的。

四、角色心理不适

【案例 17-3】　小王的失落感

小王是一位名牌大学的毕业生，在校期间成绩优秀，表现出色，深受老师的喜欢。毕业时她意气风发，准备好好干一场。在跨出大学校门之前她对自己的未来已经有比较清晰的想法：做一个优雅，干练的办公室白领，在整洁、漂亮的办公环境工作。毕业后小王如愿以偿进入了一家企业做办公室职员，但是工作不久，幸福感就被琐碎的日常事务淹没了。工作的半年中，每天做的都是接电话、收发传真、布置会场等杂事。小王没想到做办公室白领如此没有成就感。

【分析】

大学生刚进单位必须从基层做起，从中可以了解单位的运作情况，熟悉各项业务，一进单位就想身居要职，是不切实际的。小王对工作岗位预期过高，导致了理想和现实之间的巨大差距，这种差距不仅增加了内心的失落感，而且也对自我能力产生了怀疑，从而变得不自信。

大学毕业生在工作初期往往对新工作和新环境存在很高的期望，过于美化现实和职业，但现实远非他们所想的那样。"起得比鸡早，睡得比狗晚，干得比驴多，吃得比猪差"，很多刚毕业的人喜欢用这句话来调侃自己工作、生活状态。论资历，他们是不折不扣的职场新人；论能力，业务涉及不深；论关系，人脉一穷二白。所以随着工作强度和难度的加大，生活节奏的加快，初入职场者很容易陷入一种忙乱无序的状态。看到与自己年纪相仿的朋友加薪晋职，心中更是烦恼。于是，当初的优越感逐渐转为失落感甚至挫败感，自己是一块"金子"？还是一粒"沙子"？迷茫、自卑与日俱增。尤其是当他们发现组织中的重要人物有时会缺乏理智、有失公允、行事拖沓、呆板无趣、决策错误或排斥新手时，心中更是愤怒和抑郁。十几年的读书生涯，使毕业生们对往昔校园生活有着明显的依恋心理，自傲和自卑共存，焦虑感和沮丧感油然而生，对职业生涯产生消极的思想。

第三节　如何顺利实现角色转换

大学生一直生活在校园里，无论是生活方式还是思维方式，一定程度上都已形成了定势，所以面对竞争激烈的职场环境，确实需要一段时间来适应和调整。初入职场者只有努力提高职业意识，积极处理人际关系，调整自身工作期待，管好自己情绪，踏实工作，勤勉做事，方能尽早地融入新环境，实现角色的顺利转换。

【案例17-4】　在安达信的日子（摘录）

大学毕业选择安达信是我在大三时的愿望，原因简单极了，只是因为老师跟我讲："全球五大会计师事务所，安达信的工资是最高的。"……其实在进安达信之前，我就听说这里很苦很累，一个认识的在安达信工作的朋友跟我讲："你好好考虑一下吧，这份工作让你失去了所有的私人时间，你必须自己承担压力和责任，因为没有人有余力来帮你。"我太低估了她这句话的意思，当我真的进入安达信开始正式工作的时候，我面临了无数次的放弃……

在安达信第一年的我根本无法适应加班的生活，SENIOR 们都没有准时下班的意识，公司里直到凌晨两三点钟还全是像雕塑一样对着电脑工作的同事。以前朋友的聚会，以前同学的饭局一概参加不了，有时候朋友们一起吃饭会给我打个电话问候我一下，那时我真的很想哭并且暗暗下定决心，我只在这里干一年，然后找一份新的工作过正常下班的生活。……在安达信，没有人找借口做不完也没有人会接受你做不完的理由，因为工作是自己的，别人没办法帮你。

我的同事，每一个人都神情严肃的在忙忙碌碌，我突然觉得我必须要背负起我的工作和责任，因为我们是一个需要 Teamwork 精神的团体。我想，之所以当时没有一个人谎称自己发烧或者感冒不来上班也许就是因为同事的工作精神在互相感染，我们知道我们只有互相团结才能不漏掉任何环节地完成一个项目。责任，是我在安达信学到的第一节课。

同时这种生活也有着它无形的价值，我开始不惧地面对压力，我开始自信地认为我可以 handle 各种各样的客户，没有人可以质询我的工作能力和承压能力，就像我们在深圳培训时常放的那首歌一样"Simply the Best"。

安达信的等级观念很严厉，比我早来一年的人都是我的上司，而且在安达信一年的工作经验足以让初到者惊叹，问问题的时候要先备课，不可以想也不想就去问，可以问"能不能这样做"，而不能问"我该怎么做"。

就这样，我像个机器人一样在安达信工作了三年，参加了公司在马来西亚的 Kinabalu 组织的 SENIOR 的培训后，我成为一个 SENIOR，一切平静直到安然事件的爆发。

安达信虽然不存在了，但是在安达信以前学到的东西却会被我带走一生。我不怕客户再说我是小孩子，因为我四年的实际工作时间可能是他十年的时间加总。

（资料来源：《视野》2008 年第 16 期）

一、认知角色，提高职业意识

（一）在校期间的角色认知

在学校层面，要加强就业教育。开设社会学方面的知识讲座，让大学生了解社会角色及其转换的意义与要求，把握角色认知。应改变那种在学生毕业前夕匆匆行事，仅限于择业观念、心理、技巧等方面的说教，要从新生入学开始就进行职业准备方面的教育，联系大学生学习的内容和特点，将大学学习与职业准备相结合，提出从学校到职场的学习策略，使大学生的就业指导工作具有全程性、发展性，取得实效。对于大学生而言，要积极主动地参与各项社会实践活动，增进对社会的了解，缩短与社会的距离。通过参加暑期实践、教育见习、就业实习等活动，身临其境地了解社会的点点滴滴，了解组织制度和文化，树立正确的择业观。

（二）毕业前夕的角色认知

我国大学生一般每年 6 月底离校，第 8 个学期基本上都在忙于寻找工作。在此期间，大部分毕业生的就业目标基本明确，与用人单位接触，进行双向选择。在此过程中，毕业生要通过浏览网页、实地考察、询问知情者等方式，主动了解用人单位的基本情况，包括工作内容、工作要求、薪酬情况等，并依据自身的切身感受，调整职业期望，较准确地进行角色定位。

（三）见习期内的角色认知

大学生参加工作的三个月或半年内为见习期，之后再转为正式人员。作为一个组织的新成员，学习组织文化对你而言是非常重要的。事实上，组织中的成员会密切注意你，看你能否理解并适应他们的组织文化。为什么呢？因为大多数成员都已经有了解决组织问题的经验，他们很看重你能否从这些先前经验中学习，并采用与他们一样的观点。霍尔顿指出，了解组织文化的途径有：阅读关于组织建立者的故事，收集他们创业过程的相关信息；留意组织网页上哪些内容是被高度强调的；观察那些经验丰富的同事在言谈举止间所体现出来的组织职业道德风尚，观察他们是如何利用时间的，他们是如何着装的，他们是如何称呼他人的。在了解组织文化的过程中，你要证明你是这个新组织的一员，而不是站在外围试图改变它的一个人。这种认知和定位对一个新人来讲很重要。

二、管理自我，提高工作能力

（一）时间管理

作为一个新人，上司和同事都会很看重你对工作的投入程度。首先，准时上班。你不仅仅要准时上班，而且不要一到下班时间就离开，可能还要付出晚上和周末的时间来完成部门交给你的临时性紧急任务。你的这种灵活性、合作性、服从力和意愿为组织作贡献的精神，会让你获得生涯发展加分。其次，做好日程管理。工作要有计划，明确每天要做什么，每周达成那些任务，每月有哪些任务目标。设定每项活动的具体时间，保证项目如期完成。再次，要事第一。学会区分事情的重要性，分清轻重缓急，找出正确地做事顺序。不要花很多时间在一些细枝末节的事情上，把很难、很重要的事情一直拖到非解决不可的地步才被迫仓促行事。最后，还能在各项工作中找到平衡。成功人士可以找到方法将各种项目和活动综合成一个整体，而不是将它们视为毫无关联的事情。协同工作将有助于我们更好地处理多项任务。

（二）责任意识

大部分用人单位都会让刚毕业的大学生到基层工作，一是让新人充分了解单位的运作情况，二是锻炼他们的工作能力。作为一个职场新手，不能只想做大事，而对一些琐事、技术含量不高的事，认为自己是大材小用。既然选择了这份工作，不论岗位是否重要，一定要有责任心，把每件小事做好。职场犯错会给组织造成经济利益或社会信誉的损失，严重的话会影响组织的整体发展。所以责任心强的人，思考问题应从维护集体利益角度出发，全力以赴，寻求对策，不计个人得失。脚踏实地，不断积累工作经验。要珍惜初次就业机会，不要意气用事，还没有完全了解工作就做出简单判断，觉得单位对自己的成长发展、生活改善不会有太大的帮助，轻易离职，选择放弃。其实，在工作中一定要懂得付出，不要那么急功近利，马上想得到回报。就如竹子的生长，前 4 年的时间里竹子仅长了 3 厘米，从第 5 年开始，竹子以惊人的速度生长，以每天 30 厘米的速度拔节成长，仅仅用了六周就长到 15 厘米。其实，在前面 4 年里，竹子的根部在地下疯狂生长，它将根在土壤里延伸了数百平方米，为自己以后的成长获取充分的营养和雨水。做人做事也如此，踏实做人，潜心做事。不要担心此时此刻的付出得不到回报，要学会等待时机的成熟。

如果非得离开该岗位，在离职时，一定要为单位负责，并给自己留条后路，特别是如果还打算留在同一领域工作。根据员工手册所规定的时间，提前告知上司要离职的想法，并写一份辞职信，作出书面申请；完成紧要的工作，并为完成其他工作提供指导；对填补空位者提供援助；搞清楚离职补贴有哪些；不要评论前雇主；与前老板和同事保持联系；对曾给自己提供帮助的人表示感谢。

【资料链接】

把一件事情做到底

把一件事情做到底的第一个奥秘就是，把简单的事情做好，就是不简单。

古希腊大哲学家苏格拉底，思想深邃，思维敏捷，关爱众生又为人谦和。许多青年慕名前来向他学习，听从他的教导，都期望成为像老师那样有智慧的人。他们当中的很多人天赋极高，天资聪颖者济济一堂。大家都希望自己能脱颖而出，成为苏格拉底的继承者。一次苏格拉底对学生说："今天我们只学一件最简单也是最容易的事，每个人都把胳膊尽量往前甩，然后再尽量往后甩。"苏格拉底示范了一遍，说："从今天起，每天做 300 下，大家能做到吗？"学生们都笑了，这么简单的事有什么做不到的？

第二天，苏格拉底问学生："谁昨天甩胳膊三百下？做到的人请举手！"几十名学生的手都哗哗地举了起来，一个不落。苏格拉底点头。一周后，苏格拉底如前所问，有一大半的学生举手。过了一个月后，苏格拉底问学生："哪些学生坚持了？"大半学生中又有九成的学生骄傲地举起了手。

一年后，苏格拉底再一次问大家："请告诉我，最简单的甩手动作还有哪几位同学坚持了？"这时，整个教室里，只有一个学生举起了手，这个学生就是后来成为古希腊另一位伟大哲学家的柏拉图。他继承了苏格拉底的哲学并创建了自己的哲学体系，培养出了堪称西方孔夫子的大哲学家亚里士多德。

与"每天甩手三百下"一样，许多看似简单的事情，其实际的意义并不在于事情本身，而在于做这件事情的过程对人的意志品质的修炼。一如既往地做好简单的事情，是坚持，是积累，时间长了，便会内化成为人的一种韧性。

（三）终身学习

人的社会化过程是指个体经过复杂的社会环境、社会文化和社会规范的观察、认知、模仿、认同、内化等一系列的学习和实践过程，最后达到对社会能动地适应。根据"二八法则"，组织中可以创造巨大价值的只是很少一部分人，大部分人都要把自己定位到一个特定的、必需的角色岗位上，而这些岗位往往具有很强的可替代性。唯有具备较强的能力，才能使自己在组织中的地位不可替代。一般而言，新入职的员工经常要面临自我塑造的挑战：需要认同并提升力、洞察力、思维转换力、自我批评能力和拒绝能力等五个方面，这些都需要树立终身学习的观念，在实践中不断学习。向同事、上级、客户、竞争对手学习，向书本学习，向实践学习。一些权威人士认为，一个员工对组织唯一理智的期望是获得能使员工在市场上变得更具生产力和竞争力的持续训练。华为公司对自己的培训体系进行了优化，取消了过去的授课培训和网络化授课的方式，明确提出了"721"培训法则，即70%的能力提升来自于实践，20%的能力来自于导师帮助，10%的能力来自于课堂学习。强调实践出真知，强调实践对新员工成长的重要性。华为的这一观点，对职场人士如何进行终身学习是有启发的。

三、调适心态，增强适应能力

阿里巴巴集团主要创始人马云曾说过，心态、生态、姿态，这三个态有很大的区别。你心态好了，外部环境也非常之好，你出来的姿态不会差到哪儿去；心态不好，你看到外面的环境，大到外面的空气，小到你身边的合作伙伴，就是我们的生态系统，你看到他们不爽，他们看到你也不爽，形成恶性循环，你的姿态一定是乱的。做企业、做人是一样的，环境好，心态好，永远是积极乐观的，你不仅乐观、不生气，还能帮助人家更加积极乐观。心念一转，世界可能从此不同，人生中每件事，都有转向的可能，就看我们怎么想，怎么转。

（一）归零思维，摆正姿态

通用电气董事长兼首席执行官杰克·韦尔奇说过："纠正自己的行为，认清自己，从零开始，你将重新走上职场坦途。"从毕业那天开始，学会把每天都当作一个新的起点，每一次工作都是从零开始。不要以大学里的清高来标榜自己，放下姿态，放低身架，让自己沉淀下来，用学习的态度去适应环境，接受挑战。如果你能把"归零"作为一种生活常态，当成一种优秀的延续，那么在你的人生生涯中，你就会不断超越。南隐是日本明治时代的一位禅师。有一天，有位大学教授特来向他问禅，他只以茶相待。他将茶水注入这位来宾的杯子，直到杯满，而后又继续注入。这位教授眼睁睁地望着茶水不息地溢出杯外，直到再也沉默不下去了。终于说道："已经漫出来了，不要再倒了。""你就像这只杯子一样，"南隐答道，"里面装满了你自己的看法和想法，你先不把你自己杯子倒空，叫我如何对你说禅。"

要时刻保持谦虚的心态，做到虚心、耐心、热心和诚心，"三人行，必有我师焉"。

（二）正视冲突，演好角色

角色冲突是指一个人在坚守或争取某个角色时，与他人发生矛盾、对立和抵触的情形，它包括角色间冲突和角色内冲突。角色冲突带给人们的负面影响极大，不仅损害身心健康，而且牵涉角色定位。有研究指出，在工作中无论识记效果、思维水平或对意志行动的作用等都以保持愉快的情感背景为最佳。在生活实践中，我们每个人都会与他人发生角色冲突，如果友善地对待，积极地吸取经验，不但不会影响学习、工作的业绩，反而会使自己在冲突中得到不断完善。不要将冲突视为他人对你人身的攻击，而是将它视为一个了解组织工作、他人作风的机会。

（三）面对压力，控制情绪

刚入职场，肯定会面临来自各方面的压力。少抱怨，少空谈，积极主动，多干实事。世界上永远都有麻烦的事，永远都有挫败你的事发生，唯一的解决之道是面对它，解决它，而非逃避它。越不敢正视现实，压力越大。新人一定要勇于实践，勇于犯错，善于反思。人不可能不犯错误，但聪明的人绝不犯两次相同的错误；要把工作看作一个不断改进的学习过程，把每一个教训变成真正的经验。对工作、生活保持热情，调动自己的积极情绪，让好情绪伴随自己每一天。每天给自己一个微笑，给自己一个鼓励，告诉自己每天都在进步一点点，朋友们也都很喜欢我。

【资料链接】

改善元认知技能①

元认知是美国心理学家 J. H. 弗拉维尔提出的概念，即对认知的认知。有五种可以帮助你改善阻碍生涯问题解决和决策制订的元认知技能。

1. 辨别消极观念。改变消极观念的四步骤是：（1）找出消极观念或陈述；（2）挑战这些想法、陈述的合理性、有用性和真实性；

---

① 罗伯特·里尔登、珍妮特·伦兹、加里·彼得森、小詹姆斯·桑普森，侯志瑾等译：《职业生涯发展与规划》，中国人民大学出版社 2016 年版。

（3）改变消极观念，将之转变为更为积极的想法——陈述；（4）按照新的方式行动，以这些新的方式与改变后的新想法或新陈述相一致和对应。

2. 积极的自我对话训练。"这些工作没有一个是我感兴趣的"是典型的消极自我对话，你可以把它转化为更积极的想法："我可能还不能确定我所喜欢的，也许我需要更多的生活经验来让我真正了解自己的兴趣所在。我可以通过各种兼职或全职的工作、志愿工作或业余活动来获取更多的生活经验。"这是一种更积极的思考，因为它保证了将来发现兴趣的可能性。

3. 减少要么、或者式的思维。进行相对思维，而不是二元思维。二元思维倾向于阻塞我们的思路，使我们停滞不前。在现实的生涯问题解决和决策制订中，几乎没有能够主宰这一过程的绝对真理。事情都是依程度、情境、人物、时间、环境等发生变化的，当我们的思维能反映这些现实时，就能运行得更好。

4. 发展自我控制。学习自我控制技术，帮助我们对影响我们行为的各种因素进行管理。

5. 提高一般问题解决能力。

四、学会沟通，完善人际互动

人际交往能力是指人们之间通过传递信息、交流思想、表达感情、了解需要和运用语言符号等途径，分析把握人际交往信息，营造良好人际关系的能力。主要包括人际理解和表达能力、人际融合能力、人际问题解决能力等。马克思曾说过，一个人的发展取决于和他有直接或间接交往的其他一切人的发展。美国著名教育家卡内基认为：一个人事业的成功，只有 15% 是由于他的专业技术，另外 85% 要靠人际关系、处世技巧。所以较强的人际交往能力是大学生实现由大学生角色到职业人角色顺利转换的重要条件。

（一）培养良好的个人品德

美国著名的管理学大师史蒂芬·柯维认为一个诚信、成熟、知足的人在人际交往中很少或者根本不需要用到什么技巧。诚信：如果生活中的我们有明确价值观、信守承诺，就能够逐渐培养起自我意识和独立意志。成熟：是敢做敢为与善解人意之间的一种平衡状态，是表达自己的情感和信念的同时又能体谅他人的想法和感受的能力。知足：富足的心态来源于厚实的个人价值观与安全感。由于相信世间有足够资源，人人得以分享，所以不怕与人共名声、共财势。所以刚入职场的你应该不断地加强自身修炼，做到宽厚待人，不计得失；诚信守诺，尽心竭力；谦虚谨慎，善于学习；吃苦耐劳，甘愿奉献。这些品质，会让大家喜欢你，愿意和你合作。

（二）让你的说话有魅力

一是尽量不用否定性词语。心理学家调查发现，在交流中不使用否定性词语，更容易被人接受，沟通效果更好。如"我不同意你的方案"可以换成"请你对这方案重新考虑一下。"二是运用恰当的肢体语言，包括语调、表情等，准确表达。三是少用命令口吻，商量的语气更让人喜欢。命令式的语言给人不尊重的感觉，会削弱人的工作积极性，会让人反感。四是不要以偏概全，随便给人下定论。说话要就事论事，不要把意思扩大化。五是不要好为人师，自我吹嘘。"我怎么样，我和谁谁的关系最铁了！"不厌其烦地表达自己的意见，只想引起别人对自己的兴趣，而不顾周围人的兴趣和感受。六是避免争论。讨论是交流思想，创造双赢局面。而争论、抬杠是伤害彼此的利剑。言语不要抢功，承认对方的重要，适当地让出自己的成绩是种智慧的做法。"善者不辩，辩者不善"。能言善辩、巧舌利嘴者往往不招人喜欢。巧言令色不是真正的才能，忍辱不辩才是人生修养的最高境界。七是要修口德。要远离高谈阔论，不对他人评头论足。千万不要去强化某些人之间的过节或令自己卷入办公室的流言蜚语中。八是学会赞美别人。赞美和吹捧是不同，它是真诚的、发自内心的、被大众所接受的和无私心的。

（三）养成倾听的习惯

在与同事交往中，最值得称道的品质可能就是你能够倾听他人并在需要时不遗余力地给予他人关注。人们喜欢那些对自己的故事或观点真正感兴趣的人，并将回报你的真诚。因为倾听让对方感到自己被重视、被关注，有助于其提高自信心。要让倾听成为一种习惯，必须具备相关的技巧，如倾听时，要避免不良习惯。开小差、随意打断别人的谈话，任意加入自己的观点作出评论和表态，都会让人觉得极不舒服。倾听时要有耐心，要有诚意。真心真意从对方的角度和立场去思考问题，产生共情。

思考与练习

1. 职场环境和校园环境有何不同？
2. 学生和职业人的角色有哪些差异？
3. 在进入职场前后，你准备如何转换角色以适应职场？

第四篇

创业指导

在全球化、"互联网+"、"微"时代的当下，无限的商机可能正在孕育着。大学生作为社会的青春力量拥有得天独厚的创业条件。创业，成为大学生成就一番事业，实现自我价值追求的重要途径和桥梁。如果你有这样的梦想，有这样的激情，有这样的条件，那就来吧！投入到激情燃烧的岁月里去熔炼自己，奉献社会，成就人生。

第十八章 了解创业内涵

创业，对于一个刚刚走出校门的大学生，既充满新鲜刺激，也意味着困难和风险。有统计资料表明，大学生在走出校门之初的创业，成功率在1%左右，足见其难度之大。当然创业也并非高不可攀，对于那1%来说不就是100%吗？尽管困难和风险巨大，大学生创业还是具有非常重要的现实意义，通过大学生创业的内涵分析和大学生创业的环境分析，有助于大学生正确认识创业，做好创业的各种准备，从而实现创业梦想。

第一节 大学生创业的意义

就业是民生之本，自2020年以来，新型冠状病毒感染疫情暴发对我国经济发展带来了很大冲击，区域发展、行业发展和中小企业发展都受到了不同程度的影响，部分就业岗位减少，失业率上升，巨大的就业压力将持续存在。稳就业已成为当前"六稳"和"六保"的首要目标。

随着高等教育发展规模的变化，高校毕业生数量逐年增多。据教育部统计，2022届高校毕业生总量再创新高，首次突破千万，达到1 076万人。此外，还有留学回国人员和往届未就业毕业生，2022年高校毕业生求职人数达1 400万余人，高校毕业生就业压力进一步增大。

正是基于这样的就业背景，大学毕业生创业具有重要的现实意义。

一、有利于减轻大学生的经济负担

随着社会和经济的快速发展，大学生学习、生活和社交等费用也在一定程度上逐年提高。一部分具有独立意识的大学生和家庭经济困难的大学生开始通过兼职或创业性活动来承担自己大学期间的学习、生活和社交费用，减轻家庭的经济负担。在兼职或创业性活动中，有一部分学生锻炼了自我、转变了职业认知、发现了商机，从而走上了创业道路，为创业成功打下了坚实的基础。

二、有利于实现大学生的自我价值

大学生可以把自己的兴趣与职业紧密结合起来，做自己最感兴趣、最愿意做和自己认为最值得做的事情。在五彩缤纷的社会舞台中大显身手，最大限度地发挥自己的才能，并获得合理的报酬，这是大学生梦寐以求的生活。当前，各级党委和政府鼓励大学生创业，从宏观上讲，是为了化解就业难的困局，但从大学生自身来说，其创业的主要原动力则在于谋求自我价值的实现。因此，对于整个社会来说，提高大学生创业的比例，形成创业的风气，有利于建立价值回报的社会新秩序。

三、有利于提高大学生自身素质

我国高校扩招以后，伴随着就业压力的凸显，大学生素质与高等教育水平受到社会各界人士的诟病和质疑。在如何提高大学教育管理水平和大学生素质的各类探索实践中，大学生创业无疑是最经济、最有效的办法之一。通过创业与创业实践，大学生可以充分发挥主观能动性，自主学习，独立思考，加强自我调控，转变就业意识与心态。也只有这样，大学生创业才能成功。另外，一个能自我学习，懂得如何管理自己的时间与财务，善于拓展人脉关系，并能够主动调适工作心态，积极适应社会的大学生，其就业不存在太大问题。

四、有利于培养大学生的创新精神

创新是一个民族的灵魂，是一个国家兴旺发达的不竭动力。大学生作为中国最具活力的群体，如果失去了创新的冲动和欲望，那么中华民族最终将失去发展的不竭动力。大学生的创业活动，有利于培养他们勇于开拓创新的精神。如果能把大学生的就业压力转化为创业动力，就会培养出越来越多的各行各业的创业者。从而推动和促进创新型国家的建设，提高国家的经济实力，推动经济的全面发展。美国作为世界上最发达的国家之一，其大学生的创业比率一直在 20% 以上。创新是国家强大与繁荣的根源，中国的未来在于大学生，中华民族的精神永恒则在于大学生旺盛的创造力与创新追求。

五、有利于树立大学生正确的人生态度

相比就业而言，创业具有更大的挑战性，遇到的问题和困难会更复杂，需要解决和克服的困难也更多。大学生创业之初的艰难险阻，恰为大学生在面对未来漫长的路途中，树立正确的人生态度提供了试金石。创业使大学生有更多接触和进入社会的机会，对社会中层出不穷的现象及问题会有深刻认识，进而在长期的适应过程中做到处之坦然、得心应手。创业使大学生面对接踵而来的困难、逆境时，养成了积极、乐观、勇敢和顽强的人生态度。

六、有利于缓解大学生的就业压力

创业能力是一个人在创业实践活动中的自我生存、自我发展的能力，是一种综合能力。创业能力强的大学毕业生不但不会增加社会的就业压力，反而能通过自主创业活动增加就业岗位，缓解社会的就业压力。创业能力也是一种综合能力，综合能力强的大学毕业生意味着他社会适应性、职业素质和责任感等方面较强，在就业竞争中具有相对优势，可缓解个体的就业压力。

总之，在当今中国的教育体制和就业背景下，大学生创业一方面可以增强大学生自己的动手操作能力、创新能力、组织协调能力、心理承受能力、团队合作精神和社会适应能力，另一方面也是解决大学生自己就业问题的一个选择。

【案例 18-1】　贫困大学生胡××的成功创业故事

胡××是武汉某高校学生，来自××县农村，2002 年他借债上大学。在大学期间，他打工、创业，不仅还清了债务，为家里盖起了两层楼，自己还在武汉购房买车，拥有了自己的培训学校。他创业走过了怎样一条路？学校师生对他创业又是如何看的呢？

胡××1982 年出生在××县××镇××村一个普通农家，父亲在当地矿上打工，母亲在田里忙活。胡××的父亲在他 3 岁那年遭遇事故，腿

部严重骨折瘫痪在床，四处求医问药。三年后，父亲总算能下地走路了，但是腿伤让他再也不能干重活、累活。为给父亲看病，家里几乎家徒四壁。

胡××的父亲不能下地干活，只得在当地开了一家小卖部，卖些日用品。胡××小小年纪就经常跑进跑出"添乱又帮忙"，也正是因为这个原因，他从小就对买和卖很敏感。

2002 年，正在读高一的弟弟辍学外出打工，给哥哥赚学费。胡××心里不是滋味，心中暗暗发誓，一定要考上大学，让家里人过上好日子。

贴海报发现校园商机

进校后，胡××感觉大学生活比高中生活轻松多了，空闲时间也多，他是个闲不住的人，决定提前走入社会，大一下学期就开始了自己的创业之路，比他的原定计划提前了半学期。

一次，他在××大学附近贴海报时，看到一家更大的中介公司，就走了进去，在那里遇到一位姓王的年轻人。王×是附近一所大学的大四学生，在学校网络中心勤工俭学。几个学生商量，能不能利用网络中心的电脑和师资，面向大学生做电脑培训。网络中心同意了，但要求学生们自己去招生。

做招生宣传要活动经费，最后胡××向王×提出要 1 800 元活动经费，没想到王×二话没说，就把钱给了他。

胡××印海报，买糨糊，邀请几个同学去各个高校张贴，结果只花了 600 元钱，净入 1 200 元。这是他挣到的第一笔钱。

尽管只花了 600 元钱，但招生效果还不错，一下子就招到了几十个人。然而，这些学生去学电脑时却遇到了麻烦，网络中心来向学校申请报备电脑培训事宜，因此学校叫停了网络中心的电脑培训班。胡××几次跑到网络中心，都没办法解决这个事情。他无意间发现网络中心楼下有个培训班，也在做电脑培训，能不能把这些学生送到那里去呢？

对方一听说有几十个学生要来学电脑，高兴坏了，提出给胡××按人头提成，每人 200 元。非常意外地，胡××一下子又赚到了数千元钱。

办培训学校，圆了老板梦

2005 年，胡××招生有一套的消息在当地业内广为流传。一家大型电脑培训机构的负责人找胡××商谈后，当即将整个招生权交给他。

随着这家培训机构一步步壮大，胡××被吸纳成公司股东。但胡××并不满足，他注册成立了自己的第一家公司——一家专门做校园商务的公司。

胡××谈起成立第一家公司的目的："校园是一个市场，很多人盯着这个市场，但他们不知道怎么进入。成立公司，就是想做这一块的业务，我叫它校园商务。"

同时，胡××发现很多大学生通过中介公司找兼职，上当受骗的较多，就成立了一家勤工俭学中心，为大学生会员提供实实在在的岗位。他的勤工俭学中心影响越来越大，后来发展成立了7家连锁店。

如今，胡××已涉足其他类型办学，为自己创业先后已投入200万元。

胡××在大学期间，学校也为他创业提供了帮助，从院长到老师，都为其创业和学习付出了更多心血。由于忙于创业，耽误了一些课程，学校了解了他的特殊情况后，特事特办，按规定允许他部分课程缓考。

班主任××老师谈起自己这个特别的学生，也连说："我带过很多学生，但胡××是其中最特别的，创业取得的成绩也较大。"他认为在现在大学生就业形势整体不太好的前提下，大学生自主创业，不仅解决了自己的就业问题，做得好的话还可以为别人提供岗位，但要是能兼顾学业就更好了。

第二节　大学生创业的内涵

我国"创业"一词最早出现在《孟子·梁惠王下》："君子创业垂统，为可继也。"其意为创建基业，传于子孙。《现代汉语词典》对创业的解释是：创办事业。事业是指人所从事的，具有一定目标、规模和系统而对社会发展有影响的经常活动。由上海辞书出版社出版的《辞海》（1989年版）对创业的解释是：创立基业。基业是指事业的基础。由此可见，创办事业是创业的根本。

一、创业的内涵

（一）什么是创业

创业是一个创造出新的产品或服务并实现其内在价值的过程。郁义鸿等人指出，创业不仅是一个发掘并捕捉机会的过程，还可以利用已有的资源创造新的服务或产品，实现和增加其价值。宋克勤把"创业"定义为创业者通过捕捉和识别商机，利用已有的资源来提供一定服务或产品，以创造并增加价值的过程。

随着对创业活动考察和研究的深入，创业的内涵也在不断升华。创业包含企业经营活动的六个层面：创业意识、战略导向、发现机会、把握机会、资源控制、资源配置。因此，创业可被定义为：创业者以一个既定目标为导向，通过运用自己的管理组织、资源整合和环境适应等能力，将市场潜在的机遇或者需求与自己创造性的思维相结合，并承担因此产生的各种潜在风险，来达成既定目标的过程。

根据上述定义，创业的内涵可被归纳为：

（1）创业是一种活动，即创业是一种有目的地开创新事业但不局限于创建新企业的活动，开创新事业是创建新企业的基础。

（2）创业是一个过程，即一个始于从变化的环境中发现有利于价值创造并回报社会的机会，经过整合资源使得有用的新创意转化为现实最后实现价值的过程。

（3）创业是一种思考和行动方式，即受到机会驱动并以机会而非资源为中心的行动方式，是一种边行动边思考的行动方式。

从范围上讲，创业有广义和狭义之分。

（二）广义的创业

广义的创业是指人类的创举活动，或指带有开拓、创新并有积极意义的社会活动，涉及政治、经济、军事、文化、科学、教育等各个方面。只要是人们以前没有做过的，对社会产生积极影响的事业，都可以说成是创业。如毛泽东领导中国人民推翻了压在中国人民身上的三座大山，建立了中华人民共和国，开创了中国的革命事业；邓小平、江泽民、胡锦涛、习近平等领导人领导中国人民建设中国特色的社会主义事业，使中国强大起来，使中国人民逐渐富裕起来，这更是创造了中国的千秋大业。

（三）狭义的创业

就狭义的创业来讲，不同学者给出了不同定义。全球创业研究和创业教育的开拓者杰弗里·A.蒂蒙斯教授认为，创业是一种思考、推理和行为方式，这种行为方式是机会驱动、注重方法和与领导相平衡。创业导致价值的产生、增加、实现和更新，不只是为所有者，也为所有参与者和利益相关者。当代管理大师德鲁克认为，任何敢于面对决策的人，都可能通过学习成为一个创业者并具有创业精神。创业是一种行为，而不是个人性格特征。创业是一种可以组织，并且需要组织的系统性的工作。

本书所讲的"大学生创业"主要是指狭义的创业，进一步说，就是创办企业，是针对大学生而言的如何创办企业。我们可以将大学生创业的内涵概括为：大学生结合当前经济社会建设现状，根据国家有关大学生就业创业政策要求，运用所学的理论和技能，发现和捕捉市场商机、创造出新产品、服务或实现其潜在价值的过程。

二、大学生创业的特征

大学生在校期间，凭借自身的知识和技术优势，开创具有市场前景的技术产品或者服务，获取投资资金，创办企业成为市场活动主体，其本质是学子创办企业，将知识转化为财富。大学生创业使其成为就业的创造者，使其成为知识创新的新的生长点，大学生创业是学生、家长、学校和社会共同参与的系统工程。

大学生创业具有如下特征：

1. 创业主体年轻

社会上创业者很多，在市场经济浪潮中，如果从创办企业的主体来看，有知识型与非知识型。大学生作为知识型的一族创办企业有很强的特殊性，他们年轻，敢于冒险，思维活跃。大学生创业者不仅包括大学里的大专生、本科生，还包括硕士研究生和博士研究生。

大学生创业基本上是以团队形式进行，其团队成员一般都是大学生，因为学生与学生更便于交流与沟通。比尔·盖茨和杨致远在创办微软和雅虎公司初期都是两个人，我国视美乐的创办者是三名清华学生。

2. 创业依托专业

大学生创业靠的是技术或服务，更主要的是具有市场潜力的产品，要开发出新的产品，离不开具有工程技术方面的知识和技能，因此，创业主体主要是理工科院校的学生。从我国全国大学生创业计划竞赛看，大学生创业的作品大部分涵盖网络、电子信息、光机电一体化、生物医药、环境科学、精细化工、新能源、农林和服务行业共9大类。在全球化、"互联网+"的时代，信息技术蓬勃发展，微博、微信、直播平台等一系列新媒体层出不穷，庞大的市场需要使大学生创业可涉及的领域和可依靠的软件不断拓宽。文科和经管类学生从事服务业创业的为数不少。

3. 创业资金来源主要是家庭和风险投资

大学生创业依赖的是自己的产品，将产品转化为商品，推向市场，取得利润，从这点上看，创业实际上是一种技术创新。将知识转化为产品，投放市场必须有大量的资金注入。创业资金的来源虽有部分是大学生自己集资或家庭支持，但更多的是从风险投资商手中获得的风险投资。风险投资商的创业投资，目的是为了获取利润，但不参与经营活动，投资方向主要是具有市场前景高新技术领域内的小企业。家庭支持和风险投资商的投资是大学生获取创业启动资金的主要途径。

4. 创业成功率低

大学生靠知识创业，主要是将自主知识产权产品转化为现实生产力，即创造转化为创新。就科学技术产品转化为现实生产力的转化率来看，最高的美国为50%，俄罗斯为30%~40%，我国不到10%。我国的科技新产品，特别是专利产品能实现商品化，投放市场取得利润的不到10%，大学生知识创业的难度可见一斑。

另外，生产管理和商业运行也成为大学生创业的致命弱点。大学生创业群体往往缺乏生产经营的实际经验，在市场大潮中能经受住考验的往往只是极少数。

5. 创业起点较高

大学生创业创立的大多数是知识型的企业，以新产品或服务来满足市场需要，开创市场，引导消费，甚至引导产业结构的调整。在目前市场处于买方市场，市场中90%左右的商品处于供过于求的状态下，要想在市场竞争中求得生存与发展，大学生创业的产品不仅要适时推向市场，而且必须有很强的竞争能力，在当今知识经济初见端倪，工业经济向知识经济过渡之际，最具竞争实力的是高新技术产业，也正是这种历史条件下，知识创业使大学生创业得以萌生和发展。

6. 创业利润高风险大

大学生创业所创办企业一般是高科技小企业，其生产成本主要是劳动力成本。一旦产品适销，巨大的市场空间，必然会产生巨大的销售量和丰厚的利润。创业所生产的高新技术产品或服务，要能成功地推向市场，被消费者所接受，在市场竞争中不被淘汰，就必须在产品设计、企业管理和市场运作等方面运筹帷幄，但大学生对市场运作的一整套规律还比较生疏，对创业的艰巨性、长期性认识不足，追求短期效益，忽视自身实践能力的锻炼，大学生创业本身也有先天不足，面临很大的创业风险。

第三节　　大学生创业的环境

创业环境是指与创业活动相关联的因素的集合，包括宏观环境、微观环境和创业条件。创业环境是一种特殊环境，表现为以下几种形式：第一是社会环境与自然环境。社会环境主要指的是国情，而自然环境是指创业者面对的地理、资源、气候等自然状况。它们作为创业活动的宏观背景，对创业活动具有巨大且不可抗拒的影响。创业者只能利用它们，却无法改变它们。第二是内部环境和外部环境。内部环境是指创业组织内部各种创业要素和资源的总和，它是创业者的家园，是创业活动的根基。外部环境是指创业组织外部的各种创业条件的总和，对创业组织的发展具有广泛的影响力，是创业组织发展的保证。创业组织要适应的正是这种环境。第三是融资环境与投资环境。融资环境是创业者为了扩大创业实力的需要聚集资金的社会条件。投资环境特指创业者资金投向的项目、行业及地区的情况。第四是生产环境与消费环境。生产环境是指创业者的资金转化为产品过程所需要的各种要素，消费环境是指创业者的商品转化为货币的过程的影响因素。

　　大学生创业不但要分析创业的宏观环境和微观环境，还要分析创业的环境条件。

一、大学生创业的宏观环境

（一）政治法律环境分析

　　政治和法律环境分析主要包括大学生创业所面临的政治环境和法律环境的分析，其中政治环境主要包括创业企业所在地区和国家的政局，执政党政府对创业企业行为所持的态度和推行的基本创业支持政策（如产业政策、税收政策、进出口限制等）；各政治利益集团对创业企业活动产生的影响。法律环境因素主要是包括相关政府部门所出台的法律规范、与创业企业关系较为密切的国家司法执法机关、企业的法律意识、国际法所规定的国际法律环境和目标国的国内法律环境等几个方面。由于政治和法律环境会对创业企业带来机会或构成威胁，因此创业者应该对将来有可能影响创业企业产品或服务、分销渠道、价格以及促销策略等法律或法规问题做好准备。如对媒体广告的约束法规，影响产品及其包装的安全条例等，这些法规都将对创业企业的产品开发和市场营销等产生影响。政府对市场的规制也是值得创业者重视的一个方面。如果政府对某个行业的市场进入加以严格限制，那么新创企业就很难考虑以这样的市场为目标。

（二）经济环境分析

　　大学生创业企业所处的经济环境是大学生应该考虑的主要变量，企业的经济环境主要由社会经济结构、经济发展水平、经济体制、宏观经济政策和当前经济状况五个要素构成。

　　改革开放特别是2001年中国成功加入世贸组织后，信息技术高速发展，以计算机信息技术为依托，加快了企业管理的升级。外贸型企业迅速成长，进出口量大幅增长。中国企业走出国门，实施跨国战略，不少企业实现了品牌化目标，实现了从做大到做强的转变，整个经济形势一片大好。2008年底至2009年，一场席卷全球的金融危机，冲击了世界上大部分国家，经济走势上下震荡，难以捕捉，我国的经济发展也处在一个深层次的转型和调节期。2020 年初开始的新型冠状病毒感染疫情对区域发展、行业发展和中小企业发展也带来了不同程度的影响。这个时期，大企业越做越大，越做越强，小企业越来越难以生存，各行各业竞争异常激烈，不少行业有市场垄断的趋势，创业也非常艰难。但无论如何，市场都有创业者的位置。以科技产品为主的大学生创业要成功生存、要独立壮大，一定要选择新、奇、空的行业，或者是有独特的发展模式和创意，否则很难生存。另外一种思路是做配套、做延伸、做服务，依托大企业与其共同发展。创业与职业的共同点是一样的，一定要专业、专注，可以在某个细分领域做得很精，可以在某个地域成为王者。

（三）社会和文化环境分析

社会和文化环境所涉及的范围较广，主要指一个国家或地区的人口状况和民族特征、文化传统和价值观念、生活方式和消费心理、风俗习惯、宗教信仰、伦理道德、教育水平、语言文字等的总和。创业者需要对文化变迁等各方面作正确的评价，其中人口变化趋势是一个重要内容。如婴儿潮或人口老龄化对创业者的市场计划会有影响；人们生活态度的变化，人们对安全、健康、营养及环境的关心，也都会对市场需求产生影响。

（四）技术环境分析

市场或行业内部和外部的技术趋势和事件也会对企业战略产生重大影响。某个特定行业内的技术水平在很大程度上决定了应生产哪种产品或提供哪种服务、应使用哪些设备以及应如何进行经营管理。但变革性的技术进步正在对创业产生巨大的影响。技术进步难以预测，从某种意义上说，它是变化最激烈的环境因素。创业者应该对所涉入行业的技术变化趋势有所了解和把握。由于技术的发展会带来市场的快速变化，创业者不但要谨慎作出短期的营销决策，而且要针对可能产生影响的新技术准备应急计划。如基本技术的进步使企业能对市场及客户进行更有效的分析、新技术的出现使社会和新兴行业对本行业产品和服务的需求增加、技术进步所带来的竞争优势等均是创业者在制订应急计划时应当考虑的影响因素。

二、大学生创业的微观环境

按照竞争优势的资源管理基础理论，企业的持续竞争优势主要是由资源禀赋决定的。大学生创业所处的微观环境，是指企业所拥有或控制的有效资源因素的总和，包括有形资产资源、无形资产资源、社会关系资源、人际交往资源、技术资源、组织资源、自我资源等。

（一）创业资产资源

创业资产资源包括大学生创业企业所拥有的有形资产资源和无形资产资源。其中有形资产资源，是指可见的、能用货币直接计量的资源，主要包括物质资源和财务资源。而物质资源包括企业的土地、厂房、生产设备、原材料等，是企业的实物资源；财务资源是企业可以用来投资或生产的资金，包括应收账款、有价证券等。无形资产资源是指企业长期积累的、没有实物形态的、甚至无法用货币精确计量的资源，通常包括品牌、商誉、技术、专利、商标、企业文化及组织经验等。无形资源难以精确量化，但一般都难以被竞争对手了解、购买、模仿或替代，因此，无形资产资源是一种十分重要的企业核心竞争力的来源。如技术资源就是一种重要的无形资源，它主要是指专利、版权和商业秘密等。技术资源具有先进性、独创性和独占性等特点，使得企业可以据此建立自己的竞争优势。

（二）社会关系资源

社会关系资源主要是创业者在创业的过程中能有效地利用的亲属、朋友以及其他社会关系来为创业企业提供支持的社会资源。大学生创业应当根据自身的情况分析其社会关系资源。同时，创业者要在社会关系资源中培养自身的人脉资源，提升沟通能力。人脉资源主要是大学生自身所处的社交圈中所结交的相关朋友，可能是同学、老师、亲戚等。沟通能力是指与其他人交往过程中的说话语气、方式的相互结合。

（三）组织技术资源

组织资源是指企业协调、培植各种资源的技能。它将企业的有形资源或无形资源整合在一起，以实现投入到产出的转化。组织资源比有形资源和无形资源更加难以准确界定，它蕴含于企业的规章制度、组织结构、业务流程和控制系统中，是企业实现目标的经营风格或行为方式，决定着企业内个人互动、协作和决策的方式。一定的组织资源和技术资源存在着紧密的联系。而技术资源则是构成创业企业内部核心竞争力的主要资源，包括创业者的经营管理能力、供应链中生产、销售和物流的管理和运作能力。

企业的内部资源条件决定了其能否和如何有效利用外部环境提供的机会，以及是否能消除可能的威胁，从而获取持久的竞争优势。在创业环境的分析中，企业应当全面分析和评估内部资源的构成、数量和特点，识别企业在资源禀赋方面的优势和劣势。

三、大学生创业的条件

（一）政府的创业政策

政府的创业政策对创业活动的开展和创业企业的发展有重大的影响。就政策的内容讲，包括激励创业的政策，对创业活动和创业企业成长的规定、就业的规定、环境和安全的规定、企业组织形式的规定、税收的规定等，还包括政策的执行情况，落实情况和实施上的效率情况等。我国政府在为创业提供的政策方面有优势，也有劣势。如中国初创企业的税务负担比较低，而且，创业企业面对的税务和其他管制是相对稳定的。我国地方政府对新成立企业优先给以扶持，对软件等技术创新企业在税收政策方面也给予了许多优惠政策，这些都有利于新创企业的成长和发展。

（二）政府项目支持

提供项目支持是政府政策的具体化，是我国政府支持创业和创业者的基本形式。这种支持，既包括提供资金和项目，也包括提供服务支持和建立扶植创业企业的相关组织和机构，以及通过这些组织和机构举办和开发大量创业项目。全球创业观察（GEM）组织是一个旨在研究全球创业活动态势和变化、发掘国家或地区创业活动的驱动力、研究创业与经济增长之间的作用机制和评估国家创业政策的研究项目的机构。和全球37个GEM的参与国家与地区相比，我国在政府提供资金和政策支持的项目方面有明显的优势，如我国的科技园和孵化器，其对创业的贡献就比其他国家和地区大得多，这是我们在政府项目上的优势。但是在政府为创业者和创业企业提供服务、支持和帮助的具体组织方面，我国则处于劣势。

（三）金融支持

从 GEM 参与国家和地区的情况来看，创业企业的资金来源主要有三种途径：一是私人权益资本，包括自有资金、亲戚朋友借贷和引入私人股权筹集资金；二是创业资本融资；三是上市融资。一般而言，在创业企业发展的早期阶段，主要以私人权益资本和创业资本两种形式为主。从全球范围看，创业的金融支持最主要的来源是私人权益资本，只有以色列是一个例外。中国的民间资本还很少进入创业市场。已经实施的、给创业者提供的小额贷款，数量和范围都还有限。中国创业的金融支持最主要的来源还是以自有资金、亲戚朋友投资或其他的私人股权投资为主。可以说中国的创业活动中，创业资本的支持力度还很不够。

（四）教育与培训

教育培训是创业活动得以开展的必要条件，也是创业者将潜在商机变为现实商机的基础。中国与其他 GEM 参与国家和地区在教育与培训方面相比尚处于落后水平。在所有关于创业教育的问题上，中国的水平均低于 GEM 参与国家和地区的均值。其中，中小学的创业教育方面，我国虽启动较早，但是没有很好的鼓励创造性。在提供关于市场经济知识和创业知识的整体培训方面，我国基本上处于中等水平。在商业、管理教育、创业类的课程的开发和项目管理能力培训方面，与国际上做得好的国家和地区相比差距很大。

（五）研究开发转移效率

研发成果的市场化转移过程是否顺利，不仅表明商业化的程度，而且表明创业研发和研发后转化为生产力的效率和水平，更反映出创业者是否能抓住商业机会。

相对于 GEM 参与国和地区，我国的研究开发成果能更好地从发源地通过创业企业向市场转化。而且，创业企业在接触新技术、新研究上能与大企业具有相同的机会。这不仅表现出我国有较完善的科技成果转化基础，具备了支持个别领域的创业企业成长为世界水平技术型企业的能力。比较落后的方面是研究成果转化的条件差，无论是企业的承受能力，还是政府的资助方面都还不能满足创业过程中研究开发转移的效率要求。由于很多科研成果是从学校、科研院所出来，再走进市场，而科研成果的转化过程不很顺畅，转化效率不高，因此，我国研究开发成果的转移工作应有针对性地重视改进转化条件，提升转化效率。

在知识产权保护方面，我国比较落后。知识产权法规的制订和实施难以起到有效的效果，非法销售盗版软件、影像制品的情况比较普遍，很多应该得到保护的专有技术没能得到有效的保护。

（六）进入壁垒

中国的市场正处于双高时期。一是市场的增长率高，每年的市场都在不断扩大；二是市场的变化率高，产品更新快，产业成长和衰退快。因此，对于创业企业来说，在中国目前的市场环境下，是一个难得的机遇。在我们至今所做的创业环境分析中，市场变化大是我国唯一接近 GEM 最高水平的方面。因此，就创业者和创业企业进入壁垒而言，我国是具有一定优势的。这突出的表现在创业企业的进入成本相对较低。

（七）商务环境和有形基础设施

一个良好的商务环境和充足的、有形的基础设施是创业成功的物质基础，又是创业重要的环境因素。近年来，我国在整体商务环境的构建，市场体系的建设等方面作了大量工作，整体环境正在朝着有序、规范的方向发展，诚信意识在增强，硬件环境在改善，服务意识在提高。消费者的理性消费意识和消费观念有了明显变化。这一切为创业者创业奠定和提供了一个比较好的基础。但是，我国创业企业在获得资源和是否使用得起这些服务和资源方面，还处于 GEM 总体较差的状况。

（八）文化和社会规范

文化和社会规范是重要的创业环境要素。我国的文化和社会规范鼓励创业和创业者，鼓励人们通过个人努力取得成功，也鼓励创造和创新的精神，更鼓励通过诚实劳动致富，让创业者勇敢地承担和面对创业中的各种风险。这为建立崭新的创业文化奠定了坚实的基础。

思考与练习

1. 在创业课程的学习过程中，你有产生过创业的想法吗？具体谈一下你的创业想法。

2. 就目前严峻的社会现实，你认为哪些行业的创业成功率会比较大一些？为什么？

3. 请结合自身实际，谈谈在校大学生创业有哪些利弊？

　　创业者和创业团队是创业的关键因素。在创业过程中，除了一些外在因素之外，创业者内在素养的提升和创业团队的相互合作起着至关重要的作用。成功的创业者或创业团队有很多相似之处。本章主要从成功创业者应具备的人格特质、创业素质以及团队组成出发，阐述创业者如何培养健康的人格品质、全面的能力素质，以及如何建立一支富有凝聚力的创业团队。

第一节　创业者应具备的人格

　　创业之路充满艰险与曲折，面对严峻的创业形势和激烈的竞争环境，需要创业者应对并迅速正确解决随时出现的问题和矛盾。这需要创业者具有非常强的心理调控能力，能够持续保持一种积极、沉稳的心态，即有良好的创业人格特质。良好的创业人格特质是取得成功的关键。

一、人格特质概述

　　人格特质是指在组成人格的因素中，能引发人们行为和主动引导人的行为，并使个人面对不同种类的刺激都能做出相同反映的心理结构。它是对创业者的创业实践过程中的心理和行为起调节作用的个性心理特征，它与人固有的气质、性格有密切的关系，主要体现在人的独立性、敢为性、坚韧性、克制性、适应性、合作性等方面，它反映了创业者的意志和情感，创业的成功在很大程度上取决于创业者的创业心理品质。心理学家荣格就采取科学方式把人分为直觉型（Intuitor）、思考型（Thinker）、情绪型（Feeler）、感觉型（Sensor）四种人格特质。美行为管理学家托尼·亚历山德拉和迈克尔·奥康纳则把人格特质分为指挥者（Director）、社交者（Socializer）、协调者（Relater）和思考者（Thinker）。美国的唐·多曼在《事业革命》一书中提出了创业者的五种人格特征：愿意冒风险、能分辨出好的商业点子、决心和信心、壮士断腕的勇气、愿意为成功延长工作时间。美国的蒂姆·伯恩在《小企业创业蓝图》一书中提出了对企业家的四点要求：信心、专门知识、积极主动的态度、恒心。可见创业者人格特质对于创业过程中有着非常重要的影响。

二、创业者应具备的人格特质

（一）坚忍执着、永不放弃

美国知名创业教练约翰·奈斯汉强调造就硅谷成功神话的秘密，就是失败。坚忍执着、永不放弃的意志品质是创业者必须具备的心理素质和精神品质。创业的道路并不一帆风顺，有成功，也有失败。无论处于何种境遇，都需要具备百折不挠的意志品质和面临失败时的自我激励能力，具有实现目标的勇气和执着，能解决来自内部和外界的大量未知风险所带来的各种突发问题，并承担巨大压力，经受失败的考验。对所有创业者来说，永远告诉自己一句话：从创业的第一天起，你每天要面对的是困难和失败，而不是成功。一时的失败千万不要气馁，应该照着自己的理想一路走下去。成功是由很多因素造成的，坚持并不一定会成功，但如果不坚持，就一定会失败。

【案例19-1】　褚时健与"褚橙"

2002 年，褚时健与妻子承包了一片 2 400 亩的荒山种植橙子，开始了他的第二次创业。创业之初，年逾古稀的褚时健时常翻书查阅资料，一点点地学习摸索橙子的种植技术。年老体弱的他每天忙碌在橙园里，从种植修剪到肥料灌溉，细心培育着自己的果树，十余载坚持不懈。2012 年，85 岁的褚时健种植的"褚橙"通过电商平台开始售卖，由于品质优良，"褚橙"被销售一空。褚时健从"烟王"到"橙王"，在辉煌时跌到，又在跌到后再一次创造辉煌，演绎了传奇的创业经历。褚时健以 70 多岁高龄重新创业的故事，激励和影响了无数的人，褚时健荣获第九届人民企业社会责任奖特别致敬人物奖，"褚橙"也被称为"励志橙"。褚时健与"褚橙"的崛起，体现了中国式企业家的精神，一种逆境中不服输的韧劲和能从困难中重新站起来的一种坚忍执着、永不放弃的励志精神。

（二）诚信守信、务实负责

"言而无信，不知其可也。"创业者在创业过程中，如不讲信誉，就无法开创出自己的事业；失去信誉，就会寸步难行。诚信，一是要言出即从，二是要讲质量，三是要以诚信动人。

【案例 19-2】　回农村创业的大学生

2008 年，冯××从××学院毕业后进入上市公司担任中高管。2011 年，为响应国家号召，他毅然回到农村创办××园水果专业合作社。在创业之初，他就坚信企业发展的根本支撑点是产品质量，高品质才能赢得市场。为了达到高品质要求，打好信誉战，他对橘子的种植采摘进行了严格的管控。第一就是橘子从哪片山上来？怎么种？施多少肥料？都把控好。第二就是按照××园标准采摘下来的橘子，要经过 3 道纯人工流水线分拣，严格按照作业指导书完成。第一道边采摘边去掉瑕疵蜜橘，第二道再把剩下橘子逐个肉眼检查，再去掉一部分，最后一道就是装箱时再核准。××园的平均报废率一下子蹿升至 30%，比其他合作社高出二十五个百分点。这虽然大大影响了××园的利润，但高品质却为××园打足了底气。

经过十多年奋斗，××园入选××省第 13 届大学生运动会指定专用品牌、××农村青年创业项目大赛金奖、××现代农业风云榜创新奖、中国农业产业英雄百强品牌、中央电视台《致富经》专访、央视频《在希望的田野上》纪录片、中国国际森林博览会金奖等。冯××荣获全国农村青年致富带头人、全国"青马工程"优秀学员、××百名农创客等称号。

诚信乃立身之本，也是一个企业生存和发展的基石。海尔集团创始人张瑞敏就坚持"有缺陷的产品就是不合格产品"，在创业初期当众砸毁 76 台有缺陷的冰箱，在社会上引起极大震动，他的行为不仅为企业赢得了美誉，也对中国企业质量意识的提高产生了深远的影响。诚实守信必须要内诚于己，外信于人，才能实现可持续发展。

（三）自信自强、自主自立

【案例 19-3】　牛仔裤的诞生

牛仔裤的发明者李维·斯特劳斯跟着一大批人去西部淘金，途中被一条大河拦住了去路。许多人感到失望，但李维·斯特劳斯却说"棒极了"，他设法租了一条船为想过河的人摆渡，结果赚了不少钱。不久摆渡的生意被人抢走了，李维·斯特劳斯又说"棒极了"，因为采矿工人出汗很多，饮用水很紧张，于是别人采矿他卖水，又赚了不少钱。后来卖水的生意又被人抢走了，李维·斯特劳斯还是说"棒极了"，因为采矿工人跪在地上，裤子的膝盖部分特别容易破，而矿区里却有许多人抛弃的帆布帐篷，李维·斯特劳斯就把这些旧帐篷收集起来，洗干净后做成裤子，销量很好，牛仔裤就是这样产生的。李维·斯特劳斯将问题当成机会，最终实现了致富梦想，得益于其乐观的心态和敏锐的洞察力。

自信就是对自己充满信心。自信心能赋予人主动积极的人生态度和进取精神，不依赖、不等待。信念是生命的力量，是创立事业之本，信念是创业的原动力。要相信自己有能力，有条件去开创自己未来的事业，相信自己能够主宰自己的命运，成为创业的成功者。自强就是在自信的基础上，不贪图眼前的利益，不依恋平淡的生活，敢于实践，不断增长自己各方面的能力与才干，勇于使自己成为生活与事业的强者。自主就是具有独立的人格，具有独立性思维能力，不受传统和世俗偏见的束缚，不受舆论和环境的影响，能自己选择自己的道路，善于设计和规划自己的未来，并采取相应的行动。

（四）团结协作、善于沟通

【案例 19-4】　中国合伙人——"新东方的三驾马车"

电影《中国合伙人》的原型来自于新东方教育科技集团有限公司（以下简称"新东方"）俞敏洪、徐小平、王强三人的创业故事。1993 年，新东方从北京中关村一间低矮的平房中诞生，从最初的几十个学生开始了新东方的创业过程。1995 年，新东方做到了一定规模，俞敏洪来到美国和加拿大去寻找他的同学、朋友，向他们伸出橄榄枝。徐小平和王强毅然回国加入新东方的团队。而在当时，王强已经进入美国著名的贝尔传讯研究所工作，年薪 80 万人民币。2000 年，俞敏洪及领导团队成立了东方人投资有限公司；2003 年，成立新东方教育科技集团有限公司；2006 年，新东方在纽约证券交易所成功上市，开创了中国民办教育发展的新模式，经历 20 年的发展壮大，俞敏洪领导的新东方目前已经在 49 个城市设立了 58 所学校，两家专业研究机构，5 家子公司及北美分公司，业务涵盖教育研发、图书杂志出版、在线教育、教学软件开发、文书写作、留学咨询等多个领域，已累计培训学员达 250 多万人次。俞敏洪、徐小平、王强三人也被称为"新东方的三驾马车"。

俞敏洪在一次演讲中对创业者说，企业不能只有一个"大厨"，如果某个人物在你公司或者机构是个核心人物，当他离开了，这个公司就会出现重大问题的时候，一定要给这个核心人物配另外一个核心人物。仅仅一个人做事情不能叫创业，那叫个体户，所以想创业的话你就得找一帮人，你的合作伙伴，你的同事，你的下属。

多年以前，当俞敏洪身无长物之时，他提出了做培训行业的梦想，得到了一群志同道合的同学支持。于是，新东方有了最初的雏形。多年以来，从一个默默无闻的培训班，发展到今天的上市公司。假如新东方没有相当一批信任他并跟他一直走下去的人才，是做不到今天的。一个孤军奋战的人也许能成为英雄，但他却不能成就事业。当前市场竞争激烈，大学生在创业过程中，无论是市场调研、市场开发、市场开拓，还是创业团队内部的整合、融通，都需要善于与人沟通、协调和合作。一方面，自主创业"万事开头难"，要处理的事情面广量多，压力大，靠一个人的力量很难有效地处理各类问题。因此，大学生创业可以联络几个有着共同理想的同学、学长、朋友等，抱团创业，共同面对挑战。优势互补的团队是自主创业的基础。有了优势互补的创业团队，既能有效进行技术创新与经济管理，又能保证创业团队形成最大的合力，从而在市场竞争中取胜，达到企业所追求的目标，推动企业向前发展，取得创业成功。另一方面，在创业的过程中，需要与各种客户和顾客打交道，与公众媒体打交道，与外界销售商打交道，这些交往、沟通，可以排除障碍，化解矛盾，增加信任度，有助于创业的发展。

第二节 创业者素质的培养

创业素质是创业者开始创业实践前所经历的物质与精神力量的聚集过程。它不仅有助于创业者明确创业目标，积极把握创业机遇，进行有效的创业决策和将创业计划付诸实施，而且有助于创业者在创业过程中克服各种困难、战胜各种挫折、解决各种问题、增强心理素质。对一个创业者或管理者而言，创业素质起着至关重要的作用。

一、创业素质概述

创业素质是个综合性很强的概念，其内涵深刻丰富而且具有广泛的外延。对创业素质的界定国内外众说纷纭。杰弗里·蒂蒙斯曾在其所著的创业领域的经典教科书《创业创造》中指出：创业是一种思考、推理和行为方式，它为机会所驱动，需要在方法上全盘考虑并拥有和谐的领导能力。[①] 著名管理专家威廉·D. 拜格雷夫将优秀的创业管理人素质归纳为 10 个"D"，即理想（Dream）、果断（Decisiveness）、实干（Doers）、决心（Determination）、奉献（Dedication）、热爱（Devotion）、周详（Details）、使命（Destiny）、金钱（Dollar）、分享（Distribute）。"全美青年企业家奖"的美国创业家马丁·J. 格伦德认为成功的创业者应该具备：选择一个爱好、制订一个目标、拿着薪水学习、与成功者为伍、相信自己、以己之长发财致富、敢于提问、不循规蹈矩、不墨守成规和努力工作等九大素质。《科学投资》杂志在研究了国内上千例创业者案例后提出，中国成功创业者十大素质是：欲望、忍耐、眼界、明势、敏感、人脉、谋略、胆量、与他人分享的愿望、自我反省的能力。

美国的研究部门在对多名企业家及高级管理层进行问卷调查的基础上得出 20 项创业成功者最重要的素质与能力，列前三的分别是：财务管理经验与能力、交流与人际关系能力、激励下属的能力（见表 19-1）。

[①] 许相欣、许述敏主编：《大学生创新创业基础》，华中师范大学出版社 2019 年版，第 57 页。

表 19-1 创业家素质与能力排序表

序号	素质与能力内容	序号	素质与能力内容
1	财务管理经验与能力	11	行业及技术知识
2	交流与人际关系能力	12	领导与管理能力
3	激励下属的能力	13	对下属培养与选择能力
4	远见与洞察能力	14	与重要客户建立关系的能力
5	自我激励与自我突破	15	创造性
6	决策与计划能力	16	组织能力
7	市场营销能力	17	向下级授权能力
8	建立各种关系的能力	18	个人适应能力
9	人事管理的水平	19	工作效率与时间管理水平
10	形成良好企业文化的能力	20	技术发展趋势预测能力

二、创业者素质的培养

创业本身的过程是对创业者自身能力智慧、胆识气魄的一种全方位的考验。他对创业者的个人素质和能力有特定的要求。失败的创业者失败的原因各不相同，但成功的创业者获得成功的理由却很相似。虽然有关创业者素质的界定也不尽相同，但总结许多中外成功企业家的创业素质却具有很多相同之处。对创业者而言，具备各种创业的能力素质是创业成功的充分条件。近年来，大学生自主创业热情较高但成功率却较低，部分大学生看重外在的因素却缺乏对自身创业素质的正确评价和提高，提升大学生的创业素质具有重要的现实意义。创业素质主要从以下六方面进行培养与锻炼。

（一）强烈的创业意识

要想取得创业的成功，创业者必须具备自我实现、追求成功的强烈的创业意识。强烈的创业意识，帮助创业者克服创业道路上的各种艰难险阻，将创业目标作为自己的人生奋斗目标。创业的成功是思想上长期准备的结果，事业的成功总是属于有思想准备的人，也属于有创业激情的人。

【案例 19-5】 汤姆·莫纳汉的 DOMINO 比萨店

汤姆·莫纳汉（Tom Monahan），Domino 比萨店的创始人，有一个十分艰苦的童年。他生长在照料孤儿的家庭，四岁时，他的父亲去世。他和母亲一起生活了几年，但当他们因生活所困不能住在一起时，母亲将他送到照顾孤儿的家庭。莫纳汉在学校的状况也十分差劲，他是高中班最后毕业的一个学生，后来还被天主教学院驱逐出校。他六次上大学，却没有通过一年级的考试。1960 年，莫纳汉和他的兄弟吉姆借了 900 美元，并买下了密歇根州的一家行将倒闭的比萨店。吉姆在一年内即离开了，但汤姆继续坚持着，经历了两次几乎要使公司倒闭的商业事件和一次火灾。渐渐地，他开了新店。1979 年，他被 Amstar 公司起诉侵犯 Dominosugar 的名字权。Amstar 公司在第一轮中获胜，但莫纳汉通过上诉赢得了官司。通过创业，从前还没有取得成功的莫纳汉发现他有坚强的毅力和决心。他十分喜欢制作比萨，全心全意地要使 Domino 比萨成为家喻户晓的名字。

这些年中，莫纳汉一天工作 18 个小时，一星期工作 7 天。他走遍了中西部，拜访其他的比萨饼店学习他们的经营经验。当与 Amstar 公司的诉讼结束时，Domino 比萨店已发展到 290 个。仅一年之后，莫纳汉开了第 500 个店。今天，Domino 比萨店在美国已有 5 000 家，并在其他国家有 300 余家。

（二）全面的知识技能

创业是一项需要很多知识积累和铺垫的工程，它不但要具备与创业项目相匹配的最新最全的专业知识，而且要具备必需的非专业知识技能，如管理学知识、法律知识、财务知识、广告营销知识等。也许你不能全部掌握这些知识，但是作为一名创业者，至少应该尽可能多地去涉猎这方面的知识，主动地去搜索你所需要的知识，这比你遇到麻烦时被动地临时抱佛脚要从容淡定得多。戴尔 19 岁开始创业，他知道自己缺乏经营管理知识，因此虚心向许多管理专家求教，并在规模扩大时，将执行官职务委托专业经理人。

管理是创业者必须面对的重要工作。卡特兹认为，管理者应具有三种基本的管理技能：技术技能、人际技能、概念技能。技术技能通过学校专业教育或在职培训获得，是执行一项特定的任务所必需的能力。人际技能在与人共事，激励或指导组织中的各类员工中发挥重要作用。概念技能是一种洞察既定环境复杂程度的能力和减少这种复杂性的能力，在处理纷繁复杂的市场、竞争对手策略的变化、政府政策的改变、内部机构的重组等问题时十分重要。卡特兹同时认为，不同层次的管理者，这三种技能的重要程度也是不同的。基层管理者，最接近现场作业，技术技能格外重要；中层管理者，承上启下，人际技能最重要；高层管理者，计划决策多，概念技能最重要。大学生创业者应该积极培养扎实的专业知识和宽广的综合知识，努力把自己培养成"T"型人才。

（三）敏锐的商业感触

市场信息瞬息万变，商机转瞬即逝，对商业时机的敏感性往往会在很大程度上影响创业的成败。关注国家的宏观调控政策，掌控整个行业的实时走向，把握市场运行的规律，洞悉顾客的消费心理，这些都可以帮助创业者在瞬息万变的市场中牢牢把握自己的方向。机会总是青睐有准备的人，当机会来临时，果断地抓住它，将会为你的创业注入无穷的帮助。

【案例 19-6】 "该出手时就出手"——刘永好与新希望集团

1983 年，刘永好与三位兄长一道，辞去公职到农村创业。四兄弟变卖手表、自行车等值钱物件，凑足 1 000 元办起了育新良种场，孵小鸡，养鹌鹑，几经风险，近乎绝望，曾经在"跳岷江""逃新疆""继续干"中挺了下来，带动四川省新津县成为年养 1 000 万只的鹌鹑大县。1986 年，完成养殖的原始积累。1987 年，兄弟四人将 10 万只鹌鹑全部宰杀，成立希望饲料公司。1989 年，希望牌 1 号乳猪颗粒饲料推出市场，1992 年，成立希望集团，是全国第一家私营企业集团。靠着敏锐的商业触觉，新希望集团从养鸡、养鹌鹑起家，目前除了经营饲料外，还成功进军房地产、金融与投资、基础化工、商贸物流、国际贸易、乳业及肉食品加工等多个领域。刘永好兄弟创业近40 年，书写了"基业长青"传奇。刘永好入选 2020 年度中国经济新闻人物、2020 年度中国十大品牌年度人物、2021 年度中国最具影响力的 50 位商界领袖。

（四）宝贵的人脉资源

创业者作为一个资源所有人的身份占有许多创业所需要的资源，其中最具有不可替代性的就是人脉资源。人际关系在创业中的作用在逐渐加大，人脉资源已经日益成为创业信息、资金、经验的源头。在人脉关系的搭建中，尊重、诚信等良好的商业道德非常重要。创业者必须遵循的商业道德的主要内容有：（1）捍卫本企业所定的道德规范；（2）强化本企业在商界的形象和声誉；（3）维持本企业的道德责任感；（4）永远以客户的需求为第一考虑；（5）确实掌握生产和服务成本，获取合理利润；（6）确保安全性和效率；（7）不要有违法和不道德的行为。

（五）齐心的合作队伍

一个项目的成功需要多方位人才的共同支撑才能实现1+1>2，一个团结协作的集体比赤手空拳、单打独斗更具有竞争力，这就需要组建创业团队。团队组织的类型主要有锥形、环形和蛛网型。（1）锥形创业团队中有一个核心人物，并根据自己的想法选择相应的人员加入团队。该组织向心力强，组织结构紧密，组织效率高，决策程序相对简单，但容易形成权力过分集中的局面，使决策失误的风险加大。（2）环形创业团队没有明确的核心人物，各成员扮演的是协作者或者伙伴的角色。团队成员之间较为平等，但整体结构较为松散，容易形成多方领导的局面，决策效率较低。（3）蛛网型创业团队是介于前两种创业团队的中间形态。团队有核心成员，核心成员的确立是团队成员协商的结果，核心人物与团队中的其他成员是同一层面的关系。合作团队需要有一致的前进方向，并愿意为大家共同的奋斗目标而不断付出。作为创业的你可以是这个团队的领导者，也可以是这个团队中不可缺少的一分子。不管怎样，你都是在一个团队中进行有效率的工作。只有团队内部的每一个成员步调一致了，你的创业项目才能顺利，快速地稳步发展。

（六）独特的创新意识

创业具有创新性。"心有多大，舞台就有多大"，只有当创业者大胆创新探索，不断思考，才有可能挖掘到一个好的创业项目。创新贯穿于整个创业的过程，创新无处不在。一个优秀的创业者只有勇于开拓、勇于创新，才能将事业推向一个新的高度。

【案例 19-7】 只为一位顾客服务的饭店

当代人并不缺乏物质享受，而往往缺乏情感交流，有位大学生将这一理念迁移到饭店经营管理，打破人们到饭店只管吃饭的理念，取得了成功。几年前，他在北京一个不起眼的地方开了一家饭店，一个晚上只为一桌顾客提供精品服务，收费颇高。开张了近半年，门可罗雀，因为一开始大家并不接受这种消费理念。就在即将倒闭之际，来了一位女顾客，因为夫妻感情出现危机，为了挽回丈夫，看中这家饭店，约丈夫在这家饭店共享晚餐。正当两人双目相对、默然无语时，妻子事先约好的丈夫小时候的玩伴来了。丈夫百思不得其解，妻子告诉他，今天是他的生日。气氛一下子温馨起来。不一会儿，妻子拿出丈夫当年追求她时信誓旦旦的求爱信，把他们带回到了浪漫的过去。随着一个个精心策划营造的温暖氛围，饭局结束，夫妻和好。自此后该饭店名声大振。现在，到这家饭店就餐需要提前三个月预约，而且每个晚上被分成三个时段。跳出关于饭店的思维定式，理念的创新，让这家饭店成功创业。

第三节 创业团队的要求

"三个臭皮匠，赛过一个诸葛亮"。"臭皮匠"是怎样战胜足智多谋的诸葛亮的呢？原因是他们相互合作，才能互补，形成了一支力量强大的团队。研究发现，在竞争激烈的市场环境中，团队的创业绩效远远要高于个体的创业者。

在前面的章节中我们曾提到马云的故事，无论是建立中国黄页，还是到北京开发官方网站，以及创建阿里巴巴，每一步创业的成功，除了马云本人的魅力外，他身边始终拥有一支核心的团队。

一、认识创业团队

（一）创业团队的概念

1994 年，斯帝芬·罗宾斯首次提出"团队"的概念，所谓团队是指为了实现某一目标，由相互协作的个体所组成的群体。通常情况下我们这样定义创业团队，在创业初期，由一群才能互补、责任共担、愿为共同的目标而奋斗的人组成的特殊群体。

创业团队有两个主要特征：一是创业团队的成员必须是在创业初期加入，全身心投入新企业的创建活动，并在企业核心决策中发挥积极且关键的作用；其次是拥有新企业的所有权。

（二）创业团队的组建原则

创业团队要想在市场的竞争中胜出，在团队组建的过程需要注意以下几个原则。（1）目标明确。明确的创业目标既可以凝聚人心，又为奋斗指明方向，且合理、可行的目标能让每个成员看到希望。（2）技能互补。创业者之所以组建团队，目标就在于实现技能互补，当团队成员在知识、技能、经验等方面实现互补时，团队的效能就会进一步放大。（3）高效精减。创业是一项经济活动，任何经济活动都要考虑成本投入与产出之间的关系，我们要通过降低成本来实现成果的最大化。（4）动态开放。创业过程的不确定性，加上观念、能力方面的原因，人员流动的情况会时有发生，但合理的流动是正常的，为企业的吐故纳新创造了条件。

（三）创业团队的组建逻辑

最早关注创业团队组建逻辑的是吕夫、吕尔德里奇和卡特，他们提出了创业团队形成的五种机制，包括同质性、功能性、地位预期、社会网络机制和团队生态均衡考虑。但福布斯等学者认为这样的分类过于复杂，也不利于操作，他们将创业团队的组建逻辑分为两种类型：一是以获取资源为目的工具型组建逻辑；二是成员之间相互吸引或社会网络驱动下的人际型组建逻辑。

所谓工具型，是指以满足新企业需求为目的，通过组建团队来获取创业活动所必需而自身又不具备的资源，以形成优势互补，进而推动企业的成长，这是一种理性的决策过程。阿伯巴萨伦等人用实证的方式，证明了这一观点。

所谓人际型，是指在社会网络关系驱动下的非理性决策过程。创业者大多从社交圈子中选择那些与自己有相似特征的个体作为团队成员，组建者并非特别看重对方能为企业创造多少贡献。换句话说，就是组建者从他个人交往的圈子里选择志同道合，和自己具有共同价值追求的人来组成核心团队，大多是亲戚、同学或朋友。

事实上，在实际运用的过程中，我们可以把这两种方式结合起来，因为在企业创建之初非常需要两类人：一类是可以充分信任的朋友，一类是能在资源上实现互补的战友。最好两者兼而有之。

（四）团队创业的模式

当下许多高校为了培养大学生的创业意识和创业能力，进一步挖掘他们的创业潜能，学校专门为学生开设创业园区，免费为他们提供创业指导和创业场所。经过对创业活动的梳理发现以下模式：

（1）技术服务型。大学生利用自身的专业优势和能力特长为社会提供各类服务活动。比如广告专业、计算机专业的学生，通过组建创业团队，承接周边企事业单位的宣传广告业务，还有从事三维设计、计算机软件开发、设备安装维护等工作，甚至有同学根据市场需求，办起了家教咨询和培训中心。

（2）商品销售型。课余时间，有些同学到企业兼职帮助推销产品，也有同学在校内开办便利店，他们从家乡组织货源到学校，销售给老师和同学。温州大学就有很多同学开办的商店，如珍珠饰品店、丝绸服装店等。随着互联网的发展，有些同学通过开设网店，把生意做到了全国各地。

（3）物品租赁型。大学里各类学生组织很多，学生活动非常频繁，音响设备、烧烤工具以及其他物品的租赁很普遍，这恰好给创业者提供了商机，部分同学就选择物品租赁作为自己的创业项目，既为同学提供方便，又能从中学习经营之道。

二、团队与创业绩效

组建创业团队的主要目的，就是为了提高创业的绩效，在影响创业绩效的众多因素中，我们发现创业团队的领导风格、成员特质，以及团队互动等对企业绩效有较大影响。当然，创业绩效还受到启动资金、外部环境和国家政策等变量的影响。

（一）领导风格对绩效的影响

领导风格大致可分为变革型和交易型两种类型。变革型的领导，会让下属意识到自身所承担任务的重要性，唤起员工的高层次需求，让他们更加重视团队的利益，从而达到超出预期的工作结果。变革型领导的行为特征主要包括德行垂范、评价激励、个性化关怀等方面。

研究表明，变革型领导能提高员工对工作的满意度，从而让团队更有凝聚力。交易型领导风格，是指建立在交易或契约基础上的领导风格，领导者以员工的努力程度和工作的绩效为依据，对其进行奖励或处罚。交易型领导重视与下属之间的交换关系，时间久了，会降低员工对工作的满意度，从而增加人员流失，给企业绩效带来负面影响。调查表明，高校学生创业团队的领导风格多为变革型，成员之间重视沟通，相互尊重，努力营造一种和谐的氛围。在归属感和激励的双重作用下，团队的整体效能得到较好的发挥。

（二）成员特质对绩效的影响

团队成员的特质对创业绩效的影响，主要包括浅层特质影响和深层特质影响两方面。浅层特质通常又分为信息特质和社会属性特质，其中，信息特质主要指团队成员的教育背景、工作经历和任期等；社会属性特质主要指民族、年龄、性别等。深层特质主要包括成员的认知水平和人格特质等。浅层特质对绩效的影响，是指因性别、年龄和工作经验等方面的差异，每个成员在团队中承担的角色和任务不同，他们观察问题、分析问题的角度就不一样，对企业的贡献也会存在差别。深层特质绩效的影响，是指团队成员认知结构的差异，往往会影响整个团队对机会和风险的评价，甚至影响企业的战略决策。不过这种差异性的好处是能让团队获得多种意见，为决策提供多种方案。此外，成员的人格特质对创业绩效也会产生很大影响。如直觉型成员多的团队对创业机会的评价更加积极；知觉型成员多的团队能发现更多的创业机会；外向型成员多的团队对风险的认识相对较低。也就是说，不同人格类型的成员对团队的决策会产生不同的作用，对创业绩效将产生直接的影响。

（三）成员互动对绩效的影响

由于成员之间的特质差异，在团队运行的过程中，就会产生任务、关系、认知和情感上的冲突。不同类型的冲突对创业绩效的影响有所差异。这种影响表现为正反两方面。任务冲突，往往被认为是积极的，对那些重视创意的团队而言尤其如此。如某企业把相关人员分成两组，让他们就某项工作各自开展调研，并拿出策划书，再进行讨论、比较和整合，最后使方案得以优化。关系冲突，被认为是消极的，在企业运行的过程中，具有相同特质的成员可能会形成小团体，这样的小团体长期存在就会影响团队的战斗力，给沟通与合作造成障碍，乃至影响目标的实现。认知冲突，既有利也有弊，若成员能从整体利益出发，提出建设性意见，那么对团队建设是非常有益的，反之则是破坏性的。情感冲突，常常被认为是消极的，造成情感冲突的原因是多方面的，有价值观的因素，也有利益分配等方面的问题。

解决冲突的有效方法是加强成员之间的交流与互动。通过有效沟通，增加成员之间的信任感，提高团队的凝聚力。当然沟通不限于言语，还有态度和行为等。在企业目标的指引下，团队成员通过良性互动形成一种和谐的人际关系。在共同价值观的驱使下，大家相互合作、患难与共、团结奋斗。成功时能相互祝贺，困难时能共同应对。对企业而言，这是团队胜任力的重要标志，有学者称之为协作能力和关系能力。

【案例 19-8】　复星集团的"创业五人组"

复星集团是全国规模最大的民营企业，业务涵盖医药、信息等多个领域。在整个产业链条上，我们始终能看到一根由五人组成的主链条，那就是郭广昌、梁信军、汪群斌、范伟、谈剑。在接受媒体采访时，副总裁梁信军认为一个团队制胜的关键有三点：一是能力互补，二是团队管理，三是人尽其才。

能力互补。郭广昌等五人的能力不能与世界知名企业的 CEO 相比，但是他们的能力加起来，能超过任何一个优秀的 CEO。他们能力的综合，正好符合一个成功创业团队的四个重要条件：创新能力、专业知识、广泛的人脉资源和良好的融资能力。在复星这个核心团队中，大家各有所长。郭广昌创新能力强，汪群斌和范伟精业务实，梁信军人脉资源丰富，谈剑擅长公关事务。在五人的合力下，复星迅速发展壮大。

在复星集团有一个形象的比喻：五人团队好比一只伸出的手，长短粗细各不相同。但每人的特点都很鲜明，捏在一起，就是一只有力的拳。五指伸开，触觉灵敏，反应迅速，抓住机会，一拳非常有力，重点突破，占有市场。这正是"三个臭皮匠顶个诸葛亮"的奥妙所在。复星团队的成功之处在于：

团队管理。团队管理要落实到位，有两点非常重要：一是管理者能认识到自身的差距；二是领导者能与专业人士分享权利。对于前者，复星有一套特殊的干部评估体系，内容包括领导艺术、管理和拓展三方面，集团会定期将评估表发放到每个干部的下属和相关部门的人员手中，以无记名的方式进行打分。然后，管理者将本人的自评与调查的分值进行比较，从中找出差距，然后加以完善。对于后者，复星集团会把决策权下放给最专业的人士，决策之前他们请最熟悉业务的人士给出决策建议。复星集团内，从上至下都非常推崇团队管理。

人尽其才。发现每个人的优点并充分发挥他们的长处，能让一个团队变得更加高效，这一点，在复星团队的管理中得到较好体现。郭广昌处事公正，善于思辨，且他是整个集团的灵魂；梁信军凭借他自身的优势，成为复星集团投资和信息产业的领军人物；汪群斌专攻生物医药，是复星实业的总经理；范伟负责品牌策划与房地产管理；谈剑负责财务、体育及文化产业。复星集团奉行着这样一个理念：适才适所，才能形成卓越的团队。

思考与练习

    1. 通过本章的学习，总结你具备的创业素质有哪些?

    2. 结合自身实际，谈谈大学期间如何提高自身的创业素质?

    3. 与同学组队参加一项创业创新比赛，并结合实际谈谈你对团队建设的感悟。

第二十章　启动创业计划

　　《礼记·中庸》有云：凡事预则立，不预则废。意思是不论做什么事，事先有准备，就能得到成功，不然就会失败。多年来无数创业者成功或者失败的经验可以告诉我们：大学生想要获得创业的成功，仅有热情是不够的，还必须做好各种准备工作，才能顺利启动创业计划，最终获得成功。

第一节　创业初期的准备

【案例20-1】　罗×的创业

　　罗×，××大学经管学院 2021 级国际经济与贸易专业学生，××大学××工作室负责人、××商贸有限公司首席执行官（CEO）。为了实现"成为一名设计师并拥有自己独立工作室"的梦想，上大学后的罗×经常扎进学校图书馆，不断借阅各类与设计相关的书籍为自己充电。除了广泛阅读，罗×还进入知名公关公司×××实习，在企业宣传、公共关系和品牌推广的实战演习中磨炼自己，期间还做了半年的××区域官微主页管理员。经过历练，罗×积累了宝贵的经验，让梦想照进现实的信心也更加坚定。大二刚一开学，她向学校提交了大学生创业项目的申请并成功立项——××文化传媒工作室应运而生。半年后，当××大学校园明信片、丝绸之路桌游、校园手绘地图、西部生存指南、校园文化衫等出自×××工作室的创意设计作品逐渐风靡校园时，×××工作室的成员也由最初的 1 人增至 22 人。一年之后，电信旗下的××公司签下了罗×的整个工作室，免费为她和同伴提供办公场地，帮助她们做创业孵化。2021 年 6 月，罗×率领工作室出征××校园创意营销大赛，并击败全国十个赛区 200 多所高校，包括北京大学、复旦大学等国内多所名校的参赛选手，一举夺冠；她的团队成为该赛事六年来唯一一支来自西北赛区的总冠军。

上述案例中我们可以看到，罗×具备较强的创业意识，丰富的创业经历，扎实的专业知识能力。进入大学之后，她通过学习实践不断提升创业经验和专业知识，成立工作室，担任首席执行官，获得各种创业比赛的成功。可以这么说，罗×打了一场有准备之仗。

创业是一个系统工程，不可能凭着一腔热血和一时冲动就能获得成功。那么，创业前我们究竟要做哪些准备工作呢？

一、创业资金

创业资金是指创业者进行创业时，前期的资本投入。创业资金主要有启动资金、周转资金和预备资金。在获取创业资金前，创业者首先得明白自己需要多少资金，如何获得资金。对于大学生来说，筹集资金主要有以下几条途径：

（一）自筹资金

资金短缺是大学生在创业时经常面临的难题，很大一部分大学生创业者选择自筹资金，包括向父母、亲戚、朋友筹集资金。这是一种简单可行的办法。国内某权威大学生就业调查机构发布的调查报告显示，本科毕业生自主创业的资金 76% 来源于"父母/亲友投资"或"借贷和个人积蓄"。

（二）合伙入股

创业社会化是一种趋势。由于一个人往往势单力薄，所以几个人凑在一起会更有利于创业资金的筹集。而且，合伙创业不但可以有效筹集资金，还可以充分发挥人才的作用，并有利于对各种资源的利用与整合。

（三）风险投资

所谓风险投资，是指对处于创建期和成长期的中小企业进行股权或债权投资，并参与企业管理，以获得较高的报酬。大学生可以通过拟订好创业计划书，或参加诸如中央电视台的"创业英雄汇"等栏目的途径寻求风险投资。

（四）申请创业贷款

为支持大学生创业，国家各级政府出台了许多优惠政策，涉及融资、开业、税收、创业培训、创业指导等诸多方面。创业贷款是国家给大学生提供的创业优惠措施之一。一般可以通过以下三种途径获得：直接向银行申请贷款、申请科技型中小企业贴息贷款和利用新的技术成果或知识产权、专利权进行担保贷款。

（五）自力更生

拓宽思路，靠自己的力量筹措资金，对大学生创业者来说是最直接，也是最有效的办法。

在获取创业资金的同时，创业者必须思考以下问题：是选择债权作为资金来源还是选择股权作为资金来源，你选择什么为你的投资人提供保障，这些基本问题将决定创业的前期是否成功。

二、创业知识

广义的创业知识是指对创业实践过程具有意义的个体的知识系统及其结构，主要包括专业知识、经营管理知识、综合性知识等。只有系统地掌握了相关的基本理论和技能，才能为今后创业打下坚实的基础。

（一）专业知识

这是与创业目标直接联系和发挥作用的知识体系。大学生首先要具备深厚、系统的专业知识，这样才能准确地把握事物发展的全局，顺利地把专业知识转化为技能。

【案例20-2】 孙××的创业

孙××就读于北京××大学软件学院。毕业后，他在××做了一年的程序员，之后孙××来到一家民营医院，想实现更大的梦想。最终他并未如愿以偿，最后只好选择带着新媒体团队出走创业。

当微信第三方平台淘金热时，××借势而生。这是一家专注于微信第三方服务的SAAS软件服务商，主要基于微信为企业提供开发、运营、培训、推广一体化解决方案。在A轮融资中，××估值近3亿人民币，而创始人正是孙××。目前这家公司服务涵盖O2O、社会化客户关系管理、移动电商、轻应用等多个领域。团队已近200人，入驻商家总数超过40万家，在全球多个地区设有超过700家代理。

（二）经营管理知识

经营管理是指在企业内，为使生产、营业、劳动力、财务等各种业务，能按经营目的顺利地执行、有效地调整而进行的系列管理、运营之活动。在日益激烈的市场竞争中，大学生创业者必须要了解潜在市场的需求量、正确预估占有率、清楚竞争对手的情况和销售渠道、仔细分析竞争对手的经营策略以及双方的优劣势，在此基础上才能对企业的经营活动和市场行为作出正确决策。

（三）综合性知识

综合性知识是发挥社会关系运筹作用的多种专门知识，其中包括国家的各项政策法规、税务知识、金融知识、保险知识、法律知识等。(1)国家政策法规。大学生创业需要了解国家的政策法规、国家鼓励大学生创业的政策，特别是工商、税收、户籍管理等方面的政策。(2)税收知识。我国现行的税法主要包括以下五类：对流转额的征税、对收益额的征税、对财产的征税、对行为的征税以及对资源的征税。(3)金融知识。金融即资金的融通，涉及如何获得发展所需资金等各方面的问题。(4)保险知识。与创业相关的商业保险大致可分为：财产保险、人身保险、责任保险、信用保险、津贴型保险、海上保险。(5)法律知识。我们的市场经济是法制经济，大学生创业者一般应对《公司法》《合同法》《劳动法》《反不正当竞争法》《商标法》《专利法》等国家法律有所了解。

大学生创业者可以通过不同途径来获取创业知识和经验。第一，在学校里，大学生可以选修创业指导相关课程，网课学习或者借阅相关的书籍，通过阅读增加对创业市场总体的认识。此外，参加社团活动也可以锻炼大学生的创业综合能力。第二，大学生可以通过媒体获得大量的创业知识和信息，尤其是经济类、人才类的媒体，如《创业家》《第一财经》等，里面的内容往往针对性很强。此外，创业论坛、创业中心等机构的网站，也提供了最前沿的创业知识。第三，大学生可以多与有创业经验的亲朋好友交流、职业生涯访谈、专业机构咨询等获取创业经验和技巧，这些将会非常实用。第四，创业实践是检验创业知识最好的方式之一。参与高校创业园入驻、大学生创业大赛、创业见习等活动可以帮助大学生积累创业经验、锻炼自己的意志，提高自身的综合素质。

三、创业的心理准备

（一）强烈的创业欲望

"欲"，实际就是一种生活目标，一种人生理想。关于人的欲望，万通集团董事局主席冯仑有一段很精辟的论述：地主的生活最愉快，企业家的生活最有成就感，奴隶主的生活最有权威。地主地里能打多少粮食，预期很清楚，一旦预期清楚，欲望就会被自然约束，也就用不着再努力，所以会过得很愉快。企业家不同，企业家的预期和他的努力相互作用，预期越高努力越大，努力越大预期越高，这两个作用力交替起作用，逼着企业家往前冲。如果用"创业家"代替冯仑这段话里的"企业家"，你会发现它同样贴切，或许我们可以这么说："欲望是创业的最大推动力。"

【案例20-3】　邹××的创业

邹××来自北方的长春。他先是创建了××商场，后又在上海发展了4个大型家具连锁营销店，并在上海开创了家具、房地产、装潢"三位一体"跨行业联合的经营模式，成为××××股份有限公司董事长。邹××在接受媒体采访时说自己的创业动力来自"三大差别"。这"三大差别"不是他自己提的，是他现在的岳父给他提的。邹××说自己早恋，高二就开始谈恋爱，后来女朋友考上了大学，他却落榜了。他女朋友的父亲就对他说：你和我的女儿有三大差别。第一是城乡差别。女朋友是城市户口而邹××却来自贫穷的农村。第二是脑力劳动与体力劳动的差别。邹××的女朋友已经考上了大学，而邹××却在一个小杂货店搬油盐酱醋出卖劳动力。第三是健康上的差别。邹××因为身体不好影响他大学都没考上，难以想象一个身体不好的人怎么能够养得活我的女儿？所以你和我的女儿谈恋爱坚决不成！要想不放弃自己的女朋友，那就只有一条路，就是消灭"三大差别"。在这样的情况下，邹××开始创业，并且创业成功。现在，女朋友早已成为他的妻子。

研究表明，成功创业者的创业欲望都是非常强烈的。创业欲望一方面来自于他们不安于现状，他们更远大的人生抱负与追求；另一方面，则来自现实社会的刺激，这种刺激让他们产生了强烈的反抗情绪，鞭策着他们不断前进。

（二）坚强的创业精神

【案例20-4】　褚时健的创业

生于1928年的褚时健出生在一个农民的家庭。31岁时被打成右派，带着妻子和唯一的女儿下农场参加劳动改造。"文化大革命"结束后，褚时健接手玉溪卷烟厂，出任厂长。当时的玉溪卷烟厂是一家濒临倒闭的小厂。那年他已51岁！经过褚时健和他的团队经过18年的努力，把当年濒临倒闭的玉溪卷烟厂打造成后来亚洲最大的卷烟厂，中国的名牌企业：红塔山集团。褚时健也成为中国烟草大王，成了地方财政的支柱，18年的时间共为国家上缴税收991亿。而就在褚时健红透全中国，走到人生巅峰时，1999年因为经济问题被判无期徒刑（后改判为有期徒刑17年），那年的褚时健已经71岁了。

当从一个红透半边天的国企红人，掌舵红塔山集团18年的全国风云人物一下子沦为阶下囚，这样的打击可以说是灭顶之灾。接下来的打击对他才是致命的，妻子和女儿早在三年前已经先行入狱，唯一的女儿在狱中自杀身亡。

这场人生的游戏是何等的残酷，一般人想到的：此时这位风烛残年的老人在晚年遇到这样的境遇，只能在狱中悲凉地苟延残喘度过余生了。三年后，褚时健因严重的糖尿病被保外就医。经过几个月的调理后，褚时健上哀牢山种田，后来他承包了2 400亩的荒地种橙子。那年他74岁。75岁，他承包2 000亩荒山创业；84岁，他的果园年产橙子8 000吨，利润超过3 000万元。

后来有人采访曾任深圳万科集团董事长的王石：他最尊敬的企业家是谁？王石沉吟了一下，说出的人并不是商业精英，也不是通常人们眼中的成功人士，而是跌倒过且跌得很惨的褚时健。他说："衡量一个人的成功标志，不是看他登到顶峰的高度，而是看他跌到低谷的反弹力。"

创业精神是指在创业者的主观世界中，那些具有开创性的思想、观念、个性、意志、作风和品质等。对于大学生来说，创业精神意味着艰苦奋斗、坚持不懈、实事求是、抓住机遇、积极进取、雄心壮志与忍耐力。可以说，创业精神是大学生创业的灵魂，拥有创业精神，可以使大学生在创业过程中目标明确、信念坚定、一步步走向成功。

（三）卓越的创业胆识

【案例20-5】　周枫的创业

周枫带合伙人做婷美时，一个500万元的项目，做了两年多，花了440万元还是没有做成。眼看钱就没了，合作伙伴都失去了信心，要周枫把这个项目卖了。周枫不舍得，最后就花5万元钱把这个项目买了下来。当初大家一起还有个合伙公司，作为代价，周枫把在这个合伙公司的利益也全部放弃了，据说损失有几千万元。单干的周枫带着23名员工，把自己的房子抵押了，跟几个朋友一共凑了300万元。他把其中的5万元存在账上，另外的钱，他算过，一共可以在北京打两个月的广告。从当年的11月到12月底，他告诉员工，这回做成了咱们就成了，不成，你们把那5万块钱分了，算是你们的遣散费，我不欠你们的工资。这些话打动了这些员工，他们每个人都非常卖力。婷美成功后。周枫成了亿万富翁，他的许多员工成了千万富翁、百万富翁。

卓越的创业胆识是创业成功的重要影响因素。胆识包括胆量和见识，胆是一个人敢于承担风险和责任的能力，而识是一个人对人或事物的认知能力，是创业者能够走多远的支撑。一个人只有敢于承担风险和责任，才能走出创业的第一步。胆识是创业者开拓创新，追求卓越的精神财富和对瞄准的目标敢于起步，对选定的事业敢于冒风险、敢于承担责任的心理品质。

（四）独到的创业眼光

【案例20-6】　伍德与西尔斯罗巴克公司的零售扩张

金斯·罗伯特·伍德从第一次世界大战结束归来后发现，连锁商店开始席卷全国，通过产品价格手册邮购的业务受到冲击。1921年，伍德向他的新雇主蒙哥马利-沃德公司指出，公司有四个分销点、一个组织有效的采购体系以及良好的声誉，如果公司能够利用这些优势便能竞争过其他连锁店。但是伍德的意见并没有被采纳，并于1924年被开除。伍德随后加入了西尔斯罗巴克公司（以下简称西尔斯），后来成为公司的总裁。

伍德意识到城市对零售商店的重要性，因此一上任，他就开始了行动，包括在哪里开设新店，谁将来管理它们。西尔斯早期的一些店铺选择城市外的高速公路旁边，这似乎有些滑稽，但是随着城市的扩张，这些店被融进了城市之中。

三年之内，西尔斯的零售商店已经扩张至300多家。在西尔斯，伍德被尊称为西尔斯零售扩张之父。

独到的创业眼光是大学生创业者最大的资本。在创业的路上，你必须要有一双明亮的眼睛，市场上的商业机会要看得准，看得透。自己所从事的行业现在是个什么情况？竞争激烈程度如何？未来将会发生怎样的变化？自己在这个行业有没有生存发展的空间？自己的胜算有多大？对于这些问题，要看明白，想清楚，才能作出快速准确的反应。

（五）强大的受挫心理

【案例20-7】　查理创业的失败与成功

查理第一次开店是在他26岁的时候，他看到几乎所有的法式快餐店都能挣钱，于是他找到一家刚开业的大型购物商场，在美食街里一下子租了三个摊位，专门卖法式炸薯条和苏打水。刚开始生意不错，但是他渐渐发现员工做事情不积极，而查理兼顾不到小事情，只管一些重要的事情，导致了生意的失败，他几乎倾家荡产。那时候他特别消沉，整天胡思乱想。半个月之后，他开始考虑为什么生意会失败，现在应该做些什么，怎样才可以东山再起。当他的生活回到正轨时，查理更加客观地总结生意失败的原因。之后，他一共开了九家店，虽然关闭了三家，但是其余六家生意红火。查理一直认为，从失败中学到的东西比成功多，三家倒闭的店铺教会他很多东西。如果没有失败的经历，那就不会有长进。

对于查理来说，总结经验之前他经历了一段痛苦、反思、复原的心路历程。当创业面对失败和挫折时，第一要反思，要分析失败的原因，理清思路。第二要恢复，要振作精神，重头来过。这些都需要创业者具备强大的受挫心理。

大学生创业者在创业初期不得不同时担任多种角色，既疲劳不堪，又常常不能适应，而且要与社会各方面打交道，这又常常是初涉社会的大学生创业者所不擅长的，碰钉子是常有的事情。如果缺乏受挫的准备，遇到困难就心灰意冷，这就很容易在创业路上半途而废。而在成功的创业案例中，我们经常会看到创业者在受挫之际，积极调整心态，反思原因，寻求有效的解决方案。

四、创业方式

选择合适的创业方式将提高成功概率。创业者选择生意一般有以下五种形式：

（一）创办新的企业

创办全新企业是创业的主要方式。其优点是能够按照自己事先设想的模式塑造和运作企业、没有历史后遗症、可以从小本经营做起。反之，其缺点是竞争激烈、融资困难、创业初期心理压力大等。对于大学生来说，如果选择创办新的企业，可以考虑团队创业，即考虑具有互补性或者有共同兴趣的成员组成团队进行创业。团队创业成功的概率要远高于个人独自创业。一个由研发、技术、市场融资等各方面组成，优势互补的创业团队，是创业成功的法宝。

（二）购买现成生意

在欧美国家，购买现成生意是创业的常见方法。一些企业家往往是靠企业的兼并收购而在相当短的时间内发财的。欧美一些国家已经形成了包括有许多专门的企业购并专家、资产重组、资产评估、融资支援、股票上市的服务体系。

2000 年 12 月 31 日，美国第三大银行大通曼哈顿公司正式兼并第五大银行摩根公司，新公司取名为 J. P. 摩根大通公司。新公司组建成一个全球性的银行集团，有利于双方业务上的互补。2008 年 J. P. 摩根大通公司总资产 20 360 亿美元，总存款 10 093 亿美元，占美国存款总额 10.51% 的比例居第二。2011 年 10 月，摩根大通的资产规模更超越美国银行成为美国最大的金融服务机构。

（三）加盟创业

加盟创业是采用加盟的方式进行创业，一般的方式是加盟开店。这种方式的优点是可以直接利用总部的技术、品牌、商标，比起自己去独创事业，在时间上、资金上都可以减轻负担。对于首次创业欠缺经验的大学生创业者而言，是成功率较高的一种创业模式。但是在实际操作过程中，由于加盟行业鱼龙混杂，怀揣创业梦想的大学生创业者因为各种原因轻信加盟商，导致加盟创业被骗，这不仅降低了创业的成功比率，更严重打击了大学生的创业热情。

【案例20-8】　小王加盟创业的教训

小王一直都有自主创业的想法，2012年大学毕业后，经过考察，小王发现××饰品生意比较火，反复斟酌后，她决定先摆地摊，等到积累一定资金后，再开实体店。

2013年5月下旬，小王通过网络选择了一家名为"××"的珠宝加盟店。从该加盟店的网页上，小王发现其所售的货品似乎反响不错，随后她通过网页上留下的加盟电话，与对方取得了联系。小王告诉记者，电话中的工作人员反复向她介绍作为加盟商的好处，而且选购的货物卖不完还可以退，随后还给她发了一些珍珠项链的图片，让其挑选，看中后可先发货再付款。

"十天前，一名自称珠宝公司工作人员的男子突然给我打来电话，说是不久前选购的货物已经发到凤凰机场，现在只要汇3 000元就能马上取货。"小王由于创业心切，她也没多想就按照对方的指示往其银行账号里汇去3 000元，可汇完钱后，对方也没再跟自己联系。

十天过去了，小王仍然得不到"珠宝公司"所谓的任何说法，小王要求退款，先前与其联系的"工作人员"却百般推脱，最后直接关机。6月14日上午，在朋友的陪同下，小王前往××市××派出所报案。

从这个案例可以看出，大学生在选择加盟创业的时候，首先要摆正心态，不能操之过急。其次，要认真审核几个指标，如品牌的知名度、口碑、对经销商的扶持力度和渠道管理政策、厂家未来几年的计划、成功经销商的经验等，避免加盟陷阱。

（四）网络创业

网络创业是一种具有勃勃生机的创业形式。网络创业主要经营有网站和网店，归根结底就是一种以网络作为载体的创业形式。

【案例20-9】　小尹的网络创业

小尹是安徽人，从小跟着做南北干货批发生意的父母在浙江读书。由于从小跟这些食材打交道，他清楚了解哪个地区产哪种好食材，也能一眼看出品质好坏。在大学期间，小尹喜欢网上购物，一次无意中，他搜索"百合"，发现最便宜的百合还比自家的贵不少，于是萌生了网上开店的想法。他利用周末回家看货，给货物拍照、定价、挑货、上架。2012年6月店铺开张，充分利用了大学生创业的特色，同时为了赢得口碑，他从父亲那里挑选最好的货，价格也很优惠。小尹也经常跟父亲去原产地看货，保证货物的质量。店里每个商品的配图，都是他在生产地亲自手捧各类食材时拍摄的。店铺很快步入轨道，该店平均每个月出售南北干货三千多单，每天销售额破万元。

从这个案例，我们可以看出，小尹充分利用货源的优势开设网店，打出了大学生创业的旗号，而且严把质量关，在价格上也非常有优势，从而获得了网络创业的成功。对于大学生来说，网络创业具有销售范围广、推广成本低、投资成本低、消费群体日益增长等优势，吸引了越来越多的大学生投身到网络创业中来。

（五）兼职创业

兼职创业即在业余时间创业。大学生由于经验不足和资金短缺，可以选择兼职方式。这种方式最重要的优势在于，由于还保持在职状态，经济上压力不是很大，此外，又可以充分利用在工作中积累的商业资源、人脉关系以及实践经验，大大减少了创业风险。但是，兼职创业需要在主副业之间同时工作，对创业者的精力、体力以及忍耐力都是很大的考验。

第二节　创业项目的选择

创业初期最重要的就是创业项目的选择。对于一名立志创业的大学生而言，首先要掌握了解创业项目的类别及来源。在选择创业项目时，要积极关注市场和环境中存在的各种商机，综合国家政策、市场导向、特色创新、兴趣特长等诸多因素考虑，从而把握创业项目选择的主要方向。在选择创业项目的过程中，面对各式各样的创业机会，要深入分析每一个创业项目背后成功的可能性，在目标市场明确、发展前景良好的前提下，选定自己为之奋斗的创业项目。

【案例20-10】　孙正义选择事业的标准

有这样一个人，身高不足一米六，却曾被称为"电子时代大帝"。他的名气比不上微软公司的比尔·盖茨，雅虎公司的杨致远，但他在互联网经济中拿下的份额却超过了上述两人。他就是日本软银公司的董事长孙正义。他大学毕业后从美国回到日本，先模拟自己想成立的事业，用时一年半，针对40个行业展开一连串市场调查，拜访过各式各样的人、阅读了许多书籍与资料、分别编制出每个行业十年的预估损益平衡表、资产负债表、资金周转表，制作出不同形态的公司组织图，进行沙盘推演，并将结果与检查项目表对照，判断这些是不是适合自己投入一生的事业。

孙正义列出的选择事业的标准有25项之多，其中比较重要的有：(1)该工作是否能使自己持续不厌倦地全身心投入，50年不变；(2)是不是有很大发展前途的领域；(3)10年内是否至少能成为全日本第一；(4)是不是别人可以模仿。依照这些标准，他给自己的40个项目打分排队，计算机软件批发业务从诸多项目中脱颖而出。1981年，孙正义以1 000万日元注册了"softbank"（软银公司），自1994年上市以来，拥有日本300家企业，遍及美国、欧洲重要的合资或独资企业，辖下关系事业、创投资金和策略联盟等一切资产，总共400亿美金，跻身日本前十大会社。

孙正义在选择创业项目过程中，事先并没有预先设定的行业和领域，完全通过一套系统的市场调研方法，实质上是把一个企业用的项目投资调研的方法，用在个人的事业选择上，并成功找出一条最佳的事业之路。他充分发挥了自身的主观能动性，在选择创业项目的过程中，充分进行市场调研，结合自身的实际情况，选择符合自己标准的项目，增强了人生成功的自主性和必然性。孙正义的事例同时也说明，既然选择的创业项目关系自己的事业和人生走向，就不可随便、大意，必须要经过一个充分的论证过程。在这个过程中，要舍得花时间、花力气，要能够静下心，认真调查研究，寻找事实根据。

一、选择正确的项目是创业的首要任务

创业准备充分与否，对大学生创业事业的成败起着决定性的作用，而大学生创业项目的选定是创业准备中最重要的一环，直接关系创业的成败。因此，创业的首要任务就是创业项目的正确选择，这是创业中最难，也是最关键的一步，选择项目就是选择创业方向。

那么，什么是创业项目呢？创业项目具体是指创业者进行创业所从事的某一具体方向或具体行业，具有吸引力的、较为持久的和适时的一种商务活动内容，并最终表现在可以为客户和最终用户创造或增加价值的产品或服务中。简而言之，创业项目是创业者愿意并有能力操作的、市场需求真实存在的商业机会。

一般而言，在创业项目的选择上，要针对某个特定消费群体进行市场调研，从需求中发现商机。好的创业项目等于一个好的开始，成功创业最大的因素就是有一个好的创业项目，很大一部分创业失败是由于项目选择错误所致。许多大学生创业初期阶段在选择项目时往往带有很大的盲目性，容易跟风，喜欢挑一些目前最流行最赚钱的项目，没有经过任何评估，就仓促启动，也不管是不是自己熟悉的行业，是否适合自己创业，结果往往因各种因素无法坚持而创业失败。据教育部公布一项的统计数据，全国 97 家比较早的学生企业，赢利的仅占 17%，五年内仅有 30% 能够生存下去。麦可思对毕业三年后的大学生进行的跟踪调查发现，在大学生毕业半年后自主创业的群体中，三年后有约七成的人退出了创业。据调查，大学生自主创业成功率只有 2% 左右，远低于一般企业的创业成功率，绝大部分创业者夭折在创业的早期孕育阶段，其主要症结在于未能发掘一个有生命力的、适合自己的创业项目。

（一）创业项目的分类

要选择对口合适的创业项目，首先要了解创业项目有哪些种类。从不同的角度划分，创业项目有以下多种类型。

从观念上来看，创业项目一般可分为传统创业项目、新兴创业项目以及最新兴起的微创业项目；从方法上来看，可分为实业创业项目和网络创业项目；从投资上来看，可分为无本创业项目、小本创业项

目及微创业项目；从方式上来看，可分为自主创业项目、加盟创业项目、体验式培训创业项目和创业方案指导创业项目；从经营性质及特点上看，可分为生产类创业项目、科技类创业项目、商贸类创业项目、服务类创业项目、创意类创业项目和公益类创业项目等。

（二）创业项目的来源

一个好的创业项目必定能经得起市场的检验和证明，创新元素、科技含量、需求价值等是成功创业项目的标志性因素。关于创业项目的来源，有研究者将其分为以下几个方面：

一是实验及研究成果。实验及研究成果是指高校或各研究机构自主研究开发的成果。选择这些成果作为创业项目将大大推进研究与教学和企业生产的衔接，加快实验及研究成果的转化进程。这种创业项目在创业时具有技术优势，容易吸收创业资金，减少创业者的后顾之忧，增加创业成功的可能性。

二是大学生创业构思及创业计划大赛。大学生的创业构思是创业项目的重要来源。现阶段许多机构都在举行大学生创业计划大赛，这不但有利于激发大学生们的创业意识，促进了一些创业构思的诞生，还有利于大学生创业计划的实施。当前，有一些大学生创业公司其前身便是大学生创业计划大赛的小组。我国的大学生创业计划大赛始于1998 年清华大学举办的首届清华创业计划大赛，该赛事逐渐衍生扩散到全国各大高校，从而掀起了大学生创业创新的热潮。

三是各种发明和专利。发明和专利也是创业项目的重要来源。发明和专利都是具有特创的设想，它如果被开发出来进行产业化生产将会带来巨大的社会财富。现在各个国家为了激励发明创造，都制订了《专利法》来保护发明者，并取得较好的成效。当然也并不是说所有的发明和专利都能顺利地转化为实际的大规模生产，因为要实现产业化还受到许多条件和环境的制约。

四是从市场机会中发现创业项目。大学生在进行创业之前必须做好充分的市场调查，通过分析、对比等方式从中发现商机，从而产生新的创业项目。当然，要根据实事求是的原则和可行性原则来选择创业形式。大学生尤其是切忌好高骛远，在资金、经验、市场需求等方面不足或不了解的情况下涉足风险度较高的行业，这样容易在创业早期就陷入困境。对于刚毕业的大学生而言，往往资金实力不够，从商经验较少，因此选择操作性强、门槛低的创业项目不失为一种明智的选择。

二、选择创业项目的原则

选择怎样的创业项目，如何选择创业项目是许多大学生创业者急需破解的关键问题。一般来讲，大学生在进行自主创业时常常受资金、技术、原材料、人力资源及市场需求等因素的影响，因此在进行项目选择时可以结合以下几点进行参考。

（一）优先考虑国家政策优惠的创业项目

随着国家以创业带动就业政策的出台，大学生走创业之路得到了各级政府的鼓励、支持，出台了一系列鼓励大学生创业的优惠政策，从融资、开业、税收、创业培训、创业指导等诸多方面，对自主创业的毕业生，可以在注册登记、贷款融资、税费减免、创业服务等方面获得扶持。其中，现行有效的税收优惠政策主要有 3 个：财政部、国家税务总局、人力资源社会保障部、国务院扶贫办出台的《关于进一步支持和促进重点群体创业就业有关税收政策的通知》（财税〔2019〕22 号），国家税务总局、人力资源社会保障部、国务院扶贫办、教育部印发的《关于实施支持和促进重点群体创业就业有关税收政策具体操作问题的公告》（国家税务总局 2019 年第 10 号公告），国务院出台的《关于进一步做好普通高等学校毕业生就业工作的通知》（国发〔2011〕16 号）。其中，上述 3 项政策的核心内容就是：符合条件的大学生创业从事个体经营，三年内每年能按 12 000 元限额，依次扣减其当年实际应缴纳的增值税、城市维护建设税、教育费附加和个人所得税等。大学生可以根据自身的实际情况，在这些可享受优惠的项目中找到适合自己创业项目。

（二）要利用自身特长做熟悉的事

正所谓"做熟不做生"，大学生初入创业领域，建议选择与自己大学所学专业对口的或自己的熟悉领域来进行创业，这样就可以利用自己的专业特长优势或见识经验在创业的初期站在更高的起点上。另外，以自己专业相关或自身熟悉、专长的领域作为项目选择的切入点，能更好地寻求适合自己且能充分发挥个人潜能的创业项目，从而提升创业成功率。如被誉为"经营者之父"的松下幸之助，最初创业之所以选择电器插座这个项目，是因为他在这一行业做过学徒，对电器插座生产技术非常熟悉并懂得经营管理；被誉为"领带大王"的曾宪梓之所以选择生产经营领带这个项目，是因为他在领带厂里打过工，对这一行业很是熟悉并有特长。许多创业成功案例也都证明，在了解、熟悉的行业创业，更能总结出行业的规律，找出生财的窍门，再加上勤奋和不屈不挠的精神，从而取得创业成功。由此可见，创业最好是"不熟不做"，而且应充分利用自身的资源优势，从事自己熟悉的行业，这是不少创业成功者的共同体会。

（三）从小平稳、低风险项目做起

创业本身承担着较大的风险系数，是一种风险的人力、财力、精力投资。俗话说"勿以善小而不为"，创业同是如此，也要从小项目做起。大学生创业各方面条件有限，应将为数不多的资金投入风险较低、规模较小的项目中，先站住脚跟，赚小钱，再图发展。国内外许多著名企业家，如"拖鞋大王"胡志勇是从摆摊做起，吉利集团老总李书福从照相生意做起，沃尔玛公司的山姆·沃尔顿、长江实业的李嘉诚也都是从小项目做起，然后不断发展壮大的。很多大学生提及创业就大谈新能源、新材料、网络技术等高新产业，殊不知这些项目前期需要大量的投入，且管理成本大，创业风险较高。一些大学生创业者总是以比尔·盖茨、马云等这些创业精英为榜样，希望能成为那样的商业巨擘，我们不否认存在着这样少数的成功者。然而对于绝大多数的大学生创业者而言，由于刚刚步入社会，能力、资金、人脉资源等各方面相对匮乏，更缺少经验的积累和实践的历练，因此，在创业项目的选择上，应量体裁衣，量力而行，从小平稳的项目做起，在实践中积累经验，提升创业能力。

（四）坚持创新，强化专有特色

创新是创业成功的关键，特色是创业项目生命的内在基石。项目特色是扎根在正当的恒久需求之中的真实品质和效用，是争夺市场的竞争优势。著名经济学家约瑟夫·熊彼特将创新的概念定义为"企业家对生产要素的重新组合"。对创业者来说，选择富有特色和创新元素的项目更具紧迫性和重要性。其一，目前市场上并不缺大路货的商品、一般的劳动服务，所缺的是独特的商品和服务。创业者只有提供适合需求的新的有特色的产品和服务，才能生存进而发展。其二，青年创业的项目大多投资较小，容易进入但竞争激烈。只有创新，让产品和服务富有标签式的特色，才能形成竞争优势。

三、选定创业项目的方法与策略

著名的奥地利经济学家伊斯雷尔·柯兹纳认为创业者具有一般人不具有的能够敏锐地发现市场机会的洞察力。大学生创业最重要的一步是事先要有充分的市场调研和论证，包括经济社会环境、市场需求调查、项目竞争力等，从而在众多行业领域中精确地选择适合自己的创业项目，有效估算确定选定项目的创业可行性和成功率。

（一）关注创业环境的变化

创业环境一般包括创业文化、创业服务环境、政策环境及融资环境等要素。作为大学生创业者要随时对创业环境的变化进行分析，在选择创业项目时尽量适应环境，同时在创业环境的更新中寻找商机，从变化的环境趋势中挖掘创业项目。产业结构的调整、政府政策的变化、消费观念的转变等环境因素的变化，都将产生创造新事物的潜力，并给新企业的诞生提供机会。当然，瞬息万变的环境发展趋势，使各行各业机遇与威胁并存，创业者只有明确这些变化的环境趋势对创业项目造成的影响，才能真正把握商机，获得创业成功。

（二）留意市场遗留的空白点

创业项目可以从市场遗留的空白中寻觅，很多大企业在实现规模经济的同时留下了许多市场缝隙，一旦创业者从中找到了合适的市场空白点，就意味着抓住了一个能够持久盈利的创业项目。如安徽的胡小平发现"小菜没人做，嫌进货麻烦"，看准时机进入该行业，迅速占领市场，创建品牌"小菜一碟"，把不起眼的小菜做出了大文章，开创了自己的一番事业。

（三）寻找需要解决问题的方案

每个人都会在日常生活中碰到各种大大小小让人烦恼的问题，我们需要找出人们急需解决问题的可行方案，从中去发现创业项目。企业家约翰·加德纳曾经说过，每个问题都是一个绝佳的隐藏着的机会。如无法在互联网上播放音频和视频，罗布·格拉泽开发出 RealPlayer 软件，创建了 Real Networks 公司。比尔·巴蒂亚与杰克·史密斯无法越过公司防火墙登录美国在线的电子邮件，他们开发出了网页电子邮件，成立了 Hotmail 公司。

（四）挖掘现有项目背后隐藏的商机

任何商品都有市场生命周期，当你看到市场上某种商品走俏热销时，通常情况下，这种商品已经进入了成熟期。你所要做的是以热销商品为导向，认真分析热销商品背后隐藏的商机，也可以对现有热销产品进行深度挖掘，寻找其存在不足的地方，从而进行改进、提升、完善、转换成为新的创业项目。如中国的瓷器举世闻名，但中国的茶杯在欧洲市场上的销路并不是很好，日本人经过深入的调查之后，发现欧洲人的鼻子比较高，中国的茶杯存在缺陷，所以改变现有的茶杯，设计出了斜角杯。

第三节　创业计划书的撰写

创业计划书是叩响投资者大门的"敲门砖"。一份好的计划书可以起到至关重要的作用。因此，在创业前，根据自身的情况，认真分析各项环境因素，确定自己的创业目标，拟订一份详细的创业计划书，将有助于你在今后明确创业的方向，有助于投资者全面了解你的企业，从而获得融资。

【案例20-11】　李敏的创业计划书

李敏，某名牌大学环境工程硕士毕业，经过多年的业余时间研究，他在环保建筑材料方面取得了一项重要突破，一旦在实际中得到应用，前景非常广阔。于是李敏辞去原来工作，准备自己创业。但是由于此前积蓄都用在研究上，在注册完公司后，李敏已经没有多余的资金了。无奈之下，他想到了风险投资基金，希望可以获得支持。为此，他多次与一些风投机构或个人商谈，反复强调他的先进技术与广阔前景，但是总是遭到失败。

此时，一位做管理咨询的朋友提醒他：没有几个投资者懂你的技术，你应该准备一份详尽的创业计划书。李敏在请教相关专家后，查阅了大量资料，并做了完善的市场调查，然后开始写创业计划书。他从公司的经营宗旨、战略目标出发，对公司的技术、服务、资金需求、财务预算、市场销售等方面做了全面的分析。李敏把这份计划书反复修改和完善。凭着这份创业计划书，李敏很快获得了一家风投机构的支持，公司步入了正轨并很快盈利。

李敏的项目其实非常具有市场价值，技术也很成熟，然而一开始却没有获得风投的青睐，这个说明，一个好的想法，如果仅凭嘴上说说，可能让投资者云里雾里。因为投资者看重的是效益，他们需要具体的、量化的数据和详尽的报告，然后做进一步的判断，这个项目是否值得投资。后来，李敏的一份创业计划书获得了风投的支持。可以这么说，创业计划书是一个企业的缩影，也是创业的蓝图。创业计划书提供给投资者评估时所需的信息，全方位展示企业的投资价值，从而吸引投资者或者投资机构，获得创业融资。

一、成功始于一份好的创业计划书

（一）创业计划书的概念

创业计划书是一份全方位的商业计划，其主要用途是递交给投资商，以便于他们能对企业或项目做出评判，从而使企业获得融资。通常创业计划是结合了市场营销、财务、生产、人力资源等职能计划的综合。创业计划书是创业过程的灵魂，一份优秀的创业计划书往往会使创业者达到事半功倍的效果。

（二）创业计划书的意义

（1）把握创业思路。创业计划书首先是给创业者自己看，创业者将自己的思路、想法以创业计划书的形式表现出来，可以对整个创业计划有全局把握，对创业项目有科学的分析和清晰的认识，有助于创业者理清思路，规划创业蓝图。

（2）降低犯错误的成本。创业计划书可以促使创业者客观地分析公司的优势和劣势，制订切实可行的计划和战略决策，降低犯错误的成本。

（3）完善企业管理。创业计划书内容涉及资金规划、财务规划、阶段目标、内部管理、风险评估等，提供了企业的未来发展方向和前景，明确了从事的项目和每个员工的角色，使创业者在管理企业过程中根据具体经营情况调整阶段目标，又可以凝聚人心，完善企业管理。

（4）获得创业资金。创业要获得投资商的青睐，一份好的创业计划书必不可少。创业计划书可以向融资对象宣传拟建的企业以及经营方式，包括企业的产品、服务、营销、管理等各个方面，展示企业的投资价值，也是一次将企业的发展前景推销给投资者的过程。

（三）创业计划书的要素

（1）简明扼要的计划摘要。在计划书的开头，开门见山地提出创业的想法，迅速让投资者或者投资机构知道要卖的是什么产品或者服务，吸引他们的注意力。计划摘要要简明生动，通俗易懂，大概只需要一到两页的篇幅，建立一个基本的框架即可。

（2）全面详尽的市场分析。在创业计划书里，创业者必须要考虑以下问题：创业行业的前景如何？目前市场的竞争是什么样的状况？创业的目标市场在哪里？创业的主要目标客户群体有哪些？自身创业的优势和劣势分别是什么？这些都需要创业者经过严谨的、全面的市场调查，应用预测分析、对比分析等科学的方法来完成。

（3）对风险和困难的客观估计。任何创业都有风险，任何创业者在创业过程中都会遇到困难。如资金周转不灵、管理经验不足、经济形势不佳等。在创业计划书里，创业者应该充分客观地考虑到这些困难和风险，并制订不同的对策措施。

（4）精明的创业团队和严密的组织结构。企业管理之神杰克·韦尔奇告诉我们：优秀的领导者应当像教练一样，培育自己的员工，带领自己的团队，给他们提供机会去实现他们的梦想。优秀的创业团队和良好的组织结构对创业的成败起着至关重要的作用。一般团队由决策者、策划者、执行者、专业人才组成。此外，组织结构的设置要求合理、高效。[①] 创业计划书中要介绍创业团队和组织机构设置情况。

（5）合理的财务预算。如前所述，创业计划书的重要意义之一就是筹措资金。那么创业者必须要在创业计划书里写明创业需要多少资

---

① 刘亚平：《创业计划书的写作应抓住六要素》，《商场现代化》2008 年第 31 期，第 224 页。

金，资金的使用方向在哪里，资金具体的用途结构如何，此外，还要对企业的财务偿还能力、资金运营能力进行准确的分析，使投资者和投资机构全方位了解公司的财务状况。

二、创业计划书的内容

通常，一份典型的创业计划书可以分为以下几个方面：封面和扉页、目录、计划摘要、产品/服务介绍、市场预测、营销策略、管理团队、财务规划、风险分析与退出方式、附件附表。

（一）封面和扉页

【案例20-12】　学苑书吧创业计划书的封面

创 业 计 划 书

企 业 名 称：学 苑 书 吧
项 目 编 号：×××××××
日 　　　期：×年×月×日
通 信 地 址：×市×路×号
电 　　　话：×××××××
传 　　　真：×××××××
电 子 邮 件：×××××××
联 系 人：×××、×××

封面一般包括公司名称、公司地址、公司电话、电子邮件及通信地址、日期、创业计划编号等。扉页一般为保密须知。

（二）计划摘要

【案例20-13】　学苑书吧的部分摘要

如今，书籍依然是我们获取智慧而能厚积薄发的力量源泉。据不完全统计，我国高等院校学生每学期购买各类教辅用书及其他类书籍的费用一般在一千元钱左右，而这些书籍中的大部分都是可以循环使用的。正基于此，学苑书吧在这个特殊时期的特殊环境下，以一种个性化的文化气息浓厚的精神大餐的实体店面形式，即将展示在世人面前！

计划摘要一般包括公司简介、主要产品及服务、市场概况、营销策略、公司战略等。计划摘要是整个创业计划书的灵魂，也是投资者最先看到的部分。

（三）产品/服务介绍

【案例20-14】　学苑书吧的部分产品、服务介绍

在创始阶段，本店经营初期是一个个体经营商，后期我们将陆续拓展经营范围、服务群体从而发展成为连锁经营模式、有限公司。具体业务包括采购图书、二手书籍零售批发、书籍租赁、书籍银行、书籍寄售以及提供现场阅读场所。同时为了培养固定的顾客群，我们将推出读者会员等级积分卡。恩施虽然不是大城市，但也有固定的精神消费群体，他们都需要休闲，有着非常大的市场需求。

投资者或者投资机构最关心的问题之一就是企业的产品或者服务能在多大程度上解决现实的问题。产品介绍一般包括产品的概念、性能及特性，主要产品介绍，产品的市场竞争力、产品的研究和开发过程、产品的市场前景预测等。

（四）市场预测

【案例20-15】　学苑书吧的部分市场预测

下面我们用 SWOT 分析方法对比分析学苑书吧的状况。

市场环境分析：

地域：××市高校少，但也有稳定客户，市场容量大。

经济：××市经济正处于发展中的地区，客户有一定购买力。

社会文化：××市属于土家族苗族自治州，民族文化气息浓厚。

政策：国家对大学生创业采取鼓励态度，有税收减免政策。

市场成熟度：产品处于发展期，潜力巨大。市场规模大。

消费者行为：客户多为大学生，偏好廉价书籍。购买习惯多样。

同业情况：××市书店众多，但主要经营新书，与我们书吧有很大差异性。

结论：二手书市场需求大；市场容量大；有良好的内外环境以及政策支持；客户群大量且稳定；有极大的价格优势；二手书经营有很大的特色性，竞争力强；有一定的竞争对手。

在创业计划书里，市场预测一般包括以下内容：市场现状概要，竞争厂家情况，目标客户和市场，市场变化趋势、市场潜力等。企业对市场的预测是建立在严谨而科学的市场调查之上的。

（五）营销策略

【案例 20-16】 学苑书吧的部分营销策略

我们的书吧首先将主要以实体店面的形式提供服务，初期可先在校内、腾讯 QQ 等同学们经常光顾的网络媒介上申请账号，让讯息更广泛、更灵通。发展到一定的阶段后，会同步开淘宝书吧，提供网上图书交易的平台，通过学校的主页面及百度搜索可直接链接到淘宝学苑书坊的页面上。等到第一家书吧成功营运一年后，会考虑校内外加盟、代理的方式，开设连锁加盟书吧，扩大市场份额。具体营销策略包括宣传活动、促销、分送等。

营销是企业经营中最富挑战性的环节。创业计划书中，营销策略的基本要求主要有以下几点：营销渠道畅通、合理，促销方式和广告要新颖、突出特点，营销队伍和管理要有效，产品或者服务定价合理，售后服务有保障。

（六）管理团队

【案例 20-17】 学苑书吧的部分管理团队内容

创业初期：扁平式组织结构。书城目前仅需一名店长，全权负责书吧；吧员三名，主要负责吧内的销售服务与清洁；一名精通网络的员工，便于以后的网络经营。此外，在某些时期可招收附近学生作为宣传人员。同时采用店员考核制度与奖金制度相结合的方式提高员工工作积极性。

创业后期：直线职能型组织结构。设总经理一名，市场部经理一名，服务部经理一名，财务部经理一名。书吧干事若干人，吧员若干人。随着创业的进行，我们将逐步制订并不断完善我们各部门经理的职责，制订好我们的管理制度，并在实践中不断完善。

管理团队直接决定了企业的经营成败。投资者或者投资机构在审核创业计划书时特别重视对管理团队的考核评估。管理团队的信息主要包括两个方面：管理层的展示，团队的分工和组织结构。重点展示管理团队的凝聚力和战斗力，以及组织结构是否合理高效。

（七）财务规划

【案例 20-18】　学苑书吧的部分财务规划内容

收入主要有：会费收入、售书租书寄卖收入、存书共赢收入、书展收入、茶水服务收入、其他收入等；支出主要有：门面租金及装修、进货购书、员工工资等。估计投资两年后即可回收资金。后期将高薪聘用专业的会计人才对资金进行合理有效的管理。

财务规划的主要内容是经营活动和所预期结果的财务效果是什么。具体包括：资金来源与运用、主要财务假设、预计资产负债表、预计现金流量表、预计的年度损益表及利润分配表。

（八）风险预测与退出方式

【案例 20-19】　学苑书吧的部分风险预测

任何经营都有一定的风险，如何正视风险的存在、防范规避风险显得尤其重要，书吧经营的风险相对比较小。因为目前图书批发市场是明显的买方市场，批发商从出版社进书基本都是"寄销"的方式，三个月回款，而且剩余滞销的图书都可以退货，零售书吧从批发商进书也可以采用类似的方式。而且我们的主要货源是高校的二手图书，对于我们的主要产品二手书籍，在最坏的条件下，即全部积压，我们依然可以以卖废品的方式转让出去。

风险包括竞争风险、管理风险和突发事件风险。创业书中应在市场调查与预测的基础上，客观预测风险并提前制订应对方法。

对于投资者来说，退出机制是他们所关心的问题。一般有如下几个渠道：首次公开上市、借壳上市、并购、股权转让、清算等。

（九）附件附表

【案例20-20】　学苑书吧的部分管理章程

1. 书吧所有图书应由管理人员编号登记入册，并编制目录卡供本书吧在职员工查阅。

2. 每季度末彻底清查一次。

3. 做好图书的保护，包括防火、防盗、防潮、防虫蛀鼠咬。对违反规定损坏图书的行为，书吧实行赔偿制度。

一般包括营业执照副本、公司章程、产品说明书、注册商标、产品展示图、产品目录、客户名单、预计资产负债表、预计现金流量表、预计的年度损益表及利润分配表等。

三、创业计划书的写作注意事项

创业计划书撰写的好坏将直接影响创业项目能否获得风险投资商的青睐。通常来讲，一份市场清晰、描述准确的创业计划书，将进一步促使新创企业获得投资。相反，一份市场模糊、描述含糊不清的创业计划书会让投资人难以信任你，因为他们会认为创业者自身根本没有做好充分的创业准备。因此，既不能给投资者以全面的创业信息，也不能使投资者激动起来的创业计划书，其最终结果只能是变成废纸一份。为了确保创业计划书能准确地"击中目标"，创业者应注意以下几点：

（一）完整规范

所谓完整是指创业者要按照相关政策法规以书面形式呈现与企业业务有关的全部重要信息。规范是指必须按照创业计划书基本格式撰写，与主题无关的内容要避免写入计划书；长短适度，语言精练，尽量长话短说，概要特点突出；各部分文字长度比例要适中，附录部分一般不超过正文的长度。此外，计划书内容表达的意思要准确，逻辑严密合理，语言通畅。尤其是对一些关键问题，如产品、消费对象、经销渠道、顾客群、制造成本、售价、盈利平衡点等要素的解释务必清楚一致。

（二）凸显产品

在创业计划书中应明确显现企业产品或服务有关的所有细节，包括企业进行的所有市场调查。要全面细致地介绍产品的发展阶段、自身特征、分销途径、客户对象、生产成本、销售价格等方面信息。要努力把投资者吸引到企业的产品或服务中来，让他们与创业者一样对产品有兴趣、有热情。在创业计划书中，创业者要尽量用最精练易懂的语言来描述自己对本产品或服务及其属性的定义，务必让投资者清楚它们的含义。制订创业计划书的目的不仅是要让投资者相信企业的产品或服务能在市场竞争中成功胜出，也要使他们深刻地感到"选择投资这个企业，是多么正确的决定。"

（三）了解市场

了解市场意味着创业者要进行详细周密的市场调查和分析，市场调查应尽可能获得可供参考的数据和文献资料，并对数据资料进行必要的审核、鉴别，使数字尽可能客观准确。计划书提供的内容让投资者明白企业对目标市场的深入分析和理解，要着重分析经济、地理、职业以及心理等因素对消费者选择购买本企业产品这一行为的影响，以及各个因素所起的作用，切忌不能为了获得风险投资，而人为地夸大或缩小甚至编造数据。

（四）敢于竞争

创业计划书要尽可能呈现产品或服务在技术、质量、价格、销售策略等方面的竞争优势，明确指出投资者的利益所在。要尽量展现团队的经营能力与经验背景，并显示对于该产业、市场、产品技术以及未来营运策略已作了充分准备。同时，在创业计划书中，创业者应细致分析竞争对手的相关情况，包括竞争对手的数量、生产能力、对渠道的控制程度、所占的市场份额、促销手段、新产品开发情况等信息，继而再分析体现本企业相对于其他竞争者所具有的优势。创业计划书要使它的读者相信，本企业不仅是可以成为行业中的有力竞争者，而且将来还会是确定行业标准的领先者。当然，在创业计划书中要客观说明竞争者给企业带来的风险以及本企业所采取的对策。

（五）精写摘要

如果企业是一本书，计划摘要就如这本书的封面。创业计划书中的计划摘要能让读者有兴趣并渴望得到更多的信息，它将给读者留下深刻的印象。计划摘要虽然是创业计划书中较为简短的一部分，但往往是投资者首先要看的内容，它集中摘录了创业计划书中与筹集资金最紧密的细节，包括对新创企业的基本情况、运营能力、竞争对手、营销策略、管理队伍等情况进行简明扼要地概括。有一份出色的计划摘要在很大程度上可以吸引投资者去看完整的创业计划书，并形成良好的第一印象，为成功获得风险投资走好第一步。

大学生作为一个特殊的创业群体，有着其他创业者身上不同的气质和特点，他们富有热情，有想法，敢于尝试。在这个群体中，许多大学生有创业的冲动和激情。但很显然，并不是每一个人都能拥有一个适合的创业项目，它需要具备一切创业成功的可能性因素。由于大学生缺少社会经验和创业方面的相关专业知识，合适的创业项目可以增强大学生创业信心和创业热情，使创业活动更好地得以开展。选择创业项目是一个实践历练的过程，发现一个好的创业项目，需要我们每一个创业者经过前期精心的市场调研，充分挖掘市场隐藏的商机。但记住，创业项目的选择虽然是创业成功的起点，但并不是说有了好的项目，创业就能成功，再好的项目也需要创造性的艰苦努力。选好项目只不过是万里长征走完了第一步，今后的每一步都需要创业者与项目之间不断融合、渗透、发展。

思考与练习

1. 通过哪些方面可以对创业团队进行有效管理？

2. 为什么说创业具有强烈的社会实践性？

3. 假如你决定创业，你选择什么样的项目作为你的经营内容，为什么？

4. 除了教材中所罗列的内容，你认为要写一份成功的创业计划书，还应具备哪些条件？

第二十一章　规避创业风险

　　创业是一个充满风险、艰辛与坎坷的过程，既是一路探险，也是一个充满激情与喜悦的过程。创业的现实终点也并不一定美好甚至有点残酷。如何才能尽量规避与防范可能出现的创业风险，使创业过程能够顺利一些，避免造成重大损失，是每一个创业者都十分关注的问题。对于刚迈入社会的大学生创业者而言，其创业时的意识、政策、市场、知识能力、团队社会支持、能力实现、可用资源、个人压力等都是创业过程中的风险因素，大学生创业者能否学会分析自己创业过程中可能遇到的风险，是否懂得预防、应对、转移和规避创业风险，将直接影响创业的成败。

第一节　创业风险的分类

　　创业风险是指企业在创业过程中存在的风险，是由于创业环境的不确定性、创业机会与创业企业的复杂性，以及创业者、创业团队与创业投资者的能力与实力的有限性，而导致的创业活动偏离预期目标的可能性及其后果。

　　按风险来源的主客观性划分，创业风险可分为主观创业风险和客观创业风险。主观创业风险是指在创业阶段，由于创业者的素质与心理等主观因素导致创业失败的可能性，包括意识风险、财务风险、技术风险和管理风险。客观创业风险是指在创业阶段，由于市场的变动、政策的变化、竞争对手的出现以及创业资金缺乏等客观因素导致创业失败的可能性，如行业风险、市场风险、政策风险和环境风险。

一、意识风险

　　创业意识是指在创业实践活动中对人起动力作用的个性心理倾

向，包括创业需要、创业动机、创业兴趣、创业信仰和创业观念等心理因素，它集中表现了创业素质中的社会性质，它支配着创业者的创业态度和行为，规定其态度和行为的方向和力度。

创业意识风险，是指基于大学生创业者主观态度的松懈与麻痹以及观念上的不成熟而导致的各种风险，是大学生创业过程中最内在的风险。这种风险来自于无形、却有强大的毁灭性。当今的大学生虽有一定的创业意识，但是主动创业意识不足；虽有以市场为导向的意识，但缺乏创新的创业意识；虽有一定的创业想法，但缺乏创业风险和艰苦奋斗的心理准备；虽能认识团队的重要，但缺乏团队形成的氛围等。这些意识上风险的存在对创业组织的发展都是致命的，但又恰恰在某种程度上是普遍存在的。意识风险是大学生创业过程中最内在的风险。这种风险来自于无形，却有强大的毁灭力，它直接决定创业的成败。风险性较大的意识有投机的心态、侥幸心理、试试看的心态、过分依赖他人、回本的心理等。因此，对创业大学生来说，克服创业意识上的风险，是必须首先解决的问题。

【案例21-1】　张朝阳的创业风险意识

搜狐公司首席执行官张朝阳可谓是创业的成功者，他觉得现在很多企业失败的原因还是企业领头人从商动机不纯洁。很多人从商是为了要扬名立万。当把这些作为追求的目标而不是把商业作为追求目标的时候，就容易好大喜功。他认为，商业可以作为人的最高理想。商业的目标是为了赚钱，可是搜狐公司至今还没有真正地赚钱。互联网领域是一场巨大的革命，必须迅速成长来形成在这一领域的领先地位，这需要很大的投资。商业的终极目标是赚取利润。但赚取利润要看在什么样的时间尺度。现在搜狐公司完全可以赚钱，只要他不去扩张，完全可以停留在十几个人的规模，小本经营运转，肯定有利润。但在互联网这个领域内，在更大的参数衡量下，它是个败笔。他们需要花更多的钱去投入，让搜狐公司获得很好的品牌、群众认知度和收入，他虽然现在有收入，但是负数，因为花销大，但他的花销是为了扩大再生产，为了搜狐公司更大的发展。

张朝阳在创业初期就具备良好的创业风险意识，虽遇到了一些困难与阻碍，但他能保持积极的心态，不急于求成，而是脚踏实地地干，在实践中汲取有益经验，发挥自己的特长与优势，从而使自己的创业之路越走越远，越走越稳。

二、财务风险

财务风险是指企业在各项财务活动中由于各种难以预料和无法控制的因素，使企业在一定时期、一定范围内所获取的最终财务成果与预期的经营目标发生偏差，从而形成的使企业蒙受经济损失或不能获得更大收益的可能性。

财务风险具体包括筹资风险、投资风险、经营风险、存货管理风险以及流动性风险。筹资风险指的是由于资金供需市场、宏观经济环境的变化，企业筹集资金给财务成果带来的不确定性。筹资风险主要包括利率风险、再融资风险、财务杠杆效应、汇率风险、购买力风险等。投资风险指企业投入一定资金后，因市场需求变化而影响最终收益与预期收益偏离的风险。投资风险主要包括利率风险、再投资风险、汇率风险、通货膨胀风险、金融衍生工具风险、道德风险、违约风险等。经营风险又称营业风险，是指在企业的生产经营过程中，供、产、销各个环节不确定性因素的影响所导致企业资金运动的迟滞，产生企业价值的变动。经营风险主要包括采购风险、生产风险、存货变现风险、应收账款变现风险等。企业保持一定量的存货对于其进行正常生产来说是至关重要的，但如何确定最优库存量是一个比较棘手的问题，存货太多会导致占用企业资金，风险较高；存货太少又可能导致原料供应不及时，影响企业的正常生产，严重时可能造成对客户的违约，影响企业的信誉。流动性风险是指投资人在进行投资时希望他们将来能够在自己认为合适的时候出售自己的投资，但是，部分投资很难在短期内出售，因此，可能发生投资人在决定出售自己的投资时，最后成交的售价低于公平价格。从这个意义上来说，企业的流动性风险可以从企业的变现力和偿付能力两方面进行分析与评价。

财务风险是企业在财务管理过程中必须面对的一个现实问题，财务风险是客观存在的，企业管理者对财务风险只有采取有效措施来降低风险，而不可能完全消除风险。大学生创业者在校期间大都没有接受过较为系统的财务和金融知识教育，大学生新创的企业规模也比较小，缺乏系统有效的财务控制体系，因而在应对创业财务风险问题上常会感到力不从心、束手无策。因此，大学生创业者应着力加强对现代财务以及金融知识的学习和掌握，尤其在创业过程中要充分预见财务风险可能导致的不利后果，进行适当的控制和防范，健全财务风险的应对策略，将风险降至最低限度。

【案例21-2】 视美乐公司的结局

1999年3月，王科、邱虹云和徐中组队参加了清华大学第二届大学生创业计划竞赛，并作为最优秀的5个团队之一参加了全国大学生创业计划竞赛的决赛，获得了金奖。同年5月，被誉为中国第一家高科技学生创业公司的视美乐公司诞生，注册资金50万元，邱虹云任公司总工程师，王科任总裁，徐中任总经理。其核心技术为多媒体超大屏幕投影电视，被专家称为"具有革命意义的产品"。创业初期视乐美公司急需大笔资金的注入，因此他们开始了艰难的融资工作。2000年4月25日，视美乐公司与青岛澳柯玛集团共同组建北京澳柯玛视美乐信息技术有限公司（以下简称澳视公司），注册资金3 000万元，双方各占50%股份。原视美乐公司的主要技术人员全部进入澳视公司。如今，青岛澳柯玛集团控股澳视公司70%的股份，三位视美乐公司创始人只作为小股东存在，相继退出了公司的管理层。对于过去的创业经历以及后来的退出，这些曾经创业的大学生都不愿意再谈。而随着青岛澳柯玛集团控股的澳视公司侵占上市公司资金案发后的伤筋动骨，融资重组后的视美乐公司也从此一蹶不振。

基于某项技术的新生企业，往往因其技术的先进性而具有极强的生命力，从而能在市场竞争中凭借技术优势占据有利地位。但仅仅依靠技术，是无法使企业在市场中存活下去的。视美乐的失败给创业者们敲响了警钟。财务风险在创业初期会一直伴随在创业者的左右。在企业发展初期，特别是遇到资金困难时，创业者必须对企业的财务状况进行全面的风险评估后，才考虑如何选择企业发展的路线，这直接关系企业的未来。如果仅仅是为了被收购，那也要选择一个合适的收购者，才能使企业的利益得到最大化的满足。

三、技术风险

【案例21-3】　创业的技术风险

　　一计算机专业毕业生与开发出计算机远程控制全色护栏灯的朋友合作，注册了一家公司，拟进行产品的推广。刚刚作出样机，就有客户找上门来，看到计算机模拟演示效果后，便签订了一个很大的工程订单，由于工期较紧，便直接开始大批量生产，投入工程安装。由于抗干扰性能不过关，导致客户退货，造成了巨大的经济损失。

　　没有进行充分的产品可靠性试验，尤其是缺乏模拟现场工况的试验，是该项目失败的主要原因。凡是在创业选项中选择新发明、应用新技术或投资于高科技新产品的时候，产品的可靠性、技术的成熟度是必须进行重点考核的可行性指标。在产品投入市场之前必须进行产品质量的相关测试，进行必要的技术风险评估，才能有效地规避贸然进入市场的经济风险和信用风险。

　　技术风险是指在企业技术创新过程中，因技术方面的因素及其变化的不确定性而导致创业失败的可能性。由于创业主体的特殊性，大学生创业多以技术型和服务型为主，其中科技因素在企业中占据不可替代的关键作用，如果这类企业不能在创业过程中及时实现技术更新与改造，就可能会存在因技术落伍而遭受市场淘汰的可能性。

　　造成技术风险的主要原因包括，一是技术成功的不确定性。一项技术从研究开发到实现产品化、产业化的过程中，任何一个环节的技术障碍，都可能导致产品创新前功尽弃，归于失败。二是技术前景的不确定性。新技术、新产品在诞生之初都是不完善的、十分粗糙的，在现有技术条件下能否很快使新技术完善起来没有完全把握，因此，新技术的发展前景是不确定的，创新企业往往面临着相当大的风险。三是产品生产的不确定性。即使新产品成功研制开发，但如果不能成功地生产出来，仍不能算是成功。新产品的工艺能力、材料供应、零部件配套及设备供应能力等都会影响产品的生产。一旦这些条件达不到新产品的要求，创业企业的生产计划就会受阻。四是技术效果的不确定性。一项高新技术产品即使能成功地开发和生产，在事先也难以确定其效果，如产品能否达到消费者的要求，创新新产品是否有副作用，生产和消费过程中是否会因造成环境污染、生态破坏而受到限制从而不能使之实施。五是技术寿命的不确定性。目前高新技术发展迅速，技术替代周期短，因此高新技术产品极易被更新的技术替代，但替代的时间是很难确定的。如果赖以创新的技术不能在企业寿命周期内迅速实现产业化，收回成本并产生利润，那么必将遭受巨大的损失。

四、管理风险

管理风险是指在创业过程中因管理不善而导致创业失败的各种风险。缺乏管理经验是大学生创业者的共同弱点，所以管理风险在大学生创业者的身上体现更为明显。

管理风险的大小主要由下列因素决定：

其一，管理者风险，这是管理风险的核心方面。因为管理者的素质和能力直接决定创业的成败，缘于大学生创业者的素质和能力缺陷而导致创业失败的案例比比皆是。

其二，决策风险，即在创业过程中因决策失误而带来的风险。因为决策是属于方向性的管理，一旦失误往往会造成不可估量的损失，从而导致创业的失败。因此，对于创业者而言，绝不可以根据自己的喜怒哀乐或不切实际的个人偏好而做出决策。不进行科学分析，仅凭个人经验或运气的决策方式都可能导致失败。

其三，组织风险，即由于创业企业的组织结构不合理所带来的风险。创业企业的迅速发展如果不伴随着组织结构的相应调整，往往会成为创业企业潜在危机的根源。对于新创企业，创业之初就应该注意组织结构的设计、调整，人力资源的甄选、考评，薪酬的设计及学习与培训等管理。

其四，人力资源风险，即由于创业企业用人不当所带来的风险。人是生产要素中最主要、最活跃的因素，也是创业企业最宝贵的财富和最稀缺的资源。用人不当有多种形式，如缺乏信任、疏于选人、激励机制落后等，后果只有一个，即企业缺乏人才，不能形成核心竞争力，最终导致企业在激烈竞争中归于失败。

其五，创业团队风险，这在大学生创业团队中尤为明显，没有共同的愿望和目标就不能形成和谐的创业团队。此外，没有明确的制度规范和执行机制，角色分配不合理，都是导致创业团队最终走向分崩离析的重要因素。

【案例21-4】　六味面馆的倒闭

2008 年 12 月 24 日，成都市一所高校食品科学系 6 名研究生声称自筹资金 20 万元，在成都著名景观——琴台故径边上开起了"六味面馆"。

第一家店还未开张，六位股东已经把目光放到了 5 年之后，一说到今后的打算，他们六位异口同声地说：当然是开分店了！今年先把第一家店搞好，积累经验，再谈发展。我们准备两年内在成都开 20 家连锁店，到时候跟肯德基、麦当劳较量较量。

没过多久，由于面馆长时间处于无人管理和经营欠佳的状况，投资人已准备公开转让。这家当初在成都号称"第一研究生面馆"的餐馆仅仅经营了 4 个多月，就不得不草草收场。

面馆所在街道非繁华商业市区，由于 6 位研究生称功课繁忙，店堂内经常无人管理，加上味道不好，分量不足，每月支出庞大，入不敷出，结果倒闭。如果企业创办人没有市场营销方面的经验，就一定要吸纳一位有市场营销经验的人加入创业团队，如果没有合适的人选，就一定要请教专业咨询机构，花一点钱在营销策划上是十分必要的，同时要加强管理，经营有方，讲求诚信，确保质量。另外还要精打细算，量力而行。

五、行业风险

行业风险指导致对其行业生产、经营、投资或授信后偏离预期结果而造成损失的可能性。反映行业风险的因素包括周期性风险、成长性风险、产业关联度风险、市场集中度风险、行业壁垒风险、宏观政策风险等。

行业风险主要是由行业寿命周期、技术革新、政府的政策变化等因素引起的。行业的寿命期是由开创期、成长期、成熟期和衰退期构成的。处于开创期行业的企业，有获取高额利润的可能性，但风险比较大；处于成长期行业的企业，利润增长较快，风险也比较小；处于成熟期行业的企业，利润进一步大幅增长比较困难，但风险仍比较小；处于衰退期行业的企业，要维持相应的利润比较难，且行业风险在不断增大。技术革新对行业风险的影响主要表现在：技术革新的速率、技术革新广度和深度。当某行业的技术革新速率较快、技术革新广度较大、深度较深，该行业风险就会较大。行业风险还受到政府政策变动等因素的影响，尤其是政府的产业政策、财税政策、关税政策等的影响。此外，行业风险还受到其他因素的影响。

【案例21-5】　停车计费咪表的行业风险

李先生某次出差去深圳，看到深圳很多闹市区的路边正在立一些停车计费咪表，于是投入资金，研制停车计费咪表。尽管他很快研制出号称当代最先进的车载式咪表，但是公司却因为没有订单而长期亏损，两年后倒闭。

路边停车收费，不太符合中国国情。于是，咪表计费行业便成为陷阱行业。仅深圳就先后有70余家咪表研制企业先后倒闭，成为闯入陷阱行业的牺牲者。不管进入哪一行业进行创业，都必须对该行业的未来发展趋势作出正确判断，如果把握不准，宁可不进入。

对大学生创业而言同样如此，即在大学生创业过程中，因为一些市场不确定因素的存在，导致其创业行业领域偏离预期目的而造成损失的可能性。管理学上波特五力模型将进入者的进入壁垒、替代品的威胁、买方的计价还价能力、供方的讨价还价能力以及现有竞争者能力等五大因素看作影响创业行业风险的五大因素。这五大因素，或多或少地影响大学生创业的行业选择和行业选择的结果。因此，必须在创业前，对即将进入的行业领域进行认真的分析与评估，在综合考虑各种行业风险因素后，再决定是否进入、如何进入。

六、市场风险

【案例21-6】　施乐复印机的市场

1959年IBM公司预测施乐914复印机在10年内仅能销售5 000台，从而拒绝与研制该产品的哈罗德公司的技术合作，然而复印技术被迅速采用，10年内改名为施乐公司的哈罗德公司已销售了20万台施乐914，成了一个拥有10亿美元的大公司。

由于受市场需求、接受时间的不确定性等因素的影响，新研制或新开发的产品往往会存在一定的市场风险，可能一时之间不被看好。但一旦被市场接受或时机成熟，就是难得的商机，并可能给企业带来丰厚的经济利润。

市场风险是指因价格、利率、汇率等市场因素的变动而导致价值未预料到的潜在损失的可能性。故市场风险又包括价格风险、权益风险、汇率风险、利率风险以及商品风险等。

从市场风险形成的原因看，主要包括四个方面：

一是市场需求的不确定性。市场需求决定了产品的商业总价值。很多创业者在作创业计划时，常常会根据调查的数据进行主观的推理，结果可能过高地估计市场的需求量。如果一项高技术产品的推出投入巨大，而产品的市场需求量较少或者短期内不能为市场所接受，那么产品的市场价值就无法实现，投资就无法收回，造成企业夭折。

二是市场接受时间的不确定性。一个全新的产品，打开市场需要一定的过程与时间，若创业企业缺乏雄厚的财力投入广告宣传中，产品为市场接受的过程就会更长，因而不可避免地出现产品销售不畅，造成产品积压，从而给创业企业资金周转带来问题。

三是市场价格的不确定性。高技术产品的研制开发成本一般较高，为了实现高投入的高收益，产品定价一般很高。但是，产品价格超出了市场的承受力，就很难为市场所接受，技术产品的商品化、产业化就无法实现，投资就无法收回。然而，当这种新产品逐渐被市场接受和吸纳时，其高额利润又会吸引来众多的竞争者，可能造成供大于求的局面，导致价格下降，从而影响高技术产品创新的投资回报。

四是市场战略的不确定性。一项好的高技术产品，如果没有好的市场策划，在价格定位、用户选择、上市时机、市场区域划分等方面出现失误，就会给产品的市场开拓造成困难，甚至功亏一篑。

对初创企业而言，他们在创业之初极有可能受到同行的强烈排挤，所创企业是否能站住脚，是否能竞争得过同行，就要看创业者的能力和策略。大部分大学生由于对市场的认知和决策能力偏弱，往往使他们不能正确地评估市场的风险，这给创业者增加了更多的风险。

七、政策风险

政策风险是指因国家和地区有关政策调整、行业整治等因素而导致创业者蒙受损失的可能性。在市场经济条件下，由于受价值规律和竞争机制的影响，各企业争夺市场资源，都希望获得更大的活动自由，因而可能会触犯国家的有关政策，而国家政策又对企业的行为具有强制约束力。另外，国家在不同时期可以根据宏观环境的变化而改变政策，这必然会影响企业的经济利益。因此，国家与企业之间由于政策的存在和调整，在经济利益上会产生矛盾，从而产生政策风险。政策风险主要包括反向性政策风险和突变性政策风险。反向性政策风险是指市场在一定时期内，由于政策的导向与企业发展方向不一致而产生的风险。当企业运行状况与国家调整政策不相容时，就会加大这种风险，各级政府之间出现的政策差异也会导致政策风险。突变性政策风险是指由于管理层政策口径发生突然变化而给企业造成的风险。

【案例21-7】 打车软件受到的政策影响

2013年，依托于打车软件的服务行业迅速"火"了起来，基于中国有着"最刚需"的打车人群，首款打车软件在头一个月就盈利了，半年内就拿到了几百万美元的投资，于是乎，行业内跟下饺子似的，"扑通扑通"跳进各种打车软件，安卓平台上11家主流应用商店的打车类软件客户端总体下载量已超过百万。不过，叫车软件行业生长不足一年的时间，就触动政策神经，迅速受到了各种不同的政策"礼遇"：有的地方出台政策，明令禁止司机使用打车软件；有的地方允许保留，但不许私自加价；有的地方推出官方叫车平台，民间叫车软件必须与官方平台打通，由官方平台认证车辆资格，规定价格。与此同时，随着打车软件"补贴大战"硝烟的消退，打车软件市场的热度也逐步冷却，越来越多的司机和乘客开始放弃打车软件，越来越多的打车软件也悄然退出市场。

打车软件行业的火热体现了市场经济的特征，是社会资源调节分配的结果，充分反映了打车市场的供需要求，然而，由于打车市场的不规范，在某种程度上加剧了原有公共交通资源的分配矛盾，打乱了路边打车和服务热线的公平竞争环境。因此，为保证参与电召服务的车辆和驾驶员具有行业的服务资格，且维护规范统一的市场竞争环境，面对尚不完善的新型市场，政策的干预在所难免，对创业者而言顺势而为、接受监管、主动沟通是规避政策风险的良药。

政策风险的存在对大学生创业活动影响巨大，尤其在现阶段经济体制和创业法律体系尚不完善的形势下，显得更为明显，即使在成熟的市场经济条件下，政策因素对创业的影响也在所难免。政策风险的存在对大学生创业者来说防不胜防，但并不是完全不可避免。紧盯最新的政策，跟同行们齐步走，最大限度捕捉、了解，乃至于利用政策讯息，并根据这些讯息，及时采取相应的应对和补救措施，是化解创业政策风险的有效措施。

八、环境风险

【案例 21-8】 平园村的铁皮石斛基地

1993 年，张征成为温州乐清平园村的第一名大学生，考入华北工学院化学工程专业，2002 年，他选择回乡创立铁皮石斛行业企业，进行种苗培育，2003 年，张征与浙江大学等科研机构合作，开始人工组培种苗。铁皮石斛一般生长在悬崖峭壁或者大树上，采集难、量稀少，一直和灵芝、人参等被列为上品中药，并被誉为"中华九大仙草之首"。张征种植的铁皮石斛均采用无土栽培、不施肥、不打农药，在产量上也进行控制，该基地已成为全国有名的石斛培育、加工基地。到 2004 年，张征栽培铁皮石斛已经有了相当规模，由于地理条件所限，他的铁皮石斛基地选择了当地较高的一块田地，但 2004 年"云娜"台风，让他价值 200 万元的基地顷刻间化为乌有。经过后期的努力补救，张征的公司起死回生，在他的带领下，如今的平园村已经是国内最大、也是唯一的石斛加工、集散中心，年产值达 400 万元。

铁皮石斛，一般生长在海拔 1 600 米的悬崖峭壁半阴湿岩石上，实际上，在温州乐清是不适合种植的，但是经过张征的摸索，探讨出一套合适的数据，如什么样的光照、什么样的基质、怎样灌溉、怎样施肥、怎样防治病虫害等，毕竟要在一个新的地方栽培铁皮石斛，需要因地制宜、循序渐进。生产环境可以适应，但是面对突如其来的天灾却难以抵制。这种顿失所依、措手不及的风险往往是创业者始料未及的，徒有热情和技术有时也难以应对瞬息万变的外界环境干扰，因此，全方位的考虑和防备才是上上之策。

环境风险是指在创业过程中由于环境发生变化而给创业带来利益损失的可能性。环境风险是客观存在的，但又无时无刻不在发生着变化，对大学生创业者产生重要影响。现今环境变化莫测，无论是台风、洪水还是地震、海啸都很可能发生在我们身边，这一风险也贯穿在创业的过程中，但在中后期的表现尤为突出，一旦发生，它不仅会损毁固定资产，还会影响生产、销售等各个渠道的畅通，让市场需求量大幅度缩减，很可能会给企业带来致命的打击。特别是高技术产品的创新活动，由于地理环境、特殊地域乃至于社会政治、经济、法律、文化等外在环境的变化，或由于意外灾害发生而造成失败的可能性更大。因此，高新技术产品创新，必须重视环境风险的分析和预测，把环境风险降到最低。

第二节　创业风险的特点

大学生创业风险，就是指大学生在创业过程中存在的风险，它是由于对创业过程了解的不充分而产生的不确定性。大学生创业风险主要有以下几个特点：

一、创业风险的客观性

创业风险的客观性，表现在它的存在是不以人的意志为转移的，需要我们采取正确的态度承认和正视创业风险，并积极对待。创业环境的不确定性，创业机会与创业企业的复杂性，创业者、创业团队与创业投资者的能力与实力的有限性，是创业风险的根本来源。风险是客观存在的自然现象和社会现象所引起的，无论是自然界中的洪涝、雷击、地震、海啸等自然灾害，还是社会领域的战争、车祸、破产等都是客观存在，是无法回避和消除的。通常所说的规避风险有两重含义：一是指改变或消除所从事的活动，既然活动对象改变了，风险就自然不同；二是指将风险所造成的经济损失通过各种经济的、技术的手段转移。

二、创业风险的不确定性

创业风险的不确定性是指创业风险的发生是不确定的，即风险的程度有多大、风险何时何地有可能转变为现实均是不确定的。这是由于人们对客观世界的认识受到各种条件的限制，不可能准确预测风险的发生。创业过程往往是由创业者一个构思或是创新技术变为现实产品或是服务的过程。在这一过程中，创业者面临各种各样的不确定因素，如可能遭受已有市场竞争对手的排斥，进入新市场面临着需求的不确定性，新技术难以转化为生产力，顾客需求发生改变等。此外，在创业阶段投入较大，而且往往只有投入而没有产出，因而可能面临资金不足的可能，从而导致创业的失败。也就是说，影响创业各种因素是不断变化难以预知的，这种难以预知造成创业风险的不确定性。

三、创业风险的损益双重性

创业风险对于创业收益不是仅有负面的影响的。如果能正确认识并且充分规避创业风险，反而会使收益有很大程度的增加。自然灾害和意外事故等带来的风险只会产生损失，而创业活动中的风险则是与潜在的收益共生的。风险损益的双重性，主要是从风险损益匹配的规律来看的，即风险愈大，回报率愈高。为此，风险投资者要努力寻求合乎风险收益匹配规律的最大限度回报，并且要把握住机会，坚决避开陷阱。

四、创业风险的相对性

创业风险是相对的、变化的，不同的对象有不同的风险，随着时间、空间的改变，风险也会发生变化。创业者面临的风险与其创业行为及决策是紧密相关的。同一风险事件对不同的创业者会产生不同的风险，同一创业者由于其决策或是其采取的策略的不同，会面临不同的风险结果。在相同的风险情况下，不同的创业者对风险的承受能力是不同的，主要与收益的大小、投入的大小和风险主体的地位以及拥有的资源量有关。

五、创业风险的可变性

在创业的内部与外部条件发生变化时候，必然会引起的创业风险的变化，这就是创业风险的可变性，它包括创业过程中风险性质的变化、风险后果的变化、出现新的创业风险三个方面。创业不是靠运气，而是靠胆识和谋略，是一种理性的风险投资。它集融资与投资为一体，因此必须要有一定的风险意识以及防范风险的意识。基于经验、知识、信息对投入与产出的影响，判断一定要准确、合理，考虑自己的能力及风险承受能力。时刻注意环境的变化，把风险控制在最小的程度。

六、创业风险的可测性与不可测性

创业风险的可测性是指有些创业风险是可测量的，即可通过定性或定量的方法对其进行评估。创业风险的不可测性是指当创业的内部与外部条件发生变化时，必然会引起的创业风险变化，风险的实际结果常常会出现偏离误差范围的状况。在给定的宏观条件下，创业风险往往就直接来源于一些缺口，主要包括融资缺口、研究缺口、信息和信任缺口、资源缺口和管理缺口。如在直销业的创业过程中，影响创业成功的风险主要是信息和信任缺口。信息和信任缺口存在于创业者接受不同的教育，对创业有不同的预期、信息来源和表达方式，如果不能充分信任对方，或者不能够进行有效的交流，那么这一缺口将会变得更深，带来更大的风险。

第三节　创业风险的防范

风险贯穿于整个创业过程，各个阶段的创业风险既有共同的特征，也有自身独有的特征。创业风险在各个阶段的表现形式也各不相同，所以应对和化解风险的方法和手段也不尽相同。有的类型的风险虽然始终存在，但是化解之道也随着时间、环境的变化而需要对症下药。针对创业过程中可能存在的各种风险因素，应该遵循防范创业风险的基本原则，从高校和大学生创业者自身两个方面着手，予以共同推进，以形成推进大学生创业活动持续健康发展的良性系统，从而构筑起能够抵御各种创业风险的坚实堡垒。

一、防范的基本原则

对大学生创业者而言，一定要清楚创业的收益与风险是并存的，必须要在风险与收益之间进行抉择与权衡，既不能为了追求高收益而不顾风险，也不能因为害怕风险而错失良机。这就需要在争取实现创业成功的前提下，管理风险、控制风险、规避风险，将各种创业风险降低到最低限度，这才是大学生创业者对待创业风险的正确态度和构建创业风险防范策略的基本宗旨。

针对大学生创业本身的特点和各种风险类型特征，结合当下创业的大环境，我们认为大学生创业风险防范策略的构建必须坚持以下几条基本原则：

（一）全面性原则

造成创业风险因素有很多，既有内部因素，也有外部因素；既有宏观因素，也有微观因素；既有社会因素，也有自然因素。这些因素涉及市场、行业、经济、环境、政治、法律等多个方面。因此，大学生在创业时首先应对各类创业风险有一个全面的认识，从各方面因素出发防范创业风险，不能头痛医头，脚痛医脚。这样才能找出治本之策，将创业风险降低到最低限度。

（二）系统性原则

系统性原则也称为整体性原则，它要求把决策对象视为一个系统，以系统整体目标的优化为准绳，协调系统中各分系统的相互关系，使系统完整、平衡。因此，在决策时，应该将各个小系统的特性放到大系统的整体中权衡，以整体系统的总目标来协调各个小系统的目标。据此，我们认为大学生创业风险应对策略的构建也必须着眼于整个社会运行系统，从高校、创业者自身乃至社会进行通盘考虑，构建出一个各责任主体相互协调、各负其责、通力合作，共同降低、化解创业风险的良性互动机制。

（三）科学性原则

在构建大学生创业风险防范策略的过程中，应该遵循科学性原则。具体来讲，首先必须把尊重学生的创业主体地位放在首位，重视创业者、肯定创业者、发挥创业者本身的主动性和创造性是必须把握的原则。同时在具体构建过程中，要注重统筹兼顾、适当安排，明确工作的重点与核心，同时在此基础上，要把促进和实现大学生创业活动的持续健康发展作为整个策略构建的出发点和落脚点，努力把大学生创业风险控制到最低，提升大学生创业的信心，最终形成良性循环。

（四）实效性原则

策略构建的最终目的是降低创业风险，提升创业的成功率。因此，机制的构建必须具有针对性和实效性，必须要对准创业风险的主要矛盾一针见血，不仅要面向长远，而且要贴近实际、便于操作，能够通过一定的方法和策略，真正解决制约当前大学生创业过程中的一系列关键难题，为提升大学生创业活动的整体水平作出贡献。

二、强化创业教育与实践

高等院校作为社会高层次人才的培养机构，不仅是大学生学习专业知识和技能的主要场所，也是大学生培养创业精神和创业能力的重要基地，同时又是塑造创业意识以及推动创业实践的重要力量。对高校来说，积极开展有效的创业教育和创业实践活动，不仅能激发大学生的创业意识，提升大学生的创业能力，同时还能最大限度地弥补大学生作为创业群体的先天经验不足的弱点，以降低创业风险，提高创业成功率。从一些大学生创业失败的案例分析中可以得出：创业过程中存在的意识风险、财务风险、技术风险以及管理风险等主观层面的风险，与大学生在校期间所接受的创业教育和创业实践的效果有着密切联系；同时，创业者对行业风险、市场风险、政策风险、环境风险等客观层面的创业风险的规避能力，也与创业者的知识结构和综合素质有着内在联系。因此，高等院校在培养大学生创业能力的过程中，以培养理性成熟的创业意识为出发点，逐步强化对大学生创业教育与创业实践的支持就显得尤为重要。

（一）培养创业意识、强化创业教育

创业意识是创业素质的重要组成部分。创业教育的首要任务就是

使大学生树立独立自主、艰苦奋斗、勇于竞争的创业意识。创业意识的培养也是高等院校创业教育最重要的内容。培养创业意识实质上就是让受教育者"愿创""主动创"。理性成熟的创业意识是创业成功与否的重要前提，创业过程中存在的许多风险因素，究其原因归根结底还是意识和观念上的问题。创业的成功需要创业者具备艰苦奋斗的精神、较好的组织协调能力、较强的团队合作意识、充分的心理准备和心理耐受能力，而这些方面正是大学生所欠缺的。因此高校必须通过创业意识的培养来促使大学生逐步形成理性成熟的创业心智，减少因创业意识上的问题而导致创业失败的可能性。高校在激发大学生强烈的创业欲望的同时应努力促使大学生树立起理性成熟的创业意识。要通过挖掘和树立大学生成功创业典型，总结创业经验，传播创业观念，弘扬创业精神，树立起"理性成熟的创业意识为开展创业活动的必备条件"的观念。

大学生创业教育是大学生开展创业活动的理论基础，也是大学生创业能力和素质提升的重要渠道。高校通过强化创业教育来提升大学生创业者的能力和素质，通过一定的课程设置和实践锻炼，使大学生创业者有眼光、有胆识、有能力、有社会责任感，并逐步树立创新创业意识、自主创业意识、艰苦创业意识、风险创业意识、开拓创业意识以及合作创业意识等，以充分做好创业的心理准备和知识准备，提高创业能力和实效，合理地防范创业风险。

（二）加强实践教学、推动创业实践

大学生创业者最大的优势是年轻，最大的劣势也是年轻，年轻意味着经验缺乏、实践不足。高校应该通过一定的创业实践来加强创业活动的真实模拟和实战演练，这将有助于增强大学生的创业信心，丰富创业经验，提升创业能力和素质以及市场适应能力。为此，高校在大学生创业教育实际中应按照理论联系实际、专业结合创业、教育融注管理的原则，通过组建创业团队，建立大学生创业园，校企联合进行实习、实训等多种形式鼓励创业实践。

创业实践教育可以通过组织开展各种专业竞赛、创业研究、创业大赛等方式锻炼和提高大学生的观察能力、思维能力和实际动手能力；同时，对于创业实践中产生的部分应用性强的成果，通过提高、改进、推广并最终走向市场，进一步体现创业教育的成效；通过搭建创业实习实训基地，帮助、扶持学生进行真正的创业活动。此外，高校可以利用校内市场这块沃土大力培养学生的创业实战能力，让校内市场成为大学生创业的孵化场、训练场。

高校在培养大学生专业技能的同时，如能通过上述措施逐步提升大学生创业的实践经验和社会适应能力，将可以有效降低大学生创业失败风险，增强创业信心，最大限度提升创业成功率。

三、全面认识风险，全力防范风险

居安思危才是创业成功之道，创业风险决定着企业的生死存亡。创业不仅需要勇气、信心，更需要清醒地认识各种可能的创业风险，客观地评估自己承受风险的能力，对可能面临的困境、挫折作出足够的提前认知，力争将风险降到最小，使创业朝着预定的目标前进。因此，对于创业的大学生来说，如何科学地防范创业风险则显得尤为重要。我们认为大学生创业者应该从以下几点出发，力争将创业风险降到最低。

（一）谨慎选择创业方向、充分论证创业项目

大学生决定创业之前，选择好合适的创业项目至关重要。如果缺乏前期市场调研和论证，只凭个人兴趣和想象来决定创业项目，那只会使创业的风险增大。因此，大学生创业者必须深入市场进行调研，结合自身的资源和市场环境条件，善于挖掘、发现创业的机会。发现市场机会可以从定期进行产品目标市场测试入手。通过产品目标市场测试可以发现同类产品中存在的市场机会，并以此形成产品的概念与特征，从而选择与自身资源和市场坏境条件相适合的目标市场进入，以此规避由于盲目进入市场而带来的风险。

另外，作为一个创业新人，在初步选定创业项目后，要对项目进行严格的、科学的审查和论证，不能盲目运作。

（1）对项目进行一系列有利因素和不利因素的论证，从企业的投资、企业的产品和市场、创业人员的背景和素质，到企业财务状况、运营管理等进行理论分析，以判断是否适合创业投资。

（2）一般情况下，由于大学生创业者资金实力较弱，因此在项目选择方面，应立足于技术项目，尽量选择技术含量高、自主知识产权明确的项目，并在技术创新的基础上做好产品市场化工作，以此防范

创业后期的技术风险。

（3）切忌盲目跟风，最好是做熟不做生，选择自己最熟悉、最擅长、最有经验、资源最丰富的项目开始创业。

（4）认真设计创业方案。好的创业方案是创业成功的重要因素，在前期市场调研的前提下，要全面、详细地设计好创业方案。

（二）虚心学好管理经验、提高企业管理效益

虽然大学生创业者具有远大理想与抱负，具备一定的专业知识技能，但由于实践经验不足，加之初涉商场，往往缺少必要的经营企业的经验。经验不足，缺乏从职业角度整合资源实施管理的能力，将大大影响大学生创业的成功率。因此，大学生创业不能纸上谈兵，而应具备一定的社会经验，了解企业管理及市场营运知识，利用业余时间尝试一些投资少、见效快、风险小的项目，提高自立自强的创业能力、适应社会的能力，通过实践增加创业体验，熟悉社会环境，学会社会交往。大学生在校期间可以通过以下途径锻炼管理能力：

（1）利用大学社团得到实践锻炼。学校社团的任何一项活动，从策划到最后实现都是个综合过程。参与全局，体验全局，可锻炼组织、协作、资源利用等能力。这是锻炼综合能力最基本的途径。

（2）利用大学课余时间打工。市场调研、销售、组织、人力资源管理、财务管理、物流管理等各方面能力都可以在打工的过程中或多或少地得到锻炼，加上相关书籍的对照学习，理论结合实践，努力提升自己各方面的能力。

（3）参与学校的科研项目获取实践经验。参与科研项目，能通过实验充分锻炼动手能力，找出创业金点子，锻炼策划能力。

（三）培养团队协作精神、建立良好的创业团队

创业团队是企业诞生或成长过程中最主要的人才资本。一般情况下，创业团队的个人力量越大，其所产生的风险也就越大。一旦创业团队的核心成员在某些问题上产生意见分歧不能达到统一时，极有可能会对企业造成强烈的冲击。在组建创业团队时，应注意：

（1）创业团队成员的性格搭配。在创业时，打造核心团队的基础是尊重个人的兴趣和成就，核心是协同合作，形成团队成员的向心力、凝聚力，反映的是个体利益和整体利益的统一，并保证组织

的高效率运转。要对成员加入团队的目的进行深入分析，了解成员是否具有创业所需要的品质，并且形成以市场、技术、财务三大必备人才为基础的团队知识结构体系，以规避创业团队的人力资源风险。

（2）建立一整套有效的激励机制。在企业发展过程中对员工的忠诚、负责、积极性、主动性、创造性予以奖励、提升，对员工的错误予以教育，让员工敢于自我批评，勇于自我批评，激浊扬清，不断完善自我。

（3）要学会知人善用。团队组织及决策机制的建立非常重要，主动发现和任用各类人才，建立合理为他们提供创造和发挥才能的广阔空间，充分发挥团队成员的主动性、创造性，将团队风险降到最低处。团队力量的发挥是组织赢得竞争的必要条件，团队在核心成员的影响下勤奋工作，使整体组织保持活力。

（四） 加强财务风险管理、努力化解风险

企业财务风险具有牵一发而动全身的效应。因此，必须按照科学规范、职责分明、监督制约、财务核对、安全谨慎和经济有序的原则建立严密的财务会计控制制度；要建立财务预算模型，选择预测风险的方法，对各种情况下可能发生的财务风险及其所带来的影响进行测试，对测试出的风险采取预防措施。一般来说，可采取以下方法和措施：

（1）降低风险法。降低风险法的一种策略是通过付出一定的代价来减少损失出现的可能性，降低损失程度。如通过给予客户现金折扣以加速应收账款的回收。另一种策略是采取措施增强企业抵御风险损失的能力，如降低产品成本，提高产品质量，增强竞争力，有利于降低销售风险。

（2）分散风险法。企业可通过联营，多方位、多元化经营来分散市场部分的风险。具体来说，企业可通过与其他企业联营，利润共享、风险分担；或者可能多投资一些不相关的项目，在时间上、数量上互相补充以便降低风险。这种多元化经营可以尽可能避免在市场结构性不景气时，因主营业务被淘汰而使企业面临巨大的风险，从而达到化解风险的目的。

（3）转嫁风险法。这指企业通过某种手段将风险转嫁给其他单位

承担的方法。如风险保险，即企业通过事先向保险公司交纳保险费，形成社会保险基金，用于意外损失的补偿，这实际上是将一部分风险转嫁给保险公司。

（4）缓冲风险法。按稳健性原则，建立风险基金，如偿债基金、坏账准备基金等，以减缓一旦遭受风险损失时对企业所造成的巨大冲击。

创业有风险，资金的筹集、资源的获取、专业技能的培养都不是一朝一夕的事情，大学生创业者们应根据自身的特点选取最合适的创业方向。善于规避创业风险，为创业打好基础，敢于应对创业中的各种竞争与挑战，唯有如此，才能在创业之海中扬帆，走得更稳、更远、更好。

思考与练习

1. 分析以下风险并思考你的发展

假如我现在不努力学习	假如以我现在的状况，花比较多的时间和精力用于创业实践活动	如果准备创业，我将从哪些方面开展准备？
潜在风险：	潜在风险：	潜在风险：
如何进行有效规避：	如何进行有效规避：	如何进行有效规避：

2. 请谈谈创业企业的财务风险及其防范措施。

3. 请谈谈创业企业的管理风险及其防范措施。

第二十二章 开始创业实践

如今的创业市场虽然商机无限，但对资金、能力、经验都有限的大学生创业者来说，并非俯拾皆是。在这种情况下，大学生创业只有根据自身特点，找准"立锥之地"，才能闯出一片真正适合自己的新天地。对有创业意愿并做了大量准备的大学生来说，创业实践是最好的开始。

第一节 创业的方向与流程

在加拿大一个给毕业生提供创业信息的政府网站上，政府鼓励毕业生创业的同时，也请雄心万丈的年轻人思考几个问题。这些问题同样也适合提供给在中国创业的大学生们思考：

关于你自己——有没有创业的动力？自我创业的念头是否很坚定？是否具有创业者必须有的性格？在困难的状态下，是否有足够的独立性生存下去？有没有专业技术？能不能够解决经营一个企业必须面对的问题？什么是创业必须要学习的，应该向谁学习？

关于你的企业——是否有人愿意购买你的产品和服务？如果没有，你如何探寻那些商机？

关于创业支持——有没有资金？除了现有资金之外，是否还有别的资金来源？除了资金之外，还需要其他什么方面的投资？有些什么法律方面的问题需要思考？"高风险，高回报"，这是毕业生面对就业和自我创业选择时需要思考和衡量的。与每天穿着整齐的白领和相对稳定的雇员生活相比，做一个创业者将经历更多风险。毕竟开创新事业不仅仅需要勇气和才能，还需要运气。

一、创业的方向

大学生在创业之初，要根据自身条件、生活环境和所学专业，结合社会实际，选准方向。当前，有以下几个方向供参考：

（一）技术领域

《中共中央关于制定国民经济和社会发展第十四个五年规划和二〇三五年远景目标的建议》指出，在科技创新方面，国家将重点瞄准人工智能、量子信息、集成电路、生命健康、脑科学、生物育种、空天科技、深地深海等前沿领域，实施一批具有前瞻性、战略性的国家重大科技项目。在产业发展方面，国家将加快壮大新一代信息技术、生物技术、新能源、新材料、高端装备、新能源汽车、绿色环保以及航空航天、海洋装备等产业；推动互联网、大数据、人工智能等同各产业深度融合；加快发展研发设计、现代物流、法律服务等，推动现代服务业同先进制造业、现代农业深度融合，加快推进服务业数字化；推动生活性服务业向高品质和多样化升级，加快发展健康、养老、文化、旅游、体育、家政、物业等服务业；系统布局新型基础设施，加快第五代移动通信、工业互联网、大数据中心等建设；推动数字经济和实体经济深度融合，打造具有国际竞争力的数字产业集群等。身处高新科技前沿阵地的大学生，在这一领域创业有着近水楼台先得月的优势，如哈尔滨工程大学的戴志康凭借扎实的软件编程功底，在大学期间创建了互联网社区论坛软件"Discuz"，被超过 100 万网站所采纳，成为全球用户数最多的社区产品之一，后来被腾讯公司以 6 000 万美元的价格收购。但并非所有的大学生都适合在高科技领域创业，一般来说，技术功底深厚、学科成绩优秀的大学生才有较大的把握。有意在这一领域创业的大学生可积极参加各类创业大赛，获得脱颖而出的机会，同时也可以借此吸引风险投资。

（二）设计领域

该领域包括室内设计、家居设计、IC 设计（又称集成电路设计）、纺织品设计、平面设计、工业造型设计、服装鞋类设计等。与设计相关的创业项目属于智力密集型模式，有技术、有项目即可，对资金的要求相对较小，创业风险也较低。适合学习艺术、设计、广告等专业的大学生。

【案例 22-1】　潘××的童鞋设计工作室

××学院艺术与设计学院产品设计专业 2020 级学生潘××，从大一开始创业，开设了母婴用品工作室，创立自主设计品牌，并入驻××学院创业园。从开拓童鞋设计板块，到完善婴童足部 3D 数据库，短短两年，他的工作室拥有设计稿量达到 500 幅以上，正式落地生产童鞋已达 50 余款。其中，工作室设计的小恐龙系列童鞋以其可爱的外观款式，舒适的穿着体验以及合理的价格区间，获得家长们的青睐。产品一经产出，便在××、××、××等线上平台火爆销售。在××学院的大力支持下，她还创建了运营团队，××平台直播场次达 200 多场，爆款产品销售额达 100 多万，爆款××网络平台优质评价超 2 000 条。大三时，她注册成立了自己的母婴用品公司，被××市多家鞋业企业聘为设计顾问。她还依托××市童鞋产业资源，与工厂签订代工协议，并开设了线下体验店，建立联名品牌，实现了多渠道销售。

（三）自媒体领域

随着中国互联网的不断普及，中国互联网和移动互联网的发展逐步成熟，甚至开始出现了无限流量，用网门槛不断降低的同时，互联网产品也愈发充盈着我们的生活。与此同时，移动端用户不断增加，甚至成为 PC 端用户的 2 倍之多，人们对简单、快捷、趣味性的需求也随之增加，从碎片化阅读到短视频观看，中国的自媒体也飞速发展起来。

我国自媒体发展已经经历了 4 个阶段：2009 年新浪微博上线，引起社交平台自媒体风潮；2012 年微信公众号上线，自媒体向移动端发展；2012 年—2014 年门户网站、视频、电商平台等纷纷涉足自媒体领域，平台多元化；2015 年至今，直播、短视频等形式成为自媒体内容创业新热点。

自媒体的内容是不固定的，没有统一的标准，也没有相应的规范。自媒体内容是由自媒体人自行决定的，主要表现形式有文字、图片、音频、视频等，这使得自媒体内容的呈现形式丰富多样。运营自媒体的核心和关键在于优质内容，只有品质优良的内容才会受到人群的追捧、关注及转载，而流量变现也就变得更加容易。

如果你有才艺、有创意，并勇于在网络上展现自己，你就可能有机会成为自媒体达人。如咪蒙通过写一些励志的故事，然后用带有一些四川粗话的方言写出来，这种独具特色的方式反而大受读者喜爱。Papi 酱以一种无厘头恶搞的方式解读一些时事新闻，把新闻事件变成了娱乐事件，极具幽默创意。

自媒体对大学生来说是一个不错的创业领域，可以做自己的公众号，通过浏览量、评论量、打广告等方式积累人气和财富；也可以做单纯的软文写手，为自媒体提供文章获取稿酬。当然，自媒体运营需要遵循以下原则：

一是多样性原则。自媒体平台类型众多且不断推陈出新，这边刚刚熟悉了官方微博的运营，那边微信公众平台又粉墨登场了。面对多样化的自媒体形式，需要保持对新媒体的敏感度，勇于探索尝试，一旦有新的自媒体平台出现，就积极响应并加入其中。

二是真实性原则。如自媒体平台发布信息时要力求准确，与网友沟通时要客观真诚，面对网友质疑时要实事求是等。

三是趣味性原则。内容的真实并不影响在自媒体平台上体现一定的趣味性，包括发布趣味性的内容和策划趣味性的活动。

四是持续性原则。自媒体的本质是媒体，需要获得越来越多的媒体受众。自媒体用户的增长不可能一蹴而就，只能依靠高质量且持续更新的内容，依靠不断组织的有创意的活动，才能不断积累，获得用户的稳定增长，保持自媒体影响力不断扩大。

（四）智力领域

智力是大学生创业的资本，在智力服务领域创业，大学生游刃有余。如主持、摄影、艺术培训就非常适合大学生创业，这是大学生勤工俭学的传统渠道，积累了丰富的经验。此类智力服务创业项目成本较低，一张桌子、一部电话就可开业。如设计工作室、摄影工作室、婚庆工作室等。

【案例22-2】　颜浙川的影视文化传播公司

颜浙川是台州学院2013级汉语言文学（师范）专业学生，因在大学期间接触了电影拍摄和制作，毕业后选择了创业，成立了台州市贰三文化传播有限公司，打造了自主品牌"贰三制片厂"，从此成为一名职业影视工作者。

刚读大一时，颜浙川加入了学生社团——电影学会，他第一次拿起了专业的摄像机，第一次接受了专业的电影知识和镜头语言，第一次了解了影像记录者的真实故事，仿佛在他心底打开了一个新的绚烂无比的世界，并被深深吸引。

　　大二时，他参与了传统古村落保护项目，跟着指导老师走访了临海的各个乡村，通过镜头记录乡村的兴盛与没落，从而激发了他内心深处对拍摄纪录片的憧憬。

　　大三时，他和一些志同道合的朋友一起构思用镜头记录临海这座古城即将消逝的手艺，以及那些古城中的手艺人，他们成立了《临海百工》项目。这个项目一做就是两年，他变成了一个职业的影像工作者。后来《临海百工》在大家的关注下，成功地在临海博物馆举办展览，成为临海这座城市一个新的形象与难忘的记忆。

　　此外，他还主持了一项国家级创新创业项目——广文电视台，自拍自导电影《触不可及》。正是这些经历，让他放弃了做语文老师职业定位，选择自创影视文化传播公司。经过几年的努力，他们的团队已经制作各类宣传片、微电影超百部，长期合作客户包括国家电网、国家税务、伟星新材、邮储银行、宁波银行、古茗茶饮等。

（五）加盟领域

　　根据有关数据统计，在相同的经营领域，个人创业的成功率低于20%，而加盟创业的则高达80%。对创业资源十分有限的大学生来说，借助连锁加盟的品牌、技术、营销、设备优势，可以较少的投资、较低的门槛实现自主创业。但连锁加盟并非零风险，在市场鱼龙混杂的现状下，大学生涉世不深，在选择加盟项目时更应注意规避风险。一般来说，大学生创业者资金实力较弱，适合选择启动资金不多、人手配备要求不高的加盟项目，从小本经营开始为宜；此外，最好选择运营时间在5年以上、拥有10家以上加盟店的成熟品牌。快餐业、家政服务、校园小型超市、数码速印站等是加盟创业热门项目。

（六）养殖和种植领域

　　目前创业的大学生大多将目标瞄准大城市，认为大城市有更多的机会。让大学生创业方向向农村转移，发现农村创业机会是一个重要的方面。当前大学生从事养殖业、种植业几乎空白。一个山东五莲的80后年轻人，初中毕业后就向别人学习养殖技术，2008年开始在家乡成立了一个养殖合作社，带领农民养殖致富，如今在农民致富的同时，他自己每年的收入超过百万元。

在这个领域，需要具备两方面的条件：

（1）心理方面：大学生拉不下面子，放不下身段，家里人也放不下面子。感觉大学白读了，读了还是当农民，觉得养殖或种植业是体力活，大学生是知识分子，不应该做体力活。其实养殖业也是需要专业知识，不能蛮干、瞎干，要从实践中总结经验。只要能成功，不要管别人的议论，事实胜于雄辩。

（2）项目选择方面：要选择有市场前景的养殖项目，要选择一个好项目不容易，要深入实地考察项目，了解其可行性。

（七）开店

高校内部或周边地区开设餐厅、咖啡屋、美发屋、文具店、书店等，一方面可充分利用高校的学生顾客资源，另一方面，由于熟悉同龄人的消费习惯，因此入门较为容易。正由于走学生路线，因此要靠价廉物美来吸引顾客。此外，由于大学生资金有限，不可能选择热闹地段的店面，因此推广工作尤为重要，需要经常在校园里张贴广告或者和社团联办活动，才能广为人知。

二、创业的流程

随着社会的发展，创业成为许多青年大学生的梦想，这是一件值得骄傲的事情，但创业之路充满了困难和潜在的风险，创业的人很多，但成功的人很少，特别是小本创业失败的概率可以说很大。如果操之过急，容易导致出现意外问题无法解决，最终导致创业失败。如何正确理智地认识创业的基本流程，对创业的成功有着决定性的作用。

在你下定决心准备创业后，接下来就要围绕以下的创业流程开展一系列的工作。

（一）市场调查

市场调查是创业相当重要的一环。市场调查主要是寻找目标市场可能的商机，为自己进入该商业领域提供定性定量依据。一个好的市场调查，要可信、可靠，它是投资的眼睛，能够帮助确定市场定位和产品价格。市场调查报告，一定要经得起推敲，经过调查，不仅要对市场有所了解，还要能够了解到自己的竞争对手的状况。现在创业或兴办企业的不做市场调查的生意人越来越少，关键是市场调查的质量和方法，对市场调查的深浅程度的把握。有的人舍得花大价钱请专业市场调查公司来做，有的人则是自己走马观花看一看而已，这样市场调查效果就完全不同。大学生创业花费很多资金做市场调研不太现实，但通过低成本的方式进行市场调查还是很需要的。

（二）项目选择和公司名称

首先，我们需要有一个好的创业项目和名称，最佳的品牌或公司名称是能够充分反映你的产品或服务的特色。一般来说，品牌或公司名称与产品之间的关系是成正比的，具有创意的品牌或公司名称不仅有助于建立品牌的形象，同时也能打动顾客的购买欲，选择品牌或公司名称时应该具有前瞻性与远见，所选择的品牌或公司名称要能很有弹性地将自己推荐给消费者。其次，别忘了先做注册公司名称调查，确定你所选择的名称还未被登记或已在公司商标法的保护中。

（三）财务分析

选择好了项目，我们就需要对资金的注入有一个详细的了解。经营一项有利润的新事业必须要有充分的流动资金，并且要能与实际经营运作时所需的开销相平衡。所以，认真草拟一份年度预算表尤为必要，在开始编制预算时必须注意的是公司草创第一年的年度预算应该包括公司首次营运费用及持续营运的每个月开销。

了解了资金的注入量和注入位置后，接下来就是寻求资金了，创业者在筹措创业资金时，必须是以能支付公司创业第一年内所有的营运开销为目标。一般而言，创业者最简单、最方便的募集资金方式便是利用自有资金。如果这种方式无法满足，向外募款的办法也是最普遍的资金来源，创业者募集创业资金的来源相当多，有债务融资、股权融资和其他融资。

在有了创业资金后，又必须解决钱如何用的问题。而要想用好创业资本，必须学会分析几种基本的财务报表。分别是成本费用表、资产负债表、收益表和现金流量表。

（四）撰写创业计划书

学会撰写创业计划书是大学生创业的另外一项重要技能。由于创业计划书要求创业者描述公司的创业机会，阐述创立公司、把握这一机会的进程，说明所需要的资源，揭示风险和预期回报，并提出行动建议，因此，它是对创业者创业可行性的一次全面考验。没有任何创业经验的大学生，应该学会撰写创业计划书，并按照创业计划书的要求审视自己的创业计划的可行性。

（五）成立公司

在浙江省开办一家企业，流程十分简单，全省已经实现了企业开办一件事联办，即在各级政府的办事大厅（行政服务中心）的企业开办窗口就可以完成企业注册的所有环节。

1. 设立有限责任公司的基本条件

（1）股东符合法定人数；

（2）有符合公司章程规定的全体股东认缴的出资额；

（3）股东共同制定公司章程；

（4）有公司名称，建立符合有限责任公司要求的组织机构；

（5）有公司住所。

2. 办理环节及所需的基本材料

环节①企业设立登记

所需材料：

（1）《公司登记（备案）申请书》（含《企业开办信息采集表》等附表）

（2）公司章程

（3）董事（执行董事）、监事、经理、法定代表人任职文件

（4）股东主体资格证明和自然人身份证复印件（包括股东、董事、监事、经理、法定代表人、经办人、联络员等自然人身份证明）

（5）住所材料

环节②公章刻制

所需材料：

（1）营业执照和企业开办信息

（2）法定代表人和委托代理人身份信息（电子影像）

上述两份材料无须提供，由工作人员通过系统直接获取。

环节③银行开户

所需材料：

（1）开户申请书

（2）营业执照和企业开办信息

（3）法定代表人和委托代理人身份信息（电子影像）

后两份材料无须提供，由工作人员通过系统直接获取。

环节④申领发票

所需材料：

(1)营业执照和企业开办信息

(2)法定代表人实名信息采集

第一份材料无须提供，由工作人员通过系统直接获取，第二份材料现场采集。

环节⑤企业参保登记

所需材料：

营业执照和企业开办信息

材料无须提供，由工作人员通过系统直接获取。

创业的道路虽然充满曲折和艰辛，但是掌握一些重要的技能则可帮助创业者减少不必要的探索和失败。掌握市场调查的途径和方法、寻找到盈利模式并能看懂财务报表、能将创业构思外化为一份完整的创业计划书，这些基本技能都是创业者，尤其是大学生创业者所必须掌握的。

第二节 筹集创业资本

创业必须有起步资金，创业者在创业初期需要解决的问题是取得企业所需要的资金，从而满足创业或投资的需要。对于一名创业者来说，贯穿整个创业过程中的都是资金问题，开始创业时期是筹集起步资金，公司遇到发展机遇时需要筹集扩大资金，公司遇到危机了需要结算资金，可以说资金是一家公司的血液，虽然有资金并不一定能使一家公司天然成功，但是没有资金是一定会让一家公司倒闭。

【案例22-3】 ××信息科技有限责任公司的筹资

叶×，××学院2020届工商管理专业毕业生。她出生于温州商人家庭，由于家里浓厚的创业氛围，再加上其在大学期间几段创业体验，使她在毕业后选择了创业，成立了××信息科技有限责任公司，主要从事智慧城市领域相关业务，包括智能化场景搭建和运营，涵盖安防、医院、校园、社区等多个场景。

　　进入大学后，叶×积极参加各类校园活动，特别是对创新创业领域十分感兴趣，几段创业体验不仅拓宽了她的眼界，更是积累了一定的创业技能。2018 年，她参加了创业竞赛，竞赛要求通过市场调研及公司竞争力分析，为公司制订了发展战略以及线上、线下销售计划，这让她有机会将工商管理专业的知识运用到实际工作中，也进一步激发了创业激情。后来，她又组建团队，与教育培训机构、民宿合作，举办"萌芽宝贝"夏令营。经过精心运营，他们成功吸引了 200 多名小学生参与，这让她尝到了创业的甜头，更加坚定了创业决心。

　　毕业后，叶×回到××市从事与智能物联网场景化有关的工作，并将业务范围和领域进一步拓展，并成立了自己的科技公司，开始了创业历程。为了解决资金问题，她利用市政府对大学生创业的扶持政策，顺利获得了 50 万元的贴息贷款，她只要按时支付利息，再由市政府返还，这大大减轻了公司的资金负担，并为后续迅速打开市场奠定了坚实的基础。在短短一年内，他的公司业务在智慧校园、智慧医院、智慧社区、智慧地产全面开花，获得了上千万元的营业收入。

　　对创业者而言，无论在创业初期，有很好的商业机会和商业模式却没有足够资金的时候，还是在创业平稳期，突遇突发事件公司现金流中断的时候，都需要创业者有良好的筹资能力，能够通过各种手段筹集资金的能力，这是创业者必备的基本素质。

（一）自筹资金

　　对于大学生创业者来说，由于在起步阶段，贷款能力有限，大多数创业者的大部分资金需要依赖自有资本，通常会依靠个人积累资本，父母亲人援助，这是一般大学生创业者首选的筹集资金方式。一些大学生创业者跟家人沟通的说辞是希望通过创业能够让自己得到锻炼，一些有经济实力的父母，在子女不影响学习的情况下，对于他们参与创业实践还是支持的。

　　但是对于创业者在自筹资金的过程中，应该注意以下几个问题：

　　（1）创业者在经营过程中必须占有主导权，无论是父母的资助款还是亲人的借款，在创业过程中，是创造者自己看好的创业项目，创业者本人对创业项目有自己的经营想法和运营思路，可能跟父母和亲人之间会有一些经营决策等方面的冲突，这个时候创业者一定要能占主导权，这样才能保证创业项目的顺利实施。

（2）创业者要有未雨绸缪的心态，学会计划使用自筹资金。刚拿到钱的时候如果创业者没有计划，在没有营业收入的前提下，盲目花钱，装修、购买各类办公用品，很快就没有现金储备了，当临时出现商机或者危机的时候，创业就容易失败。

（3）创业者要有储蓄的习惯，银行贷款部门在考察贷款项目的时候，首先要考察项目负责人有没有储蓄的习惯，客户有在银行储蓄的习惯，银行一般愿意贷款给这样的客户，这样能够将银行贷款风险控制在最低，很多大学生创业者在创业初期没有储蓄的习惯，现金流水非常大，现金收入大，现金支出也大，这样当碰到资金问题的时候，就不容易解决。

（二）借款

对于大学生创业者来说，在起步阶段，借款是一个很困难的事情，首先由于大学生一直在求学，没有稳定的收入来源，其次大学生的朋友圈基本都是同学，同学之间经济实力一般也不强，很难满足创业者的借款需求，所以一般说来，大学生创业者借款的主要对象是父母或者亲人朋友，更多的是依靠大学生创业者自己个人信用筹款。同样，大学生创业者借款也需要注意几个问题：

（1）创业者借款一定要量力而为，既然是借款，就一定要能还款，这个是大学生创业者走入社会建立个人信用的必要方式，一般银行信用卡额度越高的人，都是在银行里积累了高额信誉的人，个人信用也如同信用卡额度一样，需要积累，所以大学生创业者刚步入社会就选择创业借款，一定要量力而为，能够保证归还。我们日常生活中所见到创业成功的人士，他们一定是信誉良好的人，史玉柱创业的公司在背负近亿元债务的时候也没有选择破产，当他二次创业成功的时候，第一件事情就是选择归还债务，这些都是我们创业者学习的典范。

（2）创业者借款不能影响亲友关系。能在你创业时期借款给你的亲人都是至亲的人，当你经营出现状况而不能及时还款的时候，要及时沟通，取得亲人的理解，创业是人生中的一部分，但是亲人朋友是一生的事情，所以创业者一定要厘清借款和亲人之间的关系，不能因为借款影响亲朋好友的关系。

（三）合伙资金

作为大学生创业者而言，筹集创业资金的最有效的方法之一是合伙资金，创业团队里面的小伙伴大家共同出资，共同承担风险，既解决了创业资金的问题，也解决了创业人才的问题，可谓一举两得，所以很多大学生创业者喜欢选择合伙创业的形式筹集创业资金。

但是合伙创业筹集资金也会出现以下问题，需要创业者及时解决。

合伙创业由于合伙人众多，牵涉利益的分配，所以决策方面很可能会产生分歧。中国有句古话叫一个和尚挑水吃，两个和尚抬水吃，三个和尚没水吃，同样说明合伙创业的问题，合伙人超过三个以上，容易对决策造成分歧，影响创业项目的进展。

对于合伙创业企业而言，最致命的打击是合伙人中途退出，这样会对创业项目造成灾难性的后果，在我们日常生活中，见过了太多的大学生创业项目因为合伙人中途退出而造成创业失败的案例。

所以在合伙创业筹集创业资金的初始，对于运营过程中的决策制度，合伙人退出制度都应该以公司章程的形式规定下来，规避运营过程中出现的风险。

（四）国家各级政府政策性扶持资金

国家大力扶持大学生创业，近几年各级政府推出了针对大学生创业的一系列优惠政策，我国一般都是中央政府、省级政府出台指导性政策，最后是地市级政府、县区级政府落实，所以享受的优惠政策由于地域不同会有差异。大学生创业者可以直接向公司注册地的人社部门咨询。如杭州市在 2021 年针对大学生创业最新出台的创业优惠政策包括一次性创业补贴、创业无偿资助、经营场所租房补贴、创业担保贷款及贴息、创业项目资助、创业带动就业补贴。2022 年，浙江省为了吸引更多的大学生来浙江创业，宣布创业大学生可贷款 10 万到 50 万，如果创业失败，贷款 10 万以下的由政府代偿，贷款 10 万以上部分，由政府代偿 80%。

大学生创业者在申请这些国家政策性扶持资金的时候，需要注意以下问题：

（1）部分国家政策性扶持资金只针对在校大学生和毕业五年内的大学生，超过这个期限的大学生是无法申请到扶持资金的。

（2）申请国家政策性扶持资金的企业中大学生本人一定要是法定代表人，并且持股比例不能低于30%。

（3）由于大学生创业企业项目和规模不同，可享受的国家政策性扶持资金的类别、额度会不一样，所以大学生创业者在申请扶持资金的时候可以统筹规划，在符合条件的情况下尽可能去申请。

（五）银行贷款

银行贷款是现代企业选择最为广泛的一种模式。一直是大学生创业典范的史玉柱，最初创办的巨人集团经营状况非常好，但是后来集团投资新建巨人大厦的时候由于资金链断裂，让他深陷危机，公司差一点宣布破产，虽然后来他通过脑白金系列产品东山再起取得了成功，但是巨人集团的失败让他深深领悟到企业经营一定要学会借助银行的力量，后来他在取得事业的再次成功后，将全部身家投资到民生银行中去。现在中国大学生创业者耳熟能详的、顶尖的创业企业，如阿里巴巴集团、百度公司、腾讯公司等都纷纷投资银行，可见银行在现代企业发展中的重要性。

现代企业的发展离不开银行，所以大学生创业者从开始创业就要学会跟银行打交道，借助银行的力量。申请银行贷款是最基本的方式。银行贷款一般分为抵押贷款、信用贷款、经营贷款等，对于大学生创业者而言，在创业之初，没有任何抵押物，申请信用贷款难度也非常大，政府针对大学生创业者，有低息信用贷款、政府担保贷款等，大学生创业者在申请这些贷款的时候，也要注意以下问题：

（1）银行贷款是需要归还的，所以大学生创业者一定要量力而行，比如明明自己营收规模只有几十万，你要申请贷款几百万，一是不一定能申请下来，二是申请下来，每月的利润归还利息都不一定够。

（2）银行贷款是跟个人信用直接挂钩的，而且跟贷款者生活消费都紧密联系在一起，所以大学生创业者从开始申请银行贷款起，就要注意自己的个人信用记录，无论是信用卡还是分期消费，一定要按时归还贷款，良好的信用记录是你申请银行贷款的重要保障。

（3）善于申请银行贷款。银行贷款的种类不同，年限不同，利息是不同的，在申请银行贷款的时候，大学生创业者要认真了解各种贷款种类，申请适合自己企业的银行贷款。

（六）寻求风险投资

风险投资是一种高风险、高回报的投资，也是大学生创业者筹集创业资金的最有效的方式，在中国现在出现了一批知名的风险投资基金和风险投资人，国际比较知名的风险投资基金包括IDG、摩根、鼎晖、英联投资、软银、红杉基金等，国内比较知名的有上海联创投资、经纬创投、晨兴资本等，风险投资基金是以参股的形式进入创业企业，参与创业企业管理，获取企业回报的一种投资方式，所以风险投资不同于银行贷款和借款，属于投资，创业者不需要进行归还，一旦创业企业经营状况非常好，风险投资者将获得高额回报，但是一旦创业企业经营状况差，风险投资者的投资资金也可能损失掉。

对创业者而言，使用风险投资创业的好处是非常多的。一是可以迅速获得知名度，尤其是获得著名的风投基金的投资，能迅速提升企业的知名度和企业形象，顺利打开市场，最有名的案例是蒙牛的发展。牛根生从伊利乳业辞职出来创业，由于企业初创，知名度不高，牛根生创业团队引入了国际知名风险投资基金，包括摩根、鼎晖、英联投资，大大提升了蒙牛的企业形象，同时风投的进入，引入了规范化的管理，促进了蒙牛的快速健康发展，后来顺利在香港上市，牛根生也被团中央聘为中国大学生创业导师，指导中国大学生创业者。二是可以迅速扩大企业规模，抓住商机，跨越式发展。创业企业获得风险投资的投资基金，可以迅速扩大企业规模，发展运营队伍，实现跨越式发展。

大学生创业者非常多，但是获得风险投资的非常少，作为大学生创业者来说，寻求风险投资需要注意以下问题：

（1）大学生创业者要学会提炼自己的盈利模式，模式不清晰的创业企业是很难获得风险投资人的青睐的。在创业企业的商业模式中，盈利模式是核心，经常有风投会问创业者一句话：你的赢利点在哪里？

（2）大学生创业者要量力而行，修炼提升自我。一是获得风险投资的创业者凤毛麟角，你所认定的盈利模式在没有得到市场认可前，风投一般不会认可，需要创业者脚踏实地去运营自己的项目。二是并非每个项目都一定能获得几百万、上千万的投资，合理估价是创业者要学会的基础课程。三是选择风险投资也要保持谨慎。我们平时在新闻里所看到的一些风投成功的案例毕竟十分罕见，有些人绘声绘色地讲述的几分钟的描述就能获得几千万美金投资的故事，只能当故事去听，不会有哪一个风险投资基金仅凭创始人或者项目负责人的吹嘘就能投入成百上千万的投资，一般而言风险投资基金在投资一个公司前会做非常详细的调研。

（3）大学生创业者也要学会谨慎选择风险投资。在选择风险投资的时候，风险投资人和创始人的看法理念是否一致非常重要，双方理念想法一致，能促进企业发展，否则在企业运营过程中矛盾重重，影响公司运营，甚至到后面风险投资撤资，会给创业企业带来不可估量的损失。

（七）参加各类创业比赛

近几年，国家大力扶植大学生创业企业，支持大学生创业，各地纷纷出台了各种支持大学生创业的优惠的政策，同时一些机构平台组织了各类创业比赛，2006年中央电视台推出的"赢在中国"创业大赛、各省市地方政府举办的各类创业大赛，都吸引了众多的创业者参与，科技部牵头组织的中国创新创业大赛是现行各类创业比赛中规格最高的比赛，这种创业比赛一般配套各种资金奖励或其他扶持创业企业的奖励，同时也搭建了创业者和投资人对接的平台，对于大学生创业企业而言，一方面可以迅速有效提升企业知名度，另一方面就是可以迅速获得相应资金并获得相应指导，能有效促进创业企业发展。

对大学生创业者而言，参加创业比赛筹资也需要注意以下问题：

（1）大学生创业者需要提炼自己企业的商业模式。一般比赛的评委判断一个企业商业模式的优劣，主要是通过创业者的个人描述，同时借鉴创业者的商业计划书，所以需要创业者对于自己创业企业的商业模式，有非常明晰的解读。

（2）各类创业比赛一般都有所侧重。如由科技部组织的中国创新创业大赛，就主要侧重于科技类项目，如果你的项目侧重于商业服务或者其他类，一般不会通过大赛的初选，所以对于大学生创业者而言，在参加创业比赛前，先认真了解创业比赛的组织发起方和比赛侧重，有选择地参加一些创业比赛，才能在比赛中有所收获。

（3）参加比赛不是目的，所以不能为了比赛而比赛。现在一些大学生创业者在校园里参加挑战杯大学生创业计划大赛，就是为了比赛而比赛，比赛结束后创业也就结束了。真正创业者参加比赛的目的是让自己的创业项目发展壮大，通过比赛积累资源用在创业企业中，顺利筹集到企业发展需要的资金。

第三节　实施创业计划

经过前期的精心准备，终于可以开始经营自己的新创企业了。首次创业，许多大学生信心百倍甚至豪情万丈，然而，有一个残酷的事实是，随着中国的市场经济从卖方市场进入买方市场，竞争日益激烈。有项调查表明，中国企业的平均寿命不到两年。那么，怎样使自己的企业在竞争中立住脚跟，怎样使自己的企业做大做强呢？概括地讲，要管好人、财、物，从团队管理、财务管理、市场营销三个方面掌握市场经济中的生存技巧。团队管理、财务管理在前文中多有涉及，本节将作略述，重点谈谈市场营销。

一、团队管理

大学生创业，许多事情千头万绪，很难依靠个人独立完成，必须有赖于团队合作才能发挥力量。但团队是由不同的人的组合而成，必须进行有效的管理，需要注意以下几个方面的问题：（1）建立共同的目标。当然，目标有大有小，有远有近，且不是一成不变的，要根据实际情况列出不同的目标。（2）凝炼优秀的企业文化。（3）营造积极的工作氛围。（4）发挥每个团队成员的创造性。

你可以选择把下列的团队管理名言写在企业的墙上如"合作是一切团队繁荣的根本""企业的成功靠团队，而不是靠个人""大成功靠团队，小成功靠个人""让解决问题的人高升，让制造问题的人让位，让抱怨问题的人下课"，等等。

二、财务管理

由于大多数大学生创业初期企业规模都不大，许多大学生认为不需要财务管理，甚至认为只要关注每天的营业额就可以了，这实际上是十分错误的。你也许没有必要成为财务专家，但了解掌握一些财务管理的基本知识还是必要的。

掌握货币时间价值理念，知道去年的 100 元与今年的 100 元是不等值的，因为时间就是金钱，从而选择合理的资金运用方式，使现有的钱"生出"更多的钱。

了解风险管理理念，做生意有风险，重要的是要对风险作出分析并进行一定的管控。

了解企业的成本，掌握量本利分析法，通过分析生产成本，销售利润和产品数量这三者的关系，掌握盈亏变化的规律，选择能够以最小的成本生产出最多产品并可使企业获得最大利润的经营方案。

现金为王，现金不足可能会置企业于死地，但现金不是越多越好，关注现金最佳持有量，有效的现金管理就是要在不影响企业正常生产经营收支的前提下，将现金持有量降低到最低限度。

交易过程中出现赊账是常见的事，因此要掌握应收账款的管理策略，对客户进行必要的信用调查，以确定是否同意赊欠货款，当客户违反信用条件时，掌握催账的方法和技巧，做好账款的催收工作，尽量避免不必要的损失。

存货量是企业日常生产经营中必不可少的流动资产，存货不足可能造成生产的中断，服务水准的降低，存货过多可能造成资金的积压，要掌握存货管理，在保证生产经营过程正常进行的同时，又使存货成本降为最低，使企业价值最大化。

1997 年 9 月，日本著名企业八佰伴集团倒闭，舆论哗然。八佰伴集团乃世界有名的大企业，当时，由于八佰伴在东南亚一带急剧扩张，势力范围扩大，在全世界颇具影响，然而，这样一家大集团企业却在一夜之间宣布倒闭。究其原因，就在于急于扩张而造成资金周转困难。由此看来，过去人们认为一个企业只有亏损才会倒闭的想法是错误的，即使企业有盈余，由于缺乏有效的现金管理或应收账款管理而倒闭者也不少。

三、市场营销

大学是人才、科技集聚地，大学生创业不缺乏团队，不缺乏科技，可能由于家庭的创业资助，一些大学生甚至也不缺乏资金，大学生最缺乏的是市场营销的经验和管理能力。

【案例22-4】　王永庆卖米

台塑创始人王永庆15岁小学毕业后，到一家小米店做学徒。第二年，他用父亲借来的200元钱做本金自己开了一家小型米店，为了和隔壁那家日本米店竞争，王永庆颇费了一番心思。

当时大米加工技术比较落后，出售的大米里混杂着米糠、沙粒、小石头等，买卖双方都是见怪不怪。王永庆则多了一个心眼，每次卖米前都把米中的杂物拣干净，这一额外的服务深受顾客欢迎。

王永庆在一个本子上详细记录了顾客家有多少人、一个月吃多少米、何时发薪等。算算顾客的米该吃完了，就送米上门，等到顾客发薪的日子，再上门收取米款。

他给顾客送米时，并非送到就算，他先帮人家将米倒进米缸里，如果米缸里还有米，他就将旧米放在上层。这样，旧米就不至于因陈放过久而变质。他这个小小的举动令不少顾客深受感动，铁了心专买他的米。

就这样，他的生意越来越好，从这家小米店起步，王永庆最终成为台湾工业界的"龙头老大"。

【分析】

同样是卖米，为什么王永庆将生意做到这种境界呢？因为他通过用心做生意，琢磨透了市场营销以顾客为中心的基本原则，研究顾客心理，研究顾客的需要，研究如何去满足顾客的需要，而且不单纯卖给顾客简单的产品，将顾客的需求变成自己的服务项目，与产品一同给予顾客。

市场营销不仅仅是销售，不仅仅是把自己的商品吆喝出去了事，甚至不是先有自己的产品，再找顾客，它应该先调查市场，了解需求，再做产品。因此，市场营销应该以提高人们生活的标准与质量为己任，不仅提供产品和服务，而且给消费者带来精神的满足。消费者是企业的驱动力，因此，经营者为了使自己有客户，并且留住客户，不管企业多大，不管自己的经销商、零售商一层又一层地试图将自己与客户隔离，都必须与顾客保持零距离。

大学生创业多以小规模企业为主，与顾客直接接触较多，深谙顾客的心理与需求，但同样要重视销售管理，制订完善的营销战略，形成涵盖产品、定价、分销和促销四个要素的营销组合。

【案例 22-5】 宝洁公司的品牌策略

宝洁公司是世界上最大的日用消费品公司之一，拥有众多深受信赖的优质的领先品牌，其管理上采用的是"一个品牌，一个品牌经"的策略，对每一个产品进行差异化的品牌定位，从而形成产品自身的品牌个性。以洗发用品为例，飘柔的二合一很显然是为生活节奏忙碌的都市人研发的产品，而柔顺体现的心灵关怀在头发上得到了展示；海飞丝是宝洁公司为解决部分消费者头发有头皮屑的问题而开发的产品；潘婷强调修复功能，注重对头发的营养保健；等等。

企业所有的营销战略都建立在 STP——市场细分、目标市场选择和定位的基础上。

在巨大且多样化的市场中，一个企业不可能为所有的顾客服务。任何一种产品都不可能满足所有的消费者，每一家企业只能以部分特定顾客为其服务对象，才能充分发挥其优势，提供更多、更有效的服务。因此，企业可以根据消费者不同的需求将其划分为不同的消费群体或细分市场。在此基础上，企业可根据自己的规模实力与实际情况，再选择自己能为之有效服务的细分市场成为自己的目标市场。找到目标市场后，根据消费者的心智规律，了解竞争对手的产品和销售情况，并结合自身产品与竞争对手的差异，进行市场定位。定位必须精确，并且要定下顾客心智的制高点，营销才能成功。

（一）产品策略

产品是一个企业的"基本功"，是企业核心竞争力的根本，只有质量过硬，外观优美或能够完美地满足消费者需求的产品，才能赢得消费者的青睐。如果产品没有值得信赖的品质，再好的营销方式推销手段，都是一句空话。

产品的质量是一个综合性概念，其内涵极其丰富，它包括产品的性能、功能、安全性、可靠性、维修性、经济性和环境等多方面的内容。

产品是联系生产者和消费者、企业和客户之间的纽带。因此，开发和生产出色的产品，成了企业最为重要的任务。

一个好产品的质量是经过多道工序、多个环节，企业员工的共同努力形成的。从原料的选择、加工、制作到产品制成出厂，无不是精益求精的过程。因此，从创业之日起，就要树立起强烈的质量意识和明确的奋斗目标，为消费者提供质量非凡的产品。

当然，具体到某个产品，都有同人一样的生命周期，由产生、成长到成熟，最终走向衰亡，有自己的市场生命周期。消费者的需求是永无止境的，会不断调整其满意度的标准，不断提出新的要求。因此企业经营者必须持续不断地创新产品，才能使经营者具有持续性的竞争优势，甚至成为某个行业的引领者。

21世纪初，当所有人认为手机业的想象空间已经没有的时候，乔布斯所领导的苹果公司却不断展示其创新的魅力，带给果粉们一次又一次的惊喜。如 iPhone 的多点电感触屏，它采用的并非电阻式触摸屏，而是最为先进的电容式触摸屏，用手指轻点就可以。当你将 iPhone 贴着脸部打电话时，iPhone 会自动关闭屏幕背光，并防止出现误操作，因为 iPhone 有红外感应功能。这样的创新设计还有很多。

产品质量的最高境界是品牌，深入人心的品牌会得到消费者的全力捍卫。品牌不仅仅是知名度，品牌最持久的就是价值、文化和信任，建立品牌其实就是建立信任，这要漫长的时间。品牌定位不能停留在产品属性的层次，最高层次的品牌定位是要超越产品属性或产品利益，直抵消费者的思想和精神中枢，打动他们的内心。就如提起宝马，人们想到的是"驾乘乐趣，创新极限"；提起 M&M 巧克力，人们想到的是"只溶在口，不溶在手"；帮宝适经久不衰的优势不在于它的吸水性和舒适性，也不在于能使皮肤健康，而是父母与宝宝的关系及全面的婴儿护理的品牌定位。

（二）定价策略

许多大学生创业的主要顾客是学生，由于学生尚未走上社会，经济上不是一个独立者，大多对产品的价格比较敏感，因此，价格决策是企业营销组合决策中一个极其重要的组成部分，它直接决定着企业市场份额的大小和盈利率的高低。

影响企业定价的因素很多，有产品本身的价值、产品成本（包括生产成本、销售成本、储运成本和机会成本）、市场供求状况、需求价格弹性等，企业必须综合考虑上述因素，选择恰当的定价方法，确定调整产品的价格。

企业的定价方法可分为成本导向定价法、需求导向定价法和竞争导向定价法等，其中成本导向定价法是企业最常用、最基本的定价方法。

为了实现企业定价目标，在制订价格时，还可灵活采用多种定价手段和定价技巧，即采取一定的定价策略。

1. 新产品定价策略

主要有三种，即取脂定价策略、渗透定价策略和满意定价策略。

（1）取脂定价策略。指新产品上市之初，将新产品价格定得较高，在短期内获得厚利，尽快收回投资。一般而言，对于全新产品、受专利保护的产品、需求的价格弹性小的产品、流行产品、未来市场形势难以测定的产品等，可采取这一策略。

（2）渗透定价策略。这是指新产品上市之初将价格定得较低，以吸引大量的购买者，扩大市场占有率。

（3）满意定价策略。这是介于取脂定价和渗透定价之间的一种定价策略，采取适中价格，基本上能做到供求双方都比较满意。

2. 心理定价策略

常用的有数字定价、声望定价、招徕定价、习惯定价等。

（1）数字定价策略。如尾数定价策略，利用消费者求廉的心理，制订非整数价格，如一支水笔标价 1.99 元，与 2 元相比感觉上便宜了许多。再如整数定价策略，针对消费者的求便心理，将产品价格有意定位整数，如一元店、十元店等，但随着在线支付的普及，整数定价的吸引力大不如前。

（2）习惯定价策略。对于经常性、重复性购买的商品，尤其是家庭生活日常用品，在消费者心理上已经"定格"，其价格已成为习惯性价格，并且消费者只愿付出这么大的价位。

3. 折扣定价策略

这是指对基本价格作出一定的让步，直接或间接降低价格，争取顾客，扩大销量。如数量折扣、功能折扣、季节折扣、返利津贴等。

4. 竞争定价策略

这一策略主要有低价竞争策略、高价竞争策略、垄断定价策略、流行价格策略等。

【案例22-6】 家乐福的定价策略

全球第二大零售企业家乐福把"超低货价"作为在华的经营理念，这种以价格取胜的经营理念使其在竞争中处于优势地位。家乐福在中国十多个大城市兴建"全球采购中心"，目的是与供货商直接见面，减少中间环节，降低供应链成本。家乐福有10%左右的低价商品，一般以购买频率高、购买量大的日用化妆品和食品饮料为主，一般比正常价格低10%~20%，正迎合了人们的敏感价格心理。更重要的是，这10%的商品却带动了其他90%的正常价格商品的销售，并使消费者对家乐福有较高的忠诚度。在家乐福超市的商品价格中，整数定价的，约为15%，尾数为奇数的占80%，日用品、食品、饮料为5、9居多，约占50%，非食品类以9为多，占40%。家乐福每一列货架的两端都有促销台，这些低价商品的让利一般由厂家全部负责，对于家乐福来说并无太大损失，相反能够促进其他相关商品的销售。家乐福经常会搞一些100元购买110元商品之类的促销活动，表面看来，这种方案和打九折没有区别，但仔细分析，打九折，给消费者的直观感觉是在降价，这时"便宜没好货"的心理会影响消费者的购买决定，而"100元购买110元商品"却使消费者觉得自己的货币价值在提高。

（三）渠道策略

销售渠道是指商品从生产者传送到用户手中所经过的全过程，以及相应设置的市场销售机构。正确运用销售渠道，可以使企业迅速及时地将产品转移到消费者手中，达到扩大商品销售、加速资金周转、降低流动费用的目的。

销售渠道的类型有：

（1）直接式销售策略和间接式销售策略。

（2）长渠道和短渠道策略。消费品销售渠道有四种基本的类型：生产者—消费者，生产者—零售商—消费者，生产者—代理商或者批发商—零售商—消费者，生产者—代理商—批发商—零售商—消费者。

从节省商品流通费用，加速社会再生产过程的要求出发，应当尽量减少中间环节，选择短渠道。但是也不要认为中间环节越少越好，在多数情况下，批发商的作用是生产者和零售商无法替代的。因此，采用长渠道策略还是短渠道策略，必须综合考虑商品的特点、市场的特点、企业本身的条件以及策略实施的效果等。

（3）宽渠道和窄渠道策略。指企业决定销售渠道的每个层次（环节）适用同种类型的中间商的数目是多少，是广泛分销还是有选择的精心挑选一部分批发商来经营自己的产品，还是只选择一家中间商，由其独家经营。

选择上述何种销售渠道，企业必须根据产品市场、生产企业自身、社会环境等各个方面的因素作出正确的选择。

销售渠道中有零售商和批发商等中间商，他们是企业的合作伙伴，企业要寻找合适的中间商并给予适当的培训，定期考核评定中间商的表现，并采取恰当的激励措施，用以提高中间商的绩效。当中间商之间发生冲突时，要正视并妥善管理。

【案例22-7】 联想集团的销售渠道变革

联想集团（以下简称联想）作为中国 IT 行业的领先者，其渠道再造经历了三个具有标志性的阶段。20 世纪 90 年代中期，联想实行代理渠道制。在全国范围内，联想拥有几千家分销代理商，从分销商再到零售商，由于渠道过长，企业对渠道的控制力被削弱，导致管理混乱甚至失控。1998 年，联想开始第二阶段渠道模式的重构，引入专卖店的特许经营模式，加速构建直营店，2000 年年底，联想专卖店的销售增长超过分销和代理渠道。2004 年，受 DELL 电脑直销模式在中国市场迅速进展的挑战，联想再次进行通路改造，建立第三阶段的新渠道模式"通路短链+客户营销"，以更短的渠道和强化客户为中心的营销模式赢得竞争优势。

随着社会的变化，尤其是网络的全面普及，旧的销售渠道模式已不能适应形势的变化，企业的销售渠道正在发生新的变革。

（四）促销策略

促销实际上是企业与顾客建立关系与对话的过程，企业通过一定的媒介，告诉消费者企业的产品能满足哪些需求，带来哪些价值与利益，以及如何使用等。

现在的市场环境中，不缺少信息，而是信息太多，如何在白热化的竞争、同质化的格局、多样化的产品中脱颖而出，一下打动消费者的心，是一个很大的学问，促销策略显得非常重要。

常见的促销方法有广告、公共关系、口碑营销、人员推销、销售促进等。当然，面对越来越"升级"的消费者，各种方法往往综合运用。

广告是促销组合中的重要组成部分，广告管理是品牌建设最有效的方法和新产品渗透的原动力，一个小小的广告可以让一个企业起死回生，但现在的问题是，一位居住在大城市的普通居民，平均每天要接触大约2 000个广告或信息刺激，不可否认，绝大部分广告对消费者来说都是过眼烟云，因此，广告除了及时性、简明性之外，还必须富有创意，做到一鸣惊人，深入人心。因为对今天的企业来说，最短缺的资源不是资金，而是怎样想办法赢得最多、最广泛的消费者注意力。

现代企业不仅是商业环境的主体，更是社会有机体的一分子，具有社会负责，特别是企业发展到一定阶段，产品和品牌有了一定的知名度时，企业必须关注自身的形象建设、信誉建设，向公众表明对其负责的态度，以获得忠诚的顾客群体。因此，企业应积极寻找社会公众与企业利益之间的最佳结合点，通过新闻、广告、慈善、赞助等适当的方式传播给社会公众，唤起公众对企业的认识、理解、认同、关心和支持，从而建立起企业的良好形象。

消费者选择消费品的信息一大来源是源自于亲朋好友，在富有免疫力的消费者那里，朋友、家人、同学的信息的可信度比营销人员自卖自夸不知要强多少倍。因此，企业要留住每一位顾客，而且要让顾客成为企业的免费推广员，产生新的顾客，产生滚雪球的传播效应。如何做到，最根本的是企业的产品和服务的精神，当企业做到10分的时候，还不够，只有做到12分，做到更高的程度，顾客才会超级满意，才会替企业进行口碑传播。

　　企业派出销售人员与顾客面对面的交流，根据不同顾客的需要、购买动机、态度和反应，及时发现问题，有针对性地采取相应的推销策略，诱发顾客的购买欲望，及时促成交易。人员推销可以融洽企业与消费者之间的感情，可以及时地发现问题，解决问题。尤其是销售性能复杂的产品，或者需要解决问题、说服他人时，人员推销是一种最佳的选择，但人员推销的成本比较高。

　　销售促进则是一种短期性的刺激购买的手段。销售促进的方法有很多，如样品、优惠券、现金返还、减价、赠品、奖金、光顾奖励、免费试用、产品陈列和示范、购买折让、销售竞赛等。在竞争日益激烈的今天，企业日益频繁地使用这一手段。但它存在着一定的弊端，最大的隐患是可能会降低消费者对品牌的长期忠诚度，因为，销售促进主要吸引的是那些追求交易优惠的消费者，这些消费者只要能获得更加优惠的产品就会转向。因此，销售促进不大会在成熟的市场内争取到新的和长期的购买者。相反，频繁的销售促进，很可能会使企业失去原有的忠诚用户。试想，奢侈品品牌包如果打折到大街小巷都是的话，原有的以此为荣的顶级消费者还会拎着奢侈品品牌包上街吗？

【案例 22-8】　玉兰油的广告

　　2011 年元旦，美国玉兰油广告铺天盖地，无论是户外候车亭，还是报纸，打出的大标题都是"2001 新年快乐！"当时明明已经是 2011 年，广告里却写着"2001 年"，一时引发了轩然大波。很快，细心的人发现在每则广告的大标题下印有两行小字"新一年，当全世界大一岁，肌肤却梦想年轻十岁！OLAY 与你，以更年轻的肌肤，更精彩的自己，迎接新一年！"，原来，这是玉兰油"蓄谋已久"的一次大行动，经过这一场"美妙误会"，玉兰油"让肌肤年轻 10 岁"的口号不仅成了热门话题，而且深深地打动了消费者。

　　大学生创业，是人生中一段惊险而富有价值的历程，只有做一个有心人，在创业过程中牢牢把握团队管理、财务管理、市场营销三个方面的每个细节，才会在创业过程中排除各种风险，到达成功的彼岸。

　　我们衷心祝愿你——亲爱的大学生创业成功。

思考与练习

1. 在你身边或刚毕业的同学中，有没有创业的事例，请对他们进行采访，形成 500 字的报告。

2. 通过本节学习，结合自身特点，谈谈自己的创业方向和如何实现该目标的一些想法。

3. 案例分析：

戴维·杰克逊是位于奥斯顿的波蒂雪佛莱公司的汽车租赁业务部的现任业务主管，曾有一段时期，这项业务很是兴旺，然而，自原来的经理退休以后，经营就开始持续衰落。后来，乔治·波蒂先生决定亲自接管这项业务，然而遗憾的是业务依旧如前，最差的时候，6 个月内只接到一份租用订单，不得已，波蒂先生聘请戴维担任汽车租赁业务部的经理。

戴维来到公司后，着手创建了一套新租赁服务项目，这些服务项目几乎包括了所有的专业的承租代理人所能做的一切，公司很快就接到了两份 50 辆次的承租订单，戴维认为，公司前段时期之所以如此迅速地失去了大量顾客，其原因就在于顾客与公司之间缺少专司服务工作的人员。

戴维接到的两份订单分别来自迪克斯货运公司和欧克斯银行，一份是通过竞标方式取得的。为了表明自己工作的确有成效，戴维在报价时压得很低，因而中了标，第二份合同是通过波蒂取得的，而波蒂则是通过他在欧克斯银行的一位当副总裁的朋友得到的，而且是在只有一位竞标对手的情况下取得的，这后一份订单使公司还算有所盈利。

波蒂对戴维的表现表示满意，然而，即便想达到盈亏平衡的水平，也得每年至少出租 400 辆次才行，为此，波蒂对戴维说，他决定再将这一经营项目保留一年，然后他将重新考虑是否还要依靠它盈利的问题。

问题：(1)在吸引顾客方面，戴维能做些什么？

(2)波蒂的老顾客有没有重返该公司的可能？

(3)为了开发新顾客线索，戴维该怎么办？

4. 案例分析：

一名罗马尼亚客商来中国参加海尔集团的订货会。在乘坐海尔集团的车从机场到宾馆的路上，司机观察到，这位客商对车上播放的腾格尔的歌曲很感兴趣，于是就买了一张腾格尔歌曲的 CD 碟送给他。在订货会上，这位客商说，连一个司机都能对客户的需求做出快速、准确、细致的反应，海尔的产品一定好。请问司机的做法反映了海尔集团什么营销观念？这种营销观念有何特点？结合案例分析，掌握这种营销观念对企业的经营有什么重要意义？

5. 英国航空公司的一架波音 747 飞机在东京起飞前，因机械故障，不得不向购买该机机票飞往伦敦的 191 名乘客发出通知：008 号航班推迟 20 小时才能起飞，请各位旅客换乘其他航班。随后，190 名乘客经劝说改乘其他航班。唯有一位日本乘客大竹秀子，坚持非 008 号航班不乘。在此情况下，008 号航班经维修排除故障后，载着大竹秀子一位乘客直飞伦敦。在历时 13 个小时、13 000 公里的航程中，353 个座位的大飞机、15 名客舱服务员和 6 名机组人员热忱为她一人服务。英国航空公司在这件事上所表现出来的"顾客至上"的经营观念，被媒体报道后，一夜之间成为航空界的美谈，使千千万万的乘客为之惊讶、赞叹，并以能乘上该航班为自豪。请问英国航空公司坚持的是什么营销观念？此种营销观念有何特点？为什么说市场营销观念的产生是企业经营观念的一次飞跃？

参考书目

1. 胡治宇：《金融危机背景下大学生职业意识社会化模式研究》，《学术论坛》2011 年第 8 期

2. 艾于兰、赵海霞主编：《职业素养开发与就业指导》，机械工业出版社 2010 年版

3. 于秀国、徐世艾主编：《目标牵引式大学生学业规划的探索与实践》，首都经济贸易大学出版社 2013 年版

4. 苗莉、李彬编著：《修业指导手册》，清华大学出版社 2013 年版

5. 黄雪燕：《大学生业余时间管理存在的问题及对策》，《重庆科技学院学报（社会科学版）》2011 年第 11 期

6. 钟谷兰、杨开著：《大学生职业生涯发展与规划》，华东师范大学出版社 2008 年版

7. ［美］Robert D. Lock 著，钟谷兰、曾垂凯、时勘等译：《把握你的职业发展方向》，中国轻工业出版社 2006 年版

8. 罗伯特·C·里尔登（Robert C. Reardon）、珍妮特·G·伦兹（Janet G. Lenz）著，侯志瑾译：《职业生涯发展与规划》，中国人民大学出版社 2010 年版

9. 崔杰编著：《大学生职业生涯规划理论与方法》，浙江工商大学出版社 2008 年版

10. 王荣发主编：《职业发展导论——从起步走向成功》，华东理工大学出版社 2004 年版

11. ［美］埃德加·施恩（Edgar. H. Schein）著，北森测评网译：《职业锚　发现你的真正价值》，中国财政经济出版社 2004 年版

12. 刘志明著：《职业锚》，中国劳动社会保障出版社 2007 年版

13. 彭志武、徐佩瑛：《大学生创业风险及其控制》，《湖南省社会主义学院学报》2013 年第 5 期

14. 郝登峰等著：《大学生就业创业理论与方法》，人民出版社

2010 年版

15. 黄有霖、卢明忠主编：《大学生就业与创业指导》，厦门大学出版社 2012 年版

16. ［美］塞缪尔·H. 奥西普、［美］路易丝·F. 菲茨杰拉德著，顾雪英、姜飞月等译：《生涯发展理论》，上海教育出版社 2010 年版

17. 方伟主编：《大学生职业生涯规划咨询案例教程》，北京大学出版社 2010 年版

18. 吴新业主编：《大学生职业生涯规划与就业创业指导》，南京大学出版社 2017 年版

19. 何少庆、张婧、刘成立主编：《大学生职业生涯规划与就业创业指导》，新华出版社 2014 年版

20. 吕鲲鲲：《如何撰写大学生创业计划书》，《华章》2012 年第 25 期

21. 高山编著：《你的时间去哪儿了》，中国商业出版社 2014 年版

22. 李晓娟著：《谁偷走了我的时间　高效能人士的时间管理手册》，人民邮电出版社 2014 年版

23. ［美］彼得·德鲁克著，辛弘译：《卓有成效的管理者》，机械工业出版社 2022 年版

24. 杨雯、易生俊著：《华为时间管理法》，电子工业出版社 2020 年版

25. 李笑来著：《把时间当作朋友》，电子工业出版社 2016 年版

26. 古典著：《你的生命有什么可能》，湖南文艺出版社 2014 年版

27. 古典著：《拆掉思维里的墙》，中信出版社 2021 年版

28. ［美］理查德·尼尔森·鲍利斯著，李春雨、王鹏程、陈雁译：《你的降落伞是什么颜色？》，中国华侨出版社 2014 年版

29. 王丽萍、闫丽霞主编：《大学生职业规划与就业创业指导》，上海交通大学出版社 2019 年版

30. 鄢万春、吴玲主编：《大学生职业规划与人生发展》，西南交通大学出版社 2019 年版

31. 洪向阳著：《10 天谋定好前途 职业规划实操手册》，中国经

济出版社 2021 年版

32. ［美］布莱德·哈林顿（Brad Harrington）、道格拉斯·T. 霍尔（Douglas T. Hall）著，张星、张璐译：《职业生涯规划与管理》，机械工业出版社 2013 年版

33. 麦可思研究院编著：《2021 年中国大学生就业报告》，社会科学文献出版社 2021 年版

34. 陈郁著：《大学生职业形象》，清华大学出版社 2013 年版

35. 金正昆著：《社交礼仪教程》，中国人民大学出版社 2019 年版

36. 金正昆著：《职场礼仪》，中国人民大学出版社 2015 年版

37. 肖琪、倪春虎、孙士现、温杰、王婷、宋佳玲编著：《应用型本科大学生就业心理辅导》，西安电子科技大学出版社 2019 年版

38. 王雨静、郭雷主编：《大学生实习与就业中的权益维护》，中国政法大学出版社 2018 年版

39. 李亚慧、韩燕主编：《大学生职业生涯发展规划》，中国劳动社会保障出版社 2020 年版

40.《中华人民共和国劳动法 中华人民共和国劳动合同法　附：最高人民法院关于审理劳动争议案件适用法律问题的解释（一）》，中国法制出版社 2021 年版

41.《中华人民共和国民法典》，中国法制出版社 2020 年版

42.《中华人民共和国仲裁法注解与配套（第五版）》，中国法制出版社 2021 年版

43. 曹敏主编著：《大学生职业发展与就业指导》，湖南科学技术出版社 2017 年版

　　本教材根据教育部文件、大学生职业生涯规划和就业指导以及创业教育教学实践需要而组织编写。参加编写的人员主要是浙江工商大学、台州学院和浙江工商大学杭州商学院近年从事职业生涯规划教育和就业、创业教育的一线教师。他们有多年从事大学生学业、职业、就业或创业的教学和辅导工作经历，许多教师开展了各种形式的职业生涯规划、就业指导和创业指导的咨询和指导工作，为大学生提供了丰富的人生经验和成长指导。本书是配合高校的"职业生涯发展规划与就业创业指导"课程的配套教材，包含了学业指导、职业生涯规划指导、就业指导和创业指导四篇的内容，高校可根据课程开设的具体情况选择使用。本书2015年出版，2023年修订出版。由于人员变动，修订人员分工相应调整。在第一版基础上，对教材内容作了适应性增减，吸收了最新成果，补充了一些新的案例等。另外，编制了配套的PPT，任课教师可以选择使用，并作补充、修改，适应教学需要。本教材四篇内容分别适合大学生始业教育、职业生涯规划教育、就业创业指导阶段的教学使用，是一本可以伴随整个大学生活的参考书，大学生可以把它当作人生指南经常翻看，希望它能成为大学生的良师益友。

　　本教材修订各部分执笔分工如下：

导言：蒋承勇

第一篇　大学生涯管理

第一章　适应大学生活：李建伟

第二章　唤醒职业意识：崔杰

第三章　初订学业规划：崔杰

第四章　做好时间管理：狄瑞波、何锋

第二篇　职业生涯规划

第五章　认知职业自我：刘国安、吴佳璐

第六章　探索职业环境：浦瑛瑛

第七章　确立职业目标：罗德明

第八章　制订行动计划：何波

第九章　践行职业规划：崔杰

第三篇　就业指导

第十章　认清就业形势：王忠华、尹天言

第十一章　展开求职行动：厉星星、张婕

第十二章　准备求职材料：刘静、张强

第十三章　掌握应试技巧：常建军

第十四章　注重职场礼仪：周敏、冯荣

第十五章　调适求职心理：梅娇、戴玲斐

第十六章　维护就业权益：林霖、洪莹

第十七章　转换生涯角色：徐敏

第四篇　创业指导

第十八章　了解创业内涵：林仙

第十九章　提升创业素质：鲍婷婷

第二十章　启动创业计划：吴磊

第二十一章　规避创业风险：林军辉

第二十二章　开始创业实践：鲁建波、程君岭

编审委员会由蒋承勇、崔杰、马斌、王忠华、狄瑞波、刘静组成。蒋承勇负责全书编写的组织策划和内容结构体系的设计，并负责最后的综合审定工作。崔杰和马斌分别负责浙江工商大学、台州学院和浙江工商大学杭州商学院承担部分的组织工作和初审工作，并参与全书审校工作。

众多教学一线的老师参与编写本书，非常感谢他们辛勤的付出。由于他们倾注了大量心血，融入了他们多年的经验和心得，使本书富有针对性和本土化的特色。希望本书的出版和使用能对高校的思想政治教育、职业生涯规划教育和就业、创业指导工作作出应有的贡献。本书的编写参考了大量的国内外专家学者的最新研究成果，也参阅了

许多近期出版的职业生涯发展规划、就业与创业指导的教材和著作，在此表示衷心感谢。

　　由于编者水平有限，疏漏和不足之处在所难免，敬请有关专家、同行、读者不吝指教。

2023 年 5 月 1 日

郑重声明

高等教育出版社依法对本书享有专有出版权。任何未经许可的复制、销售行为均违反《中华人民共和国著作权法》，其行为人将承担相应的民事责任和行政责任；构成犯罪的，将被依法追究刑事责任。为了维护市场秩序，保护读者的合法权益，避免读者误用盗版书造成不良后果，我社将配合行政执法部门和司法机关对违法犯罪的单位和个人进行严厉打击。社会各界人士如发现上述侵权行为，希望及时举报，我社将奖励举报有功人员。

反盗版举报电话　（010）58581999　58582371
反盗版举报邮箱　dd@hep.com.cn
通信地址　北京市西城区德外大街 4 号　高等教育出版社法律事务部
邮政编码　100120

防伪查询说明

用户购书后刮开封底防伪涂层，使用手机微信等软件扫描二维码，会跳转至防伪查询网页，获得所购图书详细信息。

防伪客服电话　（010）58582300

图书在版编目（ＣＩＰ）数据

大学生职业发展规划与就业创业指导／蒋承勇主编；崔杰执行主编；马斌副主编．--2版．--北京：高等教育出版社，2023.8（2024.11重印）

ISBN 978-7-04-060688-1

Ⅰ.①大… Ⅱ.①蒋… ②崔… ③马… Ⅲ.①大学生-职业选择-高等学校-教材　Ⅳ.①G647.38

中国国家版本馆 CIP 数据核字（2023）第 110672 号

大 学 生 职 业 发 展 规 划 与 就 业 创 业 指 导

Daxuesheng Zhiye Fazhan Guihua yu Jiuye Chuangye Zhidao

策划编辑	吴 军	责任编辑	吴 军	封面设计	王 琰	版式设计	于 婕
责任绘图	裴一丹	责任校对	刘娟娟	责任印制	刘弘远		

出版发行	高等教育出版社	网　址	http://www.hep.edu.cn
社　址	北京市西城区德外大街4号		http://www.hep.com.cn
邮政编码	100120	网上订购	http://www.hepmall.com.cn
印　刷	北京七色印务有限公司		http://www.hepmall.com
开　本	787 mm×960 mm　1/16		http://www.hepmall.cn
印　张	36	版　次	2015 年 3 月第 1 版
字　数	550 千字		2023 年 8 月第 2 版
购书热线	010-58581118	印　次	2024 年 11 月第 6 次印刷
咨询电话	400-810-0598	定　价	73.00 元

本书如有缺页、倒页、脱页等质量问题，请到所购图书销售部门联系调换

版权所有　侵权必究
物 料 号　60688-00